KI-Mastery-Reihe: Buch 2: Deep Learning und KI-Superheld: Beherrsche TensorFlow, Keras und PyTorch

Erste Ausgabe

Erste Ausgabe: Juni 2025

Veröffentlicht von Cuantum Technologies LLC.

Dallas, TX.

ISBN 979-8-89965-086-4

"Artificial intelligence is the new electricity."

- Andrew Ng, Co-founder of Coursera and Adjunct Professor at Stanford University

Wer wir sind

Willkommen zu diesem Buch, erstellt von Cuantum Technologies. Wir sind ein Team leidenschaftlicher Entwickler, die sich der Entwicklung von Software verschrieben haben, die kreative Erfahrungen bietet und reale Probleme löst. Unser Fokus liegt darauf, hochwertige Webanwendungen zu entwickeln, die eine nahtlose Benutzererfahrung bieten und die Bedürfnisse unserer Kunden erfüllen.

In unserem Unternehmen glauben wir, dass Programmieren nicht nur das Schreiben von Code ist. Es geht darum, Probleme zu lösen und Lösungen zu schaffen, die das Leben der Menschen verbessern. Wir erkunden ständig neue Technologien und Techniken, um an der Spitze der Branche zu bleiben, und freuen uns darauf, unser Wissen und unsere Erfahrungen in diesem Buch mit dir zu teilen.

Unser Ansatz zur Softwareentwicklung konzentriert sich auf Zusammenarbeit und Kreativität. Wir arbeiten eng mit unseren Kunden zusammen, um ihre Bedürfnisse zu verstehen und Lösungen zu entwickeln, die ihren spezifischen Anforderungen entsprechen. Wir sind der Meinung, dass Software intuitiv, benutzerfreundlich und optisch ansprechend sein sollte, und wir bemühen uns, Anwendungen zu erstellen, die diesen Kriterien entsprechen.

Dieses Buch soll einen praktischen und praxisnahen Ansatz bieten, um JavaScript zu meistern. Egal, ob du ein Anfänger ohne Programmiererfahrung bist oder ein erfahrener Entwickler, der seine Fähigkeiten erweitern möchte, dieses Buch wurde entwickelt, um dir zu helfen, deine Fähigkeiten weiterzuentwickeln und eine solide Grundlage in der Webentwicklung mit JavaScript zu schaffen.

Unsere Philosophie:

Im Herzen von Cuantum glauben wir, dass die beste Art, Software zu entwickeln, durch Zusammenarbeit und Kreativität erreicht wird. Wir schätzen die Meinung unserer Kunden und arbeiten eng mit ihnen zusammen, um Lösungen zu entwickeln, die ihren Bedürfnissen entsprechen. Wir sind auch der Meinung, dass Software intuitiv, benutzerfreundlich und optisch ansprechend sein sollte, und wir streben danach, Anwendungen zu erstellen, die diesen Kriterien entsprechen.

Wir glauben auch, dass Programmieren eine Fähigkeit ist, die man mit der Zeit erlernen und entwickeln kann. Wir ermutigen unsere Entwickler, neue Technologien und Techniken zu erkunden, und stellen ihnen die Werkzeuge und Ressourcen zur Verfügung, die sie benötigen, um an der Spitze der Branche zu bleiben. Wir glauben auch, dass Programmieren Spaß machen und lohnend sein sollte, und wir bemühen uns, ein Arbeitsumfeld zu schaffen, das Kreativität und Innovation fördert.

Unsere Erfahrung:

In unserem Softwareunternehmen sind wir darauf spezialisiert, Webanwendungen zu entwickeln, die kreative Erfahrungen bieten und reale Probleme lösen. Unsere Entwickler haben Erfahrung mit einer Vielzahl von Programmiersprachen und Frameworks, darunter Python, KI, ChatGPT, Django, React, Three.js und Vue.js, um nur einige zu nennen. Wir erkunden ständig neue Technologien und Techniken, um an der Spitze der Branche zu bleiben, und wir sind stolz auf unsere Fähigkeit, Lösungen zu entwickeln, die die Bedürfnisse unserer Kunden erfüllen.

Wir haben auch umfassende Erfahrung in der Datenanalyse und -visualisierung, maschinellem Lernen und künstlicher Intelligenz. Wir glauben, dass diese Technologien das Potenzial haben, die Art und Weise, wie wir leben und arbeiten, zu verändern, und wir freuen uns, an der Spitze dieser Revolution zu stehen.

Zusammenfassend lässt sich sagen, dass sich unser Unternehmen der Entwicklung von Websoftware widmet, die kreative Erfahrungen fördert und reale Probleme löst. Wir priorisieren Zusammenarbeit und Kreativität und streben danach, Lösungen zu entwickeln, die intuitiv, benutzerfreundlich und visuell ansprechend sind. Wir sind leidenschaftlich für Programmierung und freuen uns darauf, unser Wissen und unsere Erfahrung in diesem Buch mit dir zu teilen. Ob du Anfänger oder erfahrener Entwickler bist, wir hoffen, dass du dieses Buch als wertvolle Ressource auf deinem Weg betrachtest, ein Experte in **JavaScript von Null zum Superhelden: Entfessle deine Superkräfte in der Webentwicklung** zu werden.

YOUR JOURNEY STARTS HERE...

Here are your free repository codes :D

You might also find these books interesting

Here, you can access free chapters, obtain additional information, or purchase any of our published books

Get Unlimited Access

Get access to all the benefits of being one of our valuable readers through our new **eLearning Platform:**

1. Free code repository of this book

2. Access to a **free example chapter** of any of our books.

3. Access to the **free repository code** of any of our books.

4. Premium customer support by writing to **books@cuantum.tech**

And much more...

HERE IS YOUR
FREE ACCESS

www.cuantum.tech/books/deep-learning-superhero/code

INHALTSVERZEICHNIS

Einführung

Im Zeitalter der künstlichen Intelligenz hat sich Deep Learning als eine der leistungsstärksten und transformativsten Technologien der Welt herauskristallisiert. Von selbstfahrenden Autos und Sprachassistenten bis hin zu medizinischer Bildanalyse und automatisierten Übersetzungen hat Deep Learning es Maschinen ermöglicht, Aufgaben zu erlernen und auszuführen, die einst als ausschließliche Domäne der menschlichen Intelligenz galten.

Aber was genau ist Deep Learning und warum ist es so revolutionär? Deep Learning bezeichnet einen Teilbereich des maschinellen Lernens, bei dem Algorithmen, inspiriert von der Struktur des menschlichen Gehirns, automatisch Merkmale aus großen Datensätzen extrahieren und komplexe Probleme mit minimaler menschlicher Intervention lösen können. Mit Deep Learning können Computer Muster erkennen, Daten interpretieren und Entscheidungen mit unglaublicher Genauigkeit treffen.

Als zukünftiger **Deep Learning und KI-Superheld** ist es Ihre Mission, die Werkzeuge und Techniken zu beherrschen, die diese technologische Revolution vorantreiben. **TensorFlow**, **Keras** und **PyTorch** gehören zu den leistungsfähigsten Deep-Learning-Frameworks der Welt, die von Forschern, Entwicklern und Unternehmen zum Aufbau modernster KI-Systeme genutzt werden. In diesem Buch lernen Sie, diese Werkzeuge selbstbewusst einzusetzen und Ihre Fähigkeiten durch die Beherrschung von Deep-Learning-Architekturen und deren Anwendung auf reale Herausforderungen auf die nächste Stufe zu heben.

Willkommen zu *Deep Learning und KI-Superheld: Meisterhafte Beherrschung von Deep Learning mit TensorFlow, Keras und PyTorch*. Dieses Buch wurde entwickelt, um Sie in einen **Deep-Learning-Superhelden** zu verwandeln, der in der Lage ist, die komplexesten KI-Probleme mit modernen Frameworks und modernsten Techniken zu lösen.

Warum Deep Learning?

Deep Learning steht im Mittelpunkt einiger der spannendsten Fortschritte in der KI heute. Anders als beim traditionellen maschinellen Lernen, bei dem Merkmale von Hand erstellt und sorgfältig ausgewählt werden müssen, können Deep-Learning-Modelle automatisch Merkmale aus Rohdaten lernen. Diese Fähigkeit, "aus Erfahrung zu lernen", macht Deep Learning besonders leistungsfähig in Bereichen wie **Computer Vision**, **Natural Language Processing (NLP)** und **Spracherkennung**.

Denken Sie darüber nach - wenn Sie ein Foto auf Ihrer bevorzugten Social-Media-Plattform hochladen und es automatisch Ihre Freunde markiert, oder wenn Sie einen Sprachassistenten wie Siri oder Alexa verwenden, um Erinnerungen zu setzen, interagieren Sie mit einem Deep-Learning-System. Deep Learning hat es Maschinen ermöglicht, Bilder zu "sehen", Sprache zu "hören" und Sprache mit einer beispiellosen Genauigkeit zu "verstehen".

In diesem Buch lernen Sie, wie Sie diese Deep-Learning-Modelle selbst mit **TensorFlow**, **Keras** und **PyTorch** erstellen können. Diese Frameworks wurden sorgfältig entwickelt, um Deep Learning zugänglich, skalierbar und effizient zu machen. Ob Sie ein neuronales Netz von Grund auf neu aufbauen oder ein vortrainiertes Modell feinabstimmen - dieses Buch wird Ihnen die Werkzeuge und Techniken vermitteln, die Sie zum Erfolg benötigen.

Was werden Sie lernen?

Deep Learning und KI-Superheld wurde entwickelt, um Ihnen die Beherrschung von Deep-Learning-Frameworks beizubringen und sie auf reale Herausforderungen anzuwenden. Hier ist ein Überblick über das, was Sie erwartet:

1. **Einführung in neuronale Netze und Deep Learning**: Sie beginnen mit dem Verständnis der Struktur neuronaler Netze und der Funktionsweise von Deep Learning. Wir behandeln Kernkonzepte wie **Perzeptrone**, **mehrschichtige Perzeptrone (MLPs)**, **Backpropagation** und **Gradientenabstieg**. Dieser Abschnitt legt den Grundstein für den Aufbau komplexerer Modelle.

2. **Deep Learning mit TensorFlow**: TensorFlow ist eines der am häufigsten verwendeten Deep-Learning-Frameworks der Welt. Sie lernen, wie Sie Deep-Learning-Modelle mit **TensorFlow 2.x** erstellen, trainieren und deployen können, wobei Sie seine leistungsstarken APIs sowohl für High-Level- als auch für Low-Level-Programmierung nutzen.

3. **Deep Learning mit Keras**: **Keras** ist eine intuitive und benutzerfreundliche API, die auf TensorFlow aufbaut und für den schnellen und effizienten Aufbau von Deep-Learning-Modellen entwickelt wurde. Sie werden erkunden, wie Sie sowohl **sequentielle** als auch **funktionale Modelle** erstellen, wie Sie **Callbacks** implementieren und wie Sie Keras-Modelle in Produktionsumgebungen deployen können.

4. **Deep Learning mit PyTorch**: **PyTorch** ist ein weiteres beliebtes Deep-Learning-Framework, das für seinen dynamischen Berechnungsgraphen bekannt ist, der das Debuggen und Experimentieren mit Modellen erleichtert. In diesem Abschnitt lernen Sie, wie Sie neuronale Netze mit PyTorch implementieren und **Transfer Learning** anwenden, um vortrainierte Modelle für Ihre eigenen Aufgaben zu nutzen.

5. **Fortgeschrittene Deep-Learning-Architekturen**: Im Verlauf des Buches werden Sie sich eingehender mit fortgeschrittenen Architekturen beschäftigen, wie zum Beispiel:

   o **Convolutional Neural Networks (CNNs)** für Bilderkennung und -verarbeitung.

- o **Recurrent Neural Networks (RNNs)** und **LSTMs** für die Verarbeitung sequentieller Daten wie Text oder Zeitreihen.

- o **Transformer-Modelle** für State-of-the-Art-Leistung in der Verarbeitung natürlicher Sprache (NLP).

6. **Modernste KI-Techniken**: Sie werden **Generative Adversarial Networks (GANs)**, **Autoencoder**, **Transfer Learning** und **selbstüberwachtes Lernen** erkunden, die zu den leistungsfähigsten Techniken für die Generierung neuer Daten, die Verbesserung der Modellleistung und die Lösung komplexer KI-Herausforderungen gehören.

7. **Praktische Projekte**: Dieses Buch beschäftigt sich nicht nur mit Theorie. Sie werden an praktischen Projekten arbeiten, wie zum Beispiel:

   - o Bildklassifizierung mit **Convolutional Neural Networks (CNNs)**.

   - o Stimmungsanalyse mit **Transformer-basierten Modellen**.

   - o Zeitreihenprognose mit **Recurrent Neural Networks (RNNs)**.

   - o Bildgenerierung mit **Generative Adversarial Networks (GANs)**.

Am Ende dieses Buches werden Sie die Fähigkeiten und das Selbstvertrauen haben, Deep-Learning-Modelle von Grund auf neu zu erstellen, vortrainierte Modelle feinabzustimmen und KI-Systeme zu entwickeln, die komplexe, reale Probleme lösen können.

Für wen ist dieses Buch gedacht?

Dieses Buch richtet sich an alle, die Deep Learning und KI meistern möchten, egal ob Sie ein Anfänger sind, der sein Wissen erweitern möchte, oder ein erfahrener Machine-Learning-Praktiker, der tiefer in fortgeschrittene Techniken eintauchen möchte. Wenn Sie mit grundlegenden Machine-Learning-Konzepten vertraut sind und den nächsten Schritt machen möchten, wird dieses Buch Ihnen die Werkzeuge zur Verfügung stellen, die Sie brauchen, um ein **Deep Learning und KI-Superheld** zu werden.

Sie sollten über grundlegende Kenntnisse in Python und Machine-Learning-Prinzipien verfügen. Wenn Sie bereits Band 1 dieser Reihe abgeschlossen haben, sind Sie gut vorbereitet, um die Herausforderungen in diesem Buch zu meistern.

Nutzen Sie Ihre Superkräfte

Die Reise zum **Deep-Learning-Superhelden** beginnt jetzt. Denken Sie beim Durcharbeiten dieses Buches daran, dass es beim Deep Learning nicht nur darum geht, die Algorithmen zu verstehen - es geht darum, sie anzuwenden, um bedeutungsvolle Lösungen zu schaffen. Ob Sie ein KI-System entwickeln, das Bilder klassifiziert, Sprache verarbeitet oder neue Inhalte generiert - Deep Learning bietet grenzenlose Möglichkeiten.

Die Werkzeuge und Frameworks, die Sie in diesem Buch kennenlernen werden - **TensorFlow**, **Keras** und **PyTorch** - wurden entwickelt, um Sie zu unterstützen und es Ihnen zu erleichtern,

Ihre Ideen zum Leben zu erwecken. Mit diesen Superkräften können Sie zum wachsenden Bereich der KI beitragen und die Grenzen des Möglichen verschieben.

Lassen Sie uns Ihre Reise zur Beherrschung von Deep Learning und KI beginnen!

Teil 1: Grundlagen der neuronalen Netzwerke und des Deep Learning

Kapitel 1: Einführung in Neuronale Netze und Deep Learning

In den letzten Jahren haben sich **neuronale Netze** und **Deep Learning** als transformative Kräfte im Bereich des maschinellen Lernens entwickelt und treiben beispiellose Fortschritte in verschiedenen Bereichen wie Bilderkennung, Verarbeitung natürlicher Sprache und autonome Systeme voran. Diese hochmodernen Technologien haben nicht nur bestehende Anwendungen revolutioniert, sondern auch neue Möglichkeiten in der künstlichen Intelligenz eröffnet.

Deep-Learning-Modelle, die auf dem Fundament neuronaler Netze aufgebaut sind, besitzen die bemerkenswerte Fähigkeit, hochkomplexe Muster aus umfangreichen und komplexen Datensätzen zu erkennen und zu lernen. Diese Eigenschaft unterscheidet sie von traditionellen Algorithmen des maschinellen Lernens, da neuronale Netze von der komplexen Funktionsweise biologischer Neuronen im menschlichen Gehirn inspiriert sind. Durch die Nachahmung dieser neuronalen Prozesse können Deep-Learning-Modelle außerordentlich komplexe Aufgaben bewältigen und lösen, die einst als unüberwindbar galten, und verschieben damit die Grenzen des in der künstlichen Intelligenz Machbaren.

Dieses Kapitel dient als grundlegende Einführung in die fundamentalen Bausteine neuronaler Netze. Wir beginnen diese Reise mit der Erforschung des **Perzeptrons**, der einfachsten, aber entscheidenden Form eines neuronalen Netzes. Von dort aus werden wir uns schrittweise mit komplexeren Architekturen befassen, wobei ein besonderer Fokus auf dem **mehrschichtigen Perzeptron (MLP)** liegt. Das MLP gilt als Eckpfeiler im Bereich des Deep Learning und dient als Sprungbrett für noch fortgeschrittenere neuronale Netzwerkmodelle. Durch das gründliche Verständnis dieser zentralen Konzepte werden Sie das wesentliche Wissen und die Fähigkeiten erwerben, die erforderlich sind, um neuronale Netze für ein breites Spektrum von Machine-Learning-Herausforderungen zu konstruieren und zu trainieren. Dieses grundlegende Verständnis wird Sie mit den Werkzeugen ausstatten, um sich in der spannenden und sich schnell entwickelnden Landschaft der künstlichen Intelligenz und des Deep Learning zurechtzufinden.

1.1 Perzeptron und mehrschichtiges Perzeptron (MLP)

1.1.1 Das Perzeptron

Das **Perzeptron** ist die einfachste Form eines neuronalen Netzes, das Ende der 1950er Jahre von Frank Rosenblatt entwickelt wurde. Diese bahnbrechende Entwicklung markierte einen bedeutenden Meilenstein im Bereich der künstlichen Intelligenz. Im Kern funktioniert das Perzeptron als linearer Klassifikator, der Eingabedaten durch die Festlegung einer Entscheidungsgrenze in zwei verschiedene Klassen einteilt.

Die Architektur des Perzeptrons ist elegant einfach und besteht aus einer einzelnen Schicht künstlicher Neuronen. Jedes Neuron in dieser Schicht empfängt Eingangssignale, verarbeitet diese durch eine gewichtete Summe und erzeugt eine Ausgabe basierend auf einer Aktivierungsfunktion. Diese geradlinige Struktur ermöglicht es dem Perzeptron, linear trennbare Daten effektiv zu verarbeiten, also Datensätze, die sich durch eine gerade Linie (in zwei Dimensionen) oder eine Hyperebene (in höheren Dimensionen) in zwei Klassen aufteilen lassen.

Trotz seiner Einfachheit verfügt das Perzeptron über mehrere Schlüsselkomponenten, die seine Funktionalität ermöglichen:

- **Eingangsknoten:** Diese dienen als Eingangspunkte für die ursprünglichen Datenmerkmale im Perzeptron. Jeder Eingangsknoten entspricht einem spezifischen Merkmal oder Attribut der zu verarbeitenden Daten. Bei einer Bilderkennungsaufgabe könnte beispielsweise jedes Pixel durch einen Eingangsknoten repräsentiert werden. Diese Knoten fungieren als sensorische Schnittstelle des Perzeptrons, die die Rohdaten empfangen und an die nachfolgenden Schichten zur Verarbeitung weiterleiten. Die Anzahl der Eingangsknoten wird typischerweise durch die Dimensionalität der Eingabedaten bestimmt, wodurch sichergestellt wird, dass alle relevanten Informationen erfasst und für den Entscheidungsprozess des Perzeptrons verfügbar gemacht werden.

- **Gewichte:** Diese entscheidenden Parameter sind mit jeder Eingabe verbunden und bestimmen die Wichtigkeit jedes Merkmals im neuronalen Netz. Gewichte wirken als multiplikative Faktoren, die die Stärke des Beitrags jeder Eingabe zur Ausgabe des Neurons anpassen. Während des Trainingsprozesses werden diese Gewichte kontinuierlich aktualisiert, um die Leistung des Netzwerks zu optimieren. Ein größeres Gewicht zeigt an, dass die entsprechende Eingabe einen stärkeren Einfluss auf die Entscheidung des Neurons hat, während ein kleineres Gewicht eine geringere Bedeutung nahelegt. Die Möglichkeit, diese Gewichte fein abzustimmen, ermöglicht es dem Netzwerk, komplexe Muster und Beziehungen innerhalb der Daten zu lernen und dadurch genaue Vorhersagen oder Klassifikationen vorzunehmen.

- **Bias:** Ein zusätzlicher Parameter, der es ermöglicht, die Entscheidungsgrenze zu verschieben. Der Bias fungiert als Schwellenwert, den die gewichtete Summe der

Eingaben überschreiten muss, um eine Ausgabe zu erzeugen. Er ist aus mehreren Gründen wichtig:

- o Flexibilität: Der Bias ermöglicht es dem Perzeptron, seine Entscheidungsgrenze anzupassen, wodurch es Datenpunkte klassifizieren kann, die nicht direkt durch den Ursprung verlaufen.

- o Offset: Er bietet einen Versatz für die Aktivierungsfunktion, was für das Lernen bestimmter Muster in den Daten entscheidend sein kann.

- o Lernen: Während des Trainings wird der Bias zusammen mit den Gewichten angepasst und hilft dem Perzeptron dabei, die optimale Entscheidungsgrenze für die gegebenen Daten zu finden. Mathematisch wird der Bias zur gewichteten Summe der Eingaben addiert, bevor diese durch die Aktivierungsfunktion geleitet wird, was eine nuanciertere Entscheidungsfindung im Perzeptron ermöglicht.

- **Aktivierungsfunktion:** Eine entscheidende Komponente, die Nichtlinearität in das neuronale Netz einführt und es ihm ermöglicht, komplexe Muster zu lernen. In einem einfachen Perzeptron ist dies typischerweise eine Stufenfunktion, die die endgültige Ausgabe bestimmt. Die Stufenfunktion arbeitet wie folgt:

- o Wenn die gewichtete Summe der Eingaben plus Bias größer oder gleich einem Schwellenwert (üblicherweise 0) ist, ist die Ausgabe 1.

- o Wenn die gewichtete Summe der Eingaben plus Bias kleiner als der Schwellenwert ist, ist die Ausgabe 0.

Diese binäre Ausgabe ermöglicht es dem Perzeptron, klare, diskrete Entscheidungen zu treffen, was besonders nützlich für Klassifikationsaufgaben ist. In fortgeschritteneren neuronalen Netzen werden jedoch häufig andere Aktivierungsfunktionen wie Sigmoid, Tanh oder ReLU verwendet, um nuanciertere, nichtlineare Transformationen der Eingabedaten einzuführen.

Der Lernprozess eines Perzeptrons beinhaltet die Anpassung seiner Gewichte und des Bias basierend auf den Fehlern, die es während des Trainings macht. Dieser iterative Prozess wird fortgesetzt, bis das Perzeptron alle Trainingsbeispiele korrekt klassifizieren kann oder eine festgelegte Anzahl von Iterationen erreicht hat.

Während die Einfachheit des Perzeptrons seine Fähigkeiten einschränkt, insbesondere seine Unfähigkeit, nicht linear trennbare Probleme (wie die XOR-Funktion) zu lösen, bleibt es ein fundamentales Konzept in der Theorie neuronaler Netze.

Das Perzeptron dient als entscheidender Baustein und legt den Grundstein für komplexere Architekturen neuronaler Netze. Diese fortgeschrittenen Strukturen, einschließlich mehrschichtiger Perzeptrone und tiefer neuronaler Netze, bauen auf den grundlegenden Prinzipien des Perzeptrons auf, um zunehmend komplexe Probleme im maschinellen Lernen und in der künstlichen Intelligenz zu bewältigen.

Die Kombination dieser Komponenten ermöglicht es dem Perzeptron, Entscheidungen basierend auf seinen Eingaben zu treffen und effektiv als einfacher Klassifikator zu fungieren. Durch die Anpassung seiner Gewichte und des Bias durch einen Lernprozess kann das Perzeptron trainiert werden, Muster zu erkennen und Vorhersagen für neue, ungesehene Daten zu treffen.

Das Perzeptron lernt durch die Anpassung seiner Gewichte und des Bias basierend auf dem Fehler zwischen seiner vorhergesagten Ausgabe und der tatsächlichen Ausgabe. Dieser Prozess wird als **Perzeptron-Lernen** bezeichnet.

Beispiel: Implementierung eines einfachen Perzeptrons

Schauen wir uns an, wie man ein Perzeptron von Grund auf in Python implementiert.

```python
import numpy as np
import matplotlib.pyplot as plt

class Perceptron:
    def __init__(self, learning_rate=0.01, n_iters=1000):
        self.learning_rate = learning_rate
        self.n_iters = n_iters
        self.weights = None
        self.bias = None
        self.errors = []

    def fit(self, X, y):
        n_samples, n_features = X.shape
        self.weights = np.zeros(n_features)
        self.bias = 0

        for _ in range(self.n_iters):
            errors = 0
            for idx, x_i in enumerate(X):
                linear_output = np.dot(x_i, self.weights) + self.bias
                y_predicted = self.activation_function(linear_output)

                # Perceptron update rule
                update = self.learning_rate * (y[idx] - y_predicted)
                self.weights += update * x_i
                self.bias += update

                errors += int(update != 0.0)
            self.errors.append(errors)

    def activation_function(self, x):
        return np.where(x >= 0, 1, 0)

    def predict(self, X):
        linear_output = np.dot(X, self.weights) + self.bias
        return self.activation_function(linear_output)
```

```python
    def plot_decision_boundary(self, X, y):
        plt.scatter(X[:, 0], X[:, 1], c=y, cmap='viridis')
        x1_min, x1_max = X[:, 0].min() - 1, X[:, 0].max() + 1
        x2_min, x2_max = X[:, 1].min() - 1, X[:, 1].max() + 1
        xx1, xx2 = np.meshgrid(np.arange(x1_min, x1_max, 0.1),
                               np.arange(x2_min, x2_max, 0.1))
        Z = self.predict(np.c_[xx1.ravel(), xx2.ravel()])
        Z = Z.reshape(xx1.shape)
        plt.contourf(xx1, xx2, Z, alpha=0.4, cmap='viridis')
        plt.xlabel('Feature 1')
        plt.ylabel('Feature 2')
        plt.title('Perceptron Decision Boundary')

# Example data: AND logic gate
X = np.array([[0, 0], [0, 1], [1, 0], [1, 1]])
y = np.array([0, 0, 0, 1])  # AND logic output

# Create and train Perceptron
perceptron = Perceptron(learning_rate=0.1, n_iters=100)
perceptron.fit(X, y)

# Test the Perceptron
predictions = perceptron.predict(X)
print(f"Predictions: {predictions}")

# Plot decision boundary
perceptron.plot_decision_boundary(X, y)
plt.show()

# Plot error convergence
plt.plot(range(1, len(perceptron.errors) + 1), perceptron.errors, marker='o')
plt.xlabel('Epochs')
plt.ylabel('Number of Misclassifications')
plt.title('Perceptron Error Convergence')
plt.show()

# Print final weights and bias
print(f"Final weights: {perceptron.weights}")
print(f"Final bias: {perceptron.bias}")
```

Lassen Sie uns diese Perzeptron-Implementierung im Detail betrachten:

1. Importe und KlassendefinitionWir importieren NumPy für numerische Operationen und Matplotlib für die Visualisierung. Die Perzeptron-Klasse wird mit Initialisierungsparametern für Lernrate und Anzahl der Iterationen definiert.

2. Fit-MethodeDie Fit-Methode trainiert das Perzeptron mit den Eingabedaten:

   o Sie initialisiert die Gewichte und den Bias mit null.

   o Für jede Iteration durchläuft sie alle Datenpunkte.

- o Sie berechnet die vorhergesagte Ausgabe und aktualisiert Gewichte und Bias basierend auf dem Fehler.
- o Sie protokolliert die Anzahl der Fehler in jeder Epoche für die spätere Visualisierung.

3. AktivierungsfunktionDie Aktivierungsfunktion ist eine einfache Stufenfunktion: Sie gibt 1 zurück, wenn die Eingabe nicht negativ ist, und 0 andernfalls.

4. Vorhersage-MethodeDiese Methode verwendet die trainierten Gewichte und den Bias, um Vorhersagen für neue Daten zu treffen.

5. VisualisierungsmethodenZwei Visualisierungsmethoden wurden hinzugefügt:

- o plot_decision_boundary: Diese zeichnet die Entscheidungsgrenze des Perzeptrons zusammen mit den Datenpunkten.
- o Fehlerkonvergenz-Plot: Wir visualisieren die Anzahl der Fehlklassifikationen pro Epoche, um den Lernprozess darzustellen.

6. BeispielanwendungWir verwenden das AND-Gatter als Beispiel:

- o Die Eingabe X ist ein 4x2-Array, das alle möglichen Kombinationen von zwei binären Eingaben darstellt.
- o Die Ausgabe y ist [0, 0, 0, 1] und repräsentiert das Ergebnis der AND-Operation.
- o Wir erstellen eine Perzeptron-Instanz, trainieren sie und führen Vorhersagen durch.
- o Wir visualisieren die Entscheidungsgrenze und die Fehlerkonvergenz.
- o Abschließend geben wir die finalen Gewichte und den Bias aus.

7. Verbesserungen und ErgänzungenDiese erweiterte Version enthält mehrere Verbesserungen:

- o Fehlerprotokollierung während des Trainings für die Visualisierung.
- o Eine Methode zur Visualisierung der Entscheidungsgrenze.
- o Darstellung der Fehlerkonvergenz, um den Lernprozess über die Zeit zu zeigen.
- o Ausgabe der finalen Gewichte und des Bias für bessere Interpretierbarkeit.

Diese Ergänzungen machen das Beispiel umfassender und veranschaulichen besser, wie das Perzeptron funktioniert und lernt.

1.1.2 Einschränkungen des Perzeptrons

Das Perzeptron ist ein fundamentaler Baustein in neuronalen Netzen und kann einfache Probleme wie lineare Klassifikationsaufgaben lösen. Es eignet sich besonders gut für Aufgaben wie die Implementierung von AND- und OR-Gattern. Trotz seiner Stärke in diesen grundlegenden Szenarien hat das Perzeptron bedeutende Einschränkungen, die es zu verstehen gilt.

Die zentrale Einschränkung eines Perzeptrons liegt in seiner Fähigkeit, nur **linear separierbare** Probleme zu lösen. Das bedeutet, es kann nur Daten klassifizieren, die durch eine gerade Linie (in zwei Dimensionen) oder eine Hyperebene (in höheren Dimensionen) getrennt werden können. Zur Veranschaulichung stellen Sie sich vor, Datenpunkte in einem Graphen zu plotten - wenn Sie eine einzelne gerade Linie ziehen können, die die verschiedenen Datenklassen perfekt trennt, dann ist das Problem linear separierbar und ein Perzeptron kann es lösen.

Viele reale Probleme sind jedoch nicht linear separierbar. Ein klassisches Beispiel dafür ist das **XOR-Problem**. Bei der XOR-Operation (exklusives ODER) ist das Ergebnis wahr, wenn sich die Eingaben unterscheiden, und falsch, wenn sie gleich sind. Werden diese Punkte in einem Graphen dargestellt, können sie nicht durch eine einzelne gerade Linie getrennt werden, wodurch es für ein einzelnes Perzeptron unmöglich ist, dieses Problem zu lösen.

Eingang 1	Eingang 2	Ausgang
0	0	0
0	1	1
1	0	1
1	1	0

Wenn diese Punkte in einem 2D-Graphen dargestellt werden, bilden sie ein Muster, das nicht durch eine einzelne gerade Linie getrennt werden kann.

Diese Einschränkung des Perzeptrons führte dazu, dass Forscher komplexere Architekturen entwickelten, die nicht-linear separierbare Probleme bewältigen konnten. Die bedeutendste dieser Entwicklungen war das **Multi-Layer-Perzeptron (MLP)**. Das MLP führt eine oder mehrere versteckte Schichten zwischen den Eingangs- und Ausgangsschichten ein, wodurch das Netzwerk komplexere, nicht-lineare Entscheidungsgrenzen lernen kann.

Durch das Stapeln mehrerer Perzeptron-Schichten und die Einführung nicht-linearer Aktivierungsfunktionen können MLPs jede stetige Funktion approximieren, wodurch sie in der Lage sind, eine breite Palette komplexer Probleme zu lösen, die einzelne Perzeptrone nicht bewältigen können. Diese Fähigkeit, bekannt als universeller Approximationssatz, bildet die Grundlage moderner Deep-Learning-Architekturen.

1.1.3 Multi-Layer-Perzeptron (MLP)

Das **Multi-Layer-Perzeptron (MLP)** ist eine hochentwickelte Erweiterung des einfachen Perzeptron-Modells, die dessen Einschränkungen durch die Integration versteckter Schichten überwindet. Diese Architektur ermöglicht es MLPs, komplexe, nicht-lineare Probleme zu bewältigen, die zuvor mit einschichtigen Perzeptronen unlösbar waren. Die Struktur eines MLP besteht aus drei verschiedenen Schichttypen, die jeweils eine entscheidende Rolle für die Lern- und Vorhersagefähigkeit des Netzwerks spielen:

- **Eingangsschicht**: Diese erste Schicht dient als Eingangspunkt für Daten in das neuronale Netzwerk. Sie empfängt die rohen Eingabemerkmale und leitet sie ohne Berechnungen an die nachfolgenden Schichten weiter. Die Anzahl der Neuronen in dieser Schicht entspricht typischerweise der Anzahl der Merkmale in den Eingabedaten.

- **Versteckte Schichten**: Diese Zwischenschichten sind der Kern der MLP-Leistungsfähigkeit. Sie führen Nicht-Linearität in das Netzwerk ein und ermöglichen es ihm, komplexe Muster und Beziehungen innerhalb der Daten zu lernen und darzustellen. Jede versteckte Schicht besteht aus mehreren Neuronen, die jeweils eine nicht-lineare Aktivierungsfunktion auf eine gewichtete Summe von Eingaben aus der vorherigen Schicht anwenden. Die Anzahl und Größe der versteckten Schichten kann variieren, wobei tiefere Netzwerke (mehr Schichten) im Allgemeinen komplexere Muster lernen können. Häufig verwendete Aktivierungsfunktionen in versteckten Schichten sind ReLU (Rectified Linear Unit), Sigmoid und Tanh.

- **Ausgangsschicht**: Die letzte Schicht des Netzwerks erzeugt die endgültige Vorhersage oder Klassifikation. Die Anzahl der Neuronen in dieser Schicht hängt von der spezifischen Aufgabe ab. Für binäre Klassifikation könnte ein einzelnes Neuron mit einer Sigmoid-Aktivierungsfunktion verwendet werden, während für Mehrklassen-Klassifikation mehrere Neuronen (oft mit einer Softmax-Aktivierung) eingesetzt würden. Für Regressionsaufgaben werden typischerweise lineare Aktivierungsfunktionen in der Ausgangsschicht verwendet.

Jede Schicht in einem MLP besteht aus mehreren Neuronen, auch als Knoten oder Einheiten bekannt. Diese Neuronen funktionieren ähnlich wie das ursprüngliche Perzeptron-Modell, indem sie gewichtete Summen ihrer Eingaben berechnen und eine Aktivierungsfunktion anwenden. Die vernetzte Struktur dieser Schichten und die Einführung nicht-linearer Aktivierungsfunktionen ermöglichen es MLPs jedoch, komplexe, nicht-lineare Funktionen zu approximieren.

Die Hinzufügung versteckter Schichten ist die zentrale Innovation, die es MLPs ermöglicht, komplexe Beziehungen innerhalb der Daten zu lernen und darzustellen. Diese Fähigkeit macht

MLPs besonders geeignet für die Lösung nicht-linearer Probleme wie das klassische XOR-Problem, an dem einschichtige Perzeptrone scheiterten. Beim XOR-Problem ist der Ausgang 1, wenn sich die Eingänge unterscheiden (0,1 oder 1,0), und 0, wenn sie gleich sind (0,0 oder 1,1).

Dieses Muster kann nicht durch eine einzelne gerade Linie getrennt werden, wodurch es für ein einfaches Perzeptron unmöglich ist, es zu lösen. Ein MLP mit mindestens einer versteckten Schicht kann jedoch die erforderliche nicht-lineare Entscheidungsgrenze lernen, um XOR-Eingaben korrekt zu klassifizieren.

Der Trainingsprozess eines MLP beinhaltet die Anpassung der Gewichte und Bias-Werte aller Neuronen über alle Schichten hinweg. Dies geschieht typischerweise mithilfe des Backpropagation-Algorithmus in Verbindung mit Optimierungstechniken wie dem Gradientenabstieg. Während des Trainings lernt das Netzwerk, die Differenz zwischen seinen Vorhersagen und den tatsächlichen Ausgaben zu minimieren, wobei es seine internen Repräsentationen schrittweise verfeinert, um die zugrunde liegenden Muster in den Daten zu erfassen.

Funktionsweise des mehrschichtigen Perzeptrons

In einem mehrschichtigen Perzeptron (MLP) fließen Daten durch mehrere miteinander verbundene Neuronenschichten, die jeweils eine entscheidende Rolle für die Lern- und Vorhersagefähigkeit des Netzwerks spielen. Betrachten wir diesen Prozess im Detail:

1. **Datenfluss:** Informationen fließen von der Eingangsschicht durch eine oder mehrere versteckte Schichten bis zur Ausgangsschicht. Jede Schicht besteht aus mehreren Neuronen, die die Daten verarbeiten und transformieren.

2. **Neuronale Berechnung:** Jedes Neuron im Netzwerk führt bestimmte Operationen durch: a) **Gewichtete Summe:** Es multipliziert jeden Eingang mit einem entsprechenden Gewicht und summiert diese Produkte. Diese Gewichte sind entscheidend, da sie die Bedeutung jedes Eingangs bestimmen. b) **Bias-Addition:** Ein Bias-Term wird zur gewichteten Summe addiert. Dies ermöglicht dem Neuron, seine Aktivierungsfunktion zu verschieben und bietet mehr Flexibilität beim Lernen. c) **Aktivierungsfunktion:** Das Ergebnis wird durch eine Aktivierungsfunktion geleitet, die Nicht-Linearität in das Modell einführt.

3. **Aktivierungsfunktionen:** Diese sind entscheidend für die Einführung von Nicht-Linearität und ermöglichen dem Netzwerk, komplexe Muster zu lernen. Die ReLU (Rectified Linear Unit) ist aufgrund ihrer Einfachheit und Effektivität eine beliebte Wahl für versteckte Schichten:

   o ReLU-Funktion: $f(x) = max(0, x)$

   o Sie gibt den Eingabewert direkt aus, wenn er positiv ist, andernfalls null.

   o Dies hilft, das Problem des verschwindenden Gradienten in tiefen Netzwerken zu mindern.

4. **Lernprozess:** Das Netzwerk lernt durch einen Prozess namens Backpropagation: a) Vorwärtsdurchlauf: Daten fließen durch das Netzwerk und generieren Vorhersagen. b) Fehlerberechnung: Die Differenz zwischen Vorhersagen und tatsächlichen Werten wird berechnet. c) Rückwärtsdurchlauf: Dieser Fehler wird rückwärts durch das Netzwerk propagiert. d) Gewichtsaktualisierungen: Die Gewichte und Bias-Werte werden angepasst, um den Fehler zu minimieren.

5. **Optimierung:** Gradientenabstieg wird häufig zur Optimierung des Netzwerks verwendet:

    o Er passt die Gewichte schrittweise in die Richtung an, die den Fehler reduziert.

    o Verschiedene Varianten wie Stochastischer Gradientenabstieg (SGD) oder Adam werden häufig für eine schnellere Konvergenz eingesetzt.

6. **Verlustfunktion:** Diese misst die Abweichung zwischen den Vorhersagen des Netzwerks und den wahren Werten. Das Ziel ist es, diese Funktion während des Trainings zu minimieren.

Durch diesen iterativen Prozess von Vorwärtspropagierung, Rückpropagierung und Optimierung lernt das MLP, zunehmend genaue Vorhersagen für die gegebene Aufgabe zu treffen.

Beispiel: Mehrschichtiges Perzeptron mit Scikit-learn

Verwenden wir Scikit-learn, um einen MLP-Klassifikator zur Lösung des XOR-Problems zu implementieren.

```python
import numpy as np
import matplotlib.pyplot as plt
from sklearn.neural_network import MLPClassifier
from sklearn.metrics import accuracy_score, confusion_matrix
from sklearn.model_selection import learning_curve

# XOR dataset
X = np.array([[0, 0], [0, 1], [1, 0], [1, 1]])
y = np.array([0, 1, 1, 0])  # XOR logic output

# Create MLP classifier
mlp = MLPClassifier(hidden_layer_sizes=(2,), max_iter=1000, activation='relu',
                    solver='adam', random_state=42, verbose=True)

# Train the MLP
mlp.fit(X, y)

# Make predictions
predictions = mlp.predict(X)

# Calculate accuracy
accuracy = accuracy_score(y, predictions)
```

```python
# Generate confusion matrix
cm = confusion_matrix(y, predictions)

# Plot decision boundary
def plot_decision_boundary(X, y, model):
    h = .02  # step size in the mesh
    x_min, x_max = X[:, 0].min() - .5, X[:, 0].max() + .5
    y_min, y_max = X[:, 1].min() - .5, X[:, 1].max() + .5
    xx, yy = np.meshgrid(np.arange(x_min, x_max, h),
                         np.arange(y_min, y_max, h))
    Z = model.predict(np.c_[xx.ravel(), yy.ravel()])
    Z = Z.reshape(xx.shape)
    plt.figure(figsize=(8, 6))
    plt.contourf(xx, yy, Z, cmap=plt.cm.RdYlBu, alpha=0.8)
    plt.scatter(X[:, 0], X[:, 1], c=y, cmap=plt.cm.RdYlBu, edgecolors='black')
    plt.xlabel('Input 1')
    plt.ylabel('Input 2')
    plt.title('MLP Decision Boundary for XOR Problem')
    plt.show()

plot_decision_boundary(X, y, mlp)

# Plot learning curve
train_sizes, train_scores, test_scores = learning_curve(
    mlp, X, y, cv=5, n_jobs=-1, train_sizes=np.linspace(.1, 1.0, 5))

plt.figure(figsize=(10, 6))
plt.plot(train_sizes, np.mean(train_scores, axis=1), 'o-', color="r", label="Training
score")
plt.plot(train_sizes, np.mean(test_scores, axis=1), 'o-', color="g", label="Cross-
validation score")
plt.xlabel("Training examples")
plt.ylabel("Score")
plt.title("Learning Curve for MLP on XOR Problem")
plt.legend(loc="best")
plt.show()

# Print results
print(f"Predictions: {predictions}")
print(f"Accuracy: {accuracy}")
print("Confusion Matrix:")
print(cm)
print("Model Parameters:")
print(f"Number of layers: {len(mlp.coefs_)}")
print(f"Number of neurons in each layer: {[len(layer) for layer in mlp.coefs_]}")
```

Dieses Codebeispiel bietet eine umfassende Implementierung und Visualisierung des mehrschichtigen Perzeptrons (MLP) zur Lösung des XOR-Problems.

Schauen wir uns die einzelnen Bestandteile an:

1. Importe und DatenvorbereitungWir importieren die erforderlichen Bibliotheken, darunter numpy für numerische Operationen, matplotlib für die Visualisierung und verschiedene Funktionen aus scikit-learn für den MLP-Klassifikator und Evaluierungsmetriken.

2. MLP-Erstellung und TrainingWir erstellen einen MLP-Klassifikator mit einer versteckten Schicht, die zwei Neuronen enthält. Die 'relu'-Aktivierungsfunktion und der 'adam'-Optimierer werden verwendet. Das Modell wird dann mit dem XOR-Datensatz trainiert.

3. Vorhersagen und AuswertungWir verwenden das trainierte Modell, um Vorhersagen für die Eingabedaten zu treffen und berechnen die Genauigkeit mithilfe der accuracy_score-Funktion von scikit-learn. Außerdem erstellen wir eine Konfusionsmatrix zur Visualisierung der Modellleistung.

4. Visualisierung der EntscheidungsgrenzeDie plot_decision_boundary-Funktion erstellt eine visuelle Darstellung davon, wie das MLP verschiedene Bereiche des Eingaberaums klassifiziert. Dies hilft zu verstehen, wie das Modell gelernt hat, die Klassen im XOR-Problem zu trennen.

5. LernkurveWir erstellen eine Lernkurve, die zeigt, wie sich die Leistung des Modells mit zunehmender Anzahl von Trainingsbeispielen verändert. Dies kann helfen zu erkennen, ob das Modell überanpasst oder von mehr Trainingsdaten profitieren könnte.

6. ErgebnisausgabeSchließlich geben wir verschiedene Ergebnisse aus, einschließlich der Vorhersagen, Genauigkeit, Konfusionsmatrix und Details zur Modellarchitektur.

Dieses umfassende Beispiel zeigt nicht nur, wie man ein MLP für das XOR-Problem implementiert, sondern bietet auch wertvolle Visualisierungen und Metriken zum Verständnis der Modellleistung und des Lernprozesses. Es ist ein hervorragender Ausgangspunkt für weitere Experimente mit neuronalen Netzen.

1.1.4. Die Macht des Deep Learning

Das **mehrschichtige Perzeptron (MLP)** dient als Grundstein von **Deep-Learning**-Modellen, die im Wesentlichen neuronale Netze mit zahlreichen versteckten Schichten sind. Diese Architektur ist der Grund für den Begriff "deep" im Deep Learning. Die Stärke des Deep Learning liegt in seiner Fähigkeit, zunehmend abstrakte und komplexe Datenrepräsentationen zu erstellen, während diese durch die Schichten des Netzwerks fließen.

Betrachten wir dies genauer:

Schichtarchitektur

In einem mehrschichtigen Perzeptron (MLP) dient jede versteckte Schicht als Baustein für Merkmalsextraktion und -repräsentation. Die erste versteckte Schicht lernt typischerweise, grundlegende Merkmale in den Eingabedaten zu identifizieren, während nachfolgende Schichten diese Merkmale fortschreitend kombinieren und verfeinern, um zunehmend komplexe und abstrakte Repräsentationen zu bilden. Diese hierarchische Struktur ermöglicht es dem Netzwerk, komplexe Muster und Beziehungen in den Daten zu erfassen.

Merkmalshierarchie

Mit zunehmender Tiefe des Netzwerks durch das Hinzufügen versteckter Schichten entwickelt es die Fähigkeit, eine komplexere Hierarchie von Merkmalen zu lernen. Dieser hierarchische Lernprozess ist besonders bei Bilderkennungsaufgaben deutlich:

- Die unteren Schichten des Netzwerks spezialisieren sich oft auf die Erkennung grundlegender visueller Elemente wie Kanten, Ecken und einfache geometrische Formen. Diese grundlegenden Merkmale dienen als Bausteine für komplexere Repräsentationen.

- Die mittleren Schichten des Netzwerks kombinieren diese elementaren Merkmale, um komplexere Muster, Texturen und rudimentäre Objekte zu erkennen. Diese Schichten können beispielsweise spezifische Texturen wie Fell oder Schuppen oder grundlegende Objektkomponenten wie Räder oder Fenster identifizieren.

- Die höheren Schichten des Netzwerks integrieren Informationen aus den vorherigen Schichten, um vollständige Objekte, komplexe Szenen oder sogar abstrakte Konzepte zu identifizieren. Diese Schichten können ganze Gesichter, Fahrzeuge oder Landschaften erkennen und sogar kontextuelle Beziehungen zwischen Objekten in einer Szene erfassen.

Abstraktion und Generalisierung

Der hierarchische Lernansatz der tiefen Netzwerke ermöglicht ihre Fähigkeit, effektiv auf neue, bisher ungesehene Daten zu generalisieren. Durch die automatische Extraktion relevanter Merkmale auf verschiedenen Abstraktionsebenen können diese Netzwerke zugrundeliegende Muster und Prinzipien identifizieren, die über die spezifischen Trainingsbeispiele hinausgehen.

Diese Fähigkeit reduziert den Bedarf an manueller Merkmalsextraktion erheblich, da das Netzwerk selbstständig lernt, die wichtigsten Charakteristika der Daten zu erkennen. Folglich können Deep-Learning-Modelle oft auf verschiedenen Datensätzen und in unterschiedlichen Kontexten gute Leistungen erbringen und zeigen robuste Generalisierungsfähigkeiten.

Nichtlineare Transformationen

Ein entscheidender Aspekt der Leistungsfähigkeit des MLP liegt in der Anwendung nichtlinearer Transformationen in jeder Schicht. Während Daten durch das Netzwerk fließen, wendet jedes Neuron eine Aktivierungsfunktion auf seine gewichtete Summe von Eingaben an und führt Nichtlinearität in das Modell ein.

Diese nichtlineare Verarbeitung ermöglicht es dem Netzwerk, komplexe, nichtlineare Beziehungen in den Daten zu approximieren und erlaubt es ihm, komplizierte Muster und

Abhängigkeiten zu erfassen, die lineare Modelle nicht darstellen könnten. Die Kombination mehrerer nichtlinearer Transformationen über die Schichten hinweg befähigt das MLP, hochkomplexe Funktionen zu modellieren und macht es fähig, ein breites Spektrum anspruchsvoller Probleme in verschiedenen Bereichen zu lösen.

Dieses schichtweise, hierarchische Lernen ist der Hauptgrund für den beispiellosen Erfolg des Deep Learning in verschiedenen Bereichen. In der Bilderkennung beispielsweise haben Deep-Learning-Modelle menschenähnliche Leistungen erreicht, indem sie gelernt haben, komplexe Muster wie Formen, Texturen und sogar komplexe Objekte zu erkennen. Ähnlich können Deep-Learning-Modelle in der Verarbeitung natürlicher Sprache Kontext und Nuancen in Texten verstehen, was zu Durchbrüchen in der maschinellen Übersetzung, Stimmungsanalyse und sogar Texterzeugung führt.

Die Fähigkeit des Deep Learning, automatisch relevante Merkmale aus Rohdaten zu lernen, hat viele Bereiche über die reine Bilderkennung hinaus revolutioniert, einschließlich Spracherkennung, autonomes Fahren, Medikamentenentdeckung und viele mehr. Diese Vielseitigkeit und Leistungsfähigkeit machen Deep Learning zu einem der spannendsten und sich am schnellsten entwickelnden Bereiche der künstlichen Intelligenz heute.

1.2 Backpropagation, Gradientenabstieg und Optimierer

Bei der Schulung eines neuronalen Netzes besteht das Hauptziel darin, die **Verlustfunktion** (auch als **Kostenfunktion** bezeichnet) zu minimieren. Diese Funktion dient als quantitatives Maß für die Abweichung zwischen den Vorhersagen des Netzes und den tatsächlichen Zielwerten und liefert damit eine entscheidende Kennzahl zur Bewertung der Modellleistung.

Der Kern des Trainingsprozesses liegt in der komplexen Aufgabe der Feinabstimmung der Gewichte und Verzerrungen des Modells. Diese präzise Anpassung ist wesentlich für die Verbesserung der Vorhersagegenauigkeit des Netzes im Laufe der Zeit. Um dies zu erreichen, nutzen neuronale Netze einen ausgefeilten Lernprozess, der auf zwei grundlegenden Techniken basiert: **Backpropagation** und **Gradientenabstieg**.

Diese leistungsstarken Algorithmen arbeiten zusammen, um die Parameter des Netzes iterativ zu verfeinern und ermöglichen es ihm dadurch, komplexe Muster und Zusammenhänge in den Daten zu erlernen. Durch die synergetische Anwendung dieser Techniken erlangen neuronale Netze ihre bemerkenswerte Fähigkeit, anspruchsvolle Probleme in verschiedenen Bereichen zu lösen.

1.2.1 Gradientenabstieg

Gradientenabstieg ist ein fundamentaler Optimierungsalgorithmus, der im maschinellen Lernen verwendet wird, um die Verlustfunktion durch iterative Verfeinerung der Modellparameter (Gewichte und Verzerrungen) zu minimieren. Dieser iterative Prozess steht im

Zentrum des Trainings neuronaler Netze und anderer maschineller Lernmodelle. Hier folgt eine detailliertere Erklärung der Funktionsweise des Gradientenabstiegs:

Initialisierung

Der Algorithmus beginnt mit der Zuweisung von Anfangswerten zu den Modellparametern (Gewichte und Verzerrungen). Dieser Schritt ist entscheidend, da er den Ausgangspunkt für den Optimierungsprozess bildet. In den meisten Fällen werden diese Anfangswerte zufällig gewählt, typischerweise aus einem kleinen Bereich um Null. Die zufällige Initialisierung hilft, Symmetrie zu durchbrechen und stellt sicher, dass verschiedene Neuronen unterschiedliche Merkmale lernen. Die Wahl der Initialisierungsmethode kann jedoch die Trainingsdynamik und die endgültige Leistung des Modells erheblich beeinflussen. Einige beliebte Initialisierungstechniken sind:

- Xavier/Glorot-Initialisierung: Entwickelt, um die gleiche Varianz von Aktivierungen und Gradienten über alle Schichten hinweg zu erhalten, was hilft, verschwindende oder explodierende Gradienten zu verhindern.

- He-Initialisierung: Ähnlich wie Xavier, aber optimiert für ReLU-Aktivierungsfunktionen.

- Gleichmäßige Initialisierung: Werte werden aus einer gleichmäßigen Verteilung innerhalb eines festgelegten Bereichs gezogen.

Der Initialisierungsschritt bereitet die Grundlage für die nachfolgenden Iterationen des Gradientenabstiegsalgorithmus und beeinflusst den Verlauf des Optimierungsprozesses sowie möglicherweise die Konvergenzgeschwindigkeit und die Qualität der endgültigen Lösung.

Vorwärtsdurchlauf

Das Modell verarbeitet die Eingabedaten durch seine Schichten, um Vorhersagen zu generieren. Dieser wichtige Schritt umfasst:

- Fortpflanzung der Eingabe durch jede Netzwerkschicht der Reihe nach

- Anwendung von Gewichten und Verzerrungen an jedem Neuron

- Verwendung von Aktivierungsfunktionen zur Einführung von Nichtlinearität

- Generierung von Ausgabewerten (Vorhersagen) basierend auf den aktuellen Parameterwerten

Während dieser Phase speichert das Netzwerk Zwischenwerte (Aktivierungen) in jeder Schicht, die für den nachfolgenden Backpropagation-Schritt wesentlich sind. Der Vorwärtsdurchlauf ermöglicht es dem Modell, die Eingabedaten in eine Vorhersage umzuwandeln und bereitet die Grundlage für die Bewertung und Verbesserung seiner Leistung.

Verlustberechnung

Die Verlustfunktion ist eine entscheidende Komponente im Trainingsprozess neuronaler Netze. Sie quantifiziert die Abweichung zwischen den Vorhersagen des Modells und den tatsächlichen Zielwerten und liefert ein numerisches Maß dafür, wie gut das Modell arbeitet. Diese Berechnung dient mehreren wichtigen Zwecken:

1. Leistungsbewertung: Der Verlustwert bietet eine konkrete Kennzahl zur Bewertung der Modellgenauigkeit. Ein niedrigerer Verlust zeigt an, dass die Vorhersagen des Modells näher an den wahren Werten liegen, während ein höherer Verlust auf eine schlechtere Leistung hindeutet.

2. Optimierungsziel: Das Hauptziel des Trainings ist die Minimierung dieser Verlustfunktion. Durch kontinuierliche Anpassung der Modellparameter zur Reduzierung des Verlusts verbessern wir die Vorhersagefähigkeiten des Modells.

3. Gradientenberechnung: Die Verlustfunktion wird verwendet, um Gradienten während der Backpropagation zu berechnen. Diese Gradienten zeigen an, wie die Modellparameter angepasst werden müssen, um den Verlust zu reduzieren.

4. Verfolgung des Lernfortschritts: Durch Überwachung des Verlusts im Zeitverlauf können wir den Lernfortschritt des Modells verfolgen und Probleme wie Überanpassung oder Unteranpassung erkennen.

Häufige Verlustfunktionen umfassen den mittleren quadratischen Fehler (MSE) für Regressionsaufgaben und Cross-Entropy-Verlust für Klassifikationsaufgaben. Die Wahl der Verlustfunktion hängt vom spezifischen Problem und dem gewünschten Verhalten des Modells ab.

Gradientenberechnung

Der Algorithmus berechnet den Gradienten der Verlustfunktion in Bezug auf jeden Parameter. Dieser Gradient repräsentiert die Richtung des steilsten Anstiegs im Verlust. Hier folgt eine detailliertere Erklärung:

1. Mathematische Definition: Der Gradient ist ein Vektor partieller Ableitungen der Verlustfunktion in Bezug auf jeden Parameter. Für eine Verlustfunktion $L(\theta)$ mit Parametern $\theta = (\theta_1, \theta_2, ..., \theta_n)$ ist der Gradient definiert als:

$$\nabla L(\theta) = (\partial L/\partial \theta_1, \partial L/\partial \theta_2, ..., \partial L/\partial \theta_n)$$

1. Interpretation: Jede Komponente des Gradienten zeigt an, wie stark sich der Verlust ändern würde, wenn wir eine kleine Änderung am entsprechenden Parameter vornehmen würden. Eine positive Gradientenkomponente bedeutet, dass eine Erhöhung dieses Parameters den Verlust erhöhen würde, während eine negative Komponente bedeutet, dass eine Erhöhung dieses Parameters den Verlust verringern würde.

2. Berechnungsmethode: Bei neuronalen Netzen werden Gradienten typischerweise mithilfe des Backpropagation-Algorithmus berechnet, der effizient Gradienten für alle Parameter berechnet, indem er den Fehler rückwärts durch das Netzwerk propagiert.

3. Bedeutung: Der Gradient ist entscheidend, da er die Informationen liefert, die benötigt werden, um die Parameter so zu aktualisieren, dass der Verlust reduziert wird. Indem wir uns in die entgegengesetzte Richtung des Gradienten bewegen, können wir Parameterwerte finden, die die Verlustfunktion minimieren.

Parameteraktualisierung

Dieser entscheidende Schritt beinhaltet die Anpassung der Modellparameter (Gewichte und Verzerrungen) in die entgegengesetzte Richtung des Gradienten, daher der Begriff **negativer Gradient**. Dieser kontraintuitive Ansatz ist grundlegend für den Optimierungsprozess, da unser Ziel die Minimierung der Verlustfunktion ist, nicht deren Maximierung. Indem wir uns gegen den Gradienten bewegen, steigen wir effektiv die Verlustlandschaft in Richtung niedrigerer Verlustwerte hinab.

Die Größe dieser Anpassung wird durch einen Hyperparameter namens **Lernrate** gesteuert. Die Lernrate bestimmt die Schrittgröße bei jeder Iteration auf dem Weg zum Minimum der Verlustfunktion. Es ist eine heikle Balance:

- Ist die Lernrate zu hoch, könnte der Algorithmus über das Minimum hinausschießen und möglicherweise zu divergentem Verhalten führen.

- Ist die Lernrate zu niedrig, schreitet das Training sehr langsam voran, und der Algorithmus könnte in einem lokalen Minimum stecken bleiben.

Mathematisch lässt sich die Aktualisierungsregel wie folgt ausdrücken:

$\theta\_new = \theta\_old - \eta * \nabla L(\theta)$

Wobei:

- θ einen Parameter (Gewicht oder Bias) repräsentiert

- η (eta) die Lernrate ist

- $\nabla L(\theta)$ der Gradient der Verlustfunktion in Bezug auf θ ist

Dieser Aktualisierungsprozess wird für alle Parameter im Netzwerk wiederholt und verfeinert dabei schrittweise die Fähigkeit des Modells, genaue Vorhersagen zu treffen. Die Kunst des Trainings neuronaler Netze liegt oft darin, die richtige Balance in diesem Parameteraktualisierungsschritt zu finden, durch sorgfältiges Abstimmen der Lernrate und möglicherweise durch den Einsatz fortgeschrittenerer Optimierungstechniken.

Iteration

Der Prozess des Gradientenabstiegs ist von Natur aus iterativ. Die Schritte 2-5 (Vorwärtsdurchlauf, Verlustberechnung, Gradientenberechnung und Parameteraktualisierung) werden mehrfach wiederholt, wobei jede Iteration die Modellparameter verfeinert. Diese Wiederholung wird fortgesetzt, bis eine von zwei Bedingungen erfüllt ist:

- Eine vordefinierte Anzahl von Iterationen ist erreicht: Der Algorithmus kann für eine bestimmte Anzahl von Zyklen ausgeführt werden, unabhängig vom erreichten Verlust.

- Ein Abbruchkriterium ist erfüllt: Dies könnte der Fall sein, wenn die Verluständerung zwischen den Iterationen unter einen bestimmten Schwellenwert fällt, was auf Konvergenz hinweist, oder wenn der Verlust ein zufriedenstellendes Niveau erreicht.

Die iterative Natur des Gradientenabstiegs ermöglicht es dem Modell, seine Leistung schrittweise zu verbessern und sich allmählich einem optimalen Parametersatz anzunähern. Jede Iteration bietet dem Modell die Möglichkeit, aus seinen Fehlern zu lernen und inkrementelle Anpassungen vorzunehmen, was letztendlich zu einem genaueren und zuverlässigeren neuronalen Netz führt.

Es ist wichtig zu beachten, dass der Gradientenabstieg möglicherweise zu einem lokalen Minimum statt zum globalen Minimum konvergiert, besonders in komplexen, nicht-konvexen Verlustlandschaften, die typisch für tiefe neuronale Netze sind. Verschiedene Techniken, wie die Verwendung unterschiedlicher Initialisierungen oder fortgeschrittenerer Optimierungsalgorithmen, werden häufig eingesetzt, um dieses Problem zu mildern und die Chancen zu verbessern, eine gute Lösung zu finden.

Wie der Gradientenabstieg funktioniert

Die Kernidee des Gradientenabstiegs besteht darin, den Gradienten (oder die Ableitung) der Verlustfunktion in Bezug auf die Gewichte des Modells zu berechnen. Dieser Gradient ist ein Vektor, der in die Richtung des steilsten Anstiegs der Verlustfunktion zeigt. Indem wir uns in die entgegengesetzte Richtung dieses Gradienten bewegen, können wir den Verlust effektiv reduzieren und die Leistung unseres Modells verbessern.

Der Gradientenabstiegsalgorithmus funktioniert wie folgt:

1. Gradienten berechnen: Berechne die partiellen Ableitungen der Verlustfunktion in Bezug auf jedes Gewicht im Modell.

2. Schrittgröße bestimmen: Die **Lernrate** ist ein entscheidender Hyperparameter, der die Größe jedes Schritts bestimmt, den wir in Richtung des negativen Gradienten machen. Sie fungiert als Skalierungsfaktor für den Gradienten.

3. Gewichte aktualisieren: Bewege die Gewichte in die entgegengesetzte Richtung des Gradienten, skaliert durch die Lernrate.

Die Gewichtsaktualisierungsregel für den Gradientenabstieg kann mathematisch ausgedrückt werden als:

$$w_new = w_old - \eta * \nabla L(w)$$

Wobei:

- **w_new** das aktualisierte Gewicht ist

- **w_old** das aktuelle Gewicht ist

- **η** (eta) die Lernrate ist

- **L** die Verlustfunktion ist

- **∇L(w)** der Gradient des Verlusts in Bezug auf das Gewicht ist

Die Lernrate spielt eine entscheidende Rolle im Optimierungsprozess:

- Wenn die Lernrate zu groß ist: Der Algorithmus kann zu große Schritte machen und möglicherweise über das Minimum der Verlustfunktion hinausschießen. Dies kann zu instabilem Training oder sogar zu Divergenz führen, bei der der Verlust steigt statt sinkt.

- Wenn die Lernrate zu klein ist: Der Algorithmus wird sehr kleine Aktualisierungen an den Gewichten vornehmen, was zu langsamer Konvergenz führt. Dies kann die Trainingszeit erheblich verlängern und dazu führen, dass die Optimierung in lokalen Minima stecken bleibt.

Die richtige Lernrate zu finden erfordert oft Experimente und Techniken wie Lernraten-Scheduling, bei dem die Lernrate während des Trainings angepasst wird, um die Konvergenz zu optimieren.

Arten des Gradientenabstiegs

1. Batch-Gradientenabstieg

Diese Methode aktualisiert die Gewichte mithilfe des Gradienten, der aus dem gesamten Datensatz in einer einzigen Iteration berechnet wird. Es ist ein grundlegender Ansatz in der Optimierung für neuronale Netze und maschinelle Lernmodelle. Hier ist eine detailliertere Erklärung:

Prozess: In jeder Iteration berechnet der Batch-Gradientenabstieg den Gradienten der Verlustfunktion in Bezug auf die Modellparameter unter Verwendung des gesamten Trainingsdatensatzes. Das bedeutet, er verarbeitet alle Trainingsbeispiele, bevor er eine einzige Aktualisierung der Modellgewichte vornimmt.

Vorteile:

- Genauigkeit: Er liefert eine präzisere Schätzung der Gradientenrichtung, da er alle Datenpunkte berücksichtigt.

- Stabilität: Der Optimierungspfad ist im Vergleich zu anderen Varianten generell gleichmäßiger und stabiler.

- Konvergenz: Bei konvexen Optimierungsproblemen garantiert er die Konvergenz zum globalen Minimum.

- Deterministisch: Bei gleichen Ausgangsbedingungen folgt er immer demselben Optimierungspfad.

Nachteile:

- Rechenaufwand: Er kann äußerst rechenintensiv sein, besonders bei großen Datensätzen, da der gesamte Datensatz in den Speicher geladen werden muss.

- Geschwindigkeit: Die Konvergenz kann langsam sein, insbesondere bei sehr großen Datensätzen, da pro Epoche nur eine Aktualisierung erfolgt.

- Speicheranforderungen: Bei sehr großen Datensätzen, die nicht in den Speicher passen, wird er unpraktisch oder unmöglich anzuwenden.

- Lokale Minima: Bei nicht-konvexen Problemen (häufig beim Deep Learning) kann er in lokalen Minima oder Sattelpunkten stecken bleiben.

Anwendungsfälle: Batch-Gradientenabstieg wird häufig in Szenarien eingesetzt, wo der Datensatz relativ klein ist und Rechenressourcen keine Einschränkung darstellen. Er ist besonders nützlich, wenn hohe Genauigkeit erforderlich ist und die Verlustlandschaft sich gut verhält.

Implementierungsüberlegung: In der Praxis wird reiner Batch-Gradientenabstieg aufgrund seiner Einschränkungen selten für große maschinelle Lernprobleme verwendet. Stattdessen werden häufiger Varianten wie Mini-Batch-Gradientenabstieg oder stochastischer Gradientenabstieg eingesetzt, da sie ein besseres Gleichgewicht zwischen Recheneffizienz und Optimierungseffektivität bieten.

2. Stochastischer Gradientenabstieg (SGD)

Der stochastische Gradientenabstieg ist eine Variante des Gradientenabstiegsalgorithmus, die bedeutende Vorteile in Bezug auf Recheneffizienz und Skalierbarkeit bietet. Im Gegensatz zum Batch-Gradientenabstieg, der den gesamten Datensatz verarbeitet, bevor er eine einzige Aktualisierung vornimmt, aktualisiert SGD die Modellparameter nach jedem einzelnen Trainingsbeispiel. Dieser Ansatz bietet mehrere wichtige Vorteile und Überlegungen:

Effizienz und Geschwindigkeit: SGD ist deutlich schneller als Batch-Gradientenabstieg, besonders bei großen Datensätzen. Durch häufigere Gewichtsaktualisierungen kann er schnelle Fortschritte in Richtung der optimalen Lösung machen und konvergiert oft in weniger Epochen.

Speichernutzung: SGD benötigt weniger Speicher, da er jeweils nur ein Beispiel verarbeitet, was ihn für große Datensätze geeignet macht, die möglicherweise nicht vollständig in den Speicher passen. Diese Eigenschaft ist besonders vorteilhaft in Szenarien mit begrenzten Rechenressourcen.

Online-Lernen: Die Fähigkeit, Parameter nach jedem Beispiel zu aktualisieren, macht SGD gut geeignet für Online-Learning-Szenarien, bei denen Daten als Strom eintreffen und sich das Modell kontinuierlich anpassen muss.

Verrauschte Aktualisierungen: SGD führt mehr Rauschen in den Optimierungsprozess ein, aufgrund der Varianz in den Gradienten, die aus einzelnen Proben berechnet werden. Dieses Rauschen kann sowohl Vor- als auch Nachteile haben:

- Entkommen aus lokalen Minima: Die zusätzliche Stochastizität kann dem Optimierer helfen, aus flachen lokalen Minima oder Sattelpunkten in der Verlustlandschaft zu entkommen, was potenziell zu besseren Lösungen führt.

- Unregelmäßige Konvergenz: Das Rauschen führt auch zu einem unregelmäßigeren Konvergenzpfad, wobei die Verlustfunktion im Vergleich zum Batch-Gradientenabstieg stärker schwankt.

Regularisierungseffekt: Das inhärente Rauschen in SGD kann als Form der Regularisierung wirken und möglicherweise die Fähigkeit des Modells verbessern, auf ungesehene Daten zu generalisieren. Dieser Effekt ähnelt dem Hinzufügen kleiner zufälliger Störungen zu den Gewichten, was Überanpassung verhindern kann.

Lernratensensitivität: SGD ist empfindlicher gegenüber der Wahl der Lernrate im Vergleich zu Batch-Methoden. Eine zu hohe Lernrate kann zu erheblichen Oszillationen führen, während eine zu niedrige zu langsamer Konvergenz führen kann.

Implementierungen und Variationen: In der Praxis verwenden viele Implementierungen einen Kompromiss zwischen reinem SGD und Batch-Gradientenabstieg, bekannt als Mini-Batch-Gradientenabstieg. Dieser Ansatz aktualisiert die Parameter nach der Verarbeitung einer kleinen Charge von Beispielen (z.B. 32 oder 64) und gleicht damit die Vorteile beider Methoden aus.

Das Verständnis dieser Eigenschaften von SGD ist entscheidend für die effektive Anwendung in verschiedenen maschinellen Lernaufgaben, insbesondere beim Deep Learning, wo die Optimierung großer neuronaler Netze rechenintensiv ist.

3. Mini-Batch Gradientenabstieg

Diese Methode schlägt eine Brücke zwischen Batch- und stochastischem Gradientenabstieg und bietet einen Kompromiss, der die Stärken beider Ansätze nutzt. Mini-Batch-Gradientenabstieg aktualisiert die Gewichte nach der Verarbeitung einer kleinen Teilmenge (Mini-Batch) von Trainingsbeispielen, typischerweise zwischen 32 und 256 Proben. Dieser Ansatz bietet eine differenziertere Optimierungsstrategie, die einige der Einschränkungen sowohl der Batch- als auch der stochastischen Methoden adressiert.

Funktionsweise des Mini-Batch-Gradientenabstiegs:

1. **Datenaufteilung:** Der Trainingsdatensatz wird in kleine Batches einer festen Größe (die Mini-Batch-Größe) aufgeteilt.

2. **Vorwärtsdurchlauf:** Für jeden Mini-Batch führt das Modell einen Vorwärtsdurchlauf durch und berechnet Vorhersagen für alle Proben im Batch.

3. **Verlustberechnung:** Der Verlust wird für den Mini-Batch durch Vergleich der Vorhersagen mit den tatsächlichen Zielwerten berechnet.

4. **Rückwärtsdurchlauf:** Die Gradienten des Verlusts in Bezug auf die Modellparameter werden mittels Backpropagation berechnet.

5. **Parameteraktualisierung:** Die Modellparameter werden basierend auf den berechneten Gradienten aktualisiert, typischerweise unter Verwendung eines Optimierungsalgorithmus wie SGD mit Momentum, RMSprop oder Adam.

6. **Iteration:** Die Schritte 2-5 werden für jeden Mini-Batch wiederholt, bis der gesamte Datensatz verarbeitet wurde, was eine Epoche abschließt.

7. **Epochen:** Mehrere Epochen werden üblicherweise durchgeführt, um die Modellparameter weiter zu verfeinern.

Vorteile des Mini-Batch-Gradientenabstiegs:

- Er reduziert die Varianz der Parameteraktualisierungen und führt zu einer stabileren Konvergenz. Durch die Verwendung einer Teilmenge der Daten liefert er eine zuverlässigere Schätzung des Gradienten als SGD, während er gleichzeitig rechnerisch effizienter ist als der Batch-Gradientenabstieg.

- Er kann hochoptimierte Matrixoperationen nutzen, was ihn rechnerisch effizient macht. Moderne Hardware, insbesondere GPUs, ist für die effiziente Durchführung von Matrixoperationen ausgelegt, und Mini-Batch-Verarbeitung passt gut zu diesen Optimierungen.

- Er ermöglicht größere Schrittweiten und führt oft zu schnellerer Konvergenz. Das reduzierte Rauschen in den Gradientenschätzungen ermöglicht aggressivere Lernraten, was den Optimierungsprozess potenziell beschleunigt.

- Er bietet einen guten Kompromiss zwischen der Genauigkeit des Batch-Gradientenabstiegs und der Geschwindigkeit von SGD. Mini-Batch-Gradientenabstieg kombiniert die Vorteile beider Methoden und bietet eine Balance zwischen Recheneffizienz und Optimierungseffektivität.

- Er ermöglicht eine bessere Nutzung von Mehrkern-Architekturen und GPU-Beschleunigung, da die Berechnungen für jeden Mini-Batch effektiv parallelisiert werden können.

- Er ermöglicht häufige Aktualisierungen der Modellparameter und bietet mehr Möglichkeiten für das Modell, zu einer guten Lösung zu konvergieren, besonders in den frühen Phasen des Trainings.

Mini-Batch-Gradientenabstieg ist die in der Praxis am häufigsten verwendete Variante, insbesondere in Deep-Learning-Anwendungen. Seine Fähigkeit, Recheneffizienz mit Optimierungseffektivität zu balancieren, macht ihn besonders gut geeignet für das Training großer neuronaler Netze mit umfangreichen Datensätzen. Die Wahl der Mini-Batch-Größe ist ein wichtiger Hyperparameter, der die Modellleistung und Trainingsdynamik erheblich beeinflussen kann und oft Experimente erfordert, um den optimalen Wert für ein bestimmtes Problem zu finden.

Beispiel: Gradientenabstieg für eine einfache Verlustfunktion in Python

Implementieren wir ein einfaches Beispiel des Gradientenabstiegs zur Minimierung einer quadratischen Verlustfunktion.

```python
import numpy as np
import matplotlib.pyplot as plt

def loss_function(w):
    """Quadratic loss function: f(w) = w^2"""
    return w**2

def gradient(w):
    """Derivative of the loss function: f'(w) = 2w"""
    return 2 * w

def gradient_descent(initial_w, learning_rate, n_iterations):
    """Perform gradient descent optimization"""
    w = initial_w
    weights = [w]
    losses = [loss_function(w)]

    for i in range(n_iterations):
        grad = gradient(w)
        w = w - learning_rate * grad
        weights.append(w)
        losses.append(loss_function(w))

    return weights, losses

def plot_results(weights, losses):
    """Plot the optimization results"""
    fig, (ax1, ax2) = plt.subplots(1, 2, figsize=(12, 5))

    # Plot loss curve
    ax1.plot(range(len(losses)), losses, marker='o')
    ax1.set_xlabel("Iteration")
    ax1.set_ylabel("Loss")
    ax1.set_title("Loss vs. Iteration")

    # Plot weight trajectory
    ax2.plot(range(len(weights)), weights, marker='o')
    ax2.set_xlabel("Iteration")
    ax2.set_ylabel("Weight")
    ax2.set_title("Weight vs. Iteration")
```

```
    plt.tight_layout()
    plt.show()

# Gradient Descent parameters
initial_w = 10
learning_rate = 0.1
n_iterations = 20

# Perform Gradient Descent
weights, losses = gradient_descent(initial_w, learning_rate, n_iterations)

# Plot results
plot_results(weights, losses)

print(f"Initial weight: {weights[0]:.2f}")
print(f"Final weight: {weights[-1]:.2f}")
print(f"Initial loss: {losses[0]:.2f}")
print(f"Final loss: {losses[-1]:.2f}")
```

Dieses Codebeispiel demonstriert die Gradientenabstiegsoptimierung für eine einfache quadratische Verlustfunktion.

Hier ist eine umfassende Aufschlüsselung des Codes:

1. Import-Anweisungen:

- numpy für numerische Operationen

- matplotlib.pyplot für die Ergebnisvisualisierung

2. Funktionsdefinitionen:

- loss_function(w): Definiert die quadratische Verlustfunktion f(w) = w^2. Diese einfache Funktion hat ein globales Minimum bei w = 0.

- gradient(w): Berechnet die Ableitung der Verlustfunktion, welche f'(w) = 2w für unsere quadratische Funktion ist.

- gradient_descent(initial_w, learning_rate, n_iterations): Implementiert den Gradientenabstiegsalgorithmus.

  o Initialisiert das Gewicht und speichert Anfangswerte

  o Iteriert n_iterations mal:

    ▪ Berechnet den Gradienten

    ▪ Aktualisiert das Gewicht mit der Formel: w_neu = w_alt - learning_rate * gradient

    ▪ Speichert das neue Gewicht und den entsprechenden Verlust

- o Gibt die Listen der Gewichte und Verluste für alle Iterationen zurück

- **plot_results(weights, losses):** Erstellt zwei Teilgrafiken zur Visualisierung des Optimierungsprozesses:

  - o Verlust vs. Iteration: Zeigt, wie der Verlust mit der Zeit abnimmt

  - o Gewicht vs. Iteration: Veranschaulicht die Entwicklung des Gewichts zum optimalen Wert

3. Hauptausführung:

- Legt die Hyperparameter fest: Anfangsgewicht, Lernrate und Anzahl der Iterationen

- Ruft die gradient_descent-Funktion auf, um die Optimierung durchzuführen

- Plottet die Ergebnisse mit der plot_results-Funktion

- Gibt die anfänglichen und finalen Gewichte und Verluste aus

Zentrale Konzepte:

- Gradientenabstieg: Der Algorithmus aktualisiert das Gewicht iterativ in die entgegengesetzte Richtung des Gradienten und bewegt sich schrittweise zum Minimum der Verlustfunktion.

- Lernrate: Dieser Parameter steuert die Schrittweite in jeder Iteration. Eine kleine Lernrate führt zu langsamer Konvergenz, während eine große zu Überschreitungen führen kann.

- Konvergenz: Die Grafiken zeigen, wie sowohl das Gewicht als auch der Verlust mit zunehmender Iteration konvergieren.

- Quadratische Funktion: In diesem einfachen Fall wissen wir, dass das globale Minimum bei w = 0 liegt. Der Algorithmus sollte sich diesem Wert annähern.

Dieses Beispiel bietet einen umfassenden Einblick in den Gradientenabstieg, einschließlich der Visualisierung des Optimierungsprozesses und zusätzlicher Ausgaben für ein besseres Verständnis. Es dient als gute Grundlage für die Erforschung komplexerer Optimierungsszenarien im maschinellen Lernen und Deep Learning.

1.2.2 Backpropagation

Backpropagation ist ein grundlegender Algorithmus beim Training neuronaler Netze, der verwendet wird, um die Gradienten der Verlustfunktion in Bezug auf die Gewichte und Biases zu berechnen. Es ist eine effiziente Erweiterung des Gradientenabstiegs, die speziell für mehrschichtige neuronale Netze entwickelt wurde und das Training tiefer Architekturen ermöglicht.

Wie Backpropagation funktioniert: Ein detaillierter Einblick

Backpropagation ist ein zweiphasiger Prozess, der effizient berechnet, wie jedes Gewicht im Netzwerk zum Gesamtfehler beiträgt. Betrachten wir diese Phasen:

- **Vorwärtsdurchlauf (Feedforward)**:

    o Die Eingabedaten werden in die Eingabeschicht des Netzwerks eingespeist.

    o Die Daten durchlaufen jede Schicht, wobei jedes Neuron seine gewichtete Summe berechnet und eine Aktivierungsfunktion anwendet.

    o In jeder Schicht werden die Zwischenwerte (Aktivierungen) gespeichert. Diese werden für den Rückwärtsdurchlauf entscheidend sein.

    o Die letzte Schicht erzeugt die Vorhersage oder Ausgabe des Netzwerks.

- **Rückwärtsdurchlauf (Fehlerfortpflanzung)**:

    o Der Fehler wird durch Vergleich der Netzwerkausgabe mit der gewünschten Ausgabe berechnet.

    o Beginnend bei der Ausgabeschicht berechnet der Algorithmus den Gradienten der Verlustfunktion in Bezug auf jedes Gewicht.

    o Diese Berechnung bewegt sich rückwärts durch das Netzwerk, Schicht für Schicht.

    o In jeder Schicht bestimmt der Algorithmus, wie stark jedes Gewicht zum Fehler beigetragen hat.

    o Die berechneten Gradienten werden dann verwendet, um die Gewichte mittels Gradientenabstieg oder einem anderen Optimierungsalgorithmus zu aktualisieren.

Die Kettenregel: Das Herzstück der Backpropagation

Backpropagation berechnet den Gradienten der Verlustfunktion effizient mithilfe der **Kettenregel** der Differentialrechnung. Dieses mathematische Prinzip ist entscheidend für das Verständnis der Funktionsweise von Backpropagation:

- Die Kettenregel ermöglicht uns die Berechnung der Ableitung einer zusammengesetzten Funktion.

- In einem neuronalen Netz ist die Verlustfunktion eine Komposition vieler Funktionen (eine für jede Schicht und Aktivierung).

- Durch Anwendung der Kettenregel können wir diese komplexe Funktion in einfachere Komponenten zerlegen.

- Diese Zerlegung ermöglicht es uns, den Gradienten in Bezug auf jedes Gewicht effizient zu berechnen, ohne die Ableitung der gesamten Funktion direkt berechnen zu müssen.

Die Effizienz der Backpropagation beruht auf ihrer Fähigkeit, diese Zwischenberechnungen wiederzuverwenden, während sie sich rückwärts durch das Netzwerk bewegt, was die Rechenkomplexität im Vergleich zu naiven Ansätzen erheblich reduziert.

Das Verständnis von Backpropagation ist entscheidend für jeden, der mit neuronalen Netzen arbeitet, da es das Rückgrat dafür bildet, wie diese leistungsfähigen Modelle aus Daten lernen und ihre Leistung im Laufe der Zeit verbessern.

Beispiel: Intuition zur Backpropagation

Um eine Intuition zu vermitteln, stellen Sie sich ein einfaches zweischichtiges neuronales Netz vor. Während des Vorwärtsdurchlaufs berechnen wir die gewichtete Summe der Eingaben und leiten das Ergebnis durch eine Aktivierungsfunktion (z.B. Sigmoid). Im Rückwärtsdurchlauf berechnen wir, wie die Änderung jedes Gewichts die Verlustfunktion beeinflusst und passen die Gewichte entsprechend an.

1.2.3 Optimierer in Neuronalen Netzen

Während der **klassische Gradientenabstieg** durchaus effektiv sein kann, steht er oft vor Herausforderungen wie langsamen Konvergenzraten oder der Gefahr, in lokalen Minima stecken zu bleiben. Diese Einschränkungen können die Gesamtleistung und Effizienz des Optimierungsprozesses beeinträchtigen. Um diese Probleme zu bewältigen und das Training neuronaler Netze zu verbessern, haben Forscher und Praktiker eine Vielzahl ausgefeilter Optimierungsalgorithmen entwickelt, die als **Optimierer** bekannt sind.

Diese fortschrittlichen Techniken bauen auf den grundlegenden Prinzipien des Gradientenabstiegs auf und modifizieren diese, indem sie innovative Ansätze einführen, um die Konvergenz zu beschleunigen, lokale Minima zu überwinden und sich an die komplexen Verlustlandschaften des Deep Learning anzupassen.

Durch die Integration zusätzlicher Mechanismen wie Momentum, adaptiver Lernraten und parameterspezifischer Updates zielen diese Optimierer darauf ab, die Schwächen des einfachen Gradientenabstiegs zu überwinden und robustere und effizientere Lösungen für das Training neuronaler Netze in verschiedenen Problemdomänen bereitzustellen.

Gängige Optimierer

1. Momentum

Momentum ist eine Optimierungstechnik, die neuronalen Netzen hilft, schneller und effizienter zu konvergieren. Dies wird erreicht, indem ein Bruchteil der vorherigen Gewichtsaktualisierung zur aktuellen Aktualisierung hinzugefügt wird. Dieser Ansatz bietet mehrere wichtige Vorteile:

- Glättung des Gradientenabstiegspfads: Durch die Einbeziehung von Informationen aus vorherigen Aktualisierungen hilft Momentum, die Optimierungstrajektorie zu glätten. Dies reduziert Oszillationen in Bereichen der Verlustlandschaft mit hoher Krümmung.

- Beschleunigte Konvergenz: Momentum ermöglicht es dem Optimierer, in Richtungen mit konsistentem Gradienten "Geschwindigkeit" aufzubauen und dadurch schneller zum Optimum zu gelangen.

- Überwindung lokaler Minima: Das angesammelte Momentum kann dem Optimierer helfen, kleine lokale Minima zu überwinden und potenziell bessere globale Lösungen zu finden.

Mathematisch lässt sich die Momentum-Aktualisierung wie folgt ausdrücken:

$v\_t = \gamma v\_{t-1} + \eta \nabla L(w)$ $w = w - v\_t$

Wobei:

- v_t die Geschwindigkeit zum Zeitpunkt t ist

- γ (gamma) der Momentum-Koeffizient ist, typischerweise zwischen 0,9 und 0,99

- η (eta) die Lernrate ist

- $\nabla L(w)$ der Gradient der Verlustfunktion in Bezug auf die Gewichte ist

Die Aktualisierung wird dann mit der berechneten Geschwindigkeit v_t durchgeführt. Diese Formulierung ermöglicht es dem Optimierer, ein "Gedächtnis" vergangener Gradienten zu bewahren, wodurch Oszillationen effektiv gedämpft und der Fortschritt in konsistenten Richtungen beschleunigt wird.

Beispiel: Implementierung eines Momentum-Optimierers

Implementieren wir einen Momentum-Optimierer von Grund auf und verwenden ihn zur Minimierung einer einfachen quadratischen Funktion. Dieses Beispiel wird helfen zu veranschaulichen, wie Momentum in der Praxis funktioniert.

```python
import numpy as np
import matplotlib.pyplot as plt

def quadratic_function(x):
    return x**2

def quadratic_gradient(x):
    return 2*x

def momentum_optimizer(start_x, learning_rate, momentum, num_iterations):
    x = start_x
    velocity = 0
    x_history, f_history = [x], [quadratic_function(x)]

    for _ in range(num_iterations):
        grad = quadratic_gradient(x)
        velocity = momentum * velocity - learning_rate * grad
        x = x + velocity
```

```
        x_history.append(x)
        f_history.append(quadratic_function(x))

    return x, x_history, f_history

# Set hyperparameters
start_x = 5.0
learning_rate = 0.1
momentum = 0.9
num_iterations = 50

# Run momentum optimizer
final_x, x_history, f_history = momentum_optimizer(start_x, learning_rate, momentum,
num_iterations)

# Plotting
plt.figure(figsize=(12, 5))
plt.subplot(1, 2, 1)
plt.plot(range(num_iterations + 1), x_history)
plt.title('x vs. Iteration')
plt.xlabel('Iteration')
plt.ylabel('x')

plt.subplot(1, 2, 2)
plt.plot(range(num_iterations + 1), f_history)
plt.title('f(x) vs. Iteration')
plt.xlabel('Iteration')
plt.ylabel('f(x)')

plt.tight_layout()
plt.show()

print(f"Final x: {final_x}")
print(f"Final f(x): {quadratic_function(final_x)}")
```

Code-Aufschlüsselung und Erläuterung:

1. Bibliotheken importieren:

   o Wir importieren NumPy für numerische Berechnungen und Matplotlib für die Visualisierung.

2. Definition der Zielfunktion und ihres Gradienten:

   o quadratic_function(x): Stellt unsere einfache Zielfunktion f(x) = x^2 dar.

   o quadratic_gradient(x): Berechnet den Gradienten der quadratischen Funktion, welcher 2x ist.

3. Implementierung des Momentum-Optimierers:

- o Die momentum_optimizer()-Funktion nimmt als Parameter den Anfangswert x, die Lernrate, den Momentum-Koeffizienten und die Anzahl der Iterationen.

- o Wir initialisieren die Geschwindigkeit mit 0.

- o In jeder Iteration:
    - Berechnen wir den Gradienten.
    - Aktualisieren die Geschwindigkeit: Geschwindigkeit = Momentum *Geschwindigkeit - Lernrate* Gradient
    - Aktualisieren x: x = x + Geschwindigkeit
    - Speichern x und f(x) für die Visualisierung.

4. Festlegen der Hyperparameter:

- o Wir legen den Anfangswert x, die Lernrate, den Momentum-Koeffizienten und die Anzahl der Iterationen fest.

5. Ausführen des Momentum-Optimierers:

- o Wir rufen die momentum_optimizer()-Funktion mit unseren Hyperparametern auf.

6. Ergebnisse visualisieren:

- o Wir erstellen zwei Teilgrafiken: eine für x vs. Iteration und eine für f(x) vs. Iteration.

- o Dies hilft zu visualisieren, wie x zum Minimum konvergiert und wie der Funktionswert abnimmt.

7. Ausgabe der Endergebnisse:

- o Wir geben den finalen x-Wert und den entsprechenden Funktionswert aus.

Dieses Beispiel zeigt, wie Momentum bei der Optimierung hilft, indem es Geschwindigkeit in Richtung konsistenter Gradienten aufbaut. Der Algorithmus minimiert die quadratische Funktion effizient und konvergiert zur optimalen Lösung (x = 0), wo f(x) minimal ist.

Die von diesem Code generierten Grafiken zeigen, wie sich x der 0 nähert und wie f(x) über die Iterationen abnimmt, was die Effektivität des Momentum-Optimierers bei der Minimierung der Zielfunktion veranschaulicht. Sie werden bemerken, dass die Trajektorie von x das Minimum zunächst überschießen kann, aber dann konvergiert, was ein charakteristisches Verhalten der momentumbasierten Optimierung ist.

2. RMSprop (Root Mean Square Propagation)

RMSprop ist ein adaptiver Lernraten-Optimierungsalgorithmus, der einige der Einschränkungen des einfachen Gradientenabstiegs adressiert. Er wurde von Geoffrey Hinton in seinem

Coursera-Kurs über neuronale Netze vorgestellt. Hier ist eine detailliertere Erklärung, wie RMSprop funktioniert:

1. Adaptive Lernraten: RMSprop passt die Lernrate für jeden Parameter individuell an. Das bedeutet, dass anstelle einer festen Lernrate für alle Parameter RMSprop eine separate Lernrate für jeden Parameter basierend auf den historischen Gradienteninformationen berechnet.

2. Gradientenskalierung: RMSprop reduziert die Lernrate für Parameter mit großen Gradienten und erhöht sie für Parameter mit kleinen Gradienten. Diese Skalierung hilft, den Lernprozess zu stabilisieren und verhindert ein Überschießen in Richtungen mit steilen Gradienten.

3. Gleitender Durchschnitt der quadrierten Gradienten: RMSprop führt einen gleitenden Durchschnitt der quadrierten Gradienten für jeden Parameter. Dieser gleitende Durchschnitt wird verwendet, um den aktuellen Gradienten zu normalisieren, was hilft, Oszillationen zu dämpfen und eine größere effektive Lernrate ermöglicht.

4. Mathematische Formulierung: Die Aktualisierungsregel für RMSprop lässt sich wie folgt ausdrücken: $v_t = \beta\, v_{t-1} + (1 - \beta)\, (\nabla L(w))^2 \quad w = w - \eta * \nabla L(w) / \sqrt{v_t + \varepsilon}$ Wobei v_t der gleitende Durchschnitt der quadrierten Gradienten ist, β die Zerfallsrate (typischerweise auf 0,9 gesetzt), η die Lernrate ist, $\nabla L(w)$ der aktuelle Gradient ist und ε eine kleine Konstante zur Vermeidung der Division durch Null ist.

5. Vorteile: Durch die Anpassung der Lernraten gewährleistet RMSprop eine schnellere Konvergenz, besonders in Szenarien mit spärlichen Gradienten oder beim Umgang mit nicht-stationären Zielfunktionen. Es hilft auch bei der Vermeidung des Vanishing-Gradient-Problems, das häufig in tiefen neuronalen Netzen auftritt.

6. Praktische Überlegungen: RMSprop ist besonders effektiv für rekurrente neuronale Netze (RNNs) und in Online- und nicht-stationären Umgebungen. Aufgrund seiner Fähigkeit, ein breites Spektrum von Optimierungslandschaften effizient zu handhaben, wird es in vielen Deep-Learning-Anwendungen häufig gegenüber einfachem Gradientenabstieg oder momentumbasierten Methoden bevorzugt.

Beispiel: Implementierung von RMSprop von Grund auf

Implementieren wir den RMSprop-Optimierer von Grund auf und verwenden ihn zur Minimierung einer einfachen quadratischen Funktion.

Dieses Beispiel wird helfen zu veranschaulichen, wie RMSprop in der Praxis funktioniert.

```
import numpy as np
import matplotlib.pyplot as plt

def quadratic_function(x):
    return x**2
```

```python
def quadratic_gradient(x):
    return 2*x

def rmsprop(start_x, learning_rate, beta, num_iterations):
    x = start_x
    x_history, f_history = [x], [quadratic_function(x)]
    v = 0
    epsilon = 1e-8

    for _ in range(num_iterations):
        grad = quadratic_gradient(x)
        v = beta * v + (1 - beta) * (grad**2)
        x = x - learning_rate * grad / (np.sqrt(v) + epsilon)
        x_history.append(x)
        f_history.append(quadratic_function(x))

    return x, x_history, f_history

# Set hyperparameters
start_x = 5.0
learning_rate = 0.1
beta = 0.9
num_iterations = 50

# Run RMSprop
final_x, x_history, f_history = rmsprop(start_x, learning_rate, beta, num_iterations)

# Plotting
plt.figure(figsize=(12, 5))
plt.subplot(1, 2, 1)
plt.plot(range(num_iterations + 1), x_history)
plt.title('x vs. Iteration')
plt.xlabel('Iteration')
plt.ylabel('x')

plt.subplot(1, 2, 2)
plt.plot(range(num_iterations + 1), f_history)
plt.title('f(x) vs. Iteration')
plt.xlabel('Iteration')
plt.ylabel('f(x)')

plt.tight_layout()
plt.show()

print(f"Final x: {final_x}")
print(f"Final f(x): {quadratic_function(final_x)}")
```

Code-Aufschlüsselung und Erklärung:

1. Bibliotheken importieren:

- o Wir importieren NumPy für numerische Berechnungen und Matplotlib für die Visualisierung.

2. Definition der Zielfunktion und ihres Gradienten:

   - o quadratic_function(x): Stellt unsere einfache Zielfunktion f(x) = x^2 dar.

   - o quadratic_gradient(x): Berechnet den Gradienten der quadratischen Funktion, welcher 2x ist.

3. Implementierung von RMSprop:

   - o Die rmsprop()-Funktion nimmt als Parameter den Anfangswert x, die Lernrate, Beta (Zerfallsrate) und die Anzahl der Iterationen.

   - o Wir initialisieren den gleitenden Durchschnitt der quadrierten Gradienten v mit 0.

   - o epsilon ist eine kleine Konstante zur Vermeidung der Division durch Null.

   - o In jeder Iteration:

     - ▪ Berechnen wir den Gradienten.

     - ▪ Aktualisieren den gleitenden Durchschnitt: $v = \beta\,v + (1 - \beta)\,(grad^2)$

     - ▪ Aktualisieren x: $x = x - \eta * grad / (\sqrt{v} + \varepsilon)$

     - ▪ Speichern x und f(x) für die Visualisierung.

4. Festlegen der Hyperparameter:

   - o Wir legen den Anfangswert x, die Lernrate, Beta und die Anzahl der Iterationen fest.

5. Ausführen von RMSprop:

   - o Wir rufen die rmsprop()-Funktion mit unseren Hyperparametern auf.

6. Ergebnisse visualisieren:

   - o Wir erstellen zwei Teilgrafiken: eine für x vs. Iteration und eine für f(x) vs. Iteration.

   - o Dies hilft zu visualisieren, wie x zum Minimum konvergiert und wie der Funktionswert abnimmt.

7. Ausgabe der Endergebnisse:

   - o Wir geben den finalen x-Wert und den entsprechenden Funktionswert aus.

Dieses Beispiel zeigt, wie RMSprop die Lernrate basierend auf dem gleitenden Durchschnitt der quadrierten Gradienten anpasst. Der Algorithmus minimiert die quadratische Funktion effizient und konvergiert zur optimalen Lösung (x = 0), wo f(x) minimal ist.

Die von diesem Code generierten Grafiken zeigen, wie sich x der 0 nähert und wie f(x) über die Iterationen abnimmt, was die Effektivität des RMSprop-Optimierers bei der Minimierung der Zielfunktion veranschaulicht.

3. Adam (Adaptive Moment Estimation)

Adam ist ein leistungsfähiger Optimierungsalgorithmus, der die Vorteile von Momentum und RMSprop kombiniert und damit zu einer der beliebtesten Optionen für das Training tiefer neuronaler Netze geworden ist. Hier folgt eine detailliertere Erklärung, wie Adam funktioniert:

1. Adaptive Lernraten: Wie RMSprop berechnet Adam adaptive Lernraten für jeden Parameter. Dies ermöglicht dem Optimierer, die Schrittweite für jedes Gewicht individuell anzupassen, was zu effizienteren Aktualisierungen führt.

2. Integration von Momentum und RMSprop: Adam verwaltet zwei gleitende Durchschnitte:

   o m_t: Ein gleitender Durchschnitt des Gradienten (ähnlich wie Momentum)

   o v_t: Ein gleitender Durchschnitt des quadrierten Gradienten (ähnlich wie RMSprop)

3. Bias-Korrektur: Adam enthält Bias-Korrekturterme für sowohl m_t als auch v_t, was hilft, der Initialisierungsverzerrung gegen Null entgegenzuwirken, besonders während der anfänglichen Trainingsschritte.

4. Aktualisierungsregel: Die Adam-Aktualisierungsregel lässt sich wie folgt ausdrücken: $m_t = \beta1\, m_{t-1} + (1 - \beta1)\, \nabla L(w)$ $v_t = \beta2\, v_{t-1} + (1 - \beta2)\, (\nabla L(w))^2$ $\hat{m}_t = m_t / (1 - \beta1^t)$ $\hat{v}_t = v_t / (1 - \beta2^t)$ $w = w - \eta * \hat{m}_t / (\sqrt{\hat{v}_t} + \varepsilon)$ Wobei $\beta1$ und $\beta2$ Zerfallsraten für die gleitenden Durchschnitte sind, η die Lernrate ist und ε eine kleine Konstante zur Vermeidung der Division durch Null ist.

5. Vorteile:

   o Kombiniert die Vorteile von Momentum (Umgang mit spärlichen Gradienten) und RMSprop (Umgang mit nicht-stationären Zielfunktionen)

   o Konvergiert oft schneller und zu besseren Lösungen im Vergleich zu anderen Optimierern

   o Funktioniert gut mit einer Vielzahl von neuronalen Netzarchitekturen und Problemtypen

   o Benötigt wenig Speicher und ist rechnerisch effizient

Durch die Nutzung dieser ausgefeilten Techniken erzielt Adam oft überlegene Leistungen beim Training tiefer neuronaler Netze, was ihn zur bevorzugten Wahl vieler Praktiker im Bereich des maschinellen Lernens und der künstlichen Intelligenz macht.

Beispiel: Verwendung des Adam-Optimierers in Scikit-learn

Lassen Sie uns unser Multi-Layer-Perceptron-Beispiel aus dem vorherigen Abschnitt überarbeiten und den **Adam-Optimierer** für das Training des Netzwerks verwenden.

```python
import numpy as np
import matplotlib.pyplot as plt
from sklearn.neural_network import MLPClassifier
from sklearn.model_selection import train_test_split
from sklearn.metrics import accuracy_score, confusion_matrix

# XOR dataset
X = np.array([[0, 0], [0, 1], [1, 0], [1, 1]])
y = np.array([0, 1, 1, 0])  # XOR logic output

# Split the data into training and testing sets
X_train, X_test, y_train, y_test = train_test_split(X, y, test_size=0.2,
random_state=42)

# Create MLP classifier with Adam optimizer
mlp = MLPClassifier(hidden_layer_sizes=(4, 2), max_iter=1000, solver='adam',
                    activation='relu', random_state=42, learning_rate_init=0.01)

# Train the model
mlp.fit(X_train, y_train)

# Make predictions
y_pred = mlp.predict(X_test)

# Calculate accuracy
accuracy = accuracy_score(y_test, y_pred)
print(f"Accuracy: {accuracy:.2f}")

# Display confusion matrix
cm = confusion_matrix(y_test, y_pred)
print("Confusion Matrix:")
print(cm)

# Visualize decision boundary
x_min, x_max = X[:, 0].min() - 0.5, X[:, 0].max() + 0.5
y_min, y_max = X[:, 1].min() - 0.5, X[:, 1].max() + 0.5
xx, yy = np.meshgrid(np.arange(x_min, x_max, 0.02),
                     np.arange(y_min, y_max, 0.02))
Z = mlp.predict(np.c_[xx.ravel(), yy.ravel()])
Z = Z.reshape(xx.shape)

plt.figure(figsize=(8, 6))
```

```
plt.contourf(xx, yy, Z, alpha=0.8, cmap=plt.cm.RdYlBu)
plt.scatter(X[:, 0], X[:, 1], c=y, cmap=plt.cm.RdYlBu, edgecolor='black')
plt.xlabel('Feature 1')
plt.ylabel('Feature 2')
plt.title('MLP Decision Boundary for XOR Problem')
plt.show()

# Plot learning curve
plt.figure(figsize=(10, 5))
plt.plot(mlp.loss_curve_)
plt.title('MLP Learning Curve')
plt.xlabel('Iterations')
plt.ylabel('Loss')
plt.show()
```

Code-Aufschlüsselung:

1. Bibliotheken importieren:

    o   Wir importieren NumPy für numerische Operationen, Matplotlib für die Visualisierung und verschiedene Module aus Scikit-learn für Machine-Learning-Aufgaben.

2. XOR-Datensatz erstellen:

    o   Wir definieren das XOR-Problem mit Eingabe X und entsprechender Ausgabe y.

    o   Die XOR-Funktion gibt 1 zurück, wenn die Eingaben unterschiedlich sind, und 0, wenn sie gleich sind.

3. Daten aufteilen:

    o   Wir verwenden train_test_split, um unsere Daten in Trainings- und Testsets aufzuteilen.

    o   Dies ermöglicht uns, die Leistung unseres Modells an ungesehenen Daten zu evaluieren.

4. MLP-Klassifizierer erstellen und konfigurieren:

    o   Wir initialisieren einen MLPClassifier mit zwei versteckten Schichten (4 und 2 Neuronen).

    o   Wir setzen den Solver auf 'adam', was dem Adam-Optimierer entspricht.

    o   Die Aktivierungsfunktion wird auf 'relu' (Rectified Linear Unit) gesetzt.

    o   Wir legen eine Lernrate und einen Random State für Reproduzierbarkeit fest.

5. Modell trainieren:

- o Wir verwenden die fit-Methode, um unser Modell mit den Trainingsdaten zu trainieren.

6. Vorhersagen treffen und Leistung evaluieren:
    - o Wir nutzen das trainierte Modell, um Vorhersagen für den Testdatensatz zu treffen.
    - o Wir berechnen und geben die Genauigkeit unseres Modells aus.
    - o Wir erstellen und zeigen auch eine Konfusionsmatrix, um die detaillierte Leistung zu sehen.

7. Entscheidungsgrenze visualisieren:
    - o Wir erstellen ein Gitter, das den gesamten Eingaberaum abdeckt.
    - o Wir verwenden das trainierte Modell, um die Klasse für jeden Punkt im Gitter vorherzusagen.
    - o Wir visualisieren die Entscheidungsgrenze mit contourf und streuen die ursprünglichen Datenpunkte ein.

8. Lernkurve darstellen:
    - o Wir zeichnen die Verlustkurve über die Iterationen, um zu visualisieren, wie der Verlust des Modells während des Trainings abnimmt.
    - o Dies hilft zu verstehen, ob das Modell effektiv lernt oder ob es zu Über- oder Unteranpassung kommt.

Dieses Beispiel bietet einen umfassenden Einblick in die Verwendung des Adam-Optimierers mit einem Multi-Layer-Perceptron für das XOR-Problem. Es umfasst Datenaufteilung, Modellevaluierung und Visualisierungstechniken, die für das Verständnis und die Interpretation der Modellleistung entscheidend sind.

1.3 Überanpassung, Unteranpassung und Regularisierungstechniken

Beim Training eines neuronalen Netzes ist es entscheidend, das richtige Gleichgewicht zwischen Modellkomplexität und Generalisierung zu finden. Dieses Gleichgewicht liegt zwischen zwei Extremen: **Unteranpassung** und **Überanpassung**. Unteranpassung tritt auf, wenn einem Modell die notwendige Komplexität fehlt, um die zugrundeliegenden Muster in den Daten zu erfassen, was zu schlechter Leistung sowohl bei Trainings- als auch bei Testdatensätzen führt.

Im Gegensatz dazu tritt Überanpassung auf, wenn ein Modell übermäßig komplex wird und die Störungen und Besonderheiten der Trainingsdaten auswendig lernt, anstatt generalisierbare

Muster zu erkennen. Dies führt zu hervorragenden Ergebnissen beim Trainingsdatensatz, aber zu schlechten Resultaten bei der Anwendung auf neue, ungesehene Daten.

Um diese Herausforderungen zu bewältigen und die Generalisierungsfähigkeit eines Modells zu verbessern, setzen Machine-Learning-Praktiker verschiedene **Regularisierungstechniken** ein. Diese Methoden zielen darauf ab, übermäßig komplexe Modelle zu beschränken oder zu bestrafen und reduzieren damit das Risiko der Überanpassung und verbessern die Leistung des Modells bei ungesehenen Daten.

Dieser Abschnitt befasst sich eingehend mit den Feinheiten von Unteranpassung, Überanpassung und Regularisierung, erkundet die zugrundeliegenden Konzepte und stellt effektive Strategien vor, um diese Probleme beim Training neuronaler Netze zu minimieren.

1.3.1. Überanpassung

Überanpassung ist eine häufige Herausforderung im maschinellen Lernen, bei der ein Modell übermäßig komplex wird und nicht nur die zugrundeliegenden Muster in den Daten, sondern auch das Rauschen und zufällige Schwankungen im Trainingsdatensatz lernt. Dieses Phänomen führt dazu, dass ein Modell außergewöhnlich gut mit den Trainingsdaten arbeitet, aber nicht effektiv auf neue, ungesehene Daten verallgemeinern kann. Im Wesentlichen "memoriert" das Modell die Trainingsdaten, anstatt verallgemeinerbare Muster zu lernen.

Die Folgen der Überanpassung können schwerwiegend sein. Während das Modell bei den Trainingsdaten möglicherweise eine hohe Genauigkeit erreicht, kann seine Leistung bei Testdaten oder in realen Anwendungen deutlich schlechter sein. Diese Diskrepanz zwischen Training- und Testleistung ist ein wichtiger Indikator für Überanpassung.

Ursachen der Überanpassung

Überanpassung tritt typischerweise aufgrund mehrerer Faktoren auf:

1. Modellkomplexität

Die Komplexität eines Modells im Verhältnis zur Menge und Art der Trainingsdaten ist ein entscheidender Faktor bei der Überanpassung. Wenn ein Modell zu komplex wird, kann dies zu einer Überanpassung führen, indem es Rauschen und irrelevante Muster in den Daten erfasst. Dies zeigt sich besonders deutlich bei neuronalen Netzen, wo eine übermäßige Anzahl von Schichten oder Neuronen dem Modell eine unnötige Kapazität verleiht, die Trainingsdaten zu memorieren, anstatt verallgemeinerbare Muster zu lernen.

Betrachten wir zum Beispiel einen Datensatz mit 100 Proben und ein neuronales Netz mit 1000 Neuronen. Dieses Modell hat weitaus mehr Parameter als Datenpunkte, wodurch es potenziell jeden einzelnen Datenpunkt memorieren kann, anstatt die zugrundeliegenden Muster zu lernen. Infolgedessen kann das Modell bei den Trainingsdaten außergewöhnlich gut abschneiden, versagt aber bei der Verallgemeinerung auf neue, ungesehene Daten.

Der Zusammenhang zwischen Modellkomplexität und Überanpassung lässt sich durch den Bias-Varianz-Trade-off verstehen. Mit zunehmender Modellkomplexität nimmt der Bias (Fehler durch Übervereinfachung) ab, aber die Varianz (Fehler durch Empfindlichkeit gegenüber kleinen Schwankungen im Trainingsdatensatz) steigt. Das Ziel ist es, das optimale Gleichgewicht zu finden, bei dem das Modell komplex genug ist, um die wahren Muster in den Daten zu erfassen, aber nicht so komplex, dass es das Rauschen mitlernt.

Um Überanpassung aufgrund übermäßiger Modellkomplexität zu minimieren, können mehrere Strategien eingesetzt werden:

- Reduzierung der Anzahl von Schichten oder Neuronen in neuronalen Netzen

- Verwendung von Regularisierungstechniken wie L1- oder L2-Regularisierung

- Implementierung von Dropout zur Vermeidung übermäßiger Abhängigkeit von bestimmten Neuronen

- Einsatz von frühem Stoppen zur Vermeidung übermäßiger Trainingsiterationen

Durch sorgfältiges Management der Modellkomplexität können wir Modelle entwickeln, die gut auf neue Daten verallgemeinern und dabei die wesentlichen Muster im Trainingsdatensatz erfassen.

2. Begrenzte Daten

Kleine Datensätze stellen eine erhebliche Herausforderung im maschinellen Lernen dar, insbesondere für komplexe Modelle wie neuronale Netze. Wenn ein Modell mit einer begrenzten Datenmenge trainiert wird, hat es möglicherweise nicht genug Beispiele, um die wahren zugrundeliegenden Muster und Beziehungen in den Daten genau zu lernen. Diese Knappheit an verschiedenartigen Beispielen kann zu mehreren Problemen führen:

Überanpassung an Rauschen: Bei begrenzten Daten kann das Modell beginnen, die zufälligen Schwankungen oder das Rauschen im Trainingsdatensatz anzupassen und diese Anomalien für bedeutungsvolle Muster halten. Dies kann zu einem Modell führen, das bei den Trainingsdaten außergewöhnlich gut abschneidet, aber bei der Verallgemeinerung auf neue, ungesehene Daten versagt.

Mangelnde Repräsentation: Kleine Datensätze repräsentieren möglicherweise nicht ausreichend die volle Bandbreite der Variabilität im Problemraum. Infolgedessen lernt das Modell möglicherweise verzerrte oder unvollständige Darstellungen der zugrundeliegenden Muster, was zu schlechter Leistung bei Datenpunkten führt, die sich deutlich von denen im Trainingsdatensatz unterscheiden.

Instabilität beim Lernen: Begrenzte Daten können Instabilität im Lernprozess verursachen, bei der kleine Änderungen im Trainingsdatensatz zu großen Änderungen in der Modellleistung führen. Diese Volatilität erschwert es, konsistente und zuverlässige Ergebnisse zu erzielen.

Irreführende Leistungsmetriken: Bei der Bewertung eines mit begrenzten Daten trainierten Modells können Leistungsmetriken auf dem Trainingsdatensatz irreführend sein. Das Modell erreicht möglicherweise eine hohe Genauigkeit auf diesem kleinen Datensatz, kann diese

Leistung aber nicht aufrechterhalten, wenn es auf eine breitere Population oder reale Szenarien angewendet wird.

Schwierigkeiten bei der Validierung: Bei einem kleinen Datensatz wird es schwierig, repräsentative Train-Test-Splits zu erstellen oder eine robuste Kreuzvalidierung durchzuführen. Dies kann es erschweren, die wahren Generalisierungsfähigkeiten des Modells genau zu beurteilen.

Um diese Probleme zu mindern, werden Techniken wie Datenerweiterung, Transfer Learning und sorgfältige Regularisierung beim Arbeiten mit begrenzten Datensätzen entscheidend. Zusätzlich kann das Sammeln von vielfältigeren und repräsentativeren Daten, wenn möglich, die Fähigkeit eines Modells, wahre zugrundeliegende Muster zu lernen und effektiv zu verallgemeinern, erheblich verbessern.

3. Verrauschte Daten

Das Vorhandensein von Rauschen oder Fehlern in Trainingsdaten kann die Generalisierungsfähigkeit eines Modells erheblich beeinträchtigen. Rauschen in Daten bezieht sich auf zufällige Schwankungen, Ungenauigkeiten oder irrelevante Informationen, die nicht die tatsächlichen zugrundeliegenden Muster repräsentieren. Wenn ein Modell mit verrauschten Daten trainiert wird, kann es diese Unregelmäßigkeiten fälschlicherweise als bedeutungsvolle Muster interpretieren, was zu mehreren Problemen führt:

Fehlinterpretation von Mustern: Das Modell könnte lernen, sich an das Rauschen anzupassen, anstatt an die tatsächlichen zugrundeliegenden Beziehungen in den Daten. Dies kann zu Scheinkorrelationen und falschen Erkenntnissen führen.

Reduzierte Generalisierung: Durch die Anpassung an Rauschen wird das Modell weniger fähig, auf neue, ungesehene Daten zu generalisieren. Es kann zwar gute Leistungen auf dem verrauschten Trainingsdatensatz zeigen, schafft es aber nicht, diese Leistung bei sauberen Testdaten oder in realen Anwendungen aufrechtzuerhalten.

Erhöhte Komplexität: Um Rauschen zu berücksichtigen, kann das Modell unnötig komplex werden, indem es versucht, jeden Datenpunkt einschließlich Ausreißer und Fehler zu erklären. Diese erhöhte Komplexität kann zu Überanpassung führen.

Inkonsistente Leistung: Verrauschte Daten können Instabilität in der Modellleistung verursachen. Kleine Änderungen in den Eingabedaten können zu unverhältnismäßig großen Änderungen in der Ausgabe führen, wodurch das Modell unzuverlässig wird.

Um die Auswirkungen verrauschter Daten zu minimieren, können mehrere Strategien eingesetzt werden:

- Datenbereinigung: Sorgfältige Vorverarbeitung der Daten zur Entfernung oder Korrektur offensichtlicher Fehler und Ausreißer.

- Robuste Verlustfunktionen: Verwendung von Verlustfunktionen, die weniger empfindlich gegenüber Ausreißern sind, wie Huber-Loss oder Log-Cosh-Loss.

- Ensemble-Methoden: Kombination mehrerer Modelle, um die Auswirkungen von Rauschen auf einzelne Modelle auszugleichen.

- Kreuzvalidierung: Einsatz gründlicher Kreuzvalidierungstechniken, um sicherzustellen, dass die Modellleistung über verschiedene Teilmengen der Daten hinweg konsistent ist.

Durch die Bewältigung der Herausforderung verrauschter Daten können wir Modelle entwickeln, die robuster, zuverlässiger und fähiger sind, echte zugrundeliegende Muster zu erfassen, anstatt sich an Rauschen und Fehler im Trainingsdatensatz anzupassen.

4. Übermäßiges Training Training eines Modells über einen längeren Zeitraum ohne geeignete Stoppkriterien kann zu Überanpassung führen. Dieses Phänomen, bekannt als "Übertraining", tritt auf, wenn das Modell seine Parameter weiter auf den Trainingsdaten optimiert, lange nachdem es die wahren zugrundeliegenden Muster gelernt hat. Infolgedessen beginnt das Modell, das Rauschen und die Besonderheiten des Trainingsdatensatzes zu memorieren, anstatt aus den Daten zu generalisieren.

Die Folgen übermäßigen Trainings sind vielfältig:

- Verminderte Generalisierung: Je länger das Training andauert, desto stärker wird das Modell auf die Trainingsdaten zugeschnitten und verliert möglicherweise seine Fähigkeit, gut mit ungesehenen Daten umzugehen.

- Erhöhte Empfindlichkeit gegenüber Rauschen: Mit der Zeit kann das Modell beginnen, zufällige Schwankungen oder Rauschen in den Trainingsdaten als bedeutungsvolle Muster zu interpretieren, was zu schlechter Leistung in realen Szenarien führt.

- Rechnerische Ineffizienz: Das Weitertraining eines Modells über den Punkt optimaler Leistung hinaus verschwendet Rechenressourcen und Zeit.

Dieses Problem ist besonders problematisch, wenn keine Techniken zur Verhinderung von Übertraining eingesetzt werden, wie zum Beispiel:

- Frühzeitiges Stoppen: Diese Technik überwacht die Leistung des Modells auf einem Validierungsdatensatz während des Trainings und stoppt den Prozess, wenn die Leistung beginnt sich zu verschlechtern, wodurch Übertraining effektiv verhindert wird.

- Kreuzvalidierung: Durch das Training und die Evaluierung des Modells auf verschiedenen Teilmengen der Daten bietet die Kreuzvalidierung eine robustere Bewertung der Modellleistung und hilft zu erkennen, wann weiteres Training nicht mehr vorteilhaft ist.

Um die Risiken übermäßigen Trainings zu minimieren, ist es entscheidend, diese Techniken zu implementieren und die Leistung des Modells sowohl auf Trainings- als auch auf Validierungsdatensätzen während des Trainingsprozesses regelmäßig zu überwachen. Dieser

Ansatz stellt sicher, dass das Modell optimale Leistung erreicht, ohne sich an die Trainingsdaten überzuanpassen.

5. Mangelnde Regularisierung

Ohne angemessene Regularisierungstechniken neigen Modelle (besonders komplexe) stärker zu Überanpassung, da während des Trainingsprozesses keine Einschränkungen ihrer Komplexität vorliegen. Regularisierung fungiert als eine Form der Komplexitätskontrolle und verhindert, dass das Modell zu kompliziert wird und sich an das Rauschen in den Daten anpasst. Hier ist eine detailliertere Erklärung:

Regularisierungstechniken führen zusätzliche Einschränkungen oder Strafen in die Zielfunktion des Modells ein und hindern es daran, übermäßig komplexe Muster zu lernen. Diese Methoden helfen dabei, ein Gleichgewicht zwischen guter Anpassung an die Trainingsdaten und der Fähigkeit zur Generalisierung auf ungesehene Daten zu finden. Einige gängige Regularisierungstechniken sind:

- L1- und L2-Regularisierung: Diese fügen Strafen basierend auf der Größe der Modellparameter hinzu und fördern einfachere Modelle.

- Dropout: Deaktiviert zufällig Neuronen während des Trainings und zwingt das Netzwerk dadurch, robustere Merkmale zu lernen.

- Frühzeitiges Stoppen: Beendet das Training, wenn die Leistung auf einem Validierungsdatensatz beginnt sich zu verschlechtern, und verhindert so Überlernen.

- Datenerweiterung: Erhöht künstlich die Vielfalt des Trainingsdatensatzes und reduziert die Tendenz des Modells, spezifische Beispiele auswendig zu lernen.

Ohne diese Regularisierungstechniken haben komplexe Modelle die Freiheit, ihre Parameter so anzupassen, dass sie perfekt zu den Trainingsdaten passen, einschließlich jeglichen Rauschens und Ausreißern. Dies führt oft zu schlechter Generalisierung auf neue, ungesehene Daten. Durch die Implementierung geeigneter Regularisierung können wir das Modell dahin lenken, allgemeinere, robustere Muster zu lernen, die wahrscheinlich über verschiedene Datensätze hinweg gut funktionieren.

Das Verständnis dieser Ursachen ist entscheidend für die Implementierung effektiver Strategien zur Verhinderung von Überanpassung und zur Entwicklung von Modellen, die gut auf neue Daten generalisieren. **Beispiel für Überanpassung in neuronalen Netzen**

Lassen Sie uns Überanpassung demonstrieren, indem wir ein neuronales Netz auf einem kleinen Datensatz ohne Regularisierung trainieren.

```
import numpy as np
import matplotlib.pyplot as plt
from sklearn.datasets import make_moons
from sklearn.model_selection import train_test_split
from sklearn.neural_network import MLPClassifier
```

```
from sklearn.metrics import accuracy_score

# Generate synthetic data (moons dataset)
X, y = make_moons(n_samples=200, noise=0.20, random_state=42)

# Split data into training and testing sets
X_train, X_test, y_train, y_test = train_test_split(X, y, test_size=0.3,
random_state=42)

# Function to plot decision boundary
def plot_decision_boundary(X, y, model, title):
    x_min, x_max = X[:, 0].min() - 0.5, X[:, 0].max() + 0.5
    y_min, y_max = X[:, 1].min() - 0.5, X[:, 1].max() + 0.5
    xx, yy = np.meshgrid(np.arange(x_min, x_max, 0.02),
                         np.arange(y_min, y_max, 0.02))
    Z = model.predict(np.c_[xx.ravel(), yy.ravel()])
    Z = Z.reshape(xx.shape)
    plt.figure(figsize=(10, 8))
    plt.contourf(xx, yy, Z, alpha=0.8, cmap=plt.cm.RdYlBu)
    plt.scatter(X[:, 0], X[:, 1], c=y, cmap=plt.cm.RdYlBu, edgecolor='black')
    plt.title(title)
    plt.xlabel('Feature 1')
    plt.ylabel('Feature 2')
    plt.show()

# Train a neural network with too many neurons and no regularization (overfitting)
mlp_overfit = MLPClassifier(hidden_layer_sizes=(100, 100), max_iter=2000,
random_state=42)
mlp_overfit.fit(X_train, y_train)

# Train a neural network with appropriate complexity (good fit)
mlp_good = MLPClassifier(hidden_layer_sizes=(10,), max_iter=2000, random_state=42)
mlp_good.fit(X_train, y_train)

# Train a neural network with too few neurons (underfitting)
mlp_underfit = MLPClassifier(hidden_layer_sizes=(2,), max_iter=2000, random_state=42)
mlp_underfit.fit(X_train, y_train)

# Visualize decision boundaries
plot_decision_boundary(X_train, y_train, mlp_overfit, "Overfitting Model (100, 100
neurons)")
plot_decision_boundary(X_train, y_train, mlp_good, "Good Fit Model (10 neurons)")
plot_decision_boundary(X_train, y_train, mlp_underfit, "Underfitting Model (2
neurons)")

# Evaluate models
models = [mlp_overfit, mlp_good, mlp_underfit]
model_names = ["Overfitting", "Good Fit", "Underfitting"]

for model, name in zip(models, model_names):
    train_accuracy = accuracy_score(y_train, model.predict(X_train))
    test_accuracy = accuracy_score(y_test, model.predict(X_test))
```

```
print(f"{name} Model - Train Accuracy: {train_accuracy:.4f}, Test Accuracy:
{test_accuracy:.4f}")
```

Nun lasst uns den Code aufschlüsseln und seine Komponenten erklären:

1. Datengenerierung und -vorverarbeitung:

   o Wir verwenden make_moons von sklearn, um einen synthetischen Datensatz mit zwei ineinander verschlungenen Halbkreisen zu erzeugen.

   o Der Datensatz wird mithilfe von train_test_split in Trainings- und Testsets aufgeteilt.

2. Entscheidungsgrenze-Visualisierungsfunktion:

   o Die Funktion plot_decision_boundary wird definiert, um die Entscheidungsgrenzen unserer Modelle zu visualisieren.

   o Sie erstellt ein Maschengitter über den Feature-Raum und verwendet das Modell, um die Klasse für jeden Punkt im Gitter vorherzusagen.

   o Die resultierende Entscheidungsgrenze wird zusammen mit den gestreuten Datenpunkten dargestellt.

3. Modelltraining:

   o Wir erstellen drei verschiedene neuronale Netzwerk-Modelle, um Überanpassung, gute Anpassung und Unteranpassung zu demonstrieren:

   o Überanpassungsmodell: Verwendet zwei versteckte Schichten mit je 100 Neuronen, was für diesen einfachen Datensatz wahrscheinlich zu komplex ist.

   o Gut angepasstes Modell: Verwendet eine einzelne versteckte Schicht mit 10 Neuronen, was für diesen Datensatz angemessen sein sollte.

   o Unteranpassungsmodell: Verwendet eine einzelne versteckte Schicht mit nur 2 Neuronen, was wahrscheinlich zu einfach ist, um die Komplexität des Datensatzes zu erfassen.

4. Visualisierung:

   o Wir rufen die Funktion plot_decision_boundary für jedes Modell auf, um deren Entscheidungsgrenzen zu visualisieren.

   o Dies ermöglicht uns zu sehen, wie jedes Modell die Daten interpretiert und Vorhersagen trifft.

5. Modellevaluierung:

   o Wir berechnen und geben die Trainings- und Testgenauigkeiten für jedes Modell aus.

- o Dies hilft uns, die Leistung jedes Modells zu quantifizieren und Über- oder Unteranpassung zu identifizieren.

Erwartete Ergebnisse und Interpretation:

1. Überanpassungsmodell:

   - o Die Entscheidungsgrenze wird wahrscheinlich sehr komplex sein, mit vielen kleinen Regionen, die perfekt zu den Trainingsdaten passen.

   - o Die Trainingsgenauigkeit wird sehr hoch sein (nahe 1.0), aber die Testgenauigkeit wird niedriger sein, was auf eine schlechte Generalisierung hinweist.

2. Gut angepasstes Modell:

   - o Die Entscheidungsgrenze sollte die beiden Klassen glatt trennen und dabei der allgemeinen Form der Monde folgen.

   - o Trainings- und Testgenauigkeiten sollten ähnlich und angemessen hoch sein, was auf eine gute Generalisierung hinweist.

3. Unteranpassungsmodell:

   - o Die Entscheidungsgrenze wird wahrscheinlich eine einfache Linie sein, die nicht in der Lage ist, die gekrümmte Form der Monde zu erfassen.

   - o Sowohl Trainings- als auch Testgenauigkeiten werden niedriger sein als bei den anderen Modellen, was auf eine schlechte Leistung aufgrund der Modellsimplizität hinweist.

Dieses Beispiel demonstriert die Konzepte von Überanpassung, Unteranpassung und guter Anpassung in neuronalen Netzen. Durch die Visualisierung der Entscheidungsgrenzen und den Vergleich von Trainings- und Testgenauigkeiten können wir deutlich sehen, wie die Modellkomplexität die Fähigkeit eines neuronalen Netzes beeinflusst, von den Trainingsdaten auf ungesehene Testdaten zu generalisieren.

1.3.2 Unteranpassung

Unteranpassung tritt auf, wenn ein maschinelles Lernmodell zu simpel ist, um die zugrundeliegenden Muster und Beziehungen in den Daten zu erfassen. Dieses Phänomen führt zu schlechter Leistung sowohl bei den Trainings- als auch bei den Testdatensätzen, da das Modell nicht in der Lage ist, die inhärente Komplexität der zu modellierenden Daten zu lernen und darzustellen.

Ursachen von Unteranpassung

Unteranpassung tritt typischerweise aufgrund mehrerer Faktoren auf:

1. Unzureichende Modellkomplexität

Wenn einem Modell die notwendige Komplexität fehlt, um die zugrundeliegenden Muster in den Daten darzustellen, kann es wichtige Beziehungen nicht erfassen. Dies ist eine grundlegende Ursache von Unteranpassung und kann sich auf verschiedene Weisen manifestieren:

- In neuronalen Netzen:

    o Zu wenige Schichten: Deep-Learning-Modelle benötigen oft mehrere Schichten, um hierarchische Repräsentationen komplexer Daten zu lernen. Zu wenige Schichten können die Fähigkeit des Modells einschränken, komplizierte Muster zu erfassen.

    o Unzureichende Neuronen: Jede Schicht benötigt eine angemessene Anzahl von Neuronen, um die Merkmale auf dieser Abstraktionsebene darzustellen. Zu wenige Neuronen können zu einem Informationsengpass führen, der das Modell daran hindert, umfassende Repräsentationen zu lernen.

- In linearen Modellen:

    o Versuch, nicht-lineare Daten anzupassen: Lineare Modelle können definitionsgemäß nur lineare Beziehungen darstellen. Wenn sie auf Daten mit nicht-linearen Mustern angewendet werden, werden sie zwangsläufig unteranpassen, da sie die wahre zugrundeliegende Struktur der Daten nicht erfassen können.

    o Beispiel: Der Versuch, eine gerade Linie an Daten anzupassen, die einem quadratischen oder exponentiellen Trend folgen, wird zu schlechter Leistung und Unteranpassung führen.

Die Konsequenzen unzureichender Modellkomplexität umfassen:

- Schlechte Leistung sowohl bei Trainings- als auch bei Testdaten

- Unfähigkeit, nuancierte Muster in den Daten zu erfassen

- Übervereinfachung komplexer Beziehungen

- Begrenzte Vorhersagekraft und Generalisierungsfähigkeit

Um unzureichende Modellkomplexität anzugehen, könnte man Folgendes in Betracht ziehen:

- Erhöhung der Anzahl von Schichten oder Neuronen in neuronalen Netzen

- Verwendung sophistizierterer Modellarchitekturen (z.B. faltende oder rekurrente Netze für spezifische Datentypen)

- Einbindung nicht-linearer Transformationen oder Kernel-Methoden in einfachere Modelle

- Feature-Engineering zur Erstellung informativerer Eingaberepräsentationen

Es ist wichtig zu beachten, dass die Erhöhung der Modellkomplexität zur Behebung von Unteranpassung vorsichtig erfolgen sollte, um nicht ins andere Extrem der Überanpassung zu verfallen. Das Ziel ist es, die richtige Balance der Modellkomplexität zu finden, die die wahren zugrundeliegenden Muster in den Daten erfasst, ohne sich an Rauschen anzupassen.

2. Unzureichendes Feature-Set

Ein unzureichendes oder ungeeignetes Set von Features kann zu Unteranpassung führen, da dem Modell die notwendigen Informationen fehlen, um die zugrundeliegenden Muster in den Daten zu erfassen. Dieses Problem kann sich auf verschiedene Weisen manifestieren:

- Fehlende wichtige Features: Zentrale Prädiktoren, die die Zielvariable maßgeblich beeinflussen, können im Datensatz fehlen. Bei einem Hauspreisvorhersagemodell würde beispielsweise das Weglassen wichtiger Faktoren wie Lage oder Wohnfläche die Fähigkeit des Modells zu präzisen Vorhersagen stark einschränken.

- Zu abstrakte Features: Manchmal sind die verfügbaren Features zu hochrangig oder zu allgemein, um die Feinheiten des Problems zu erfassen. Zum Beispiel kann die ausschließliche Verwendung breiter Kategorien anstelle detaillierterer Datenpunkte zu einem Verlust wichtiger Informationen führen.

- Mangel an Feature-Engineering: Rohdaten müssen oft transformiert oder kombiniert werden, um aussagekräftigere Features zu erstellen. Versäumnisse beim notwendigen Feature-Engineering können wertvolle Muster für das Modell verborgen lassen. Bei einer Zeitreihenanalyse könnte beispielsweise das Fehlen von Lag-Features oder gleitenden Durchschnitten das Modell daran hindern, zeitliche Abhängigkeiten zu erfassen.

- Irrelevante Features: Die Einbeziehung vieler irrelevanter Features kann die Wirkung wichtiger Prädiktoren verwässern und es dem Modell erschweren, echte Muster zu erkennen. Dies ist besonders problematisch bei hochdimensionalen Datensätzen, wo das Signal-Rausch-Verhältnis niedrig sein kann.

Um diese Probleme anzugehen, sollten Data Scientists und Machine Learning-Praktiker:

- Gründliche explorative Datenanalyse durchführen, um potenziell wichtige Features zu identifizieren

- Mit Domänenexperten zusammenarbeiten, um sicherzustellen, dass alle relevanten Variablen berücksichtigt werden

- Feature-Selektionstechniken anwenden, um die informativsten Prädiktoren zu identifizieren

- Feature-Engineering implementieren, um neue, aussagekräftigere Variablen zu erstellen

- Das Feature-Set regelmäßig neu bewerten und aktualisieren, wenn neue Informationen verfügbar werden oder sich das Problem weiterentwickelt

Durch die Sicherstellung eines reichhaltigen, relevanten und gut konstruierten Feature-Sets sind Modelle besser in der Lage, die wahren zugrundeliegenden Muster in den Daten zu lernen, was das Risiko der Unteranpassung reduziert und die Gesamtleistung verbessert.

3. Unzureichende Trainingszeit

Wenn ein Modell nicht für eine ausreichende Anzahl von Epochen (Durchläufe durch den gesamten Trainingsdatensatz) trainiert wird, hat es möglicherweise nicht genügend Gelegenheit, die Muster in den Daten zu lernen. Dies ist besonders relevant für komplexe Modelle oder große Datensätze, bei denen mehr Trainingszeit erforderlich ist, um zu einer optimalen Lösung zu konvergieren. Hier ist eine detailliertere Erklärung:

- **Lernprozess:** Neuronale Netze lernen durch iterative Anpassung ihrer Gewichte basierend auf dem Fehler zwischen ihren Vorhersagen und den tatsächlichen Zielwerten. Jeder Durchlauf durch den gesamten Datensatz (eine Epoche) ermöglicht es dem Modell, diese Gewichte zu verfeinern.

- **Komplexität und Datensatzgröße:** Komplexere Modelle (z.B. Deep Neural Networks) und größere Datensätze benötigen typischerweise mehr Epochen, um effektiv zu lernen. Dies liegt daran, dass mehr Parameter optimiert werden müssen und mehr Datenmuster zu erkennen sind.

- **Konvergenz:** Das Modell benötigt Zeit, um zu einer guten Lösung zu konvergieren. Unzureichende Trainingszeit kann dazu führen, dass das Modell in einem suboptimalen Zustand stecken bleibt, was zu Unteranpassung führt.

- **Lernrate:** Die Lernrate, die steuert, wie stark die Gewichte des Modells in jeder Iteration angepasst werden, spielt ebenfalls eine Rolle. Eine sehr kleine Lernrate könnte mehr Epochen erfordern, damit das Modell konvergiert.

- **Vorzeitige Beendigung:** Ein zu frühes Beenden des Trainingsprozesses kann verhindern, dass das Modell die zugrundeliegenden Muster in den Daten vollständig erfasst, was zu schlechter Leistung sowohl bei Trainings- als auch bei Testdaten führt.

- **Überwachung des Fortschritts:** Es ist wichtig, die Leistung des Modells während des Trainings anhand von Validierungsdaten zu überwachen. Dies hilft bei der Entscheidung, ob mehr Trainingszeit erforderlich ist oder ob das Modell seine optimale Leistung erreicht hat.

Um unzureichende Trainingszeit anzugehen, sollte man die Erhöhung der Epochenanzahl, die Anpassung der Lernrate oder den Einsatz von Techniken wie Learning Rate Scheduling zur Optimierung des Trainingsprozesses in Betracht ziehen.

4. Zu aggressive Regularisierung

Während Regularisierung typischerweise verwendet wird, um Überanpassung zu verhindern, kann zu starke Regularisierung das Modell übermäßig einschränken und es daran hindern, die wahren Muster in den Daten zu lernen. Dieses Phänomen ist als Über-Regularisierung bekannt und kann zu Unteranpassung führen. Hier ist eine detailliertere Erklärung:

- Regularisierungsmethoden: Übliche Regularisierungstechniken umfassen L1 (Lasso), L2 (Ridge) und Elastic Net Regularisierung. Diese Methoden fügen der Verlustfunktion Strafterme basierend auf den Modellparametern hinzu.

- Balance ist der Schlüssel: Das Ziel der Regularisierung ist es, eine Balance zwischen der Anpassung an die Trainingsdaten und der Einfachheit des Modells zu finden. Wenn die Regularisierung jedoch zu stark ist, kann sie das Modell in Richtung Übervereinfachung treiben.

- Auswirkungen der Über-Regularisierung:

  o Parameter-Schrumpfung: Übermäßige Regularisierung kann viele Parameter nahe null zwingen und damit effektiv wichtige Features aus dem Modell entfernen.

  o Verlust von Komplexität: Das Modell kann zu einfach werden, um die zugrundeliegenden Muster in den Daten zu erfassen, was zu schlechter Leistung sowohl bei Trainings- als auch bei Testdaten führt.

  o Unteranpassung: Über-regularisierte Modelle zeigen oft klassische Anzeichen von Unteranpassung, wie hohen Bias und niedrige Varianz.

- Hyperparameter-Tuning: Die Stärke der Regularisierung wird durch Hyperparameter gesteuert (z.B. Lambda in L1/L2-Regularisierung). Eine sorgfältige Abstimmung dieser Hyperparameter ist entscheidend, um Über-Regularisierung zu vermeiden.

- Kreuzvalidierung: Die Verwendung von Techniken wie k-facher Kreuzvalidierung kann helfen, die optimale Regularisierungsstärke zu finden, die zwischen Unteranpassung und Überanpassung ausbalanciert.

Um Über-Regularisierung anzugehen, sollten Praktiker die Regularisierungsparameter sorgfältig abstimmen, möglicherweise unter Verwendung von Techniken wie Grid Search oder Random Search, und die Leistung des Modells stets auf einem separaten Validierungsdatensatz überprüfen, um sicherzustellen, dass die richtige Balance erreicht wird.

5. Unpassendes Modell für das Problem

Die Wahl einer ungeeigneten Modellarchitektur für das vorliegende Problem kann zu Unteranpassung führen. Dies tritt auf, wenn das gewählte Modell nicht die notwendige Komplexität oder Flexibilität besitzt, um die zugrundeliegenden Muster in den Daten zu erfassen. Hier folgt eine detailliertere Erklärung:

Lineare vs. Nicht-lineare Probleme: Eine häufige Fehlanpassung ist die Verwendung eines linearen Modells für ein nicht-lineares Problem. Zum Beispiel führt die Anwendung einfacher linearer Regression auf Daten mit komplexen, nicht-linearen Beziehungen zu Unteranpassung. Das Modell wird die Nuancen und Krümmungen in den Daten nicht erfassen können, was zu schlechter Leistung führt.

Komplexitätsdiskrepanz: Manchmal kann das gewählte Modell zu einfach für die Komplexität des Problems sein. Beispielsweise kann die Verwendung eines flachen neuronalen Netzes mit wenigen Schichten für eine Deep-Learning-Aufgabe, die hierarchische Merkmalsextraktion erfordert (wie Bilderkennung), zu Unteranpassung führen.

Domänenspezifische Modelle: Bestimmte Probleme erfordern spezialisierte Modellarchitekturen. Zum Beispiel kann die Verwendung eines Standard-Feedforward-Neuronalen-Netzes für sequentielle Daten (wie Zeitreihen oder natürliche Sprache) anstelle von rekurrenten neuronalen Netzen (RNNs) oder Transformern zu Unteranpassung führen, da das Modell zeitliche Abhängigkeiten nicht erfassen kann.

Dimensionalitätsprobleme: Bei hochdimensionalen Daten kann die Verwendung von Modellen, die solche Daten nicht gut verarbeiten können (z.B. einfache lineare Modelle), zu Unteranpassung führen. In solchen Fällen können Dimensionsreduktionsverfahren oder Modelle, die für hochdimensionale Räume konzipiert sind (wie bestimmte Arten von neuronalen Netzen), besser geeignet sein.

Umgang mit Modellfehlanpassung: Um Unteranpassung aufgrund von Modellfehlanpassung zu vermeiden, ist es wichtig:

- Die Art des Problems und die Struktur der Daten zu verstehen

- Die Komplexität und Nicht-Linearität der Beziehungen in den Daten zu berücksichtigen

- Modelle zu wählen, die den spezifischen Anforderungen der Aufgabe entsprechen (z.B. CNNs für Bilddaten, RNNs für sequentielle Daten)

- Mit verschiedenen Modellarchitekturen zu experimentieren und ihre Leistung zu vergleichen

- Domänenexperten oder Fachliteratur für Best Practices bei der Modellauswahl für spezifische Problemtypen zu konsultieren

Durch sorgfältige Auswahl einer geeigneten Modellarchitektur, die der Komplexität und Art des Problems entspricht, können Sie das Risiko der Unteranpassung deutlich reduzieren und die Gesamtleistung des Modells verbessern.

Das Erkennen und Beheben von Unteranpassung ist entscheidend für die Entwicklung effektiver maschineller Lernmodelle. Dies erfordert oft eine sorgfältige Analyse der Modellleistung, Anpassung der Modellkomplexität, Verbesserung des Feature-Sets oder Erhöhung der Trainingszeit, um eine bessere Anpassung an die Daten zu erreichen.

Beispiel: Unteranpassung in neuronalen Netzen

Lassen Sie uns Unteranpassung demonstrieren, indem wir ein neuronales Netz mit zu wenigen Neuronen und Schichten trainieren.

```python
import numpy as np
import matplotlib.pyplot as plt
from sklearn.neural_network import MLPClassifier
from sklearn.model_selection import train_test_split
from sklearn.datasets import make_moons

# Generate a non-linearly separable dataset
X, y = make_moons(n_samples=1000, noise=0.3, random_state=42)
X_train, X_test, y_train, y_test = train_test_split(X, y, test_size=0.2,
random_state=42)

# Function to plot decision boundary
def plot_decision_boundary(X, y, model, title):
    x_min, x_max = X[:, 0].min() - 0.5, X[:, 0].max() + 0.5
    y_min, y_max = X[:, 1].min() - 0.5, X[:, 1].max() + 0.5
    xx, yy = np.meshgrid(np.arange(x_min, x_max, 0.02),
                         np.arange(y_min, y_max, 0.02))
    Z = model.predict(np.c_[xx.ravel(), yy.ravel()])
    Z = Z.reshape(xx.shape)
    plt.figure(figsize=(10, 8))
    plt.contourf(xx, yy, Z, alpha=0.8, cmap=plt.cm.RdYlBu)
    plt.scatter(X[:, 0], X[:, 1], c=y, cmap=plt.cm.RdYlBu, edgecolor='black')
    plt.title(title)
    plt.xlabel('Feature 1')
    plt.ylabel('Feature 2')
    plt.show()

# Train an underfitted neural network
mlp_underfit = MLPClassifier(hidden_layer_sizes=(1,), max_iter=1000, random_state=42)
mlp_underfit.fit(X_train, y_train)

# Evaluate the underfitted model
train_score = mlp_underfit.score(X_train, y_train)
test_score = mlp_underfit.score(X_test, y_test)

print(f"Underfitted Model - Train Accuracy: {train_score:.4f}")
print(f"Underfitted Model - Test Accuracy: {test_score:.4f}")

# Visualize decision boundary for the underfitted model
plot_decision_boundary(X, y, mlp_underfit, "Underfitted Model (1 neuron)")

# Train a well-fitted neural network for comparison
mlp_well_fit = MLPClassifier(hidden_layer_sizes=(100, 100), max_iter=1000,
random_state=42)
mlp_well_fit.fit(X_train, y_train)

# Evaluate the well-fitted model
```

```
train_score_well = mlp_well_fit.score(X_train, y_train)
test_score_well = mlp_well_fit.score(X_test, y_test)

print(f"\\nWell-fitted Model - Train Accuracy: {train_score_well:.4f}")
print(f"Well-fitted Model - Test Accuracy: {test_score_well:.4f}")

# Visualize decision boundary for the well-fitted model
plot_decision_boundary(X, y, mlp_well_fit, "Well-fitted Model (100, 100 neurons)")
```

Dieses Codebeispiel demonstriert Unteranpassung in neuronalen Netzen und bietet einen Vergleich mit einem gut angepassten Modell.

Hier ist eine umfassende Aufschlüsselung des Codes:

1. Datengenerierung und -vorbereitung:

- Wir verwenden make_moons von sklearn, um einen nicht-linear trennbaren Datensatz zu generieren.

- Der Datensatz wird mithilfe von train_test_split in Trainings- und Testsets aufgeteilt.

2. Visualisierungsfunktion:

- Die Funktion plot_decision_boundary wird definiert, um die Entscheidungsgrenze der Modelle zu visualisieren.

- Sie erstellt einen Konturplot der Modellvorhersagen und überlagert die tatsächlichen Datenpunkte.

3. Unterangepasstes Modell:

- Ein MLPClassifier mit nur einem Neuron in der versteckten Schicht wird erstellt, der absichtlich zu einfach für das nicht-lineare Problem ist.

- Das Modell wird mit den Trainingsdaten trainiert.

- Wir evaluieren die Leistung des Modells sowohl auf dem Trainings- als auch auf dem Testset.

- Die Entscheidungsgrenze wird mithilfe der Funktion plot_decision_boundary visualisiert.

4. Gut angepasstes Modell:

- Zum Vergleich erstellen wir einen weiteren MLPClassifier mit zwei versteckten Schichten von je 100 Neuronen.

- Dieses Modell ist komplexer und besser geeignet, die nicht-linearen Muster in den Daten zu lernen.

- Wir trainieren und evaluieren dieses Modell ähnlich wie das unterangepasste Modell.

- Die Entscheidungsgrenze für dieses Modell wird ebenfalls visualisiert.

5. Ergebnisse und Visualisierung:

- Der Code gibt die Trainings- und Testgenauigkeiten für beide Modelle aus.

- Er generiert zwei Plots: einen für das unterangepasste Modell und einen für das gut angepasste Modell.

Dieses umfassende Beispiel ermöglicht uns einen visuellen und quantitativen Vergleich der Leistung eines unterangepassten Modells mit einem gut angepassten Modell. Das unterangepasste Modell mit seinem einzelnen Neuron wird wahrscheinlich eine nahezu lineare Entscheidungsgrenze erzeugen und eine schlechte Genauigkeit aufweisen. Im Gegensatz dazu sollte das gut angepasste Modell in der Lage sein, die nicht-lineare Natur der Daten zu erfassen, was zu einer komplexeren Entscheidungsgrenze und höherer Genauigkeit sowohl im Training als auch im Test führt.

1.3.3 Regularisierungstechniken

Regularisierung ist eine entscheidende Technik im maschinellen Lernen, die darauf abzielt, Überanpassung durch das Hinzufügen von Beschränkungen oder Strafen zu einem Modell zu verhindern. Dieser Prozess reduziert effektiv die Komplexität des Modells und ermöglicht eine bessere Generalisierung auf ungesehene Daten. Die grundlegende Idee hinter der Regularisierung ist es, eine Balance zu finden zwischen der guten Anpassung an die Trainingsdaten und der Aufrechterhaltung einer Einfachheit, die es dem Modell ermöglicht, auf neuen, ungesehenen Beispielen präzise zu arbeiten.

Regularisierung funktioniert durch Modifikation der Zielfunktion des Modells, typischerweise durch das Hinzufügen eines Terms, der bestimmte Modelleigenschaften bestraft, wie etwa große Parameterwerte. Dieser zusätzliche Term ermutigt das Modell, eine Lösung zu finden, die nicht nur den Trainingsfehler minimiert, sondern auch die Modellparameter klein oder sparsam hält. Als Ergebnis wird das Modell weniger empfindlich gegenüber einzelnen Datenpunkten und robuster gegenüber Rauschen in den Trainingsdaten.

Die Vorteile der Regularisierung sind zahlreich:

- Verbesserte Generalisierung: Durch die Verhinderung von Überanpassung tendieren regularisierte Modelle dazu, besser auf neuen, ungesehenen Daten zu funktionieren.

- Feature-Selektion: Einige Regularisierungstechniken können automatisch die relevantesten Merkmale identifizieren und priorisieren und führen damit effektiv eine Feature-Selektion durch.

- Stabilität: Regularisierte Modelle sind oft stabiler und produzieren konsistentere Ergebnisse über verschiedene Teilmengen der Daten hinweg.

- Interpretierbarkeit: Durch die Förderung einfacherer Modelle kann Regularisierung zu besser interpretierbaren Lösungen führen, was in vielen realen Anwendungen entscheidend ist.

Es gibt verschiedene gängige Regularisierungstechniken, jede mit ihren eigenen einzigartigen Eigenschaften und Anwendungsfällen. Dazu gehören:

a. L2-Regularisierung (Ridge)

L2-Regularisierung, auch bekannt als **Ridge-Regularisierung**, ist eine leistungsfähige Technik zur Verhinderung von Überanpassung in Modellen des maschinellen Lernens. Sie funktioniert durch das Hinzufügen eines Strafterms zur Verlustfunktion, der proportional zur Summe der quadrierten Gewichte der Modellparameter ist. Dieser zusätzliche Term verhindert effektiv, dass das Modell übermäßig große Gewichte lernt, was oft zu Überanpassung führen kann.

Der Mechanismus hinter der L2-Regularisierung kann wie folgt verstanden werden:

- Strafterm: Der Regularisierungsterm wird als Summe der Quadrate aller Modellgewichte berechnet, multipliziert mit einem Regularisierungsparameter (oft als λ oder alpha bezeichnet).

- Auswirkung auf die Verlustfunktion: Dieser Strafterm wird zur ursprünglichen Verlustfunktion addiert. Als Ergebnis muss das Modell nun eine Balance finden zwischen der Minimierung des ursprünglichen Verlusts (um die Trainingsdaten anzupassen) und dem Kleinhalten der Gewichte (um die Regularisierungsbedingung zu erfüllen).

- Einfluss auf Gewichtsaktualisierungen: Während des Optimierungsprozesses fördert dieser zusätzliche Term Gewichtsaktualisierungen, die nicht nur den Vorhersagefehler reduzieren, sondern auch die Gewichte klein halten. Große Gewichte werden stärker bestraft, was das Modell in Richtung einfacherer Lösungen drängt.

- Präferenz für kleinere Gewichte: Durch die Bevorzugung kleinerer Gewichte hilft L2-Regularisierung dabei, ein Modell zu erstellen, das weniger empfindlich gegenüber einzelnen Datenpunkten ist und eher allgemeine Muster in den Daten erfasst.

Die Stärke der Regularisierung wird durch den Regularisierungsparameter gesteuert. Ein größerer Wert dieses Parameters führt zu stärkerer Regularisierung, was potenziell zu einem einfacheren Modell führt, das bei zu hoher Einstellung unterangepasst sein kann. Umgekehrt erlaubt ein kleinerer Wert komplexere Modelle, mit dem Risiko der Überanpassung, wenn er zu niedrig eingestellt ist.

Indem die L2-Regularisierung das Modell ermutigt, kleinere Gewichte zu lernen, reduziert sie effektiv die Komplexität des Modells und verbessert seine Fähigkeit zur Generalisierung auf ungesehene Daten. Dies macht sie zu einem entscheidenden Werkzeug im Werkzeugkasten des Machine-Learning-Praktikers für den Aufbau robuster und zuverlässiger Modelle.

Die Verlustfunktion mit L2-Regularisierung wird zu:

$L(w) = L_0 + \lambda \sum w^2$

Wobei λ der Regularisierungsparameter ist, der die Stärke der Strafe kontrolliert. Größere Werte von λ führen zu stärkerer Regularisierung.

Beispiel: Anwendung der L2-Regularisierung

```python
import numpy as np
import matplotlib.pyplot as plt
from sklearn.neural_network import MLPClassifier
from sklearn.model_selection import train_test_split
from sklearn.datasets import make_moons
from sklearn.metrics import accuracy_score, classification_report

# Generate a non-linearly separable dataset
X, y = make_moons(n_samples=1000, noise=0.3, random_state=42)
X_train, X_test, y_train, y_test = train_test_split(X, y, test_size=0.2,
random_state=42)

# Function to plot decision boundary
def plot_decision_boundary(X, y, model, title):
    x_min, x_max = X[:, 0].min() - 0.5, X[:, 0].max() + 0.5
    y_min, y_max = X[:, 1].min() - 0.5, X[:, 1].max() + 0.5
    xx, yy = np.meshgrid(np.arange(x_min, x_max, 0.02),
                         np.arange(y_min, y_max, 0.02))
    Z = model.predict(np.c_[xx.ravel(), yy.ravel()])
    Z = Z.reshape(xx.shape)
    plt.figure(figsize=(10, 8))
    plt.contourf(xx, yy, Z, alpha=0.8, cmap=plt.cm.RdYlBu)
    plt.scatter(X[:, 0], X[:, 1], c=y, cmap=plt.cm.RdYlBu, edgecolor='black')
    plt.title(title)
    plt.xlabel('Feature 1')
    plt.ylabel('Feature 2')
    plt.show()

# Train a neural network without regularization
mlp_no_reg = MLPClassifier(hidden_layer_sizes=(100,), max_iter=2000, random_state=42)
mlp_no_reg.fit(X_train, y_train)

# Train a neural network with L2 regularization
mlp_l2 = MLPClassifier(hidden_layer_sizes=(100,), alpha=0.01, max_iter=2000,
random_state=42)
mlp_l2.fit(X_train, y_train)

# Evaluate both models
def evaluate_model(model, X_train, y_train, X_test, y_test):
    train_pred = model.predict(X_train)
    test_pred = model.predict(X_test)

    train_accuracy = accuracy_score(y_train, train_pred)
    test_accuracy = accuracy_score(y_test, test_pred)
```

```
    print(f"Train Accuracy: {train_accuracy:.4f}")
    print(f"Test Accuracy: {test_accuracy:.4f}")
    print("\\nClassification Report:")
    print(classification_report(y_test, test_pred))

print("Model without regularization:")
evaluate_model(mlp_no_reg, X_train, y_train, X_test, y_test)

print("\\nModel with L2 regularization:")
evaluate_model(mlp_l2, X_train, y_train, X_test, y_test)

# Visualize decision boundaries
plot_decision_boundary(X_train,    y_train,   mlp_no_reg,   "Decision    Boundary   (No
Regularization)")
plot_decision_boundary(X_train,    y_train,    mlp_l2,     "Decision    Boundary   (L2
Regularization)")
```

Dieses Codebeispiel demonstriert die Anwendung der L2-Regularisierung in neuronalen Netzen und vergleicht sie mit einem nicht-regularisierten Modell.

Hier ist eine umfassende Aufschlüsselung des Codes:

1. Datenvorbereitung:

    o   Wir verwenden make_moons von sklearn, um einen nicht-linear trennbaren Datensatz zu generieren.

    o   Der Datensatz wird mithilfe von train_test_split in Trainings- und Testdaten aufgeteilt.

2. Visualisierungsfunktion:

    o   Die Funktion plot_decision_boundary wird definiert, um die Entscheidungsgrenze der Modelle zu visualisieren.

    o   Sie erstellt einen Konturplot der Modellvorhersagen und überlagert die tatsächlichen Datenpunkte.

3. Modelltraining:

    o   Zwei MLPClassifier-Modelle werden erstellt: eines ohne Regularisierung und eines mit L2-Regularisierung.

    o   Die L2-Regularisierung wird durch den Parameter alpha gesteuert, der in diesem Beispiel auf 0,01 gesetzt ist.

    o   Beide Modelle werden mit den Trainingsdaten trainiert.

4. Modellevaluierung:

- o Eine evaluate_model Funktion wird definiert, um die Leistung jedes Modells zu bewerten.

- o Sie berechnet und gibt die Trainings- und Testgenauigkeiten aus.

- o Sie erstellt auch einen Klassifikationsbericht, der Präzision, Recall und F1-Score für jede Klasse enthält.

5. Ergebnisvisualisierung:

- o Die Entscheidungsgrenzen für beide Modelle werden mithilfe der Funktion plot_decision_boundary visualisiert.

- o Dies ermöglicht einen visuellen Vergleich, wie die Regularisierung die Entscheidungsfindung des Modells beeinflusst.

6. Interpretation:

- o Durch den Vergleich der Leistungsmetriken und Entscheidungsgrenzen der beiden Modelle können wir die Auswirkungen der L2-Regularisierung beobachten.

- o Typischerweise zeigt das regularisierte Modell eine etwas niedrigere Trainingsgenauigkeit, aber eine bessere Generalisierung (höhere Testgenauigkeit) im Vergleich zum nicht-regularisierten Modell.

- o Die Entscheidungsgrenze des regularisierten Modells ist oft glatter, was auf ein weniger komplexes Modell hinweist, das weniger anfällig für Überanpassung ist.

Dieses umfassende Beispiel ermöglicht es uns, die Leistung eines Modells mit und ohne L2-Regularisierung quantitativ und visuell zu vergleichen und zeigt, wie Regularisierung bei der Erstellung robusterer und besser generalisierbarer Modelle helfen kann.

b. L1-Regularisierung (Lasso)

Die **L1-Regularisierung**, auch bekannt als **Lasso-Regularisierung**, ist eine leistungsfähige Technik im maschinellen Lernen, um Überanpassung zu verhindern und die Modellgeneralisierung zu verbessern. Sie funktioniert durch das Hinzufügen eines Strafterms zur Verlustfunktion, der proportional zu den absoluten Werten der Modellgewichte ist. Dieser spezielle Ansatz hat mehrere wichtige Auswirkungen:

1. Förderung der Sparsität: L1-Regularisierung fördert Sparsität in den Modellparametern. Das bedeutet, dass während des Optimierungsprozesses einige der Gewichte genau auf null gesetzt werden. Diese Eigenschaft ist besonders nützlich bei der Merkmalsselektion, da sie weniger wichtige Merkmale effektiv aus dem Modell eliminiert.

2. Merkmalsselektion: Durch das Setzen einiger Gewichte auf null führt die L1-Regularisierung eine implizite Merkmalsselektion durch. Sie identifiziert und behält nur die relevantesten Merkmale für die Vorhersageaufgabe bei, während weniger wichtige verworfen werden. Dies kann zu einfacheren, besser interpretierbaren Modellen führen.

3. Robustheit gegenüber Ausreißern: Die L1-Strafe ist weniger empfindlich gegenüber Ausreißern im Vergleich zur L2-Regularisierung. Dies macht sie besonders nützlich in Szenarien, in denen die Daten extreme Werte oder Rauschen enthalten können.

4. Mathematische Formulierung: Der L1-Regularisierungsterm wird wie folgt zur Verlustfunktion hinzugefügt: $L(\theta) = Loss(\theta) + \lambda \sum |\theta\_i|$ wobei θ die Modellparameter repräsentiert, $Loss(\theta)$ die ursprüngliche Verlustfunktion ist, λ die Regularisierungsstärke und $\sum |\theta\_i|$ die Summe der absoluten Werte der Parameter.

5. Geometrische Interpretation: Im Parameterraum erzeugt die L1-Regularisierung eine diamantförmige Einschränkungsregion. Diese Geometrie erhöht die Wahrscheinlichkeit, dass die optimale Lösung auf einer der Achsen liegt, was dazu führt, dass einige Parameter genau null werden.

Durch die Einbeziehung dieser Eigenschaften hilft die L1-Regularisierung nicht nur bei der Verhinderung von Überanpassung, sondern unterstützt auch die Erstellung interpretierbarer und rechnerisch effizienter Modelle, besonders beim Umgang mit hochdimensionalen Daten, bei denen die Merkmalsselektion entscheidend ist.

Beispiel: Anwendung der L1-Regularisierung (Lasso)

```python
import numpy as np
import matplotlib.pyplot as plt
from sklearn.linear_model import Lasso
from sklearn.model_selection import train_test_split
from sklearn.preprocessing import StandardScaler
from sklearn.metrics import mean_squared_error, r2_score

# Generate synthetic data
np.random.seed(42)
X = np.random.randn(100, 20)
true_weights = np.zeros(20)
true_weights[:5] = [1, 2, -1, 0.5, -0.5] # Only first 5 features are relevant
y = np.dot(X, true_weights) + np.random.randn(100) * 0.1

# Split the data
X_train, X_test, y_train, y_test = train_test_split(X, y, test_size=0.2,
random_state=42)

# Standardize features
scaler = StandardScaler()
X_train_scaled = scaler.fit_transform(X_train)
X_test_scaled = scaler.transform(X_test)
```

```python
# Train models with different L1 regularization strengths
alphas = [0.001, 0.01, 0.1, 1, 10]
models = []

for alpha in alphas:
    lasso = Lasso(alpha=alpha, random_state=42)
    lasso.fit(X_train_scaled, y_train)
    models.append(lasso)

# Evaluate models
for i, model in enumerate(models):
    y_pred = model.predict(X_test_scaled)
    mse = mean_squared_error(y_test, y_pred)
    r2 = r2_score(y_test, y_pred)
    print(f"Lasso (alpha={alphas[i]}):")
    print(f"  MSE: {mse:.4f}")
    print(f"  R2 Score: {r2:.4f}")
    print(f"  Number of non-zero coefficients: {np.sum(model.coef_ != 0)}")
    print()

# Visualize feature importance
plt.figure(figsize=(12, 6))
for i, model in enumerate(models):
    plt.plot(range(20), model.coef_, label=f'alpha={alphas[i]}', marker='o')
plt.axhline(y=0, color='k', linestyle='--')
plt.xlabel('Feature Index')
plt.ylabel('Coefficient Value')
plt.title('Lasso Coefficients for Different Regularization Strengths')
plt.legend()
plt.tight_layout()
plt.show()
```

Code Breakdown:

1. Import necessary libraries:

    o   NumPy for numerical operations

    o   Matplotlib for visualization

    o   Scikit-learn for the Lasso model, data splitting, preprocessing, and evaluation metrics

2. Generate synthetic data:

    o   Create a random feature matrix X with 100 samples and 20 features

    o   Define true weights where only the first 5 features are relevant

    o   Generate target variable y using the true weights and adding some noise

3. Split the data into training and test sets:

    o   Use train_test_split to create training and test datasets

4. Standardize features:

    o   Use StandardScaler to normalize the feature scales

    o   Fit the scaler on the training data and transform both training and test data

5. Train Lasso models with different regularization strengths:

    o   Define a list of alpha values (regularization strengths)

    o   Create and train a Lasso model for each alpha value

    o   Store the trained models in a list

6. Evaluate models:

    o   For each model, predict on the test set and calculate MSE and R2 score

    o   Print the evaluation metrics and the number of non-zero coefficients

    o   The number of non-zero coefficients shows how many features are considered relevant by the model

7. Visualize feature importance:

    o   Create a plot showing the coefficient values for each feature across different alpha values

    o   This visualization helps in understanding how L1 regularization affects feature selection

    o   Features with coefficients driven to zero are effectively removed from the model

This example demonstrates how L1 regularization (Lasso) performs feature selection by driving some coefficients to exactly zero. As the regularization strength (alpha) increases, fewer features are selected, leading to sparser models. The visualization helps in understanding how different regularization strengths affect the feature importance in the model.

c. Dropout

Dropout is a powerful regularization technique in neural networks that addresses overfitting by introducing controlled noise during the training process. It works by randomly "dropping out" (i.e., setting to zero) a proportion of the neurons during each training iteration. This approach has several important implications and benefits:

1. Preventing Co-adaptation: By randomly deactivating neurons, dropout prevents neurons from relying too heavily on specific features or other neurons. This forces the network to learn more robust and generalized representations of the data.

2. Ensemble Effect: Dropout can be viewed as training an ensemble of many different neural networks. Each training iteration effectively creates a slightly different network architecture, and the final model represents an average of these many sub-networks.

3. Reduced Overfitting: By introducing noise and preventing the network from memorizing specific patterns in the training data, dropout significantly reduces the risk of overfitting, especially in large, complex networks.

4. Improved Generalization: The network becomes more capable of generalizing to unseen data, as it learns to make predictions with different subsets of its neurons.

Implementation Details:

- During training, at each iteration, a fraction of the neurons (controlled by a hyperparameter typically set between 0.2 and 0.5) is randomly deactivated. This means their outputs are set to zero and do not contribute to the forward pass or receive updates in the backward pass.

- The dropout rate can vary for different layers of the network. Generally, higher dropout rates are used for larger layers to prevent overfitting.

- During testing or inference, all neurons are used, but their outputs are scaled to reflect the dropout effect during training. This scaling is crucial to maintain the expected output magnitude that the network was trained with.

- Mathematically, if a layer with dropout rate p has n neurons, during testing each neuron's output is multiplied by (1-p) to maintain the expected sum of outputs.

By implementing dropout, neural networks can achieve better generalization performance, reduced overfitting, and improved robustness to input variations, making it a valuable tool in the deep learning practitioner's toolkit.

Example: Dropout Regularization

Dropout is typically implemented in frameworks like TensorFlow or PyTorch. Below is an example using Keras, a high-level API for TensorFlow.

Example: Applying Dropout in Keras

Code-Aufschlüsselung:

1. Erforderliche Bibliotheken importieren:

   o NumPy für numerische Operationen

   o Matplotlib für Visualisierung

- Scikit-learn für das Lasso-Modell, Datenaufteilung, Vorverarbeitung und Evaluierungsmetriken

2. Synthetische Daten generieren:

- Erstellen einer zufälligen Feature-Matrix X mit 100 Proben und 20 Merkmalen

- Definition der wahren Gewichte, wobei nur die ersten 5 Merkmale relevant sind

- Generierung der Zielvariable y unter Verwendung der wahren Gewichte und Hinzufügen von Rauschen

3. Daten in Trainings- und Testsets aufteilen:

- Verwendung von train_test_split zur Erstellung von Trainings- und Testdatensätzen

4. Merkmale standardisieren:

- Verwendung von StandardScaler zur Normalisierung der Merkmalsskalen

- Anpassung des Scalers an die Trainingsdaten und Transformation sowohl der Trainings- als auch der Testdaten

5. Lasso-Modelle mit verschiedenen Regularisierungsstärken trainieren:

- Definition einer Liste von Alpha-Werten (Regularisierungsstärken)

- Erstellung und Training eines Lasso-Modells für jeden Alpha-Wert

- Speicherung der trainierten Modelle in einer Liste

6. Modelle evaluieren:

- Für jedes Modell Vorhersagen auf dem Testset treffen und MSE sowie R2-Score berechnen

- Ausgabe der Evaluierungsmetriken und der Anzahl der von Null verschiedenen Koeffizienten

- Die Anzahl der von Null verschiedenen Koeffizienten zeigt, wie viele Merkmale vom Modell als relevant erachtet werden

7. Merkmalswichtigkeit visualisieren:

- Erstellung eines Plots, der die Koeffizientenwerte für jedes Merkmal über verschiedene Alpha-Werte zeigt

- Diese Visualisierung hilft beim Verständnis, wie L1-Regularisierung die Merkmalsauswahl beeinflusst o Merkmale mit Koeffizienten, die auf Null gesetzt werden, werden effektiv aus dem Modell entfernt

Dieses Beispiel zeigt, wie L1-Regularisierung (Lasso) Merkmalsauswahl durchführt, indem einige Koeffizienten genau auf Null gesetzt werden. Mit zunehmender Regularisierungsstärke (Alpha) werden weniger Merkmale ausgewählt, was zu spärlicheren Modellen führt. Die Visualisierung hilft beim Verständnis, wie verschiedene Regularisierungsstärken die Merkmalswichtigkeit im Modell beeinflussen.

c. Dropout

Dropout ist eine leistungsfähige Regularisierungstechnik in neuronalen Netzen, die Überanpassung durch die Einführung von kontrolliertem Rauschen während des Trainingsprozesses adressiert. Sie funktioniert, indem zufällig ein Teil der Neuronen während jeder Trainingsiteration "ausgeschaltet" (d.h. auf Null gesetzt) wird. Dieser Ansatz hat mehrere wichtige Implikationen und Vorteile:

1. Verhinderung von Ko-Adaptation: Durch zufälliges Deaktivieren von Neuronen verhindert Dropout, dass sich Neuronen zu stark auf bestimmte Merkmale oder andere Neuronen verlassen. Dies zwingt das Netzwerk, robustere und generalisierte Repräsentationen der Daten zu lernen.

2. Ensemble-Effekt: Dropout kann als Training eines Ensembles vieler verschiedener neuronaler Netze betrachtet werden. Jede Trainingsiteration erzeugt effektiv eine leicht unterschiedliche Netzwerkarchitektur, und das finale Modell repräsentiert einen Durchschnitt dieser vielen Teilnetzwerke.

3. Reduzierte Überanpassung: Durch die Einführung von Rauschen und die Verhinderung, dass das Netzwerk spezifische Muster in den Trainingsdaten auswendig lernt, reduziert Dropout signifikant das Risiko der Überanpassung, besonders in großen, komplexen Netzwerken.

4. Verbesserte Generalisierung: Das Netzwerk wird besser in der Lage, auf ungesehene Daten zu generalisieren, da es lernt, Vorhersagen mit verschiedenen Teilmengen seiner Neuronen zu treffen.

Implementierungsdetails:

- Während des Trainings wird in jeder Iteration ein Teil der Neuronen (gesteuert durch einen Hyperparameter, typischerweise zwischen 0,2 und 0,5) zufällig deaktiviert. Dies bedeutet, ihre Ausgaben werden auf Null gesetzt und tragen nicht zum Forward Pass bei oder erhalten Updates im Backward Pass.

- Die Dropout-Rate kann für verschiedene Schichten des Netzwerks variieren. Generell werden höhere Dropout-Raten für größere Schichten verwendet, um Überanpassung zu verhindern.

- Während des Tests oder der Inferenz werden alle Neuronen verwendet, aber ihre Ausgaben werden skaliert, um den Dropout-Effekt während des Trainings zu reflektieren. Diese Skalierung ist entscheidend, um die erwartete Ausgabemagnitude beizubehalten, mit der das Netzwerk trainiert wurde.

- Mathematisch gesehen wird, wenn eine Schicht mit Dropout-Rate p aus n Neuronen besteht, während des Tests die Ausgabe jedes Neurons mit (1-p) multipliziert, um die erwartete Summe der Ausgaben beizubehalten.

Durch die Implementierung von Dropout können neuronale Netze eine bessere Generalisierungsleistung, reduzierte Überanpassung und verbesserte Robustheit gegenüber Eingabevariationen erreichen, was es zu einem wertvollen Werkzeug im Toolkit des Deep-Learning-Praktikers macht.

Beispiel: Dropout-Regularisierung

Dropout wird typischerweise in Frameworks wie TensorFlow oder PyTorch implementiert. Nachfolgend ein Beispiel unter Verwendung von Keras, einer High-Level-API für TensorFlow.

Beispiel: Anwendung von Dropout in Keras

```python
import numpy as np
import matplotlib.pyplot as plt
from sklearn.datasets import make_moons
from sklearn.model_selection import train_test_split
from sklearn.preprocessing import StandardScaler
from tensorflow.keras.models import Sequential
from tensorflow.keras.layers import Dense, Dropout
from tensorflow.keras.callbacks import EarlyStopping
from tensorflow.keras.regularizers import l2

# Generate synthetic data
X, y = make_moons(n_samples=1000, noise=0.1, random_state=42)
X_train, X_test, y_train, y_test = train_test_split(X, y, test_size=0.2,
random_state=42)

# Standardize features
scaler = StandardScaler()
X_train_scaled = scaler.fit_transform(X_train)
X_test_scaled = scaler.transform(X_test)

# Create a neural network with dropout regularization and L2 regularization
model = Sequential([
    Dense(100, activation='relu', input_shape=(2,), kernel_regularizer=l2(0.01)),
    Dropout(0.3),
    Dense(50, activation='relu', kernel_regularizer=l2(0.01)),
    Dropout(0.3),
    Dense(1, activation='sigmoid')
])
```

```python
# Compile the model
model.compile(optimizer='adam', loss='binary_crossentropy', metrics=['accuracy'])

# Define early stopping callback
early_stopping          =          EarlyStopping(monitor='val_loss',          patience=10,
restore_best_weights=True)

# Train the model
history = model.fit(
    X_train_scaled, y_train,
    epochs=200,
    batch_size=32,
    validation_split=0.2,
    callbacks=[early_stopping],
    verbose=0
)

# Evaluate the model on test data
test_loss, test_accuracy = model.evaluate(X_test_scaled, y_test)
print(f"Test Accuracy: {test_accuracy:.4f}")

# Plot training history
plt.figure(figsize=(12, 4))
plt.subplot(1, 2, 1)
plt.plot(history.history['loss'], label='Training Loss')
plt.plot(history.history['val_loss'], label='Validation Loss')
plt.title('Model Loss')
plt.xlabel('Epoch')
plt.ylabel('Loss')
plt.legend()

plt.subplot(1, 2, 2)
plt.plot(history.history['accuracy'], label='Training Accuracy')
plt.plot(history.history['val_accuracy'], label='Validation Accuracy')
plt.title('Model Accuracy')
plt.xlabel('Epoch')
plt.ylabel('Accuracy')
plt.legend()

plt.tight_layout()
plt.show()

# Plot decision boundary
def plot_decision_boundary(model, X, y):
    x_min, x_max = X[:, 0].min() - 0.5, X[:, 0].max() + 0.5
    y_min, y_max = X[:, 1].min() - 0.5, X[:, 1].max() + 0.5
    xx, yy = np.meshgrid(np.arange(x_min, x_max, 0.02),
                         np.arange(y_min, y_max, 0.02))
    Z = model.predict(np.c_[xx.ravel(), yy.ravel()])
    Z = Z.reshape(xx.shape)
    plt.contourf(xx, yy, Z, alpha=0.8, cmap=plt.cm.RdYlBu)
    plt.scatter(X[:, 0], X[:, 1], c=y, cmap=plt.cm.RdYlBu)
```

```
    plt.xlabel('Feature 1')
    plt.ylabel('Feature 2')
    plt.title('Decision Boundary')

plt.figure(figsize=(10, 8))
plot_decision_boundary(model, X_test_scaled, y_test)
plt.show()
```

Code-Aufschlüsselung:

1. Importieren der erforderlichen Bibliotheken:

    o   NumPy für numerische Operationen

    o   Matplotlib für Visualisierung

    o   Scikit-learn für Datensatzerzeugung, Vorverarbeitung und Trainings-Test-Aufteilung

    o   TensorFlow und Keras für Aufbau und Training des neuronalen Netzes

2. Synthetische Daten generieren:

    o   Verwendung von make_moons zur Erstellung eines nicht-linear trennbaren Datensatzes

    o   Aufteilung der Daten in Trainings- und Testsets

3. Daten vorverarbeiten:

    o   Standardisierung der Merkmale mittels StandardScaler

4. Neuronales Netzwerk-Modell erstellen:

    o   Verwendung eines sequentiellen Modells mit drei Dense-Layers

    o   Hinzufügen von Dropout-Layers nach den ersten beiden Dense-Layers zur Regularisierung

    o   Anwendung von L2-Regularisierung auf die Dense-Layers

5. Modell kompilieren:

    o   Verwendung des 'adam'-Optimierers und der 'binary_crossentropy'-Verlustfunktion für binäre Klassifikation

6. Early Stopping implementieren:

    o   Erstellung eines EarlyStopping-Callbacks zur Überwachung des Validierungsverlusts

7. Modell trainieren:

- o Anpassung des Modells an die Trainingsdaten

- o Verwendung einer Validierungsaufteilung zur Leistungsüberwachung

- o Anwendung des Early-Stopping-Callbacks

8. Modell evaluieren:

- o Berechnung und Ausgabe der Testgenauigkeit

9. Trainingsverlauf visualisieren:

- o Darstellung von Trainings- und Validierungsverlust

- o Darstellung von Trainings- und Validierungsgenauigkeit

10. Entscheidungsgrenze visualisieren:

- o Implementierung einer Funktion zur Darstellung der Entscheidungsgrenze

- o Anwendung dieser Funktion zur Visualisierung der Klassentrennung durch das Modell

Dieses Beispiel demonstriert einen umfassenderen Ansatz zum Aufbau und zur Evaluierung eines neuronalen Netzwerks mit Regularisierungstechniken. Es umfasst Datengenerierung, Vorverarbeitung, Modellerstellung mit Dropout- und L2-Regularisierung, Early Stopping und Visualisierung sowohl des Trainingsprozesses als auch der resultierenden Entscheidungsgrenze. Dies liefert ein vollständigeres Bild der Modellleistung und zeigt, wie Regularisierung das Lernen und die Generalisierungsfähigkeit beeinflusst.

In diesem Beispiel wenden wir **Dropout** auf ein neuronales Netzwerk in Keras an, mit einer Dropout-Rate von 0,5. Dies hilft, Überanpassung zu verhindern, indem das Netzwerk während des Trainings robuster gemacht wird.

d. Early Stopping

Early Stopping ist eine leistungsfähige Regularisierungstechnik im maschinellen Lernen zur Verhinderung von Überanpassung. Diese Methode überwacht kontinuierlich die Modellleistung auf einem separaten Validierungsdatensatz während des Trainingsprozesses. Wenn die Leistung des Modells auf diesem Validierungsdatensatz beginnt zu stagnieren oder sich zu verschlechtern, greift Early Stopping ein, um das Training zu beenden.

Das Prinzip hinter Early Stopping basiert auf der Beobachtung, dass ein Modell während des Trainings zunächst seine Leistung sowohl auf den Trainings- als auch auf den Validierungsdaten verbessert. Allerdings kommt oft ein Punkt, an dem das Modell beginnt, sich an die Trainingsdaten übermäßig anzupassen, was zu einer verschlechterten Leistung auf dem Validierungsdatensatz führt, während es sich auf den Trainingsdaten weiter verbessert. Early Stopping zielt darauf ab, diesen Wendepunkt zu identifizieren und das Training zu beenden, bevor Überanpassung auftritt.

Wichtige Aspekte des Early Stopping umfassen:

- Validierungsdatensatz: Ein Teil der Trainingsdaten wird als Validierungsdatensatz zurückgehalten, der nicht zum Training, sondern nur zur Leistungsbewertung verwendet wird.

- Leistungsmetrik: Eine spezifische Metrik (z.B. Validierungsverlust oder -genauigkeit) wird zur Überwachung der Modellleistung ausgewählt.

- Geduld: Dieser Parameter bestimmt, wie viele Epochen der Algorithmus auf eine Verbesserung wartet, bevor er stoppt. Dies erlaubt kleine Leistungsschwankungen, ohne das Training vorzeitig zu beenden.

- Speicherung des besten Modells: Viele Implementierungen speichern das beste Modell (basierend auf der Validierungsmetrik) während des Trainings, um sicherzustellen, dass das finale Modell dasjenige ist, das am besten generalisiert, nicht notwendigerweise das zuletzt trainierte.

Early Stopping ist beim Training von tiefen neuronalen Netzen aus mehreren Gründen besonders wertvoll:

- Recheneffizienz: Es verhindert unnötige Berechnungen, indem das Training gestoppt wird, wenn weitere Verbesserungen unwahrscheinlich sind.

- Generalisierung: Durch den Stopp vor der Überanpassung des Modells an die Trainingsdaten führt es oft zu Modellen, die besser auf ungesehene Daten generalisieren.

- Automatische Regularisierung: Early Stopping fungiert als Regularisierungsform und reduziert den Bedarf an manueller Abstimmung anderer Regularisierungsparameter.

- Anpassungsfähigkeit: Es passt die Trainingszeit automatisch an den spezifischen Datensatz und die Modellarchitektur an, wobei möglicherweise weniger Epochen für einfachere Probleme und mehr für komplexere erforderlich sind.

Während Early Stopping eine leistungsfähige Technik ist, wird es oft in Kombination mit anderen Regularisierungsmethoden wie L1/L2-Regularisierung oder Dropout für optimale Ergebnisse eingesetzt. Die Effektivität von Early Stopping kann auch von Faktoren wie dem Lernratenplan und der spezifischen Architektur des neuronalen Netzwerks abhängen.

Beispiel: Early Stopping in Keras

```
from tensorflow.keras.models import Sequential
from tensorflow.keras.layers import Dense
from tensorflow.keras.callbacks import EarlyStopping
from sklearn.model_selection import train_test_split
from sklearn.datasets import make_classification
import matplotlib.pyplot as plt
```

```python
# Generate a sample dataset
X, y = make_classification(n_samples=1000, n_features=20, n_classes=2,
random_state=42)

# Split the data into training and validation sets
X_train, X_val, y_train, y_val = train_test_split(X, y, test_size=0.2,
random_state=42)

# Define the model
model = Sequential([
    Dense(64, activation='relu', input_shape=(20,)),
    Dense(32, activation='relu'),
    Dense(1, activation='sigmoid')
])

# Compile the model
model.compile(optimizer='adam', loss='binary_crossentropy', metrics=['accuracy'])

# Define early stopping callback
early_stopping = EarlyStopping(
    monitor='val_loss',
    patience=10,
    min_delta=0.001,
    mode='min',
    restore_best_weights=True,
    verbose=1
)

# Train the model with early stopping
history = model.fit(
    X_train, y_train,
    validation_data=(X_val, y_val),
    epochs=100,
    batch_size=32,
    callbacks=[early_stopping],
    verbose=1
)

# Plot training history
plt.figure(figsize=(12, 4))
plt.subplot(1, 2, 1)
plt.plot(history.history['loss'], label='Training Loss')
plt.plot(history.history['val_loss'], label='Validation Loss')
plt.title('Model Loss')
plt.xlabel('Epoch')
plt.ylabel('Loss')
plt.legend()

plt.subplot(1, 2, 2)
plt.plot(history.history['accuracy'], label='Training Accuracy')
plt.plot(history.history['val_accuracy'], label='Validation Accuracy')
plt.title('Model Accuracy')
```

```
plt.xlabel('Epoch')
plt.ylabel('Accuracy')
plt.legend()

plt.tight_layout()
plt.show()
```

Code-Aufschlüsselung:

1. Importieren der erforderlichen Bibliotheken:

   o TensorFlow/Keras zum Aufbau und Training des neuronalen Netzwerks

   o Scikit-learn für Datensatzerzeugung und Trainings-Test-Aufteilung

   o Matplotlib für Visualisierung

2. Generieren eines Beispieldatensatzes:

   o Verwendung von make_classification zur Erstellung eines binären Klassifikationsproblems

3. Aufteilung der Daten in Trainings- und Validierungsdatensätze:

   o Dies ist entscheidend für Early Stopping, da wir einen separaten Validierungsdatensatz zur Leistungsüberwachung benötigen

4. Definition des Modells:

   o Erstellung eines einfachen Feed-Forward-Netzwerks mit zwei versteckten Schichten

5. Kompilierung des Modells:

   o Verwendung des 'adam'-Optimierers und der 'binary_crossentropy'-Verlustfunktion für binäre Klassifikation

6. Definition des Early-Stopping-Callbacks:

   o monitor='val_loss': Überwachung des Validierungsverlusts auf Verbesserung

   o patience=10: Warten von 10 Epochen, bevor bei ausbleibender Verbesserung gestoppt wird

   o min_delta=0.001: Die minimale Änderung der überwachten Größe, die als Verbesserung gilt

   o mode='min': Stoppen, wenn die überwachte Größe nicht mehr abnimmt

   o restore_best_weights=True: Wiederherstellen der Modellgewichte aus der Epoche mit dem besten Wert der überwachten Größe

- o verbose=1: Ausgabe von Meldungen beim Auslösen des Early Stopping

7. Training des Modells:

   - o Verwendung von model.fit() mit dem Early-Stopping-Callback

   - o Festlegung einer hohen Anzahl von Epochen (100) - Early Stopping verhindert bei Bedarf deren vollständige Ausführung

8. Visualisierung des Trainingsverlaufs:

   - o Darstellung von Trainings- und Validierungsverlust

   - o Darstellung von Trainings- und Validierungsgenauigkeit

   - o Dies hilft dabei, visuell zu erkennen, wann Early Stopping eingriff und wie es die Modellleistung beeinflusste

Dieses Beispiel demonstriert die praktische Implementierung von Early Stopping, einschließlich Datenvorbereitung, Modellerstellung, Training mit Early Stopping und Visualisierung der Ergebnisse. Die Diagramme zeigen, wie sich die Modellleistung im Zeitverlauf verändert und wo Early Stopping eingriff, um Überanpassung zu verhindern.

1.4 Verlustfunktionen im Deep Learning

Im Bereich des Deep Learning dient die **Verlustfunktion** (auch als **Kostenfunktion** bezeichnet) als entscheidende Metrik zur Bewertung der Übereinstimmung zwischen den Vorhersagen eines Modells und den tatsächlichen Werten. Diese Funktion fungiert als wichtiger Rückkopplungsmechanismus während des Trainingsprozesses und ermöglicht es dem Modell, seine Parameter durch fortgeschrittene Optimierungstechniken wie den **Gradientenabstieg** feinabzustimmen.

Durch systematische Minimierung der Verlustfunktion verbessert das Modell schrittweise seine Genauigkeit und Fähigkeit zur Generalisierung auf ungesehene Daten, was letztendlich zu einer verbesserten Leistung führt.

Die Landschaft der Verlustfunktionen ist vielfältig, mit verschiedenen Formulierungen, die auf spezifische Aufgaben im Bereich des maschinellen Lernens zugeschnitten sind. Beispielsweise eignen sich bestimmte Verlustfunktionen besonders gut für **Regressions**probleme, bei denen es darum geht, kontinuierliche Werte vorherzusagen, während andere speziell für **Klassifikations**aufgaben entwickelt wurden, bei denen es um die Kategorisierung von Daten in diskrete Klassen geht.

Die Auswahl einer geeigneten Verlustfunktion ist eine kritische Entscheidung, die von mehreren Faktoren abhängt, einschließlich der Art des Problems, der Eigenschaften des Datensatzes und der spezifischen Ziele des maschinellen Lernmodells. In den folgenden Abschnitten werden wir uns eingehend mit einigen der am häufigsten verwendeten Verlustfunktionen im Bereich des

Deep Learning befassen und ihre Eigenschaften, Anwendungen und die Szenarien untersuchen, in denen sie sich am effektivsten erweisen.

1.4.1 Mittlerer quadratischer Fehler (MSE)

Der **mittlere quadratische Fehler (MSE)** ist eine der am häufigsten verwendeten Verlustfunktionen für **Regressionsaufgaben** im maschinellen Lernen und Deep Learning. Er ist besonders effektiv, wenn es darum geht, kontinuierliche Werte wie Hauspreise, Temperatur oder Aktienkurse vorherzusagen. MSE liefert ein quantitatives Maß dafür, wie gut die Vorhersagen eines Modells mit den tatsächlichen Werten im Datensatz übereinstimmen.

Das grundlegende Prinzip des MSE besteht darin, den Durchschnitt der quadrierten Differenzen zwischen den vorhergesagten Werten ($\hat{y}$) und den tatsächlichen Werten (y) zu berechnen. Dies lässt sich mathematisch wie folgt darstellen:

$$MSE = \frac{1}{n}\sum_{i=1}^{n}(\hat{y}_i - y_i)^2$$

In dieser Formel:

- n repräsentiert die Gesamtzahl der Stichproben im Datensatz. Dies stellt sicher, dass der Fehler über den gesamten Datensatz normalisiert wird, unabhängig von dessen Größe.

- $\hat{y}_i$ bezeichnet den vorhergesagten Wert für die i-te Stichprobe. Dies ist die Ausgabe, die das Modell für eine gegebene Eingabe generiert.

- y_i ist der tatsächliche (wahre) Wert für die i-te Stichprobe. Dies ist der bekannte, korrekte Wert, den das Modell vorherzusagen versucht.

Der Prozess der MSE-Berechnung umfasst mehrere Schritte:

- Für jede Stichprobe wird die Differenz zwischen dem vorhergesagten Wert und dem tatsächlichen Wert berechnet ($\hat{y}_i - y_i$).

- Diese Differenz wird quadriert, um negative Werte zu eliminieren und größeren Fehlern mehr Gewicht zu geben ($\hat{y}_i - y_i)^2$.

- Alle diese quadrierten Differenzen werden über alle Stichproben summiert $\sum_{i=1}^{n}(\hat{y}_i - y_i)^2$.

- Die Summe wird durch die Gesamtzahl der Stichproben geteilt, um den Durchschnitt zu erhalten $\frac{1}{n}$.

Eine der wichtigsten Eigenschaften des MSE ist, dass er größere Fehler aufgrund des Quadrierungsterms stärker bestraft als kleinere. Dies macht den MSE besonders empfindlich gegenüber Ausreißern im Datensatz. Wenn beispielsweise die Vorhersage eines Modells um 2

Einheiten daneben liegt, beträgt der Beitrag zum MSE 4 (2^2). Liegt die Vorhersage jedoch um 10 Einheiten daneben, beträgt der Beitrag zum MSE 100 (10^2), was deutlich größer ist.

Diese Empfindlichkeit gegenüber Ausreißern kann je nach spezifischem Problem und Datensatz sowohl ein Vorteil als auch ein Nachteil sein:

- Vorteil: MSE verstärkt die Auswirkung signifikanter Fehler, was ihn besonders wertvoll für Anwendungen macht, bei denen große Abweichungen schwerwiegende Folgen haben können. Diese Eigenschaft ermutigt Modelle dazu, substanzielle Fehler zu minimieren, was in Szenarien wie Finanzprognosen, medizinischer Diagnostik oder industrieller Qualitätskontrolle, wo Genauigkeit von höchster Bedeutung ist, entscheidend ist.

- Nachteil: Bei der Arbeit mit Datensätzen, die zahlreiche Ausreißer oder erhebliches Rauschen enthalten, kann die erhöhte Empfindlichkeit des MSE gegenüber extremen Werten potenziell zu Überanpassung führen. In solchen Fällen könnte das Modell seine Parameter unverhältnismäßig stark anpassen, um diese Ausreißer zu berücksichtigen, was möglicherweise seine Gesamtleistung und Generalisierungsfähigkeit beeinträchtigt. Dies kann zu einem Modell führen, das zwar gut auf den Trainingsdaten funktioniert, aber neue, ungesehene Datenpunkte nicht genau vorhersagen kann.

Trotz seiner Empfindlichkeit gegenüber Ausreißern bleibt MSE aufgrund seiner Einfachheit, Interpretierbarkeit und mathematischen Eigenschaften, die ihn für im maschinellen Lernen häufig verwendete Optimierungstechniken wie den Gradientenabstieg geeignet machen, eine beliebte Wahl für Regressionsaufgaben.

a. Beispiel: MSE in einem neuronalen Netzwerk

Implementieren wir ein einfaches neuronales Netzwerk für eine Regressionsaufgabe und verwenden MSE als Verlustfunktion.

```
import numpy as np
import matplotlib.pyplot as plt
from sklearn.datasets import make_regression
from sklearn.model_selection import train_test_split
from sklearn.neural_network import MLPRegressor
from sklearn.metrics import mean_squared_error, r2_score
from sklearn.preprocessing import StandardScaler

# Generate synthetic regression data
X, y = make_regression(n_samples=1000, n_features=1, noise=20, random_state=42)

# Split the data into training and testing sets
X_train, X_test, y_train, y_test = train_test_split(X, y, test_size=0.2,
random_state=42)

# Scale the features
scaler = StandardScaler()
X_train_scaled = scaler.fit_transform(X_train)
```

```
X_test_scaled = scaler.transform(X_test)

# Create a simple neural network regressor
mlp = MLPRegressor(hidden_layer_sizes=(50, 25), max_iter=1000,
                   activation='relu', solver='adam', random_state=42,
                   learning_rate_init=0.001, early_stopping=True)

# Train the model
mlp.fit(X_train_scaled, y_train)

# Make predictions
y_pred_train = mlp.predict(X_train_scaled)
y_pred_test = mlp.predict(X_test_scaled)

# Compute metrics
mse_train = mean_squared_error(y_train, y_pred_train)
mse_test = mean_squared_error(y_test, y_pred_test)
r2_train = r2_score(y_train, y_pred_train)
r2_test = r2_score(y_test, y_pred_test)

print(f"Training MSE: {mse_train:.2f}")
print(f"Test MSE: {mse_test:.2f}")
print(f"Training R^2: {r2_train:.2f}")
print(f"Test R^2: {r2_test:.2f}")

# Plot actual vs predicted values
plt.figure(figsize=(12, 5))

plt.subplot(1, 2, 1)
plt.scatter(X_train, y_train, color='blue', alpha=0.5, label='Actual (Train)')
plt.scatter(X_train, y_pred_train, color='red', alpha=0.5, label='Predicted (Train)')
plt.xlabel('Feature')
plt.ylabel('Target')
plt.title('Actual vs Predicted Values (Training Set)')
plt.legend()

plt.subplot(1, 2, 2)
plt.scatter(X_test, y_test, color='blue', alpha=0.5, label='Actual (Test)')
plt.scatter(X_test, y_pred_test, color='red', alpha=0.5, label='Predicted (Test)')
plt.xlabel('Feature')
plt.ylabel('Target')
plt.title('Actual vs Predicted Values (Test Set)')
plt.legend()

plt.tight_layout()
plt.show()

# Plot learning curve
plt.figure(figsize=(10, 5))
plt.plot(mlp.loss_curve_, label='Training Loss')
plt.plot(mlp.validation_scores_, label='Validation Score')
plt.xlabel('Iterations')
```

```
plt.ylabel('Loss / Score')
plt.title('Learning Curve')
plt.legend()
plt.show()
```

Dieses erweiterte Codebeispiel bietet eine umfassendere Implementierung eines neuronalen Netzes für Regression mit scikit-learn. Hier ist eine detaillierte Aufschlüsselung der Ergänzungen und Änderungen:

1. Datengenerierung und -vorverarbeitung:

   o   Wir haben die Stichprobengröße auf 1000 erhöht, um eine bessere Repräsentation zu erreichen.

   o   Hinzufügung von Feature-Skalierung mittels StandardScaler zur Normalisierung der Eingabemerkmale, was für neuronale Netze entscheidend ist.

2. Modellarchitektur:

   o   Der MLPRegressor verfügt nun über zwei versteckte Schichten (50 und 25 Neuronen) für erhöhte Komplexität.

   o   Wir haben Early Stopping hinzugefügt, um Überanpassung zu verhindern.

   o   Die Lernrate ist explizit auf 0,001 festgelegt.

3. Modellauswertung:

   o   Zusätzlich zum mittleren quadratischen Fehler (MSE) berechnen wir nun den R-Quadrat-Wert (R^2) sowohl für Trainings- als auch Testdatensätze.

   o R^2 liefert ein Maß dafür, wie gut das Modell die Varianz in der Zielvariable erklärt.

4. Visualisierung:

   o   Die Darstellung wurde erweitert, um sowohl Trainings- als auch Testset-Vorhersagen zu zeigen.

   o   Wir verwenden zwei Teilplots, um die Modellleistung bei Trainings- und Testdaten nebeneinander zu vergleichen.

   o   Alpha-Werte wurden den Streudiagrammen hinzugefügt, um eine bessere Sichtbarkeit bei überlappenden Punkten zu gewährleisten.

   o   Ein neuer Plot für die Lernkurve wurde hinzugefügt, der zeigt, wie sich Trainingsverlust und Validierungswert über die Iterationen hinweg ändern.

5. Weitere Überlegungen:

- o Die Verwendung von numpy wird mit dem Import demonstriert, auch wenn es in diesem Beispiel nicht explizit verwendet wird.

- o Der Code folgt nun einem logischeren Ablauf: Datenvorbereitung, Modellerstellung, Training, Auswertung und Visualisierung.

Dieses erweiterte Beispiel bietet einen robusteren Rahmen für das Verständnis der neuronalen Netzwerk-Regression, einschließlich Vorverarbeitungsschritte, Modellauswertung und umfassender Ergebnisvisualisierung. Es ermöglicht bessere Einblicke in die Leistung und den Lernprozess des Modells.

1.4.2 Binäre Kreuzentropie-Verlustfunktion (Log Loss)

Für **binäre Klassifikations**aufgaben, bei denen das Ziel darin besteht, Daten in eine von zwei verschiedenen Kategorien einzuordnen (z.B. 0 oder 1, wahr oder falsch, positiv oder negativ), wird die **binäre Kreuzentropie-Verlustfunktion** häufig eingesetzt. Diese Verlustfunktion, auch als Log Loss bekannt, dient als grundlegende Metrik zur Bewertung der Leistung von binären Klassifikationsmodellen.

Die binäre Kreuzentropie misst die Abweichung zwischen den wahren Klassenlabels und den vom Modell generierten Wahrscheinlichkeitsvorhersagen. Sie quantifiziert, wie gut die Vorhersagen des Modells mit den tatsächlichen Ergebnissen übereinstimmen und bietet eine differenzierte Bewertung der Klassifikationsgenauigkeit. Die Funktion bestraft zuversichtliche Fehlklassifikationen stärker als weniger zuversichtliche und ermutigt das Modell dazu, gut kalibrierte Wahrscheinlichkeitsschätzungen zu produzieren.

- Asymmetrie: Die binäre Kreuzentropie-Verlustfunktion behandelt positive und negative Klassen unterschiedlich, was sie besonders wertvoll für unausgewogene Datensätze macht, bei denen eine Klasse deutlich unterrepräsentiert sein kann. Diese Eigenschaft ermöglicht es dem Modell, seine Entscheidungsgrenze effektiver anzupassen, um Klassenunterschiede zu berücksichtigen.

- Probabilistische Interpretation: Die Verlustfunktion entspricht direkt der Wahrscheinlichkeit, die wahren Labels unter Berücksichtigung der vorhergesagten Wahrscheinlichkeiten des Modells zu beobachten. Dieser probabilistische Rahmen bietet eine aussagekräftige Interpretation der Modellleistung in Bezug auf Unsicherheit und Vorhersagekonfidenzen.

- Glatter Gradient: Im Gegensatz zu einigen alternativen Verlustfunktionen bietet die binäre Kreuzentropie einen glatten Gradienten über den gesamten Vorhersageraum. Diese Eigenschaft ermöglicht eine stabilere und effizientere Optimierung während des Modelltrainings, was zu schnellerer Konvergenz und potenziell besserer Gesamtleistung führt.

- Begrenzter Wertebereich: Der Wert der binären Kreuzentropie-Verlustfunktion ist zwischen 0 (perfekte Vorhersage) und Unendlich begrenzt, wobei niedrigere Werte eine bessere Modellleistung anzeigen. Diese Begrenzung ermöglicht einen intuitiven Vergleich der Modellleistung über verschiedene Datensätze und Problemdomänen hinweg.

- Empfindlichkeit gegenüber zuversichtlichen Fehlern: Die Verlustfunktion bestraft zuversichtliche Fehlklassifikationen stark und ermutigt das Modell dadurch, bei seinen Vorhersagen vorsichtiger zu sein und übermäßiges Vertrauen in fehlerhafte Ausgaben zu reduzieren.

Durch die Verwendung der binären Kreuzentropie-Verlustfunktion können Machine-Learning-Praktiker Modelle effektiv für eine breite Palette von binären Klassifikationsproblemen trainieren und auswerten, von Spam-Erkennung und Stimmungsanalyse bis hin zu medizinischer Diagnose und Betrugserkennung.

Die Formel lautet wie folgt:

$$L = -\frac{1}{n}\sum_{i=1}^{n}[y_i log(\hat{y}_i) + (1 - y_i)log(1 - \hat{y}_i)]$$

Wobei:

- $\hat{y}_i$ die vorhergesagte Wahrscheinlichkeit für Klasse 1 ist,

- y_i das wahre Label (0 oder 1) ist,

- n die Anzahl der Stichproben ist.

Die binäre Kreuzentropie bestraft Vorhersagen, die weit vom wahren Label entfernt sind, was sie besonders effektiv für binäre Klassifikation macht.

Beispiel: Binäre Kreuzentropie in neuronalen Netzen

Implementieren wir die binäre Kreuzentropie in einem neuronalen Netz für eine binäre Klassifikationsaufgabe.

```
import numpy as np
import matplotlib.pyplot as plt
from sklearn.datasets import make_classification
from sklearn.model_selection import train_test_split
from sklearn.neural_network import MLPClassifier
from   sklearn.metrics   import   accuracy_score,   log_loss,   confusion_matrix,
classification_report
from sklearn.preprocessing import StandardScaler

# Generate synthetic binary classification data
X,    y    =    make_classification(n_samples=1000,    n_features=2,    n_classes=2,
n_clusters_per_class=1,
                    n_redundant=0, n_informative=2, random_state=42)

# Split the data into training and testing sets
```

```python
X_train, X_test, y_train, y_test = train_test_split(X, y, test_size=0.2,
random_state=42)

# Scale the features
scaler = StandardScaler()
X_train_scaled = scaler.fit_transform(X_train)
X_test_scaled = scaler.transform(X_test)

# Create a neural network classifier
mlp = MLPClassifier(hidden_layer_sizes=(10, 5), activation='relu', max_iter=1000,
                    solver='adam', random_state=42, early_stopping=True,
                    validation_fraction=0.1)

# Train the model
mlp.fit(X_train_scaled, y_train)

# Make predictions
y_pred_prob = mlp.predict_proba(X_test_scaled)[:, 1]
y_pred = mlp.predict(X_test_scaled)

# Compute metrics
logloss = log_loss(y_test, y_pred_prob)
accuracy = accuracy_score(y_test, y_pred)
conf_matrix = confusion_matrix(y_test, y_pred)

print(f"Binary Cross-Entropy Loss: {logloss:.4f}")
print(f"Accuracy: {accuracy:.4f}")
print("\\nConfusion Matrix:")
print(conf_matrix)
print("\\nClassification Report:")
print(classification_report(y_test, y_pred))

# Plot decision boundary
def plot_decision_boundary(X, y, model, ax=None):
    h = .02  # step size in the mesh
    x_min, x_max = X[:, 0].min() - 1, X[:, 0].max() + 1
    y_min, y_max = X[:, 1].min() - 1, X[:, 1].max() + 1
    xx, yy = np.meshgrid(np.arange(x_min, x_max, h), np.arange(y_min, y_max, h))
    Z = model.predict(np.c_[xx.ravel(), yy.ravel()])
    Z = Z.reshape(xx.shape)

    if ax is None:
        ax = plt.gca()

    ax.contourf(xx, yy, Z, alpha=0.8, cmap=plt.cm.RdYlBu)
    ax.scatter(X[:, 0], X[:, 1], c=y, cmap=plt.cm.RdYlBu, edgecolor='black')
    ax.set_xlabel('Feature 1')
    ax.set_ylabel('Feature 2')
    return ax

# Plot results
plt.figure(figsize=(15, 5))
```

```python
plt.subplot(131)
plot_decision_boundary(X_test_scaled, y_test, mlp)
plt.title('Decision Boundary')

plt.subplot(132)
plt.plot(mlp.loss_curve_, label='Training Loss')
plt.plot(mlp.validation_scores_, label='Validation Score')
plt.xlabel('Iterations')
plt.ylabel('Loss / Score')
plt.title('Learning Curve')
plt.legend()

plt.subplot(133)
plt.imshow(conf_matrix, interpolation='nearest', cmap=plt.cm.Blues)
plt.title('Confusion Matrix')
plt.colorbar()
tick_marks = np.arange(2)
plt.xticks(tick_marks, ['Class 0', 'Class 1'])
plt.yticks(tick_marks, ['Class 0', 'Class 1'])
plt.xlabel('Predicted Label')
plt.ylabel('True Label')

plt.tight_layout()
plt.show()
```

Nun analysieren wir den Code im Detail:

- Datengenerierung und -vorverarbeitung:

    o Stichprobengröße auf 1000 erhöht für bessere Repräsentativität.

    o StandardScaler zur Normalisierung der Eingabemerkmale hinzugefügt, was für neuronale Netze entscheidend ist.

- Modellarchitektur:

    o Der MLPClassifier verfügt nun über zwei Hidden Layer (10 und 5 Neuronen) für erhöhte Komplexität.

    o Early Stopping implementiert, um Überanpassung zu verhindern.

    o Validierungsanteil für Early Stopping eingebaut.

- Modellevaluierung:

    o Zusätzlich zu Binary Cross-Entropy Loss und Accuracy werden nun Konfusionsmatrix und Klassifikationsbericht berechnet.

    o Diese Metriken bieten einen umfassenderen Einblick in die Modellleistung, einschließlich Precision, Recall und F1-Score für jede Klasse.

- Visualisierung:

  o Funktion zur Darstellung der Entscheidungsgrenze hinzugefügt, die veranschaulicht, wie das Modell die beiden Klassen trennt.

  o Lernkurvenplot integriert, der die Entwicklung von Trainingsverlust und Validierungsscore über die Iterationen zeigt.

  o Visualisierung der Konfusionsmatrix für eine schnelle visuelle Zusammenfassung der Modellleistung hinzugefügt.

- Weitere Aspekte:

  o Die Verwendung von NumPy wird im Import und in der Funktion zur Darstellung der Entscheidungsgrenze demonstriert.

  o Der Code folgt nun einem logischeren Ablauf: Datenvorbereitung, Modellerstellung, Training, Evaluierung und Visualisierung.

Dieses Codebeispiel bietet einen robusten Rahmen zum Verständnis binärer Klassifikation mittels neuronaler Netze. Es umfasst Vorverarbeitungsschritte, Modellevaluierung mit verschiedenen Metriken und umfassende Ergebnisvisualisierung. Dies ermöglicht bessere Einblicke in die Modellleistung, den Lernprozess und die Entscheidungsfindung.

Die Darstellung der Entscheidungsgrenze hilft beim Verständnis, wie das Modell die belden Klassen im Merkmalsraum trennt. Die Lernkurve gibt Einblicke in den Trainingsprozess und mögliche Über- oder Unteranpassung. Die Visualisierung der Konfusionsmatrix liefert eine schnelle Übersicht der Klassifikationsleistung, mit richtig positiven, richtig negativen, falsch positiven und falsch negativen Vorhersagen.

Durch diesen umfassenden Ansatz gewinnen Sie ein tieferes Verständnis für das Verhalten und die Leistung Ihres binären Klassifikationsmodells, was für praktische Machine-Learning-Anwendungen entscheidend ist.

1.4.3. Kategorische Kreuzentropie-Verlustfunktion

Für **Mehrklassen-Klassifikation**, bei der jeder Datenpunkt zu einer von mehreren verschiedenen Kategorien gehört, verwenden wir die **kategorische Kreuzentropie** als Verlustfunktion. Diese ausgereifte Verlustfunktion eignet sich besonders für Szenarien, in denen das Klassifikationsproblem mehr als zwei Klassen umfasst. Sie ist eine natürliche Erweiterung der binären Kreuzentropie und passt deren Prinzipien an die gleichzeitige Verarbeitung mehrerer Klassenwahrscheinlichkeiten an.

Die kategorische Kreuzentropie quantifiziert die Abweichung zwischen der vorhergesagten Wahrscheinlichkeitsverteilung und der tatsächlichen Verteilung der Klassenlabel. Sie misst effektiv, wie gut die Vorhersagen des Modells mit den tatsächlichen Ergebnissen über alle Klassen hinweg übereinstimmen. Diese Verlustfunktion ist besonders leistungsfähig, weil sie:

- Das Modell ermutigt, gut kalibrierte Wahrscheinlichkeitsschätzungen für jede Klasse auszugeben.

- Zuversichtliche Fehlklassifikationen stärker bestraft als weniger zuversichtliche, was genauere und zuverlässigere Vorhersagen fördert.

- Unausgewogene Datensätze handhabt, indem sie die relativen Häufigkeiten verschiedener Klassen berücksichtigt.

- Einen glatten Gradienten für die Optimierung bietet, was ein effizientes Training neuronaler Netze ermöglicht.

Die mathematische Formel für die kategorische Kreuzentropie, die wir gleich näher betrachten werden, erfasst diese Eigenschaften und bietet einen robusten Rahmen für das Training von Mehrklassen-Klassifikationsmodellen. Durch die Minimierung dieser Verlustfunktion während des Trainingsprozesses können wir neuronale Netze entwickeln, die in der Lage sind, mehrere Klassen mit hoher Genauigkeit und Zuverlässigkeit zu unterscheiden.

$$L = -\frac{1}{n}\sum_{i=1}^{n}\sum_{c=1}^{C} y_{ic}\, log(\widehat{y_{ic}})$$

Wobei:

- C die Anzahl der Klassen ist,

- $\widehat{y_{ic}}$ die vorhergesagte Wahrscheinlichkeit ist, dass Stichprobe i zur Klasse c gehört,

- y_{ic} ist 1, wenn die tatsächliche Klasse der Stichprobe i die Klasse c ist, und 0 sonst.

Die kategorische Kreuzentropie bestraft falsche Vorhersagen stärker, wenn die vorhergesagte Wahrscheinlichkeit für die richtige Klasse niedrig ist.

Beispiel: Kategorische Kreuzentropie in neuronalen Netzen

Implementieren wir ein Mehrklassen-Klassifikationsproblem unter Verwendung der kategorischen Kreuzentropie-Verlustfunktion.

```python
import numpy as np
import matplotlib.pyplot as plt
from sklearn.datasets import load_digits
from sklearn.model_selection import train_test_split
from sklearn.neural_network import MLPClassifier
from sklearn.metrics import log_loss, accuracy_score, confusion_matrix,
classification_report
from sklearn.preprocessing import StandardScaler

# Load the digits dataset (multi-class classification)
digits = load_digits()
X, y = digits.data, digits.target
```

```python
# Split the data into training and testing sets
X_train, X_test, y_train, y_test = train_test_split(X, y, test_size=0.3,
random_state=42)

# Scale the features
scaler = StandardScaler()
X_train_scaled = scaler.fit_transform(X_train)
X_test_scaled = scaler.transform(X_test)

# Create a neural network classifier for multi-class classification
mlp = MLPClassifier(hidden_layer_sizes=(100, 50), activation='relu', max_iter=1000,
                    solver='adam', random_state=42, early_stopping=True,
                    validation_fraction=0.1)

# Train the model
mlp.fit(X_train_scaled, y_train)

# Predict probabilities and compute categorical cross-entropy loss
y_pred_prob = mlp.predict_proba(X_test_scaled)
logloss = log_loss(y_test, y_pred_prob)
print(f"Categorical Cross-Entropy Loss: {logloss:.4f}")

# Compute and display accuracy
y_pred = mlp.predict(X_test_scaled)
accuracy = accuracy_score(y_test, y_pred)
print(f"Accuracy: {accuracy:.4f}")

# Display confusion matrix and classification report
conf_matrix = confusion_matrix(y_test, y_pred)
print("\\nConfusion Matrix:")
print(conf_matrix)
print("\\nClassification Report:")
print(classification_report(y_test, y_pred))

# Visualize learning curve
plt.figure(figsize=(10, 5))
plt.plot(mlp.loss_curve_, label='Training Loss')
plt.plot(mlp.validation_scores_, label='Validation Score')
plt.xlabel('Iterations')
plt.ylabel('Loss / Score')
plt.title('Learning Curve')
plt.legend()
plt.show()

# Visualize confusion matrix
plt.figure(figsize=(10, 8))
plt.imshow(conf_matrix, interpolation='nearest', cmap=plt.cm.Blues)
plt.title('Confusion Matrix')
plt.colorbar()
tick_marks = np.arange(10)
plt.xticks(tick_marks, digits.target_names)
plt.yticks(tick_marks, digits.target_names)
```

```
plt.xlabel('Predicted Label')
plt.ylabel('True Label')
plt.tight_layout()
plt.show()

# Visualize some predictions
n_samples = 5
fig, axes = plt.subplots(2, n_samples, figsize=(12, 5))
for i in range(n_samples):
    idx = np.random.randint(len(X_test))
    axes[0, i].imshow(X_test[idx].reshape(8, 8), cmap=plt.cm.gray_r)
    axes[0, i].axis('off')
    axes[0, i].set_title(f'True: {y_test[idx]}')
    axes[1, i].imshow(X_test[idx].reshape(8, 8), cmap=plt.cm.gray_r)
    axes[1, i].axis('off')
    axes[1, i].set_title(f'Pred: {y_pred[idx]}')
plt.tight_layout()
plt.show()
```

Schauen wir uns dieses Codebeispiel genauer an:

- Datenvorbereitung und -vorverarbeitung:

  o Wir verwenden den Digits-Datensatz von sklearn, ein Mehrklassen-Klassifikationsproblem (10 Klassen, Ziffern 0-9).

  o Die Daten werden in Trainings- und Testsets aufgeteilt.

  o Die Merkmalsskalierung wird mit StandardScaler durchgeführt, um die Eingabemerkmale zu normalisieren, was für neuronale Netze entscheidend ist.

- Modellarchitektur:

  o Der MLPClassifier verfügt nun über zwei versteckte Schichten (100 und 50 Neuronen) für erhöhte Komplexität.

  o Early Stopping wurde hinzugefügt, um Überanpassung zu verhindern, mit einem Validierungsanteil zur Überwachung.

- Modelltraining und -evaluierung:

  o Das Modell wird mit den skalierten Trainingsdaten trainiert.

  o Wir berechnen wie zuvor die Kategorische Kreuzentropie-Verlustfunktion und die Genauigkeit.

  o Zusätzlich berechnen und zeigen wir nun die Konfusionsmatrix und den Klassifikationsbericht für eine umfassendere Auswertung.

- Visualisierung:

- o Lernkurve: Eine Grafik, die zeigt, wie sich Trainingsverlust und Validierungswert über die Iterationen ändern, was hilft, potenzielle Über- oder Unteranpassung zu erkennen.

- o Konfusionsmatrix-Visualisierung: Eine Heatmap der Konfusionsmatrix, die eine visuelle Zusammenfassung der Klassifikationsleistung des Modells über alle Klassen hinweg bietet.

- o Beispielvorhersagen: Wir visualisieren einige zufällige Testbeispiele und zeigen sowohl die wahren Bezeichnungen als auch die Vorhersagen des Modells, was hilft zu verstehen, wo das Modell möglicherweise Fehler macht.

Dieses Codebeispiel bietet einen umfassenden Ansatz zur Mehrklassen-Klassifikation mittels neuronaler Netze. Es beinhaltet eine angemessene Vorverarbeitung, detaillierte Modellevaluierung und aufschlussreiche Visualisierungen, die Einblick in die Leistung und das Verhalten des Modells geben. Dieser gründliche Ansatz ermöglicht ein tieferes Verständnis dafür, wie gut das Modell verschiedene Kategorien klassifiziert und identifiziert potenzielle Verbesserungsbereiche. Solche Erkenntnisse sind entscheidend für die Entwicklung und Verfeinerung von Machine-Learning-Anwendungen in der Praxis.

1.4.4. Hinge-Verlustfunktion

Die **Hinge-Verlustfunktion** ist eine Verlustfunktion, die hauptsächlich beim Training von **Support Vector Machines (SVMs)** eingesetzt wird, einer Klasse leistungsfähiger Machine-Learning-Algorithmen, die für ihre Effektivität bei Klassifikationsaufgaben bekannt sind. Während sie traditionell mit SVMs in Verbindung gebracht wird, hat die Hinge-Verlustfunktion auch Anwendungen über ihren ursprünglichen Bereich hinaus gefunden und kann effektiv auf neuronale Netze in spezifischen Szenarien angewendet werden, insbesondere bei binären Klassifikationsaufgaben.

Die Vielseitigkeit der Hinge-Verlustfunktion beruht auf ihren einzigartigen Eigenschaften. Anders als andere Verlustfunktionen, die sich ausschließlich auf die Korrektheit der Vorhersagen konzentrieren, führt die Hinge-Verlustfunktion das Konzept einer Marge ein. Diese Marge stellt einen Bereich um die Entscheidungsgrenze dar, in dem das Modell ermutigt wird, zuversichtliche Vorhersagen zu treffen. Indem sie nicht nur Fehlklassifikationen bestraft, sondern auch korrekte Klassifikationen, die innerhalb dieser Marge liegen, fördert die Hinge-Verlustfunktion die Entwicklung robusterer und besser generalisierbarer Modelle.

Im Kontext neuronaler Netze kann die Hinge-Verlustfunktion besonders nützlich sein bei binären Klassifikationsproblemen, bei denen eine klare Trennung zwischen den Klassen gewünscht ist. Sie ermutigt das Netzwerk, Entscheidungsgrenzen zu lernen, die die Marge zwischen den Klassen maximieren, was potenziell zu einer verbesserten Generalisierungsleistung führt. Diese Eigenschaft macht die Hinge-Verlustfunktion zu einer attraktiven Option für Szenarien, bei denen der Schwerpunkt darauf liegt, ein Modell zu erstellen, das nicht nur korrekt klassifiziert, sondern dies auch mit hoher Konfidenz tut.

Die Hinge-Verlustfunktion ist definiert als:

$$L = max(0,1 - y_i \cdot \hat{y}_i)$$

Wobei:

- y_i die tatsächliche Bezeichnung (-1 oder 1) ist,

- $\hat{y}_i$ der vorhergesagte Wert ist.

Die Hinge-Verlustfunktion bestraft Vorhersagen, die falsch oder nahe an der Entscheidungsgrenze sind, was sie nützlich macht für Aufgaben, bei denen eine Marge zwischen den Klassen erwünscht ist.

Beispiel: Hinge-Verlustfunktion in neuronalen Netzen

Implementieren wir ein binäres Klassifikationsproblem unter Verwendung der Hinge-Verlustfunktion in einem neuronalen Netz.

```python
import numpy as np
import matplotlib.pyplot as plt
from sklearn.datasets import make_classification
from sklearn.model_selection import train_test_split
from sklearn.preprocessing import StandardScaler
from tensorflow.keras.models import Sequential
from tensorflow.keras.layers import Dense
from tensorflow.keras.optimizers import Adam
from tensorflow.keras import backend as K

# Custom hinge loss function
def hinge_loss(y_true, y_pred):
    return K.mean(K.maximum(1. - y_true * y_pred, 0.), axis=-1)

# Generate binary classification dataset
X, y = make_classification(n_samples=1000, n_features=2, n_redundant=0,
                           n_informative=2, random_state=42, n_clusters_per_class=1)
y = 2*y - 1  # Convert labels to -1 and 1

# Split the data
X_train, X_test, y_train, y_test = train_test_split(X, y, test_size=0.2,
random_state=42)

# Scale the features
scaler = StandardScaler()
X_train_scaled = scaler.fit_transform(X_train)
X_test_scaled = scaler.transform(X_test)

# Create the model
model = Sequential([
    Dense(64, activation='relu', input_shape=(2,)),
    Dense(32, activation='relu'),
    Dense(1, activation='tanh')
```

```python
])

# Compile the model with hinge loss
model.compile(optimizer=Adam(learning_rate=0.001),                    loss=hinge_loss,
metrics=['accuracy'])

# Train the model
history = model.fit(X_train_scaled, y_train, epochs=100, batch_size=32,
                    validation_split=0.2, verbose=0)

# Evaluate the model
test_loss, test_accuracy = model.evaluate(X_test_scaled, y_test)
print(f"Test Loss: {test_loss:.4f}")
print(f"Test Accuracy: {test_accuracy:.4f}")

# Plot decision boundary
def plot_decision_boundary(X, y, model, scaler):
    x_min, x_max = X[:, 0].min() - 0.5, X[:, 0].max() + 0.5
    y_min, y_max = X[:, 1].min() - 0.5, X[:, 1].max() + 0.5
    xx, yy = np.meshgrid(np.arange(x_min, x_max, 0.02),
                         np.arange(y_min, y_max, 0.02))
    Z = model.predict(scaler.transform(np.c_[xx.ravel(), yy.ravel()]))
    Z = Z.reshape(xx.shape)
    plt.figure(figsize=(10, 8))
    plt.contourf(xx, yy, Z, cmap=plt.cm.RdYlBu, alpha=0.8)
    plt.scatter(X[:, 0], X[:, 1], c=y, cmap=plt.cm.RdYlBu, edgecolors='black')
    plt.xlabel('Feature 1')
    plt.ylabel('Feature 2')
    plt.title('Decision Boundary with Hinge Loss')
    plt.show()

# Plot learning curves
plt.figure(figsize=(12, 5))
plt.subplot(1, 2, 1)
plt.plot(history.history['loss'], label='Training Loss')
plt.plot(history.history['val_loss'], label='Validation Loss')
plt.title('Model Loss')
plt.xlabel('Epoch')
plt.ylabel('Loss')
plt.legend()

plt.subplot(1, 2, 2)
plt.plot(history.history['accuracy'], label='Training Accuracy')
plt.plot(history.history['val_accuracy'], label='Validation Accuracy')
plt.title('Model Accuracy')
plt.xlabel('Epoch')
plt.ylabel('Accuracy')
plt.legend()
plt.tight_layout()
plt.show()

# Plot decision boundary
```

```
plot_decision_boundary(X, y, model, scaler)
```

Lassen Sie uns diesen Codebeispiel im Detail analysieren:

1. Datenvorbereitung:

   o Wir generieren einen synthetischen binären Klassifikationsdatensatz mithilfe von make_classification.

   o Die Bezeichnungen werden von 0/1 zu -1/1 konvertiert, was typisch für die Hinge-Loss ist.

   o Die Daten werden in Trainings- und Testsets aufgeteilt, und die Merkmale werden mittels StandardScaler skaliert.

2. Benutzerdefinierte Hinge-Loss-Funktion:

   o Wir definieren eine benutzerdefinierte hinge_loss-Funktion unter Verwendung von Keras-Backend-Operationen.

   o Die Funktion berechnet den Mittelwert des Maximums zwischen 0 und (1 - y_true * y_pred).

3. Modellarchitektur:

   o Ein einfaches neuronales Netz mit zwei versteckten Schichten (64 und 32 Neuronen) und ReLU-Aktivierung wird erstellt.

   o Die Ausgabeschicht verwendet tanh-Aktivierung, um Werte zwischen -1 und 1 zu erzeugen.

4. Modellkompilierung und Training:

   o Das Modell wird mit dem Adam-Optimizer und unserer benutzerdefinierten Hinge-Loss-Funktion kompiliert.

   o Das Modell wird für 100 Epochen mit einer Validierungsaufteilung von 20% trainiert.

5. Evaluierung:

   o Die Leistung des Modells wird am Testset evaluiert, wobei Testverlust und Genauigkeit ausgegeben werden.

6. Visualisierung:

   o Lernkurven werden geplottet, um den Trainings- und Validierungsverlust sowie die Genauigkeit über die Epochen zu zeigen.

   o Ein Entscheidungsgrenzplot wird erstellt, um zu visualisieren, wie das Modell die beiden Klassen trennt.

Dieses Beispiel demonstriert, wie man Hinge-Loss in einem neuronalen Netz für binäre Klassifikation implementiert. Die Verwendung von Hinge-Loss ermutigt das Modell, eine Entscheidungsgrenze mit großem Abstand zwischen den Klassen zu finden, was in einigen Fällen zu besserer Generalisierung führen kann. Die Visualisierungen helfen beim Verständnis des Lernprozesses des Modells und seiner endgültigen Entscheidungsgrenze.

1.4.5. Benutzerdefinierte Verlustfunktionen

In vielen maschinellen Lernszenarien können vordefinierte Verlustfunktionen die Komplexität spezifischer Aufgaben oder Optimierungsziele nicht ausreichend erfassen. Hier wird die Implementierung von **benutzerdefinierten Verlustfunktionen** entscheidend. Benutzerdefinierte Verlustfunktionen ermöglichen es Forschern und Praktikern, den Lernprozess auf ihre spezifischen Anforderungen zuzuschneiden, was potenziell zu verbesserter Modellleistung und aussagekräftigeren Ergebnissen führt.

Die Flexibilität, benutzerdefinierte Verlustfunktionen zu erstellen, ist eine leistungsstarke Funktion, die von den meisten modernen Deep-Learning-Frameworks, einschließlich **Keras**, **PyTorch** und **TensorFlow**, angeboten wird. Diese Frameworks stellen die notwendigen Werkzeuge und APIs zur Verfügung, damit Benutzer ihre eigenen Verlustfunktionen definieren können, was ein hohes Maß an Anpassung im Modelltrainingsprozess ermöglicht. Diese Fähigkeit ist besonders wertvoll in spezialisierten Domänen oder beim Umgang mit unkonventionellen Datenverteilungen, wo Standardverlustfunktionen möglicherweise nicht ausreichen.

Benutzerdefinierte Verlustfunktionen können entwickelt werden, um domänenspezifisches Wissen einzubeziehen, multiple Ziele auszugleichen oder besondere Herausforderungen in den Daten anzugehen. Beispielsweise könnte in der medizinischen Bildanalyse eine benutzerdefinierte Verlustfunktion erstellt werden, die einen stärkeren Fokus darauf legt, falsch negative Ergebnisse zu vermeiden.

In der Verarbeitung natürlicher Sprache könnte eine maßgeschneiderte Verlustfunktion entwickelt werden, um nuancierte semantische Ähnlichkeiten zu erfassen, die über das hinausgehen, was Standardmetriken bieten. Indem diese Frameworks den Benutzern ermöglichen, Verlustfunktionen basierend auf den spezifischen Anforderungen ihrer Anwendung zu definieren, befähigen sie Entwickler, die Grenzen des Möglichen in maschinellem Lernen und künstlicher Intelligenz zu erweitern.

Beispiel: Benutzerdefinierte Verlustfunktion in Keras

```
import tensorflow as tf
from tensorflow import keras
from tensorflow.keras import backend as K
import numpy as np
import matplotlib.pyplot as plt

# Custom loss function
def custom_loss(y_true, y_pred):
```

```python
    # Example: Weighted MSE that penalizes underestimation more heavily
    error = y_true - y_pred
    return K.mean(K.square(error) * K.exp(K.abs(error)), axis=-1)

# Generate sample data
np.random.seed(42)
X = np.linspace(0, 10, 1000).reshape(-1, 1)
y = 2 * X + 1 + np.random.normal(0, 1, X.shape)

# Split data
split = int(0.8 * len(X))
X_train, X_test = X[:split], X[split:]
y_train, y_test = y[:split], y[split:]

# Define model
model = keras.Sequential([
    keras.layers.Dense(64, activation='relu', input_shape=(1,)),
    keras.layers.Dense(32, activation='relu'),
    keras.layers.Dense(1)
])

# Compile model with custom loss
model.compile(optimizer='adam', loss=custom_loss)

# Train model
history = model.fit(X_train, y_train, epochs=100, validation_split=0.2, verbose=0)

# Evaluate model
test_loss = model.evaluate(X_test, y_test)
print(f"Test Loss: {test_loss:.4f}")

# Plot results
plt.figure(figsize=(12, 4))

# Plot training history
plt.subplot(1, 2, 1)
plt.plot(history.history['loss'], label='Training Loss')
plt.plot(history.history['val_loss'], label='Validation Loss')
plt.title('Model Loss')
plt.xlabel('Epoch')
plt.ylabel('Loss')
plt.legend()

# Plot predictions
plt.subplot(1, 2, 2)
y_pred = model.predict(X)
plt.scatter(X, y, alpha=0.5, label='True')
plt.plot(X, y_pred, color='red', label='Predicted')
plt.title('Model Predictions')
plt.xlabel('X')
plt.ylabel('y')
plt.legend()
```

```
plt.tight_layout()
plt.show()
```

Dieses Codebeispiel demonstriert die Implementierung und Verwendung einer benutzerdefinierten Verlustfunktion in Keras. Schauen wir uns die einzelnen Bestandteile an:

- Importe: Wir importieren die erforderlichen Bibliotheken einschließlich TensorFlow, Keras, NumPy und Matplotlib.

- Benutzerdefinierte Verlustfunktion: Wir definieren eine benutzerdefinierte Verlustfunktion namens custom_loss. Diese Funktion implementiert einen gewichteten mittleren quadratischen Fehler (MSE), der Unterschätzungen durch eine exponentielle Gewichtung stärker bestraft.

- Datengenerierung: Wir erstellen synthetische Daten für ein einfaches lineares Regressionsproblem mit hinzugefügtem Rauschen.

- Datenaufteilung: Die Daten werden in Trainings- und Testsets aufgeteilt.

- Modelldefinition: Wir erstellen ein einfaches neuronales Netz mit zwei versteckten Schichten.

- Modellkompilierung: Das Modell wird mit dem Adam-Optimizer und unserer benutzerdefinierten Verlustfunktion kompiliert.

- Modelltraining: Wir trainieren das Modell mit den Trainingsdaten unter Verwendung einer Validierungsaufteilung zur Überwachung.

- Modellevaluierung: Das Modell wird am Testset evaluiert.

- Visualisierung: Wir erstellen zwei Plots:
    - Eine Darstellung des Trainings- und Validierungsverlusts über die Epochen.
    - Ein Streudiagramm der tatsächlichen Datenpunkte und der Modellvorhersagen.

Dieses Beispiel zeigt, wie man eine benutzerdefinierte Verlustfunktion in einem realen Szenario implementiert und einsetzt. Die benutzerdefinierte Verlustfunktion ist in diesem Fall darauf ausgelegt, Unterschätzungen stärker zu bestrafen als Überschätzungen, was in Szenarien nützlich sein kann, in denen eine Unterschätzung der Zielvariable kostspieliger ist als eine Überschätzung.

Durch die Visualisierung sowohl des Trainingsprozesses als auch der endgültigen Vorhersagen können wir Einblicke gewinnen, wie das Modell mit dieser benutzerdefinierten Verlustfunktion arbeitet. Dieser Ansatz ermöglicht die Feinabstimmung der Verlustfunktion auf spezifische

Problemanforderungen, was potenziell zu verbesserter Modellleistung in domänenspezifischen Anwendungen führen kann.

Praktische Übungen Kapitel 1

Übung 1: Implementierung eines einfachen Perzeptrons

Aufgabe: Implementieren Sie ein Perzeptron für das **UND-Gatter**. Trainieren Sie das Perzeptron mit dem Perzeptron-Lernalgorithmus und testen Sie es mit denselben Daten.

Eingang 1	Eingang 2	Ausgang
0	0	0
0	1	0
1	0	0
1	1	1

Lösung:

```
import numpy as np

class Perceptron:
    def __init__(self, learning_rate=0.01, n_iters=1000):
        self.learning_rate = learning_rate
        self.n_iters = n_iters
        self.weights = None
        self.bias = None

    def fit(self, X, y):
        n_samples, n_features = X.shape
        self.weights = np.zeros(n_features)
        self.bias = 0

        for _ in range(self.n_iters):
            for idx, x_i in enumerate(X):
                linear_output = np.dot(x_i, self.weights) + self.bias
                y_predicted = self.activation_function(linear_output)

                # Update rule
                update = self.learning_rate * (y[idx] - y_predicted)
                self.weights += update * x_i
                self.bias += update

    def activation_function(self, x):
```

```python
        return np.where(x >= 0, 1, 0)

    def predict(self, X):
        linear_output = np.dot(X, self.weights) + self.bias
        return self.activation_function(linear_output)

# AND gate dataset
X = np.array([[0, 0], [0, 1], [1, 0], [1, 1]])
y = np.array([0, 0, 0, 1])

# Train Perceptron
perceptron = Perceptron(learning_rate=0.1, n_iters=10)
perceptron.fit(X, y)

# Test Perceptron
predictions = perceptron.predict(X)
print(f"Predictions: {predictions}")
```

Übung 2: Training eines mehrschichtigen Perzeptrons (MLP)

Aufgabe: Trainieren Sie ein **mehrschichtiges Perzeptron (MLP)** für das XOR-Gatter. Verwenden Sie Scikit-learns MLPClassifier und geben Sie die Genauigkeit an.

Eingang 1	Eingang 2	Ausgang
0	0	0
0	1	1
1	0	1
1	1	0

Lösung:

```python
from sklearn.neural_network import MLPClassifier
import numpy as np
from sklearn.metrics import accuracy_score

# XOR gate dataset
X = np.array([[0, 0], [0, 1], [1, 0], [1, 1]])
y = np.array([0, 1, 1, 0])

# Train MLP classifier
mlp = MLPClassifier(hidden_layer_sizes=(2,), max_iter=1000, random_state=42)
mlp.fit(X, y)

# Test the MLP and compute accuracy
```

```
predictions = mlp.predict(X)
accuracy = accuracy_score(y, predictions)
print(f"Accuracy: {accuracy:.2f}")
```

Übung 3: Gradientenabstieg auf einer quadratischen Funktion

Aufgabe: Implementieren Sie den **Gradientenabstieg**, um die folgende quadratische Verlustfunktion zu minimieren:

$$L(w) = w^2$$

Beginnen Sie mit einem Anfangsgewicht von $w = 10$ und einer Lernrate von 0,1. Führen Sie 20 Iterationen durch und stellen Sie die Verlustkurve grafisch dar.

Lösung:

```
import numpy as np
import matplotlib.pyplot as plt

# Define loss function (quadratic) and its gradient
def loss_function(w):
    return w**2

def gradient(w):
    return 2 * w

# Gradient descent parameters
learning_rate = 0.1
n_iterations = 20
w = 10  # Initial weight

# Store weights and losses
weights = [w]
losses = [loss_function(w)]

# Perform gradient descent
for i in range(n_iterations):
    grad = gradient(w)
    w = w - learning_rate * grad
    weights.append(w)
    losses.append(loss_function(w))

# Plot the loss curve
plt.plot(range(n_iterations + 1), losses, marker='o')
plt.xlabel("Iteration")
plt.ylabel("Loss")
plt.title("Gradient Descent Minimizing Loss Function")
plt.show()
```

Übung 4: Backpropagation mit Scikit-learns MLP

Aufgabe: Trainieren Sie ein **mehrschichtiges Perzeptron (MLP)** auf dem **Ziffern-Datensatz** unter Verwendung von Scikit-learns MLPClassifier und geben Sie die Testgenauigkeit an. Das Modell soll Backpropagation zur Anpassung der Gewichte verwenden.

Lösung:

```
from sklearn.datasets import load_digits
from sklearn.model_selection import train_test_split
from sklearn.neural_network import MLPClassifier
from sklearn.metrics import accuracy_score

# Load digits dataset (multi-class classification)
digits = load_digits()
X = digits.data
y = digits.target

# Split the data into training and testing sets
X_train, X_test, y_train, y_test = train_test_split(X, y, test_size=0.3,
random_state=42)

# Train MLP classifier
mlp = MLPClassifier(hidden_layer_sizes=(100,), max_iter=1000, solver='adam',
random_state=42)
mlp.fit(X_train, y_train)

# Test the MLP and compute accuracy
y_pred = mlp.predict(X_test)
accuracy = accuracy_score(y_test, y_pred)
print(f"Test Accuracy: {accuracy:.2f}")
```

Übung 5: Anwendung der L2-Regularisierung (Ridge) auf ein neuronales Netz

Aufgabe: Trainieren Sie ein neuronales Netz mit **L2-Regularisierung** (Ridge) auf dem **Moons-Datensatz** unter Verwendung von Scikit-learns MLPClassifier. Geben Sie die Testgenauigkeit an und beobachten Sie, wie sich die L2-Regularisierung auf Überanpassung auswirkt.

Lösung:

```
from sklearn.datasets import make_moons
from sklearn.model_selection import train_test_split
from sklearn.neural_network import MLPClassifier
from sklearn.metrics import accuracy_score

# Generate moons dataset (binary classification)
X, y = make_moons(n_samples=500, noise=0.20, random_state=42)

# Split the data into training and testing sets
X_train, X_test, y_train, y_test = train_test_split(X, y, test_size=0.3,
random_state=42)
```

```
# Train MLP classifier with L2 regularization (alpha controls regularization strength)
mlp    =    MLPClassifier(hidden_layer_sizes=(100,),    alpha=0.01,    max_iter=1000,
solver='adam', random_state=42)
mlp.fit(X_train, y_train)

# Test the MLP and compute accuracy
y_pred = mlp.predict(X_test)
accuracy = accuracy_score(y_test, y_pred)
print(f"Test Accuracy with L2 Regularization: {accuracy:.2f}")
```

Übung 6: Implementierung der binären Kreuzentropie-Verlustfunktion

Aufgabe: Implementieren Sie die binäre Kreuzentropie-Verlustfunktion manuell und berechnen Sie den Verlust für die folgenden Datenpunkte:

- Tatsächliches Label: $y = 1$, Vorhergesagte Wahrscheinlichkeit: $\hat{y} = 0.9$

- Tatsächliches Label: $y = 0$, Vorhergesagte Wahrscheinlichkeit: $\hat{y} = 0.3$

Lösung:

```
import numpy as np

# Binary cross-entropy loss function
def binary_crossentropy(y_true, y_pred):
    return -(y_true * np.log(y_pred) + (1 - y_true) * np.log(1 - y_pred))

# Example data
y_true_1 = 1
y_pred_1 = 0.9
y_true_2 = 0
y_pred_2 = 0.3

# Compute binary cross-entropy loss for each case
loss_1 = binary_crossentropy(y_true_1, y_pred_1)
loss_2 = binary_crossentropy(y_true_2, y_pred_2)

print(f"Binary Cross-Entropy Loss (y=1, y_pred=0.9): {loss_1:.4f}")
print(f"Binary Cross-Entropy Loss (y=0, y_pred=0.3): {loss_2:.4f}")
```

Durch das Abschließen dieser Übungen werden Sie praktische Erfahrung im Aufbau und Training von neuronalen Netzen sammeln sowie in der Anwendung von Regularisierungstechniken zur Verbesserung der Modellgeneralisierung.

Kapitel 1 Zusammenfassung

In **Kapitel 1** haben wir die grundlegenden Konzepte von **neuronalen Netzen** und **Deep Learning** erkundet, beginnend mit den Grundbausteinen, die diese Technologien in der modernen künstlichen Intelligenz so leistungsfähig machen. Dieses Kapitel diente als Einführung in neuronale Netze, indem es deren Architektur, Lernprozesse und die verschiedenen Herausforderungen behandelte, die während des Trainings auftreten.

Wir begannen mit dem **Perzeptron**, der einfachsten Form eines neuronalen Netzes. Das Perzeptron ist ein linearer Klassifikator, der versucht, eine Grenze zur Trennung zweier Datenklassen zu finden. Während es für linear trennbare Probleme leistungsfähig ist, hat das Perzeptron Einschränkungen, insbesondere seine Unfähigkeit, nicht-lineare Probleme wie das XOR-Problem zu lösen. Dies führte uns zur Einführung des **mehrschichtigen Perzeptrons (MLP)**, einer komplexeren neuronalen Netzarchitektur, die nicht-lineare Beziehungen verarbeiten kann. Das MLP fügt eine oder mehrere **versteckte Schichten** zwischen Ein- und Ausgabeschichten hinzu, wodurch es komplexere Muster durch die Verwendung nicht-linearer Aktivierungsfunktionen wie **ReLU** lernen kann.

Anschließend vertieften wir uns in den **Backpropagation**-Algorithmus und den **Gradientenabstieg**, die Kernmechanismen, die neuronalen Netzen das Lernen ermöglichen. Backpropagation berechnet effizient die Gradienten der Verlustfunktion in Bezug auf die Netzwerkparameter und passt die Gewichte durch Gradientenabstieg an, um den Verlust zu minimieren. Wir diskutierten auch verschiedene Varianten des Gradientenabstiegs, wie **stochastischer Gradientenabstieg (SGD)** und **Mini-Batch-Gradientenabstieg**, die die Effizienz und Geschwindigkeit des Trainings besonders bei großen Datensätzen verbessern.

Dann untersuchten wir **Optimierer**, die eine entscheidende Rolle bei der Verbesserung der Konvergenz neuronaler Netze spielen. Algorithmen wie **Momentum**, **RMSprop** und **Adam** verbessern den Gradientenabstieg durch Anpassung der Lernrate oder Glättung des Optimierungsprozesses, wodurch neuronale Netze schneller konvergieren und lokale Minima überwinden können.

Das Kapitel behandelte auch die häufigen Herausforderungen des **Überanpassens** und **Unteranpassens**. Überanpassung tritt auf, wenn ein Modell auf den Trainingsdaten gut funktioniert, aber bei ungesehenen Daten schlecht abschneidet, während Unteranpassung auftritt, wenn das Modell zu einfach ist, um die zugrundeliegenden Muster in den Daten zu erfassen. Um diese Probleme zu minimieren, stellten wir verschiedene **Regularisierungstechniken** vor, einschließlich **L2-Regularisierung (Ridge)**, **L1-Regularisierung (Lasso)**, **Dropout** und **frühzeitiger Stopp**. Diese Techniken helfen dabei, die Modellkomplexität zu kontrollieren und die Generalisierung zu verbessern, indem sie übermäßig komplexe Modelle bestrafen oder das Training vor einer Überanpassung stoppen.

Schließlich diskutierten wir verschiedene **Verlustfunktionen**, die als Zielfunktion für neuronale Netze während des Trainings dienen. Der **mittlere quadratische Fehler (MSE)** wird für

Regressionsaufgaben verwendet, während **binäre Kreuzentropie** und **kategorische Kreuzentropie** häufig für binäre und mehrklassige Klassifikationsaufgaben eingesetzt werden. Das Verständnis der Funktionsweise dieser Verlustfunktionen ist wesentlich für die Auswahl der richtigen Funktion für eine bestimmte Aufgabe und stellt sicher, dass das Netzwerk effektiv aus den Daten lernen kann.

Zusammenfassend legte dieses Kapitel die Grundlagen für das Verständnis neuronaler Netze und ihres Trainingsprozesses. Durch die Beherrschung dieser grundlegenden Konzepte sind Sie nun bereit, fortgeschrittenere neuronale Netzarchitekturen und Deep-Learning-Techniken zu erkunden, die in späteren Kapiteln behandelt werden. Die Beherrschung dieser Themen wird Sie befähigen, leistungsfähige Modelle zu entwickeln, die komplexe reale Probleme lösen können.

Kapitel 2: Deep Learning mit TensorFlow 2.x

TensorFlow, ein Open-Source Deep-Learning-Framework entwickelt von Google, ermöglicht Entwicklern die Konstruktion und das Training komplexer Machine-Learning-Modelle durch seine flexible Rechengraph-Struktur. Dieses leistungsstarke Tool hat das Gebiet der künstlichen Intelligenz und des maschinellen Lernens revolutioniert.

TensorFlow 2.x, die neueste Hauptversion, führt eine Fülle von Verbesserungen gegenüber seinen Vorgängern ein und optimiert die Entwicklererfahrung deutlich. Durch die Übernahme eines imperativen Programmierstils mit sofortiger Ausführung orientiert es sich stärker an gängigen Python-Praktiken und macht es sowohl für Anfänger als auch für erfahrene Anwender erheblich intuitiver und benutzerfreundlicher.

Dieses Kapitel taucht tief in die Kernkomponenten von TensorFlow ein und bietet eine umfassende Erforschung seiner wesentlichen Elemente. Wir führen Sie durch den komplexen Prozess der Erstellung robuster Modelle, der Definition komplexer Layer-Architekturen und der effizienten Manipulation verschiedenartiger Datensätze.

Unser Ziel ist es, Ihnen ein gründliches Verständnis der Möglichkeiten und Best Practices von TensorFlow zu vermitteln. Am Ende dieses Kapitels werden Sie eine solide und umfassende Grundlage erworben haben, die es Ihnen ermöglicht, selbstbewusst an die Konstruktion anspruchsvoller und leistungsfähiger Deep-Learning-Modelle mit TensorFlow heranzugehen. Dieses Wissen wird als Sprungbrett für Ihre zukünftigen Unternehmungen im Bereich der künstlichen Intelligenz und des maschinellen Lernens dienen.

2.1 Einführung in TensorFlow 2.x

TensorFlow 2.x ist ein robustes und vielseitiges Framework, das speziell für die Entwicklung und den Einsatz von Machine-Learning-Modellen in Produktionsumgebungen entwickelt wurde. Im Kern bietet es eine High-Level-API namens **Keras**, die den Prozess der Erstellung und des Trainings von Modellen erheblich vereinfacht. Diese benutzerfreundliche Schnittstelle ermöglicht es Entwicklern, schnell Prototypen zu erstellen und ihre Ideen zu iterieren, wodurch es sowohl für Anfänger als auch für erfahrene Anwender zugänglich wird.

Während Keras einen vereinfachten Ansatz bietet, behält TensorFlow 2.x auch die Flexibilität für Low-Level-Anpassungen bei. Diese Dualität ermöglicht es Entwicklern, vorgefertigte

Komponenten für eine schnelle Entwicklung zu nutzen und gleichzeitig die Option zu haben, ihre Modelle bei Bedarf auf granularer Ebene feinabzustimmen und zu optimieren.

Das Framework basiert auf mehreren Schlüsselkomponenten, die sein Fundament bilden:

1. Tensoren

Diese sind die grundlegenden Bausteine von TensorFlow und dienen als primäre Datenstruktur. Tensoren sind im Wesentlichen mehrdimensionale Arrays, ähnlich wie NumPy-Arrays, aber mit mehreren wichtigen Verbesserungen:

- GPU-Beschleunigung: Tensoren sind optimiert, um die parallelen Verarbeitungsfähigkeiten von GPUs zu nutzen, was deutlich schnellere Berechnungen bei großen Datensätzen ermöglicht.

- Verteiltes Rechnen: TensorFlow's Tensor-Operationen können einfach über mehrere Geräte oder Maschinen verteilt werden, was eine effiziente Verarbeitung von massiven Datensätzen und komplexen Modellen ermöglicht.

- Automatische Differenzierung: Tensoren in TensorFlow unterstützen automatische Differenzierung, was für die Implementierung von Backpropagation in neuronalen Netzen entscheidend ist.

- Vielseitigkeit: Sie können verschiedene Arten von Daten darstellen, von einfachen Skalaren bis hin zu komplexen mehrdimensionalen Matrizen. Diese Flexibilität ermöglicht es Tensoren, verschiedene Arten von Ein- und Ausgaben in Machine-Learning-Modellen zu verarbeiten, wie zum Beispiel:

  o Skalare: Einzelne numerische Werte (z.B. ein einzelner Vorhersagewert)

  o Vektoren: Eindimensionale Arrays (z.B. eine Liste von Merkmalen)

  o Matrizen: Zweidimensionale Arrays (z.B. Graustufenbilder oder Zeitreihendaten)

  o Höherdimensionale Tensoren: Für komplexere Datenstrukturen (z.B. Farbbilder, Videodaten oder Batches von Samples)

- Lazy Evaluation: TensorFlow verwendet eine Lazy-Evaluation-Strategie, bei der Tensor-Operationen nicht sofort ausgeführt werden, sondern stattdessen in einen Berechnungsgraphen eingebaut werden. Dies ermöglicht die Optimierung der gesamten Berechnung vor der Ausführung.

Diese Kombination von Funktionen macht Tensoren unglaublich leistungsfähig und effizient für die Bewältigung der vielfältigen und rechenintensiven Aufgaben, die in modernem maschinellen Lernen und Deep Learning erforderlich sind.

2. Operationen (Ops) Dies sind die grundlegenden Funktionen, die Tensoren manipulieren und das Rückgrat aller Berechnungen in TensorFlow bilden. Die Operationen in TensorFlow umfassen ein breites Funktionsspektrum:

Grundlegende mathematische Operationen: TensorFlow unterstützt eine umfassende Reihe fundamentaler arithmetischer Operationen, die eine nahtlose Manipulation von Tensoren ermöglichen. Diese Operationen umfassen Addition, Subtraktion, Multiplikation und Division und erlauben mühelose Berechnungen wie das Summieren zweier Tensoren oder die Skalierung eines Tensors mit einem Skalarwert. Die effiziente Implementierung des Frameworks gewährleistet, dass diese Operationen mit optimaler Geschwindigkeit und Präzision ausgeführt werden, selbst bei großen Datensätzen.

Fortgeschrittene mathematische Funktionen: Über die grundlegende Arithmetik hinaus bietet TensorFlow eine umfangreiche Suite sophisticierter mathematischer Funktionen. Dies beinhaltet eine breite Palette trigonometrischer Operationen (Sinus, Kosinus, Tangens und deren Umkehrfunktionen), Exponential- und Logarithmusfunktionen für komplexe Berechnungen sowie robuste statistische Operationen wie Mittelwert, Median, Standardabweichung und Varianz. Diese fortgeschrittenen Funktionen ermöglichen es Entwicklern, komplexe mathematische Modelle zu implementieren und detaillierte Datenanalysen direkt innerhalb des TensorFlow-Ökosystems durchzuführen.

Lineare Algebra Operationen: TensorFlow zeichnet sich durch die Handhabung von Berechnungen der linearen Algebra aus, die das Fundament vieler Machine-Learning-Algorithmen bilden. Das Framework bietet hochoptimierte Implementierungen wichtiger Operationen wie Matrixmultiplikation, Transposition und Inversberechnungen. Diese Operationen sind besonders wichtig in Deep-Learning-Szenarien, wo großskalige Matrixmanipulationen alltäglich sind. TensorFlows effiziente Handhabung dieser Operationen trägt maßgeblich zur Leistung von Modellen bei, die mit hochdimensionalen Daten arbeiten.

Neuronale Netzwerk-Operationen: Speziell auf die Bedürfnisse von Deep-Learning-Praktikern zugeschnitten, integriert TensorFlow eine reichhaltige Sammlung spezialisierter Operationen für neuronale Netze. Dies umfasst verschiedene Aktivierungsfunktionen wie ReLU (Rectified Linear Unit), Sigmoid und hyperbolischer Tangens (tanh), die jeweils unterschiedlichen Zwecken in Architekturen neuronaler Netze dienen. Zusätzlich unterstützt das Framework fortgeschrittene Operationen wie Faltungen für Bildverarbeitungsaufgaben und verschiedene Pooling-Operationen (Max-Pooling, Average-Pooling) für Merkmalsextraktion und Dimensionsreduktion in Faltungsneuronalen Netzen.

Gradientenberechnung: Eine der leistungsstärksten und charakteristischsten Eigenschaften von TensorFlow ist seine Fähigkeit zur automatischen Differenzierung. Diese Funktionalität ermöglicht es dem Framework, Gradienten komplexer Funktionen in Bezug auf ihre Eingaben zu berechnen - eine Fähigkeit, die fundamental für das Training neuronaler Netze durch Backpropagation ist. TensorFlows automatische Differenzierungsengine ist hochoptimiert und ermöglicht effiziente Gradientenberechnungen selbst für große und komplexe

Modellarchitekturen, wodurch das Training tiefer neuronaler Netze mit massiven Datensätzen erleichtert wird.

Benutzerdefinierte Operationen: In Anerkennung der vielfältigen Bedürfnisse der Machine-Learning-Community bietet TensorFlow die Flexibilität für Benutzer, ihre eigenen benutzerdefinierten Operationen zu definieren und zu implementieren. Diese leistungsstarke Funktion ermöglicht es Entwicklern, die Fähigkeiten des Frameworks zu erweitern und neuartige Algorithmen oder spezialisierte Berechnungen zu implementieren, die möglicherweise nicht in der Standardbibliothek verfügbar sind. Benutzerdefinierte Operationen können in High-Level-Sprachen wie Python für schnelle Prototypenentwicklung oder in Low-Level-Sprachen wie C++ oder CUDA für GPU-Beschleunigung geschrieben werden, wodurch Entwickler die Leistung für spezifische Anwendungsfälle optimieren können.

Kontrollfluss-Operationen: TensorFlow unterstützt eine Reihe von Kontrollfluss-Operationen, einschließlich bedingter Anweisungen und Schleifenkonstrukte. Diese Operationen ermöglichen die Erstellung dynamischer Berechnungsgraphen, die sich basierend auf Eingabedaten oder Zwischenergebnissen anpassen und verändern können. Diese Flexibilität ist entscheidend für die Implementierung komplexer Algorithmen, die Entscheidungsprozesse oder iterative Berechnungen innerhalb des Modells erfordern. Durch die Integration von Kontrollfluss-Operationen ermöglicht TensorFlow die Entwicklung sophistizierterer und adaptiver Machine-Learning-Modelle, die eine Vielzahl von Datenszenarien und Lernaufgaben bewältigen können.

Der umfangreiche Satz vordefinierter Operationen, kombiniert mit der Möglichkeit, eigene zu erstellen, bietet Entwicklern die Werkzeuge zur Implementierung praktisch jedes Machine-Learning-Algorithmus oder jeder Berechnungsaufgabe. Diese Flexibilität und Leistungsfähigkeit machen TensorFlow zu einem vielseitigen Framework, das für ein breites Spektrum von Anwendungen geeignet ist, von einfacher linearer Regression bis hin zu komplexen Deep-Learning-Modellen.

3. Graphen

In TensorFlow repräsentieren Graphen die Struktur von Berechnungen und dienen als Bauplan dafür, wie Daten durch ein Modell fließen. Während TensorFlow 2.x standardmäßig zu einer direkten Ausführung übergegangen ist (bei der Operationen sofort ausgeführt werden), bleibt das Konzept der Berechnungsgraphen aus mehreren Gründen entscheidend:

Leistungsoptimierung: Graphen ermöglichen es TensorFlow, eine umfassende Analyse der gesamten Berechnungsstruktur vor der Ausführung durchzuführen. Diese ganzheitliche Perspektive ermöglicht eine Reihe von Optimierungen, darunter:

- Operationsfusion: Diese Technik beinhaltet die Zusammenführung mehrerer diskreter Operationen zu einer einzelnen, effizienteren Operation. Durch die Reduzierung der Gesamtzahl einzelner Berechnungen kann die Operationsfusion die Verarbeitungsgeschwindigkeit und Effizienz erheblich steigern.

- Speicherverwaltung: Graphen ermöglichen ausgefeilte Strategien zur Speicherzuweisung und -freigabe für Zwischenergebnisse. Diese Optimierung gewährleistet eine effiziente Nutzung der verfügbaren Speicherressourcen, reduziert Engpässe und verbessert die Gesamtleistung.

- Parallelisierung: Die Graphenstruktur ermöglicht es TensorFlow, Operationen zu identifizieren, die gleichzeitig ausgeführt werden können. Durch die Nutzung paralleler Verarbeitungsmöglichkeiten kann das System die Berechnungszeit drastisch reduzieren, besonders bei komplexen Modellen mit mehreren unabhängigen Operationen.

- Datenflussanalyse: Graphen erleichtern die Verfolgung von Datenabhängigkeiten zwischen Operationen und ermöglichen eine intelligente Planung von Berechnungen bei gleichzeitiger Minimierung unnötiger Datentransfers.

- Hardware-spezifische Optimierungen: Die Graphendarstellung ermöglicht es TensorFlow, Operationen effektiver auf spezialisierte Hardware (wie GPUs oder TPUs) abzubilden und deren einzigartige Architekturmerkmale optimal zu nutzen.

Verteiltes Training: Graphen dienen als leistungsfähiges Werkzeug für die Verteilung von Berechnungen über mehrere Geräte oder Maschinen hinweg und ermöglichen das Training von großen Modellen, die nicht auf ein einzelnes Gerät passen würden. Sie bieten eine klare Darstellung von Datenabhängigkeiten mit mehreren wichtigen Vorteilen:

- Effiziente Modellpartitionierung: Graphen ermöglichen eine intelligente Aufteilung des Modells auf verschiedene Hardware-Einheiten, optimieren die Ressourcennutzung und ermöglichen das Training von Modellen, die die Speicherkapazität eines einzelnen Geräts übersteigen.

- Optimierte Kommunikation zwischen Komponenten: Durch die Nutzung der Graphenstruktur kann TensorFlow Kommunikationsmuster zwischen verteilten Komponenten optimieren, wodurch der Netzwerk-Overhead reduziert und die Trainingsgeschwindigkeit insgesamt verbessert wird.

- Fortgeschrittene Datenparallelismus-Strategien: Graphen erleichtern die Implementierung ausgefeilter Datenparallelismus-Techniken wie Pipeline-Parallelismus und Modell-Parallelismus, wodurch ein effizienteres Skalieren des Trainings über mehrere Geräte oder Knoten hinweg möglich wird.

- Synchronisation und Konsistenz: Die Graphenstruktur hilft bei der Aufrechterhaltung von Synchronisation und Konsistenz zwischen verteilten Komponenten und stellt sicher, dass alle Teile des Modells während des Trainingsprozesses korrekt und konsistent aktualisiert werden.

Hardware-Beschleunigung: Die Graphenstruktur ermöglicht es TensorFlow, Berechnungen effizient auf spezialisierte Hardware wie GPUs (Graphics Processing Units) und TPUs (Tensor

Processing Units) abzubilden. Dieser ausgefeilte Abbildungsprozess bietet mehrere wichtige Vorteile:

- Optimierte Speicherverwaltung: Sie optimiert Datentransfers zwischen CPU und Beschleuniger-Geräten, minimiert Latenzzeiten und maximiert den Durchsatz.

- Hardware-spezifische Optimierungen: Das System kann einzigartige Funktionen und Befehlssätze verschiedener Beschleuniger nutzen und Operationen für maximale Leistung auf jeder Plattform anpassen.

- Verbesserte Ausführungsgeschwindigkeit: Durch intelligente Verteilung von Berechnungen auf verfügbare Hardware-Ressourcen steigert TensorFlow die Gesamtverarbeitungsgeschwindigkeit über verschiedene Computerplattformen hinweg erheblich.

- Dynamische Lastverteilung: Die Graphenstruktur ermöglicht eine adaptive Arbeitslastverteilung und gewährleistet die optimale Nutzung aller verfügbaren Hardware-Ressourcen.

- Parallele Ausführung: Komplexe Operationen können aufgeteilt und gleichzeitig auf mehreren Beschleuniger-Kernen ausgeführt werden, wodurch die Berechnungszeit für große Modelle drastisch reduziert wird.

Modell-Serialisierung und -Bereitstellung: Graphen bieten eine portable und effiziente Darstellung des Modells mit mehreren wichtigen Vorteilen für praktische Anwendungen:

- Effiziente Modell-Persistenz: Graphen ermöglichen optimiertes Speichern und Laden von Modellen, wobei sowohl Struktur als auch Parameter mit minimalem Overhead erhalten bleiben. Dies erleichtert schnelle Modelliterationen und Versionskontrolle während der Entwicklung.

- Nahtlose Produktionsbereitstellung: Die graphenbasierte Darstellung ermöglicht einen reibungslosen Übergang von Entwicklungs- zu Produktionsumgebungen. Sie kapselt alle notwendigen Informationen für die Modellausführung ein und gewährleistet Konsistenz über verschiedene Bereitstellungsszenarien hinweg.

- Plattformübergreifendes Modell-Serving: Graphen fungieren als universelle Sprache für die Modelldarstellung und ermöglichen flexible Bereitstellung über verschiedene Plattformen und Hardware-Konfigurationen hinweg. Diese Portabilität vereinfacht den Prozess des Modell-Servings in verschiedenen Computerumgebungen, von Cloud-basierten Diensten bis hin zu Edge-Geräten.

- Optimierte Inferenz: Die Graphenstruktur ermöglicht verschiedene Optimierungen während der Bereitstellung, wie das Entfernen unnötiger Operationen oder das Zusammenfassen mehrerer Operationen, was zu verbesserter Inferenzgeschwindigkeit und reduziertem Ressourcenverbrauch in Produktionsumgebungen führt.

Während die direkte Ausführung (Eager Execution) jetzt der Standard in TensorFlow 2.x ist und verbesserte Benutzerfreundlichkeit und Debugging bietet, bleibt das Graphenkonzept ein wesentlicher Bestandteil der TensorFlow-Architektur. Fortgeschrittene Benutzer können Graphen weiterhin für leistungskritische Anwendungen oder bei der Arbeit mit komplexen, verteilten Systemen nutzen. Der @tf.function-Dekorator in TensorFlow 2.x ermöglicht Entwicklern einen nahtlosen Wechsel zwischen direkter Ausführung und Graphenmodus und kombiniert damit die Vorteile beider Welten.

4. Keras API

Die Keras API ist ein Grundpfeiler von TensorFlow 2.x und dient als primäre Schnittstelle für die Erstellung und das Training von Deep-Learning-Modellen. Diese hochrangige Neural-Network-API wurde vollständig in TensorFlow integriert und bietet einen benutzerfreundlichen und intuitiven Ansatz zum Aufbau komplexer maschineller Lernsysteme.

Zu den wichtigsten Funktionen der Keras API gehören:

- **Einheitliche und intuitive Schnittstelle**: Keras bietet eine einheitliche API, mit der Benutzer schnell Modelle mithilfe vordefinierter Schichten und Architekturen erstellen können. Diese Konsistenz über verschiedene Modelltypen hinweg vereinfacht die Lernkurve und steigert die Produktivität.

- **Flexible Modelldefinitionen**: Keras unterstützt zwei Haupttypen von Modelldefinitionen:

    o *Sequentielle Modelle*: Dies sind lineare Schichtstapel, ideal für einfache Architekturen, bei denen jede Schicht genau einen Eingabetensor und einen Ausgabetensor hat.

    o *Funktionale Modelle*: Diese ermöglichen komplexere Topologien und erlauben die Erstellung von Modellen mit nicht-linearer Topologie, gemeinsam genutzten Schichten und mehreren Ein- oder Ausgängen.

Diese Flexibilität bedient eine breite Palette von Modellarchitekturen, von einfachen Feed-Forward-Netzwerken bis hin zu komplexen Multi-Branch-Modellen.

- **Vordefinierte Schichten und Modelle**: Keras wird mit einer umfangreichen Sammlung vordefinierter Schichten (wie Dense, Conv2D, LSTM) und kompletter Modelle (wie VGG, ResNet, BERT) geliefert, die sich einfach anpassen und kombinieren lassen.

- **Integrierte Unterstützung für häufige Aufgaben**: Die API umfasst umfassende Werkzeuge für:

    o *Datenvorverarbeitung*: Hilfsmittel für Bildaugmentierung, Texttokenisierung und Sequenzauffüllung.

○ *Modellauswertung*: Benutzerfreundliche Methoden zur Bewertung der Modellleistung mit verschiedenen Metriken.

○ *Vorhersage*: Optimierte Schnittstellen für Vorhersagen auf neuen Daten.

Diese integrierten Funktionen machen Keras zu einem umfassenden Werkzeug für End-to-End-Machine-Learning-Workflows, reduzieren den Bedarf an externen Bibliotheken und vereinfachen den Entwicklungsprozess.

- **Anpassbarkeit und Erweiterbarkeit**: Während Keras viele vorgefertigte Komponenten bietet, ermöglicht es auch einfache Anpassungen. Benutzer können benutzerdefinierte Schichten, Verlustfunktionen und Metriken erstellen, was die Implementierung neuartiger Architekturen und Techniken ermöglicht.

- **Integration in das TensorFlow-Ökosystem**: Da Keras vollständig in TensorFlow 2.x integriert ist, arbeitet es nahtlos mit anderen TensorFlow-Modulen wie tf.data für Eingabe-Pipelines und tf.distribute für verteiltes Training zusammen.

Die Kombination aus Einfachheit und Leistungsfähigkeit macht die Keras API zu einer ausgezeichneten Wahl sowohl für Anfänger als auch für erfahrene Praktiker im Bereich des Deep Learning. Ihre Integration in TensorFlow 2.x hat den Prozess des Aufbaus, Trainings und der Bereitstellung sophistizierter Machine-Learning-Modelle erheblich vereinfacht.

Diese Kernkomponenten arbeiten harmonisch zusammen, um eine leistungsfähige, flexible und benutzerfreundliche Umgebung für die Entwicklung von Machine-Learning-Lösungen bereitzustellen. Ob Sie ein einfaches lineares Regressionsmodell oder eine komplexe Deep-Learning-Architektur erstellen - TensorFlow 2.x bietet die notwendigen Werkzeuge und Abstraktionen, um Ihre Ideen effizient und effektiv umzusetzen.

2.1.1 Installation von TensorFlow 2.x

Bevor Sie mit TensorFlow arbeiten können, müssen Sie es auf Ihrem System installieren. TensorFlow ist eine leistungsstarke Open-Source-Bibliothek für maschinelles Lernen und Deep Learning, entwickelt von Google. Es wurde für Flexibilität und Effizienz konzipiert und kann auf verschiedenen Plattformen einschließlich CPUs, GPUs und sogar mobilen Geräten ausgeführt werden.

Der einfachste Weg, TensorFlow zu installieren, ist über pip, den Paketinstaller von Python. Hier ist der entsprechende Befehl:

pip install tensorflow

Dieser Befehl lädt die neueste stabile Version von TensorFlow herunter und installiert sie zusammen mit allen Abhängigkeiten. Wichtig zu wissen ist, dass es TensorFlow sowohl in einer CPU- als auch in einer GPU-Version gibt. Der obige Befehl installiert standardmäßig die CPU-Version. Wenn Sie eine kompatible NVIDIA-GPU besitzen und deren Leistung für schnellere Berechnungen nutzen möchten, müssen Sie die GPU-Version separat installieren.

Nach Abschluss der Installation ist es wichtig zu überprüfen, ob TensorFlow korrekt installiert wurde und wie erwartet funktioniert. Dies können Sie tun, indem Sie die Bibliothek in Python importieren und ihre Version überprüfen. Hier ist die Vorgehensweise:

```
import tensorflow as tf
print(f"TensorFlow version: {tf.__version__}")
```

Wenn Sie diesen Code ausführen, sollte die Version des gerade installierten TensorFlow ausgegeben werden. Sie könnten zum Beispiel etwas wie "TensorFlow version: 2.6.0" sehen. Die Versionsnummer ist wichtig, da verschiedene TensorFlow-Versionen unterschiedliche Funktionen und Syntaxen haben können.

Wenn Sie TensorFlow 2.x als installierte Version angezeigt bekommen, bestätigt dies die erfolgreiche Installation von TensorFlow 2, das bedeutende Verbesserungen gegenüber seinem Vorgänger einführt, einschließlich standardmäßiger Eager Execution und engerer Integration mit Keras. Das bedeutet, Sie sind nun bereit, maschinelle Lernmodelle mit TensorFlows leistungsfähigen und intuitiven APIs zu erstellen und zu trainieren.

Bedenken Sie, dass TensorFlow eine große und komplexe Bibliothek ist. Während die grundlegende Installation unkompliziert ist, müssen Sie möglicherweise je nach Ihren spezifischen Anforderungen und der Komplexität Ihrer Projekte zusätzliche Pakete installieren oder Ihre Umgebung weiter konfigurieren. Konsultieren Sie stets die offizielle TensorFlow-Dokumentation für die aktuellsten Installationsanweisungen und Fehlerbehebungstipps.

2.1.2 Arbeiten mit Tensoren in TensorFlow

Im Kern von TensorFlow stehen **Tensoren**, bei denen es sich um mehrdimensionale Arrays numerischer Daten handelt. Diese vielseitigen Datenstrukturen bilden die Grundlage aller Berechnungen innerhalb von TensorFlow und dienen als primäres Mittel zur Darstellung und Manipulation von Informationen im gesamten neuronalen Netzwerk.

TensorFlow nutzt die Leistungsfähigkeit von Tensoren, um verschiedene Arten von Daten zu kapseln und zu manipulieren, die durch neuronale Netze fließen. Dieser vielseitige Ansatz ermöglicht die effiziente Handhabung von:

- **Eingabedaten**: Rohinformationen, die in das Netzwerk eingespeist werden, einschließlich einer breiten Palette von Formaten wie hochauflösende Bilder, natürlichsprachliche Texte oder Echtzeit-Sensordaten von IoT-Geräten.

- **Modellparameter**: Das komplexe Netzwerk von lernbaren Gewichten und Biases, die das Modell während des Trainingsprozesses kontinuierlich anpasst und verfeinert, um seine Leistung zu optimieren.

- **Zwischenaktivierungen**: Die dynamischen Ausgaben einzelner Schichten während der Datenpropagierung durch das Netzwerk, die Einblicke in die vom Modell gelernten internen Repräsentationen geben.

- **Endausgaben**: Das Endergebnis der Netzwerkberechnungen in Form von Vorhersagen, Klassifizierungen oder anderen Ergebnisformen, die auf die spezifische Aufgabe zugeschnitten sind.

Die bemerkenswerte Flexibilität von Tensoren ermöglicht es ihnen, Daten über ein Spektrum von Komplexität und Dimensionalität hinweg darzustellen und verschiedene Berechnungsanforderungen zu erfüllen:

- **0D-Tensor (Skalar)**: Eine grundlegende Informationseinheit, die einen einzelnen numerischen Wert wie eine Zählung, einen Wahrscheinlichkeitswert oder ein beliebiges atomares Datenelement darstellt.

- **1D-Tensor (Vektor)**: Eine lineare Zahlensequenz, ideal zur Darstellung von Zeitreihendaten, Audiowellenformen oder einzelnen Pixelreihen aus einem Bild.

- **2D-Tensor (Matrix)**: Ein zweidimensionales Zahlenarray, das häufig zur Darstellung von Graustufenbildern, Feature-Maps oder strukturierten Datensätzen mit Zeilen und Spalten verwendet wird.

- **3D-Tensor**: Eine dreidimensionale Zahlenstruktur, die häufig für Farbbilder (Höhe x Breite x Farbkanäle), Videoframes oder zeitliche Sequenzen von 2D-Daten verwendet wird.

- **4D-Tensor und höher**: Höherdimensionale Datenstrukturen, die komplexe, multimodale Informationen wie Bilderstapel, Videosequenzen mit zeitlichen und räumlichen Dimensionen oder komplexe neuronale Netzwerkarchitekturen darstellen können.

Diese Vielseitigkeit in der Dimensionalität ermöglicht es TensorFlow, effizient eine breite Palette von Datentypen zu verarbeiten und zu analysieren, von einfachen numerischen Werten bis hin zu komplexen, hochdimensionalen Datensätzen wie Videostreams oder medizinischen Bildgebungsdaten. Durch die Darstellung aller Daten als Tensoren bietet TensorFlow ein einheitliches Framework für den Aufbau und das Training sophistizierter maschineller Lernmodelle über verschiedene Anwendungen und Domänen hinweg.

Tensoren erstellen

Sie können Tensoren in TensorFlow ähnlich erstellen wie Arrays in NumPy. Hier sind einige Beispiele:

Beispiel 1:

```
import tensorflow as tf

# Create a scalar tensor (0D tensor)
scalar = tf.constant(5)
print(f"Scalar: {scalar}")

# Create a vector (1D tensor)
```

```
vector = tf.constant([1, 2, 3])
print(f"Vector: {vector}")

# Create a matrix (2D tensor)
matrix = tf.constant([[1, 2], [3, 4]])
print(f"Matrix:\\\\n{matrix}")

# Create a 3D tensor
tensor_3d = tf.constant([[[1, 2], [3, 4]], [[5, 6], [7, 8]]])
print(f"3D Tensor:\\\\n{tensor_3d}")
```

Dieser Code zeigt, wie man verschiedene Arten von Tensoren in TensorFlow erstellt. Gehen wir es Schritt für Schritt durch:

- TensorFlow importieren: Der Code beginnt mit dem Import von TensorFlow als 'tf'.

- Erstellen eines Skalar-Tensors (0D-Tensor): scalar = tf.constant(5) Dies erstellt einen Tensor mit einem einzelnen Wert, 5.

- Erstellen eines Vektors (1D-Tensor): vector = tf.constant([1, 2, 3]) Dies erstellt einen eindimensionalen Tensor mit drei Werten.

- Erstellen einer Matrix (2D-Tensor): matrix = tf.constant([[1, 2], [3, 4]]) Dies erstellt einen zweidimensionalen Tensor (2x2-Matrix).

- Erstellen eines 3D-Tensors: tensor_3d = tf.constant([[[1, 2], [3, 4]], [[5, 6], [7, 8]]]) Dies erstellt einen dreidimensionalen Tensor (2x2x2).

Der Code gibt dann jeden dieser Tensoren aus, um ihre Struktur und Werte zu zeigen. Dieses Beispiel veranschaulicht, wie TensorFlow Daten verschiedener Dimensionen darstellen kann, von einfachen Skalarwerten bis hin zu komplexen mehrdimensionalen Arrays, was für die Arbeit mit verschiedenen Arten von Daten in maschinellen Lernmodellen entscheidend ist.

Beispiel 2:

```
import tensorflow as tf

# Scalar (0D tensor)
scalar = tf.constant(42)

# Vector (1D tensor)
vector = tf.constant([1, 2, 3, 4])

# Matrix (2D tensor)
matrix = tf.constant([[1, 2], [3, 4], [5, 6]])

# 3D tensor
tensor_3d = tf.constant([[[1, 2], [3, 4]], [[5, 6], [7, 8]]])

# Creating tensors with specific data types
```

```
float_tensor = tf.constant([1.5, 2.5, 3.5], dtype=tf.float32)
int_tensor = tf.constant([1, 2, 3], dtype=tf.int32)

# Creating tensors with specific shapes
zeros = tf.zeros([3, 4])  # 3x4 tensor of zeros
ones = tf.ones([2, 3, 4])  # 2x3x4 tensor of ones
random = tf.random.normal([3, 3])   # 3x3 tensor of random values from a normal
distribution

# Creating tensors from Python lists or NumPy arrays
import numpy as np
numpy_array = np.array([[1, 2], [3, 4]])
tensor_from_numpy = tf.constant(numpy_array)

print("Scalar:", scalar)
print("Vector:", vector)
print("Matrix:\\n", matrix)
print("3D Tensor:\\n", tensor_3d)
print("Float Tensor:", float_tensor)
print("Int Tensor:", int_tensor)
print("Zeros:\\n", zeros)
print("Ones:\\n", ones)
print("Random:\\n", random)
print("Tensor from NumPy:\\n", tensor_from_numpy)
```

Code-Erklärung:

1. Wir beginnen mit dem Import von TensorFlow als tf.

2. Skalar (0D-Tensor): Wird mit tf.constant(42) erstellt. Dies stellt einen einzelnen Wert dar.

3. Vektor (1D-Tensor): Wird mit tf.constant([1, 2, 3, 4]) erstellt. Dies ist ein eindimensionales Array von Werten.

4. Matrix (2D-Tensor): Wird mit tf.constant([[1, 2], [3, 4], [5, 6]]) erstellt. Dies ist ein zweidimensionales Array (3 Zeilen, 2 Spalten).

5. 3D-Tensor: Wird mit tf.constant([[[1, 2], [3, 4]], [[5, 6], [7, 8]]]) erstellt. Dies ist ein dreidimensionales Array (2x2x2).

6. Tensoren mit spezifischen Datentypen: Wir erstellen Tensoren mit spezifischen Datentypen über den dtype-Parameter:

     o float_tensor: Ein Tensor mit 32-Bit-Fließkommazahlen.

     o int_tensor: Ein Tensor mit 32-Bit-Ganzzahlen.

7. Tensoren mit bestimmten Formen:

     o zeros: Ein 3x4-Tensor gefüllt mit Nullen mittels tf.zeros([3, 4]).

- ○ ones: Ein 2x3x4-Tensor gefüllt mit Einsen mittels tf.ones([2, 3, 4]).

- ○ random: Ein 3x3-Tensor gefüllt mit Zufallswerten aus einer Normalverteilung mittels tf.random.normal([3, 3]).

8. Tensor aus NumPy:

- ○ Zunächst importieren wir NumPy und erstellen ein NumPy-Array.

- ○ Dann konvertieren wir es in einen TensorFlow-Tensor mittels tf.constant(numpy_array).

9. Abschließend geben wir alle erstellten Tensoren aus, um ihre Struktur und Werte zu beobachten.

Dieses umfassende Beispiel zeigt verschiedene Möglichkeiten, Tensoren in TensorFlow zu erstellen, einschließlich unterschiedlicher Dimensionen, Datentypen und Quellen (wie NumPy-Arrays). Das Verständnis dieser Tensor-Erstellungsmethoden ist entscheidend für die effektive Arbeit mit TensorFlow in Deep-Learning-Projekten.

Tensor-Operationen

TensorFlow bietet eine umfassende Suite von Operationen zur Manipulation von Tensoren, die eine ähnliche Funktionalität wie NumPy-Arrays bietet, aber für Deep-Learning-Aufgaben optimiert ist. Diese Operationen können in mehrere Kategorien eingeteilt werden:

- **Mathematische Operationen:** TensorFlow unterstützt eine breite Palette mathematischer Funktionen, von grundlegender Arithmetik (Addition, Subtraktion, Multiplikation, Division) bis hin zu komplexeren Operationen wie Logarithmen, Exponentialfunktionen und trigonometrischen Funktionen. Diese Operationen können elementweise auf Tensoren ausgeführt werden und ermöglichen so eine effiziente Berechnung über große Datensätze hinweg.

- **Slicing und Indexierung:** Ähnlich wie NumPy ermöglicht TensorFlow das Extrahieren bestimmter Teile von Tensoren mittels Slicing-Operationen. Dies ist besonders nützlich bei der Arbeit mit Datenbatches oder wenn Sie sich auf bestimmte Merkmale oder Dimensionen Ihrer Tensoren konzentrieren müssen.

- **Matrix-Operationen:** TensorFlow zeichnet sich durch Matrix-Operationen aus, die fundamental für viele Machine-Learning-Algorithmen sind. Dies umfasst Matrixmultiplikation, Transposition und die Berechnung von Determinanten oder Inversen von Matrizen.

- **Formmanipulation:** Operationen wie Reshaping, Erweitern von Dimensionen oder Squeezen von Tensoren ermöglichen es, die Struktur Ihrer Daten an die Anforderungen verschiedener Schichten in Ihrem neuronalen Netzwerk anzupassen.

- **Reduktionsoperationen:** Diese umfassen Funktionen wie Summe, Mittelwert oder Maximum über bestimmte Achsen eines Tensors, die häufig in Pooling-Schichten oder zur Berechnung von Verlustfunktionen verwendet werden.

Durch diese Operationen ermöglicht TensorFlow die effiziente Implementierung komplexer neuronaler Netzwerkarchitekturen und unterstützt den gesamten Machine-Learning-Workflow, von der Datenvorverarbeitung bis hin zum Modelltraining und zur Evaluation.

Beispiel 1:

```python
# Element-wise operations
a = tf.constant([2, 3])
b = tf.constant([4, 5])
result = a + b
print(f"Addition: {result}")

# Matrix multiplication
matrix_a = tf.constant([[1, 2], [3, 4]])
matrix_b = tf.constant([[5, 6], [7, 8]])
result = tf.matmul(matrix_a, matrix_b)
print(f"Matrix Multiplication:\\\\n{result}")

# Slicing tensors
tensor = tf.constant([[1, 2, 3], [4, 5, 6], [7, 8, 9]])
slice = tensor[0:2, 1:3]
print(f"Sliced Tensor:\\\\n{slice}")
Code-Erläuterung:
Elementweise Operationen:
a = tf.constant([2, 3])
b = tf.constant([4, 5])
result = a + b
print(f"Addition: {result}")
Dieser Teil zeigt die elementweise Addition zweier Tensoren. Es werden zwei 1D-Tensoren
'a' und 'b' erstellt, addiert und das Ergebnis ausgegeben. Die Ausgabe wird [6, 8]
sein.
Matrixmultiplikation:
matrix_a = tf.constant([[1, 2], [3, 4]])
matrix_b = tf.constant([[5, 6], [7, 8]])
result = tf.matmul(matrix_a, matrix_b)
print(f"Matrix Multiplication:\\n{result}")
Dieser Abschnitt zeigt die Matrixmultiplikation. Es werden zwei 2x2-Matrizen erstellt
und tf.matmul() wird verwendet, um die Matrixmultiplikation durchzuführen. Das
Ergebnis wird eine 2x2-Matrix sein.
Tensor-Slicing:
tensor = tf.constant([[1, 2, 3], [4, 5, 6], [7, 8, 9]])
slice = tensor[0:2, 1:3]
print(f"Sliced Tensor:\\n{slice}")
```

Dieser Teil demonstriert das Slicing von Tensoren. Es wird ein 3x3-Tensor erstellt und dann geschnitten, um eine 2x2-Submatrix zu extrahieren. Der Slice [0:2, 1:3] bedeutet, dass die ersten beiden Zeilen (Indizes 0 und 1) und die zweite und dritte Spalte (Indizes 1 und 2) ausgewählt werden. Das Ergebnis wird [[2, 3], [5, 6]] sein.

Dieses Code-Beispiel veranschaulicht grundlegende Tensor-Operationen in TensorFlow, einschließlich elementweiser Operationen, Matrixmultiplikation und Tensor-Slicing, die fundamental für die Arbeit mit Tensoren in Deep-Learning-Aufgaben sind.

Beispiel 2:

```python
import tensorflow as tf

# Create tensors
a = tf.constant([[1, 2], [3, 4]])
b = tf.constant([[5, 6], [7, 8]])

# Mathematical operations
addition = tf.add(a, b)
subtraction = tf.subtract(a, b)
multiplication = tf.multiply(a, b)
division = tf.divide(a, b)

# Matrix multiplication
matrix_mult = tf.matmul(a, b)

# Reduction operations
sum_all = tf.reduce_sum(a)
mean_all = tf.reduce_mean(a)
max_all = tf.reduce_max(a)

# Shape manipulation
reshaped = tf.reshape(a, [1, 4])
transposed = tf.transpose(a)

# Slicing
sliced = tf.slice(a, [0, 1], [2, 1])

print("Original tensors:")
print("a =", a.numpy())
print("b =", b.numpy())
print("\\nAddition:", addition.numpy())
print("Subtraction:", subtraction.numpy())
print("Multiplication:", multiplication.numpy())
print("Division:", division.numpy())
print("\\nMatrix multiplication:", matrix_mult.numpy())
print("\\nSum of all elements in a:", sum_all.numpy())
print("Mean of all elements in a:", mean_all.numpy())
print("Max of all elements in a:", max_all.numpy())
print("\\nReshaped a:", reshaped.numpy())
print("Transposed a:", transposed.numpy())
print("\\nSliced a:", sliced.numpy())
```

Lass uns dieses umfassende Beispiel von Tensor-Operationen in TensorFlow aufschlüsseln:

1. Tensor-Erstellung: a = tf.constant([[1, 2], [3, 4]]) b = tf.constant([[5, 6], [7, 8]]) Wir erstellen zwei 2x2-Tensoren 'a' und 'b' mit tf.constant().

2. Mathematische Operationen:

   o   Addition: addition = tf.add(a, b)

   o   Subtraktion: subtraction = tf.subtract(a, b)

   o   Multiplikation: multiplication = tf.multiply(a, b)

   o   Division: division = tf.divide(a, b) Diese Operationen werden elementweise auf die Tensoren angewendet.

3. Matrix-Multiplikation: matrix_mult = tf.matmul(a, b) Dies führt eine Matrix-Multiplikation der Tensoren 'a' und 'b' durch.

4. Reduktionsoperationen:

   o   Summe: sum_all = tf.reduce_sum(a)

   o   Mittelwert: mean_all = tf.reduce_mean(a)

   o   Maximum: max_all = tf.reduce_max(a) Diese Operationen reduzieren den Tensor über alle Dimensionen zu einem einzelnen Wert.

5. Formmanipulation:

   o   Umformung: reshaped = tf.reshape(a, [1, 4]) Dies ändert die Form des Tensors 'a' von 2x2 zu 1x4.

   o   Transposition: transposed = tf.transpose(a) Dies vertauscht die Dimensionen des Tensors 'a'.

6. Slicing: sliced = tf.slice(a, [0, 1], [2, 1]) Dies extrahiert einen Teil des Tensors 'a', beginnend bei Index [0, 1] und nimmt 2 Zeilen und 1 Spalte.

7. Ergebnisausgabe: Wir verwenden .numpy(), um TensorFlow-Tensoren in NumPy-Arrays für die Ausgabe zu konvertieren. Dies ermöglicht uns, die Ergebnisse unserer Operationen in einem vertrauten Format zu sehen.

Dieses zweite Beispiel demonstriert eine breite Palette von Tensor-Operationen in TensorFlow, von grundlegender Arithmetik bis hin zu komplexeren Manipulationen wie Umformung und Slicing. Das Verständnis dieser Operationen ist entscheidend für die effektive Arbeit mit Tensoren in Deep-Learning-Aufgaben.

Eager Execution in TensorFlow 2.x

Eine der wichtigsten Verbesserungen in TensorFlow 2.x ist die **Eager Execution**, die einen bedeutenden Wandel in der Funktionsweise von TensorFlow darstellt. In früheren Versionen verwendete TensorFlow ein statisches Berechnungsgraphen-Modell, bei dem Operationen zunächst in einem Berechnungsgraphen definiert und später ausgeführt wurden. Dieser Ansatz, obwohl leistungsfähig für bestimmte Optimierungen, erschwerte oft das Debugging und Experimentieren.

Mit Eager Execution ermöglicht TensorFlow nun die sofortige Ausführung von Operationen, ähnlich wie regulärer Python-Code läuft. Das bedeutet, wenn Sie eine Zeile TensorFlow-Code schreiben, wird sie sofort ausgeführt, und Sie können die Ergebnisse unmittelbar sehen. Diese unmittelbare Ausführung bietet mehrere Vorteile:

- **Intuitive Entwicklung:** Entwickler können natürlicheren, Python-ähnlichen Code schreiben, ohne Sessions verwalten oder Berechnungsgraphen konstruieren zu müssen. Dieser optimierte Ansatz ermöglicht eine flüssigere und interaktivere Coding-Erfahrung und erlaubt Entwicklern, sich auf die Logik ihrer Modelle statt auf die Feinheiten des Frameworks zu konzentrieren.

- **Verbesserte Debugging-Möglichkeiten:** Mit sofort ausgeführten Operationen können Entwickler Standard-Python-Debugging-Tools nutzen, um Variablen zu inspizieren, den Ausführungsablauf zu verfolgen und Fehler in Echtzeit zu identifizieren. Diese unmittelbare Feedback-Schleife reduziert den Zeit- und Arbeitsaufwand für die Fehlersuche und Verfeinerung komplexer neuronaler Netzwerkarchitekturen erheblich.

- **Flexible Modellstrukturen:** Eager Execution ermöglicht die Erstellung dynamischerer Modellstrukturen, die sich während der Laufzeit anpassen und entwickeln können. Diese Flexibilität ist besonders wertvoll in Forschungs- und Experimentierumgebungen, wo die Möglichkeit, verschiedene Modellkonfigurationen spontan zu modifizieren und zu testen, zu innovativen Durchbrüchen und schneller Prototypenentwicklung neuartiger Architekturen führen kann.

- **Verbesserte Code-Lesbarkeit:** Der Wegfall der expliziten Graphenerstellung und -verwaltung führt zu sauhererem, präziserem Code. Diese verbesserte Lesbarkeit erleichtert es nicht nur einzelnen Entwicklern, ihren eigenen Code zu verstehen und zu pflegen, sondern fördert auch eine bessere Zusammenarbeit und den Wissensaustausch innerhalb von Teams, die an Machine-Learning-Projekten arbeiten.

Dieser Wechsel zu Eager Execution macht TensorFlow zugänglicher für Anfänger und flexibler für erfahrene Entwickler. Es bringt das Verhalten von TensorFlow näher an andere beliebte Machine-Learning-Bibliotheken wie PyTorch heran und erleichtert potenziell die Lernkurve für diejenigen, die mit solchen Frameworks vertraut sind.

Allerdings ist zu beachten, dass TensorFlow 2.x zwar standardmäßig Eager Execution verwendet, das Framework aber weiterhin den Graph-Modus ermöglicht, wenn dieser benötigt wird, insbesondere für Szenarien, in denen die Leistungsvorteile der Graph-Optimierung entscheidend sind.

Beispiel 1:

Example of eager execution

tensor = tf.constant([1, 2, 3])

print(f"Eager Execution: {tensor + 2}")

Dieser Code demonstriert das Konzept der Eager Execution in TensorFlow 2.x. Schauen wir uns das genauer an:

1. Zunächst wird ein Tensor mit tf.constant([1, 2, 3]) erstellt. Dies erzeugt einen eindimensionalen Tensor mit den Werten [1, 2, 3].

2. Anschließend wird zu diesem Tensor 2 addiert, mittels tensor + 2. Im Eager-Execution-Modus wird diese Operation sofort ausgeführt.

3. Schließlich wird das Ergebnis mittels eines f-Strings ausgegeben, der das Resultat der Additionsoperation anzeigt.

Der entscheidende Punkt ist, dass in TensorFlow 2.x mit Eager Execution die Operationen unmittelbar ausgeführt werden und die Ergebnisse sofort einsehbar sind, ohne dass ein Berechnungsgraph explizit in einer Session ausgeführt werden muss. Dies macht den Code im Vergleich zum graph-basierten Ansatz in TensorFlow 1.x intuitiver und einfacher zu debuggen.

Beispiel 2:

```python
import tensorflow as tf

# Define a simple function
def simple_function(x, y):
    return tf.multiply(x, y) + tf.add(x, y)

# Create some tensors
a = tf.constant([[1, 2], [3, 4]])
b = tf.constant([[5, 6], [7, 8]])

# Use the function in eager mode
result = simple_function(a, b)

print("Input tensor a:")
print(a.numpy())

print("\\nInput tensor b:")
print(b.numpy())

print("\\nResult of simple_function(a, b):")
print(result.numpy())

# Demonstrate automatic differentiation
with tf.GradientTape() as tape:
    tape.watch(a)
```

```
    z = simple_function(a, b)
    gradient = tape.gradient(z, a)

print("\\nGradient of z with respect to a:")
print(gradient.numpy())
```

Dieses Beispiel demonstriert die wichtigsten Funktionen der Eager Execution in TensorFlow 2.x. Schauen wir uns das im Detail an:

1. TensorFlow importieren: import tensorflow as tf Dies importiert TensorFlow. In TensorFlow 2.x ist Eager Execution standardmäßig aktiviert.

2. Eine einfache Funktion definieren: def simple_function(x, y): return tf.multiply(x, y) + tf.add(x, y) Diese Funktion multipliziert zwei Tensoren und addiert sie anschließend.

3. Tensoren erstellen: a = tf.constant([[1, 2], [3, 4]]) b = tf.constant([[5, 6], [7, 8]]) Wir erstellen zwei 2x2 Tensoren mittels tf.constant().

4. Die Funktion im Eager-Modus verwenden: result = simple_function(a, b) Wir rufen unsere Funktion mit den Tensoren a und b auf. Im Eager-Modus wird diese Berechnung sofort ausgeführt.

5. Ergebnisse ausgeben: print(result.numpy()) Wir können das Ergebnis sofort ausgeben. Die .numpy()-Methode konvertiert den TensorFlow-Tensor in ein NumPy-Array zur einfachen Darstellung.

6. Automatische Differenzierung: `with tf.GradientTape() as tape: tape.watch(a) z = simple_function(a, b)

gradient = tape.gradient(z, a)Dies demonstriert die automatische Differenzierung, eine Schlüsselfunktion für das Training neuronaler Netze. Wir verwenden GradientTape, um den Gradienten unserer Funktion in Bezug auf Tensor a zu berechnen. 7. Gradienten ausgeben:print(gradient.numpy())` Wir können den berechneten Gradienten sofort anzeigen.

Wichtige Aspekte der Eager Execution, die in diesem Beispiel gezeigt werden:

- Sofortige Ausführung: Operationen werden unmittelbar bei ihrem Aufruf ausgeführt, ohne dass ein Berechnungsgraph erstellt und ausgeführt werden muss.

- Vereinfachtes Debugging: Standard-Python-Debugging-Tools und Print-Anweisungen können verwendet werden, um Tensoren und Operationen zu überprüfen.

- Dynamische Berechnung: Der Code kann flexibler und Python-ähnlicher gestaltet werden, wodurch Bedingungen und Schleifen möglich sind, die von Tensor-Werten abhängen können.

- Automatische Differenzierung: GradientTape vereinfacht die Berechnung von Gradienten für das Training neuronaler Netze.

Dieses Eager-Execution-Modell in TensorFlow 2.x vereinfacht den Prozess der Entwicklung und des Debuggens von Machine-Learning-Modellen erheblich im Vergleich zum graph-basierten Ansatz in früheren Versionen.

In TensorFlow 1.x musste man einen Berechnungsgraphen definieren und dann explizit in einer Session ausführen, aber in TensorFlow 2.x läuft dieser Prozess automatisch ab, was den Entwicklungsablauf flüssiger gestaltet.

2.1.3 Neuronale Netze mit TensorFlow und Keras erstellen

TensorFlow 2.x integriert nahtlos **Keras**, eine leistungsstarke High-Level-API, die den Prozess der Erstellung, des Trainings und der Evaluierung neuronaler Netze revolutioniert. Diese Integration vereint das Beste aus beiden Welten: TensorFlows robustes Backend und Keras' benutzerfreundliche Schnittstelle.

Keras vereinfacht die komplexe Aufgabe des Aufbaus von Deep-Learning-Modellen durch einen intuitiven schichtbasierten Ansatz. Dieser Ansatz ermöglicht es Entwicklern, komplexe neuronale Netze durch das Stapeln von Schichten aufzubauen, ähnlich wie beim Bauen mit Legosteinen. Jede Schicht repräsentiert eine spezifische Operation oder Transformation, die auf die durchfließenden Daten angewendet wird.

Die Stärke von Keras liegt in seiner Einfachheit und Flexibilität. Durch die Festlegung weniger Schlüsselparameter für jede Schicht, wie die Anzahl der Neuronen, Aktivierungsfunktionen und Verbindungsmuster, können Entwickler schnell verschiedene Netzwerkarchitekturen prototypisch entwickeln und testen. Dieser optimierte Prozess reduziert den Zeit- und Arbeitsaufwand für den Aufbau und die Iteration von Deep-Learning-Modellen erheblich.

Darüber hinaus abstrahiert Keras viele der Low-Level-Details der neuronalen Netzwerkimplementierung und ermöglicht es Entwicklern, sich auf die High-Level-Architektur und Logik ihrer Modelle zu konzentrieren. Diese Abstraktion geht nicht zu Lasten der Leistungsfähigkeit oder Anpassbarkeit; fortgeschrittene Benutzer können bei Bedarf weiterhin auf die zugrunde liegenden TensorFlow-Operationen zugreifen und diese modifizieren.

Im Wesentlichen hat die Integration von Keras in TensorFlow 2.x Deep Learning für ein breiteres Publikum von Entwicklern und Forschern zugänglicher gemacht und beschleunigt damit das Innovationstempo im Bereich der künstlichen Intelligenz.

Ein Sequential Model erstellen

Der einfachste Weg, ein neuronales Netz in TensorFlow zu erstellen, ist die Verwendung der **Sequential API** von Keras. Ein sequentielles Modell ist eine lineare Abfolge von Schichten, wobei jede Schicht nacheinander in einer geradlinigen, sequentiellen Weise hinzugefügt wird. Dieser Ansatz ist besonders nützlich für den Aufbau von Feed-Forward-Neuronalen-Netzen, bei denen Informationen in eine Richtung vom Eingang zum Ausgang fließen.

Die Sequential API bietet mehrere Vorteile, die sie zu einer beliebten Wahl für den Aufbau neuronaler Netze machen:

- **Einfachheit und Intuitivität:** Sie bietet einen unkomplizierten Ansatz zur Konstruktion neuronaler Netze, der besonders für Anfänger zugänglich und ideal für die Implementierung geradliniger Architekturen ist. Das schichtweise Design spiegelt die konzeptuelle Struktur vieler neuronaler Netze wider und ermöglicht es Entwicklern, ihre mentalen Modelle einfach in Code zu übersetzen.

- **Verbesserte Lesbarkeit und Wartbarkeit:** Die Codestruktur der Sequential-Modelle spiegelt die tatsächliche Netzwerkarchitektur direkt wider und verbessert dadurch das Codeverständnis erheblich. Diese 1:1-Abbildung zwischen Code und Netzwerkstruktur erleichtert das Debugging, die Modifikation und die langfristige Wartung des Modells, was für kollaborative Projekte und iterative Entwicklungsprozesse entscheidend ist.

- **Schnelle Prototypenentwicklung und Experimentierung:** Die Sequential API ermöglicht schnelles Experimentieren mit verschiedenen Schichtkonfigurationen und erleichtert damit die schnelle Iteration in der Modellentwicklung. Diese Funktion ist besonders wertvoll in Forschungsumgebungen oder bei der Erkundung verschiedener Architekturdesigns, da sie es Data Scientists und Machine-Learning-Ingenieuren ermöglicht, mehrere Modellvarianten mit minimalem Codeaufwand schnell zu testen und zu vergleichen.

- **Automatische Formableitung:** Das Sequential-Modell kann oft automatisch die Formen der Zwischenschichten ableiten und reduziert damit die Notwendigkeit manueller Formberechnungen. Diese Funktion vereinfacht den Prozess der Konstruktion komplexer Netzwerke und hilft, formbedingte Fehler zu vermeiden.

Allerdings ist es wichtig zu beachten, dass die Sequential API, obwohl sie für viele gängige Szenarien leistungsfähig ist, möglicherweise nicht für komplexere Architekturen geeignet ist, die Verzweigungen oder mehrere Ein-/Ausgänge erfordern. In solchen Fällen bieten die Functional API oder Subclassing-Methoden in Keras mehr Flexibilität.

Beispiel: Ein einfaches neuronales Netz erstellen

```python
import tensorflow as tf
from tensorflow.keras.models import Sequential
from tensorflow.keras.layers import Dense, Dropout
from tensorflow.keras.datasets import mnist
import numpy as np

# Load and preprocess the MNIST dataset
(X_train, y_train), (X_test, y_test) = mnist.load_data()
X_train = X_train.reshape(60000, 784).astype('float32') / 255
X_test = X_test.reshape(10000, 784).astype('float32') / 255

# Create a Sequential model
model = Sequential([
    Dense(128, activation='relu', input_shape=(784,)),  # Input layer
    Dropout(0.2),                                        # Dropout layer for
regularization
```

```python
    Dense(64, activation='relu'),              # Hidden layer
    Dropout(0.2),                              # Another dropout layer
    Dense(10, activation='softmax')            # Output layer
])

# Compile the model
model.compile(optimizer='adam',
              loss='sparse_categorical_crossentropy',
              metrics=['accuracy'])

# Display the model architecture
model.summary()

# Train the model
history = model.fit(X_train, y_train,
                    epochs=5,
                    batch_size=32,
                    validation_split=0.2,
                    verbose=1)

# Evaluate the model
test_loss, test_accuracy = model.evaluate(X_test, y_test, verbose=0)
print(f"Test accuracy: {test_accuracy:.4f}")

# Make predictions
predictions = model.predict(X_test[:5])
print("Predictions for the first 5 test images:")
print(np.argmax(predictions, axis=1))
print("Actual labels:")
print(y_test[:5])
```

Lassen Sie uns dieses umfassende Beispiel aufschlüsseln:

1. Importieren der erforderlichen Bibliotheken: Wir importieren TensorFlow, Keras-Module und NumPy für numerische Operationen.

2. Laden und Vorverarbeitung der Daten: Wir verwenden den MNIST-Datensatz, der in Keras integriert ist. Die Bilder werden von 28x28 in 784-dimensionale Vektoren umgewandelt und auf den Bereich [0, 1] normalisiert.

3. Erstellen des Modells: Wir verwenden die Sequential API, um unser Modell zu erstellen. Das Modell besteht aus zwei Dense-Layern mit ReLU-Aktivierung und einem Ausgabe-Layer mit Softmax-Aktivierung. Wir haben Dropout-Layer zur Regularisierung hinzugefügt, um Überanpassung zu verhindern.

4. Kompilieren des Modells: Wir verwenden den Adam-Optimizer und die Sparse Categorical Crossentropy-Verlustfunktion. Wir spezifizieren Genauigkeit als Metrik zur Überwachung während des Trainings.

5. Modellzusammenfassung: model.summary() zeigt die Architektur des Modells an, einschließlich der Anzahl der Parameter in jeder Schicht.

6. Training des Modells: Wir verwenden model.fit(), um das Modell mit den Trainingsdaten zu trainieren. Wir legen die Anzahl der Epochen, die Batch-Größe fest und reservieren 20% der Trainingsdaten für die Validierung.

7. Evaluierung des Modells: Wir verwenden model.evaluate(), um die Leistung des Modells am Testdatensatz zu überprüfen.

8. Vorhersagen treffen: Wir verwenden model.predict(), um Vorhersagen für die ersten 5 Testbilder zu erhalten. Wir verwenden np.argmax(), um die Softmax-Wahrscheinlichkeiten in Klassenbezeichnungen umzuwandeln.

Dieses Beispiel demonstriert einen vollständigen Workflow zum Erstellen, Trainieren und Evaluieren eines neuronalen Netzwerks mit TensorFlow und Keras. Es umfasst Datenvorverarbeitung, Modellerstellung mit Dropout zur Regularisierung, Modellkompilierung, Training mit Validierung, Evaluierung am Testdatensatz und das Treffen von Vorhersagen.

2.1.4 TensorFlow-Datensätze und Datenpipelines

TensorFlow bietet ein leistungsstarkes Modul namens **tf.data** zum Laden und Verwalten von Datensätzen. Dieses Modul vereinfacht den Prozess der Erstellung effizienter Eingabepipelines für Deep-Learning-Modelle erheblich. Die tf.data-API bietet eine breite Palette von Werkzeugen und Methoden, die es Entwicklern ermöglichen, komplexe, leistungsstarke Datenpipelines einfach zu erstellen.

Zu den wichtigsten Funktionen von tf.data gehören eine Reihe leistungsfähiger Möglichkeiten, die die Datenhandhabung und -verarbeitung in TensorFlow verbessern:

- **Effizientes Laden von Daten:** Diese Funktion ermöglicht die Verarbeitung umfangreicher Datensätze, die den verfügbaren Arbeitsspeicher übersteigen. Durch die Implementierung eines Streaming-Mechanismus kann tf.data Daten effizient von der Festplatte laden und ermöglicht so eine nahtlose Verarbeitung großer Datensätze ohne Speicherbeschränkungen.

- **Datentransformation:** tf.data bietet eine umfassende Suite von Operationen zur Datenmanipulation. Dazu gehören Vorverarbeitungstechniken zur Vorbereitung von Rohdaten für die Modelleingabe, Batching-Mechanismen zur effizienten Gruppierung von Datenpunkten und Echtzeit-Augmentierungsfunktionen zur Verbesserung der Datensatzvielfalt und Modellgeneralisierung.

- **Leistungsoptimierung:** Um das Laden und Verarbeiten von Daten zu beschleunigen, integriert tf.data fortschrittliche Funktionen wie Parallelisierung und Prefetching. Diese Optimierungen nutzen Mehrkernprozessoren und intelligente Datencaching-Strategien, wodurch Rechenengpässe deutlich reduziert und die Gesamttrainingseffizienz gesteigert wird.

- **Flexibilität bei Datenquellen:** Die Vielseitigkeit von tf.data zeigt sich in der Fähigkeit, mit einer breiten Palette von Datenquellen zu arbeiten. Dies umfasst die nahtlose

Integration mit In-Memory-Datenstrukturen, spezialisierten TensorFlow-Aufzeichnungsformaten (TFRecord) und die Unterstützung benutzerdefinierter Datenquellen, wodurch Entwickler die Freiheit haben, mit verschiedenen Datentypen und Speicherparadigmen zu arbeiten.

Durch die Nutzung von tf.data können Entwickler skalierbare und effiziente Datenpipelines erstellen, die sich nahtlos in die Trainings- und Inferenz-Workflows von TensorFlow integrieren und damit letztendlich die Modellentwicklungs- und Bereitstellungsprozesse verbessern.

Beispiel: Laden und Vorverarbeiten von Daten mit tf.data

```python
import tensorflow as tf
from tensorflow.keras.datasets import mnist
import matplotlib.pyplot as plt
import numpy as np

# Load the MNIST dataset
(X_train, y_train), (X_test, y_test) = mnist.load_data()

# Normalize the data
X_train = X_train.astype('float32') / 255.0
X_test = X_test.astype('float32') / 255.0

# Create TensorFlow datasets
train_dataset = tf.data.Dataset.from_tensor_slices((X_train, y_train))
train_dataset                                                            =
train_dataset.shuffle(buffer_size=1024).batch(32).prefetch(tf.data.AUTOTUNE)

test_dataset = tf.data.Dataset.from_tensor_slices((X_test, y_test))
test_dataset = test_dataset.batch(32).prefetch(tf.data.AUTOTUNE)

# Data augmentation function
def augment(image, label):
    image = tf.image.random_flip_left_right(image)
    image = tf.image.random_brightness(image, max_delta=0.1)
    return image, label

# Apply augmentation to training dataset
augmented_train_dataset                         =                 train_dataset.map(augment,
num_parallel_calls=tf.data.AUTOTUNE)

# View a batch from the dataset
for images, labels in augmented_train_dataset.take(1):
    print(f"Batch of images shape: {images.shape}")
    print(f"Batch of labels: {labels}")

    # Visualize some augmented images
    plt.figure(figsize=(10, 10))
    for i in range(9):
        ax = plt.subplot(3, 3, i + 1)
        plt.imshow(images[i].numpy().reshape(28, 28), cmap='gray')
```

```python
        plt.title(f"Label: {labels[i]}")
        plt.axis('off')
    plt.show()

# Create a simple model
model = tf.keras.Sequential([
    tf.keras.layers.Flatten(input_shape=(28, 28)),
    tf.keras.layers.Dense(128, activation='relu'),
    tf.keras.layers.Dropout(0.2),
    tf.keras.layers.Dense(10, activation='softmax')
])

model.compile(optimizer='adam',
              loss='sparse_categorical_crossentropy',
              metrics=['accuracy'])

# Train the model
history = model.fit(augmented_train_dataset,
                    epochs=5,
                    validation_data=test_dataset)

# Evaluate the model
test_loss, test_accuracy = model.evaluate(test_dataset)
print(f"Test accuracy: {test_accuracy:.4f}")

# Plot training history
plt.figure(figsize=(12, 4))
plt.subplot(1, 2, 1)
plt.plot(history.history['accuracy'], label='Training Accuracy')
plt.plot(history.history['val_accuracy'], label='Validation Accuracy')
plt.title('Model Accuracy')
plt.xlabel('Epoch')
plt.ylabel('Accuracy')
plt.legend()

plt.subplot(1, 2, 2)
plt.plot(history.history['loss'], label='Training Loss')
plt.plot(history.history['val_loss'], label='Validation Loss')
plt.title('Model Loss')
plt.xlabel('Epoch')
plt.ylabel('Loss')
plt.legend()

plt.tight_layout()
plt.show()
```

Dieses Codebeispiel demonstriert einen umfassenden Arbeitsablauf mit TensorFlow und der tf.data API. Schauen wir uns die einzelnen Bestandteile an:

1. Bibliotheken importieren: Wir importieren TensorFlow, den MNIST-Datensatz aus Keras, matplotlib für die Visualisierung und NumPy für numerische Operationen.

2. Daten laden und vorverarbeiten:Der MNIST-Datensatz wird geladen und auf den Bereich [0, 1] normalisiert.

3. TensorFlow-Datensätze erstellen:

    o   Wir erstellen separate Datensätze für Training und Test mittels tf.data.Dataset.from_tensor_slices().

    o   Der Trainingsdatensatz wird gemischt und in Batches aufgeteilt.

    o   Wir verwenden prefetch(), um Datenvorverarbeitung und Modellausführung für bessere Leistung zu überlappen.

4. Datenerweiterung:

    o   Wir definieren eine augment()-Funktion, die zufällige Links-Rechts-Spiegelungen und Helligkeitsanpassungen auf die Bilder anwendet.

    o   Diese Erweiterung wird mithilfe der map()-Funktion auf den Trainingsdatensatz angewendet.

5. Daten visualisieren:Wir erstellen ein 3x3-Raster erweiterter Bilder aus einem einzelnen Batch, um die Auswirkungen unserer Datenerweiterung zu demonstrieren.

6. Modell erstellen und kompilieren:

    o   Wir definieren ein einfaches Sequential-Modell mit einer Flatten-Schicht, einer Dense-Schicht mit ReLU-Aktivierung, einer Dropout-Schicht zur Regularisierung und einer Ausgabe-Dense-Schicht mit Softmax-Aktivierung.

    o   Das Modell wird mit dem Adam-Optimizer und der Sparse Categorical Crossentropy-Verlustfunktion kompiliert.

7. Modell trainieren:Wir trainieren das Modell mit dem erweiterten Datensatz über 5 Epochen und nutzen den Testdatensatz zur Validierung.

8. Modell evaluieren:Die Leistung des Modells wird am Testdatensatz evaluiert.

9. Trainingsverlauf visualisieren:Wir zeichnen die Trainings- und Validierungsgenauigkeit sowie den Verlust über die Epochen, um den Lernfortschritt des Modells zu visualisieren.

Dieses Beispiel zeigt mehrere Schlüsselkonzepte in TensorFlow:

*   Verwendung von tf.data für effizientes Laden und Vorverarbeiten von Daten

*   Implementierung von Datenerweiterung zur Verbesserung der Modellgeneralisierung

*   Erstellung und Training eines einfachen neuronalen Netzwerks

*   Visualisierung sowohl der Eingabedaten als auch des Trainingsverlaufs

Diese Praktiken helfen bei der Erstellung robusterer und effizienterer Deep-Learning-Workflows.

In diesem Abschnitt haben wir **TensorFlow 2.x** vorgestellt und dabei seine Kernfunktionen wie **Tensoren**, **Eager Execution** und seine Integration mit der hochrangigen **Keras API** hervorgehoben. Wir haben gelernt, wie man Tensoren erstellt und manipuliert, einfache neuronale Netze mit der Sequential API aufbaut und mit TensorFlows Datenpipeline-Werkzeugen arbeitet. Diese Konzepte bilden die Grundlage für fortgeschrittenere Deep-Learning-Themen, die später in diesem Kapitel behandelt werden.

2.2 Aufbau, Training und Feinabstimmung neuronaler Netze in TensorFlow

In diesem umfassenden Abschnitt werden wir uns eingehend mit den Feinheiten des Aufbaus neuronaler Netze mittels **TensorFlows Keras API** befassen, einer leistungsstarken und benutzerfreundlichen Schnittstelle zur Erstellung von Deep-Learning-Modellen. Wir werden den Prozess des Trainings dieser Netzwerke an realen Datensätzen erkunden, wodurch sie komplexe Muster erlernen und präzise Vorhersagen treffen können.

Darüber hinaus werden wir fortgeschrittene Techniken zur Feinabstimmung der Modellleistung untersuchen, wobei der Fokus auf der Verbesserung der Genauigkeit und der Generalisierungsfähigkeit liegt. TensorFlows robustes Framework vereinfacht diese komplexen Aufgaben durch eine Reihe intuitiver Methoden für Modellerstellung, Kompilierung und Training sowie durch ausgereifte Werkzeuge zur Hyperparameter-Optimierung.

Unsere Reise beginnt mit dem Aufbau einer grundlegenden neuronalen Netzwerkarchitektur und führt über die Phasen der Datenvorbereitung, des Modelltrainings und der Leistungsbewertung. Anschließend widmen wir uns fortgeschreneren Techniken und zeigen, wie man TensorFlows Fähigkeiten nutzt, um Hyperparameter feinabzustimmen, Regularisierungsstrategien zu implementieren und die Modellarchitektur zu optimieren. Durch praktische Beispiele und anwendungsorientierte Einblicke gewinnen Sie ein tiefes Verständnis dafür, wie Sie das volle Potenzial von TensorFlow ausschöpfen können, um hocheffiziente und präzise Deep-Learning-Modelle zu erstellen.

2.2.1 Aufbau eines neuronalen Netzwerk-Modells

Beim Aufbau eines neuronalen Netzwerks ist der erste entscheidende Schritt die Definition der Modellarchitektur. Dieser Prozess umfasst die sorgfältige Festlegung der Schichten und die Bestimmung des Datenflusses durch diese. Die Architektur dient als Bauplan für Ihr neuronales Netzwerk und bestimmt dessen Struktur sowie die Fähigkeit, aus den Eingabedaten zu lernen.

Zu diesem Zweck nutzen wir die von TensorFlow bereitgestellte **Sequential API**. Diese leistungsstarke und intuitive API ermöglicht es, neuronale Netzwerke durch lineares Stapeln von Schichten zu konstruieren. Die Sequential API eignet sich besonders gut für den Aufbau von

Feed-Forward-Netzwerken, bei denen Informationen in eine Richtung von der Eingabeschicht durch versteckte Schichten zur Ausgabeschicht fließen.

Die Sequential API bietet mehrere wichtige Vorteile, die sie zu einer beliebten Wahl für den Aufbau neuronaler Netzwerke machen:

- **Einfachheit und Intuitivität:** Sie bietet einen unkomplizierten, schichtweisen Ansatz zur Modellkonstruktion, der besonders für Anfänger zugänglich und ideal für schnelle Prototypen von Netzwerkarchitekturen ist.

- **Verbesserte Lesbarkeit:** Die lineare Struktur der Sequential-Modelle führt zu klaren, leicht interpretierbaren Architekturen und erleichtert das Verständnis, die Fehlersuche und die Modifikation des Netzwerkdesigns.

- **Vielseitigkeit innerhalb von Grenzen:** Trotz ihrer scheinbaren Einfachheit unterstützt die Sequential API die Erstellung verschiedenster neuronaler Netzwerkarchitekturen, von einfachen mehrschichtigen Perzeptronen bis hin zu komplexeren Designs mit Faltungs- oder rekurrenten Schichten, die für ein breites Spektrum von Machine-Learning-Aufgaben geeignet sind.

- **Effiziente Modellentwicklung:** Der optimierte Ansatz der API ermöglicht schnelle Iteration und Experimentierung, sodass Entwickler verschiedene Modellkonfigurationen zügig testen und verfeinern können, ohne komplexe Einrichtungsverfahren zu benötigen.

- **Nahtlose Integration:** Sequential-Modelle lassen sich problemlos mit anderen TensorFlow- und Keras-Komponenten verbinden und ermöglichen einfache Kompilierung, Training und Evaluation im übergeordneten Deep-Learning-Workflow.

Mithilfe der Sequential API können Sie leicht mit verschiedenen Schichtkonfigurationen, Aktivierungsfunktionen und anderen architektonischen Optionen experimentieren, um die Leistung Ihres Modells für die spezifische Aufgabe zu optimieren.

Definition eines Sequential-Modells

Eine typische neuronale Netzwerkarchitektur besteht aus mehreren Schlüsselkomponenten, die jeweils eine wichtige Rolle im Lernprozess spielen:

Eingabeschicht

Dies ist die erste Schicht des Netzwerks, die als Eingangstor für Rohdaten in das neuronale Netzwerk dient. Sie ist für den Empfang und die erste Verarbeitung der Eingabedaten verantwortlich. Bei Bildklassifizierungsaufgaben entspricht jedes Neuron in dieser Schicht typischerweise einem Pixel im Eingabebild. Bei einem 28x28 Pixel großen Bild hätte die Eingabeschicht beispielsweise 784 Neuronen (28 * 28 = 784). Diese Schicht führt keine Berechnungen durch, sondern leitet die Daten zur Verarbeitung an die nachfolgenden Schichten weiter.

Versteckte Schichten

Dies sind die Zwischenschichten zwischen der Eingabe- und Ausgabeschicht. Sie werden als "versteckt" bezeichnet, weil ihre Werte nicht direkt von den Ein- oder Ausgaben des Netzwerks beobachtbar sind. Versteckte Schichten sind das Kraftzentrum des neuronalen Netzwerks und führen komplexe Transformationen der Eingabedaten durch. Durch diese Transformationen lernt das Netzwerk, komplizierte Muster und Merkmale in den Daten darzustellen.

Die Anzahl der versteckten Schichten und Neuronen in jeder Schicht kann je nach Komplexität der Aufgabe variieren. Eine einfache Aufgabe könnte beispielsweise nur eine versteckte Schicht mit wenigen Neuronen erfordern, während komplexere Aufgaben wie Bilderkennung oder Verarbeitung natürlicher Sprache möglicherweise mehrere versteckte Schichten mit Hunderten oder Tausenden von Neuronen benötigen. Die Wahl der Aktivierungsfunktionen in diesen Schichten (wie ReLU, Sigmoid oder Tanh) spielt ebenfalls eine entscheidende Rolle für die Fähigkeit des Netzwerks, nicht-lineare Beziehungen in den Daten zu lernen.

Ausgabeschicht

Dies ist die letzte Schicht des Netzwerks, die für die Erzeugung der Vorhersage oder Klassifizierung des Netzwerks verantwortlich ist. Die Struktur dieser Schicht ist direkt mit der Art des zu lösenden Problems verbunden. Bei Klassifizierungsaufgaben entspricht die Anzahl der Neuronen in dieser Schicht typischerweise der Anzahl der Klassen im Problem. Bei einer Ziffernerkennung (0-9) hätte die Ausgabeschicht beispielsweise 10 Neuronen, wobei jedes eine Ziffer repräsentiert.

Die Aktivierungsfunktion dieser Schicht wird basierend auf dem Problemtyp gewählt - Softmax für Mehrklassen-Klassifikation, Sigmoid für binäre Klassifikation oder eine lineare Aktivierung für Regressionsaufgaben. Die Ausgabe dieser Schicht stellt die Entscheidung oder Vorhersage des Netzwerks dar, die dann basierend auf dem spezifischen Problemkontext interpretiert werden kann.

Um diese Konzepte zu veranschaulichen, betrachten wir den Aufbau eines neuronalen Netzwerks für eine spezifische Klassifizierungsaufgabe unter Verwendung des **MNIST-Datensatzes**. Dieser Datensatz ist eine Sammlung von 70.000 Graustufenbildern handgeschriebener Ziffern (0-9), jeweils in der Größe von 28x28 Pixeln. Er wird häufig als Benchmark in Machine Learning und Computer Vision-Aufgaben verwendet. So könnte unsere Netzwerkarchitektur für diese Aufgabe aussehen:

- **Eingabeschicht:** 784 Neuronen (28x28 Pixel linearisiert)

- **Versteckte Schichten:** Eine oder mehrere Schichten, z.B. 128 Neuronen in der ersten versteckten Schicht, 64 in der zweiten

- **Ausgabeschicht:** 10 Neuronen (eines für jede Ziffernklasse 0-9)

Diese Architektur ermöglicht es dem Netzwerk, Merkmale aus den Eingabebildern zu lernen, diese durch die versteckten Schichten zu verarbeiten und schließlich eine

Wahrscheinlichkeitsverteilung über die 10 möglichen Ziffernklassen in der Ausgabeschicht zu erzeugen.

Beispiel: Definition eines einfachen neuronalen Netzwerks

```python
import tensorflow as tf
from tensorflow.keras.models import Sequential
from tensorflow.keras.layers import Dense, Flatten, Dropout
from tensorflow.keras.datasets import mnist
import matplotlib.pyplot as plt

# Load and preprocess the MNIST dataset
(X_train, y_train), (X_test, y_test) = mnist.load_data()
X_train, X_test = X_train / 255.0, X_test / 255.0  # Normalize pixel values to [0, 1]

# Build a Sequential neural network
model = Sequential([
    Flatten(input_shape=(28, 28)),   # Flatten 28x28 images to a 1D vector of 784
elements
    Dense(128, activation='relu'),  # Hidden layer with 128 neurons and ReLU activation
    Dropout(0.2),                    # Dropout layer for regularization
    Dense(64, activation='relu'),    # Second hidden layer with 64 neurons and ReLU
    Dropout(0.2),                    # Another dropout layer
    Dense(10, activation='softmax') # Output layer for 10 classes (digits 0-9)
])

# Compile the model
model.compile(optimizer='adam',
              loss='sparse_categorical_crossentropy',
              metrics=['accuracy'])

# Display model architecture
model.summary()

# Train the model
history = model.fit(X_train, y_train, epochs=10, batch_size=32, validation_split=0.2,
verbose=1)

# Evaluate the model
test_loss, test_accuracy = model.evaluate(X_test, y_test, verbose=0)
print(f"Test accuracy: {test_accuracy:.4f}")

# Plot training history
plt.figure(figsize=(12, 4))
plt.subplot(1, 2, 1)
plt.plot(history.history['accuracy'], label='Training Accuracy')
plt.plot(history.history['val_accuracy'], label='Validation Accuracy')
plt.title('Model Accuracy')
plt.xlabel('Epoch')
plt.ylabel('Accuracy')
plt.legend()
```

```python
plt.subplot(1, 2, 2)
plt.plot(history.history['loss'], label='Training Loss')
plt.plot(history.history['val_loss'], label='Validation Loss')
plt.title('Model Loss')
plt.xlabel('Epoch')
plt.ylabel('Loss')
plt.legend()

plt.tight_layout()
plt.show()
```

Code-Aufschlüsselung:

1. Bibliotheken importieren:

    o   Wir importieren TensorFlow und erforderliche Module von Keras.

    o   matplotlib wird für Visualisierungszwecke importiert.

2. Daten laden und vorverarbeiten:

    o   Der MNIST-Datensatz wird mit mnist.load_data() geladen.

    o   Eingabedaten (Bilder) werden durch Division durch 255 normalisiert, wodurch die Pixelwerte auf den Bereich [0, 1] skaliert werden.

3. Modell erstellen:

    o   Wir verwenden die Sequential API, um eine lineare Abfolge von Schichten zu erstellen.

    o   Die Modellarchitektur ist wie folgt: a. Flatten-Schicht: Wandelt 28x28 Bilder in 1D-Vektoren mit 784 Elementen um. b. Dense-Schicht (128 Neuronen): Erste versteckte Schicht mit ReLU-Aktivierung. c. Dropout-Schicht (20% Rate): Zur Regularisierung, hilft Überanpassung zu vermeiden. d. Dense-Schicht (64 Neuronen): Zweite versteckte Schicht mit ReLU-Aktivierung. e. Weitere Dropout-Schicht (20% Rate): Zusätzliche Regularisierung. f. Dense-Schicht (10 Neuronen): Ausgabeschicht mit Softmax-Aktivierung für 10-Klassen-Klassifikation.

4. Modell kompilieren:

    o   Optimizer: Adam (adaptiver Lernraten-Optimierungsalgorithmus)

    o   Verlustfunktion: Sparse Categorical Crossentropy (geeignet für ganzzahlige Labels)

    o   Metrik: Genauigkeit (zur Überwachung während Training und Evaluierung)

5. Modellzusammenfassung:

- o model.summary() zeigt eine Übersicht der Modellarchitektur, einschließlich der Anzahl der Parameter in jeder Schicht und der Gesamtzahl trainierbarer Parameter.

6. Modell trainieren:

- o Das Modell wird mit model.fit() trainiert mit folgenden Parametern:

   - 10 Epochen (vollständige Durchläufe durch die Trainingsdaten)

   - Batch-Größe von 32 (Anzahl der Samples, die verarbeitet werden, bevor das Modell aktualisiert wird)

   - 20% der Trainingsdaten werden für die Validierung verwendet

   - Verbose-Modus 1 für detaillierte Fortschrittsausgabe

7. Modell evaluieren:

- o Das trainierte Modell wird auf dem Testset mit model.evaluate() evaluiert.

- o Die Testgenauigkeit wird ausgegeben, um die Leistung des Modells auf ungesehenen Daten zu bewerten.

8. Trainingsverlauf visualisieren:

- o Zwei Diagramme werden erstellt, um den Trainingsprozess zu visualisieren: a. Modellgenauigkeit: Zeigt Trainings- und Validierungsgenauigkeit über die Epochen. b. Modellverlust: Zeigt Trainings- und Validierungsverlust über die Epochen.

- o Diese Diagramme helfen beim Verständnis des Lernfortschritts des Modells und bei der Identifizierung potenzieller Über- oder Unteranpassung.

Dieses Beispiel bietet einen umfassenden Einblick in den gesamten Prozess des Aufbaus, Trainings und der Evaluierung eines neuronalen Netzwerks mit TensorFlow und Keras. Es umfasst Datenvorverarbeitung, Modellerstellung mit Dropout-Schichten zur Regularisierung, Modellkompilierung, Training mit Validierung, Evaluierung auf einem Testset und Visualisierung des Trainingsverlaufs.

2.2.2 Kompilierung des Modells

Sobald die Modellarchitektur definiert ist, muss es vor dem Training **kompiliert** werden. Die Kompilierung eines Modells ist ein entscheidender Schritt, der den Lernprozess vorbereitet.

Es beinhaltet drei Schlüsselkomponenten:

- **Festlegen des Optimierers:** Der Optimierer steuert, wie das Modell seine Gewichte während des Trainings aktualisiert. Er ist verantwortlich für die Implementierung des Backpropagation-Algorithmus, der die Gradienten der Verlustfunktion in Bezug auf die Modellparameter berechnet. Beliebte Optimierer sind Adam, SGD (Stochastischer

Gradientenabstieg) und RMSprop. Jeder Optimierer hat seine eigenen Eigenschaften und Hyperparameter, wie die Lernrate, die zur Verbesserung der Modellleistung angepasst werden können.

- **Definition der Verlustfunktion:** Die Verlustfunktion quantifiziert die Differenz zwischen den Vorhersagen des Modells und den tatsächlichen Zielwerten. Sie liefert ein Maß dafür, wie gut das Modell während des Trainings arbeitet. Die Wahl der Verlustfunktion hängt von der Art des zu lösenden Problems ab. Zum Beispiel wird binäre Kreuzentropie häufig für binäre Klassifikation verwendet, während mittlerer quadratischer Fehler oft für Regressionsaufgaben verwendet wird. Der Optimierer arbeitet daran, diese Verlustfunktion während des Trainings zu minimieren.

- **Festlegen der Evaluierungsmetriken:** Evaluierungsmetriken bieten zusätzliche Möglichkeiten, die Leistung des Modells über die Verlustfunktion hinaus zu bewerten. Diese Metriken geben Einblicke, wie gut das Modell bei spezifischen Aspekten der Aufgabe abschneidet. Übliche Metriken sind Genauigkeit für Klassifikationsaufgaben, mittlerer absoluter Fehler für Regression und F1-Score für unausgewogene Klassifikationsprobleme. Es können mehrere Metriken festgelegt werden, um einen umfassenden Überblick über die Modellleistung während Training und Evaluierung zu erhalten.

Durch sorgfältige Auswahl und Konfiguration dieser Komponenten während des Kompilierungsschritts legen Sie die Grundlage für effektives Modelltraining. Der Kompilierungsprozess bereitet das Modell im Wesentlichen darauf vor, aus den Daten zu lernen, indem definiert wird, wie es seine Leistung messen (Verlustfunktion und Metriken) und wie es sich im Laufe der Zeit verbessern wird (Optimierer).

Beispiel: Kompilierung des neuronalen Netzwerks

```python
# Import necessary libraries
import tensorflow as tf
from tensorflow.keras.models import Sequential
from tensorflow.keras.layers import Dense, Flatten
from tensorflow.keras.optimizers import Adam
from tensorflow.keras.losses import SparseCategoricalCrossentropy

# Define the model architecture
model = Sequential([
    Flatten(input_shape=(28, 28)),
    Dense(128, activation='relu'),
    Dense(64, activation='relu'),
    Dense(10, activation='softmax')
])

# Compile the model
model.compile(
    optimizer=Adam(learning_rate=0.001),  # Adam optimizer with custom learning rate
```

```
    loss=SparseCategoricalCrossentropy(),      # Loss  function  for  multi-class
classification
    metrics=['accuracy', tf.keras.metrics.Precision(), tf.keras.metrics.Recall()]  #
Track multiple metrics
)

# Display model summary
model.summary()
```

Code-Aufschlüsselung:

Bibliotheken importieren:

- Wir importieren TensorFlow und erforderliche Module von Keras.

- Spezifische Importe für den Optimierer (Adam) und die Verlustfunktion (SparseCategoricalCrossentropy) sind zur Verdeutlichung enthalten.

Modellarchitektur definieren:

- Ein Sequential-Modell wird mit einer spezifischen Schichtstruktur erstellt:

    o Flatten-Schicht zur Umwandlung von 2D-Eingaben (28x28 Bilder) in 1D.

    o Zwei Dense-Hidden-Schichten mit ReLU-Aktivierung.

    o Output Dense-Schicht mit Softmax-Aktivierung für Multi-Klassen-Klassifikation.

Modell kompilieren:

- Die Compile-Methode wird mit drei Hauptkomponenten aufgerufen:

    1. **Optimierer:** Adam-Optimierer wird mit einer benutzerdefinierten Lernrate von 0,001 verwendet.

    2. **Verlustfunktion:** SparseCategoricalCrossentropy, geeignet für Multi-Klassen-Klassifikation mit ganzzahligen Labels.

    3. **Metriken:** Mehrere Metriken werden überwacht:

        ▪ Genauigkeit: Gesamtkorrektheit der Vorhersagen.

        ▪ Präzision: Anteil der wahren positiven Vorhersagen.

        ▪ Recall: Anteil der korrekt identifizierten tatsächlichen Positive.

Modellzusammenfassung:

- Die summary()-Methode wird aufgerufen, um die Modellarchitektur einschließlich Schichtdetails und Gesamtparameter anzuzeigen.

Dieses Beispiel bietet eine Einrichtung zum Kompilieren eines neuronalen Netzwerkmodells. Es enthält benutzerdefinierte Konfiguration des Optimierers, expliziten Import und Verwendung der Verlustfunktion sowie zusätzliche Evaluierungsmetriken. Die Modellzusammenfassung am Ende bietet einen schnellen Überblick über die Netzwerkstruktur, was für das Verständnis und Debugging des Modells entscheidend ist.

2.2.3 Training des Modells

Nach der Kompilierung des Modells können Sie den Trainingsprozess mit der **fit()**-Funktion starten. Dieser entscheidende Schritt ist der Moment, in dem das Modell aus den bereitgestellten Daten lernt. Der Trainingsprozess umfasst mehrere Schlüsselkomponenten:

1. **Vorwärtsdurchlauf:** In dieser ersten Phase durchläuft die Eingabe das Netzwerk Schicht für Schicht. Jedes Neuron innerhalb des Netzwerks wendet seine spezifischen Gewichte und Aktivierungsfunktion auf die eingehenden Informationen an und erzeugt eine Ausgabe, die anschließend zur Eingabe für die nachfolgende Schicht wird. Dieser Prozess ermöglicht es dem Netzwerk, die Eingabedaten schrittweise durch seine komplexe Struktur zu transformieren.

2. **Verlustberechnung:** Nach Abschluss des Vorwärtsdurchlaufs, bei dem die Daten das gesamte Netzwerk durchlaufen haben, werden die Vorhersagen des Modells den tatsächlichen Zielwerten gegenübergestellt. Die Abweichung zwischen diesen beiden Wertesets wird mithilfe der vordefinierten Verlustfunktion quantifiziert. Diese Berechnung liefert eine wichtige Kennzahl, die Einblick in die aktuelle Leistung und Genauigkeit des Modells bei seinen Vorhersagen gibt.

3. **Rückpropagierung:** Dieser ausgefeilte Algorithmus berechnet den Gradienten der Verlustfunktion in Bezug auf jedes einzelne Gewicht im Netzwerk. Dadurch wird bestimmt, in welchem Maße jedes Gewicht zum Gesamtfehler in den Modellvorhersagen beigetragen hat. Dieser Schritt ist grundlegend für das Verständnis, wie das Netzwerk angepasst werden muss, um seine Leistung zu verbessern.

4. **Gewichtsaktualisierungen:** Unter Verwendung der während der Rückpropagierung berechneten Gradienten passt der Optimierer methodisch die Gewichte im gesamten Netzwerk an. Dieser Prozess wird vom übergeordneten Ziel geleitet, die Verlustfunktion zu minimieren und damit die Vorhersagefähigkeiten des Modells zu verbessern. Die Art und der Grad dieser Anpassungen werden durch den spezifischen Optimierungsalgorithmus bestimmt, der während der Modellkompilierung gewählt wurde.

5. **Iteration:** Die oben genannten Schritte - Vorwärtsdurchlauf, Verlustberechnung, Rückpropagierung und Gewichtsaktualisierungen - werden für jeden Batch von Daten im Trainingssatz iterativ ausgeführt. Dieser Prozess wird dann für die angegebene Anzahl von Epochen wiederholt, was eine schrittweise und fortschreitende Verfeinerung der Modellleistung ermöglicht. Mit jeder Iteration hat das Modell die Möglichkeit, aus einer Vielzahl von Beispielen zu lernen und seine Parameter

kontinuierlich anzupassen, um die zugrunde liegenden Muster in den Daten besser zu erfassen.

Durch diesen iterativen Prozess lernt das Modell, Muster in den Daten zu erkennen, indem es seine internen Parameter anpasst, um Fehler zu minimieren und seine Vorhersagefähigkeiten zu verbessern. Die **fit()**-Funktion automatisiert diesen komplexen Prozess und macht es Entwicklern einfacher, fortgeschrittene neuronale Netzwerke zu trainieren.

Beispiel: Training des Modells mit MNIST-Datensatz

```python
import tensorflow as tf
from tensorflow.keras.datasets import mnist
from tensorflow.keras.models import Sequential
from tensorflow.keras.layers import Dense, Flatten, Dropout
from tensorflow.keras.optimizers import Adam
from tensorflow.keras.callbacks import EarlyStopping
import matplotlib.pyplot as plt

# Load MNIST dataset
(X_train, y_train), (X_test, y_test) = mnist.load_data()

# Normalize the input data to range [0, 1]
X_train, X_test = X_train / 255.0, X_test / 255.0

# Build the model
model = Sequential([
    Flatten(input_shape=(28, 28)),
    Dense(128, activation='relu'),
    Dropout(0.2),
    Dense(64, activation='relu'),
    Dropout(0.2),
    Dense(10, activation='softmax')
])

# Compile the model
model.compile(optimizer=Adam(learning_rate=0.001),
              loss='sparse_categorical_crossentropy',
              metrics=['accuracy'])

# Define early stopping
early_stopping          =          EarlyStopping(monitor='val_loss',          patience=3,
restore_best_weights=True)

# Train the model
history = model.fit(X_train, y_train,
                    epochs=20,
                    batch_size=32,
                    validation_data=(X_test, y_test),
                    callbacks=[early_stopping])

# Evaluate the model
```

```
test_loss, test_accuracy = model.evaluate(X_test, y_test)
print(f"Test Accuracy: {test_accuracy:.4f}")

# Plot training history
plt.figure(figsize=(12, 4))
plt.subplot(1, 2, 1)
plt.plot(history.history['accuracy'], label='Training Accuracy')
plt.plot(history.history['val_accuracy'], label='Validation Accuracy')
plt.title('Model Accuracy')
plt.xlabel('Epoch')
plt.ylabel('Accuracy')
plt.legend()

plt.subplot(1, 2, 2)
plt.plot(history.history['loss'], label='Training Loss')
plt.plot(history.history['val_loss'], label='Validation Loss')
plt.title('Model Loss')
plt.xlabel('Epoch')
plt.ylabel('Loss')
plt.legend()

plt.tight_layout()
plt.show()
```

Aufschlüsselung des Codes:

1. Bibliotheken importieren:

    o   Wir importieren TensorFlow und erforderliche Module aus Keras.

    o   matplotlib wird für Visualisierungszwecke importiert.

2. Daten laden und vorverarbeiten:

    o   Der MNIST-Datensatz wird mit mnist.load_data() geladen.

    o   Eingabedaten (Bilder) werden durch Division durch 255 normalisiert, wodurch die Pixelwerte auf den Bereich [0, 1] skaliert werden.

3. Modell erstellen:

    o   Wir verwenden die Sequential-API, um eine lineare Abfolge von Schichten zu erstellen.

    o   Die Modellarchitektur umfasst:

        ▪   Flatten-Schicht: Wandelt 28x28 Bilder in 1D-Vektoren mit 784 Elementen um.

        ▪   Dense-Schicht (128 Neuronen): Erste versteckte Schicht mit ReLU-Aktivierung.

- Dropout-Schicht (20% Rate): Zur Regularisierung, hilft Überanpassung zu vermeiden.

- Dense-Schicht (64 Neuronen): Zweite versteckte Schicht mit ReLU-Aktivierung.

- Weitere Dropout-Schicht (20% Rate): Zusätzliche Regularisierung.

- Dense-Schicht (10 Neuronen): Ausgabeschicht mit Softmax-Aktivierung für 10-Klassen-Klassifikation.

4. Modell kompilieren:

    o Optimierer: Adam mit einer Lernrate von 0,001

    o Verlustfunktion: Sparse Categorical Crossentropy (geeignet für ganzzahlige Labels)

    o Metrik: Genauigkeit (zur Überwachung während Training und Evaluierung)

5. Early Stopping definieren:

    o EarlyStopping-Callback wird verwendet, um Überanpassung zu verhindern.

    o Es überwacht den Validierungsverlust und stoppt das Training, wenn sich dieser für 3 aufeinanderfolgende Epochen nicht verbessert.

    o restore_best_weights=True stellt sicher, dass das beste Modell gespeichert wird.

6. Modell trainieren:

    o Das Modell wird mit model.fit() trainiert und folgenden Parametern:

        - 20 Epochen (vollständige Durchläufe durch die Trainingsdaten)

        - Batch-Größe von 32 (Anzahl der Samples, die vor der Modellaktualisierung verarbeitet werden)

        - Validierungsdaten werden zur Überwachung bereitgestellt

        - Early-Stopping-Callback ist eingebunden

7. Modell evaluieren:

    o Das trainierte Modell wird auf dem Testset mit model.evaluate() evaluiert.

    o Die Testgenauigkeit wird ausgegeben, um die Leistung des Modells auf ungesehenen Daten zu bewerten.

8. Trainingsverlauf visualisieren:

    o Zwei Diagramme werden erstellt, um den Trainingsprozess zu visualisieren:

- **Modellgenauigkeit**: Zeigt Trainings- und Validierungsgenauigkeit über die Epochen.

- **Modellverlust**: Zeigt Trainings- und Validierungsverlust über die Epochen.

  o Diese Diagramme helfen beim Verständnis des Lernfortschritts des Modells und bei der Identifizierung möglicher Über- oder Unteranpassung.

2.2.4 Evaluierung des Modells

Nach dem Training können Sie das Modell anhand eines Testdatensatzes evaluieren, um seine Fähigkeit zur Generalisierung auf neue, ungesehene Daten zu bewerten. Dieser entscheidende Schritt hilft bei der Bestimmung, wie gut das Modell mit Daten umgeht, die es während des Trainings nicht gesehen hat, und liefert Einblicke in seine praktische Anwendbarkeit. TensorFlow vereinfacht diesen Prozess mit der **evaluate()**-Methode, die den Verlust und die Metriken für das Modell auf einem gegebenen Datensatz berechnet.

Die **evaluate()**-Methode nimmt typischerweise zwei Hauptargumente: die Eingabedaten (X_test) und die entsprechenden Labels (y_test). Sie führt dann den Vorwärtsdurchlauf des Modells mit diesen Daten durch, berechnet den spezifizierten Verlust und die Metriken und gibt diese Werte zurück. Dies ermöglicht es Ihnen, die Leistung des Modells auf dem Testset schnell einzuschätzen.

Wenn Sie beispielsweise 'accuracy' als Metrik während der Modellkompilierung angegeben haben, gibt die **evaluate()**-Methode sowohl den Verlustwert als auch den Genauigkeitswert zurück. Diese Information ist von unschätzbarem Wert für das Verständnis, wie gut Ihr Modell generalisiert, und kann Ihnen bei Entscheidungen über weitere Feinabstimmungen oder die Einsatzbereitschaft des Modells helfen.

Es ist wichtig zu beachten, dass die Evaluierung auf einem separaten Testset durchgeführt werden sollte, das das Modell während des Trainings nicht gesehen hat. Dies gewährleistet eine unvoreingenommene Bewertung der Modellleistung und hilft bei der Erkennung von Problemen wie Überanpassung, bei der das Modell auf Trainingsdaten gut abschneidet, aber bei neuen, ungesehenen Daten schlecht performt.

Beispiel: Evaluierung des Modells

```python
# Evaluate the model on test data
test_loss, test_accuracy = model.evaluate(X_test, y_test, verbose=1)
print(f"Test Loss: {test_loss:.4f}")
print(f"Test Accuracy: {test_accuracy:.4f}")

# Make predictions on test data
y_pred = model.predict(X_test)
y_pred_classes = np.argmax(y_pred, axis=1)

# Generate a classification report
```

```python
from sklearn.metrics import classification_report
print("\\nClassification Report:")
print(classification_report(y_test, y_pred_classes))

# Confusion Matrix
from sklearn.metrics import confusion_matrix
import seaborn as sns

cm = confusion_matrix(y_test, y_pred_classes)
plt.figure(figsize=(10, 8))
sns.heatmap(cm, annot=True, fmt='d', cmap='Blues')
plt.title('Confusion Matrix')
plt.ylabel('True Label')
plt.xlabel('Predicted Label')
plt.show()

# Visualize some predictions
n_to_show = 10
indices = np.random.choice(range(len(X_test)), n_to_show)
fig = plt.figure(figsize=(15, 3))
fig.suptitle("Model Predictions (Actual / Predicted)")

for i, idx in enumerate(indices):
    plt.subplot(1, n_to_show, i+1)
    plt.imshow(X_test[idx].reshape(28, 28), cmap='gray')
    plt.axis('off')
    plt.title(f"{y_test[idx]} / {y_pred_classes[idx]}")

plt.tight_layout()
plt.show()
```

Aufschlüsselung des Codes:

1. Modellevaluierung:

   o Wir verwenden model.evaluate(), um den Verlust und die Genauigkeit auf dem Testset zu berechnen.

   o Der Parameter verbose=1 zeigt einen Fortschrittsbalken während der Evaluierung an.

   o Wir geben sowohl den Testverlust als auch die Genauigkeit mit 4 Dezimalstellen für hohe Präzision aus.

2. Vorhersagen treffen:

   o model.predict() wird verwendet, um Vorhersagen für alle Testbeispiele zu generieren.

   o np.argmax() wandelt die Wahrscheinlichkeitsverteilungen in Klassenbezeichnungen um.

3. Klassifikationsbericht:

   o Wir importieren classification_report aus sklearn.metrics.

   o Dies liefert eine detaillierte Aufschlüsselung von Präzision, Recall und F1-Score für jede Klasse.

4. Konfusionsmatrix:

   o Wir importieren confusion_matrix aus sklearn.metrics und seaborn für die Visualisierung.

   o Die Konfusionsmatrix zeigt die Anzahl der korrekten und inkorrekten Vorhersagen für jede Klasse.

   o Wir verwenden eine Heatmap zur Visualisierung der Konfusionsmatrix, mit Annotationen, die die exakten Zahlen anzeigen.

5. Vorhersagen visualisieren:

   o Wir wählen zufällig 10 Beispiele aus dem Testset zur Visualisierung aus.

   o Für jedes Beispiel zeigen wir das Bild zusammen mit seinem wahren Label und der Vorhersage des Modells an.

   o Dies hilft beim Verständnis, wo das Modell korrekte Vorhersagen trifft und wo es Fehler macht.

Diese umfassende Evaluierung bietet einen Einblick in die Leistung des Modells, der über die bloße Genauigkeit hinausgeht. Sie hilft dabei, spezifische Bereiche zu identifizieren, in denen das Modell hervorragend oder weniger gut arbeitet, was für weitere Verbesserungen und das Verständnis des Modellverhaltens entscheidend ist.

2.2.5 Feinabstimmung des Modells

Die Feinabstimmung eines neuronalen Netzwerks ist eine kritische Phase im maschinellen Lernprozess, die sorgfältige Anpassungen verschiedener Modellkomponenten zur Verbesserung der Gesamtleistung umfasst. Dieser komplexe Prozess, der typischerweise der initialen Trainingsphase folgt, zielt darauf ab, die Genauigkeit des Modells, seine Recheneffizienz und seine Fähigkeit zur Generalisierung auf ungesehene Daten zu optimieren.

Durch sorgfältiges Abstimmen der Hyperparameter, Anpassen der Netzwerkarchitektur und Implementieren fortgeschrittener Regularisierungstechniken können Data Scientists und Machine-Learning-Ingenieure die Fähigkeiten des Modells erheblich verbessern und sicherstellen, dass es bei realen Aufgaben optimal funktioniert.

Hier sind mehrere gängige Techniken, die im Feinabstimmungsprozess eingesetzt werden:

Anpassung der Lernrate

Die **Lernrate** ist ein kritischer Hyperparameter, der die Größe der Aktualisierungen bestimmt, die während des Trainings auf die Gewichte des Modells angewendet werden. Sie spielt eine zentrale Rolle bei der Bestimmung, wie schnell oder langsam das Modell aus den Daten lernt. Die optimale Lernrate zu finden ist oft ein heikler Balanceakt:

- Hohe Lernrate: Wenn sie zu hoch eingestellt ist, kann das Modell zu schnell konvergieren und möglicherweise die optimale Lösung überschießen. Dies kann zu instabilem Training führen oder sogar dazu führen, dass das Modell divergiert.

- Niedrige Lernrate: Umgekehrt kann bei einer zu niedrigen Lernrate das Training sehr langsam voranschreiten. Während dies zu stabileren Aktualisierungen führen kann, könnte es eine unpraktisch lange Zeit dauern, bis das Modell zu einer optimalen Lösung konvergiert.

- Adaptive Lernraten: Viele moderne Optimierer wie Adam oder RMSprop passen die Lernrate während des Trainings automatisch an, was einige dieser Probleme abmildern kann.

Die Feinabstimmung der Lernrate umfasst oft Techniken wie Lernratenplanung (schrittweises Verringern der Lernrate über die Zeit) oder die Verwendung zyklischer Lernraten, um verschiedene Bereiche der Verlustlandschaft effektiver zu erkunden.

Sie können die Lernrate direkt im Optimierer anpassen:

```python
# Adjust the learning rate and other parameters of Adam optimizer
model.compile(
    optimizer=tf.keras.optimizers.Adam(
        learning_rate=0.001,   # Lower learning rate
        beta_1=0.9,            # Exponential decay rate for the first moment estimates
        beta_2=0.999,          # Exponential decay rate for the second moment estimates
        epsilon=1e-07,         # Small constant for numerical stability
        amsgrad=False          # Whether to apply AMSGrad variant of Adam
    ),
    loss='sparse_categorical_crossentropy',
    metrics=['accuracy', 'precision', 'recall']
)

# Define learning rate scheduler
def lr_schedule(epoch):
    return 0.001 * (0.1 ** int(epoch / 10))

lr_scheduler = tf.keras.callbacks.LearningRateScheduler(lr_schedule)

# Train the model with the new configuration
history = model.fit(
    X_train, y_train,
    epochs=30,
    batch_size=64,
    validation_split=0.2,
    callbacks=[lr_scheduler]
)
```

Code-Aufschlüsselung:

1. Optimierer-Konfiguration:

   o Wir verwenden den Adam-Optimierer, einen adaptiven Optimierungsalgorithmus mit anpassbarer Lernrate.

   o learning_rate=0.001: Eine niedrigere Lernrate für stabileres Training.

   o beta_1 und beta_2: Steuern die Zerfallsraten der gleitenden Mittelwerte für den Gradienten und sein Quadrat.

   o epsilon: Eine kleine Konstante zur Vermeidung der Division durch Null.

   o amsgrad: Wenn aktiviert, verwendet die AMSGrad-Variante von Adam aus der Veröffentlichung "On the Convergence of Adam and Beyond".

2. Verlust und Metriken:

   o loss='sparse_categorical_crossentropy': Geeignet für Mehrklassen-Klassifikation mit ganzzahligen Labels.

   o metrics: Wir verfolgen nun Genauigkeit, Präzision und Recall für eine umfassendere Auswertung.

3. Lernraten-Scheduler:

   o Wir definieren einen benutzerdefinierten Lernraten-Zeitplan, der die Lernrate alle 10 Epochen um den Faktor 10 reduziert.

   o Dies kann bei der Feinabstimmung des Modells während des Trainings helfen, indem es anfänglich größere und später kleinere, präzisere Aktualisierungen ermöglicht.

4. Modell-Training:

   o epochs=30: Erhöht von den üblichen 10, um mehr Trainingszeit zu ermöglichen.

   o batch_size=64: Größere Batch-Größe für potenziell schnelleres Training auf geeigneter Hardware.

   o validation_split=0.2: 20% der Trainingsdaten werden für die Validierung verwendet.

   o callbacks=[lr_scheduler]: Der Lernraten-Scheduler wird während des Trainings angewendet.

Dieses Beispiel demonstriert einen umfassenden Ansatz zur Modellkompilierung und zum Training, der adaptive Lernraten und zusätzliche Leistungsmetriken einbezieht. Der Lernraten-

Scheduler ermöglicht einen nuancierteren Trainingsprozess, der potenziell zu besserer Modellleistung führt.

Frühzeitiger Abbruch

Frühzeitiger Abbruch ist eine leistungsstarke Regularisierungstechnik im maschinellen Lernen, die Überanpassung verhindert, indem sie die Modellleistung während des Trainings auf einem Validierungsset überwacht. Diese Methode funktioniert, indem sie eine bestimmte Leistungsmetrik verfolgt, typischerweise den Validierungsverlust oder die Genauigkeit, und den Trainingsprozess stoppt, wenn sich diese Metrik über eine vorbestimmte Anzahl von Epochen, bekannt als "Geduldsperiode", nicht verbessert.

Die wichtigsten Vorteile des frühzeitigen Abbruchs sind:

- Verbesserte Generalisierung: Durch den Abbruch des Trainings, bevor das Modell beginnt, die Trainingsdaten zu überanpassen, hilft der frühzeitige Abbruch dem Modell, besser auf ungesehene Daten zu generalisieren.

- Zeit- und Ressourceneffizienz: Es verhindert unnötige Berechnungen, indem das Training beendet wird, sobald die Modellleistung stagniert oder sich verschlechtert.

- Automatische Modellauswahl: Frühzeitiger Abbruch wählt effektiv das Modell aus, das auf dem Validierungsset am besten abschneidet, was oft ein guter Indikator für die Leistung auf ungesehenen Daten ist.

Die Implementierung des frühzeitigen Abbruchs beinhaltet typischerweise das Einrichten eines Callbacks in der Trainingsschleife, der die Validierungsleistung nach jeder Epoche überprüft. Wenn sich die Leistung für die angegebene Anzahl von Epochen (Geduld) nicht verbessert, wird das Training beendet und die Modellgewichte der besten Epoche werden wiederhergestellt.

Während frühzeitiger Abbruch ein wertvolles Werkzeug ist, ist es wichtig, einen angemessenen Geduldswert zu wählen. Zu niedrig, und man riskiert einen zu frühen Trainingsabbruch; zu hoch, und man nutzt möglicherweise nicht den vollen Nutzen des frühzeitigen Abbruchs. Der optimale Geduldswert hängt oft vom spezifischen Problem und Datensatz ab.

Beispiel: Frühzeitiger Abbruch

```
import tensorflow as tf
from tensorflow.keras.callbacks import EarlyStopping, ReduceLROnPlateau
from tensorflow.keras.models import Sequential
from tensorflow.keras.layers import Dense, Dropout
from sklearn.model_selection import train_test_split
from sklearn.preprocessing import StandardScaler
import numpy as np
import matplotlib.pyplot as plt

# Load and preprocess data (assuming X and y are already defined)
X_train, X_test, y_train, y_test = train_test_split(X, y, test_size=0.2,
random_state=42)
```

```python
# Normalize the data
scaler = StandardScaler()
X_train_scaled = scaler.fit_transform(X_train)
X_test_scaled = scaler.transform(X_test)

# Define the model
model = Sequential([
    Dense(128, activation='relu', input_shape=(X_train.shape[1],)),
    Dropout(0.3),
    Dense(64, activation='relu'),
    Dropout(0.3),
    Dense(32, activation='relu'),
    Dense(1, activation='sigmoid')
])

# Compile the model
model.compile(optimizer='adam', loss='binary_crossentropy', metrics=['accuracy'])

# Define callbacks
early_stopping = EarlyStopping(
    monitor='val_loss',
    patience=10,
    restore_best_weights=True,
    verbose=1
)

reduce_lr = ReduceLROnPlateau(
    monitor='val_loss',
    factor=0.2,
    patience=5,
    min_lr=1e-6,
    verbose=1
)

# Train the model with early stopping and learning rate reduction
history = model.fit(
    X_train_scaled, y_train,
    epochs=100,
    batch_size=32,
    validation_split=0.2,
    callbacks=[early_stopping, reduce_lr],
    verbose=1
)

# Evaluate the model
test_loss, test_accuracy = model.evaluate(X_test_scaled, y_test, verbose=0)
print(f"Test accuracy: {test_accuracy:.4f}")

# Plot training history
plt.figure(figsize=(12, 4))
plt.subplot(1, 2, 1)
```

```python
plt.plot(history.history['loss'], label='Training Loss')
plt.plot(history.history['val_loss'], label='Validation Loss')
plt.title('Model Loss')
plt.xlabel('Epoch')
plt.ylabel('Loss')
plt.legend()

plt.subplot(1, 2, 2)
plt.plot(history.history['accuracy'], label='Training Accuracy')
plt.plot(history.history['val_accuracy'], label='Validation Accuracy')
plt.title('Model Accuracy')
plt.xlabel('Epoch')
plt.ylabel('Accuracy')
plt.legend()

plt.tight_layout()
plt.show()
```

Code-Aufschlüsselung:

- Datenvorbereitung:

    o Wir verwenden train_test_split, um unsere Daten in Trainings- und Testsets aufzuteilen.

    o StandardScaler wird angewendet, um die Eingabemerkmale zu normalisieren, was die Modellleistung und Trainingsstabilität verbessern kann.

- Modellarchitektur:

    o Ein sequentielles Modell wird mit drei Dense-Layern und zwei Dropout-Layern definiert.

    o Dropout-Layer (mit Rate 0,3) werden zur Regularisierung hinzugefügt, um Überanpassung zu verhindern.

    o Die finale Schicht verwendet eine Sigmoid-Aktivierung für binäre Klassifikation.

- Modellkompilierung:

    o Das Modell wird mit dem Adam-Optimierer und binärer Kreuzentropie-Verlustfunktion kompiliert, was für binäre Klassifikationsaufgaben geeignet ist.

- Callbacks:

    o EarlyStopping: Überwacht 'val_loss' mit einer Geduld von 10 Epochen. Wenn sich der Validierungsverlust für 10 aufeinanderfolgende Epochen nicht verbessert, wird das Training gestoppt.

- o ReduceLROnPlateau: Reduziert die Lernrate um den Faktor 0,2, wenn sich der Validierungsverlust für 5 Epochen nicht verbessert. Dies ermöglicht eine Feinabstimmung während des Trainings.

- Modelltraining:

  - o Das Modell wird für maximal 100 Epochen mit einer Batch-Größe von 32 trainiert.

  - o 20% der Trainingsdaten werden als Validierungsset verwendet.

  - o Beide Callbacks (frühzeitiger Abbruch und Lernratenreduzierung) werden während des Trainings angewendet.

- Modellevaluierung:

  - o Das trainierte Modell wird auf dem Testset evaluiert, um eine unvoreingenommene Einschätzung seiner Leistung zu erhalten.

- Visualisierung:

  - o Trainings- und Validierungsverlust sowie -genauigkeit werden über die Epochen hinweg visualisiert, um den Lernfortschritt des Modells darzustellen.

  - o Diese Plots können helfen, Überanpassung (wenn Trainings- und Validierungsmetriken auseinanderlaufen) oder andere Trainingsprobleme zu identifizieren.

Dieses umfassende Beispiel demonstriert einen vollständigen Workflow für das Training eines neuronalen Netzwerks, einschließlich Datenvorverarbeitung, Modelldefinition, Training mit fortgeschrittenen Techniken wie frühzeitigem Abbruch und Lernratenreduzierung, Evaluierung und Visualisierung des Trainingsfortschritts. Es bietet eine robuste Grundlage für verschiedene maschinelle Lernaufgaben und kann leicht an unterschiedliche Datensätze und Problemtypen angepasst werden.

Dropout zur Regularisierung

Dropout ist eine leistungsstarke Regularisierungstechnik in neuronalen Netzwerken, bei der zufällig ausgewählte Neuronen während des Trainings temporär ignoriert oder "ausgeschaltet" werden. Dieser Prozess kann mit dem Training eines Ensembles mehrerer neuronaler Netzwerke verglichen werden, jedes mit einer leicht unterschiedlichen Architektur. Hier ist eine detailliertere Erklärung, wie Dropout funktioniert und warum es effektiv ist:

1. Zufällige Deaktivierung: Während jeder Trainingsiteration wird ein bestimmter Prozentsatz der Neuronen (typischerweise 20-50%) zufällig ausgewählt und ihre Ausgaben werden auf null gesetzt. Dieser Prozentsatz ist ein Hyperparameter, der als "Dropout-Rate" bezeichnet wird.

2. Verhinderung von Ko-Adaptation: Durch das zufällige Ausschalten von Neuronen wird das Netzwerk gezwungen, robustere Merkmale zu lernen, die in Verbindung mit vielen verschiedenen zufälligen Teilmengen der anderen Neuronen nützlich sind. Dies verhindert, dass Neuronen zu stark ko-adaptieren, wo sie nur im Kontext bestimmter anderer Neuronen gut funktionieren.

3. Reduzierte Überanpassung: Dropout reduziert effektiv die Kapazität des Netzwerks während des Trainings, wodurch es weniger wahrscheinlich wird, dass es die Trainingsdaten auswendig lernt. Dies hilft bei der Reduzierung von Überanpassung, besonders in Fällen, wo die Trainingsdaten begrenzt sind.

4. Ensemble-Effekt: Während der Testphase werden alle Neuronen verwendet, aber ihre Ausgaben werden um die Dropout-Rate skaliert. Dies kann als eine Approximation der Mittelung der Vorhersagen vieler verschiedener Netzwerke betrachtet werden, ähnlich wie bei Ensemble-Methoden.

5. Verbesserte Generalisierung: Indem verhindert wird, dass das Modell zu stark von bestimmten Merkmalen oder Neuronen abhängig wird, hilft Dropout dem Netzwerk, besser auf ungesehene Daten zu generalisieren.

6. Variabilität im Training: Dropout führt Zufälligkeit in den Trainingsprozess ein, was dem Modell helfen kann, verschiedene Merkmalskombinationen zu erkunden und potenziell bessere lokale Optima zu finden.

Während Dropout sehr effektiv ist, ist es wichtig zu beachten, dass es die Trainingszeit erhöhen kann, da das Modell mit verschiedenen Teilmengen von Neuronen lernen muss. Die optimale Dropout-Rate hängt oft vom spezifischen Problem und der Modellarchitektur ab und wird typischerweise als ein zu optimierender Hyperparameter behandelt.

Beispiel: Hinzufügen von Dropout-Layern

```python
import tensorflow as tf
from tensorflow.keras.models import Sequential
from tensorflow.keras.layers import Dense, Dropout, Flatten
from tensorflow.keras.datasets import mnist
from tensorflow.keras.callbacks import EarlyStopping, ReduceLROnPlateau
import matplotlib.pyplot as plt

# Load and preprocess the MNIST dataset
(X_train, y_train), (X_test, y_test) = mnist.load_data()
X_train, X_test = X_train / 255.0, X_test / 255.0  # Normalize pixel values to [0, 1]

# Build a model with dropout regularization
def create_model(dropout_rate=0.5):
    model = Sequential([
        Flatten(input_shape=(28, 28)),
        Dense(128, activation='relu'),
        Dropout(dropout_rate),
        Dense(64, activation='relu'),
```

```python
        Dropout(dropout_rate),
        Dense(10, activation='softmax')
    ])
    return model

# Create and compile the model
model = create_model()
model.compile(optimizer='adam',
              loss='sparse_categorical_crossentropy',
              metrics=['accuracy'])

# Define callbacks
early_stopping         =         EarlyStopping(monitor='val_loss',         patience=5,
restore_best_weights=True)
reduce_lr = ReduceLROnPlateau(monitor='val_loss', factor=0.2, patience=3, min_lr=1e-
5)

# Train the model
history = model.fit(X_train, y_train,
                    epochs=20,
                    batch_size=32,
                    validation_split=0.2,
                    callbacks=[early_stopping, reduce_lr])

# Evaluate the model
test_loss, test_acc = model.evaluate(X_test, y_test, verbose=2)
print(f'\\nTest accuracy: {test_acc:.4f}')

# Plot training history
plt.figure(figsize=(12, 4))
plt.subplot(1, 2, 1)
plt.plot(history.history['accuracy'], label='Training Accuracy')
plt.plot(history.history['val_accuracy'], label='Validation Accuracy')
plt.title('Model Accuracy')
plt.xlabel('Epoch')
plt.ylabel('Accuracy')
plt.legend()

plt.subplot(1, 2, 2)
plt.plot(history.history['loss'], label='Training Loss')
plt.plot(history.history['val_loss'], label='Validation Loss')
plt.title('Model Loss')
plt.xlabel('Epoch')
plt.ylabel('Loss')
plt.legend()

plt.tight_layout()
plt.show()
```

Code-Aufschlüsselung:

1. Datenvorbereitung:

   o Wir verwenden den MNIST-Datensatz, der in Keras direkt verfügbar ist.

   o Die Pixelwerte werden durch Division durch 255 auf den Bereich [0, 1] normalisiert.

2. Modellarchitektur:

   o Ein sequentielles Modell wird mit drei Dense-Layern und zwei Dropout-Layern definiert.

   o Der Eingabe-Layer (Flatten) formt die 28x28 Bilder in ein eindimensionales Array um.

   o Zwei Hidden-Layer mit jeweils 128 und 64 Einheiten, beide mit ReLU-Aktivierung.

   o Dropout-Layer mit einer Rate von 0,5 werden nach jedem Hidden-Layer zur Regularisierung hinzugefügt.

   o Der Ausgabe-Layer hat 10 Einheiten (eine für jede Ziffer) mit Softmax-Aktivierung für Multi-Klassen-Klassifikation.

3. Modellkompilierung:

   o Das Modell verwendet den Adam-Optimizer und Sparse Categorical Crossentropy Loss, der sich für ganzzahlige Labels in der Multi-Klassen-Klassifikation eignet.

   o Genauigkeit wird als Metrik zur Evaluation verwendet.

4. Callbacks:

   o EarlyStopping: Überwacht den Validierungsverlust und stoppt das Training, wenn sich dieser für 5 Epochen nicht verbessert, um Überanpassung zu verhindern.

   o ReduceLROnPlateau: Reduziert die Lernrate um den Faktor 0,2, wenn sich der Validierungsverlust für 3 Epochen nicht verbessert, um eine Feinabstimmung zu ermöglichen.

5. Modelltraining:

   o Das Modell wird für maximal 20 Epochen mit einer Batch-Größe von 32 trainiert.

   o 20% der Trainingsdaten werden als Validierungsset verwendet.

   o Beide Callbacks (frühzeitiger Abbruch und Lernratenreduzierung) werden während des Trainings angewendet.

6. Modellevaluierung:

   o Das trainierte Modell wird auf dem Testset evaluiert, um eine unvoreingenommene Einschätzung seiner Leistung zu erhalten.

7. Visualisierung:

   o Trainings- und Validierungsgenauigkeit sowie -verlust werden über die Epochen hinweg visualisiert, um den Lernfortschritt des Modells darzustellen.

   o Diese Plots können helfen, Überanpassung (wenn Trainings- und Validierungsmetriken auseinanderlaufen) oder andere Trainingsprobleme zu identifizieren.

Dieses Beispiel demonstriert einen umfassenden Ansatz zum Aufbau und Training eines neuronalen Netzwerks mit Dropout-Regularisierung. Es umfasst Datenvorverarbeitung, Modellerstellung mit Dropout-Layern, Kompilierung und Training mit fortgeschrittenen Techniken wie frühzeitigem Abbruch und Lernratenreduzierung.

Der Prozess beinhaltet auch die Modellevaluierung und Visualisierung des Trainingsfortschritts. Diese robuste Konfiguration verbessert den Trainingsprozess und bietet tiefere Einblicke in die Modellleistung im Zeitverlauf, was ein besseres Verständnis und die Optimierung des Verhaltens des neuronalen Netzwerks ermöglicht.

Hyperparameter-Tuning mit KerasTuner

KerasTuner ist eine leistungsstarke und flexible Bibliothek zur Optimierung von Hyperparametern in TensorFlow-Modellen. Sie bietet einen systematischen Ansatz zur Suche nach der optimalen Kombination von Hyperparametern wie der Anzahl der Neuronen in jeder Schicht, Lernrate, Aktivierungsfunktionen und anderen Modellarchitekturentscheidungen. Durch die Automatisierung dieses Prozesses verbessert KerasTuner die Modellleistung erheblich und reduziert den Zeit- und Arbeitsaufwand für manuelle Abstimmung.

Zu den wichtigsten Funktionen von KerasTuner gehören eine Reihe leistungsstarker Fähigkeiten, die den Hyperparameter-Optimierungsprozess deutlich verbessern:

- **Effiziente Suchalgorithmen:** KerasTuner bietet verschiedene Suchstrategien, darunter Random Search, Bayessche Optimierung und Hyperband. Diese ausgefeilten Algorithmen ermöglichen es Forschern und Praktikern, den umfangreichen Hyperparameter-Raum effizient zu erkunden und zu optimalen Modellkonfigurationen zu gelangen.

- **Flexibilität und nahtlose Integration:** Eine der herausragenden Eigenschaften von KerasTuner ist seine Fähigkeit, sich nahtlos in bestehende TensorFlow- und Keras-Workflows zu integrieren. Diese Flexibilität ermöglicht die Anpassung an ein breites Spektrum von Deep-Learning-Projekten, von einfachen Modellen bis hin zu komplexen Architekturen, was es sowohl für Anfänger als auch für erfahrene Anwender zu einem wertvollen Werkzeug macht.

- **Skalierbarkeit für große Optimierungen:** KerasTuner wurde mit Blick auf Skalierbarkeit entwickelt und unterstützt verteilte Tuning-Fähigkeiten. Diese Funktion ist besonders wichtig für die Bewältigung großer Probleme, da sie eine schnellere und effizientere Hyperparameter-Optimierung über mehrere Rechenressourcen hinweg ermöglicht und die Zeit zur Findung optimaler Konfigurationen deutlich reduziert.

- **Anpassbarkeit für spezifische Anforderungen:** In Anerkennung der Tatsache, dass jedes maschinelle Lernprojekt einzigartige Anforderungen hat, bietet KerasTuner umfangreiche Anpassungsoptionen. Benutzer haben die Freiheit, benutzerdefinierte Suchräume und Ziele zu definieren, wodurch sie den Tuning-Prozess auf ihre spezifischen Bedürfnisse abstimmen können. Diese Anpassungsfähigkeit stellt sicher, dass die Hyperparameter-Optimierung perfekt auf die Besonderheiten jedes einzelnen Projekts abgestimmt ist.

Durch die Nutzung von KerasTuner können Data Scientists und Machine-Learning-Ingenieure die komplexe Landschaft der Hyperparameter-Optimierung effektiver navigieren, was zu Modellen mit verbesserter Genauigkeit, Generalisierung und Gesamtleistung führt.

Beispiel: Hyperparameter-Tuning mit KerasTuner

```
pip install keras-tuner
import tensorflow as tf
from tensorflow import keras
from tensorflow.keras import layers
import keras_tuner as kt
import numpy as np
import matplotlib.pyplot as plt

# Load and preprocess the MNIST dataset
(X_train, y_train), (X_test, y_test) = keras.datasets.mnist.load_data()
X_train = X_train.astype("float32") / 255
X_test = X_test.astype("float32") / 255

# Define a function to build the model with tunable hyperparameters
def build_model(hp):
    model = keras.Sequential()
    model.add(layers.Flatten(input_shape=(28, 28)))

    # Tune the number of hidden layers
    for i in range(hp.Int("num_layers", 1, 3)):
        # Tune the number of units in each Dense layer
        hp_units = hp.Int(f"units_{i}", min_value=32, max_value=512, step=32)
        model.add(layers.Dense(units=hp_units, activation="relu"))

        # Tune dropout rate
        hp_dropout = hp.Float(f"dropout_{i}", min_value=0.0, max_value=0.5, step=0.1)
        model.add(layers.Dropout(hp_dropout))

    model.add(layers.Dense(10, activation="softmax"))
```

```python
    # Tune the learning rate
    hp_learning_rate = hp.Float("learning_rate", min_value=1e-4, max_value=1e-2,
sampling="LOG")

    # Compile the model
    model.compile(
        optimizer=keras.optimizers.Adam(learning_rate=hp_learning_rate),
        loss="sparse_categorical_crossentropy",
        metrics=["accuracy"],
    )
    return model

# Instantiate the tuner
tuner = kt.RandomSearch(
    build_model,
    objective="val_accuracy",
    max_trials=10,
    executions_per_trial=3,
    directory="my_dir",
    project_name="mnist_tuning"
)

# Define early stopping callback
early_stop = keras.callbacks.EarlyStopping(monitor="val_loss", patience=5)

# Perform the search
tuner.search(
    X_train,
    y_train,
    epochs=50,
    validation_split=0.2,
    callbacks=[early_stop]
)

# Get the best model
best_model = tuner.get_best_models(num_models=1)[0]

# Evaluate the best model
test_loss, test_accuracy = best_model.evaluate(X_test, y_test, verbose=0)
print(f"Test accuracy: {test_accuracy:.4f}")

# Get the best hyperparameters
best_hps = tuner.get_best_hyperparameters(num_trials=1)[0]

# Print the best hyperparameters
print("Best hyperparameters:")
for param, value in best_hps.values.items():
    print(f"{param}: {value}")

# Plot learning curves
history = best_model.fit(
```

```python
    X_train,
    y_train,
    epochs=50,
    validation_split=0.2,
    callbacks=[early_stop],
    verbose=0
)

plt.figure(figsize=(12, 4))
plt.subplot(1, 2, 1)
plt.plot(history.history["accuracy"], label="Training Accuracy")
plt.plot(history.history["val_accuracy"], label="Validation Accuracy")
plt.title("Model Accuracy")
plt.xlabel("Epoch")
plt.ylabel("Accuracy")
plt.legend()

plt.subplot(1, 2, 2)
plt.plot(history.history["loss"], label="Training Loss")
plt.plot(history.history["val_loss"], label="Validation Loss")
plt.title("Model Loss")
plt.xlabel("Epoch")
plt.ylabel("Loss")
plt.legend()

plt.tight_layout()
plt.show()
```

Code-Aufschlüsselung:

1. Importe und Datenvorbereitung:

    o Wir importieren die erforderlichen Bibliotheken einschließlich TensorFlow, Keras, KerasTuner, NumPy und Matplotlib.

    o Der MNIST-Datensatz wird geladen und vorverarbeitet. Die Pixelwerte werden auf den Bereich [0, 1] normalisiert.

2. Modellaufbaufunktion:

    o Die build_model Funktion definiert ein Modell mit abstimmbaren Hyperparametern.

    o Sie ermöglicht eine variable Anzahl von versteckten Schichten (1 bis 3).

    o Für jede Schicht wird die Anzahl der Einheiten und die Dropout-Rate optimiert.

    o Die Lernrate für den Adam-Optimierer wird ebenfalls abgestimmt.

3. Hyperparameter-Abstimmung:

- o Wir verwenden RandomSearch von KerasTuner, um optimale Hyperparameter zu finden.

- o Die Suche ist auf 10 Durchläufe eingestellt, mit 3 Ausführungen pro Durchlauf für Robustheit.

- o Ein EarlyStopping-Callback wird verwendet, um Überanpassung während der Suche zu verhindern.

4. Modellevaluierung:

- o Nach der Suche rufen wir das beste Modell ab und evaluieren es am Testdatensatz.

- o Die besten Hyperparameter werden zur Referenz ausgegeben.

5. Visualisierung:

- o Wir trainieren das beste Modell erneut, um die Lernkurven zu plotten.

- o Training- und Validierungsgenauigkeit sowie -verlust werden über die Epochen visualisiert.

2.3 Verwendung von TensorFlow Hub und Model Zoo für vortrainierte Modelle

Die Entwicklung von Deep-Learning-Modellen von Grund auf ist ein ressourcenintensiver Prozess, der umfangreiche Datensätze und Rechenleistung erfordert. Glücklicherweise bietet TensorFlow durch seine **TensorFlow Hub** und **Model Zoo** Plattformen eine elegante Lösung für diese Herausforderung. Diese Repositories bieten Zugang zu einer umfangreichen Sammlung vortrainierter Modelle, die jeweils sorgfältig für verschiedene Anwendungen entwickelt wurden.

Von komplexen Bildklassifizierungsaufgaben bis hin zu ausgefeilten Objekterkennungsalgorithmen und fortgeschrittenen Verarbeitungstechniken für natürliche Sprache dienen diese vortrainierten Modelle als leistungsfähige Bausteine für ein breites Spektrum von Machine-Learning-Projekten.

Die wahre Stärke dieser vortrainierten Modelle liegt in ihrer Vielseitigkeit und Effizienz. Durch die Nutzung dieser bereits existierenden Modelle können Entwickler und Forscher auf einen Fundus an akkumuliertem Wissen zugreifen, der aus umfangreichen Datensätzen und unzähligen Trainingsiterationen gewonnen wurde.

Dieser Ansatz, bekannt als **Transfer Learning**, ermöglicht die schnelle Anpassung dieser Modelle an spezifische Anwendungsfälle und reduziert dabei den Entwicklungsaufwand und Ressourcenbedarf erheblich. Er ermöglicht es auch denjenigen mit begrenzten Daten oder Rechenressourcen, modernste Deep-Learning-Techniken zu nutzen und demokratisiert so den

Zugang zu fortgeschrittenen KI-Fähigkeiten über verschiedene Domänen und Anwendungen hinweg.

2.3.1 TensorFlow Hub Überblick

TensorFlow Hub ist ein umfassendes Repository wiederverwendbarer, vortrainierter Machine-Learning-Modelle. Diese leistungsstarke Plattform beherbergt eine umfangreiche Sammlung von Modellen, die sorgfältig für ein breites Spektrum von Aufgaben entwickelt wurden, einschließlich, aber nicht beschränkt auf Bildklassifizierung, Text-Embedding und Objekterkennung. Die Stärke von TensorFlow Hub liegt in seiner Vielseitigkeit und Benutzerfreundlichkeit, die es Entwicklern und Forschern ermöglicht, diese ausgereiften Modelle nahtlos in ihre TensorFlow-Projekte zu integrieren.

Einer der wichtigsten Vorteile von TensorFlow Hub ist seine Fähigkeit, Transfer Learning zu ermöglichen. Durch die Nutzung dieser vortrainierten Modelle können Benutzer den Zeit- und Rechenaufwand, der normalerweise für das Training komplexer neuronaler Netze von Grund auf erforderlich ist, erheblich reduzieren. Stattdessen können sie diese Modelle an ihre spezifischen Bedürfnisse anpassen und so das in diesen vortrainierten Modellen eingebettete Wissen effektiv auf neue, oft spezialisierte Aufgaben übertragen.

Die auf TensorFlow Hub verfügbaren Modelle decken ein breites Spektrum von Anwendungen ab. Für bildbasierte Aufgaben finden Sie Modelle, die Bilder in Tausende von Kategorien klassifizieren, Objekte in Bildern erkennen oder sogar neue Bilder generieren können. Im Bereich der Verarbeitung natürlicher Sprache bietet TensorFlow Hub Modelle für Textklassifizierung, Stimmungsanalyse, Sprachübersetzung und mehr. Diese Modelle repräsentieren oft den neuesten Stand der Technik in ihren jeweiligen Bereichen und wurden von Expertenteams auf umfangreichen Datensätzen trainiert.

Um die Leistungsfähigkeit von TensorFlow Hub in Ihren Projekten zu nutzen, müssen Sie es zunächst installieren. Dies kann einfach mit pip, dem Python-Paketinstaller, über folgenden Befehl erfolgen:

pip install tensorflow-hub

Nach der Installation können Sie damit beginnen, die Fülle an verfügbaren Modellen zu erkunden und sie in Ihre TensorFlow-Workflows zu integrieren. Egal ob Sie ein erfahrener Machine-Learning-Experte sind oder gerade erst Ihre KI-Reise beginnen - TensorFlow Hub bietet eine wertvolle Ressource zur Beschleunigung Ihres Entwicklungsprozesses und zum Erreichen modernster Ergebnisse in verschiedenen Machine-Learning-Aufgaben.

Laden eines vortrainierten Modells von TensorFlow Hub

Die Verwendung eines vortrainierten Modells von TensorFlow Hub ist ein unkomplizierter und effizienter Prozess, der Ihre Deep-Learning-Projekte erheblich beschleunigen kann. Schauen wir uns an, wie man ein vortrainiertes Bildklassifizierungsmodell basierend auf **MobileNetV2** lädt, ein hochmodernes, schlankes Modell, das speziell für mobile und eingebettete Geräte entwickelt wurde.

MobileNetV2 ist eine Weiterentwicklung der ursprünglichen MobileNet-Architektur und bietet verbesserte Leistung und Effizienz. Es verwendet tiefenweise trennbare Faltungen, um die Modellgröße und den Rechenaufwand zu reduzieren und dabei eine hohe Genauigkeit beizubehalten. Dies macht es zu einer ausgezeichneten Wahl für Anwendungen mit begrenzten Rechenressourcen, wie beispielsweise auf Smartphones oder Edge-Geräten.

Durch die Nutzung von TensorFlow Hub können wir dieses leistungsstarke Modell einfach in unsere Projekte einbinden, ohne es von Grund auf trainieren zu müssen. Dieser Ansatz, bekannt als Transfer Learning, ermöglicht es uns, von dem umfangreichen Wissen zu profitieren, das das Modell bereits durch das Training auf großen Datensätzen wie ImageNet erworben hat. Wir können dieses vortrainierte Modell dann auf unseren spezifischen Datensatz abstimmen oder als Feature-Extraktor für unsere individuellen Bildklassifizierungsaufgaben verwenden.

Beispiel: Laden eines vortrainierten Modells von TensorFlow Hub

```python
import tensorflow as tf
import tensorflow_hub as hub
from tensorflow.keras.layers import Dense, GlobalAveragePooling2D
from tensorflow.keras.models import Sequential
from tensorflow.keras.preprocessing.image import ImageDataGenerator
import matplotlib.pyplot as plt

# Load a pretrained MobileNetV2 model from TensorFlow Hub
model_url = "<https://tfhub.dev/google/tf2-preview/mobilenet_v2/feature_vector/4>"
mobilenet_model    =    hub.KerasLayer(model_url,    input_shape=(224,    224,    3),
trainable=False)

# Build a new model on top of the pretrained MobileNetV2
model = Sequential([
    mobilenet_model,  # Use MobileNetV2 as the base
    GlobalAveragePooling2D(),  # Add global average pooling
    Dense(256, activation='relu'),  # Add a dense layer
    Dense(128, activation='relu'),  # Add another dense layer
    Dense(10, activation='softmax')  # Output layer for 10 classes
])

# Compile the model
model.compile(optimizer='adam',
              loss='sparse_categorical_crossentropy',
              metrics=['accuracy'])

# Display model summary
model.summary()

# Prepare data (assuming you have a dataset in 'data_dir')
data_dir = 'path/to/your/dataset'
batch_size = 32

# Data augmentation and preprocessing
train_datagen = ImageDataGenerator(
```

```python
    rescale=1./255,
    rotation_range=20,
    width_shift_range=0.2,
    height_shift_range=0.2,
    shear_range=0.2,
    zoom_range=0.2,
    horizontal_flip=True,
    validation_split=0.2
)

train_generator = train_datagen.flow_from_directory(
    data_dir,
    target_size=(224, 224),
    batch_size=batch_size,
    class_mode='sparse',
    subset='training'
)

validation_generator = train_datagen.flow_from_directory(
    data_dir,
    target_size=(224, 224),
    batch_size=batch_size,
    class_mode='sparse',
    subset='validation'
)

# Train the model
history = model.fit(
    train_generator,
    steps_per_epoch=train_generator.samples // batch_size,
    validation_data=validation_generator,
    validation_steps=validation_generator.samples // batch_size,
    epochs=10
)

# Plot training history
plt.figure(figsize=(12, 4))
plt.subplot(1, 2, 1)
plt.plot(history.history['accuracy'], label='Training Accuracy')
plt.plot(history.history['val_accuracy'], label='Validation Accuracy')
plt.title('Model Accuracy')
plt.xlabel('Epoch')
plt.ylabel('Accuracy')
plt.legend()

plt.subplot(1, 2, 2)
plt.plot(history.history['loss'], label='Training Loss')
plt.plot(history.history['val_loss'], label='Validation Loss')
plt.title('Model Loss')
plt.xlabel('Epoch')
plt.ylabel('Loss')
plt.legend()
```

```
plt.tight_layout()
plt.show()

# Save the model
model.save('mobilenet_transfer_learning_model')

# Example of loading and using the model for prediction
loaded_model    =    tf.keras.models.load_model('mobilenet_transfer_learning_model',
custom_objects={'KerasLayer': hub.KerasLayer})

# Assume we have a single image to predict
image = ... # Load and preprocess your image here
prediction = loaded_model.predict(image)
predicted_class = np.argmax(prediction, axis=1)
print(f"Predicted class: {predicted_class}")
```

Umfassende Aufschlüsselung der Erklärung:

1. Importe und Einrichtung:

    o Wir importieren die erforderlichen Bibliotheken: TensorFlow, TensorFlow Hub, Keras-Layers und matplotlib für die Visualisierung.

    o ImageDataGenerator wird für Datenerweiterung und -vorverarbeitung importiert.

2. Laden des vortrainierten Modells:

    o Wir verwenden TensorFlow Hub, um ein vortrainiertes MobileNetV2-Modell zu laden.

    o Der Parameter 'trainable=False' friert die Gewichte des vortrainierten Modells ein.

3. Aufbau des Modells:

    o Wir erstellen ein sequenzielles Modell mit dem vortrainierten MobileNetV2 als Basis.

    o GlobalAveragePooling2D wird hinzugefügt, um die räumlichen Dimensionen zu reduzieren.

    o Zwei Dense-Layer (256 und 128 Einheiten) mit ReLU-Aktivierung werden für die Merkmalsextraktion hinzugefügt.

    o Der finale Dense-Layer mit Softmax-Aktivierung dient der Klassifizierung (10 Klassen in diesem Beispiel).

4. Modell-Kompilierung:

- o Das Modell wird mit Adam-Optimizer, sparse categorical crossentropy loss (geeignet für ganzzahlige Labels) und Accuracy-Metrik kompiliert.

5. Datenvorbereitung:

- o ImageDataGenerator wird für Datenerweiterung (Rotation, Verschiebung, Spiegelung usw.) und Vorverarbeitung verwendet.

- o Wir erstellen separate Generatoren für Trainings- und Validierungsdaten.

6. Modell-Training:

- o Das Modell wird mit der fit-Methode unter Verwendung der Datengeneratoren trainiert.

- o Wir spezifizieren steps_per_epoch und validation_steps basierend auf der Anzahl der Samples und der Batch-Größe.

7. Visualisierung der Trainingsergebnisse:

- o Wir plotten die Trainings- und Validierungsgenauigkeit sowie den Loss über die Epochen mit matplotlib.

8. Speichern des Modells:

- o Das trainierte Modell wird zur späteren Verwendung auf der Festplatte gespeichert.

9. Laden und Verwenden des Modells:

- o Wir zeigen, wie man das gespeicherte Modell lädt und für Vorhersagen auf einem einzelnen Bild verwendet.

- o Beachten Sie die Verwendung von custom_objects zur Handhabung des TensorFlow Hub-Layers beim Laden.

Dieses Beispiel bietet einen umfassenden Workflow, einschließlich Datenerweiterung, Visualisierung des Trainingsfortschritts, Modellspeicherung und -ladung sowie ein Beispiel für die Verwendung des Modells zur Vorhersage. Es dient als vollständigere Vorlage für Transfer Learning mit TensorFlow und TensorFlow Hub.

2.3.2 Feinabstimmung vortrainierter Modelle

Feinabstimmung ist eine entscheidende Technik im Transfer Learning, bei der ein vortrainiertes Modell sorgfältig angepasst wird, um bei einer neuen, spezifischen Aufgabe gute Leistungen zu erzielen. Dieser Prozess besteht typischerweise aus zwei Hauptschritten:

1. Entsperren von Layern: Einige Layer des vortrainierten Modells, üblicherweise die tieferen, werden "entsperrt" oder trainierbar gemacht. Dies ermöglicht die Aktualisierung dieser Layer während des Feinabstimmungsprozesses.

2. Training mit neuen Daten: Das Modell wird mit seinen entsperrten Layern dann auf dem neuen, aufgabenspezifischen Datensatz trainiert. Dieser Trainingsprozess umfasst sowohl die entsperrten vortrainierten Layer als auch alle neu hinzugefügten Layer.

Die wichtigsten Vorteile der Feinabstimmung sind:

- Anpassung: Sie ermöglicht dem Modell, seine vortrainierten Merkmale an die Nuancen der neuen Aufgabe anzupassen, was potenziell die Leistung verbessert.

- Effizienz: Feinabstimmung ist im Allgemeinen schneller und benötigt weniger Daten als das Training eines Modells von Grund auf.

- Wissenserhaltung: Das Modell behält das allgemeine Wissen aus seinem initialen Training bei, während es aufgabenspezifische Fähigkeiten erwirbt.

Durch das Ausbalancieren zwischen der Nutzung vortrainierten Wissens und der Anpassung an neue Daten ermöglicht die Feinabstimmung Modellen, effizient hohe Leistungen bei spezifischen Aufgaben zu erzielen.

Feinabstimmung des MobileNetV2-Modells

Im vorherigen Beispiel haben wir das gesamte MobileNetV2-Modell eingefroren, was bedeutet, dass wir es als festen Feature-Extraktor ohne Modifikation seiner Gewichte verwendet haben. Dieser Ansatz ist nützlich, wenn wir das Wissen des vortrainierten Modells nutzen möchten, ohne Änderungen an seinen gelernten Merkmalen zu riskieren. Allerdings können wir manchmal eine bessere Leistung erzielen, indem wir eine gewisse Anpassung des vortrainierten Modells an unseren spezifischen Datensatz und unsere Aufgabe zulassen.

Lassen Sie uns nun den Prozess der Feinabstimmung des MobileNetV2-Modells erkunden. Feinabstimmung bedeutet, einige der tieferen Layer des vortrainierten Modells zu entsperren und ihre Aktualisierung während des Trainings auf unserem neuen Datensatz zu ermöglichen. Diese Technik kann besonders effektiv sein, wenn unsere Aufgabe der ursprünglichen Aufgabe ähnlich, aber nicht identisch ist.

Durch das Entsperren der tieferen Layer ermöglichen wir dem Modell, seine High-Level-Merkmale besser an unsere spezifischen Daten anzupassen, während die allgemeinen Low-Level-Merkmale, die aus dem großen ursprünglichen Datensatz gelernt wurden, erhalten bleiben. Diese Balance zwischen der Bewahrung allgemeinen Wissens und der Anpassung an spezifische Aufgaben macht die Feinabstimmung zu einer so leistungsfähigen Technik im Transfer Learning.

Im folgenden Beispiel werden wir zeigen, wie man selektiv Layer des MobileNetV2-Modells entsperrt und sie auf unserem Datensatz trainiert. Dieser Prozess ermöglicht es dem Modell, seine Merkmale fein abzustimmen, was potenziell zu einer verbesserten Leistung bei unserer spezifischen Aufgabe führt.

Beispiel: Feinabstimmung eines vortrainierten Modells

```python
import tensorflow as tf
import tensorflow_hub as hub
from tensorflow.keras.layers import Dense, GlobalAveragePooling2D
from tensorflow.keras.models import Sequential
from tensorflow.keras.preprocessing.image import ImageDataGenerator
import matplotlib.pyplot as plt

# Load a pretrained MobileNetV2 model from TensorFlow Hub
model_url = "<https://tfhub.dev/google/tf2-preview/mobilenet_v2/feature_vector/4>"
mobilenet_model = hub.KerasLayer(model_url, input_shape=(224, 224, 3))

# Build a new model on top of the pretrained MobileNetV2
model = Sequential([
    mobilenet_model,
    GlobalAveragePooling2D(),
    Dense(256, activation='relu'),
    Dense(128, activation='relu'),
    Dense(10, activation='softmax')
])

# Initially freeze all layers of the base model
mobilenet_model.trainable = False

# Compile the model
model.compile(optimizer='adam',
              loss='sparse_categorical_crossentropy',
              metrics=['accuracy'])

# Prepare data (assuming you have a dataset in 'data_dir')
data_dir = 'path/to/your/dataset'
batch_size = 32

# Data augmentation and preprocessing
train_datagen = ImageDataGenerator(
    rescale=1./255,
    rotation_range=20,
    width_shift_range=0.2,
    height_shift_range=0.2,
    shear_range=0.2,
    zoom_range=0.2,
    horizontal_flip=True,
    validation_split=0.2
)

train_generator = train_datagen.flow_from_directory(
    data_dir,
    target_size=(224, 224),
    batch_size=batch_size,
    class_mode='sparse',
    subset='training'
)
```

```python
validation_generator = train_datagen.flow_from_directory(
    data_dir,
    target_size=(224, 224),
    batch_size=batch_size,
    class_mode='sparse',
    subset='validation'
)

# Train the model with frozen base layers
history_frozen = model.fit(
    train_generator,
    steps_per_epoch=train_generator.samples // batch_size,
    validation_data=validation_generator,
    validation_steps=validation_generator.samples // batch_size,
    epochs=5
)

# Unfreeze the last few layers of the base model
mobilenet_model.trainable = True
for layer in mobilenet_model.layers[:-20]:  # Freeze all but the last 20 layers
    layer.trainable = False

# Recompile the model after changing the trainable layers
model.compile(optimizer=tf.keras.optimizers.Adam(learning_rate=1e-5),
              loss='sparse_categorical_crossentropy',
              metrics=['accuracy'])

# Fine-tune the model
history_finetuned = model.fit(
    train_generator,
    steps_per_epoch=train_generator.samples // batch_size,
    validation_data=validation_generator,
    validation_steps=validation_generator.samples // batch_size,
    epochs=10
)

# Plot training history
plt.figure(figsize=(12, 8))
plt.subplot(2, 2, 1)
plt.plot(history_frozen.history['accuracy'], label='Training Accuracy (Frozen)')
plt.plot(history_frozen.history['val_accuracy'],        label='Validation        Accuracy
(Frozen)')
plt.plot(history_finetuned.history['accuracy'],    label='Training    Accuracy    (Fine-
tuned)')
plt.plot(history_finetuned.history['val_accuracy'], label='Validation Accuracy (Fine-
tuned)')
plt.title('Model Accuracy')
plt.xlabel('Epoch')
plt.ylabel('Accuracy')
plt.legend()

plt.subplot(2, 2, 2)
```

```python
plt.plot(history_frozen.history['loss'], label='Training Loss (Frozen)')
plt.plot(history_frozen.history['val_loss'], label='Validation Loss (Frozen)')
plt.plot(history_finetuned.history['loss'], label='Training Loss (Fine-tuned)')
plt.plot(history_finetuned.history['val_loss'], label='Validation Loss (Fine-tuned)')
plt.title('Model Loss')
plt.xlabel('Epoch')
plt.ylabel('Loss')
plt.legend()

plt.tight_layout()
plt.show()

# Save the fine-tuned model
model.save('mobilenet_finetuned_model')

# Example of loading and using the model for prediction
loaded_model          =          tf.keras.models.load_model('mobilenet_finetuned_model',
custom_objects={'KerasLayer': hub.KerasLayer})

# Assume we have a single image to predict
image = ... # Load and preprocess your image here
prediction = loaded_model.predict(image)
predicted_class = tf.argmax(prediction, axis=1)
print(f"Predicted class: {predicted_class}")
```

Code-Aufschlüsselung:

- Modell-Setup:

    ○ Wir laden ein vortrainiertes MobileNetV2-Modell von TensorFlow Hub.

    ○ Ein neues sequentielles Modell wird erstellt, das das MobileNetV2 als Basis verwendet, gefolgt von zusätzlichen Schichten für unsere spezifische Aufgabe.

- Datenvorbereitung:

    ○ ImageDataGenerator wird für Datenerweiterung und -vorverarbeitung verwendet.

    ○ Wir erstellen separate Generatoren für Trainings- und Validierungsdaten.

- Initiales Training:

    ○ Die Basis-MobileNetV2-Schichten sind zunächst eingefroren (nicht trainierbar).

    ○ Das Modell wird kompiliert und für 5 Epochen auf unserem Datensatz trainiert.

- Feinabstimmung:

- o Wir entsperren die letzten 20 Schichten des Basismodells für die Feinabstimmung.

- o Das Modell wird mit einer niedrigeren Lernrate (1e-5) neu kompiliert, um drastische Änderungen an den vortrainierten Gewichten zu verhindern.

- o Das Modell wird dann für weitere 10 Epochen feinabgestimmt.

- Visualisierung:

  - o Wir visualisieren die Trainings- und Validierungsgenauigkeit sowie den Verlust für sowohl die initiale Trainingsphase als auch die Feinabstimmungsphase.

  - o Dies ermöglicht uns den Vergleich der Leistung vor und nach der Feinabstimmung.

- Modellspeicherung und -ladung:

  - o Das feinabgestimmte Modell wird auf der Festplatte gespeichert.

  - o Wir zeigen, wie man das gespeicherte Modell lädt und für Vorhersagen auf einem einzelnen Bild verwendet.

Dieses umfassende Beispiel zeigt den gesamten Prozess des Transfer Learnings und der Feinabstimmung mit einem vortrainierten Modell von TensorFlow Hub. Es umfasst die Datenvorbereitung, das initiale Training mit eingefrorenen Schichten, die Feinabstimmung durch Entsperren ausgewählter Schichten, die Visualisierung des Trainingsfortschritts und schließlich das Speichern und Laden des Modells für Inferenz. Dieser Ansatz ermöglicht eine effiziente Anpassung leistungsfähiger vortrainierter Modelle an spezifische Aufgaben und führt oft zu besserer Leistung im Vergleich zum Training von Grund auf.

2.3.3 TensorFlow Model Zoo

Zusätzlich zu TensorFlow Hub bietet die **TensorFlow Model Zoo** eine umfangreiche Sammlung vortrainierter Modelle und dient als wertvolle Ressource für Forscher und Entwickler im Bereich des maschinellen Lernens. Dieses Repository zeichnet sich besonders durch seinen Fokus auf komplexe Computer-Vision-Aufgaben aus, darunter:

- **Objekterkennung**: Modelle in dieser Kategorie sind darauf trainiert, mehrere Objekte innerhalb eines Bildes zu identifizieren und zu lokalisieren, wobei sie oft Begrenzungsrahmen um erkannte Objekte zusammen mit Klassenlabels und Konfidenzwerten liefern.

- **Semantische Segmentierung**: Diese Modelle können jeden Pixel in einem Bild klassifizieren und teilen das Bild effektiv in semantisch bedeutsame Bereiche ein. Dies ist entscheidend für Anwendungen wie autonomes Fahren oder medizinische Bildanalyse.

- **Posenschätzung**: Modelle in dieser Kategorie sind darauf ausgelegt, die Position und Orientierung menschlicher Körper oder spezifischer Körperteile in Bildern oder Videoströmen zu erkennen und zu verfolgen.

Die TensorFlow Model Zoo zeichnet sich durch ihre Benutzerfreundlichkeit aus, die es Entwicklern ermöglicht, diese ausgefeilten Modelle einfach zu laden und in ihre eigenen Projekte zu integrieren. Diese Zugänglichkeit macht sie zu einem wertvollen Werkzeug sowohl für Transfer Learning - bei dem vortrainierte Modelle auf spezifische Datensätze feinabgestimmt werden - als auch für Inferenzaufgaben, bei denen Modelle für Vorhersagen auf neuen Daten ohne weiteres Training verwendet werden.

Durch die Bereitstellung sofort einsetzbarer Implementierungen modernster Architekturen reduziert die Model Zoo den Zeit- und Ressourcenaufwand für die Entwicklung fortgeschrittener maschineller Lernanwendungen erheblich.

Verwendung vortrainierter Objekterkennungsmodelle

Die TensorFlow Model Zoo ist ein umfassendes Repository, das eine breite Palette vortrainierter Modelle für verschiedene maschinelle Lernaufgaben bereitstellt. Unter ihren Angeboten enthält die Model Zoo eine Auswahl ausgefeilter Modelle, die speziell für die **Objekterkennung** entwickelt wurden. Diese Modelle wurden auf großen Datensätzen trainiert und können mehrere Objekte innerhalb eines Bildes identifizieren, was sie für zahlreiche Computer-Vision-Anwendungen unschätzbar macht.

Objekterkennungsmodelle aus der TensorFlow Model Zoo sind nicht nur in der Lage, Objekte zu erkennen, sondern können sie auch innerhalb eines Bildes lokalisieren, indem sie Begrenzungsrahmen um erkannte Objekte ziehen. Dies macht sie besonders nützlich für Aufgaben wie autonomes Fahren, Überwachungssysteme und Bildanalyse in Bereichen wie Medizin und Robotik.

Um die Leistungsfähigkeit und einfache Verwendung dieser vortrainierten Modelle zu demonstrieren, werden wir den Prozess des Ladens eines vortrainierten Objekterkennungsmodells aus der TensorFlow Model Zoo und dessen Anwendung zur Objekterkennung in einem Bild durchgehen. Dieses Beispiel wird zeigen, wie Entwickler diese fortgeschrittenen Modelle nutzen können, um schnell komplexe Computer-Vision-Aufgaben zu implementieren, ohne umfangreiches Training auf großen Datensätzen zu benötigen.

Beispiel: Objekterkennung mit einem vortrainierten Modell

```
import tensorflow as tf
from object_detection.utils import config_util
from object_detection.builders import model_builder
from object_detection.utils import visualization_utils as viz_utils
from object_detection.utils import label_map_util
import cv2
import numpy as np
import matplotlib.pyplot as plt
```

```python
# Load pipeline config and build a detection model
pipeline_config = 'path_to_pipeline_config_file.config'
model_dir = 'path_to_pretrained_checkpoint'

configs = config_util.get_configs_from_pipeline_file(pipeline_config)
model_config = configs['model']
detection_model = model_builder.build(model_config=model_config, is_training=False)

# Restore checkpoint
ckpt = tf.compat.v2.train.Checkpoint(model=detection_model)
ckpt.restore(tf.train.latest_checkpoint(model_dir)).expect_partial()

# Load label map data (for plotting)
label_map_path = 'path_to_label_map.pbtxt'
label_map = label_map_util.load_labelmap(label_map_path)
categories = label_map_util.convert_label_map_to_categories(
    label_map,
    max_num_classes=90,
    use_display_name=True)
category_index = label_map_util.create_category_index(categories)

@tf.function
def detect_fn(image):
    """Detect objects in image."""
    image, shapes = detection_model.preprocess(image)
    prediction_dict = detection_model.predict(image, shapes)
    detections = detection_model.postprocess(prediction_dict, shapes)
    return detections

def load_image_into_numpy_array(path):
    """Load an image from file into a numpy array."""
    return np.array(cv2.imread(path))

def run_inference_for_single_image(model, image):
    input_tensor = tf.convert_to_tensor(image)
    input_tensor = input_tensor[tf.newaxis, ...]

    detections = detect_fn(input_tensor)

    num_detections = int(detections.pop('num_detections'))
    detections = {key: value[0, :num_detections].numpy()
                  for key, value in detections.items()}
    detections['num_detections'] = num_detections
    detections['detection_classes']
detections['detection_classes'].astype(np.int64)

    return detections

# Load and prepare image
image_path = 'path_to_image.jpg'
image_np = load_image_into_numpy_array(image_path)
```

```python
# Run inference
detections = run_inference_for_single_image(detection_model, image_np)

# Visualization of the results of a detection
viz_utils.visualize_boxes_and_labels_on_image_array(
    image_np,
    detections['detection_boxes'],
    detections['detection_classes'],
    detections['detection_scores'],
    category_index,
    use_normalized_coordinates=True,
    max_boxes_to_draw=200,
    min_score_thresh=.30,
    agnostic_mode=False)

# Display output
plt.figure(figsize=(12,8))
plt.imshow(cv2.cvtColor(image_np, cv2.COLOR_BGR2RGB))
plt.axis('off')
plt.show()

# Print detection results
for i in range(min(detections['num_detections'], 5)):
    print(f"Detection {i+1}:")
    print(f"  Class: {category_index[detections['detection_classes'][i]]['name']}")
    print(f"  Score: {detections['detection_scores'][i]:.2f}")
    print(f"  Bounding Box: {detections['detection_boxes'][i].tolist()}")
    print()

# Save the output image
output_path = 'output_image.jpg'
cv2.imwrite(output_path, cv2.cvtColor(image_np, cv2.COLOR_RGB2BGR))
print(f"Output image saved to {output_path}")
```

Code-Aufschlüsselung:

1. Importe und Setup:

    o   Wir importieren erforderliche Module von TensorFlow und OpenCV.

    o   Zusätzliche Importe umfassen matplotlib für die Visualisierung und label_map_util für die Handhabung von Label-Maps.

2. Modell-Laden:

    o   Das Skript lädt ein vortrainiertes Objekterkennungsmodell mithilfe einer Pipeline-Konfigurationsdatei.

    o   Es erstellt das Erkennungsmodell anhand der geladenen Konfiguration.

3. Checkpoint-Wiederherstellung:

- o Der neueste Checkpoint wird wiederhergestellt, wodurch das Modell für Inferenzen bereit ist.

4. Label-Map-Laden:

- o Eine Label-Map wird geladen, die Klassen-IDs mit menschenlesbaren Bezeichnungen verknüpft.
- o Dies ist entscheidend für die Interpretation der Modellausgabe.

5. Erkennungsfunktion:

- o Eine TensorFlow-Funktion (detect_fn) wird definiert, um den Erkennungsprozess zu handhaben.
- o Sie verarbeitet das Bild vor, führt die Vorhersage durch und nachverarbeitet die Ergebnisse.

6. Bild-Laden:

- o Eine Hilfsfunktion wird bereitgestellt, um Bilder in numpy-Arrays zu laden.

7. Inferenz-Funktion:

- o run_inference_for_single_image verarbeitet ein einzelnes Bild durch das Modell.
- o Sie handhabt die Tensor-Konvertierung und verarbeitet die Rohausgabe in ein besser nutzbares Format.

8. Bildverarbeitung und Inferenz:

- o Ein Bild wird von einem angegebenen Pfad geladen.
- o Die Inferenzfunktion wird auf dieses Bild angewendet.

9. Visualisierung:

- o Das Skript verwendet TensorFlows Visualisierungswerkzeuge, um Begrenzungsrahmen und Beschriftungen auf dem Bild zu zeichnen.
- o Das verarbeitete Bild wird mit matplotlib angezeigt.

10. Ergebnisausgabe:

- o Erkennungsergebnisse (Klasse, Bewertung, Begrenzungsrahmen) für die Top 5 Erkennungen werden ausgegeben.
- o Dies liefert eine textbasierte Zusammenfassung dessen, was das Modell erkannt hat.

11. Ergebnisse Speichern:

  o Das annotierte Bild wird in einer Datei gespeichert, was eine spätere Überprüfung oder weitere Verarbeitung ermöglicht.

Dieses Beispiel bietet einen umfassenden Arbeitsablauf, vom Laden des Modells bis zum Speichern der Ergebnisse. Es enthält Fehlerbehandlung, detailliertere Ausgaben und verwendet matplotlib für die Visualisierung, was in verschiedenen Umgebungen (z.B. Jupyter Notebooks) flexibler sein kann als OpenCV. Die Aufschlüsselung erklärt jeden wichtigen Schritt im Prozess und macht es dadurch einfacher, ihn zu verstehen und möglicherweise für spezifische Anwendungsfälle zu modifizieren.

2.3.4. Transfer Learning mit vortrainierten Modellen

Transfer Learning ist eine leistungsstarke Technik im maschinellen Lernen, die das bei der Lösung eines Problems gewonnene Wissen nutzt und auf ein anderes, verwandtes Problem anwendet. Dieser Ansatz beinhaltet die Verwendung eines vortrainierten Modells - eines neuronalen Netzwerks, das auf einem großen Datensatz für eine bestimmte Aufgabe trainiert wurde - und dessen Anpassung an eine neue, oft verwandte Aufgabe. Anstatt den Lernprozess von Grund auf mit zufällig initialisierten Parametern zu beginnen, ermöglicht Transfer Learning den Start mit einem Modell, das bereits gelernt hat, aussagekräftige Merkmale aus Daten zu extrahieren.

Der Prozess beinhaltet typischerweise die Übernahme eines vortrainierten Modells und dessen Feinabstimmung auf einen neuen Datensatz. Diese Feinabstimmung kann die Anpassung der Gewichte des gesamten Netzwerks oder nur der letzten Schichten umfassen, abhängig von der Ähnlichkeit zwischen der ursprünglichen und der neuen Aufgabe. Dadurch können Sie die niedrigstufigen Merkmale (wie Kantenerkennung in Bildern), die das Modell bereits gelernt hat, nutzen und gleichzeitig die höherstufigen Merkmale an Ihre spezifische Aufgabe anpassen.

Vorteile des Transfer Learning

- **Reduzierte Trainingszeit**: Transfer Learning verkürzt die für das Training eines Modells benötigte Zeit erheblich. Da das vortrainierte Modell bereits gelernt hat, eine breite Palette von Merkmalen aus Daten zu extrahieren, beginnen Sie nicht bei Null. Dies bedeutet, dass Sie mit weitaus weniger Trainingsiterationen gute Leistung erzielen können, wodurch sich die Trainingszeit manchmal von Wochen auf Stunden reduziert.

- **Höhere Genauigkeit**: Vortrainierte Modelle werden oft auf massiven Datensätzen trainiert, die eine große Bandbreite an Variationen innerhalb ihrer Domäne abdecken. Diese breite Exposition ermöglicht es ihnen, robuste, generalisierbare Merkmale zu lernen. Wenn Sie diese Modelle auf eine neue Aufgabe anwenden, können Sie selbst mit einem relativ kleinen Datensatz oft eine höhere Genauigkeit erzielen als mit einem von Grund auf trainierten Modell.

- **Kleinere Datensätze**: Einer der bedeutendsten Vorteile des Transfer Learning ist seine Effektivität mit begrenzten Daten. In vielen realen Szenarien kann die Beschaffung großer, markierter Datensätze teuer, zeitaufwendig oder manchmal unmöglich sein.

Transfer Learning ermöglicht es Ihnen, das in vortrainierten Modellen eingebettete Wissen zu nutzen und damit auch mit einem Bruchteil der normalerweise erforderlichen Daten gute Leistung zu erzielen. Dies macht es besonders wertvoll in spezialisierten Bereichen, wo Daten möglicherweise knapp sind.

- **Schnellere Konvergenz**: Modelle, die Transfer Learning nutzen, konvergieren oft schneller während des Trainings. Dies bedeutet, dass sie ihre optimale Leistung in weniger Epochen erreichen, was bei der Arbeit mit großen Datensätzen oder komplexen Modellen, wo die Trainingszeit ein wichtiger Faktor ist, entscheidend sein kann.

- **Bessere Generalisierung**: Die von vortrainierten Modellen gelernten Merkmale sind oft allgemeiner und robuster als die von Grund auf mit einem kleineren Datensatz gelernten. Dies kann zu Modellen führen, die besser auf ungesehene Daten generalisieren, was Overfitting reduziert und die Leistung bei realen Aufgaben verbessert.

2.3.5 Vortrainierte NLP-Modelle

Zusätzlich zu Vision-Aufgaben bietet TensorFlow Hub eine umfassende Suite vortrainierter Modelle für **Natural Language Processing (NLP)**. Diese Modelle sind darauf ausgelegt, ein breites Spektrum sprachbezogener Aufgaben zu bewältigen und stellen damit unverzichtbare Werkzeuge für Entwickler und Forscher im Bereich NLP dar.

Eines der bedeutendsten verfügbaren Modelle ist **BERT** (Bidirectional Encoder Representations from Transformers). BERT stellt einen wichtigen Fortschritt im NLP dar, da es einen bidirektionalen Ansatz verwendet, um den Kontext sowohl von der linken als auch von der rechten Seite jedes Wortes in einem Satz zu verstehen. Dies ermöglicht es BERT, nuancierte Bedeutungen und Beziehungen innerhalb von Texten zu erfassen und führt zu verbesserter Leistung bei verschiedenen NLP-Aufgaben.

Ein weiteres leistungsstarkes angebotenes Modell ist der **Universal Sentence Encoder**. Dieses Modell ist darauf ausgelegt, Text in hochdimensionale Vektoren umzuwandeln, die reichhaltige semantische Informationen erfassen. Diese Vektoren können dann als Features für andere maschinelle Lernmodelle verwendet werden, was den Universal Sentence Encoder besonders nützlich für Transfer Learning bei NLP-Aufgaben macht.

Diese vortrainierten Modelle haben das Gebiet der Verarbeitung natürlicher Sprache (NLP) revolutioniert, indem sie leistungsfähige Lösungen für verschiedenste sprachbezogene Aufgaben bieten. Die Anwendungen dieser Modelle erstrecken sich über zahlreiche Bereiche und zeigen ihre Vielseitigkeit und Effektivität bei der Bewältigung komplexer linguistischer Herausforderungen. Zu den wichtigsten und einflussreichsten Anwendungen gehören:

- **Textklassifizierung**: Diese grundlegende NLP-Aufgabe umfasst die automatische Kategorisierung von Textdokumenten in vordefinierte Gruppen oder Klassen. Sie umfasst ein breites Spektrum von Anwendungen, von der Bestimmung des Themas von Nachrichtenartikeln bis zur Identifizierung der Absicht hinter Kundenanfragen im Kundenservice. Durch den Einsatz vortrainierter Modelle können Entwickler hochentwickelte Klassifizierungssysteme erstellen, die subtile Unterschiede in Textinhalt und Kontext präzise erkennen können.

- **Stimmungsanalyse**: Diese auch als Opinion Mining bekannte Anwendung konzentriert sich darauf, subjektive Informationen aus Textdaten zu extrahieren und zu quantifizieren. Sie geht über einfache positiv-negativ-Kategorisierungen hinaus und ermöglicht ein nuanciertes Verständnis von emotionalen Tönen, Einstellungen und Meinungen in schriftlichen Inhalten. Diese Fähigkeit ist besonders wertvoll in Bereichen wie Markenbeobachtung, Produktfeedback-Analyse und Social-Media-Stimmungsverfolgung.

- **Frage-Antwort-Systeme**: Diese fortgeschrittenen Anwendungen nutzen vortrainierte Modelle, um intelligente Systeme zu entwickeln, die in der Lage sind, in natürlicher Sprache gestellte Fragen zu verstehen und zu beantworten. Diese Technologie bildet das Rückgrat sophistizierter Chatbots, virtueller Assistenten und Informationsabrufsysteme und ermöglicht natürlichere und intuitivere Mensch-Computer-Interaktionen. Die Fähigkeit, Kontext zu verstehen, Bedeutung abzuleiten und relevante Antworten zu generieren, macht diese Systeme unentbehrlich für Kundenbetreuung, Bildungswerkzeuge und Informationsdienste.

- **Eigennamenerkennung (NER)**: Diese wichtige NLP-Aufgabe umfasst die Identifizierung und Klassifizierung von Eigennamen in Texten in vordefinierte Kategorien wie Personennamen, Organisationen, Orte, zeitliche Ausdrücke und Mengenangaben. NER-Systeme, die von vortrainierten Modellen angetrieben werden, können effizient strukturierte Informationen aus unstrukturiertem Text extrahieren und erleichtern Aufgaben wie Informationsabruf, Inhaltsklassifizierung und Wissensgraphenkonstruktion. Diese Fähigkeit ist besonders nützlich in Bereichen wie Journalismus, Analyse juristischer Dokumente und biomedizinischer Forschung.

- **Textzusammenfassung**: In einer Zeit der Informationsüberflutung ist die Fähigkeit, automatisch prägnante und kohärente Zusammenfassungen längerer Texte zu erstellen, von unschätzbarem Wert. Vortrainierte Modelle überzeugen bei dieser Aufgabe und bieten sowohl extraktive Zusammenfassung (Auswahl wichtiger Sätze aus dem Originaltext) als auch abstraktive Zusammenfassung (Generierung neuer Sätze, die den Kern des Inhalts erfassen). Diese Technologie findet Anwendung in der Nachrichtenaggregation, Dokumentenzusammenfassung für Business Intelligence und der Erstellung von Abstracts für wissenschaftliche Arbeiten.

Durch die Nutzung dieser vortrainierten Modelle können Entwickler den Zeit- und Ressourcenaufwand für den Aufbau anspruchsvoller NLP-Anwendungen erheblich reduzieren und gleichzeitig von der Fähigkeit der Modelle profitieren, gut auf verschiedene Sprachaufgaben zu generalisieren.

Beispiel: Verwendung eines vortrainierten Text-Embedding-Modells

Laden wir ein vortrainiertes **Universal Sentence Encoder**-Modell von TensorFlow Hub, um Text-Embeddings zu erstellen.

```python
import tensorflow as tf
import tensorflow_hub as hub
import numpy as np
from sklearn.metrics.pairwise import cosine_similarity

# Load Universal Sentence Encoder from TensorFlow Hub
embed = hub.load("<https://tfhub.dev/google/universal-sentence-encoder/4>")

# Define a list of sentences
sentences = [
    "TensorFlow is great for deep learning!",
    "I love working with neural networks.",
    "Pretrained models save time and improve accuracy.",
    "Natural language processing is fascinating.",
    "Machine learning has many real-world applications."
]

# Encode the sentences
sentence_embeddings = embed(sentences)

# Print the embeddings
print("Sentence Embeddings:")
for i, embedding in enumerate(sentence_embeddings):
    print(f"Sentence {i+1}: {embedding[:5]}...")  # Print first 5 dimensions of each
embedding

# Calculate cosine similarity between sentences
similarity_matrix = cosine_similarity(sentence_embeddings)

# Print similarity matrix
print("\\nSimilarity Matrix:")
print(similarity_matrix)

# Find the most similar pair of sentences
max_similarity = 0
max_pair = (0, 0)
for i in range(len(sentences)):
    for j in range(i+1, len(sentences)):
        if similarity_matrix[i][j] > max_similarity:
            max_similarity = similarity_matrix[i][j]
            max_pair = (i, j)

print(f"\\nMost similar pair of sentences:")
print(f"1. {sentences[max_pair[0]]}")
print(f"2. {sentences[max_pair[1]]}")
print(f"Similarity: {max_similarity:.4f}")
```

```
# Demonstrate simple sentence classification
categories = ["Technology", "Science", "Sports", "Entertainment"]
category_embeddings = embed(categories)

new_sentence = "The latest smartphone has an improved camera and faster processor."
new_embedding = embed([new_sentence])[0]

# Calculate similarity with each category
similarities = cosine_similarity([new_embedding], category_embeddings)[0]

# Find the most similar category
most_similar_category = categories[np.argmax(similarities)]

print(f"\\nClassification example:")
print(f"Sentence: {new_sentence}")
print(f"Classified as: {most_similar_category}")
```

Dieses Codebeispiel demonstriert eine umfassende Nutzung des Universal Sentence Encoders für verschiedene NLP-Aufgaben.

Hier ist eine Aufschlüsselung des Codes:

1. Bibliotheken importieren:

    o Wir importieren TensorFlow, TensorFlow Hub, NumPy und cosine_similarity aus scikit-learn.

2. Modell laden:

    o Wir laden das Universal Sentence Encoder-Modell von TensorFlow Hub.

3. Sätze kodieren:

    o Wir definieren eine Liste von Sätzen und verwenden das Modell, um Embeddings für jeden Satz zu erstellen.

    o Die Embeddings sind hochdimensionale Vektordarstellungen der Sätze.

4. Embeddings ausgeben:

    o Wir geben die ersten 5 Dimensionen jedes Satz-Embeddings aus, um einen Einblick in ihre Struktur zu geben.

5. Satzähnlichkeit berechnen:

    o Wir verwenden Kosinus-Ähnlichkeit, um zu berechnen, wie ähnlich jeder Satz jedem anderen Satz ist.

    o Dies ergibt eine Ähnlichkeitsmatrix, in der jede Zelle die Ähnlichkeit zwischen zwei Sätzen darstellt.

6. Ähnlichste Sätze finden:

- o Wir durchlaufen die Ähnlichkeitsmatrix, um das Satzpaar mit dem höchsten Ähnlichkeitswert zu finden.

- o Dies zeigt, wie Satz-Embeddings für Aufgaben wie das Finden verwandter Inhalte oder die Erkennung von Duplikaten verwendet werden können.

7. Einfache Satzklassifizierung:

- o Wir definieren eine Reihe von Kategorien und erstellen Embeddings für diese.

- o Dann nehmen wir einen neuen Satz und erstellen sein Embedding.

- o Durch den Vergleich des Embeddings des neuen Satzes mit den Kategorie-Embeddings können wir den Satz der ähnlichsten Kategorie zuordnen.

- o Dies demonstriert einen grundlegenden Ansatz zur Textklassifizierung mittels Satz-Embeddings.

Dieses Beispiel zeigt mehrere praktische Anwendungen von Satz-Embeddings in NLP-Aufgaben, einschließlich Ähnlichkeitsvergleich und grundlegender Klassifizierung. Es bietet einen umfassenderen Einblick, wie der Universal Sentence Encoder in realen Szenarien eingesetzt werden kann.

In diesem Beispiel verwenden wir den **Universal Sentence Encoder**, um Satz-Embeddings zu generieren, die als Eingabemerkmale für nachgelagerte NLP-Aufgaben wie Textklassifizierung verwendet werden können.

2.4 TensorFlow-Modelle speichern, laden und bereitstellen

Nach erfolgreichem Training eines Deep-Learning-Modells sind die nächsten wichtigen Schritte dessen Bewahrung für zukünftige Nutzung, der Abruf bei Bedarf und die Implementierung in realen Szenarien. TensorFlow vereinfacht diese Prozesse durch seine umfassende Suite an eingebauten Funktionen und ermöglicht einen nahtlosen Übergang von der Trainingsphase zu praktischen Anwendungen. Diese Fähigkeiten sind essentiell, unabhängig davon, ob Ihr Ziel die Bereitstellung von Vorhersagen über eine Webanwendung oder die Verbesserung der Modellleistung in nachfolgenden Iterationen ist.

Die Fähigkeit, Modelle effektiv zu speichern, zu laden und bereitzustellen, ist eine Kernkompetenz im Bereich des Deep Learning. Sie überbrückt die Lücke zwischen Modellentwicklung und realer Implementierung und ermöglicht es Praktikern, das volle Potenzial ihrer trainierten Modelle auszuschöpfen. Durch die Beherrschung dieser Techniken können Sie sicherstellen, dass Ihre Modelle zugänglich, anpassungsfähig und bereit für den Einsatz auf verschiedenen Plattformen und in verschiedenen Umgebungen bleiben.

Darüber hinaus erleichtern diese Prozesse die Zusammenarbeit zwischen Teammitgliedern, ermöglichen die Versionskontrolle von Modellen und unterstützen die kontinuierliche Verbesserung von KI-Systemen. Ob Sie an einem kleinen Projekt oder einer großen

Unternehmenslösung arbeiten, Kompetenz im Modellmanagement und in der Bereitstellung ist unerlässlich, um die Wirkung und den Nutzen Ihrer Deep-Learning-Bemühungen zu maximieren.

2.4.1. TensorFlow-Modelle speichern

TensorFlow bietet zwei primäre Methoden zum Speichern von Modellen, die jeweils unterschiedlichen Zwecken dienen und einzigartige Vorteile bieten:

1. Checkpoints

Diese Methode ist eine entscheidende Technik zur Bewahrung des aktuellen Modellzustands während des Trainingsprozesses. Checkpoints dienen als Momentaufnahmen des Modells zu bestimmten Zeitpunkten und erfassen wesentliche Informationen für spätere Verwendung oder Analyse.

- Checkpoints speichern akribisch die Gewichte und Optimierer-Zustände des Modells. Dieser umfassende Ansatz ermöglicht es Entwicklern, das Training jederzeit zu pausieren und später ohne Fortschrittsverlust fortzusetzen. Die Gewichte repräsentieren die gelernten Parameter des Modells, während die Optimierer-Zustände Informationen über den Optimierungsprozess enthalten, wie etwa Momentum oder adaptive Lernraten.

- Sie sind besonders wertvoll für lange, ressourcenintensive Trainingssitzungen, die sich über Tage oder sogar Wochen erstrecken können. Bei unerwarteten Unterbrechungen wie Stromausfällen, Systemabstürzen oder Netzwerkausfällen ermöglichen Checkpoints eine schnelle Wiederherstellung. Anstatt von vorne beginnen zu müssen, können Entwickler einfach den letzten Checkpoint laden und das Training fortsetzen, was erhebliche Zeit und Rechenressourcen spart.

- Checkpoints spielen eine zentrale Rolle bei der Erleichterung von Experimenten und Modellverfeinerung. Durch das Speichern mehrerer Checkpoints in verschiedenen Trainingsphasen können Forscher leicht zu früheren Modellzuständen zurückkehren. Diese Fähigkeit ist unschätzbar wertvoll für den Vergleich der Modellleistung in verschiedenen Trainingsphasen, die Durchführung von Ablationsstudien oder die Erforschung verschiedener Hyperparameter-Konfigurationen ohne die Notwendigkeit eines vollständigen Neutrainings.

- Zusätzlich unterstützen Checkpoints Transfer-Learning- und Fine-Tuning-Szenarien. Entwickler können Checkpoints eines vortrainierten Modells als Ausgangspunkt für das Training neuer, verwandter Aufgaben nutzen und dabei das bereits in den Modellgewichten erfasste Wissen nutzen.

2. SavedModel

Dies ist eine umfassende Speichermethode, die das gesamte Modell erfasst und eine robuste Lösung für die Bewahrung und Bereitstellung von Machine-Learning-Modellen bietet.

- SavedModel bewahrt die Modellarchitektur, Gewichte und Trainingskonfiguration in einem einzigen Paket. Dieser ganzheitliche Ansatz stellt sicher, dass alle wesentlichen Komponenten des Modells zusammen gespeichert werden, wodurch die Integrität und Reproduzierbarkeit des Modells in verschiedenen Umgebungen gewährleistet wird.

- Dieses Format ist für einfaches Laden und Bereitstellen in verschiedenen Umgebungen konzipiert und eignet sich ideal für den Produktionseinsatz. Seine Vielseitigkeit ermöglicht es Entwicklern, Modelle nahtlos von der Entwicklung in die Produktion zu überführen und unterstützt eine breite Palette von Bereitstellungsszenarien, von Cloud-basierten Diensten bis hin zu Edge-Geräten.

- Es enthält zusätzliche Assets wie benutzerdefinierte Objekte oder Nachschlagetabellen, die für den Betrieb des Modells erforderlich sein könnten. Diese Funktion ist besonders wertvoll für komplexe Modelle, die auf Hilfsdaten oder benutzerdefinierten Implementierungen basieren, und stellt sicher, dass alle Abhängigkeiten für eine konsistente Leistung zusammen verpackt sind.

Das SavedModel-Format bietet auch mehrere fortgeschrittene Funktionen:

- Versionskontrolle: Es unterstützt das Speichern mehrerer Versionen eines Modells im selben Verzeichnis, was die einfache Verwaltung von Modelliterationen erleichtert und A/B-Tests in Produktionsumgebungen ermöglicht.

- Signaturdefinitionen: SavedModel ermöglicht die Definition mehrerer Modellsignaturen, die verschiedene Eingangs- und Ausgangstensoren für verschiedene Anwendungsfälle spezifizieren und die Flexibilität des Modells in verschiedenen Anwendungsszenarien erhöhen.

- TensorFlow Serving-Kompatibilität: Dieses Format ist direkt kompatibel mit TensorFlow Serving und vereinfacht den Prozess der Bereitstellung von Modellen als skalierbare, hochleistungsfähige Servingsysteme.

- Sprachunabhängigkeit: SavedModel kann über verschiedene Programmiersprachen hinweg verwendet werden und ermöglicht die Interoperabilität zwischen verschiedenen Komponenten einer Machine-Learning-Pipeline oder -Systems.

Speichern des gesamten Modells (SavedModel-Format)

Das **SavedModel**-Format ist TensorFlows Standard- und empfohlener Ansatz zum Speichern vollständiger Modelle. Seine umfassende Natur bietet mehrere bedeutende Vorteile, die es zu einem essentiellen Werkzeug für Modellmanagement und -bereitstellung machen:

- Es speichert alles, was erforderlich ist, um das Modell exakt so zu rekonstruieren, wie es war, einschließlich der Architektur, Gewichte und des Optimierer-Zustands. Dieser umfassende Ansatz gewährleistet, dass Sie das Verhalten des Modells präzise reproduzieren können, was entscheidend für die Aufrechterhaltung der Konsistenz in verschiedenen Umgebungen und für Debugging-Zwecke ist.

- Dieses Format ist sprachunabhängig und ermöglicht es, Modelle in einer Programmierumgebung zu speichern und in einer anderen zu laden. Diese Flexibilität ist besonders wertvoll in großen Projekten oder kollaborativen Umgebungen, wo verschiedene Teams unterschiedliche Programmiersprachen oder Frameworks verwenden könnten. Zum Beispiel könnten Sie ein Modell in Python trainieren und dann in einer Java- oder C++-Anwendung bereitstellen, ohne Funktionalität zu verlieren.

- SavedModel unterstützt Versionierung und ermöglicht es, mehrere Versionen eines Modells im selben Verzeichnis zu speichern. Diese Funktion ist unschätzbar wertvoll für die Verfolgung von Modelliterationen, die Durchführung von A/B-Tests und die Pflege eines Verlaufs von Modellverbesserungen. Sie ermöglicht es Datenwissenschaftlern und Ingenieuren, einfach zwischen verschiedenen Modellversionen zu wechseln, Leistung zu vergleichen und bei Bedarf zu früheren Versionen zurückzukehren.

- Es ist kompatibel mit TensorFlow Serving, was die Bereitstellung von Modellen in Produktionsumgebungen erleichtert. TensorFlow Serving ist ein flexibles, hochleistungsfähiges Servingsystem für Machine-Learning-Modelle, das für Produktionsumgebungen konzipiert wurde. Die nahtlose Integration zwischen SavedModel und TensorFlow Serving vereinfacht den Prozess der Überführung eines Modells von der Entwicklung in die Produktion und reduziert den Zeit- und Arbeitsaufwand für die Bereitstellung.

Zusätzlich enthält das SavedModel-Format Metadaten über das Modell, wie die für das Training verwendete TensorFlow-Version, benutzerdefinierte Objekte und Signaturen, die die Ein- und Ausgaben des Modells definieren. Diese Metadaten verbessern die Reproduzierbarkeit und erleichtern die Verwaltung und Bereitstellung von Modellen in komplexen Produktionsumgebungen.

Beispiel: Ein Modell im SavedModel-Format speichern

```python
# Import necessary libraries
import tensorflow as tf
from tensorflow.keras.models import Sequential
from tensorflow.keras.layers import Dense
from tensorflow.keras.optimizers import Adam
import numpy as np

# Generate some dummy data for demonstration
np.random.seed(0)
X_train = np.random.rand(1000, 784)
y_train = np.random.randint(0, 10, 1000)

# Define the model
model = Sequential([
    Dense(128, activation='relu', input_shape=(784,)),
    Dense(64, activation='relu'),
    Dense(10, activation='softmax')
```

```
])

# Compile the model
model.compile(optimizer=Adam(learning_rate=0.001),
              loss='sparse_categorical_crossentropy',
              metrics=['accuracy'])

# Train the model
history = model.fit(X_train, y_train, epochs=5, batch_size=32, validation_split=0.2,
verbose=1)

# Save the entire model to a directory
model.save('my_model')

# Load the saved model
loaded_model = tf.keras.models.load_model('my_model')

# Generate some test data
X_test = np.random.rand(100, 784)
y_test = np.random.randint(0, 10, 100)

# Evaluate the loaded model
test_loss, test_acc = loaded_model.evaluate(X_test, y_test, verbose=0)
print(f'Test accuracy: {test_acc:.4f}')

# Make predictions with the loaded model
predictions = loaded_model.predict(X_test[:5])
print("Predictions for the first 5 test samples:")
print(np.argmax(predictions, axis=1))
```

Lass uns dieses umfassende Beispiel aufschlüsseln:

- Bibliotheken importieren: Wir importieren TensorFlow und die erforderlichen Module aus Keras sowie NumPy für die Datenmanipulation.

- Datengenerierung: Wir erstellen Testdaten (X_train und y_train), um einen echten Datensatz zu simulieren. Dies ist für Demonstrationszwecke nützlich.

- Modelldefinition: Wir definieren ein sequentielles Modell mit drei Dense-Layern. Diese Architektur eignet sich für eine einfache Klassifizierungsaufgabe.

- Modellkompilierung: Wir kompilieren das Modell mit dem Adam-Optimierer, sparse categorical crossentropy loss (geeignet für ganzzahlige Labels) und Genauigkeit als Metrik.

- Modelltraining: Wir trainieren das Modell mit unseren Testdaten für 5 Epochen, verwenden eine Batch-Größe von 32 und eine 20%-Validierungsaufteilung.

- Modell speichern: Wir speichern das gesamte Modell, einschließlich seiner Architektur, Gewichte und des Optimierer-Zustands, in einem Verzeichnis namens 'my_model'.

- Modell laden: Wir zeigen, wie man das gespeicherte Modell wieder in den Speicher lädt.

- Modellevaluierung: Wir generieren einige Testdaten und evaluieren die Leistung des geladenen Modells mit diesen Daten.

- Vorhersagen treffen: Schließlich nutzen wir das geladene Modell, um Vorhersagen für einige Testbeispiele zu treffen und zeigen damit, wie das Modell nach dem Speichern und Laden für Inferenzen verwendet werden kann.

Dieses Beispiel bietet einen vollständigen Workflow von der Modellerstellung bis zum Speichern, Laden und Verwenden des Modells für Vorhersagen. Es demonstriert die Benutzerfreundlichkeit und Flexibilität der Modellspeicher- und Ladefunktionen von TensorFlow.

Speichern von Modell-Checkpoints

Modell-**Checkpoints** sind eine entscheidende Funktion in TensorFlow, die es ermöglicht, den Zustand Ihres Modells während des Trainingsprozesses zu speichern. Diese Checkpoints speichern die Gewichte, Biases und andere trainierbare Parameter des Modells in bestimmten Intervallen oder Meilensteinen während des Trainings. Diese Funktionalität erfüllt mehrere wichtige Zwecke:

- Fortschrittssicherung: Checkpoints fungieren als Momentaufnahmen des Modellzustands und ermöglichen es, den Fortschritt in regelmäßigen Abständen zu speichern. Dies ist besonders wertvoll für langandauernde Trainingssitzungen, die Stunden oder sogar Tage in Anspruch nehmen können.

- Trainingsfortsetzung: Bei unerwarteten Unterbrechungen (wie Stromausfällen oder Systemabstürzen) ermöglichen Checkpoints die Fortsetzung des Trainings vom letzten gespeicherten Zustand aus, anstatt von vorne beginnen zu müssen. Dies kann erhebliche Zeit und Rechenressourcen sparen.

- Leistungsüberwachung: Durch das Speichern von Checkpoints in verschiedenen Trainingsphasen können Sie auswerten, wie sich die Leistung Ihres Modells im Laufe der Zeit entwickelt. Dies ermöglicht eine detaillierte Analyse des Trainingsprozesses und hilft bei der Identifizierung optimaler Stoppunkte.

- Modellauswahl: Checkpoints erleichtern den Vergleich der Modellleistung in verschiedenen Trainingsphasen und ermöglichen die Auswahl der leistungsstärksten Version Ihres Modells.

- Transfer Learning: Gespeicherte Checkpoints können als Ausgangspunkte für Transfer-Learning-Aufgaben verwendet werden, bei denen Sie ein vortrainiertes Modell für eine neue, verwandte Aufgabe feinabstimmen.

Um Checkpoints in TensorFlow zu implementieren, können Sie den tf.keras.callbacks.ModelCheckpoint Callback während des Modelltrainings verwenden. Dies ermöglicht es Ihnen festzulegen, wann und wie oft Checkpoints gespeichert werden sollen und welche Informationen in jedem Checkpoint enthalten sein sollen.

Beispiel: Speichern und Laden von Modell-Checkpoints

```python
import os
import tensorflow as tf
import numpy as np

# Generate some dummy data for demonstration
np.random.seed(0)
X_train = np.random.rand(1000, 784)
y_train = np.random.randint(0, 10, 1000)

# Define the model
model = tf.keras.Sequential([
    tf.keras.layers.Dense(128, activation='relu', input_shape=(784,)),
    tf.keras.layers.Dense(64, activation='relu'),
    tf.keras.layers.Dense(10, activation='softmax')
])

# Compile the model
model.compile(optimizer='adam',
              loss='sparse_categorical_crossentropy',
              metrics=['accuracy'])

# Define checkpoint callback
checkpoint_path = "training_checkpoints/cp-{epoch:04d}.ckpt"
checkpoint_dir = os.path.dirname(checkpoint_path)

# Create checkpoint callback
cp_callback = tf.keras.callbacks.ModelCheckpoint(
    filepath=checkpoint_path,
    verbose=1,
    save_weights_only=True,
    save_freq='epoch')

# Train the model and save checkpoints
history = model.fit(X_train, y_train,
                    epochs=10,
                    batch_size=32,
                    validation_split=0.2,
                    callbacks=[cp_callback])

# List all checkpoint files
print("Checkpoint files:")
print(os.listdir(checkpoint_dir))

# Load the latest checkpoint
latest = tf.train.latest_checkpoint(checkpoint_dir)
print(f"Loading latest checkpoint: {latest}")
```

```
# Create a new model instance
new_model = tf.keras.models.clone_model(model)
new_model.compile(optimizer='adam',
                  loss='sparse_categorical_crossentropy',
                  metrics=['accuracy'])

# Load the weights
new_model.load_weights(latest)

# Evaluate the restored model
loss, acc = new_model.evaluate(X_train, y_train, verbose=2)
print("Restored model, accuracy: {:5.2f}%".format(100 * acc))

# Make predictions with the restored model
predictions = new_model.predict(X_train[:5])
print("Predictions for the first 5 samples:")
print(np.argmax(predictions, axis=1))
```

Detaillierte Aufschlüsselung:

1. Datenvorbereitung:

    o   Wir importieren TensorFlow und NumPy.

    o   Wir generieren Testdaten (X_train und y_train), um einen realen Datensatz für Demonstrationszwecke zu simulieren.

2. Modelldefinition:

    o   Wir definieren ein sequentielles Modell mit drei Dense-Layern, das sich für eine einfache Klassifizierungsaufgabe eignet.

3. Modellkompilierung:

    o   Wir kompilieren das Modell mit dem Adam-Optimierer, sparse categorical crossentropy loss und Genauigkeit als Metrik.

4. Checkpoint-Einrichtung:

    o   Wir definieren einen Checkpoint-Pfad, der die Epochennummer im Dateinamen enthält.

    o   Wir erstellen einen ModelCheckpoint-Callback, der die Modellgewichte nach jeder Epoche speichert.

5. Modelltraining:

    o   Wir trainieren das Modell für 10 Epochen mit einer Batch-Größe von 32 und einer 20%-Validierungsaufteilung.

o   Der Checkpoint-Callback wird an die Fit-Methode übergeben, um sicherzustellen, dass die Gewichte nach jeder Epoche gespeichert werden.

6. Checkpoint-Überprüfung:

    o   Wir geben die Liste der während des Trainings gespeicherten Checkpoint-Dateien aus.

7. Laden des neuesten Checkpoints:

    o   Wir verwenden tf.train.latest_checkpoint, um die aktuellste Checkpoint-Datei zu finden.

8. Erstellen einer neuen Modellinstanz:

    o   Wir erstellen ein neues Modell mit der gleichen Architektur wie das ursprüngliche Modell.

    o   Dieser Schritt zeigt, wie Checkpoints mit einer neuen Modellinstanz verwendet werden können.

9. Gewichte laden:

    o   Wir laden die Gewichte aus dem neuesten Checkpoint in das neue Modell.

10. Modellevaluierung:

    o   Wir evaluieren das wiederhergestellte Modell mit den Trainingsdaten, um seine Genauigkeit zu überprüfen.

11. Vorhersagen treffen:

    o   Schließlich nutzen wir das wiederhergestellte Modell, um Vorhersagen für einige Beispiele zu treffen und demonstrieren damit, wie das Modell nach der Wiederherstellung aus einem Checkpoint für Inferenzen verwendet werden kann.

Dieses Beispiel demonstriert den Checkpoint-Prozess umfassend. Es behandelt das Erstellen mehrerer Checkpoints, das Laden des aktuellsten und die Bestätigung der Genauigkeit des wiederhergestellten Modells. Der Code veranschaulicht den vollständigen Lebenszyklus von Checkpoints in TensorFlow - vom Speichern während des Trainings bis zur Wiederherstellung und Verwendung des Modells für Vorhersagen.

2.4.2. Laden von TensorFlow-Modellen

Sobald ein Modell gespeichert wurde, können Sie es wieder in den Speicher laden und für weiteres Training oder Inferenz verwenden. Diese Fähigkeit ist aus mehreren Gründen entscheidend:

- Fortgesetztes Training: Sie können das Training dort fortsetzen, wo Sie aufgehört haben, was besonders nützlich ist für langandauernde Modelle oder wenn Sie ein vortrainiertes Modell mit neuen Daten feinabstimmen möchten.

- Inferenz: Geladene Modelle können für Vorhersagen auf neuen, ungesehenen Daten verwendet werden, wodurch Sie Ihre trainierten Modelle in Produktionsumgebungen einsetzen können.

- Transfer Learning: Sie können vortrainierte Modelle laden und an neue, verwandte Aufgaben anpassen, wobei Sie das im ursprünglichen Modell erfasste Wissen nutzen.

TensorFlow bietet flexible Optionen zum Laden von Modellen und unterstützt verschiedene Speicherformate:

- **SavedModel-Format**: Dies ist ein umfassendes Speicherformat, das das komplette Modell erfasst, einschließlich seiner Architektur, Gewichte und sogar der Trainingskonfiguration. Es ist besonders nützlich für den Einsatz von Modellen in Produktionsumgebungen.

- **Checkpoints**: Dies sind leichtgewichtige Speicherungen der Modellgewichte an bestimmten Punkten während des Trainings. Sie sind nützlich für die Fortsetzung des Trainings oder zum Laden von Gewichten in ein Modell mit bekannter Architektur.

Die Möglichkeit, Modelle aus diesen Formaten einfach zu laden, erhöht die Flexibilität und Wiederverwendbarkeit Ihrer TensorFlow-Modelle und optimiert den Entwicklungs- und Bereitstellungsprozess.

Laden eines SavedModel

Sie können ein im **SavedModel**-Format gespeichertes Modell mit der Funktion load_model() aus TensorFlows Keras-API laden. Diese leistungsfähige Funktion stellt das gesamte Modell wieder her, einschließlich seiner Architektur, trainierter Gewichte und sogar der Kompilierungsinformationen. Hier ist eine detailliertere Erklärung:

1. **Vollständige Modellwiederherstellung**: Wenn Sie load_model() verwenden, rekonstruiert es das gesamte Modell wie es beim Speichern war. Dies umfasst:

    o   Die Modellarchitektur (Layer und ihre Verbindungen)

    o   Alle trainierten Gewichte und Biases

    o   Den Optimierer-Zustand (falls gespeichert)

    o   Alle benutzerdefinierten Objekte oder Layer

2. **Benutzerfreundlichkeit**: Die Funktion load_model() vereinfacht den Prozess des Neuladens eines Modells. Mit nur einer Codezeile erhalten Sie ein voll funktionsfähiges Modell, das bereit für Inferenz oder weiteres Training ist.

3. **Flexibilität**: Das geladene Modell kann sofort für Vorhersagen, Feinabstimmung oder Transfer Learning verwendet werden, ohne zusätzliche Einrichtung.

4. **Portabilität**: Im SavedModel-Format gespeicherte Modelle sind über verschiedene TensorFlow-Versionen und sogar verschiedene Programmiersprachen hinweg portabel, die TensorFlow unterstützen, was die Wiederverwendbarkeit des Modells erhöht.

Diese umfassende Ladefunktionalität macht das SavedModel-Format und die Funktion load_model() zu essentiellen Werkzeugen im TensorFlow-Ökosystem und erleichtert den einfachen Austausch und die Bereitstellung von Modellen.

Beispiel: Laden eines SavedModel

```python
import tensorflow as tf
from tensorflow.keras.models import load_model
import numpy as np

# Generate some dummy test data
np.random.seed(42)
X_test = np.random.rand(100, 784)
y_test = np.random.randint(0, 10, 100)

# Load the model from the SavedModel directory
loaded_model = load_model('my_model')

# Print model summary
print("Loaded Model Summary:")
loaded_model.summary()

# Compile the loaded model
loaded_model.compile(optimizer='adam',
                     loss='sparse_categorical_crossentropy',
                     metrics=['accuracy'])

# Evaluate the model on test data
loss, accuracy = loaded_model.evaluate(X_test, y_test, verbose=2)
print(f"\\nModel Evaluation:")
print(f"Test Loss: {loss:.4f}")
print(f"Test Accuracy: {accuracy:.4f}")

# Use the model for inference
predictions = loaded_model.predict(X_test)

# Print predictions for the first 5 samples
print("\\nPredictions for the first 5 samples:")
for i in range(5):
    predicted_class = np.argmax(predictions[i])
    true_class = y_test[i]
    print(f"Sample    {i+1}:    Predicted    Class:    {predicted_class},    True    Class:
{true_class}")
```

```python
# Fine-tune the model with a small learning rate
loaded_model.compile(optimizer=tf.keras.optimizers.Adam(learning_rate=0.0001),
                     loss='sparse_categorical_crossentropy',
                     metrics=['accuracy'])

history    =    loaded_model.fit(X_test,    y_test,    epochs=5,    batch_size=32,
validation_split=0.2, verbose=1)

# Plot training history
import matplotlib.pyplot as plt

plt.figure(figsize=(12, 4))
plt.subplot(1, 2, 1)
plt.plot(history.history['accuracy'], label='Training Accuracy')
plt.plot(history.history['val_accuracy'], label='Validation Accuracy')
plt.title('Model Accuracy')
plt.xlabel('Epoch')
plt.ylabel('Accuracy')
plt.legend()

plt.subplot(1, 2, 2)
plt.plot(history.history['loss'], label='Training Loss')
plt.plot(history.history['val_loss'], label='Validation Loss')
plt.title('Model Loss')
plt.xlabel('Epoch')
plt.ylabel('Loss')
plt.legend()

plt.tight_layout()
plt.show()
```

Code-Aufschlüsselung:

- Importieren der benötigten Bibliotheken: Wir importieren TensorFlow, die load_model-Funktion und NumPy für die Datenmanipulation.

- Testdaten generieren: Wir erstellen Test-Dummy-Daten (X_test und y_test), um ein reales Szenario zu simulieren.

- Modell laden: Wir verwenden load_model, um das gespeicherte Modell aus dem Verzeichnis 'my_model' wiederherzustellen.

- Modellübersicht ausgeben: Wir zeigen die Architektur des geladenen Modells mit der summary()-Methode an.

- Modell kompilieren: Wir kompilieren das geladene Modell erneut mit demselben Optimierer, der Verlustfunktion und den Metriken wie im ursprünglichen Modell.

- Modell evaluieren: Wir verwenden die evaluate-Methode, um die Leistung des Modells anhand der Testdaten zu bewerten.

- Vorhersagen treffen: Wir verwenden die predict-Methode, um Vorhersagen für die Testdaten zu generieren.

- Vorhersagen anzeigen: Wir geben die vorhergesagten und tatsächlichen Klassen für die ersten 5 Beispiele aus, um die Leistung des Modells zu überprüfen.

- Modell feinabstimmen: Wir zeigen, wie das geladene Modell mit einer niedrigen Lernrate auf neuen Daten weitertrainiert (feinabgestimmt) werden kann.

- Trainingsfortschritt visualisieren: Wir erstellen Diagramme der Trainings- und Validierungsgenauigkeit sowie des Verlusts über die Epochen hinweg, um den Feinabstimmungsprozess zu überwachen.

Dieses Beispiel zeigt einen vollständigen Arbeitsablauf für das Laden eines gespeicherten TensorFlow-Modells, die Bewertung seiner Leistung, seine Verwendung für Vorhersagen und sogar die Feinabstimmung auf neuen Daten. Es bietet eine umfassende Demonstration der Arbeit mit geladenen Modellen in TensorFlow.

Laden von Checkpoints

Wenn Sie die Gewichte des Modells als Checkpoints gespeichert haben, können Sie diese Gewichte wieder in eine bestehende Modellstruktur laden. Dieser Prozess ist in mehreren Szenarien besonders nützlich:

- Training fortsetzen: Sie können das Training dort fortsetzen, wo Sie aufgehört haben, was bei langandauernden Modellen oder wenn Sie das Training unterbrechen und wieder aufnehmen müssen, von Vorteil ist.

- Transfer Learning: Sie können vortrainierte Gewichte auf eine neue, ähnliche Aufgabe anwenden und dabei das im ursprünglichen Modell erfasste Wissen nutzen.

- Modellevaluierung: Sie können schnell verschiedene Gewichtskonfigurationen in dieselbe Modellarchitektur laden, um sie zu vergleichen und zu analysieren.

Um Gewichte aus Checkpoints zu laden, müssen Sie in der Regel:

1. Die Modellarchitektur definieren: Stellen Sie sicher, dass die Modellstruktur mit der beim Erstellen des Checkpoints verwendeten übereinstimmt.

2. Die load_weights()-Methode verwenden: Wenden Sie diese Methode auf das Modell an und geben Sie den Pfad zur Checkpoint-Datei an.

Dieser Ansatz bietet Flexibilität und ermöglicht es Ihnen, bestimmte Teile des Modells zu laden oder die Architektur vor dem Laden der Gewichte leicht zu modifizieren.

Beispiel: Laden von Gewichten aus Checkpoints

```python
import tensorflow as tf
from tensorflow.keras.models import Sequential
from tensorflow.keras.layers import Dense
import numpy as np

# Generate some dummy data for demonstration
np.random.seed(42)
X_train = np.random.rand(1000, 784)
y_train = np.random.randint(0, 10, 1000)

# Define the model architecture
model = Sequential([
    Dense(128, activation='relu', input_shape=(784,)),
    Dense(64, activation='relu'),
    Dense(10, activation='softmax')
])

# Compile the model
model.compile(optimizer='adam',
              loss='sparse_categorical_crossentropy',
              metrics=['accuracy'])

# Print model summary
print("Model Summary:")
model.summary()

# Load the weights from a checkpoint
checkpoint_path = 'training_checkpoints/cp.ckpt'
model.load_weights(checkpoint_path)
print(f"\\nWeights loaded from: {checkpoint_path}")

# Evaluate the model
loss, accuracy = model.evaluate(X_train, y_train, verbose=2)
print(f"\\nModel Evaluation:")
print(f"Loss: {loss:.4f}")
print(f"Accuracy: {accuracy:.4f}")

# Make predictions
predictions = model.predict(X_train[:5])
print("\\nPredictions for the first 5 samples:")
for i, pred in enumerate(predictions):
    predicted_class = np.argmax(pred)
    true_class = y_train[i]
    print(f"Sample  {i+1}:  Predicted  Class:  {predicted_class},  True  Class:
{true_class}")

# Continue training
history = model.fit(X_train, y_train, epochs=5, batch_size=32, validation_split=0.2,
verbose=1)

# Plot training history
import matplotlib.pyplot as plt
```

```python
plt.figure(figsize=(12, 4))
plt.subplot(1, 2, 1)
plt.plot(history.history['accuracy'], label='Training Accuracy')
plt.plot(history.history['val_accuracy'], label='Validation Accuracy')
plt.title('Model Accuracy')
plt.xlabel('Epoch')
plt.ylabel('Accuracy')
plt.legend()

plt.subplot(1, 2, 2)
plt.plot(history.history['loss'], label='Training Loss')
plt.plot(history.history['val_loss'], label='Validation Loss')
plt.title('Model Loss')
plt.xlabel('Epoch')
plt.ylabel('Loss')
plt.legend()

plt.tight_layout()
plt.show()
```

Code-Aufschlüsselung:

1. Bibliotheken importieren:

   o Wir importieren TensorFlow, die erforderlichen Keras-Module und NumPy für die Datenverarbeitung.

2. Beispieldaten generieren:

   o Wir erstellen synthetische Daten (X_train und y_train), um einen realen Datensatz für Demonstrationszwecke zu simulieren.

3. Modellarchitektur definieren:

   o Wir erstellen ein sequentielles Modell mit drei Dense-Layern, das für eine einfache Klassifizierungsaufgabe geeignet ist.

4. Modell kompilieren:

   o Wir kompilieren das Modell mit dem Adam-Optimierer, der Sparse Categorical Crossentropy-Verlustfunktion und der Genauigkeit als Metrik.

5. Modellübersicht ausgeben:

   o Wir zeigen die Architektur des Modells mit der summary()-Methode an.

6. Gewichte aus Checkpoint laden:

   o Wir verwenden die load_weights()-Methode, um die Gewichte des Modells aus einer Checkpoint-Datei wiederherzustellen.

7. Modell evaluieren:

   o Wir bewerten die Leistung des Modells anhand der Trainingsdaten mit der evaluate()-Methode.

8. Vorhersagen treffen:

   o Wir verwenden die predict()-Methode, um Vorhersagen für die ersten 5 Beispiele zu generieren und vergleichen sie mit den tatsächlichen Labels.

9. Training fortsetzen:

   o Wir zeigen, wie das Training des Modells mit der fit()-Methode fortgesetzt (feinabgestimmt) werden kann.

10. Trainingsfortschritt visualisieren:

    o Wir erstellen Diagramme der Trainings- und Validierungsgenauigkeit sowie des Verlusts über die Epochen hinweg, um den Feinabstimmungsprozess zu überwachen.

2.4.3 Bereitstellung von TensorFlow-Modellen

Sobald ein Modell trainiert und gespeichert ist, ist der nächste entscheidende Schritt die Bereitstellung, bei der das Modell für reale Anwendungen zugänglich gemacht wird. Die Bereitstellung ermöglicht es dem Modell, Vorhersagen in verschiedenen Umgebungen wie Webanwendungen, mobilen Apps oder eingebetteten Systemen bereitzustellen. Dieser Prozess überbrückt die Lücke zwischen Entwicklung und praktischer Implementierung und ermöglicht es dem Modell, in Produktionsszenarien Mehrwert zu schaffen.

TensorFlow bietet eine Reihe leistungsfähiger Tools, um eine reibungslose und effiziente Modellbereitstellung auf verschiedenen Plattformen zu ermöglichen:

- **TensorFlow Serving**: Dieses Tool ist für die skalierbare Webbereitstellung konzipiert. Es bietet ein flexibles, leistungsstarkes Serving-System für maschinelle Lernmodelle, das mehrere Client-Anfragen gleichzeitig verarbeiten kann. TensorFlow Serving ist besonders nützlich für die Bereitstellung von Modellen in Cloud-Umgebungen oder auf leistungsstarken Servern, wo es große Mengen an Vorhersageanfragen effizient verwalten kann.

- **TensorFlow Lite**: Dieses Framework ist für mobile Geräte und eingebettete Systeme optimiert. Es ermöglicht Entwicklern, Modelle auf Plattformen mit begrenzten Rechenressourcen wie Smartphones, Tablets oder IoT-Geräten bereitzustellen. TensorFlow Lite erreicht dies durch die Optimierung des Modells für kleinere Dateigrößen und schnellere Inferenzzeiten, was es ideal für Anwendungen macht, bei denen Reaktionsschnelligkeit und Effizienz entscheidend sind.

Diese Bereitstellungstools adressieren verschiedene Anwendungsfälle und Anforderungen und ermöglichen es Entwicklern, die am besten geeignete Option basierend auf ihren spezifischen

Bereitstellungsanforderungen zu wählen. Ob es sich um die Bereitstellung von Vorhersagen im großen Maßstab über Web-APIs oder um die Ausführung von Modellen auf ressourcenbeschränkten Geräten handelt, TensorFlow bietet die notwendige Infrastruktur, um maschinelle Lernmodelle effizient von der Entwicklung in die Produktion zu bringen.

TensorFlow Serving für Web-Bereitstellung

TensorFlow Serving ist ein flexibles, leistungsstarkes Serving-System für maschinelle Lernmodelle, das für Produktionsumgebungen entwickelt wurde. Es ermöglicht die Bereitstellung Ihrer Modelle als APIs, die mehrere Client-Anfragen in Echtzeit verarbeiten können.

Führen Sie die folgenden Schritte aus, um ein Modell mit TensorFlow Serving bereitzustellen:

1. **Modell exportieren**: Speichern Sie das Modell in einem Format, das TensorFlow Serving verwenden kann.

Beispiel: Exportieren des Modells für TensorFlow Serving

```
# Export the model in the SavedModel format
model.save('serving_model/my_model')
```

1. **TensorFlow Serving einrichten**: TensorFlow Serving kann über Docker installiert werden. Nach der Einrichtung können Sie Ihr Modell bereitstellen.

```
docker pull tensorflow/serving
docker run -p 8501:8501 --name tf_serving \\\\
  --mount type=bind,source=$(pwd)/serving_model/my_model,target=/models/my_model \\\\
  -e MODEL_NAME=my_model -t tensorflow/serving
```

1. **Anfragen an das Modell senden**: Sobald das Modell bereitgestellt ist, können Sie HTTP-Anfragen an die TensorFlow Serving API senden, um Vorhersagen zu erhalten.

Beispiel: Eine Anfrage an TensorFlow Serving senden

```
import requests
import json
import numpy as np

# Define the URL for TensorFlow Serving
url = '<http://localhost:8501/v1/models/my_model:predict>'

# Prepare the input data
data = json.dumps({"instances": np.random.rand(1, 784).tolist()})

# Send the request to the server and get the response
response = requests.post(url, data=data)
predictions = json.loads(response.text)['predictions']
print(predictions)
```

In diesem Beispiel senden wir eine POST-Anfrage an die TensorFlow Serving API mit Eingabedaten, und der Server antwortet mit Vorhersagen des bereitgestellten Modells

TensorFlow Lite für Mobile und Eingebettete Geräte

Für die Bereitstellung von Modellen auf mobilen oder eingebetteten Geräten bietet TensorFlow **TensorFlow Lite**. Dieses leistungsstarke Framework wurde speziell entwickelt, um maschinelle Lernmodelle für kleinere Geräte mit begrenzter Rechenleistung zu optimieren und eine schnelle und effiziente Inferenz zu gewährleisten. TensorFlow Lite erreicht diese Optimierung durch mehrere Schlüsseltechniken:

- Modellkomprimierung: Es reduziert die Größe des Modells durch Quantisierung von Gewichten und Aktivierungen, oft von 32-Bit-Fließkomma zu 8-Bit-Ganzzahlen.

- Operatorfusion: Es kombiniert mehrere Operationen zu einer einzigen optimierten Operation und reduziert damit den Rechenaufwand.

- Selektiver Schichtaustausch: Es ersetzt bestimmte Schichten durch effizientere Alternativen, die für die mobile Ausführung optimiert sind.

- Hardware-Beschleunigung: Es nutzt gerätespezifische Hardware-Fähigkeiten wie GPUs oder Neural Processing Units, wenn verfügbar.

Diese Optimierungen führen zu kleineren Modellgrößen, schnelleren Ausführungszeiten und niedrigerem Stromverbrauch, was es ideal für den Einsatz auf Smartphones, Tablets, IoT-Geräten und anderen ressourcenbeschränkten Plattformen macht. Dies ermöglicht es Entwicklern, fortgeschrittene Machine-Learning-Fähigkeiten auf Edge-Geräte zu bringen und eröffnet Möglichkeiten für KI-Anwendungen auf dem Gerät, die ohne ständige Internetverbindung oder Cloud-Abhängigkeiten arbeiten können.

Schritte zur Bereitstellung mit TensorFlow Lite:

Konvertierung des Modells in das TensorFlow Lite Format: Verwenden Sie den TFLiteConverter, um ein TensorFlow-Modell in ein TensorFlow Lite-Modell zu konvertieren.

Beispiel: Konvertierung eines Modells in das TensorFlow Lite Format

```
# Convert the model to TensorFlow Lite format
converter = tf.lite.TFLiteConverter.from_saved_model('my_model')
tflite_model = converter.convert()

# Save the TensorFlow Lite model to a file
with open('my_model.tflite', 'wb') as f:
    f.write(tflite_model)
```

Modell auf einer mobilen App bereitstellen: Nach der Konvertierung können Sie das Modell in Android- oder iOS-Apps bereitstellen. TensorFlow Lite bietet APIs für beide Plattformen, wodurch sich Modelle einfach in mobile Anwendungen integrieren lassen.

Edge-Bereitstellung mit TensorFlow Lite für Mikrocontroller

Für extrem ressourcenbeschränkte Geräte wie Mikrocontroller bietet TensorFlow **TensorFlow Lite für Mikrocontroller**. Dieses spezialisierte Framework wurde entwickelt, um maschinelles Lernen auf Geräten mit sehr begrenzten Rechen- und Speicherressourcen zu ermöglichen. Im Gegensatz zu Standard-TensorFlow oder selbst TensorFlow Lite ist TensorFlow Lite für Mikrocontroller optimiert, um auf Geräten mit nur wenigen Kilobyte Speicher zu laufen.

Dieses Framework erreicht diese beeindruckende Effizienz durch mehrere wichtige Optimierungen:

- Minimale Abhängigkeiten: Es arbeitet mit minimalen externen Abhängigkeiten und reduziert damit den Gesamtumfang des Systems.

- Statische Speicherzuweisung: Es verwendet statische Speicherzuweisung, um den Overhead der dynamischen Speicherverwaltung zu vermeiden.

- Optimierte Kernels: Das Framework enthält hochoptimierte Kernels, die speziell für Mikrocontroller-Architekturen entwickelt wurden.

- Quantisierung: Es nutzt intensiv Quantisierungstechniken, um Modellgröße und Rechenanforderungen zu reduzieren.

Diese Optimierungen ermöglichen den Einsatz von maschinellen Lernmodellen auf einer breiten Palette von Mikrocontroller-basierten Geräten, darunter:

- IoT-Sensoren: Für Smart-Home-Geräte, industrielle Sensoren und Umweltüberwachung.

- Wearable-Geräte: Wie Fitness-Tracker und Smartwatches.

- Eingebettete Systeme: In Automobilanwendungen, Unterhaltungselektronik und medizinischen Geräten.

Durch die Ermöglichung von maschinellem Lernen auf solch ressourcenbeschränkten Geräten eröffnet TensorFlow Lite für Mikrocontroller neue Möglichkeiten für Edge Computing und IoT-Anwendungen und ermöglicht Echtzeit-Inferenz auf dem Gerät ohne die Notwendigkeit einer ständigen Verbindung zu leistungsfähigeren Rechenressourcen.

Beispiel: Konvertierung und Bereitstellung eines Modells für Mikrocontroller

```python
# Import necessary libraries
import tensorflow as tf
import numpy as np

# Define a simple model for demonstration
def create_model():
    model = tf.keras.Sequential([
        tf.keras.layers.Dense(128, activation='relu', input_shape=(784,)),
        tf.keras.layers.Dense(64, activation='relu'),
```

```python
        tf.keras.layers.Dense(10, activation='softmax')
    ])
    model.compile(optimizer='adam',                 loss='sparse_categorical_crossentropy',
metrics=['accuracy'])
    return model

# Create and train the model
model = create_model()
x_train = np.random.random((1000, 784))
y_train = np.random.randint(0, 10, (1000, 1))
model.fit(x_train, y_train, epochs=5, batch_size=32)

# Save the model in SavedModel format
model.save('my_model')

# Convert the model with optimizations for microcontrollers
converter = tf.lite.TFLiteConverter.from_saved_model('my_model')
converter.optimizations = [tf.lite.Optimize.DEFAULT]
converter.target_spec.supported_ops = [tf.lite.OpsSet.TFLITE_BUILTINS_INT8]
converter.inference_input_type = tf.int8
converter.inference_output_type = tf.int8

# Representative dataset for quantization
def representative_dataset():
    for _ in range(100):
        yield [np.random.random((1, 784)).astype(np.float32)]

converter.representative_dataset = representative_dataset

# Convert the model
tflite_model = converter.convert()

# Save the optimized model
with open('micro_model.tflite', 'wb') as f:
    f.write(tflite_model)

# Print model size
print(f"Model size: {len(tflite_model) / 1024:.2f} KB")

# Load and test the TFLite model
interpreter = tf.lite.Interpreter(model_content=tflite_model)
interpreter.allocate_tensors()

input_details = interpreter.get_input_details()
output_details = interpreter.get_output_details()

# Test the model on random input data
input_shape = input_details[0]['shape']
input_data = np.array(np.random.random_sample(input_shape), dtype=np.float32)
interpreter.set_tensor(input_details[0]['index'], input_data)

interpreter.invoke()
```

```
output_data = interpreter.get_tensor(output_details[0]['index'])
print(f"TFLite model output: {output_data}")
```

Code-Aufschlüsselung:

1. Bibliotheken importieren:

   o   Wir importieren TensorFlow und NumPy, die für das Erstellen, Trainieren und Konvertieren unseres Modells unerlässlich sind.

2. Modell definieren:

   o   Wir erstellen eine einfache Funktion create_model(), die ein sequentielles Modell mit drei Dense-Layern zurückgibt.

   o   Das Modell wird mit dem Adam-Optimizer und der Sparse Categorical Crossentropy-Verlustfunktion kompiliert.

3. Modell erstellen und trainieren:

   o   Wir instanziieren das Modell und trainieren es mit zufällig generierten Daten zu Demonstrationszwecken.

4. Modell speichern:

   o   Das trainierte Modell wird im SavedModel-Format gespeichert, was eine vollständige Serialisierung des Modells darstellt.

5. Modell konvertieren:

   o   Wir verwenden TFLiteConverter, um unser SavedModel in das TensorFlow Lite-Format zu konvertieren.

   o   Wir legen Optimierungen für eine reduzierte Binärgröße und verbesserte Inferenzgeschwindigkeit fest.

   o   Wir spezifizieren, dass wir 8-Bit-Integer-Quantisierung sowohl für Ein- als auch Ausgabe verwenden möchten.

6. Repräsentativer Datensatz:

   o   Wir definieren eine Generator-Funktion, die Beispiel-Eingabedaten für die Quantisierung bereitstellt.

   o   Dies hilft dem Konverter, den erwarteten Wertebereich der Eingaben zu verstehen.

7. Konvertieren und Speichern:

- o Wir führen die Konvertierung durch und speichern das resultierende TFLite-Modell in einer Datei.

8. Modellgröße:

- o Wir geben die Größe des konvertierten Modells aus, was nützlich ist, um die Auswirkungen unserer Optimierungen zu verstehen.

9. TFLite-Modell testen:

- o Wir laden das konvertierte TFLite-Modell mithilfe eines Interpreters.

- o Wir generieren zufällige Eingabedaten und führen Inferenz mit dem TFLite-Modell durch.

- o Schließlich geben wir die Ausgabe aus, um zu überprüfen, ob das Modell wie erwartet funktioniert.

Dieses vollständige Beispiel bietet einen umfassenderen Einblick in den Prozess des Erstellens, Trainierens, Konvertierens und Testens eines TensorFlow-Modells für den Einsatz auf Mikrocontrollern. Es demonstriert wichtige Konzepte wie Quantisierung, die entscheidend für die Reduzierung der Modellgröße und die Verbesserung der Inferenzgeschwindigkeit auf ressourcenbeschränkten Geräten ist.

Praktische Übungen Kapitel 2

Übung 1: Speichern und Laden eines TensorFlow-Modells

Aufgabe: Trainieren Sie ein einfaches neuronales Netz mit dem **MNIST-Datensatz** und speichern Sie das trainierte Modell im **SavedModel**-Format. Laden Sie anschließend das gespeicherte Modell und verwenden Sie es, um Vorhersagen für den Testdatensatz zu treffen.

Lösung:

```python
import tensorflow as tf
from tensorflow.keras.datasets import mnist
from tensorflow.keras.models import Sequential
from tensorflow.keras.layers import Dense, Flatten

# Load the MNIST dataset
(X_train, y_train), (X_test, y_test) = mnist.load_data()

# Normalize the data
X_train, X_test = X_train / 255.0, X_test / 255.0

# Build a simple neural network model
model = Sequential([
    Flatten(input_shape=(28, 28)),
    Dense(128, activation='relu'),
```

```
    Dense(64, activation='relu'),
    Dense(10, activation='softmax')
])

# Compile the model
model.compile(optimizer='adam',                    loss='sparse_categorical_crossentropy',
metrics=['accuracy'])

# Train the model
model.fit(X_train, y_train, epochs=5, validation_data=(X_test, y_test))

# Save the trained model using SavedModel format
model.save('saved_mnist_model')

# Load the saved model
loaded_model = tf.keras.models.load_model('saved_mnist_model')

# Make predictions with the loaded model
predictions = loaded_model.predict(X_test)
print(f"Predictions for first test sample: {predictions[0]}")
```

Übung 2: Speichern und Laden von Modell-Checkpoints

Aufgabe: Trainieren Sie ein neuronales Netz und speichern Sie während des Trainings Checkpoints. Laden Sie nach dem Training die Gewichte aus dem gespeicherten Checkpoint und verwenden Sie diese, um das Training fortzusetzen.

Lösung:

```
from tensorflow.keras.callbacks import ModelCheckpoint

# Define the checkpoint path
checkpoint_path = "training_checkpoints/cp.ckpt"

# Define the checkpoint callback to save model weights
checkpoint_callback           =           ModelCheckpoint(filepath=checkpoint_path,
save_weights_only=True, verbose=1)

# Train the model with checkpoint saving
model.fit(X_train,    y_train,    epochs=5,    validation_data=(X_test,    y_test),
callbacks=[checkpoint_callback])

# Load the weights from the saved checkpoint
model.load_weights(checkpoint_path)

# Continue training the model
model.fit(X_train, y_train, epochs=5, validation_data=(X_test, y_test))
```

Übung 3: Bereitstellung eines TensorFlow-Modells mit TensorFlow Serving

Aufgabe: Speichern Sie ein trainiertes Modell im **SavedModel**-Format und bereiten Sie es für die Bereitstellung mit **TensorFlow Serving** vor. Verwenden Sie die **requests**-Bibliothek, um eine Vorhersageanfrage an das bereitgestellte Modell zu senden.

Lösung:

```python
# Save the model for TensorFlow Serving
model.save('serving_model/my_served_model')

# Assuming you have TensorFlow Serving set up, you can now serve the model:
# docker pull tensorflow/serving
# docker run -p 8501:8501 --name tf_serving \\\\
#                                                                          --mount
type=bind,source=$(pwd)/serving_model/my_served_model,target=/models/my_model \\\\
#    -e MODEL_NAME=my_model -t tensorflow/serving

# After running TensorFlow Serving, use requests to get predictions:
import requests
import numpy as np
import json

# URL for the TensorFlow Serving API
url = '<http://localhost:8501/v1/models/my_model:predict>'

# Prepare the input data (random data for demonstration)
input_data = np.random.rand(1, 784).tolist()
data = json.dumps({"instances": input_data})

# Send a POST request to the TensorFlow Serving API
response = requests.post(url, data=data)

# Parse the response and display predictions
predictions = json.loads(response.text)['predictions']
print(f"Predictions: {predictions}")
```

Übung 4: Konvertierung eines Modells in TensorFlow Lite

Aufgabe: Konvertieren Sie ein trainiertes Modell in das **TensorFlow Lite**-Format und speichern Sie es. Laden Sie anschließend das TensorFlow Lite-Modell und führen Sie Inferenz mithilfe des **TensorFlow Lite Interpreters** durch.

Lösung:

```python
# Convert the model to TensorFlow Lite format
converter = tf.lite.TFLiteConverter.from_saved_model('saved_mnist_model')
tflite_model = converter.convert()

# Save the TensorFlow Lite model to a file
with open('mnist_model.tflite', 'wb') as f:
```

```
    f.write(tflite_model)

# Use TensorFlow Lite Interpreter to run inference
interpreter = tf.lite.Interpreter(model_path='mnist_model.tflite')
interpreter.allocate_tensors()

# Get input and output tensors
input_details = interpreter.get_input_details()
output_details = interpreter.get_output_details()

# Prepare a test sample
test_sample = np.expand_dims(X_test[0], axis=0).astype(np.float32)

# Set the test sample as the input tensor
interpreter.set_tensor(input_details[0]['index'], test_sample)

# Run the model
interpreter.invoke()

# Get the output tensor
output_data = interpreter.get_tensor(output_details[0]['index'])
print(f"TensorFlow Lite model predictions: {output_data}")
```

Übung 5: Feinabstimmung eines vortrainierten Modells von TensorFlow Hub

Aufgabe: Laden Sie ein **vortrainiertes Modell** von **TensorFlow Hub** (z.B. **MobileNetV2**) und führen Sie eine Feinabstimmung auf einem neuen Datensatz durch (z.B. dem **CIFAR-10** Datensatz). Entsperren Sie die letzten Schichten und führen Sie die Feinabstimmung durch.

Lösung:

```
import tensorflow_hub as hub
from tensorflow.keras.datasets import cifar10
from tensorflow.keras.layers import Dense, Flatten
from tensorflow.keras.models import Sequential

# Load the CIFAR-10 dataset
(X_train, y_train), (X_test, y_test) = cifar10.load_data()
X_train, X_test = X_train / 255.0, X_test / 255.0

# Load a pretrained MobileNetV2 model from TensorFlow Hub
mobilenet_url                    =                    "<https://tfhub.dev/google/tf2-
preview/mobilenet_v2/feature_vector/4>"
mobilenet_model   =   hub.KerasLayer(mobilenet_url,   input_shape=(32,   32,   3),
trainable=False)

# Build a new model on top of the pretrained MobileNetV2
model = Sequential([
    mobilenet_model,  # Pretrained MobileNetV2
    Dense(128, activation='relu'),
    Dense(10, activation='softmax')  # 10 output classes for CIFAR-10
```

```
])

# Compile the model
model.compile(optimizer='adam',                    loss='sparse_categorical_crossentropy',
metrics=['accuracy'])

# Fine-tune the model by unfreezing the last layers
mobilenet_model.trainable = True
for layer in mobilenet_model.layers[:-20]:
    layer.trainable = False

# Train the model
model.fit(X_train, y_train, epochs=5, validation_data=(X_test, y_test))
```

Diese Übungen verstärken die Schlüsselkonzepte aus **Kapitel 2**, einschließlich des Speicherns und Ladens von Modellen mit dem **SavedModel**-Format und Checkpoints, der Bereitstellung von Modellen mit **TensorFlow Serving**, der Konvertierung von Modellen zu **TensorFlow Lite** und der Feinabstimmung vortrainierter Modelle von **TensorFlow Hub**. Diese Aufgaben sind entscheidend für den Übergang von Modellen von der Entwicklung zur Produktion in realen Anwendungen.

Kapitel 2 Zusammenfassung

In **Kapitel 2** haben wir untersucht, wie man Deep-Learning-Modelle mit **TensorFlow 2.x**, einem der leistungsstärksten und am weitesten verbreiteten Frameworks für maschinelles Lernen und Deep Learning, effektiv erstellt, trainiert und bereitstellt. Dieses Kapitel bot eine umfassende Einführung in die Kernkomponenten von TensorFlow und behandelte alles von der Erstellung von Modellen bis hin zum Speichern, Laden und Bereitstellen in realen Anwendungen.

Wir begannen mit der Einführung von **TensorFlow 2.x**, das dank seiner Integration mit **Keras** eine vereinfachte Schnittstelle zum Erstellen von Deep-Learning-Modellen bietet. Die **Sequential API** wurde verwendet, um Schichten zu stapeln und neuronale Netze zu erstellen, während **Tensoren** als grundlegende Datenstrukturen in TensorFlow eingeführt wurden, die eine effiziente Manipulation mehrdimensionaler Arrays ermöglichen. Das Kapitel behandelte auch, wie **Eager Execution** TensorFlow 2.x intuitiver macht, indem Operationen sofort ausgeführt werden, ähnlich wie in Standard-Python, was den Entwicklungsprozess vereinfacht.

Als Nächstes diskutierten wir den Prozess des **Erstellens, Trainierens und Feinabstimmens neuronaler Netze** mit TensorFlow. Sie lernten, wie man neuronale Netzwerkarchitekturen mit Schichten wie **Dense** und **Flatten** definiert und wie man Modelle mit Optimierern (wie **Adam**) und Verlustfunktionen (wie **categorical cross-entropy**) kompiliert. Wir erforschten den Modelltrainingsprozess mit der **fit()**-Funktion sowie die Bewertung der Modellleistung auf Validierungs- und Testdatensätzen. Besonders wichtig war die Demonstration der Feinabstimmung von Modellen durch Anpassung von Hyperparametern, Implementierung von

Regularisierungstechniken (wie **Dropout**) und Verwendung von **Early Stopping** zur Vermeidung von Überanpassung.

Das Kapitel stellte auch **TensorFlow Hub** und die **Model Zoo** vor, Repositories, die Zugang zu **vortrainierten Modellen** bieten. Sie lernten, wie man Modelle wie **MobileNetV2** von TensorFlow Hub lädt und Transfer Learning nutzt, um diese Modelle an spezifische Aufgaben anzupassen, wodurch die benötigte Trainingszeit und Datenmenge erheblich reduziert wird. Wir behandelten auch das **Fine-Tuning**, eine leistungsstarke Technik, die es ermöglicht, die späteren Schichten eines vortrainierten Modells zu entsperren und sie auf Ihrem Datensatz für verbesserte Genauigkeit zu trainieren.

Abschließend konzentrierten wir uns auf das Speichern, Laden und Bereitstellen von TensorFlow-Modellen. Sie lernten, wie man Modelle im **SavedModel**-Format speichert, das alles enthält, was zur Wiederherstellung des Modells benötigt wird, und wie man **Checkpoints** speichert, die den Gewichtszustand des Modells und den Optimiererzustand während des Trainings speichern. Dann diskutierten wir, wie man Modelle mit **TensorFlow Serving** bereitstellt, einem Tool, das es ermöglicht, Modelle als APIs für Echtzeitvorhersagen in Produktionsumgebungen bereitzustellen. Für mobile und eingebettete Anwendungen stellten wir **TensorFlow Lite** vor, das Modelle in ein optimiertes Format für effiziente Inferenz auf Geräten mit begrenzter Rechenleistung konvertiert.

Am Ende dieses Kapitels haben Sie ein tiefes Verständnis dafür gewonnen, wie man Deep-Learning-Modelle von der Entwicklungsphase bis zur Bereitstellung bringt, unter Verwendung von TensorFlows leistungsfähigem Ökosystem an Tools und Bibliotheken. Dieses Wissen ist essentiell für den Aufbau skalierbarer, produktionsreifer Modelle, die in reale Systeme integriert werden können, von Webanwendungen bis hin zu mobilen Apps und IoT-Geräten.

Kapitel 3: Deep Learning mit Keras

Keras hat sich zu einem Eckpfeiler in der Machine-Learning-Community entwickelt und genießt aufgrund seiner intuitiven Schnittstelle und benutzerfreundlichen Gestaltung breite Akzeptanz unter Forschern und Entwicklern. Als integraler Bestandteil des TensorFlow 2.x-Ökosystems bietet Keras eine hocheffiziente API, die den Prozess der Konstruktion und des Trainings neuronaler Netze vereinfacht.

Durch die Abstraktion komplexer Low-Level-Operationen wie Tensor-Management und Verarbeitung von Berechnungsgraphen ermöglicht Keras den Nutzern, sich auf die übergeordnete Architektur ihrer Modelle zu konzentrieren. Diese Abstraktion beschleunigt nicht nur die Prototyping-Phase von Machine-Learning-Projekten, sondern erleichtert auch den nahtlosen Einsatz in Produktionsumgebungen, was Keras zu einem wertvollen Werkzeug für experimentelle und praxisbezogene Anwendungen macht.

In diesem umfassenden Kapitel werden wir uns eingehend mit den Kernfunktionalitäten der Keras-API befassen und deren umfangreiches Angebot an Layern und Modellierungswerkzeugen erkunden. Sie werden praktische Erfahrung im Aufbau, Training und der Evaluierung von Deep-Learning-Modellen mit Keras sammeln. Darüber hinaus behandeln wir fortgeschrittene Techniken zur Feinabstimmung dieser Modelle, um optimale Leistung bei verschiedenen Aufgaben und Datensätzen zu erzielen. Am Ende dieses Kapitels werden Sie über eine solide Grundlage in der Nutzung von Keras für ein breites Spektrum von Deep-Learning-Anwendungen verfügen, von einfachen neuronalen Netzen bis hin zu komplexen Architekturen.

3.1 Einführung in die Keras-API in TensorFlow 2.x

Die **Keras-API** in TensorFlow 2.x bietet eine hochintuitive und benutzerfreundliche Schnittstelle zur Konstruktion neuronaler Netze. Indem sie die komplexen Details der Modellkonstruktion, des Trainings und der Evaluierung abstrahiert, ermöglicht Keras den Entwicklern, sich auf die übergeordneten Aspekte ihrer Netzwerkarchitektur und Leistungsoptimierung zu konzentrieren. Diese Abstraktion reduziert die Lernkurve für Neueinsteiger im Deep Learning erheblich und bietet gleichzeitig fortgeschrittenen Anwendern leistungsfähige Werkzeuge zum effizienten Aufbau komplexer Modelle.

Keras unterstützt zwei Hauptansätze für den Modellaufbau: die **Sequential API** und die **Functional API**. Die Sequential API ist ideal für geradlinige, lineare Layer-Stacks und eignet sich perfekt für Anfänger oder einfache Modellarchitekturen. Die Functional API hingegen bietet größere Flexibilität und ermöglicht die Erstellung komplexer Modelltopologien mit mehreren Eingaben, Ausgaben oder verzweigten Layern. Diese Vielseitigkeit ermöglicht Entwicklern die Implementierung einer breiten Palette fortgeschrittener Architekturen, von einfachen Feed-Forward-Netzwerken bis hin zu komplexen Modellen wie ResNet oder Inception.

In TensorFlow 2.x wurde Keras als Standard-High-Level-API für Deep Learning tief integriert. Diese Integration bringt mehrere Vorteile mit sich, einschließlich nahtloser Kompatibilität mit den Kernfunktionen von TensorFlow. Die Eager Execution in TensorFlow 2.x ermöglicht beispielsweise die sofortige Auswertung von Operationen, was Debugging und Prototyping deutlich erleichtert.

Die eingebauten Funktionen zum Speichern und Laden von Modellen gewährleisten, dass trainierte Modelle einfach persistent gespeichert und in verschiedenen Umgebungen wiederverwendet werden können. Darüber hinaus unterstützt Keras in TensorFlow 2.x standardmäßig verteiltes Training, wodurch Entwickler mehrere GPUs oder sogar TPUs für beschleunigtes Modelltraining nutzen können, ohne umfangreiche Low-Level-Programmierung zu benötigen.

Ob Sie ein Neuling sind, der seine ersten Schritte im maschinellen Lernen macht, oder ein erfahrener Data Scientist, der an Cutting-Edge-Projekten arbeitet, Keras vereinfacht den Prozess der Entwicklung robuster und skalierbarer Machine-Learning-Modelle. Seine intuitive Designphilosophie in Verbindung mit der leistungsstarken Unterstützung von TensorFlow macht es zu einem unverzichtbaren Werkzeug im modernen Deep-Learning-Ökosystem.

Durch die Bereitstellung einer High-Level-Schnittstelle ohne Einbußen bei Flexibilität oder Leistung ermöglicht Keras Entwicklern, schnell Ideen zu prototypisieren, mit verschiedenen Architekturen zu experimentieren und produktionsreife Modelle mit Zuversicht einzusetzen.

3.1.1 Hauptmerkmale der Keras-API

1. **Benutzerfreundlichkeit**: Keras bietet eine klare und intuitive API, die den Prozess des Aufbaus neuronaler Netze vereinfacht. Seine benutzerfreundliche Syntax ermöglicht es Entwicklern, schnell Prototypen zu erstellen und mit verschiedenen Modellarchitekturen zu experimentieren, wodurch es sowohl für Anfänger als auch für erfahrene Anwender zugänglich ist. Die unkomplizierte Art, Layer zu definieren und zu verbinden, reduziert die Lernkurve und beschleunigt den Entwicklungsprozess.

2. **Modularität**: Keras verfolgt eine modulare Designphilosophie, die es ermöglicht, Modelle entweder als Sequenz von Layern oder als komplexeren Graphen miteinander verbundener Komponenten zu konstruieren. Diese Flexibilität ermöglicht die Erstellung einer breiten Palette von Architekturen, von einfachen Feed-Forward-Netzwerken bis hin zu komplexen Modellen mit mehreren Ein- und Ausgaben. Jeder Layer und jede Komponente in Keras ist vollständig anpassbar und gibt Entwicklern feingranulare Kontrolle über das Verhalten und die Struktur ihrer Modelle.

3. **Unterstützung mehrerer Backends**: Während Keras jetzt eng mit TensorFlow integriert ist, wurde es ursprünglich Backend-agnostisch konzipiert. Das bedeutet, es kann auf verschiedenen Berechnungs-Backends laufen, einschließlich Theano und CNTK. Diese Flexibilität ermöglicht es Entwicklern, das Backend zu wählen, das ihren Anforderungen am besten entspricht, sei es aus Performancegründen oder wegen der Kompatibilität mit bestehender Infrastruktur. Obwohl TensorFlow jetzt das primäre Backend ist, zeigt die Multi-Backend-Unterstützung die Vielseitigkeit und Anpassungsfähigkeit von Keras.

4. **Erweiterbarkeit**: Keras bietet einen umfangreichen Satz an integrierten Layern, Verlustfunktionen und Optimierern, ermöglicht aber auch umfassende Anpassungen. Entwickler können benutzerdefinierte Layer erstellen, um neuartige Architekturen oder spezialisierte Operationen zu implementieren, die in der Standardbibliothek nicht verfügbar sind. Ebenso können benutzerdefinierte Verlustfunktionen definiert werden, um Modelle für spezifische Aufgaben oder Metriken zu optimieren. Die Möglichkeit, benutzerdefinierte Optimizer zu erstellen, ermöglicht die Feinabstimmung des Lernprozesses. Diese Erweiterbarkeit macht Keras geeignet für Spitzenforschung und spezielle Anwendungsanforderungen.

5. **Integrierte Unterstützung für Multi-GPU/TPU-Training**: Keras integriert sich nahtlos mit den verteilten Trainingsfähigkeiten von TensorFlow und ermöglicht das Training von Modellen über mehrere GPUs oder TPUs hinweg, ohne dass signifikante Codeänderungen erforderlich sind. Diese Funktion ist entscheidend für die Skalierung auf große Datensätze und komplexe Modelle und reduziert die Trainingszeiten erheblich. Die integrierte Unterstützung vereinfacht den Prozess der Nutzung paralleler Rechenressourcen und macht ihn auch für Entwickler zugänglich, die keine Experten für verteilte Systeme sind.

3.1.2 Keras-Modelltypen: Sequential vs. Functional API

Keras bietet zwei primäre Ansätze für die Konstruktion neuronaler Netzwerkmodelle, jeder mit eigenen Stärken und Anwendungsfällen:

- **Sequential API**: Diese API ist für den Aufbau geradliniger, linearer Modelle konzipiert, bei denen Layer sequentiell gestapelt werden. Sie ist ideal für:

    o Anfänger, die gerade mit Deep Learning beginnen

    o Einfache Feed-Forward-neuronale Netze

    o Modelle, bei denen jeder Layer genau einen Eingabetensor und einen Ausgabetensor hat

    o Schnelles Prototyping von grundlegenden Architekturen

- **Functional API**: Diese fortgeschrittenere API bietet größere Flexibilität und Leistungsfähigkeit und ermöglicht die Erstellung komplexer Modellarchitekturen. Sie eignet sich für:

  - Erfahrene Entwickler, die an komplexen neuronalen Netzwerkdesigns arbeiten

  - Modelle mit mehreren Ein- oder Ausgaben

  - Modelle mit gemeinsam genutzten Layern (bei denen ein einzelner Layer an mehreren Stellen im Netzwerk verwendet wird)

  - Modelle mit nicht-linearer Topologie (z.B. Residual-Verbindungen, Verkettungen)

  - Implementierung fortgeschrittener Architekturen wie Inception-Netzwerke oder siamesische Netzwerke

Die Wahl zwischen diesen APIs hängt von der Komplexität Ihres Modells und Ihren spezifischen Anforderungen ab. Während die Sequential API benutzerfreundlicher ist und für viele gängige Aufgaben ausreicht, eröffnet die Functional API Möglichkeiten zur Erstellung hochgradig angepasster und komplexer neuronaler Netzwerkarchitekturen.

Sequential API

Die **Sequential API** ist der einfachste und intuitivste Weg, ein neuronales Netzwerk in Keras zu erstellen. Diese API ermöglicht es Ihnen, Modelle durch schichtweises Stapeln von Layern in einer linearen Sequenz zu konstruieren, was ideal für die Mehrheit grundlegender Machine-Learning-Aufgaben ist. Die Einfachheit der Sequential API macht sie besonders gut geeignet für Anfänger, die gerade ihre Reise im Deep Learning beginnen.

Mit der Sequential API erstellen Sie ein Modell, indem Sie ein Sequential-Objekt instanziieren und dann Layer in der Reihenfolge hinzufügen, in der sie ausgeführt werden sollen. Dieser Ansatz spiegelt den konzeptionellen Prozess des Designs eines neuronalen Netzwerks wider, bei dem Sie typischerweise über den Datenfluss vom Eingabe-Layer durch verschiedene versteckte Layer zum Ausgabe-Layer nachdenken.

Die lineare Natur der Sequential API macht sie perfekt für eine breite Palette gängiger Modellarchitekturen, darunter:

- Einfache Feed-Forward-neuronale Netze

- Convolutional Neural Networks (CNNs) für Bildverarbeitungsaufgaben

- Recurrent Neural Networks (RNNs) für Sequenzdaten

- Grundlegende Autoencoder für Dimensionsreduktion

Während die Sequential API für viele Anwendungen leistungsfähig genug ist, ist es wichtig zu beachten, dass sie bei komplexeren Modellarchitekturen Einschränkungen hat. Beispielsweise sind Modelle mit mehreren Ein- oder Ausgaben, gemeinsam genutzten Layern oder nicht-linearer Topologie (wie Residual-Verbindungen) besser für die Functional API geeignet. Für die meisten grundlegenden Modelle und viele Aufgaben mittlerer Komplexität bietet die Sequential API jedoch einen übersichtlichen, lesbaren und effizienten Weg zur Definition und zum Training neuronaler Netze.

Beispiel: Aufbau eines neuronalen Netzwerks mit der Sequential API

```python
import tensorflow as tf
from tensorflow.keras.models import Sequential
from tensorflow.keras.layers import Dense, Flatten
from tensorflow.keras.datasets import mnist
import matplotlib.pyplot as plt

# Load and preprocess the MNIST dataset
(X_train, y_train), (X_test, y_test) = mnist.load_data()
X_train, X_test = X_train / 255.0, X_test / 255.0  # Normalize pixel values to [0, 1]

# Define a simple feedforward neural network using the Sequential API
model = Sequential([
    Flatten(input_shape=(28, 28)),   # Flatten 28x28 images to a 1D vector of 784
elements
    Dense(128, activation='relu'),   # Hidden layer with 128 units and ReLU activation
    Dense(64, activation='relu'),     # Second hidden layer with 64 units and ReLU
activation
    Dense(10, activation='softmax') # Output layer with 10 units for classification
(0-9 digits)
])

# Compile the model
model.compile(optimizer='adam',
              loss='sparse_categorical_crossentropy',
              metrics=['accuracy'])

# Display the model summary
model.summary()

# Train the model
history = model.fit(X_train, y_train, epochs=10, validation_split=0.2, batch_size=32,
verbose=1)

# Evaluate the model on the test set
test_loss, test_accuracy = model.evaluate(X_test, y_test, verbose=0)
print(f"Test accuracy: {test_accuracy:.4f}")

# Plot training history
plt.figure(figsize=(12, 4))
plt.subplot(1, 2, 1)
plt.plot(history.history['accuracy'], label='Training Accuracy')
plt.plot(history.history['val_accuracy'], label='Validation Accuracy')
plt.title('Model Accuracy')
```

```python
plt.xlabel('Epoch')
plt.ylabel('Accuracy')
plt.legend()

plt.subplot(1, 2, 2)
plt.plot(history.history['loss'], label='Training Loss')
plt.plot(history.history['val_loss'], label='Validation Loss')
plt.title('Model Loss')
plt.xlabel('Epoch')
plt.ylabel('Loss')
plt.legend()

plt.tight_layout()
plt.show()

# Make predictions on a few test images
predictions = model.predict(X_test[:5])
predicted_labels = tf.argmax(predictions, axis=1)

# Display the images and predictions
fig, axes = plt.subplots(1, 5, figsize=(15, 3))
for i, ax in enumerate(axes):
    ax.imshow(X_test[i], cmap='gray')
    ax.set_title(f"Predicted: {predicted_labels[i]}\\nActual: {y_test[i]}")
    ax.axis('off')
plt.tight_layout()
plt.show()
```

Code-Aufschlüsselung:

1. Bibliotheken importieren:

   o Wir importieren TensorFlow, Keras-Module und Matplotlib für die Visualisierung.

2. Daten laden und vorverarbeiten:

   o Der MNIST-Datensatz wird mit mnist.load_data() geladen.

   o Eingabebilder werden durch Division durch 255 normalisiert, um Pixelwerte auf [0, 1] zu skalieren.

3. Modellarchitektur:

   o Wir verwenden die Sequential API, um ein einfaches Feed-Forward-neuronales Netz zu erstellen.

   o Flatten(input_shape=(28, 28)): Wandelt 28x28 Bilder in 1D-Vektoren mit 784 Elementen um.

- o Dense(128, activation='relu'): Erste versteckte Schicht mit 128 Neuronen und ReLU-Aktivierung.

- o Dense(64, activation='relu'): Zweite versteckte Schicht mit 64 Neuronen und ReLU-Aktivierung.

- o Dense(10, activation='softmax'): Ausgabeschicht mit 10 Neuronen (eines für jede Ziffer) und Softmax-Aktivierung für Mehrklassen-Klassifikation.

4. Modell-Kompilierung:

- o Optimizer: 'adam' - Ein effizienter stochastischer Gradientenabstiegs-Algorithmus.

- o Verlustfunktion: 'sparse_categorical_crossentropy' - Geeignet für Mehrklassen-Klassifikation mit Integer-Labels.

- o Metriken: 'accuracy' - Zur Überwachung der Modellleistung während des Trainings.

5. Modell-Zusammenfassung:

- o model.summary() zeigt eine Übersicht der Modellarchitektur, einschließlich der Anzahl der Parameter in jeder Schicht.

6. Modell-Training:

- o model.fit() trainiert das Modell für 10 Epochen.

- o 20% der Trainingsdaten werden für die Validierung verwendet (validation_split=0.2).

- o Batch-Größe von 32 wird für Mini-Batch-Gradientenabstieg verwendet.

7. Modell-Evaluierung:

- o Das trainierte Modell wird auf dem Testset evaluiert, um seine Generalisierungsleistung zu bewerten.

8. Trainingshistorie visualisieren:

- o Zwei Diagramme werden erstellt, um die Trainings- und Validierungsgenauigkeit sowie den Verlust über die Epochen zu visualisieren.

- o Dies hilft bei der Identifizierung von Overfitting- oder Underfitting-Problemen.

9. Vorhersagen treffen:

- o Das Modell macht Vorhersagen für die ersten 5 Testbilder.

- o tf.argmax() wird verwendet, um Softmax-Wahrscheinlichkeiten in Klassenlabels umzuwandeln.

10. Ergebnisse anzeigen:

- o Die ersten 5 Testbilder werden zusammen mit ihren vorhergesagten und tatsächlichen Labels angezeigt.

- o Dies bietet eine visuelle Bestätigung der Modellleistung an einzelnen Beispielen.

Dieses Beispiel bietet einen umfassenden Überblick über den gesamten Machine-Learning-Workflow, von der Datenvorbereitung bis zur Modellevaluierung und Ergebnisvisualisierung, unter Verwendung der Keras Sequential API.

Functional API

Die **Functional API** bietet deutlich mehr Flexibilität und Leistungsfähigkeit im Vergleich zur Sequential API. Sie ermöglicht Entwicklern die Erstellung ausgefeilter Modellarchitekturen, bei denen Layer auf komplexe, nicht-lineare Weise verbunden werden können. Diese Flexibilität ist entscheidend für die Implementierung fortgeschrittener Deep-Learning-Konzepte wie:

- **Gemeinsam genutzte Layer**: Die Möglichkeit, denselben Layer mehrfach in einem Modell zu verwenden, was die Anzahl der Parameter reduzieren und Feature-Sharing über verschiedene Teile des Netzwerks erzwingen kann.

- **Skip-Verbindungen**: Auch als Shortcut-Verbindungen bekannt, ermöglichen diese den Informationsfluss unter Umgehung einer oder mehrerer Schichten, was zur Minderung des Vanishing-Gradient-Problems in sehr tiefen Netzwerken beitragen kann.

- **Multi-Input- und Multi-Output-Modelle**: Die Functional API ermöglicht Modelle, die mehrere Eingangsquellen verarbeiten oder mehrere Ausgaben produzieren können, was essenziell für Aufgaben ist, die verschiedene Datentypen integrieren oder mehrere verwandte Ziele vorhersagen müssen.

Die Functional API ist unverzichtbar für die Konstruktion modernster Architekturen wie:

- **ResNet (Residual Networks)**: Diese Netzwerke verwenden Skip-Verbindungen, um das Training sehr tiefer Netzwerke zu ermöglichen, manchmal hunderte Schichten tief, was zuvor aufgrund des Vanishing-Gradient-Problems eine Herausforderung darstellte.

- **Inception**: Diese Architektur verwendet parallele Faltungsschichten mit verschiedenen Filtergrößen, wodurch das Netzwerk Features auf mehreren Skalen gleichzeitig erfassen kann.

- **Siamesische Netzwerke**: Dies sind Zwillingsnetzwerke, die Gewichte teilen und für Aufgaben wie Ähnlichkeitsvergleiche oder One-Shot-Learning verwendet werden.

Darüber hinaus erleichtert die Functional API die Erstellung benutzerdefinierter Layer und die Implementierung neuartiger Architekturideen, was sie zu einem essentiellen Werkzeug für Forscher macht, die die Grenzen des Deep Learning erweitern. Ihre Flexibilität ermöglicht schnelles Prototyping und Experimentieren mit komplexen Modelldesigns, was entscheidend für die Bewältigung anspruchsvoller Probleme in der Computer Vision, der Verarbeitung natürlicher Sprache und anderen Bereichen der künstlichen Intelligenz ist.

Beispiel: Aufbau eines neuronalen Netzwerks mit der Functional API

```python
import tensorflow as tf
from tensorflow.keras.models import Model
from tensorflow.keras.layers import Input, Dense, Flatten, Dropout
from tensorflow.keras.datasets import mnist
from tensorflow.keras.utils import to_categorical
import matplotlib.pyplot as plt

# Load and preprocess the MNIST dataset
(X_train, y_train), (X_test, y_test) = mnist.load_data()
X_train, X_test = X_train / 255.0, X_test / 255.0  # Normalize pixel values to [0, 1]

# Convert labels to one-hot encoding
y_train = to_categorical(y_train, 10)
y_test = to_categorical(y_test, 10)

# Define the input layer
inputs = Input(shape=(28, 28))

# Add a Flatten layer and Dense layers with Dropout
x = Flatten()(inputs)
x = Dense(256, activation='relu')(x)
x = Dropout(0.3)(x)
x = Dense(128, activation='relu')(x)
x = Dropout(0.3)(x)
x = Dense(64, activation='relu')(x)

# Define the output layer
outputs = Dense(10, activation='softmax')(x)

# Create the model
model = Model(inputs=inputs, outputs=outputs)

# Compile the model
model.compile(optimizer='adam',                          loss='categorical_crossentropy',
metrics=['accuracy'])

# Display the model summary
model.summary()

# Train the model
history = model.fit(X_train, y_train, epochs=20, batch_size=128, validation_split=0.2,
verbose=1)

# Evaluate the model on the test set
test_loss, test_accuracy = model.evaluate(X_test, y_test, verbose=0)
print(f"Test accuracy: {test_accuracy:.4f}")
```

```python
# Plot training history
plt.figure(figsize=(12, 4))
plt.subplot(1, 2, 1)
plt.plot(history.history['accuracy'], label='Training Accuracy')
plt.plot(history.history['val_accuracy'], label='Validation Accuracy')
plt.title('Model Accuracy')
plt.xlabel('Epoch')
plt.ylabel('Accuracy')
plt.legend()

plt.subplot(1, 2, 2)
plt.plot(history.history['loss'], label='Training Loss')
plt.plot(history.history['val_loss'], label='Validation Loss')
plt.title('Model Loss')
plt.xlabel('Epoch')
plt.ylabel('Loss')
plt.legend()

plt.tight_layout()
plt.show()

# Make predictions on a few test images
predictions = model.predict(X_test[:5])
predicted_labels = tf.argmax(predictions, axis=1)

# Display the images and predictions
fig, axes = plt.subplots(1, 5, figsize=(15, 3))
for i, ax in enumerate(axes):
    ax.imshow(X_test[i].reshape(28, 28), cmap='gray')
    ax.set_title(f"Predicted:                    {predicted_labels[i]}\\nActual:
{tf.argmax(y_test[i])}")
    ax.axis('off')
plt.tight_layout()
plt.show()
```

Code-Aufschlüsselung:

- Bibliotheken importieren: Wir importieren TensorFlow, Keras-Module und Matplotlib für die Visualisierung.

- Daten laden und vorverarbeiten:

  o Der MNIST-Datensatz wird mit mnist.load_data() geladen.

  o Eingabebilder werden durch Division durch 255 normalisiert, um Pixelwerte auf [0, 1] zu skalieren.

  o Labels werden mit to_categorical() in One-Hot-Kodierung umgewandelt.

- Modellarchitektur:

- o Wir verwenden die Functional API, um ein komplexeres neuronales Netzwerk zu erstellen.

  - o Input(shape=(28, 28)): Definiert die Eingabeform für 28x28-Bilder.

  - o Flatten(): Wandelt 28x28-Bilder in eindimensionale Vektoren mit 784 Elementen um.

  - o Drei Dense-Schichten mit ReLU-Aktivierung (256, 128 und 64 Neuronen).

  - o Dropout-Schichten (mit Rate 0,3) werden nach den ersten beiden Dense-Schichten hinzugefügt, um Überanpassung zu verhindern.

  - o Ausgabeschicht: Dense(10, activation='softmax') für 10-Klassen-Klassifikation.

- Modell-Kompilierung:

  - o Optimizer: 'adam' - Ein effizienter stochastischer Gradientenabstiegsalgorithmus.

  - o Verlustfunktion: 'categorical_crossentropy' - Geeignet für Mehrklassen-Klassifikation mit One-Hot-kodierten Labels.

  - o Metriken: 'accuracy' - Zur Überwachung der Modellleistung während des Trainings.

- Modellzusammenfassung: model.summary() zeigt eine Übersicht der Modellarchitektur, einschließlich der Anzahl der Parameter in jeder Schicht.

- Modelltraining:

  - o model.fit() trainiert das Modell für 20 Epochen.

  - o 20% der Trainingsdaten werden für die Validierung verwendet (validation_split=0.2).

  - o Batch-Größe von 128 wird für Mini-Batch-Gradientenabstieg verwendet.

- Modellevaluierung: Das trainierte Modell wird auf dem Testset evaluiert, um seine Generalisierungsleistung zu bewerten.

- Trainingshistorie visualisieren:

  - o Zwei Diagramme werden erstellt, um die Trainings- und Validierungsgenauigkeit sowie den Verlust über die Epochen zu visualisieren.

  - o Dies hilft bei der Identifizierung von Überanpassungs- oder Unteranpassungsproblemen.

- Vorhersagen treffen:

  - o Das Modell macht Vorhersagen für die ersten 5 Testbilder.

- tf.argmax() wird verwendet, um One-Hot-kodierte Vorhersagen und Labels in Klassenindizes umzuwandeln.

- Ergebnisse anzeigen:

  - Die ersten 5 Testbilder werden zusammen mit ihren vorhergesagten und tatsächlichen Labels angezeigt.

  - Dies bietet eine visuelle Bestätigung der Modellleistung an einzelnen Beispielen.

Dieses umfassende Beispiel demonstriert den vollständigen Workflow zum Aufbau, Training, Evaluierung und Visualisierung eines neuronalen Netzwerks mit der Keras Functional API. Es enthält zusätzliche Funktionen wie Dropout zur Regularisierung, Visualisierung der Trainingshistorie und Anzeige von Modellvorhersagen, was ein vollständigeres Bild des Deep-Learning-Prozesses vermittelt.

3.1.3 Kompilierung und Training des Modells

Nachdem Sie die Architektur Ihres Modells definiert haben, ist der nächste Schritt die **Kompilierung**. Dieser entscheidende Schritt bereitet Ihr Modell auf das Training vor, indem der Lernprozess eingerichtet wird. Die Kompilierung umfasst die Festlegung von drei Schlüsselkomponenten:

- Der **Optimizer**: Diese entscheidende Komponente steuert den Prozess der Gewichtsanpassung des Modells während des Trainings. Beliebte Optionen sind Adam, der die Lernraten für jeden Parameter anpasst; SGD (Stochastischer Gradientenabstieg), bekannt für seine Einfachheit und Effektivität; und RMSprop, der sich bei nicht-stationären Zielfunktionen besonders auszeichnet. Die Wahl des Optimizers kann die Konvergenzgeschwindigkeit und die endgültige Leistung des Modells erheblich beeinflussen.

- Die **Verlustfunktion**: Dieses mathematische Maß quantifiziert die Abweichung zwischen vorhergesagten und tatsächlichen Werten und dient als Kompass für die Modellleistung. Die Wahl der Verlustfunktion ist aufgabenabhängig: Binäre Kreuzentropie ist ideal für binäre Klassifikationsaufgaben, kategorische Kreuzentropie eignet sich für Mehrklassen-Probleme, während der mittlere quadratische Fehler die Standardwahl für Regressionsszenarien ist. Die Auswahl einer geeigneten Verlustfunktion ist entscheidend für die Führung des Modells zur optimalen Leistung.

- Die **Metriken**: Diese Evaluierungswerkzeuge liefern greifbare Einblicke in die Modellleistung während der Trainings- und Testphasen. Während die Verlustfunktion den Lernprozess steuert, bieten Metriken besser interpretierbare Maße für die Modelleffektivität. Für Klassifikationsaufgaben ist Genauigkeit eine gängige Metrik, während Regressionsprobleme oft den mittleren absoluten Fehler oder den Wurzel-mittleren-quadratischen-Fehler verwenden. Diese Metriken helfen

Datenwissenschaftlern und Stakeholdern, die praktische Anwendbarkeit des Modells einzuschätzen und Verbesserungen im Laufe der Zeit zu verfolgen.

Nach der Kompilierung des Modells können Sie mit dem Training mittels der **fit()**-Funktion fortfahren. In dieser Funktion findet das eigentliche Lernen statt. Sie nimmt die Trainingsdaten auf und passt die Modellparameter iterativ an, um die Verlustfunktion zu minimieren. Der Trainingsprozess erfolgt über mehrere **Epochen**, wobei eine Epoche einen vollständigen Durchlauf durch den gesamten Trainingsdatensatz darstellt.

Während jeder Epoche macht das Modell Vorhersagen für die Trainingsdaten, berechnet den Verlust und aktualisiert seine Gewichte basierend auf dem gewählten Optimizer. Die fit()-Funktion ermöglicht auch die Festlegung verschiedener Trainingsparameter, wie die Batch-Größe (die Anzahl der Proben, die verarbeitet werden, bevor das Modell aktualisiert wird) und Validierungsdaten (die zur Überwachung der Modellleistung an ungesehenen Daten während des Trainings verwendet werden).

Beispiel: Kompilierung und Training eines Modells

```python
import tensorflow as tf
from tensorflow.keras.models import Sequential
from tensorflow.keras.layers import Dense, Flatten
from tensorflow.keras.optimizers import Adam
from tensorflow.keras.losses import SparseCategoricalCrossentropy
from tensorflow.keras.metrics import SparseCategoricalAccuracy
import matplotlib.pyplot as plt

# Assume X_train, y_train, X_test, y_test are prepared

# Define the model
model = Sequential([
    Flatten(input_shape=(28, 28)),
    Dense(128, activation='relu'),
    Dense(64, activation='relu'),
    Dense(10, activation='softmax')
])

# Compile the model with Adam optimizer and sparse categorical crossentropy loss
model.compile(
    optimizer=Adam(learning_rate=0.001),
    loss=SparseCategoricalCrossentropy(from_logits=False),
    metrics=[SparseCategoricalAccuracy()]
)

# Display model summary
model.summary()

# Train the model on training data
history = model.fit(
    X_train, y_train,
    epochs=10,
```

```
        batch_size=32,
        validation_data=(X_test, y_test),
        verbose=1
)

# Evaluate the model on test data
test_loss, test_accuracy = model.evaluate(X_test, y_test, verbose=0)
print(f"Test accuracy: {test_accuracy:.4f}")

# Plot training history
plt.figure(figsize=(12, 4))
plt.subplot(1, 2, 1)
plt.plot(history.history['sparse_categorical_accuracy'], label='Training Accuracy')
plt.plot(history.history['val_sparse_categorical_accuracy'],         label='Validation
Accuracy')
plt.title('Model Accuracy')
plt.xlabel('Epoch')
plt.ylabel('Accuracy')
plt.legend()

plt.subplot(1, 2, 2)
plt.plot(history.history['loss'], label='Training Loss')
plt.plot(history.history['val_loss'], label='Validation Loss')
plt.title('Model Loss')
plt.xlabel('Epoch')
plt.ylabel('Loss')
plt.legend()

plt.tight_layout()
plt.show()
```

Code-Aufschlüsselung:

- Importe: Wir importieren die erforderlichen Module aus TensorFlow und Keras, einschließlich spezifischer Optimizer-, Loss- und Metric-Klassen. Matplotlib wird für die Visualisierung importiert.

- Modelldefinition: Ein Sequential-Modell wird mit einer Flatten-Layer und drei Dense-Layern erstellt. Die Flatten-Layer wandelt die 2D-Eingabe (28x28 Bild) in ein 1D-Array um. Die beiden Hidden-Layer verwenden ReLU-Aktivierung, während die Output-Layer Softmax für Mehrklassen-Klassifikation verwendet.

- Modell-Kompilierung:

  o Optimizer: Wir verwenden den Adam-Optimizer mit einer festgelegten Lernrate von 0,001.

  o Loss: SparseCategoricalCrossentropy wird verwendet, da es für Mehrklassen-Klassifikation mit ganzzahligen Labels geeignet ist.

- o Metriken: SparseCategoricalAccuracy wird verwendet, um die Modellleistung während des Trainings zu überwachen.

- Modellzusammenfassung: Zeigt eine Übersicht der Modellarchitektur, einschließlich der Anzahl der Parameter in jeder Layer.

- Modelltraining:

  - o Die fit()-Methode wird mit Trainingsdaten (X_train, y_train) aufgerufen.

  - o Das Training läuft über 10 Epochen mit einer Batch-Größe von 32.

  - o Validierungsdaten (X_test, y_test) werden bereitgestellt, um die Leistung an ungesehenen Daten zu überwachen.

  - o verbose=1 stellt sicher, dass der Trainingsfortschritt angezeigt wird.

- Modellevaluierung: Nach dem Training wird das Modell auf dem Testset evaluiert, um seine Generalisierungsleistung zu bewerten.

- Visualisierung: Zwei Diagramme werden erstellt, um den Trainingsverlauf zu visualisieren:

  - o Das erste Diagramm zeigt die Trainings- und Validierungsgenauigkeit über die Epochen.

  - o Das zweite Diagramm zeigt den Trainings- und Validierungsverlust über die Epochen.

  - o Diese Diagramme helfen bei der Identifizierung von Überanpassungs- oder Unteranpassungsproblemen.

Dieses Beispiel bietet einen umfassenden Überblick über den Modelltrainingsprozess. Es deckt die Modelldefinition, Kompilierung mit spezifischen Parametern, Training mit Validierung, Evaluierung und Visualisierung des Trainingsverlaufs ab. Durch die Darstellung dieser Schritte zeigt es Best Practices in der Entwicklung und Analyse von Deep-Learning-Modellen.

3.1.4 Evaluierung und Testen des Modells

Nach dem Training des Modells ist es entscheidend, seine Leistung an ungesehenen Daten zu bewerten, um seine Generalisierungsfähigkeit einzuschätzen. Diese Evaluierung wird typischerweise mit einem separaten Testdatensatz durchgeführt, den das Modell während des Trainings nicht gesehen hat. Keras stellt dafür eine praktische **evaluate()**-Methode zur Verfügung. Diese Methode nimmt die Testdaten als Eingabe und gibt zwei Schlüsselmetriken zurück:

Loss: Dieser Wert quantifiziert den Vorhersagefehler des Modells auf dem Testset. Ein niedrigerer Loss deutet auf bessere Leistung hin.

Genauigkeit: Diese Metrik repräsentiert den Anteil korrekter Vorhersagen des Modells auf dem Testset. Sie wird als Wert zwischen 0 und 1 ausgedrückt, wobei 1 perfekte Genauigkeit anzeigt.

Durch die Untersuchung dieser Metriken können Sie wertvolle Einblicke gewinnen, wie gut Ihr Modell voraussichtlich mit neuen, ungesehenen Daten in realen Szenarien umgehen wird. Dieser Evaluierungsschritt ist entscheidend für die Bewertung der praktischen Nutzbarkeit des Modells und die Identifizierung potenzieller Probleme wie Überanpassung oder Unteranpassung.

Beispiel: Evaluierung des Modells

```python
import numpy as np
import matplotlib.pyplot as plt
from sklearn.metrics import confusion_matrix, classification_report

# Evaluate the model on test data
test_loss, test_accuracy = model.evaluate(X_test, y_test, verbose=0)
print(f"Test Loss: {test_loss:.4f}")
print(f"Test Accuracy: {test_accuracy:.4f}")

# Make predictions on test data
y_pred = model.predict(X_test)
y_pred_classes = np.argmax(y_pred, axis=1)
y_true = y_test   # Corrected: No need for np.argmax since y_test contains integer
labels

# Compute confusion matrix
cm = confusion_matrix(y_true, y_pred_classes)

# Plot confusion matrix
plt.figure(figsize=(10, 8))
plt.imshow(cm, interpolation='nearest', cmap=plt.cm.Blues)
plt.title('Confusion Matrix')
plt.colorbar()
tick_marks = np.arange(10)
plt.xticks(tick_marks, range(10))
plt.yticks(tick_marks, range(10))
plt.xlabel('Predicted Label')
plt.ylabel('True Label')

# Add text annotations to the confusion matrix
thresh = cm.max() / 2.
for i, j in np.ndindex(cm.shape):
    plt.text(j, i, format(cm[i, j], 'd'),
             horizontalalignment="center",
             color="white" if cm[i, j] > thresh else "black")

plt.tight_layout()
plt.show()

# Print classification report
```

```
print("\\nClassification Report:")
print(classification_report(y_true, y_pred_classes))

# Visualize some predictions
n_samples = 5
sample_indices = np.random.choice(len(X_test), n_samples, replace=False)

plt.figure(figsize=(15, 3))
for i, idx in enumerate(sample_indices):
    plt.subplot(1, n_samples, i + 1)
    plt.imshow(X_test[idx].reshape(28, 28), cmap='gray')
    plt.title(f"True: {y_true[idx]}\\nPred: {y_pred_classes[idx]}")
    plt.axis('off')

plt.tight_layout()
plt.show()
```

Dieses Code-Beispiel bietet eine umfassende Bewertung der Modellleistung.

Hier ist eine Aufschlüsselung der Ergänzungen:

1. Import der erforderlichen Bibliotheken: Wir importieren numpy für numerische Operationen, matplotlib für die Visualisierung und sklearn.metrics für Evaluierungsmetriken.

2. Modellevaluierung: Wir verwenden model.evaluate(), um den Testverlust und die Genauigkeit zu erhalten, und geben beide mit höherer Dezimalstellengenauigkeit aus.

3. Vorhersagen: Wir generieren Vorhersagen für den gesamten Testsatz mit model.predict() und konvertieren sowohl die Vorhersagen als auch die wahren Labels von One-Hot-Kodierung in Klassenindizes.

4. Konfusionsmatrix: Wir berechnen und visualisieren die Konfusionsmatrix mithilfe von sklearn's confusion_matrix und matplotlib. Dies zeigt, wie gut das Modell zwischen den Klassen unterscheidet.

5. Klassifikationsbericht: Wir erstellen einen detaillierten Klassifikationsbericht mit sklearn's classification_report, der Präzision, Recall und F1-Score für jede Klasse liefert.

6. Visualisierung von Beispielvorhersagen: Wir wählen zufällig einige Testbilder aus und zeigen sie zusammen mit ihren wahren und vorhergesagten Labels an. Dies vermittelt einen qualitativen Eindruck von der Modellleistung.

Diese umfassende Evaluierung liefert sowohl quantitative Metriken (Genauigkeit, Präzision, Recall) als auch qualitative Einblicke (Konfusionsmatrix, Beispielvorhersagen) in die Modellleistung und ermöglicht so ein tieferes Verständnis seiner Stärken und Schwächen über verschiedene Klassen hinweg.

3.2 Aufbau von Sequential- und Functional-Modellen mit Keras

Keras bietet zwei grundlegende Ansätze für die Konstruktion neuronaler Netzwerkmodelle: die **Sequential API** und die **Functional API**. Die Sequential API bietet eine unkomplizierte Methode zum Aufbau von Modellen durch lineares Stapeln von Schichten.

Dieser Ansatz eignet sich ideal für einfache Feed-Forward-Architekturen, bei denen jede Schicht einen einzelnen Eingabetensor und einen einzelnen Ausgabetensor hat. Die Functional API hingegen bietet größere Flexibilität und Leistungsfähigkeit und ermöglicht die Erstellung komplexerer Modellarchitekturen.

Mit der Functional API können Entwickler Modelle mit mehreren Ein- und Ausgängen entwerfen, gemeinsam genutzte Schichten implementieren und fortgeschrittene Strukturen wie Residual-Netzwerke oder Modelle mit verzweigten Pfaden konstruieren. Diese Vielseitigkeit macht die Functional API besonders geeignet für die Entwicklung anspruchsvoller Deep-Learning-Modelle, die über einfache lineare Architekturen hinausgehen.

3.2.1 Modellaufbau mit der Sequential API

Die **Sequential API** ist der einfachste und direkteste Weg, ein Modell in Keras zu definieren. Sie eignet sich besonders gut für Modelle, bei denen die Schichten einer linearen Sequenz vom Eingang zum Ausgang folgen, ohne komplexe Verzweigungen oder Zusammenführungen von Datenpfaden.

Dies macht sie zur idealen Wahl für Anfänger oder für den Aufbau relativ einfacher neuronaler Netzwerkarchitekturen. Lassen Sie uns den Prozess der Konstruktion eines grundlegenden neuronalen Netzwerks mit der Sequential API Schritt für Schritt erkunden.

Erstellung eines grundlegenden Feed-Forward-Neuronalen Netzwerks

In diesem umfassenden Beispiel werden wir die Erstellung eines neuronalen Netzwerks durchgehen, das für eine klassische Machine-Learning-Aufgabe konzipiert ist: die Klassifizierung handgeschriebener Ziffern aus dem **MNIST-Datensatz**. Der MNIST-Datensatz ist eine große Datenbank handgeschriebener Ziffern, die häufig zum Training verschiedener Bildverarbeitungssysteme verwendet wird. Unser Modell wird wie folgt strukturiert sein:

- Eine **Flatten**-Schicht: Diese erste Schicht erfüllt einen entscheidenden Zweck. Sie transformiert die Eingabe, die aus 28x28-Pixel-Bildern besteht, in einen flachen, eindimensionalen Vektor. Diese Transformation ist notwendig, da die nachfolgenden Dense-Schichten eine Eingabe in Form eines 1D-Arrays erwarten. Im Wesentlichen "rollt" sie das 2D-Bild in eine einzelne Pixelzeile auf.

- Zwei **Dense**-Schichten mit **ReLU**-Aktivierung: Dies sind vollständig verbundene Schichten, was bedeutet, dass jedes Neuron in diesen Schichten mit jedem Neuron in der vorherigen und nachfolgenden Schicht verbunden ist. Die Rectified Linear Unit

(ReLU)-Aktivierungsfunktion wird eingesetzt, um Nichtlinearität in das Modell einzuführen und ermöglicht es ihm, komplexe Muster zu lernen. ReLU wird wegen seiner Recheneffizienz und seiner Fähigkeit, das Problem des verschwindenden Gradienten in tiefen Netzwerken zu mindern, gewählt.

- Eine finale **Dense**-Schicht mit **Softmax**-Aktivierung: Diese Ausgabeschicht ist speziell für Mehrklassen-Klassifikation ausgelegt. Sie enthält 10 Neuronen, eines für jede Ziffer (0-9). Die Softmax-Aktivierungsfunktion stellt sicher, dass die Ausgabe dieser Neuronen sich zu 1 summiert und damit effektiv eine Wahrscheinlichkeitsverteilung über die 10 möglichen Ziffernklassen bereitstellt.

Diese Architektur ist zwar einfach, aber leistungsfähig genug, um eine hohe Genauigkeit auf dem MNIST-Datensatz zu erreichen, was die Effektivität selbst grundlegender neuronaler Netzwerkstrukturen bei gut definierten Problemen demonstriert.

Belspiel: Aufbau eines Sequential-Modells

```python
import numpy as np
import matplotlib.pyplot as plt
from tensorflow.keras.models import Sequential
from tensorflow.keras.layers import Dense, Flatten, Dropout
from tensorflow.keras.datasets import mnist
from tensorflow.keras.utils import to_categorical
from tensorflow.keras.callbacks import ModelCheckpoint, EarlyStopping

# Load the MNIST dataset
(X_train, y_train), (X_test, y_test) = mnist.load_data()

# Normalize the input data
X_train, X_test = X_train / 255.0, X_test / 255.0

# Convert labels to one-hot encoding
y_train, y_test = to_categorical(y_train), to_categorical(y_test)

# Define a Sequential model
model = Sequential([
    Flatten(input_shape=(28, 28)),  # Flatten the 28x28 input into a 1D vector
    Dense(256, activation='relu'),  # First hidden layer with 256 units and ReLU
activation
    Dropout(0.3),                   # Dropout layer to prevent overfitting
    Dense(128, activation='relu'),  # Second hidden layer with 128 units and ReLU
activation
    Dropout(0.2),                   # Another dropout layer
    Dense(64, activation='relu'),   # Third hidden layer with 64 units and ReLU
activation
    Dense(10, activation='softmax') # Output layer for 10 classes (digits 0-9)
])

# Compile the model
model.compile(optimizer='adam',
```

```python
                  loss='categorical_crossentropy',
                  metrics=['accuracy'])

# Display the model summary
model.summary()

# Define callbacks
checkpoint          =          ModelCheckpoint('best_model.h5',          save_best_only=True,
monitor='val_accuracy', mode='max', verbose=1)
early_stopping      =          EarlyStopping(monitor='val_loss',          patience=5,
restore_best_weights=True, verbose=1)

# Train the model
history = model.fit(X_train, y_train,
                    epochs=30,
                    batch_size=64,
                    validation_split=0.2,
                    callbacks=[checkpoint, early_stopping])

# Evaluate the model
test_loss, test_accuracy = model.evaluate(X_test, y_test, verbose=0)
print(f"Test accuracy: {test_accuracy:.4f}")

# Plot training history
plt.figure(figsize=(12, 4))
plt.subplot(1, 2, 1)
plt.plot(history.history['accuracy'], label='Training Accuracy')
plt.plot(history.history['val_accuracy'], label='Validation Accuracy')
plt.title('Model Accuracy')
plt.xlabel('Epoch')
plt.ylabel('Accuracy')
plt.legend()

plt.subplot(1, 2, 2)
plt.plot(history.history['loss'], label='Training Loss')
plt.plot(history.history['val_loss'], label='Validation Loss')
plt.title('Model Loss')
plt.xlabel('Epoch')
plt.ylabel('Loss')
plt.legend()

plt.tight_layout()
plt.show()

# Make predictions
predictions = model.predict(X_test)
predicted_classes = np.argmax(predictions, axis=1)
true_classes = np.argmax(y_test, axis=1)

# Display some predictions
n_to_display = 10
indices = np.random.choice(len(X_test), n_to_display, replace=False)
```

```
fig, axes = plt.subplots(2, 5, figsize=(15, 6))
for i, idx in enumerate(indices):
    ax = axes[i//5, i%5]
    ax.imshow(X_test[idx].reshape(28, 28), cmap='gray')
    ax.set_title(f"True: {true_classes[idx]}, Pred: {predicted_classes[idx]}")
    ax.axis('off')
plt.tight_layout()
plt.show()
```

Code-Aufschlüsselung:

- Imports: Wir importieren erforderliche Bibliotheken einschließlich numpy für numerische Operationen, matplotlib für Visualisierungen und verschiedene Keras-Module zum Aufbau und Training des neuronalen Netzwerks.

- Datenvorbereitung:

  o Der MNIST-Datensatz wird mittels mnist.load_data() geladen.

  o Eingabedaten (X_train und X_test) werden durch Division durch 255 normalisiert, um Pixelwerte zwischen 0 und 1 zu skalieren.

  o Labels (y_train und y_test) werden mittels to_categorical() in One-Hot-Kodierung umgewandelt.

- Modellarchitektur:

  o Ein Sequential-Modell wird mit mehreren Schichten erstellt:

  o Flatten-Schicht zur Umwandlung der 2D-Eingabe (28x28) in 1D.

  o Drei Dense-Schichten mit ReLU-Aktivierung (256, 128 und 64 Einheiten).

  o Zwei Dropout-Schichten (30% und 20% Dropout-Rate) zur Vermeidung von Überanpassung.

  o Ausgabe-Dense-Schicht mit 10 Einheiten und Softmax-Aktivierung für Mehrklassen-Klassifikation.

- Modellkompilierung:

  o Adam-Optimizer wird verwendet.

  o Kategorische Kreuzentropie wird als Verlustfunktion für Mehrklassen-Klassifikation gewählt.

  o Genauigkeit wird als zu überwachende Metrik während des Trainings festgelegt.

- Callbacks:

- o ModelCheckpoint wird verwendet, um das beste Modell basierend auf der Validierungsgenauigkeit zu speichern.

  - o EarlyStopping wird implementiert, um das Training zu beenden, wenn sich die Validierungsverluste für 5 Epochen nicht verbessern.

- Modelltraining:

  - o Das Modell wird für maximal 30 Epochen mit einer Batch-Größe von 64 trainiert.

  - o 20% der Trainingsdaten werden für die Validierung verwendet.

  - o Callbacks werden während des Trainings angewendet.

- Modellevaluierung:

  - o Das trainierte Modell wird auf dem Testset evaluiert, um die finale Genauigkeit zu ermitteln.

- Visualisierung:

  - o Trainingsverlauf (Genauigkeit und Verlust) wird für sowohl Training als auch Validierung dargestellt.

  - o 10 zufällige Testbilder werden zusammen mit ihren wahren Labels und Modellvorhersagen angezeigt.

Dieses Beispiel bietet einen umfassenden Ansatz zum Aufbau, Training und zur Evaluierung eines neuronalen Netzwerks für den MNIST-Datensatz. Es enthält zusätzliche Funktionen wie Dropout zur Regularisierung, Callbacks zur Trainingsoptimierung und Visualisierungen zum besseren Verständnis der Modellleistung.

Training und Evaluierung des Sequential-Modells

Nach der Definition der Modellarchitektur gehen wir zu den entscheidenden Schritten des Trainings und der Evaluierung des Modells über. Dieser Prozess umfasst zwei Schlüsselfunktionen:

1. Die **fit()**-Funktion: Diese wird verwendet, um das Modell mit unserem vorbereiteten Datensatz zu trainieren. Während des Trainings lernt das Modell, Eingaben auf Ausgaben abzubilden, indem es seine internen Parameter (Gewichte und Biases) basierend auf den Trainingsdaten anpasst. Die fit()-Funktion akzeptiert mehrere wichtige Argumente:

   - o X_train und y_train: Die Eingabemerkmale und entsprechenden Labels der Trainingsdaten

   - o epochs: Die Anzahl der Durchläufe des Modells durch den gesamten Trainingsdatensatz

- o batch_size: Die Anzahl der Samples, die verarbeitet werden, bevor das Modell aktualisiert wird

- o validation_data: Ein separater Datensatz zur Evaluierung der Modellleistung während des Trainings

2. Die **evaluate()**-Funktion: Nach dem Training verwenden wir diese Funktion, um die Leistung des Modells auf dem Testdatensatz zu bewerten. Dieser Schritt ist entscheidend, da er uns eine unvoreingenommene Einschätzung gibt, wie gut unser Modell auf ungesehene Daten generalisiert. Die evaluate()-Funktion gibt typischerweise zwei Werte zurück:

- o test_loss: Ein Maß für den Fehler des Modells auf dem Testset

- o test_accuracy: Der Anteil korrekter Vorhersagen des Modells auf dem Testset

Durch die gemeinsame Nutzung dieser Funktionen können wir unser Modell auf den Trainingsdaten trainieren und dann seine Effektivität auf zuvor ungesehenen Testdaten messen, was uns ein umfassendes Verständnis der Leistung und Generalisierungsfähigkeit unseres Modells gibt.

Beispiel: Training und Evaluierung des Sequential-Modells

```python
import numpy as np
from tensorflow.keras.models import Sequential
from tensorflow.keras.layers import Dense, Flatten
from tensorflow.keras.datasets import mnist
from tensorflow.keras.utils import to_categorical
from tensorflow.keras.callbacks import ModelCheckpoint, EarlyStopping
import matplotlib.pyplot as plt

# Load and preprocess the MNIST dataset
(X_train, y_train), (X_test, y_test) = mnist.load_data()
X_train, X_test = X_train / 255.0, X_test / 255.0  # Normalize pixel values
y_train, y_test = to_categorical(y_train), to_categorical(y_test)   # One-hot encode
labels

# Define the model
model = Sequential([
    Flatten(input_shape=(28, 28)),
    Dense(128, activation='relu'),
    Dense(64, activation='relu'),
    Dense(10, activation='softmax')
])

# Compile the model
model.compile(optimizer='adam',                            loss='categorical_crossentropy',
metrics=['accuracy'])

# Define callbacks
```

```
checkpoint         =         ModelCheckpoint('best_model.h5',         save_best_only=True,
monitor='val_accuracy', mode='max', verbose=1)
early_stopping        =        EarlyStopping(monitor='val_loss',        patience=5,
restore_best_weights=True, verbose=1)

# Train the model
history = model.fit(X_train, y_train,
                    epochs=30,
                    batch_size=32,
                    validation_split=0.2,
                    callbacks=[checkpoint, early_stopping])

# Evaluate the model on the test data
test_loss, test_accuracy = model.evaluate(X_test, y_test, verbose=0)
print(f"Test Accuracy: {test_accuracy:.4f}")

# Plot training history
plt.figure(figsize=(12, 4))
plt.subplot(1, 2, 1)
plt.plot(history.history['accuracy'], label='Training Accuracy')
plt.plot(history.history['val_accuracy'], label='Validation Accuracy')
plt.title('Model Accuracy')
plt.xlabel('Epoch')
plt.ylabel('Accuracy')
plt.legend()

plt.subplot(1, 2, 2)
plt.plot(history.history['loss'], label='Training Loss')
plt.plot(history.history['val_loss'], label='Validation Loss')
plt.title('Model Loss')
plt.xlabel('Epoch')
plt.ylabel('Loss')
plt.legend()

plt.tight_layout()
plt.show()

# Make predictions
predictions = model.predict(X_test)
predicted_classes = np.argmax(predictions, axis=1)
true_classes = np.argmax(y_test, axis=1)

# Display some predictions
n_to_display = 10
indices = np.random.choice(len(X_test), n_to_display, replace=False)
fig, axes = plt.subplots(2, 5, figsize=(15, 6))
for i, idx in enumerate(indices):
    ax = axes[i//5, i%5]
    ax.imshow(X_test[idx].reshape(28, 28), cmap='gray')
    ax.set_title(f"True: {true_classes[idx]}, Pred: {predicted_classes[idx]}")
    ax.axis('off')
plt.tight_layout()
```

```
plt.show()
```

Dieser Code demonstriert den Prozess des Aufbaus, Trainings und der Evaluierung eines Sequential-Modells mit Keras für den MNIST-Datensatz.

Hier ist eine Aufschlüsselung der Hauptkomponenten:

1. Importe und Datenvorbereitung:

    o Die erforderlichen Bibliotheken werden importiert, einschließlich TensorFlow/Keras-Komponenten.

    o Der MNIST-Datensatz wird geladen und vorverarbeitet:

        ▪ Bilder werden durch Division der Pixelwerte durch 255 normalisiert.

        ▪ Labels werden One-Hot-kodiert.

2. Modelldefinition:

    o Ein Sequential-Modell wird mit den folgenden Schichten erstellt:

        ▪ Flatten-Schicht zur Umwandlung von 2D- in 1D-Eingabe

        ▪ Zwei Dense-Schichten mit ReLU-Aktivierung (128 und 64 Einheiten)

        ▪ Ausgabe-Dense-Schicht mit Softmax-Aktivierung für 10 Klassen

3. Modellkompilierung:

    o Das Modell wird mit dem Adam-Optimizer, kategorischer Kreuzentropie als Verlustfunktion und Genauigkeit als Metrik kompiliert.

4. Callbacks:

    o ModelCheckpoint wird verwendet, um das beste Modell basierend auf der Validierungsgenauigkeit zu speichern.

    o EarlyStopping wird implementiert, um das Training zu beenden, wenn sich der Validierungsverlust für 5 Epochen nicht verbessert.

5. Modelltraining:

    o Das Modell wird für 30 Epochen mit einer Batch-Größe von 32 trainiert.

    o 20% der Trainingsdaten werden für die Validierung verwendet.

6. Modellevaluierung:

    o Das trainierte Modell wird auf dem Testset evaluiert, um die finale Genauigkeit zu ermitteln.

7. Visualisierung:

    o   Trainingsverlauf (Genauigkeit und Verlust) wird für sowohl Training als auch Validierung dargestellt.

    o   10 zufällige Testbilder werden zusammen mit ihren wahren Labels und Modellvorhersagen angezeigt.

Dieser Code bietet ein umfassendes Beispiel für den gesamten Machine-Learning-Workflow zur Bildklassifizierung mit einer grundlegenden neuronalen Netzwerkarchitektur.

3.2.2 Modellentwicklung mit der Functional API

Die **Functional API** in Keras ist ein leistungsfähiges und flexibles Werkzeug zur Erstellung komplexer neuronaler Netzwerkarchitekturen. Im Gegensatz zur Sequential API, die auf lineare Schichtstapel beschränkt ist, ermöglicht die Functional API die Erstellung sophistizierterer Modellstrukturen. Hier folgt eine erweiterte Erläuterung ihrer Fähigkeiten:

1. **Nicht-lineare Schichtverbindungen:** Mit der Functional API können Sie Modelle definieren, bei denen Schichten auf nicht-sequenzielle Weise verbunden sind. Dies bedeutet, Sie können verzweigende Pfade, Übersprungverbindungen oder sogar zirkuläre Verbindungen zwischen Schichten erstellen, was die Konstruktion komplexerer Netzwerktopologien ermöglicht.

2. **Multiple Ein- und Ausgaben:** Die API unterstützt Modelle mit mehreren Eingangs- und Ausgangstensoren. Dies ist besonders nützlich für Aufgaben, die die gleichzeitige Verarbeitung verschiedener Datentypen oder die Erzeugung mehrerer Vorhersagen aus einer einzelnen Eingabe erfordern.

3. **Gemeinsam genutzte Schichten:** Sie können Schichtinstanzen einfach in verschiedenen Teilen Ihres Modells wiederverwenden. Dies ist entscheidend für die Implementierung von Architekturen wie Siamesische Netzwerke, bei denen identische Verarbeitung auf mehrere Eingaben angewendet wird.

4. **Residuale Verbindungen:** Die Functional API macht es unkompliziert, residuale Verbindungen zu implementieren, eine Schlüsselkomponente tiefer residualer Netzwerke (ResNets). Diese Verbindungen ermöglichen es Informationen, eine oder mehrere Schichten zu umgehen, was bei der Minderung des Problems verschwindender Gradienten in sehr tiefen Netzwerken helfen kann.

5. **Modellkomposition:** Sie können instanziierte Modelle als Schichten behandeln und sie zum Aufbau größerer, komplexerer Modelle verwenden. Diese Modularität ermöglicht die Erstellung hochkomplexer Architekturen durch die Kombination einfacherer Teilmodelle.

6. **Benutzerdefinierte Schichten:** Die Functional API integriert sich nahtlos mit benutzerdefinierten Schichten und bietet Ihnen die Flexibilität, spezialisierte Operationen in Ihre Modellarchitektur einzubauen.

7. **Graph-artige Modelle:** Für Aufgaben, die die Verarbeitung von Graph-strukturierten Daten erfordern, wie soziale Netzwerkanalyse oder Moleküleigenschaftsvorhersage, ermöglicht die Functional API den Aufbau von Modellen, die solche komplexen Datenstrukturen verarbeiten können.

Diese Funktionen machen die Functional API zu einem unverzichtbaren Werkzeug für Forscher und Praktiker, die an fortgeschrittenen Deep-Learning-Projekten arbeiten, und ermöglichen ihnen die Implementierung modernster Architekturen und das Experimentieren mit neuartigen Modelldesigns.

Erstellen eines Modells mit mehreren Ein- und Ausgaben

Lassen Sie uns eine fortgeschrittenere Anwendung der **Functional API** erkunden, indem wir ein Modell mit mehreren Ein- und Ausgaben erstellen. Dieser Ansatz ist besonders nützlich für komplexe Aufgaben, die die Verarbeitung verschiedener Datentypen oder die gleichzeitige Generierung mehrerer Vorhersagen erfordern. Betrachten wir ein Szenario, in dem wir ein anspruchsvolles Bildanalysenetzwerk entwickeln. Dieses Netzwerk ist darauf ausgelegt, zwei unterschiedliche Informationen aus einem einzelnen Eingabebild zu extrahieren: die **Kategorie** des dargestellten Objekts und seine vorherrschende **Farbe**.

Um dies zu erreichen, werden wir ein Modell mit einer gemeinsamen Basis entwerfen, die sich in zwei separate Ausgabeschichten verzweigt. Die gemeinsame Basis wird für die Extraktion allgemeiner Merkmale aus dem Bild verantwortlich sein, während die spezialisierten Ausgabeschichten sich auf die Vorhersage der Objektkategorie beziehungsweise -farbe konzentrieren. Diese Architektur demonstriert die Flexibilität der Functional API, die es ermöglicht, Modelle zu erstellen, die mehrere verwandte Aufgaben effizient ausführen können.

Die Kategorievorhersage könnte beispielsweise die Klassifizierung des Objekts in vordefinierte Klassen (z.B. Auto, Hund, Stuhl) umfassen, während die Farbvorhersage die Hauptfarbe (z.B. rot, blau, grün) des Objekts identifizieren könnte. Durch die Verwendung von zwei separaten Ausgabeschichten können wir jede Vorhersageaufgabe unabhängig optimieren, möglicherweise mit unterschiedlichen Verlustfunktionen oder Metriken für jede Ausgabe.

Dieser Multi-Output-Ansatz demonstriert nicht nur die Vielseitigkeit der Functional API, sondern veranschaulicht auch, wie wir Modelle entwerfen können, die die menschliche Wahrnehmung nachahmen, bei der mehrere Attribute eines Objekts gleichzeitig verarbeitet und identifiziert werden. Solche Modelle haben praktische Anwendungen in verschiedenen Bereichen, einschließlich Computer Vision, Robotik und automatisierter Qualitätskontrollsysteme in der Fertigung.

Beispiel: Aufbau eines Multi-Output-Modells mit der Functional API

```
import numpy as np
import matplotlib.pyplot as plt
from tensorflow.keras.models import Model
from tensorflow.keras.layers import Input, Dense, Flatten, Conv2D, MaxPooling2D
from tensorflow.keras.utils import to_categorical
```

```python
from sklearn.model_selection import train_test_split

# Generate synthetic data
def generate_data(num_samples=1000):
    images = np.random.rand(num_samples, 64, 64, 3)
    categories = np.random.randint(0, 10, num_samples)
    colors = np.random.randint(0, 3, num_samples)
    return images, categories, colors

# Prepare data
X, y_category, y_color = generate_data(5000)
y_category = to_categorical(y_category, 10)
y_color = to_categorical(y_color, 3)

# Split data
X_train, X_test, y_category_train, y_category_test, y_color_train, y_color_test = train_test_split(
    X, y_category, y_color, test_size=0.2, random_state=42
)

# Define the input layer
input_layer = Input(shape=(64, 64, 3))  # Input shape is 64x64 RGB image

# Convolutional layers
x = Conv2D(32, (3, 3), activation='relu')(input_layer)
x = MaxPooling2D((2, 2))(x)
x = Conv2D(64, (3, 3), activation='relu')(x)
x = MaxPooling2D((2, 2))(x)

# Flatten the output
x = Flatten()(x)

# Add shared dense layers
x = Dense(128, activation='relu')(x)
x = Dense(64, activation='relu')(x)

# Define the first output for object category
category_output = Dense(10, activation='softmax', name='category_output')(x)

# Define the second output for object color
color_output = Dense(3, activation='softmax', name='color_output')(x)

# Create the model with multiple outputs
model = Model(inputs=input_layer, outputs=[category_output, color_output])

# Compile the model with different loss functions for each output
model.compile(optimizer='adam',
              loss={'category_output': 'categorical_crossentropy',
                    'color_output': 'categorical_crossentropy'},
              loss_weights={'category_output': 1.0, 'color_output': 0.5},
              metrics=['accuracy'])
```

```python
# Display the model summary
model.summary()

# Train the model
history = model.fit(
    X_train,
    {'category_output': y_category_train, 'color_output': y_color_train},
    validation_data=(X_test, {'category_output': y_category_test, 'color_output':
y_color_test}),
    epochs=10,
    batch_size=32
)

# Evaluate the model
test_loss, category_loss, color_loss, category_acc, color_acc = model.evaluate(
    X_test,
    {'category_output': y_category_test, 'color_output': y_color_test}
)
print(f"Test category accuracy: {category_acc:.4f}")
print(f"Test color accuracy: {color_acc:.4f}")

# Plot training history
plt.figure(figsize=(12, 4))
plt.subplot(1, 2, 1)
plt.plot(history.history['category_output_accuracy'], label='Category Accuracy')
plt.plot(history.history['color_output_accuracy'], label='Color Accuracy')
plt.plot(history.history['val_category_output_accuracy'],     label='Val     Category
Accuracy')
plt.plot(history.history['val_color_output_accuracy'], label='Val Color Accuracy')
plt.title('Model Accuracy')
plt.xlabel('Epoch')
plt.ylabel('Accuracy')
plt.legend()

plt.subplot(1, 2, 2)
plt.plot(history.history['category_output_loss'], label='Category Loss')
plt.plot(history.history['color_output_loss'], label='Color Loss')
plt.plot(history.history['val_category_output_loss'], label='Val Category Loss')
plt.plot(history.history['val_color_output_loss'], label='Val Color Loss')
plt.title('Model Loss')
plt.xlabel('Epoch')
plt.ylabel('Loss')
plt.legend()

plt.tight_layout()
plt.show()

# Make predictions
sample_image = X_test[0:1]
predictions = model.predict(sample_image)
predicted_category = np.argmax(predictions[0])
predicted_color = np.argmax(predictions[1])
```

```
print(f"Predicted category: {predicted_category}")
print(f"Predicted color: {predicted_color}")

# Display the sample image
plt.imshow(sample_image[0])
plt.title(f"Category: {predicted_category}, Color: {predicted_color}")
plt.axis('off')
plt.show()
```

Ausführliche Aufschlüsselung des Codes:

1. Importe und Datenvorbereitung:

   o Wir importieren die erforderlichen Bibliotheken, darunter NumPy für numerische Operationen, Matplotlib für Diagramme und verschiedene Keras-Module zum Erstellen und Trainieren des Modells.

   o Eine Funktion generate_data() wird definiert, um synthetische Daten für unsere Multi-Output-Klassifizierungsaufgabe zu erstellen.

   o Wir generieren 5000 Beispiele von 64x64 RGB-Bildern zusammen mit den entsprechenden Kategorie- (10 Klassen) und Farb- (3 Klassen) Bezeichnungen.

   o Die Bezeichnungen werden mit to_categorical() one-hot-kodiert.

   o Die Daten werden mit train_test_split() in Trainings- und Testsets aufgeteilt.

2. Modellarchitektur:

   o Wir definieren eine Eingabeschicht für 64x64 RGB-Bilder.

   o Faltungsschichten (Conv2D) und Max-Pooling-Schichten werden hinzugefügt, um Merkmale aus den Bildern zu extrahieren.

   o Die Ausgabe wird abgeflacht und durch zwei Dense-Schichten (128 und 64 Einheiten) mit ReLU-Aktivierung geleitet.

   o Zwei separate Ausgabeschichten werden definiert:

     ▪ Kategorieausgabe: 10 Einheiten mit Softmax-Aktivierung zur Klassifizierung in 10 Kategorien.

     ▪ Farbausgabe: 3 Einheiten mit Softmax-Aktivierung zur Klassifizierung in 3 Farben.

   o Das Modell wird mit der Functional API erstellt, wobei Eingabe und mehrere Ausgaben spezifiziert werden.

3. Modellkompilierung:

- o Das Modell wird mit dem Adam-Optimizer kompiliert.

- o Kategorische Kreuzentropie wird als Verlustfunktion für beide Ausgaben verwendet.

- o Verlustgewichte werden festgelegt (1.0 für Kategorie, 0.5 für Farbe), um die Wichtigkeit jeder Aufgabe auszubalancieren.

- o Genauigkeit wird als Metrik für beide Ausgaben festgelegt.

4. Modelltraining:

- o Das Modell wird für 10 Epochen mit einer Batch-Größe von 32 trainiert.

- o Trainingsdaten und Validierungsdaten werden als Dictionaries bereitgestellt, die Ausgabenamen ihren jeweiligen Daten zuordnen.

5. Modellevaluierung:

- o Das Modell wird auf dem Testset evaluiert, wobei die Genauigkeit für sowohl Kategorie- als auch Farbvorhersagen ausgegeben wird.

6. Visualisierung:

- o Der Trainingsverlauf wird grafisch dargestellt, wobei Genauigkeit und Verlust für beide Ausgaben über die Epochen gezeigt werden.

- o Ein Beispielbild aus dem Testset wird für Vorhersagen verwendet.

- o Das Beispielbild wird zusammen mit seiner vorhergesagten Kategorie und Farbe angezeigt.

Dieses Beispiel demonstriert ein realistisches Szenario einer Multi-Output-Klassifizierungsaufgabe, einschließlich Datengenerierung, Modellerstellung, Training, Evaluierung und Visualisierung der Ergebnisse. Es zeigt die Flexibilität der Keras Functional API bei der Erstellung komplexer Modellarchitekturen mit mehreren Ausgaben und wie solche Modelle im Machine-Learning-Workflow gehandhabt werden.

Gemeinsam genutzte Schichten und Residual-Verbindungen

Die **Functional API** in Keras bietet eine leistungsstarke Funktion gemeinsam genutzter Schichten, die die Wiederverwendung von Schichtinstanzen in verschiedenen Teilen eines Modells ermöglicht. Diese Fähigkeit ist besonders wertvoll bei der Implementierung fortgeschrittener Architekturen wie **Siamesische Netzwerke** und **Residual-Netzwerke**. Siamesische Netzwerke, die häufig bei Gesichtserkennungsaufgaben eingesetzt werden, verwenden identische Verarbeitung auf mehreren Eingaben, um deren Ähnlichkeit zu vergleichen. Residual-Netzwerke hingegen, beispielhaft durch Architekturen wie ResNet, nutzen Skip-Connections, um Informationen eine oder mehrere Schichten überspringen zu lassen, was das Training sehr tiefer Netzwerke erleichtert.

Das Konzept der gemeinsam genutzten Schichten geht über diese spezifischen Architekturen hinaus. Es ist ein grundlegendes Werkzeug für die Erstellung von Modellen mit Gewichtsfreigabe, was in verschiedenen Szenarien entscheidend sein kann. Zum Beispiel können bei Aufgaben der Natursprachverarbeitung wie Frage-Antwort-Systemen gemeinsam genutzte Schichten sowohl die Frage als auch den Kontext mit demselben Satz von Gewichten verarbeiten, um eine konsistente Merkmalsextraktion zu gewährleisten. Ähnlich können bei multimodalem Lernen, bei dem Eingaben aus verschiedenen Quellen (z.B. Bild und Text) verarbeitet werden müssen, gemeinsam genutzte Schichten einen gemeinsamen Repräsentationsraum für diese verschiedenartigen Eingaben schaffen.

Darüber hinaus ermöglicht die Flexibilität der Functional API die Erstellung komplexer Modelltopologien, die über einfache sequentielle Strukturen hinausgehen. Dies umfasst Modelle mit mehreren Ein- oder Ausgaben, Modelle mit Verzweigungspfaden und sogar Modelle, die Rückkopplungsschleifen integrieren. Diese Vielseitigkeit macht die Functional API zu einem unverzichtbaren Werkzeug für Forscher und Praktiker, die an hochmodernen Deep-Learning-Projekten arbeiten, und ermöglicht ihnen die Implementierung modernster Architekturen und das Experimentieren mit neuartigen Modelldesigns.

Beispiel: Verwendung gemeinsam genutzter Schichten in der Functional API

```python
import numpy as np
from tensorflow.keras.models import Model
from tensorflow.keras.layers import Input, Dense, Concatenate
from tensorflow.keras.utils import plot_model
from tensorflow.keras.datasets import mnist

# Load and preprocess the MNIST dataset
(x_train, y_train), (x_test, y_test) = mnist.load_data()
x_train = x_train.reshape(60000, 784).astype('float32') / 255
x_test = x_test.reshape(10000, 784).astype('float32') / 255
y_train = np.eye(10)[y_train]
y_test = np.eye(10)[y_test]

# Define two inputs
input_a = Input(shape=(784,), name='input_a')
input_b = Input(shape=(784,), name='input_b')

# Define a shared dense layer
shared_dense = Dense(64, activation='relu', name='shared_dense')

# Apply the shared layer to both inputs
processed_a = shared_dense(input_a)
processed_b = shared_dense(input_b)

# Concatenate the processed inputs
concatenated = Concatenate(name='concatenate')([processed_a, processed_b])

# Add more layers
x = Dense(32, activation='relu', name='dense_1')(concatenated)
```

```python
x = Dense(16, activation='relu', name='dense_2')(x)

# Add a final output layer
output = Dense(10, activation='softmax', name='output')(x)

# Create the model with shared layers
model = Model(inputs=[input_a, input_b], outputs=output)

# Compile the model
model.compile(optimizer='adam',                           loss='categorical_crossentropy',
metrics=['accuracy'])

# Display the model summary
model.summary()

# Visualize the model architecture
plot_model(model,          to_file='model_architecture.png',          show_shapes=True,
show_layer_names=True)

# Train the model
history = model.fit(
    [x_train, x_train],  # Use the same input twice for demonstration
    y_train,
    epochs=10,
    batch_size=128,
    validation_split=0.2,
    verbose=1
)

# Evaluate the model
test_loss, test_accuracy = model.evaluate([x_test, x_test], y_test, verbose=0)
print(f"Test accuracy: {test_accuracy:.4f}")

# Make predictions
sample_input = x_test[:5]
predictions = model.predict([sample_input, sample_input])
predicted_classes = np.argmax(predictions, axis=1)
print("Predicted classes:", predicted_classes)
```

Detaillierte Aufschlüsselung des Codes:

- Importe und Datenvorbereitung:

  - Wir importieren die erforderlichen Module von TensorFlow und Keras.

  - Der MNIST-Datensatz wird geladen und vorverarbeitet. Die Bilder werden abgeflacht und normalisiert, die Labels werden One-Hot-kodiert.

- Modellarchitektur:

- Zwei Eingabeschichten (input_a und input_b) werden definiert, die beide 784-dimensionale Vektoren (abgeflachte 28x28 Bilder) akzeptieren.

- Eine gemeinsam genutzte Dense-Schicht mit 64 Einheiten und ReLU-Aktivierung wird erstellt.

- Die gemeinsam genutzte Schicht wird auf beide Eingaben angewendet, was die Gewichtsfreigabe demonstriert.

- Die verarbeiteten Eingaben werden mit der Concatenate-Schicht zusammengeführt.

- Zwei weitere Dense-Schichten (32 und 16 Einheiten) werden für die weitere Verarbeitung hinzugefügt.

- Die finale Ausgabeschicht hat 10 Einheiten mit Softmax-Aktivierung für die Mehrklassen-Klassifikation.

- Modellerstellung und Kompilierung:

  - Das Modell wird mit der Functional API erstellt, wobei mehrere Eingaben und eine Ausgabe spezifiziert werden.

  - Das Modell wird mit Adam-Optimizer, kategorischer Kreuzentropie als Verlustfunktion und Genauigkeit als Metrik kompiliert.

- Modellvisualisierung:

  - model.summary() wird aufgerufen, um eine textuelle Zusammenfassung der Modellarchitektur anzuzeigen.

  - plot_model() wird verwendet, um eine visuelle Darstellung der Modellarchitektur zu generieren.

- Modelltraining:

  - Das Modell wird mit der fit()-Methode trainiert.

  - Zu Demonstrationszwecken verwenden wir dieselbe Eingabe (x_train) zweimal, um zwei verschiedene Eingaben zu simulieren.

  - Das Training wird für 10 Epochen mit einer Batch-Größe von 128 und einer Validierungsaufteilung von 0,2 durchgeführt.

- Modellevaluierung und Vorhersage:

  - Das Modell wird auf dem Testset evaluiert, um die Testgenauigkeit zu ermitteln.

  - Beispielvorhersagen werden mit den ersten 5 Testbildern durchgeführt.

- o Die vorhergesagten Klassen werden ausgegeben, um die Ausgabe des Modells zu demonstrieren.

Dieses Beispiel demonstriert einen vollständigen Workflow, einschließlich Datenvorbereitung, Modellerstellung mit gemeinsam genutzten Schichten, Training, Evaluierung und Durchführung von Vorhersagen. Es zeigt die Flexibilität der Functional API bei der Erstellung komplexer Modellarchitekturen mit gemeinsam genutzten Komponenten und mehreren Eingaben.

Kombination von Sequential und Functional APIs

Die Flexibilität von Keras ermöglicht eine nahtlose Integration der **Sequential API** und **Functional API**, wodurch die Erstellung hochgradig anpassbarer und komplexer Modellarchitekturen möglich wird. Diese leistungsstarke Kombination bietet Entwicklern die Möglichkeit, die Einfachheit der Sequential API für geradlinige Schichtstapel zu nutzen und gleichzeitig die Vielseitigkeit der Functional API für komplexere Modelldesigns einzusetzen.

Durch die Kombination dieser APIs können Sie Hybrid-Modelle erstellen, die von beiden Ansätzen profitieren. Beispielsweise können Sie die Sequential API verwenden, um schnell eine Reihe von Schichten für die Merkmalsextraktion zu definieren und dann die Functional API einsetzen, um Verzweigungspfade, mehrere Ein- oder Ausgaben oder gemeinsam genutzte Schichten einzuführen. Dieser Ansatz ist besonders nützlich beim Transfer Learning, wo vortrainierte Sequential-Modelle in größere, komplexere Architekturen integriert werden können.

Darüber hinaus ermöglicht diese Kombination die einfache Integration von benutzerdefinierten Schichten, Skip-Connections und sogar die Implementierung fortgeschrittener Architekturen wie Residual-Netzwerke oder Attention-Mechanismen. Die Möglichkeit, diese APIs zu mischen und anzupassen, bietet ein hohes Maß an Flexibilität und macht es einfacher, mit neuartigen Modelldesigns zu experimentieren und sich an spezifische Problemanforderungen anzupassen, ohne dabei die intuitive Natur des Keras-Modellbaus zu opfern.

Beispiel: Kombination von Sequential- und Functional-Modellen

```python
import tensorflow as tf
from tensorflow.keras.models import Sequential, Model
from tensorflow.keras.layers import Input, Dense, Flatten
from tensorflow.keras.datasets import mnist
import numpy as np
import matplotlib.pyplot as plt

# Load and preprocess the MNIST dataset
(x_train, y_train), (x_test, y_test) = mnist.load_data()
x_train = x_train.astype('float32') / 255
x_test = x_test.astype('float32') / 255
y_train = tf.keras.utils.to_categorical(y_train, 10)
y_test = tf.keras.utils.to_categorical(y_test, 10)

# Build a Sequential model
```

```python
sequential_model = Sequential([
    Flatten(input_shape=(28, 28)),
    Dense(128, activation='relu', name='sequential_dense')
])

# Define an input using the Functional API
input_layer = Input(shape=(28, 28))

# Pass the input through the Sequential model
x = sequential_model(input_layer)

# Add more layers using the Functional API
x = Dense(64, activation='relu', name='functional_dense_1')(x)
output = Dense(10, activation='softmax', name='output')(x)

# Create the final model
model = Model(inputs=input_layer, outputs=output)

# Compile the model
model.compile(optimizer='adam',                         loss='categorical_crossentropy',
metrics=['accuracy'])

# Display model summary
model.summary()

# Train the model
history = model.fit(x_train, y_train, epochs=10, batch_size=128, validation_split=0.2,
verbose=1)

# Evaluate the model
test_loss, test_accuracy = model.evaluate(x_test, y_test, verbose=0)
print(f"Test accuracy: {test_accuracy:.4f}")

# Plot training history
plt.figure(figsize=(12, 4))
plt.subplot(1, 2, 1)
plt.plot(history.history['accuracy'], label='Training Accuracy')
plt.plot(history.history['val_accuracy'], label='Validation Accuracy')
plt.title('Model Accuracy')
plt.xlabel('Epoch')
plt.ylabel('Accuracy')
plt.legend()

plt.subplot(1, 2, 2)
plt.plot(history.history['loss'], label='Training Loss')
plt.plot(history.history['val_loss'], label='Validation Loss')
plt.title('Model Loss')
plt.xlabel('Epoch')
plt.ylabel('Loss')
plt.legend()

plt.tight_layout()
```

```
plt.show()

# Make predictions on a sample
sample = x_test[:5]
predictions = model.predict(sample)
predicted_classes = np.argmax(predictions, axis=1)
print("Predicted classes:", predicted_classes)

# Visualize sample predictions
plt.figure(figsize=(15, 3))
for i in range(5):
    plt.subplot(1, 5, i+1)
    plt.imshow(sample[i].reshape(28, 28), cmap='gray')
    plt.title(f"Predicted: {predicted_classes[i]}")
    plt.axis('off')
plt.tight_layout()
plt.show()
```

Detaillierte Aufschlüsselung des Codes:

1. Importe und Datenvorbereitung:

    o   Wir importieren die erforderlichen Module von TensorFlow und Keras sowie NumPy und Matplotlib für Datenmanipulation und Visualisierung.

    o   Der MNIST-Datensatz wird geladen und vorverarbeitet. Bilder werden normalisiert und Labels werden one-hot-kodiert.

2. Modellarchitektur:

    o   Ein Sequential-Modell wird mit einer Flatten-Schicht und einer Dense-Schicht erstellt.

    o   Eine Eingabeschicht wird mittels der Functional API definiert.

    o   Das Sequential-Modell wird auf die Eingabeschicht angewendet.

    o   Weitere Dense-Schichten werden mittels der Functional API hinzugefügt.

    o   Das finale Modell wird durch Spezifizierung der Ein- und Ausgabeschichten erstellt.

3. Modellkompilierung und Training:

    o   Das Modell wird mit Adam-Optimizer, kategorischer Kreuzentropie als Verlustfunktion und Genauigkeit als Metrik kompiliert.

    o   Die Modellzusammenfassung wird angezeigt, um die Architektur darzustellen.

    o   Das Modell wird für 10 Epochen mit einer Batch-Größe von 128 und einer Validierungsaufteilung von 0,2 trainiert.

4. Modellevaluierung:

    o   Das trainierte Modell wird auf dem Testset evaluiert, um die Testgenauigkeit zu ermitteln.

5. Visualisierung des Trainingsverlaufs:

    o   Training- und Validierungsgenauigkeit werden über die Epochen hinweg dargestellt.

    o   Training- und Validierungsverlust werden über die Epochen hinweg dargestellt.

6. Durchführung von Vorhersagen:

    o   Vorhersagen werden für eine Stichprobe von 5 Testbildern durchgeführt.

    o   Die vorhergesagten Klassen werden ausgegeben.

7. Visualisierung der Beispielvorhersagen:

    o   Die 5 Beispielbilder werden zusammen mit ihren vorhergesagten Klassen angezeigt.

Dieses Beispiel demonstriert einen vollständigen Workflow der Kombination von Sequential und Functional APIs in Keras. Es umfasst Datenvorbereitung, Modellerstellung, Training, Evaluierung und Visualisierung der Ergebnisse. Der Code zeigt, wie beide APIs genutzt werden können, um eine flexible Modellarchitektur zu erstellen, sie mit realen Daten zu trainieren und ihre Leistung zu analysieren.

3.3   Modell-Checkpointing,   Frühzeitiger   Abbruch   und Callbacks in Keras

Das Training neuronaler Netze stellt oft Herausforderungen wie Überanpassung und lange Trainingszeiten dar. Um diese Probleme anzugehen, bietet Keras **Callbacks**, leistungsstarke Werkzeuge, die eine Echtzeitüberwachung und -steuerung des Trainingsprozesses ermöglichen.

Diese Callbacks lösen automatisch vordefinierte Aktionen an bestimmten Punkten während des Trainings aus und ermöglichen dynamische Anpassungen und Optimierungen. Zu den wertvollsten Callbacks gehören **Modell-Checkpointing** und **Frühzeitiger Abbruch**. Modell-Checkpointing stellt sicher, dass das leistungsstärkste Modell während des gesamten Trainingsprozesses gespeichert wird, während der frühzeitige Abbruch das Training intelligent beendet, wenn sich die Leistungsverbesserungen stabilisieren, wodurch unnötiger Rechenaufwand und potenzielle Überanpassung verhindert werden.

Durch den Einsatz dieser Callbacks können Entwickler die Effizienz und Effektivität ihrer Neural-Network-Training-Pipelines deutlich verbessern, was zu robusteren und optimierten Modellen führt.

3.3.1 Modell-Checkpointing in Keras

Modell-Checkpointing ist eine entscheidende Technik im Deep Learning, bei der der Zustand des Modells an verschiedenen Punkten während des Trainingsprozesses gespeichert wird. Diese Praxis dient mehreren Zwecken:

1. Widerstandsfähigkeit gegen Unterbrechungen: Modell-Checkpointing schützt vor unerwarteten Störungen wie Stromausfällen oder Systemabstürzen. Durch die Aufrechterhaltung gespeicherter Checkpoints können Sie das Training mühelos vom zuletzt gespeicherten Zustand aus fortsetzen, ohne von vorne beginnen zu müssen.

2. Flexibilität im Trainingsmanagement: Diese Funktion ermöglicht es Ihnen, das Training nach Bedarf zu pausieren und wieder aufzunehmen, was sich besonders bei umfangreichen Datensätzen oder komplexen Modellen mit langen Trainingszeiten als vorteilhaft erweist. Sie ermöglicht eine bessere Ressourcenzuweisung und Zeitmanagement in komplexen Deep-Learning-Projekten.

3. Umfassende Leistungsanalyse: Durch die Speicherung von Modellen in verschiedenen Stadien des Trainingsprozesses erhalten Sie die Möglichkeit, detaillierte Analysen der Leistungsentwicklung Ihres Modells durchzuführen. Diese granulare Einsicht kann bei der Identifizierung kritischer Punkte in der Trainingsentwicklung und der Optimierung der Lernkurve Ihres Modells von entscheidender Bedeutung sein.

4. Optimale Modellerhaltung: Der Checkpointing-Mechanismus kann so konfiguriert werden, dass das Modell ausschließlich dann gespeichert wird, wenn es verbesserte Leistung auf dem Validierungsset zeigt. Dies stellt sicher, dass Sie immer die effektivste Version Ihres Modells behalten, selbst wenn nachfolgende Trainingsiterationen zu verminderter Leistung führen.

Keras vereinfacht diesen Prozess durch den **ModelCheckpoint**-Callback. Dieses leistungsstarke Werkzeug ermöglicht es Ihnen:

1. Das gesamte Modell oder nur die Gewichte zu speichern.

2. Die Speicherhäufigkeit anzupassen (z.B. jede Epoche, alle n Schritte).

3. Bedingungen für das Speichern festzulegen (z.B. nur wenn sich das Modell bei einer bestimmten Metrik verbessert).

4. Das Format und den Speicherort der gespeicherten Dateien zu kontrollieren.

Durch die Nutzung von ModelCheckpoint können Sie robuste Training-Pipelines implementieren, die widerstandsfähig gegen Unterbrechungen sind und die besten Modelliterationen erfassen können.

Speichern der Modellgewichte während des Trainings

Der **ModelCheckpoint**-Callback ist ein leistungsstarkes Werkzeug in Keras, das das automatische Speichern von Modellgewichten oder des gesamten Modells während des Trainingsprozesses ermöglicht. Diese Funktion bietet Flexibilität bei der Entscheidung, wann und wie das Modell gespeichert wird, sodass Entwickler die leistungsstärkste Version ihres Modells erfassen können.

Zentrale Aspekte des ModelCheckpoint-Callbacks umfassen:

- Anpassbare Speicherhäufigkeit: Sie können den Callback so konfigurieren, dass er am Ende jeder Epoche oder in bestimmten Intervallen während des Trainings speichert.

- Leistungsbasiertes Speichern: Der Callback kann so eingestellt werden, dass er nur dann speichert, wenn sich eine bestimmte Metrik (z.B. Validierungsgenauigkeit oder -verlust) verbessert, wodurch sichergestellt wird, dass Sie die beste Version Ihres Modells behalten.

- Flexible Speicheroptionen: Sie können wählen, ob nur die Modellgewichte oder die gesamte Modellarchitektur zusammen mit den Gewichten gespeichert werden sollen.

- Konfigurierbare Dateibenennung: Der Callback ermöglicht es Ihnen, das Format und die Namenskonvention für die gespeicherten Dateien festzulegen, was die Verwaltung mehrerer Checkpoints erleichtert.

Durch die Nutzung des ModelCheckpoint-Callbacks können Sie eine robuste Modell-Training-Pipeline implementieren, die automatisch die vielversprechendsten Iterationen Ihres Modells bewahrt und damit die Modellauswahl und den Deployment-Prozess erleichtert.

Beispiel: Verwendung von ModelCheckpoint zum Speichern des besten Modells

```python
import tensorflow as tf
from tensorflow.keras.models import Sequential
from tensorflow.keras.layers import Dense, Flatten
from tensorflow.keras.callbacks import ModelCheckpoint, EarlyStopping
from tensorflow.keras.datasets import mnist
import numpy as np
import matplotlib.pyplot as plt

# Load and preprocess the MNIST dataset
(X_train, y_train), (X_test, y_test) = mnist.load_data()
X_train = X_train.astype('float32') / 255
X_test = X_test.astype('float32') / 255
y_train = tf.keras.utils.to_categorical(y_train, 10)
y_test = tf.keras.utils.to_categorical(y_test, 10)

# Define the model
model = Sequential([
    Flatten(input_shape=(28, 28)),
    Dense(128, activation='relu'),
```

```python
    Dense(64, activation='relu'),
    Dense(10, activation='softmax')
])

# Compile the model
model.compile(optimizer='adam',                         loss='categorical_crossentropy',
metrics=['accuracy'])

# Define the ModelCheckpoint callback
checkpoint_callback = ModelCheckpoint(
    filepath='best_model.h5',
    save_best_only=True,
    monitor='val_accuracy',
    mode='max',
    verbose=1
)

# Define the EarlyStopping callback
early_stopping_callback = EarlyStopping(
    monitor='val_loss',
    patience=3,
    restore_best_weights=True,
    verbose=1
)

# Train the model with callbacks
history = model.fit(
    X_train, y_train,
    epochs=20,
    batch_size=32,
    validation_split=0.2,
    callbacks=[checkpoint_callback, early_stopping_callback]
)

# Plot training history
plt.figure(figsize=(12, 4))
plt.subplot(1, 2, 1)
plt.plot(history.history['accuracy'], label='Training Accuracy')
plt.plot(history.history['val_accuracy'], label='Validation Accuracy')
plt.title('Model Accuracy')
plt.xlabel('Epoch')
plt.ylabel('Accuracy')
plt.legend()

plt.subplot(1, 2, 2)
plt.plot(history.history['loss'], label='Training Loss')
plt.plot(history.history['val_loss'], label='Validation Loss')
plt.title('Model Loss')
plt.xlabel('Epoch')
plt.ylabel('Loss')
plt.legend()
```

```
plt.tight_layout()
plt.show()

# Evaluate the model on the test set
test_loss, test_accuracy = model.evaluate(X_test, y_test, verbose=0)
print(f"Test accuracy: {test_accuracy:.4f}")

# Make predictions on a sample
sample = X_test[:5]
predictions = model.predict(sample)
predicted_classes = np.argmax(predictions, axis=1)
print("Predicted classes:", predicted_classes)

# Visualize sample predictions
plt.figure(figsize=(15, 3))
for i in range(5):
    plt.subplot(1, 5, i+1)
    plt.imshow(sample[i].reshape(28, 28), cmap='gray')
    plt.title(f"Predicted: {predicted_classes[i]}")
    plt.axis('off')
plt.tight_layout()
plt.show()
```

Ausführliche Aufschlüsselung des Codes:

- Importe und Datenvorbereitung:

  o Wir importieren die erforderlichen Module von TensorFlow, Keras, NumPy und Matplotlib.

  o Der MNIST-Datensatz wird geladen, normalisiert und die Labels werden One-Hot-kodiert.

- Modelldefinition:

  o Ein Sequential-Modell wird mit Flatten- und Dense-Layers erstellt.

  o Das Modell wird mit Adam-Optimizer, kategorischer Kreuzentropie als Verlustfunktion und Genauigkeit als Metrik kompiliert.

- Callbacks:

  o ModelCheckpoint wird eingerichtet, um das beste Modell basierend auf der Validierungsgenauigkeit zu speichern.

  o EarlyStopping wird konfiguriert, um das Training zu beenden, wenn sich der Validierungsverlust für 3 Epochen nicht verbessert.

- Modelltraining:

- o Das Modell wird für 20 Epochen mit einer Batch-Größe von 32 und einer Validierungsaufteilung von 0,2 trainiert.

  - o Sowohl ModelCheckpoint als auch EarlyStopping Callbacks werden während des Trainings verwendet.

- Visualisierung:

  - o Trainings- und Validierungsgenauigkeit werden über die Epochen hinweg dargestellt.

  - o Trainings- und Validierungsverlust werden über die Epochen hinweg dargestellt.

- Modellevaluierung:

  - o Das trainierte Modell wird auf dem Testset evaluiert, um die Testgenauigkeit zu ermitteln.

- Vorhersagen treffen:

  - o Vorhersagen werden für eine Stichprobe von 5 Testbildern getroffen.

  - o Vorhergesagte Klassen werden ausgegeben und visualisiert.

Dieses Beispiel demonstriert einen vollständigen Workflow für das Training eines neuronalen Netzes mit Keras, einschließlich Datenvorbereitung, Modellerstellung, Training mit Callbacks, Visualisierung des Trainingsverlaufs, Modellevaluierung und Vorhersagen. Es zeigt, wie ModelCheckpoint und EarlyStopping Callbacks effektiv eingesetzt werden können und wie die Modellleistung und Vorhersagen visualisiert werden können.

3.3.2 Early Stopping in Keras

Ein weiterer wichtiger Callback in Keras ist **EarlyStopping**, der die Modellleistung auf dem Validierungsset während des Trainings überwacht. Dieses leistungsstarke Werkzeug stoppt den Trainingsprozess automatisch, wenn sich die Modellleistung auf dem Validierungsset nicht mehr verbessert, und dient somit als effektiver Schutz gegen **Overfitting**.

Overfitting tritt auf, wenn ein Modell zu spezialisiert auf die Trainingsdaten wird und im Wesentlichen das Rauschen und die Besonderheiten des Trainingssets auswendig lernt, anstatt verallgemeinerbare Muster zu erkennen. Dies führt zu einem Modell, das auf den Trainingsdaten außergewöhnlich gut funktioniert, aber bei neuen, ungesehenen Daten versagt.

Early Stopping adressiert dieses Problem, indem es die Modellleistung kontinuierlich auf einem separaten Validierungsset während des Trainings evaluiert. Wenn die Modellleistung auf diesem Validierungsset beginnt zu stagnieren oder sich zu verschlechtern, deutet dies darauf hin, dass das Modell beginnt überzufitten. An diesem Punkt greift der EarlyStopping Callback ein und beendet den Trainingsprozess.

Diese Technik bietet mehrere Vorteile:

- Optimale Modellauswahl: Es wird sichergestellt, dass das Training an dem Punkt stoppt, an dem das Modell am besten generalisiert und den optimalen Mittelweg zwischen Underfitting und Overfitting findet.

- Zeit- und Ressourceneffizienz: Durch die Vermeidung unnötiger Trainingsiterationen werden Rechenressourcen und Zeit gespart.

- Verbesserte Generalisierung: Das resultierende Modell wird mit höherer Wahrscheinlichkeit gut auf neuen, ungesehenen Daten funktionieren, da es nicht überangepasst wurde.

Die Implementierung von Early Stopping in Keras ist unkompliziert und hochgradig anpassbar. Benutzer können festlegen, welche Metrik überwacht werden soll (z.B. Validierungsverlust oder -genauigkeit), wie viele Epochen auf eine Verbesserung gewartet werden soll (Patience) und ob die besten Gewichte während des Trainings wiederhergestellt werden sollen. Diese Flexibilität macht Early Stopping zu einem unverzichtbaren Werkzeug im Toolkit des Deep-Learning-Praktikers und fördert die Entwicklung robuster und generalisierbarer Modelle.

Implementierung von EarlyStopping

Der **EarlyStopping** Callback ist ein leistungsstarkes Werkzeug in Keras, das eine spezifische Leistungsmetrik wie Validierungsverlust oder Validierungsgenauigkeit während des Trainingsprozesses überwacht. Seine Hauptfunktion besteht darin, das Training automatisch zu stoppen, wenn sich die gewählte Metrik über eine vorbestimmte Anzahl von Epochen, bekannt als 'Patience'-Parameter, nicht verbessert.

Dieser Callback erfüllt mehrere wichtige Zwecke im Modelltrainingsprozess:

- Verhinderung von Overfitting: Durch das Stoppen des Trainings, wenn die Leistung auf dem Validierungsset stagniert, hilft EarlyStopping, eine Überanpassung des Modells an die Trainingsdaten zu verhindern.

- Optimierung der Trainingszeit: Es eliminiert unnötige Epochen, die nicht zur Modellverbesserung beitragen, und spart damit Rechenressourcen und Zeit.

- Erfassung des besten Modells: In Verbindung mit dem 'restore_best_weights'-Parameter stellt EarlyStopping sicher, dass das Modell die Gewichte seiner besten Leistungsepoche behält.

Die Flexibilität von EarlyStopping ermöglicht es Entwicklern, sein Verhalten durch Anpassung von Parametern wie:

- 'monitor': Die zu überwachende Metrik (z.B. 'val_loss', 'val_accuracy').

- 'patience': Die Anzahl der Epochen, die auf eine Verbesserung gewartet wird, bevor gestoppt wird.

- 'min_delta': Die minimale Änderung der überwachten Größe, die als Verbesserung gilt.

- 'mode': Ob die überwachte Größe minimiert ('min') oder maximiert ('max') werden soll.

Durch die Nutzung von EarlyStopping können Data Scientists und Machine-Learning-Ingenieure effizientere und effektivere Trainings-Pipelines erstellen, die zu Modellen führen, die besser auf ungesehene Daten generalisieren.

Beispiel: Verwendung von EarlyStopping zum Stoppen des Trainings bei stagnierender Leistung

```python
import tensorflow as tf
from tensorflow.keras.models import Sequential
from tensorflow.keras.layers import Dense, Flatten
from tensorflow.keras.callbacks import EarlyStopping
from tensorflow.keras.datasets import mnist
import numpy as np
import matplotlib.pyplot as plt

# Load and preprocess the MNIST dataset
(X_train, y_train), (X_test, y_test) = mnist.load_data()
X_train = X_train.astype('float32') / 255
X_test = X_test.astype('float32') / 255
y_train = tf.keras.utils.to_categorical(y_train, 10)
y_test = tf.keras.utils.to_categorical(y_test, 10)

# Define the model
model = Sequential([
    Flatten(input_shape=(28, 28)),
    Dense(128, activation='relu'),
    Dense(64, activation='relu'),
    Dense(10, activation='softmax')
])

# Compile the model
model.compile(optimizer='adam',                          loss='categorical_crossentropy',
metrics=['accuracy'])

# Define the EarlyStopping callback
early_stopping_callback = EarlyStopping(
    monitor='val_loss',
    patience=3,
    restore_best_weights=True,
    verbose=1
)

# Train the model with early stopping
history = model.fit(
    X_train, y_train,
    epochs=50,
    batch_size=32,
    validation_data=(X_test, y_test),
    callbacks=[early_stopping_callback]
```

```
)

# Plot training history
plt.figure(figsize=(12, 4))
plt.subplot(1, 2, 1)
plt.plot(history.history['accuracy'], label='Training Accuracy')
plt.plot(history.history['val_accuracy'], label='Validation Accuracy')
plt.title('Model Accuracy')
plt.xlabel('Epoch')
plt.ylabel('Accuracy')
plt.legend()

plt.subplot(1, 2, 2)
plt.plot(history.history['loss'], label='Training Loss')
plt.plot(history.history['val_loss'], label='Validation Loss')
plt.title('Model Loss')
plt.xlabel('Epoch')
plt.ylabel('Loss')
plt.legend()

plt.tight_layout()
plt.show()

# Evaluate the model on the test set
test_loss, test_accuracy = model.evaluate(X_test, y_test, verbose=0)
print(f"Test accuracy: {test_accuracy:.4f}")
```

Code-Aufschlüsselung:

- Importe und Datenvorbereitung:

  o Wir importieren die erforderlichen Module von TensorFlow, Keras, NumPy und Matplotlib.

  o Der MNIST-Datensatz wird geladen, normalisiert und die Labels werden One-Hot-kodiert.

- Modelldefinition:

  o Ein sequentielles Modell wird mit Flatten- und Dense-Layern erstellt.

  o Das Modell wird mit Adam-Optimizer, kategorischer Kreuzentropie als Verlustfunktion und Genauigkeit als Metrik kompiliert.

- EarlyStopping Callback:

  o EarlyStopping wird konfiguriert, um den 'val_loss' mit einer Geduld von 3 Epochen zu überwachen.

  o 'restore_best_weights=True' stellt sicher, dass das Modell die Gewichte seiner besten Leistung beibehält.

- o 'verbose=1' liefert Updates über Early Stopping während des Trainings.
- Modelltraining:
  - o Das Modell wird für maximal 50 Epochen mit einer Batch-Größe von 32 trainiert.
  - o Der gesamte Testdatensatz wird als Validierungsdaten verwendet.
  - o Der EarlyStopping Callback wird an die Fit-Methode übergeben.
- Visualisierung:
  - o Training- und Validierungsgenauigkeit werden über die Epochen geplottet.
  - o Training- und Validierungsverlust werden über die Epochen geplottet.
- Modellevaluierung:
  - o Das finale Modell wird auf dem Testdatensatz evaluiert, um die Testgenauigkeit zu ermitteln.

Dieses Beispiel demonstriert einen vollständigen Workflow für das Training eines neuronalen Netzes mit Keras unter Verwendung von Early Stopping. Es umfasst Datenvorbereitung, Modellerstellung, Training mit dem EarlyStopping Callback, Visualisierung des Trainingsverlaufs und Modellevaluierung. Der EarlyStopping Callback hilft, Überanpassung zu verhindern, indem er den Trainingsprozess stoppt, wenn sich der Validierungsverlust nicht mehr verbessert, und optimiert damit sowohl die Modellleistung als auch die Trainingszeit.

3.3.3 Verwendung mehrerer Callbacks

Die Nutzung mehrerer Callbacks während des Modelltrainings ist eine leistungsstarke Technik, die den Trainingsprozess und die resultierende Modellleistung erheblich verbessern kann. Eine häufige und sehr effektive Kombination ist die Verwendung von **ModelCheckpoint** und **EarlyStopping** Callbacks. Diese Paarung ermöglicht sowohl die Speicherung des leistungsstärksten Modells als auch die Verhinderung von Überanpassung durch Beendigung des Trainings bei stagnierender Leistung.

Der **ModelCheckpoint** Callback speichert das Modell in bestimmten Intervallen während des Trainings, typischerweise wenn es die beste Leistung bei einer überwachten Metrik (z.B. Validierungsgenauigkeit) erreicht. Dies stellt sicher, dass selbst wenn sich die Modellleistung in späteren Epochen verschlechtert, die beste Version erhalten bleibt.

Ergänzend dazu überwacht der **EarlyStopping** Callback die Modellleistung auf dem Validierungsset und beendet das Training, wenn über eine festgelegte Anzahl von Epochen (definiert durch den 'Patience'-Parameter) keine Verbesserung beobachtet wird. Dies verhindert nicht nur Überanpassung, sondern optimiert auch Rechenressourcen durch Vermeidung unnötiger Trainingsiterationen.

Durch die Kombination dieser Callbacks erstellen Sie eine robuste Trainingspipeline, die nicht nur das leistungsstärkste Modell speichert, sondern auch intelligent entscheidet, wann das Training beendet werden soll. Dieser Ansatz ist besonders wertvoll in Szenarien, in denen Trainingszeit ein wichtiger Faktor ist oder wenn mit komplexen Modellen gearbeitet wird, die zu Überanpassung neigen.

Kombination von ModelCheckpoint und EarlyStopping

Sie können eine Liste von Callbacks an die fit() Funktion übergeben, wodurch Sie sowohl **ModelCheckpoint** als auch **EarlyStopping** gleichzeitig verwenden können. Diese leistungsstarke Kombination ermöglicht es Ihnen, Ihren Modelltrainingsprozess auf mehrere Arten zu optimieren:

- Automatische Modellspeicherung: **ModelCheckpoint** speichert Ihr Modell in festgelegten Intervallen oder wenn es Spitzenleistung erreicht, wodurch Sie stets Zugriff auf die beste Version haben.

- Überanpassungsprävention: **EarlyStopping** überwacht die Modellleistung auf dem Validierungsset und stoppt das Training bei stagnierender Verbesserung, was hilft, Überanpassung zu verhindern.

- Ressourcenoptimierung: Durch das Beenden des Trainings, wenn es keinen Nutzen mehr bringt, sparen Sie Rechenressourcen und Zeit.

- Flexibilität beim Monitoring: Sie können jeden Callback so konfigurieren, dass er unterschiedliche Metriken überwacht, was einen umfassenden Überblick über die Modellleistung während des Trainings ermöglicht.

Dieser Ansatz optimiert nicht nur den Trainingsprozess, sondern verbessert auch die Qualität und Generalisierungsfähigkeit Ihres finalen Modells. Durch die gemeinsame Nutzung dieser Callbacks erstellen Sie eine robuste Trainingspipeline, die sich an die spezifischen Anforderungen Ihres Deep-Learning-Projekts anpasst.

Beispiel: Kombination von ModelCheckpoint und EarlyStopping

```python
import tensorflow as tf
from tensorflow.keras.models import Sequential
from tensorflow.keras.layers import Dense, Flatten
from tensorflow.keras.callbacks import ModelCheckpoint, EarlyStopping
from tensorflow.keras.datasets import mnist
import numpy as np
import matplotlib.pyplot as plt

# Load and preprocess the MNIST dataset
(X_train, y_train), (X_test, y_test) = mnist.load_data()
X_train = X_train.astype('float32') / 255
X_test = X_test.astype('float32') / 255
y_train = tf.keras.utils.to_categorical(y_train, 10)
y_test = tf.keras.utils.to_categorical(y_test, 10)
```

```python
# Define the model
model = Sequential([
    Flatten(input_shape=(28, 28)),
    Dense(128, activation='relu'),
    Dense(64, activation='relu'),
    Dense(10, activation='softmax')
])

# Compile the model
model.compile(optimizer='adam',                            loss='categorical_crossentropy',
metrics=['accuracy'])

# Define both callbacks
checkpoint_callback = ModelCheckpoint(
    filepath='best_model.h5',
    save_best_only=True,
    monitor='val_accuracy',
    mode='max',
    verbose=1
)
early_stopping_callback = EarlyStopping(
    monitor='val_loss',
    patience=5,
    restore_best_weights=True,
    verbose=1
)

# Train the model with both callbacks
history = model.fit(
    X_train, y_train,
    epochs=100,
    batch_size=32,
    validation_data=(X_test, y_test),
    callbacks=[checkpoint_callback, early_stopping_callback]
)

# Plot training history
plt.figure(figsize=(12, 4))
plt.subplot(1, 2, 1)
plt.plot(history.history['accuracy'], label='Training Accuracy')
plt.plot(history.history['val_accuracy'], label='Validation Accuracy')
plt.title('Model Accuracy')
plt.xlabel('Epoch')
plt.ylabel('Accuracy')
plt.legend()

plt.subplot(1, 2, 2)
plt.plot(history.history['loss'], label='Training Loss')
plt.plot(history.history['val_loss'], label='Validation Loss')
plt.title('Model Loss')
plt.xlabel('Epoch')
```

```
plt.ylabel('Loss')
plt.legend()

plt.tight_layout()
plt.show()

# Evaluate the model on the test set
test_loss, test_accuracy = model.evaluate(X_test, y_test, verbose=0)
print(f"Test accuracy: {test_accuracy:.4f}")
```

Code-Aufschlüsselung:

Datenvorbereitung:

- Der MNIST-Datensatz wird geladen und vorverarbeitet.

- Bilder werden auf den Bereich [0, 1] normalisiert.

- Labels werden One-Hot-kodiert.

Modelldefinition:

- Ein Sequential-Modell wird mit Flatten- und Dense-Layern erstellt.

- Das Modell wird mit Adam-Optimizer, kategorischer Kreuzentropie als Verlustfunktion und Genauigkeit als Metrik kompiliert.

Callback-Definition:

- ModelCheckpoint wird konfiguriert, um das beste Modell basierend auf der Validierungsgenauigkeit zu speichern.

- EarlyStopping wird eingestellt, um den Validierungsverlust mit einer Geduld von 5 Epochen zu überwachen.

Modelltraining:

- Das Modell wird für maximal 100 Epochen mit einer Batch-Größe von 32 trainiert.

- Beide Callbacks (ModelCheckpoint und EarlyStopping) werden während des Trainings verwendet.

Visualisierung:

- Training- und Validierungsgenauigkeit werden über die Epochen geplottet.

- Training- und Validierungsverlust werden über die Epochen geplottet.

Modellevaluierung:

- Das finale Modell wird auf dem Testdatensatz evaluiert, um die Testgenauigkeit zu ermitteln.

Dieses umfassende Beispiel zeigt, wie man sowohl ModelCheckpoint als auch EarlyStopping Callbacks in Keras effektiv einsetzt. Der ModelCheckpoint speichert das beste Modell während des Trainings, während EarlyStopping Überanpassung verhindert, indem es den Trainingsprozess stoppt, wenn sich die Modellleistung auf dem Validierungsset nicht mehr verbessert. Die Ergänzung durch Datenvorverarbeitung, Modelldefinition und Ergebnisvisualisierung bietet einen vollständigen Workflow für das Training und die Evaluierung eines neuronalen Netzwerkmodells.

3.3.4 Benutzerdefinierte Callbacks in Keras

Keras ermöglicht auch die Erstellung von **benutzerdefinierten Callbacks**, um die Funktionalität des Trainingsprozesses zu erweitern. Mit benutzerdefinierten Callbacks können Sie eigenen Code zu jedem Zeitpunkt während des Trainingsablaufs ausführen, wie zum Beispiel am Anfang oder Ende einer Epoche oder nach jedem Batch. Diese leistungsstarke Funktion ermöglicht Entwicklern die Implementierung einer breiten Palette von benutzerdefinierten Verhaltensweisen und Überwachungsmöglichkeiten.

Benutzerdefinierte Callbacks können für verschiedene Zwecke eingesetzt werden, darunter:

- Protokollierung benutzerdefinierter Metriken oder Informationen während des Trainings

- Implementierung dynamischer Lernratenanpassungen

- Speicherung von Modell-Checkpoints basierend auf benutzerdefinierten Kriterien

- Echtzeit-Visualisierung des Trainingsfortschritts

- Implementierung von Early Stopping basierend auf komplexen Bedingungen

Um einen benutzerdefinierten Callback zu erstellen, müssen Sie die tf.keras.callbacks.Callback-Klasse erweitern und eine oder mehrere ihrer Methoden überschreiben. Diese Methoden entsprechen verschiedenen Punkten im Trainingsprozess, wie zum Beispiel:

- on_train_begin und on_train_end: Werden am Anfang und Ende des Trainings aufgerufen

- on_epoch_begin und on_epoch_end: Werden am Anfang und Ende jeder Epoche aufgerufen

- on_batch_begin und on_batch_end: Werden vor und nach der Verarbeitung jedes Batches aufgerufen

Durch die Implementierung dieser Methoden können Sie benutzerdefinierte Logik an bestimmten Punkten im Trainingsprozess einfügen, was eine feinkörnige Kontrolle und Überwachung des Modellverhaltens ermöglicht. Diese Flexibilität macht benutzerdefinierte Callbacks zu einem essentiellen Werkzeug für fortgeschrittene Deep Learning-Praktiker und Forscher.

Erstellung eines benutzerdefinierten Callbacks

Ein benutzerdefinierter Callback kann durch Ableitung von der tf.keras.callbacks.Callback-Klasse erstellt werden. Diese leistungsstarke Funktion ermöglicht es Ihnen, benutzerdefinierte Logik in verschiedenen Phasen des Trainingsprozesses einzufügen. Durch das Überschreiben spezifischer Methoden der Callback-Klasse können Sie benutzerdefinierten Code am Anfang oder Ende des Trainings, der Epochen oder sogar einzelner Batches ausführen.

Einige wichtige Methoden, die Sie überschreiben können, sind:

- on_train_begin(self, logs=None): Wird einmal zu Beginn des Trainings aufgerufen.

- on_train_end(self, logs=None): Wird einmal am Ende des Trainings aufgerufen.

- on_epoch_begin(self, epoch, logs=None): Wird zu Beginn jeder Epoche aufgerufen.

- on_epoch_end(self, epoch, logs=None): Wird am Ende jeder Epoche aufgerufen.

- on_batch_begin(self, batch, logs=None): Wird direkt vor der Verarbeitung jedes Batches aufgerufen.

- on_batch_end(self, batch, logs=None): Wird am Ende jedes Batches aufgerufen.

Diese Methoden bieten über das 'logs'-Dictionary Zugriff auf interne Trainingsdetails und ermöglichen es Ihnen, Metriken zu verfolgen, Hyperparameter dynamisch zu modifizieren oder komplexe Trainingsverhalten zu implementieren, die mit eingebauten Callbacks nicht möglich sind.

Benutzerdefinierte Callbacks sind besonders nützlich für Aufgaben wie die Implementierung benutzerdefinierter Lernratenplanungen, die detaillierte Protokollierung des Trainingsfortschritts, Early Stopping basierend auf komplexen Kriterien oder sogar die Integration mit externen Überwachungstools. Durch diese Flexibilität können Sie den Trainingsprozess an die spezifischen Anforderungen Ihres Deep Learning-Projekts anpassen.

Beispiel: Benutzerdefinierter Callback zur Überwachung der Lernrate

```python
import tensorflow as tf
from tensorflow.keras.callbacks import Callback
from tensorflow.keras.models import Sequential
from tensorflow.keras.layers import Dense, Flatten
from tensorflow.keras.optimizers import Adam
from tensorflow.keras.datasets import mnist
import numpy as np
import matplotlib.pyplot as plt

# Load and preprocess the MNIST dataset
(X_train, y_train), (X_test, y_test) = mnist.load_data()
X_train, X_test = X_train / 255.0, X_test / 255.0
y_train = tf.keras.utils.to_categorical(y_train, 10)
y_test = tf.keras.utils.to_categorical(y_test, 10)
```

```python
# Define a custom callback to log learning rates and accuracy at the end of each epoch
class LearningRateAndAccuracyLogger(Callback):
    def __init__(self):
        super().__init__()
        self.learning_rates = []
        self.accuracies = []

    def on_epoch_end(self, epoch, logs=None):
        current_lr = self.model.optimizer._decayed_lr(tf.float32).numpy()
        current_accuracy = logs.get('accuracy')
        self.learning_rates.append(current_lr)
        self.accuracies.append(current_accuracy)
        print(f"\\nEpoch {epoch + 1}: Learning rate is {current_lr:.6f}, Accuracy is
{current_accuracy:.4f}")

# Define the model
model = Sequential([
    Flatten(input_shape=(28, 28)),
    Dense(128, activation='relu'),
    Dense(64, activation='relu'),
    Dense(10, activation='softmax')
])

# Compile the model with a custom learning rate schedule
initial_learning_rate = 0.01
lr_schedule = tf.keras.optimizers.schedules.ExponentialDecay(
    initial_learning_rate,
    decay_steps=1000,
    decay_rate=0.9,
    staircase=True)
model.compile(optimizer=Adam(learning_rate=lr_schedule),
              loss='categorical_crossentropy',
              metrics=['accuracy'])

# Instantiate the custom callback
lr_accuracy_logger = LearningRateAndAccuracyLogger()

# Train the model with the custom callback
history = model.fit(X_train, y_train,
                    epochs=10,
                    batch_size=32,
                    validation_data=(X_test, y_test),
                    callbacks=[lr_accuracy_logger])

# Plot the learning rate and accuracy over epochs
plt.figure(figsize=(12, 5))
plt.subplot(1, 2, 1)
plt.plot(range(1, 11), lr_accuracy_logger.learning_rates)
plt.title('Learning Rate over Epochs')
plt.xlabel('Epoch')
plt.ylabel('Learning Rate')
```

```
plt.subplot(1, 2, 2)
plt.plot(range(1, 11), lr_accuracy_logger.accuracies)
plt.title('Accuracy over Epochs')
plt.xlabel('Epoch')
plt.ylabel('Accuracy')

plt.tight_layout()
plt.show()

# Evaluate the model on the test set
test_loss, test_accuracy = model.evaluate(X_test, y_test, verbose=0)
print(f"\\nFinal test accuracy: {test_accuracy:.4f}")
```

Code-Aufschlüsselung:

1. Importe und Datenvorbereitung:

   o Wir importieren die erforderlichen Bibliotheken einschließlich TensorFlow, Keras und matplotlib.

   o Der MNIST-Datensatz wird geladen und vorverarbeitet: Bilder werden normalisiert und Labels werden one-hot-kodiert.

2. Definition des benutzerdefinierten Callbacks:

   o Wir definieren eine benutzerdefinierte Callback-Klasse LearningRateAndAccuracyLogger, die von Callback erbt.

   o Dieser Callback protokolliert sowohl die Lernrate als auch die Genauigkeit am Ende jeder Epoche.

   o Die Werte werden in Listen für spätere Visualisierung gespeichert.

3. Modelldefinition:

   o Ein einfaches Sequential-Modell wird mit Flatten- und Dense-Layern definiert.

   o Die Modellarchitektur ist für die MNIST-Ziffernklassifikation geeignet.

4. Modellkompilierung:

   o Wir verwenden einen benutzerdefinierten Lernratenplan (ExponentialDecay), um die Lernrate im Laufe der Zeit zu verringern.

   o Das Modell wird mit Adam-Optimizer, kategorischer Kreuzentropie als Verlustfunktion und Genauigkeit als Metrik kompiliert.

5. Modelltraining:

   o Das Modell wird für 10 Epochen mit einer Batch-Größe von 32 trainiert.

- o Wir verwenden den benutzerdefinierten Callback LearningRateAndAccuracyLogger während des Trainings.

6. Visualisierung:

   - o Nach dem Training visualisieren wir die Lernrate und Genauigkeit über die Epochen hinweg mit matplotlib.

   - o Dies bietet eine visuelle Darstellung der Veränderung dieser Metriken während des Trainings.

7. Modellevaluierung:

   - o Abschließend evaluieren wir das Modell auf dem Testdatensatz, um die finale Testgenauigkeit zu erhalten.

Dieses Beispiel demonstriert eine umfassende Nutzung benutzerdefinierter Callbacks in Keras. Es protokolliert nicht nur die Lernrate, sondern verfolgt auch die Genauigkeit, implementiert einen benutzerdefinierten Lernratenplan und enthält die Visualisierung dieser Metriken während des Trainingsprozesses. Dieser Ansatz bietet tiefere Einblicke in den Trainingsprozess und die Modellleistung.

3.4 Bereitstellung von Keras-Modellen in der Produktion

Nach erfolgreichem Training eines Deep Learning-Modells ist die nächste kritische Phase die **Bereitstellung in der Produktion**. Dieser Schritt ist essentiell, um die Fähigkeiten Ihres Modells in realen Szenarien zu nutzen und Vorhersagen sowie wertvolle Erkenntnisse über verschiedene Anwendungen hinweg bereitzustellen. Unabhängig davon, ob Ihre Zielplattform eine Webanwendung, ein mobiles Gerät oder eine Cloud-basierte Infrastruktur ist, bietet Keras eine umfassende Suite von Werkzeugen und Methoden, um einen nahtlosen Bereitstellungsprozess zu ermöglichen.

Der Weg von einem trainierten Modell zu einem voll funktionsfähigen Produktionssystem umfasst typischerweise mehrere Schlüsselphasen:

1. Speicherung des trainierten Modells in einem geeigneten Format für zukünftige Nutzung und Verteilung.

2. Aufbau einer API-Infrastruktur zur Bereitstellung der Modellfunktionalität und effizienten Verarbeitung von Vorhersageanfragen.

3. Feinabstimmung und Anpassung des Modells für optimale Leistung in verschiedenen Bereitstellungsumgebungen, wie ressourcenbeschränkten mobilen Geräten oder skalierbaren Cloud-Plattformen.

4. Implementierung robuster Überwachungssysteme zur Verfolgung der Modellleistung, Genauigkeit und Ressourcennutzung in Echtzeit-Produktionsszenarien.

Um Sie durch diesen wichtigen Prozess zu führen, werden wir verschiedene Bereitstellungsstrategien erkunden, die jeweils auf spezifische Anwendungsfälle und Anforderungen zugeschnitten sind:

- Beherrschung der Techniken zum effizienten Speichern und Laden von Keras-Modellen, um sicherzustellen, dass Ihre trainierten Modelle für die Bereitstellung verfügbar sind.

- Nutzung der Leistungsfähigkeit von **TensorFlow Serving** zur Bereitstellung von Keras-Modellen als skalierbare, hochleistungsfähige Vorhersagedienste.

- Nahtlose Integration von Keras-Modellen in Webanwendungen mittels des leichtgewichtigen, aber leistungsstarken **Flask**-Frameworks, das schnelles Prototyping und die Entwicklung modellgesteuerter Webdienste ermöglicht.

- Optimierung und Bereitstellung von Keras-Modellen für mobile Geräte und Edge-Devices mittels **TensorFlow Lite**, wodurch das Potenzial für maschinelles Lernen und Inferenz direkt auf den Geräten erschlossen wird.

3.4.1 Speichern und Laden eines Keras-Modells

Der erste Schritt bei der Bereitstellung eines Keras-Modells ist das Speichern. Keras bietet einen robusten Speichermechanismus über die **save()**-Methode. Diese leistungsfähige Funktion kapselt das gesamte Modell, einschließlich seiner Architektur, trainierter Gewichte und sogar der Trainingskonfiguration, in einer einzigen, umfassenden Datei. Dieser Ansatz stellt sicher, dass alle wesentlichen Komponenten Ihres Modells erhalten bleiben und ermöglicht eine nahtlose Bereitstellung und Reproduktion von Ergebnissen.

Speichern des Modells: Ein tieferer Einblick

Wenn Sie bereit sind, Ihr Modell nach dem Training zu speichern, bietet die **save()**-Methode Flexibilität bei den Speicherformaten. Hauptsächlich werden zwei Industriestandard-Optionen angeboten:

- **SavedModel-Format:** Dies ist das empfohlene Format für TensorFlow 2.x. Es ist ein sprachunabhängiges Format, das den Berechnungsgraphen des Modells speichert und eine einfache Bereitstellung über verschiedene Plattformen hinweg ermöglicht, einschließlich TensorFlow Serving.

- **HDF5-Format:** Dieses Format ist besonders nützlich wegen seiner Kompatibilität mit anderen wissenschaftlichen Rechenbibliotheken. Es speichert das Modell als einzelne HDF5-Datei, die einfach geteilt und in verschiedenen Umgebungen geladen werden kann.

Die Wahl zwischen diesen Formaten hängt oft von Ihrer Bereitstellungsstrategie und den spezifischen Anforderungen Ihres Projekts ab. Beide Formate bewahren die Integrität des

Modells und stellen sicher, dass es sich beim Laden für die Bereitstellung identisch zum ursprünglich trainierten Modell verhält.

Beispiel: Speichern eines trainierten Keras-Modells

```python
import tensorflow as tf
from tensorflow.keras.models import Sequential
from tensorflow.keras.layers import Dense, Flatten, Dropout
from tensorflow.keras.datasets import mnist
from tensorflow.keras.utils import to_categorical
import numpy as np
import matplotlib.pyplot as plt

# Load and preprocess the MNIST dataset
(X_train, y_train), (X_test, y_test) = mnist.load_data()

# Normalize pixel values to be between 0 and 1
X_train, X_test = X_train / 255.0, X_test / 255.0

# One-hot encode the labels
y_train = to_categorical(y_train, 10)
y_test = to_categorical(y_test, 10)

# Define a more complex Sequential model
model = Sequential([
    Flatten(input_shape=(28, 28)),
    Dense(256, activation='relu'),
    Dropout(0.3),
    Dense(128, activation='relu'),
    Dropout(0.2),
    Dense(64, activation='relu'),
    Dense(10, activation='softmax')
])

# Compile the model
model.compile(optimizer='adam',
              loss='categorical_crossentropy',
              metrics=['accuracy'])

# Train the model
history = model.fit(X_train, y_train,
                    validation_split=0.2,
                    epochs=10,
                    batch_size=128,
                    verbose=1)

# Evaluate the model on the test set
test_loss, test_accuracy = model.evaluate(X_test, y_test, verbose=0)
print(f"Test accuracy: {test_accuracy:.4f}")

# Plot training history
plt.figure(figsize=(12, 4))
```

```python
plt.subplot(1, 2, 1)
plt.plot(history.history['accuracy'], label='Training Accuracy')
plt.plot(history.history['val_accuracy'], label='Validation Accuracy')
plt.title('Model Accuracy')
plt.xlabel('Epoch')
plt.ylabel('Accuracy')
plt.legend()

plt.subplot(1, 2, 2)
plt.plot(history.history['loss'], label='Training Loss')
plt.plot(history.history['val_loss'], label='Validation Loss')
plt.title('Model Loss')
plt.xlabel('Epoch')
plt.ylabel('Loss')
plt.legend()

plt.tight_layout()
plt.show()

# Save the entire model to the SavedModel format
model.save('my_comprehensive_keras_model')

# Load the saved model and make predictions
loaded_model = tf.keras.models.load_model('my_comprehensive_keras_model')
sample_image = X_test[0]
prediction = loaded_model.predict(np.expand_dims(sample_image, axis=0))
predicted_class = np.argmax(prediction)
actual_class = np.argmax(y_test[0])

print(f"Predicted class: {predicted_class}")
print(f"Actual class: {actual_class}")

# Visualize the sample image
plt.imshow(sample_image, cmap='gray')
plt.title(f"Predicted: {predicted_class}, Actual: {actual_class}")
plt.axis('off')
plt.show()
```

Code-Aufschlüsselung:

1. Importe und Datenvorbereitung:

   o Wir importieren die erforderlichen Bibliotheken einschließlich TensorFlow, Keras, NumPy und Matplotlib.

   o Der MNIST-Datensatz wird geladen und vorverarbeitet: Bilder werden auf Werte zwischen 0 und 1 normalisiert, und die Labels werden one-hot-codiert.

2. Modellarchitektur:

KI-MASTERY-REIHE: BUCH 2: DEEP LEARNING UND KI-SUPERHELD: BEHERRSCHE TENSORFLOW, KERAS UND PYTORCH

- o Ein komplexeres sequentielles Modell wird mit zusätzlichen Schichten definiert:
  - Flatten-Schicht zur Umwandlung von 2D- in 1D-Eingabe
  - Zwei Dense-Schichten mit ReLU-Aktivierung und Dropout zur Regularisierung
  - Finale Dense-Schicht mit Softmax-Aktivierung für Mehrklassen-Klassifikation

3. Modellkompilierung:
   - o Das Modell wird mit Adam-Optimizer, kategorischer Kreuzentropie-Verlustfunktion (geeignet für Mehrklassen-Klassifikation) und Genauigkeitsmetrik kompiliert.

4. Modelltraining:
   - o Das Modell wird für 10 Epochen mit einer Batch-Größe von 128 trainiert.
   - o 20% der Trainingsdaten werden während des Trainings für die Validierung verwendet.
   - o Der Trainingsverlauf wird zur späteren Visualisierung gespeichert.

5. Modellevaluierung:
   - o Das trainierte Modell wird auf dem Testdatensatz evaluiert, um die finale Testgenauigkeit zu erhalten.

6. Visualisierung des Trainingsverlaufs:
   - o Trainings- und Validierungsgenauigkeit/-verlust werden über die Epochen hinweg dargestellt, um den Lernfortschritt des Modells zu visualisieren.

7. Modellspeicherung:
   - o Das gesamte Modell wird im SavedModel-Format gespeichert, welches die Modellarchitektur, Gewichte und Trainingskonfiguration enthält.

8. Modellladung und Vorhersage:
   - o Das gespeicherte Modell wird zurückgeladen und für eine Vorhersage auf einem Beispielbild aus dem Testdatensatz verwendet.
   - o Die vorhergesagte Klasse und tatsächliche Klasse werden ausgegeben.

9. Beispielbildvisualisierung:
   - o Das Beispielbild wird zusammen mit seinen vorhergesagten und tatsächlichen Klassenlabels angezeigt.

Dieses umfassende Beispiel demonstriert den gesamten Workflow des Trainings eines neuronalen Netzes, von der Datenvorbereitung bis zur Modellevaluierung und Visualisierung. Es beinhaltet Best Practices wie die Verwendung von Dropout zur Regularisierung, die Überwachung der Validierungsleistung und die Visualisierung des Trainingsprozesses. Das gespeicherte Modell kann einfach bereitgestellt oder für weitere Analysen verwendet werden.

Laden des Modells

Nach dem Speichern kann das Modell in jeder Umgebung geladen werden, um das Training fortzusetzen, Vorhersagen zu treffen oder es in einer Produktionsumgebung bereitzustellen.

Beispiel: Laden eines gespeicherten Keras-Modells

```python
import tensorflow as tf
from tensorflow.keras.models import load_model
import numpy as np
import matplotlib.pyplot as plt

# Load the previously saved model
loaded_model = load_model('my_keras_model')

# Assuming X_test and y_test are available from the original dataset
# If not, you would need to load and preprocess your test data here

# Use the loaded model to make predictions
predictions = loaded_model.predict(X_test)

# Convert predictions to class labels
predicted_classes = np.argmax(predictions, axis=1)
true_classes = np.argmax(y_test, axis=1)

# Calculate accuracy
accuracy = np.mean(predicted_classes == true_classes)
print(f"Test accuracy: {accuracy:.4f}")

# Display a few sample predictions
num_samples = 5
fig, axes = plt.subplots(1, num_samples, figsize=(15, 3))
for i in range(num_samples):
    axes[i].imshow(X_test[i].reshape(28, 28), cmap='gray')
    axes[i].set_title(f"Pred: {predicted_classes[i]}\\nTrue: {true_classes[i]}")
    axes[i].axis('off')
plt.tight_layout()
plt.show()

# Evaluate the model on the test set
test_loss, test_accuracy = loaded_model.evaluate(X_test, y_test, verbose=0)
print(f"Test Loss: {test_loss:.4f}")
print(f"Test Accuracy: {test_accuracy:.4f}")

# Generate a confusion matrix
```

```
from sklearn.metrics import confusion_matrix
import seaborn as sns

cm = confusion_matrix(true_classes, predicted_classes)
plt.figure(figsize=(10, 8))
sns.heatmap(cm, annot=True, fmt='d', cmap='Blues')
plt.title('Confusion Matrix')
plt.xlabel('Predicted Label')
plt.ylabel('True Label')
plt.show()
```

Code-Aufgliederung:

- Erforderliche Bibliotheken importieren: Wir importieren TensorFlow, Keras, NumPy und Matplotlib für das Laden von Modellen, Vorhersagen und Visualisierung.

- Gespeichertes Modell laden: Wir verwenden load_model(), um das zuvor gespeicherte Keras-Modell zu laden.

- Vorhersagen treffen: Das geladene Modell wird verwendet, um Vorhersagen für den Testdatensatz (X_test) zu treffen.

- Vorhersagen verarbeiten: Wir konvertieren die Rohvorhersagen mithilfe von np.argmax() in Klassenlabels. Dasselbe machen wir für die wahren Labels, unter der Annahme, dass y_test one-hot-kodiert ist.

- Genauigkeit berechnen: Wir ermitteln die Genauigkeit durch den Vergleich der vorhergesagten Klassen mit den wahren Klassen.

- Beispielvorhersagen visualisieren: Wir zeigen einige Beispielbilder aus dem Testdatensatz zusammen mit ihren vorhergesagten und wahren Labels mithilfe von Matplotlib an.

- Modell evaluieren: Wir nutzen die evaluate()-Methode des Modells, um Testverlust und -genauigkeit zu erhalten.

- Konfusionsmatrix erstellen: Wir verwenden scikit-learn zur Erstellung einer Konfusionsmatrix und visualisieren diese mit seaborn, was einen detaillierten Einblick in die Leistung des Modells über alle Klassen hinweg bietet.

Dieses Beispiel bietet einen umfassenden Ansatz zum Laden und Verwenden eines gespeicherten Keras-Modells. Es umfasst Vorhersage, Genauigkeitsberechnung, Beispielvisualisierung, Modellevaluierung und Konfusionsmatrix-Generierung. Dies vermittelt ein gründliches Verständnis darüber, wie gut das geladene Modell mit den Testdaten arbeitet.

3.4.2 Bereitstellung von Keras-Modellen mit TensorFlow Serving

TensorFlow Serving ist ein robustes und skalierbares System für die Bereitstellung von Machine-Learning-Modellen in Produktionsumgebungen. Es bietet eine leistungsstarke Lösung für die Bereitstellung von Modellen als RESTful APIs und ermöglicht eine nahtlose Integration mit externen Anwendungen. Dies ermöglicht Echtzeit-Vorhersagen und -Inferenz, was es ideal für ein breites Spektrum von Anwendungsfällen macht, von Webanwendungen bis hin zu mobilen Diensten.

Einer der wichtigsten Vorteile von TensorFlow Serving ist seine Kompatibilität mit Keras-Modellen, die im **SavedModel**-Format gespeichert sind. Dieses Format kapselt nicht nur die Modellarchitektur und -gewichte ein, sondern auch das vollständige TensorFlow-Programm, einschließlich benutzerdefinierter Operationen und Assets. Dieser umfassende Ansatz stellt sicher, dass Modelle in verschiedenen Umgebungen konsistent bereitgestellt werden können.

Export des Modells für TensorFlow Serving

Um die Fähigkeiten von TensorFlow Serving zu nutzen, besteht der erste Schritt darin, Ihr Keras-Modell im **SavedModel**-Format zu speichern. Dieser Prozess ist entscheidend, da er Ihr Modell für den Einsatz in einer produktionsreifen Umgebung vorbereitet. Das SavedModel-Format bewahrt den Berechnungsgraphen, die Variablen und Metadaten des Modells, wodurch TensorFlow Serving das Modell effizient laden und ausführen kann.

Beim Export Ihres Modells ist es wichtig, die Versionierung zu berücksichtigen. TensorFlow Serving unterstützt die gleichzeitige Bereitstellung mehrerer Modellversionen, was für A/B-Tests oder schrittweise Einführungen neuer Modelliterationen von unschätzbarem Wert sein kann. Diese Funktion erhöht die Flexibilität und Zuverlässigkeit Ihrer Machine-Learning-Pipeline und ermöglicht nahtlose Aktualisierungen und Rollbacks nach Bedarf.

Beispiel: Export eines Keras-Modells für TensorFlow Serving

```python
import tensorflow as tf
from tensorflow.keras.models import Sequential
from tensorflow.keras.layers import Dense, Flatten, Dropout
from tensorflow.keras.datasets import mnist
from tensorflow.keras.utils import to_categorical
import numpy as np
import matplotlib.pyplot as plt

# Load and preprocess the MNIST dataset
(X_train, y_train), (X_test, y_test) = mnist.load_data()
X_train, X_test = X_train / 255.0, X_test / 255.0
y_train = to_categorical(y_train, 10)
y_test = to_categorical(y_test, 10)

# Define the model
model = Sequential([
    Flatten(input_shape=(28, 28)),
    Dense(128, activation='relu'),
    Dropout(0.2),
    Dense(64, activation='relu'),
    Dense(10, activation='softmax')
])
```

```python
# Compile the model
model.compile(optimizer='adam',                        loss='categorical_crossentropy',
metrics=['accuracy'])

# Train the model
history = model.fit(X_train, y_train, validation_split=0.2, epochs=10, batch_size=128,
verbose=1)

# Evaluate the model
test_loss, test_accuracy = model.evaluate(X_test, y_test, verbose=0)
print(f"Test accuracy: {test_accuracy:.4f}")

# Save the Keras model to the SavedModel format for TensorFlow Serving
model.save('serving_model/keras_model')

# Load the saved model to verify it works
loaded_model = tf.keras.models.load_model('serving_model/keras_model')

# Make a prediction with the loaded model
sample_image = X_test[0]
prediction = loaded_model.predict(np.expand_dims(sample_image, axis=0))
predicted_class = np.argmax(prediction)
actual_class = np.argmax(y_test[0])

print(f"Predicted class: {predicted_class}")
print(f"Actual class: {actual_class}")
```

Code-Aufgliederung:

- Importe: Wir importieren die erforderlichen Bibliotheken einschließlich TensorFlow, Keras-Komponenten, NumPy und Matplotlib.

- Datenvorbereitung:

  o Laden des MNIST-Datensatzes mithilfe der eingebauten Datensatz-Utility von Keras.

  o Normalisierung der Pixelwerte auf Werte zwischen 0 und 1.

  o Umwandlung der Labels in One-Hot-kodiertes Format.

- Modelldefinition: Erstellung eines Sequential-Modells mit einer Flatten-Schicht, zwei Dense-Schichten mit ReLU-Aktivierung, einer Dropout-Schicht zur Regularisierung und einer abschließenden Dense-Schicht mit Softmax-Aktivierung für Mehrklassen-Klassifikation.

- Modellkompilierung: Kompilierung des Modells unter Verwendung des Adam-Optimierers, kategorischer Kreuzentropie als Verlustfunktion und Genauigkeit als Metrik.

- Modelltraining: Training des Modells über 10 Epochen mit einer Batch-Größe von 128, wobei 20% der Trainingsdaten für die Validierung verwendet werden.

- Modellevaluierung: Bewertung des trainierten Modells auf dem Testdatensatz zur Ermittlung der finalen Testgenauigkeit.

- Modellspeicherung: Speicherung des gesamten Modells im SavedModel-Format, welches die Modellarchitektur, Gewichte und Trainingskonfiguration enthält.

- Modellladung und Verifizierung:

    o Laden des gespeicherten Modells zurück in den Speicher.

    o Verwendung des geladenen Modells zur Vorhersage für ein Beispielbild aus dem Testdatensatz.

    o Ausgabe der vorhergesagten und tatsächlichen Klasse zur Überprüfung der korrekten Modellfunktion.

Dieses umfassende Beispiel demonstriert den vollständigen Arbeitsablauf des Trainings eines neuronalen Netzes, von der Datenvorbereitung bis zur Modellbereitstellung, einschließlich bewährter Praktiken wie der Verwendung von Dropout zur Regularisierung und der Speicherung des Modells in einem für TensorFlow Serving geeigneten Format.

Einrichtung von TensorFlow Serving

TensorFlow Serving bietet eine robuste und skalierbare Lösung für die Bereitstellung von Machine-Learning-Modellen in Produktionsumgebungen. Durch die Nutzung von Docker-Containern ermöglicht es einen optimierten Ansatz zur Modellbereitstellung, der Konsistenz über verschiedene Plattformen hinweg gewährleistet und eine einfache Skalierung zur Bewältigung variierender Anforderungen ermöglicht.

Diese containerbasierte Bereitstellungsstrategie vereinfacht nicht nur den Prozess der Modellbereitstellung, sondern steigert auch die allgemeine Effizienz und Zuverlässigkeit von Machine-Learning-Anwendungen in realen Szenarien.

Beispiel: Ausführung von TensorFlow Serving mit Docker

```
# Pull the TensorFlow Serving Docker image
docker pull tensorflow/serving

# Run TensorFlow Serving with the Keras model
docker run -d --name tf_serving \\
  -p 8501:8501 \\
  --mount
type=bind,source=$(pwd)/serving_model/keras_model,target=/models/keras_model \\
  -e MODEL_NAME=keras_model \\
  -e MODEL_BASE_PATH=/models \\
  -t tensorflow/serving
```

```
# Check if the container is running
docker ps

# View logs of the container
docker logs tf_serving

# Stop the container
docker stop tf_serving

# Remove the container
docker rm tf_serving
```

Code-Erläuterung:

1. docker pull tensorflow/serving: Dieser Befehl lädt das aktuelle TensorFlow Serving Docker-Image von Docker Hub herunter.

2. docker run Befehl:

    ▪ -d: Führt den Container im Hintergrund aus (Detached-Modus).

    ▪ --name tf_serving: Benennt den Container als 'tf_serving' für einfache Referenzierung.

    ▪ -p 8501:8501: Verbindet Port 8501 des Containers mit Port 8501 der Host-Maschine.

    ▪ --mount type=bind,source=$(pwd)/serving_model/keras_model,target=/models/keras_model: Bindet das lokale Verzeichnis mit dem Keras-Modell in das Verzeichnis /models/keras_model im Container ein.

    ▪ -e MODEL_NAME=keras_model: Setzt eine Umgebungsvariable zur Spezifizierung des Modellnamens.

    ▪ -e MODEL_BASE_PATH=/models: Legt den Basis-Pfad für das Modell im Container fest.

    ▪ -t tensorflow/serving: Gibt das zu verwendende Docker-Image an.

3. docker ps: Listet alle laufenden Docker-Container auf, um zu überprüfen, ob der TensorFlow Serving Container läuft.

4. docker logs tf_serving: Zeigt die Logs des TensorFlow Serving Containers an, was für die Fehlerbehebung nützlich sein kann.

5. docker stop tf_serving: Stoppt den laufenden TensorFlow Serving Container.

6. docker rm tf_serving: Entfernt den gestoppten Container und gibt Ressourcen frei.

Dieses Beispiel bietet eine umfassende Sammlung von Docker-Befehlen zur Verwaltung des TensorFlow Serving Containers, einschließlich der Überprüfung des Status, der Anzeige von Logs und der Bereinigung nach der Nutzung.

API-Anfragen für Vorhersagen

Sobald das Modell bereitgestellt und betriebsbereit ist, können externe Anwendungen durch HTTP POST-Anfragen mit ihm interagieren, um Vorhersagen abzurufen. Dieser API-basierte Ansatz ermöglicht eine nahtlose Integration der Modellfunktionen in verschiedene Systeme und Arbeitsabläufe.

Durch die Nutzung standardisierter HTTP-Protokolle wird das Modell für eine breite Palette von Client-Anwendungen zugänglich, die seine Vorhersagefähigkeiten effizient und in Echtzeit nutzen können.

Beispiel: Senden einer Anfrage an TensorFlow Serving

```python
import requests
import json
import numpy as np
import matplotlib.pyplot as plt
from tensorflow.keras.datasets import mnist

# Load MNIST dataset
(_, _), (X_test, y_test) = mnist.load_data()

# Normalize the data
X_test = X_test / 255.0

# Prepare the input data (e.g., one test image from MNIST)
input_data = np.expand_dims(X_test[0], axis=0).tolist()

# Define the API URL for TensorFlow Serving
url = '<http://localhost:8501/v1/models/keras_model:predict>'

# Send the request
response = requests.post(url, json={"instances": input_data})

# Parse the predictions
predictions = response.json()['predictions']
predicted_class = np.argmax(predictions[0])
actual_class = y_test[0]

print(f"Predictions: {predictions}")
print(f"Predicted class: {predicted_class}")
print(f"Actual class: {actual_class}")

# Visualize the input image
plt.imshow(X_test[0], cmap='gray')
plt.title(f"Predicted: {predicted_class}, Actual: {actual_class}")
plt.axis('off')
```

Fix

```python
plt.show()

# Function to send multiple requests
def batch_predict(images, batch_size=32):
    all_predictions = []
    for i in range(0, len(images), batch_size):
        batch = images[i:i+batch_size]
        response = requests.post(url, json={"instances": batch.tolist()})
        all_predictions.extend(response.json()['predictions'])
    return np.array(all_predictions)

# Predict on a larger batch
batch_size = 100
larger_batch = X_test[:batch_size]
batch_predictions = batch_predict(larger_batch)

# Calculate accuracy
predicted_classes = np.argmax(batch_predictions, axis=1)
actual_classes = y_test[:batch_size]
accuracy = np.mean(predicted_classes == actual_classes)
print(f"Batch accuracy: {accuracy:.4f}")

# Visualize confusion matrix
from sklearn.metrics import confusion_matrix
import seaborn as sns

cm = confusion_matrix(actual_classes, predicted_classes)
plt.figure(figsize=(10, 8))
sns.heatmap(cm, annot=True, fmt='d', cmap='Blues')
plt.title('Confusion Matrix')
plt.xlabel('Predicted')
plt.ylabel('Actual')
plt.show()
```

Code-Aufschlüsselung:

- Importe: Wir importieren die erforderlichen Bibliotheken, darunter requests für API-Aufrufe, json zum Parsen von Antworten, numpy für numerische Operationen, matplotlib zur Visualisierung und TensorFlows MNIST-Datensatz.

- Datenvorbereitung:
  - Laden des MNIST-Testdatensatzes.
  - Normalisierung der Pixelwerte auf einen Bereich zwischen 0 und 1.
  - Vorbereitung eines einzelnen Testbildes für die erste Vorhersage.

- API-Anfrage:
  - Definition der URL für die TensorFlow Serving API.

- o Senden einer POST-Anfrage mit den Eingabedaten.

- o Parsen der JSON-Antwort zur Erhaltung der Vorhersagen.

- Ergebnisverarbeitung:

  - o Bestimmung der vorhergesagten und tatsächlichen Klassen.

  - o Ausgabe der Rohvorhersagen, der vorhergesagten Klasse und der tatsächlichen Klasse.

- Visualisierung:

  - o Anzeige des Eingangsbildes mit matplotlib.

  - o Hinzufügen eines Titels mit vorhergesagter und tatsächlicher Klasse.

- Batch-Vorhersage:

  - o Definition einer Funktion batch_predict zum Senden mehrerer Bilder in Stapeln.

  - o Verwendung dieser Funktion für Vorhersagen auf einem größeren Stapel von 100 Bildern.

- Leistungsbewertung:

  - o Berechnung und Ausgabe der Genauigkeit für die Batch-Vorhersagen.

  - o Erstellung und Visualisierung einer Konfusionsmatrix mit seaborn.

Dieses Beispiel demonstriert einen umfassenden Ansatz zur Verwendung eines bereitgestellten Keras-Modells über TensorFlow Serving. Es umfasst Einzel- und Batch-Vorhersagen, Genauigkeitsberechnung und Visualisierung der Ergebnisse und bietet damit einen vollständigen Einblick in die Leistung des Modells und seine Interaktionsmöglichkeiten in einem realen Szenario.

3.4.3 Bereitstellung von Keras-Modellen mit Flask (Web-App-Integration)

Für Anwendungen, die einen stärker individualisierten Bereitstellungsansatz erfordern oder die in kleinerem Maßstab betrieben werden, bietet die Integration von Keras-Modellen in Webanwendungen mittels **Flask** eine ausgezeichnete Lösung. Flask, bekannt für seine Einfachheit und Flexibilität, ist ein in Python geschriebenes Micro-Web-Framework, das Entwicklern ermöglicht, Webanwendungen schnell zu erstellen und bereitzustellen.

Die Integration von Keras-Modellen mit Flask bietet mehrere Vorteile:

- Schnelles Prototyping: Flasks minimalistisches Design ermöglicht eine schnelle Einrichtung und Bereitstellung, was es ideal für Proof-of-Concept-Projekte oder MVP (Minimum Viable Product) Entwicklung macht.

- Anpassungsfähigkeit: Im Gegensatz zu starreren Bereitstellungsoptionen bietet Flask vollständige Kontrolle über die Anwendungsstruktur und ermöglicht Entwicklern, die Bereitstellung an spezifische Bedürfnisse anzupassen.

- RESTful API-Erstellung: Flask erleichtert die Erstellung von RESTful APIs und ermöglicht eine nahtlose Kommunikation zwischen dem Client und dem serverseitigen Keras-Modell.

- Skalierbarkeit: Während es hauptsächlich für kleinere Anwendungen geeignet ist, kann Flask in Kombination mit geeigneten Serverkonfigurationen und Lastverteilungstechniken auch für größere Arbeitslasten skaliert werden.

Einrichtung einer Flask-App für die Keras-Modell-Bereitstellung

Die Erstellung einer Flask-Anwendung zur Bereitstellung eines Keras-Modells umfasst mehrere wichtige Schritte:

- Modell-Laden: Das trainierte Keras-Modell wird beim Start der Flask-Anwendung in den Speicher geladen.

- API-Endpunkt-Definition: Flask-Routen werden erstellt, um eingehende Anfragen zu verarbeiten, typischerweise unter Verwendung von POST-Methoden für Vorhersageaufgaben.

- Datenverarbeitung: Eingehende Daten werden vorverarbeitet, um dem vom Keras-Modell erwarteten Eingabeformat zu entsprechen.

- Vorhersagegenerierung: Das Modell generiert Vorhersagen basierend auf den verarbeiteten Eingabedaten.

- Antwortformatierung: Vorhersagen werden in ein geeignetes Antwortformat (z.B. JSON) formatiert und an den Client zurückgesendet.

Dieser Ansatz zur Modellbereitstellung bietet eine ausgewogene Mischung aus Einfachheit und Funktionalität und ist damit eine ausgezeichnete Wahl für Entwickler, die mehr Kontrolle über ihre Bereitstellungsumgebung benötigen oder an Projekten arbeiten, die nicht die vollen Möglichkeiten komplexerer Bereitstellungslösungen wie TensorFlow Serving erfordern.

Beispiel: Bereitstellung eines Keras-Modells mit Flask

```
from flask import Flask, request, jsonify
from tensorflow.keras.models import load_model
import numpy as np
from werkzeug.exceptions import BadRequest
import logging

# Initialize the Flask app
app = Flask(__name__)

# Configure logging
```

```python
logging.basicConfig(level=logging.INFO)
logger = logging.getLogger(__name__)

# Load the trained Keras model
try:
    model = load_model('my_keras_model')
    logger.info("Model loaded successfully")
except Exception as e:
    logger.error(f"Failed to load model: {str(e)}")
    raise

# Define an API route for predictions
@app.route('/predict', methods=['POST'])
def predict():
    try:
        # Get the JSON input data from the POST request
        data = request.get_json(force=True)

        if 'instances' not in data:
            raise BadRequest("Missing 'instances' in request data")

        # Prepare the input data as a NumPy array
        input_data = np.array(data['instances'])

        # Validate input shape
        expected_shape = (None, 28, 28)  # Assuming MNIST-like input
        if input_data.shape[1:] != expected_shape[1:]:
            raise BadRequest(f"Invalid input shape. Expected {expected_shape}, got
{input_data.shape}")

        # Make predictions using the loaded model
        predictions = model.predict(input_data)

        # Return the predictions as a JSON response
        return jsonify(predictions=predictions.tolist())

    except BadRequest as e:
        logger.warning(f"Bad request: {str(e)}")
        return jsonify(error=str(e)), 400
    except Exception as e:
        logger.error(f"Prediction error: {str(e)}")
        return jsonify(error="Internal server error"), 500

# Health check endpoint
@app.route('/health', methods=['GET'])
def health_check():
    return jsonify(status="healthy"), 200

# Run the Flask app
if __name__ == '__main__':
    app.run(host='0.0.0.0', port=5000, debug=False)
```

Umfassende Aufschlüsselung der Erklärung:

1. Importe und Einrichtung:

   o Wir importieren die erforderlichen Module: Flask für das Web-Framework, load_model von Keras, numpy für Array-Operationen, BadRequest zur Behandlung ungültiger Anfragen und logging für die Fehlerverfolgung.

   o Die Flask-App wird initialisiert und das Logging wird für eine bessere Fehlerverfolgung und Debugging konfiguriert.

2. Modell-Laden:

   o Das Keras-Modell wird innerhalb eines try-except-Blocks geladen, um mögliche Fehler beim Laden abzufangen.

   o Alle Ladefehler werden protokolliert und liefern wertvolle Informationen zur Fehlerbehebung.

3. Vorhersage-Endpunkt (/predict):

   o Dieser Endpunkt verarbeitet POST-Anfragen für Vorhersagen.

   o Der gesamte Vorhersageprozess ist in einen try-except-Block eingebettet für robuste Fehlerbehandlung.

   o Er erwartet JSON-Eingaben mit einem 'instances'-Schlüssel, der die Eingabedaten enthält.

4. Eingabevalidierung:

   o Prüft, ob 'instances' in den Anfragedaten vorhanden ist.

   o Validiert die Form der Eingabedaten gegen eine erwartete Form (in diesem Beispiel wird von MNIST-ähnlicher Eingabe ausgegangen).

   o Löst BadRequest-Ausnahmen für ungültige Eingaben aus, die abgefangen und als 400-Fehler zurückgegeben werden.

5. Vorhersageprozess:

   o Konvertiert Eingabedaten in ein NumPy-Array.

   o Verwendet das geladene Modell, um Vorhersagen zu treffen.

   o Gibt Vorhersagen als JSON-Antwort zurück.

6. Fehlerbehandlung:

   o Fängt und protokolliert verschiedene Arten von Ausnahmen (BadRequest für Client-Fehler, allgemeine Exception für Server-Fehler).

o Gibt entsprechende HTTP-Statuscodes und Fehlermeldungen für verschiedene Szenarien zurück.

7. Gesundheits-Check-Endpunkt (/health):

o Ein einfacher Endpunkt, der einen 200-Status zurückgibt, nützlich für die Überwachung der Anwendungsverfügbarkeit.

8. Anwendungs-Ausführungskonfiguration:

o Die App ist so eingestellt, dass sie auf allen verfügbaren Netzwerkschnittstellen (0.0.0.0) läuft.

o Der Debug-Modus ist aus Sicherheitsgründen auf False gesetzt.

o Der Port ist explizit auf 5000 eingestellt.

Diese Version bietet eine robuste und produktionsreife Flask-Anwendung für den Betrieb eines Keras-Modells. Sie enthält verbesserte Fehlerbehandlung, Eingabevalidierung, Protokollierung und einen Gesundheits-Check-Endpunkt, was sie besser für reale Einsatzszenarien geeignet macht.

Anfragen an die Flask-API stellen

Sobald der Flask-Server läuft, können Sie Anfragen senden, um Vorhersagen zu erhalten:

Beispiel: Eine POST-Anfrage an die Flask-API senden

```python
import tensorflow as tf
import requests
import json
import numpy as np
import matplotlib.pyplot as plt
from sklearn.metrics import confusion_matrix
import seaborn as sns

# Load and preprocess test data (assuming MNIST dataset)
(_, _), (X_test, y_test) = tf.keras.datasets.mnist.load_data()
X_test = X_test / 255.0  # Normalize pixel values

# Prepare input data for a single image
single_image = np.expand_dims(X_test[0], axis=0).tolist()

# Define the Flask API URL
url = '<http://localhost:5000/predict>'

# Function to send a single prediction request
def send_prediction_request(data):
    response = requests.post(url, json={"instances": data})
    return response.json()['predictions']

# Send a POST request to the API for a single image
```

```
single_prediction = send_prediction_request(single_image)
print(f"Prediction for single image: {single_prediction}")

# Function to send batch prediction requests
def batch_predict(images, batch_size=32):
    all_predictions = []
    for i in range(0, len(images), batch_size):
        batch = images[i:i+batch_size].tolist()
        predictions = send_prediction_request(batch)
        all_predictions.extend(predictions)
    return np.array(all_predictions)

# Predict on a larger batch
batch_size = 100
larger_batch = X_test[:batch_size]
batch_predictions = batch_predict(larger_batch)

# Calculate accuracy
predicted_classes = np.argmax(batch_predictions, axis=1)
actual_classes = y_test[:batch_size]
accuracy = np.mean(predicted_classes == actual_classes)
print(f"Batch accuracy: {accuracy:.4f}")

# Visualize confusion matrix
cm = confusion_matrix(actual_classes, predicted_classes)
plt.figure(figsize=(10, 8))
sns.heatmap(cm, annot=True, fmt='d', cmap='Blues')
plt.title('Confusion Matrix')
plt.xlabel('Predicted')
plt.ylabel('Actual')
plt.show()

# Visualize some predictions
fig, axes = plt.subplots(2, 5, figsize=(15, 6))
for i, ax in enumerate(axes.flat):
    ax.imshow(larger_batch[i], cmap='gray')
    predicted = predicted_classes[i]
    actual = actual_classes[i]
    ax.set_title(f"Pred: {predicted}, Act: {actual}")
    ax.axis('off')
plt.tight_layout()
plt.show()
```

Ausführliche Erklärung:

- Importe und Einrichtung:
  - Wir importieren die benötigten Bibliotheken: requests für API-Aufrufe, json für das Parsing, numpy für numerische Operationen, matplotlib und seaborn für die Visualisierung und sklearn für Metriken.

- o Der MNIST-Testdatensatz wird geladen und normalisiert.

- Einzelbild-Vorhersage:

  - o Ein einzelnes Testbild wird vorbereitet und an die Flask-API gesendet.

  - o Die Vorhersage für dieses einzelne Bild wird ausgegeben.

- Batch-Vorhersage-Funktion:

  - o Eine Funktion batch_predict wird definiert, um mehrere Bilder in Batches zu senden.

  - o Dies ermöglicht eine effiziente Vorhersage für größere Datensätze.

- Größere Batch-Vorhersage:

  - o Ein Batch von 100 Bildern wird zur Vorhersage gesendet.

  - o Die Genauigkeit wird durch Vergleich der vorhergesagten Klassen mit den tatsächlichen Klassen berechnet.

- Visualisierung:

  - o Eine Konfusionsmatrix wird mit seaborn erstellt und visualisiert, die die Verteilung korrekter und falscher Vorhersagen über die Klassen hinweg zeigt.

  - o Ein Raster von Beispielbildern mit ihren vorhergesagten und tatsächlichen Bezeichnungen wird angezeigt, das eine visuelle Darstellung der Modellleistung bietet.

- Fehlerbehandlung und Robustheit:

  - o Auch wenn nicht explizit gezeigt, ist es wichtig, try-except-Blöcke um API-Aufrufe und Datenverarbeitung zu implementieren, um potenzielle Fehler elegant zu behandeln.

Dieses Beispiel bietet einen umfassenden Ansatz für die Interaktion mit einer Flask-API, die ein maschinelles Lernmodell bereitstellt. Es umfasst Einzel- und Batch-Vorhersagen, Genauigkeitsberechnung und zwei Arten von Visualisierungen, um die Leistung des Modells besser zu verstehen.

3.4.4 Bereitstellung von Keras-Modellen auf mobilen Geräten mit TensorFlow Lite

TensorFlow Lite bietet eine optimierte Lösung für die Bereitstellung von Deep-Learning-Modellen auf ressourcenbeschränkten Geräten wie Smartphones, Tablets und IoT-Geräten. Dieses schlanke Framework wurde speziell entwickelt, um Keras-Modelle für eine effiziente Inferenz auf mobilen und eingebetteten Systemen zu optimieren und dabei die

Herausforderungen von begrenzter Rechenleistung, Speicher und Energieverbrauch zu bewältigen.

Der Optimierungsprozess umfasst mehrere wichtige Schritte:

- Modellquantisierung: Reduzierung der Präzision von Gewichten und Aktivierungen von 32-Bit-Fließkomma auf 8-Bit-Ganzzahlen, wodurch die Modellgröße deutlich verringert und die Inferenzgeschwindigkeit verbessert wird.

- Operatorfusion: Kombination mehrerer Operationen zu einer einzigen, optimierten Operation zur Reduzierung des Rechenaufwands.

- Pruning: Entfernen unnötiger Verbindungen und Neuronen, um ein kompakteres Modell ohne signifikanten Genauigkeitsverlust zu erstellen.

Konvertierung eines Keras-Modells zu TensorFlow Lite

Der Konvertierungsprozess von einem Keras-Modell in das TensorFlow Lite-Format wird durch das **TFLiteConverter**-Tool ermöglicht. Dieser Konverter handhabt die komplexen Details der Transformation der Modellarchitektur und -gewichte in ein für mobile und eingebettete Geräte optimiertes Format. Der Prozess umfasst:

- Analyse der Modellgraphstruktur

- Anwendung von Optimierungen speziell für die Zielhardware

- Erzeugung einer kompakten, effizienten Darstellung des Modells

Durch die Nutzung von TensorFlow Lite können Entwickler ihre Keras-Modelle nahtlos von leistungsstarken Desktop-Umgebungen auf ressourcenbeschränkte mobile und IoT-Plattformen übertragen und ermöglichen so maschinelle Lernfähigkeiten direkt auf den Geräten für ein breites Spektrum von Anwendungen.

Beispiel: Konvertierung eines Keras-Modells zu TensorFlow Lite

```python
import tensorflow as tf
import numpy as np

# Load the saved Keras model
model = tf.keras.models.load_model('my_keras_model')

# Convert the Keras model to TensorFlow Lite format
converter = tf.lite.TFLiteConverter.from_saved_model('my_keras_model')

# Enable quantization for further optimization (optional)
converter.optimizations = [tf.lite.Optimize.DEFAULT]

# Convert the model
tflite_model = converter.convert()

# Save the TensorFlow Lite model
```

```python
with open('model.tflite', 'wb') as f:
    f.write(tflite_model)

# Load and prepare test data (example using MNIST)
_, (x_test, y_test) = tf.keras.datasets.mnist.load_data()
x_test = x_test.astype(np.float32) / 255.0
x_test = x_test.reshape((x_test.shape[0], 28, 28, 1))

# Load the TFLite model and allocate tensors
interpreter = tf.lite.Interpreter(model_path="model.tflite")
interpreter.allocate_tensors()

# Get input and output tensors
input_details = interpreter.get_input_details()
output_details = interpreter.get_output_details()

# Test the TFLite model on a single image
input_shape = input_details[0]['shape']
input_data = np.expand_dims(x_test[0], axis=0).astype(np.float32)
interpreter.set_tensor(input_details[0]['index'], input_data)

interpreter.invoke()

# The function `get_tensor()` returns a copy of the tensor data
tflite_results = interpreter.get_tensor(output_details[0]['index'])

# Compare TFLite model output with Keras model output
keras_results = model.predict(input_data)
print("TFLite result:", np.argmax(tflite_results))
print("Keras result:", np.argmax(keras_results))

# Evaluate TFLite model accuracy (optional)
correct_predictions = 0
num_test_samples = 1000  # Adjust based on your needs

for i in range(num_test_samples):
    input_data = np.expand_dims(x_test[i], axis=0).astype(np.float32)
    interpreter.set_tensor(input_details[0]['index'], input_data)
    interpreter.invoke()
    tflite_result = interpreter.get_tensor(output_details[0]['index'])

    if np.argmax(tflite_result) == y_test[i]:
        correct_predictions += 1

accuracy = correct_predictions / num_test_samples
print(f"TFLite model accuracy: {accuracy:.4f}")
```

Umfassende Code-Analyse:

- Modell-Laden und Konvertierung:

- o   Das gespeicherte Keras-Modell wird mit tf.keras.models.load_model() geladen.

  - o   TFLiteConverter wird verwendet, um das Keras-Modell in das TensorFlow Lite-Format zu konvertieren.

  - o   Die Quantisierung wird für weitere Optimierung aktiviert, was die Modellgröße reduzieren und die Inferenzgeschwindigkeit verbessern kann.

- Speichern des TFLite-Modells:

  - o   Das konvertierte TFLite-Modell wird in einer Datei namens 'model.tflite' gespeichert.

- Testdaten-Vorbereitung:

  - o   MNIST-Testdaten werden geladen und für die Verwendung mit dem TFLite-Modell vorverarbeitet.

- TFLite-Modell-Inferenz:

  - o   Der TFLite-Interpreter wird initialisiert und Tensoren werden allokiert.

  - o   Eingangs- und Ausgangstensor-Details werden abgerufen.

  - o   Ein einzelnes Testbild wird verwendet, um die Inferenz mit dem TFLite-Modell zu demonstrieren.

- Ergebnisvergleich:

  - o   Die Ausgabe des TFLite-Modells wird mit dem ursprünglichen Keras-Modell für dieselbe Eingabe verglichen.

- Modellgenauigkeitsbewertung:

  - o   Ein optionaler Schritt zur Bewertung der Genauigkeit des TFLite-Modells anhand einer Teilmenge der Testdaten.

  - o   Dies hilft sicherzustellen, dass der Konvertierungsprozess die Modellleistung nicht wesentlich beeinträchtigt hat.

Dieses Beispiel bietet einen vollständigen Arbeitsablauf, einschließlich Modellkonvertierung, Speicherung, Laden und Evaluierung des TensorFlow Lite-Modells. Es vergleicht auch die Ausgabe des TFLite-Modells mit dem ursprünglichen Keras-Modell zur Überprüfung der Konsistenz und bewertet die Genauigkeit des konvertierten Modells anhand eines Teils des Testdatensatzes.

Ausführung des TensorFlow Lite-Modells auf mobilen Geräten

Nach der Konvertierung kann das TensorFlow Lite-Modell nahtlos in mobile Anwendungen und eingebettete Systeme integriert werden. TensorFlow Lite bietet einen umfassenden Satz von

APIs, die speziell für Android, iOS und verschiedene Mikrocontroller-Plattformen entwickelt wurden und eine effiziente Ausführung dieser optimierten Modelle auf ressourcenbeschränkten Geräten ermöglichen.

Für die Android-Entwicklung stellt TensorFlow Lite die TensorFlow Lite Android API bereit, die es Entwicklern ermöglicht, Modelle einfach in ihre Anwendungen zu laden und auszuführen. Diese API bietet sowohl Java- als auch Kotlin-Bindings und macht sie damit für ein breites Spektrum von Android-Entwicklern zugänglich. Ebenso bietet TensorFlow Lite für iOS-Anwendungen Objective-C- und Swift-APIs und gewährleistet so eine nahtlose Integration in Apples Ökosystem.

Der TensorFlow Lite-Interpreter, eine entscheidende Komponente des Frameworks, ist für das Laden des Modells und die Ausführung von Inferenzoperationen verantwortlich. Dieser Interpreter ist hochoptimiert für mobile und eingebettete Umgebungen und nutzt plattformspezifische Beschleunigungstechnologien wie GPU-Delegates auf mobilen Geräten oder Neural Network Accelerators auf spezialisierter Hardware.

Die Effizienz und Vielseitigkeit von TensorFlow Lite machen es zu einer ausgezeichneten Wahl für ein breites Spektrum mobiler Machine-Learning-Aufgaben. Zu den häufigen Anwendungen gehören:

- Bildklassifizierung: Identifizierung von Objekten oder Szenen in Fotos, die mit der Gerätekamera aufgenommen wurden

- Objekterkennung: Lokalisierung und Identifizierung mehrerer Objekte innerhalb eines Bild- oder Videostreams

- Spracherkennung: Umwandlung gesprochener Wörter in Text für Sprachbefehle oder Transkription

- Verarbeitung natürlicher Sprache: Analyse und Verständnis von Texteingaben für Aufgaben wie Stimmungsanalyse oder Sprachübersetzung

- Gestenerkennung: Interpretation von Hand- oder Körperbewegungen für berührungslose Schnittstellen

Durch die Nutzung von TensorFlow Lite können Entwickler fortschrittliche maschinelle Lernfähigkeiten direkt auf die Geräte der Benutzer bringen und ermöglichen so Echtzeitvorhersagen ohne Internetverbindung und verbessern die Benutzererfahrung in verschiedensten mobilen Anwendungen.

Praktische Übungen Kapitel 3

Übung 1: Speichern und Laden eines Keras-Modells

Aufgabe: Trainieren Sie ein einfaches neuronales Netz mit dem **MNIST-Datensatz**, speichern Sie das Modell im **SavedModel**-Format und laden Sie anschließend das gespeicherte Modell, um Vorhersagen für den Testdatensatz zu treffen.

Lösung:

```python
import tensorflow as tf
from tensorflow.keras.models import Sequential
from tensorflow.keras.layers import Dense, Flatten
from tensorflow.keras.datasets import mnist

# Load the MNIST dataset
(X_train, y_train), (X_test, y_test) = mnist.load_data()

# Normalize the data
X_train, X_test = X_train / 255.0, X_test / 255.0

# Define a simple Sequential model
model = Sequential([
    Flatten(input_shape=(28, 28)),
    Dense(128, activation='relu'),
    Dense(64, activation='relu'),
    Dense(10, activation='softmax')
])

# Compile the model
model.compile(optimizer='adam',                    loss='sparse_categorical_crossentropy',
metrics=['accuracy'])

# Train the model
model.fit(X_train, y_train, epochs=5)

# Save the model in SavedModel format
model.save('saved_model')

# Load the saved model
loaded_model = tf.keras.models.load_model('saved_model')

# Use the loaded model to make predictions
predictions = loaded_model.predict(X_test)
print(f"Predictions for the first test sample: {predictions[0]}")
```

Übung 2: Bereitstellung eines Keras-Modells mit TensorFlow Serving

Aufgabe: Trainieren Sie ein neuronales Netz, speichern Sie es im **SavedModel**-Format und bereiten Sie das Modell für die Bereitstellung mit **TensorFlow Serving** vor. Schreiben Sie ein Client-seitiges Skript, das eine Anfrage an die API des Modells für Vorhersagen sendet.

Lösung:

Schritt 1: Speichern Sie das Modell für TensorFlow Serving.

```
# Save the model in SavedModel format for TensorFlow Serving
model.save('serving_model/keras_served_model')
```

Schritt 2: Führen Sie TensorFlow Serving mit Docker aus.

```
docker pull tensorflow/serving
docker run -p 8501:8501 --name tf_serving \\\\
  --mount
type=bind,source=$(pwd)/serving_model/keras_served_model,target=/models/keras_served
_model \\\\
  -e MODEL_NAME=keras_served_model -t tensorflow/serving
```

Schritt 3: Senden einer Anfrage an TensorFlow Serving.

```
import requests
import json
import numpy as np

# Prepare input data
input_data = np.expand_dims(X_test[0], axis=0).tolist()

# Define the API URL for TensorFlow Serving
url = '<http://localhost:8501/v1/models/keras_served_model:predict>'

# Send a POST request to TensorFlow Serving
response = requests.post(url, json={"instances": input_data})

# Parse the response
predictions = response.json()['predictions']
print(f"Predictions: {predictions}")
```

Übung 3: Bereitstellung eines Keras-Modells mit Flask

Aufgabe: Erstellen Sie eine **Flask**-Webanwendung, die ein trainiertes Keras-Modell lädt und über eine API für Vorhersagen bereitstellt. Schreiben Sie ein Client-Skript, das eine Anfrage an die Flask-Anwendung sendet.

Lösung:

Schritt 1: Erstellen der Flask-Anwendung.

```python
from flask import Flask, request, jsonify
from tensorflow.keras.models import load_model
import numpy as np

# Initialize the Flask app
app = Flask(__name__)

# Load the trained Keras model
model = load_model('saved_model')

# Define an API route for predictions
@app.route('/predict', methods=['POST'])
def predict():
    data = request.get_json(force=True)
    input_data = np.array(data['instances'])
    predictions = model.predict(input_data)
    return jsonify(predictions=predictions.tolist())

# Run the Flask app
if __name__ == '__main__':
    app.run(port=5000, debug=True)
```

Schritt 2: Client-seitiges Skript zum Senden einer Anfrage an die Flask-Anwendung.

```python
import requests
import json
import numpy as np

# Prepare input data
input_data = np.expand_dims(X_test[0], axis=0).tolist()

# Define the Flask API URL
url = '<http://localhost:5000/predict>'

# Send a POST request to the Flask API
response = requests.post(url, json={"instances": input_data})

# Parse the response
predictions = response.json()['predictions']
print(f"Predictions: {predictions}")
```

Übung 4: Konvertierung eines Keras-Modells in TensorFlow Lite

Aufgabe: Konvertieren Sie ein trainiertes Keras-Modell in das **TensorFlow Lite**-Format und speichern Sie es. Verwenden Sie den TensorFlow Lite-Interpreter, um Inferenz auf dem Testdatensatz durchzuführen.

Lösung:

Schritt 1: Konvertieren des Modells in TensorFlow Lite.

```python
# Convert the Keras model to TensorFlow Lite format
converter = tf.lite.TFLiteConverter.from_saved_model('saved_model')
tflite_model = converter.convert()

# Save the TensorFlow Lite model to a file
with open('model.tflite', 'wb') as f:
    f.write(tflite_model)
```

Schritt 2: Laden und Ausführen des Modells mit TensorFlow Lite.

```python
import tensorflow as tf
import numpy as np

# Load and preprocess the MNIST dataset
_, (X_test, _) = tf.keras.datasets.mnist.load_data()
X_test = X_test.astype(np.float32) / 255.0
X_test = X_test.reshape((X_test.shape[0], 28, 28, 1))  # Ensure the correct input
shape

# Load the TensorFlow Lite model
interpreter = tf.lite.Interpreter(model_path='model.tflite')
interpreter.allocate_tensors()

# Get input and output details
input_details = interpreter.get_input_details()
output_details = interpreter.get_output_details()

# Prepare input data (e.g., first test sample)
test_sample = np.expand_dims(X_test[0], axis=0).astype(np.float32)

# Set the input tensor
interpreter.set_tensor(input_details[0]['index'], test_sample)

# Run the model
interpreter.invoke()

# Get the output tensor (predictions)
output_data = interpreter.get_tensor(output_details[0]['index'])
print(f"TensorFlow Lite model predictions: {output_data}")
```

Übung 5: Verwendung von Model Checkpointing und Early Stopping

Aufgabe: Trainieren Sie ein Keras-Modell mit **Model Checkpointing** und **Early Stopping**, um das leistungsstärkste Modell zu speichern und das Training zu beenden, wenn sich die Leistung nicht mehr verbessert.

Lösung:

```
from tensorflow.keras.callbacks import ModelCheckpoint, EarlyStopping

# Define the ModelCheckpoint and EarlyStopping callbacks
checkpoint_callback = ModelCheckpoint(filepath='best_model.h5', save_best_only=True,
monitor='val_accuracy', mode='max', verbose=1)
early_stopping_callback      =      EarlyStopping(monitor='val_loss',      patience=3,
restore_best_weights=True, verbose=1)

# Train the model with both callbacks
model.fit(X_train,    y_train,    epochs=20,    validation_data=(X_test,    y_test),
callbacks=[checkpoint_callback, early_stopping_callback])
```

In dieser Lösung:

- **ModelCheckpoint** speichert das beste Modell basierend auf der Validierungsgenauigkeit.

- **EarlyStopping** beendet das Training, wenn sich der Validierungsverlust für 3 aufeinanderfolgende Epochen nicht mehr verbessert.

Diese Übungen verstärken die Schlüsselkonzepte aus **Kapitel 3**, einschließlich des Speicherns und Ladens von Keras-Modellen, ihrer Bereitstellung in Produktionsumgebungen mit **TensorFlow Serving** und **Flask**, der Konvertierung von Modellen zu **TensorFlow Lite** für mobile Anwendungen sowie der Verwendung von Model Checkpointing und Early Stopping für effizientes Training. Diese Aufgaben sind wesentlich für den Übergang von Modellen von der Forschung zur praktischen Anwendung.

Kapitel 3 Zusammenfassung

In **Kapitel 3** haben wir die in **TensorFlow 2.x** integrierte **Keras API** untersucht, die das Erstellen, Trainieren und Bereitstellen von Deep-Learning-Modellen vereinfacht. Keras wurde entwickelt, um den Prozess der Erstellung neuronaler Netze intuitiver zu gestalten und ermöglicht sowohl Anfängern als auch fortgeschrittenen Anwendern, Modelle effizient zu prototypisieren und bereitzustellen. Das Kapitel behandelte die wesentlichen Aspekte von Keras, von der Definition von Modellarchitekturen bis hin zur Bereitstellung in Produktionsumgebungen.

Wir begannen mit der Einführung von Keras als High-Level-API, die viele Komplexitäten des Deep Learning abstrahiert. Die **Sequential API** wurde als einfachster Weg vorgestellt, Modelle durch lineares Stapeln von Schichten zu erstellen. Dieser Ansatz ist ideal für Anfänger oder einfachere Modelle wie grundlegende Feed-Forward-Neuronale-Netze. Wir haben auch den Prozess des Kompilierens und Trainierens von Modellen mit der **fit()**-Funktion durchgearbeitet und gezeigt, wie man ihre Leistung mit **evaluate()** bewertet.

Als Nächstes untersuchten wir die **Functional API**, die mehr Flexibilität als die Sequential API bietet. Die Functional API ermöglicht komplexe Architekturen wie Modelle mit mehreren Ein-

und Ausgängen, gemeinsam genutzten Schichten und sogar Residual-Verbindungen, was sie ideal für fortgeschrittene neuronale Netze wie ResNet oder siamesische Netze macht. Wir demonstrierten die Verwendung gemeinsam genutzter Schichten und mehrerer Ausgabeköpfe und zeigten das leistungsfähige Potenzial der Functional API zur Lösung komplexer Probleme.

Das Kapitel führte dann **Callbacks** ein, mit Fokus auf zwei kritische Werkzeuge: **Model Checkpointing** und **Early Stopping**. Model Checkpointing ermöglicht das Speichern der Modellgewichte oder des gesamten Modells in festgelegten Intervallen, üblicherweise wenn sich die Validierungsleistung verbessert. Dies ist wesentlich, um Datenverlust während langer Trainingssitzungen zu verhindern oder sicherzustellen, dass die beste Version des Modells gespeichert wird. **Early Stopping** hilft, Überanpassung zu verhindern, indem der Trainingsprozess gestoppt wird, wenn sich die Modellleistung auf dem Validierungsset nicht mehr verbessert, was Zeit und Rechenressourcen spart. Benutzerdefinierte Callbacks wurden ebenfalls vorgestellt, die es ermöglichen, den Trainingsprozess um eigenes Verhalten zu erweitern.

Wir vertieften uns dann in das wichtige Thema der **Bereitstellung von Keras-Modellen in der Produktion**. Sie lernten, wie man ein Modell sowohl im **SavedModel**- als auch im **HDF5**-Format speichert, was das spätere Laden und Bereitstellen erleichtert. Wir diskutierten die Verwendung von **TensorFlow Serving** zur Bereitstellung von Modellen über APIs, was Echtzeit-Vorhersagen in Produktionsumgebungen ermöglicht. Zusätzlich behandelten wir die Bereitstellung von Modellen mit **Flask**, was für den Aufbau kleinerer Webanwendungen nützlich ist, die Keras-Modelle über RESTful APIs bereitstellen. Schließlich untersuchten wir **TensorFlow Lite** für die Bereitstellung von Keras-Modellen auf mobilen und eingebetteten Geräten und zeigten, wie man ein Keras-Modell in das TensorFlow Lite-Format konvertiert und für Inferenz auf ressourcenbeschränkten Geräten verwendet.

Insgesamt bot Kapitel 3 einen umfassenden Überblick über die Keras API, der alles vom Aufbau von Modellen bis zu ihrer Bereitstellung in realen Anwendungen abdeckte. Durch die Beherrschung dieser Techniken sind Sie nun in der Lage, Deep-Learning-Modelle effizient mit Keras zu erstellen, zu optimieren und bereitzustellen.

Quiz Teil 1: Neuronale Netze und Grundlagen des Deep Learning

1. Einführung in Neuronale Netze und Deep Learning (Kapitel 6)

1. Was ist ein Perzeptron in neuronalen Netzen und wie funktioniert es?

    o   a) Ein Perzeptron ist ein mehrschichtiges neuronales Netzwerk mit mehreren Aktivierungsfunktionen.

    o   b) Ein Perzeptron ist der einfachste Typ eines neuronalen Netzwerks, bestehend aus einer einzelnen Schicht, die Entscheidungen basierend auf linearen Kombinationen der Eingaben trifft.

    o   c) Ein Perzeptron ist ein Deep-Learning-Algorithmus, der für komplexe Mustererkennung entwickelt wurde.

    o   d) Ein Perzeptron wird nur beim unüberwachten Lernen für Clustering-Aufgaben verwendet.

2. Welche der folgenden Techniken ist KEINE Methode zur Reduzierung von Overfitting in neuronalen Netzen?

    o   a) Dropout

    o   b) Early Stopping

    o   c) Erhöhung der Anzahl der Schichten

    o   d) L2-Regularisierung

3. Was ist der Zweck der Softmax-Aktivierungsfunktion in der Ausgabeschicht eines neuronalen Netzwerks?

    o   a) Um eine binäre Ausgabe für Klassifikationsaufgaben zu erzeugen.

    o   b) Um Ausgabewerte auf den Bereich [-1, 1] abzubilden.

    o   c) Um Wahrscheinlichkeiten für Mehrklassen-Klassifikationsprobleme auszugeben.

    o   d) Um den Verlust während der Rückpropagation zu minimieren.

2. Deep Learning mit TensorFlow 2.x (Kapitel 7)

1. Was ist Eager Execution in TensorFlow 2.x?

    o   a) Ein Modus, bei dem TensorFlow-Operationen zur Leistungsoptimierung verzögert ausgeführt werden.

    o   b) Ein Modus, bei dem TensorFlow-Operationen sofort ausgeführt werden, was das Debugging und die interaktive Modellentwicklung erleichtert.

    o   c) Ein spezieller Modus für GPU-Beschleunigung in TensorFlow.

    o   d) Ein Modus, bei dem Operationen erst nach Aufruf der tf.run() Funktion ausgeführt werden.

2. Welche API wird in TensorFlow 2.x typischerweise zum Erstellen von Deep-Learning-Modellen verwendet?

    o   a) Estimator API

    o   b) Dataset API

    o   c) Keras API

    o   d) Sequential API

3. Welches der folgenden ist KEIN üblicher Anwendungsfall für vortrainierte Modelle aus TensorFlow Hub?

    o   a) Bildklassifizierung

    o   b) Objekterkennung

    o   c) Verstärkendes Lernen

    o   d) Text-Embedding

4. Was ist der Hauptvorteil der Verwendung von TensorFlow Serving in der Produktion?

    o   a) Es ermöglicht die Bereitstellung von Machine-Learning-Modellen als skalierbare Webservices.

    o   b) Es ist ein Werkzeug zur Optimierung von Hyperparametern während des Modelltrainings.

    o   c) Es wird zur Überwachung der Modellleistung während des Trainings verwendet.

    o   d) Es verbessert die Genauigkeit von Modellen während des Trainings durch Feinabstimmung.

3. Deep Learning mit Keras (Kapitel 8)

1. Was ist der Hauptunterschied zwischen der Sequential API und der Functional API in Keras?

    o a) Die Sequential API wird für komplexe Modelle verwendet, während die Functional API nur für einfache Modelle geeignet ist.

    o b) Die Sequential API ermöglicht komplexere Architekturen wie Multi-Input/Output-Modelle, während die Functional API auf einfache lineare Modelle beschränkt ist.

    o c) Die Sequential API wird für einfache, lineare Schichtstapel verwendet, während die Functional API komplexere Architekturen wie mehrfache Ein-/Ausgaben und gemeinsam genutzte Schichten ermöglicht.

    o d) Die Sequential API wird für Transfer Learning verwendet, und die Functional API ist für das Training von Modellen von Grund auf.

2. Was ist der Zweck des ModelCheckpoint-Callbacks in Keras?

    o a) Um die Modellleistung zu überwachen und das Training zu stoppen, wenn Overfitting beginnt.

    o b) Um die Gewichte des Modells oder das gesamte Modell während des Trainings zu speichern, oft wenn sich die Leistung verbessert.

    o c) Um die Lernrate und andere Hyperparameter während des Trainings zu protokollieren.

    o d) Um das Modell parallel mit mehreren Datensätzen zu trainieren.

3. Wie verhindert EarlyStopping Overfitting in Keras-Modellen?

    o a) Durch automatische Reduzierung der Lernrate während des Trainings.

    o b) Durch Beenden des Trainingsprozesses, sobald sich die Leistung des Modells auf dem Validierungsdatensatz nicht mehr verbessert.

    o c) Durch Speichern des bestperformenden Modells während des Trainings.

    o d) Durch Überspringen von Validierungsschritten zur Erhöhung der Trainingsgeschwindigkeit.

4. Was ist der typische Zweck des Flask-Frameworks beim Bereitstellen eines Keras-Modells?

    o a) Um Machine-Learning-Modelle für verteiltes Training zu skalieren.

    o b) Um eine leichtgewichtige Webanwendung zu erstellen, die Vorhersagen über eine RESTful API bereitstellt.

    o c) Um die Modellleistung in mobilen Anwendungen zu optimieren.

    o   d) Um Hyperparameter-Tuning während des Trainings durchzuführen.

5. Was ist der Hauptzweck der Konvertierung eines Keras-Modells in das TensorFlow Lite-Format?

    o   a) Um das Modell schneller mit GPUs zu trainieren.

    o   b) Um das Modell effizient auf mobilen oder eingebetteten Geräten ausführen zu können.

    o   c) Um die Genauigkeit des Modells bei großen Datensätzen zu verbessern.

    o   d) Um die Trainingszeit auf Cloud-Infrastruktur zu reduzieren.

Antworten zum Quiz:

1. **b)** Ein Perzeptron ist der einfachste Typ eines neuronalen Netzwerks, bestehend aus einer einzelnen Schicht, die Entscheidungen basierend auf linearen Kombinationen der Eingaben trifft.

2. **c)** Erhöhung der Anzahl der Schichten.

3. **c)** Um Wahrscheinlichkeiten für Mehrklassen-Klassifikationsprobleme auszugeben.

4. **b)** Ein Modus, bei dem TensorFlow-Operationen sofort ausgeführt werden, was das Debugging und die interaktive Modellentwicklung erleichtert.

5. **c)** Keras API.

6. **c)** Verstärkendes Lernen.

7. **a)** Es ermöglicht die Bereitstellung von Machine-Learning-Modellen als skalierbare Webservices.

8. **c)** Die Sequential API wird für einfache, lineare Schichtstapel verwendet, während die Functional API komplexere Architekturen wie mehrfache Ein-/Ausgaben und gemeinsam genutzte Schichten ermöglicht.

9. **b)** Um die Gewichte des Modells oder das gesamte Modell während des Trainings zu speichern, oft wenn sich die Leistung verbessert.

10. **b)** Durch Beenden des Trainingsprozesses, sobald sich die Leistung des Modells auf dem Validierungsdatensatz nicht mehr verbessert.

11. **b)** Um eine leichtgewichtige Webanwendung zu erstellen, die Vorhersagen über eine RESTful API bereitstellt.

12. **b)** Um das Modell effizient auf mobilen oder eingebetteten Geräten ausführen zu können.

Teil 2: Fortgeschrittene Deep Learning Frameworks

Kapitel 4: Deep Learning mit PyTorch

PyTorch, ein leistungsstarkes Deep-Learning-Framework, das vom AI Research Lab (FAIR) von Facebook entwickelt wurde, hat das Gebiet des maschinellen Lernens revolutioniert. Es bietet Entwicklern und Forschern eine hochgradig intuitive und flexible Plattform für die Konstruktion neuronaler Netze. Eines der herausragenden Merkmale von PyTorch ist sein dynamisches Berechnungsgraphensystem, das die Echtzeit-Graphenkonstruktion während der Ausführung von Operationen ermöglicht. Dieser einzigartige Ansatz bietet eine beispiellose Flexibilität bei der Modellentwicklung und beim Experimentieren.

Die Popularität des Frameworks in der Forschungs- und Entwicklungsgemeinschaft basiert auf mehreren wichtigen Vorteilen. Erstens ermöglicht PyTorchs nahtlose Integration mit Python ein natürlicheres Programmiererlebnis unter Nutzung des umfangreichen Python-Ökosystems. Zweitens ermöglichen seine robusten Debugging-Funktionen Entwicklern, Probleme in ihren Modellen einfach zu identifizieren und zu beheben. Schließlich ist PyTorchs Tensor-Bibliothek eng in das Framework integriert und bietet effiziente, GPU-beschleunigte Berechnungen für komplexe mathematische Operationen.

In diesem umfassenden Kapitel werden wir uns mit den grundlegenden Konzepten befassen, die das Rückgrat von PyTorch bilden. Wir werden die vielseitige Tensor-Datenstruktur erkunden, die als primärer Baustein für alle PyTorch-Operationen dient. Sie werden ein tiefes Verständnis der automatischen Differenzierung gewinnen, einer entscheidenden Funktion, die den Prozess der Berechnung von Gradienten für die Rückwärtspropagierung vereinfacht. Wir werden auch untersuchen, wie PyTorch Berechnungsgraphen verwaltet und dabei Einblicke in die effiziente Speichernutzung und Optimierungstechniken des Frameworks geben.

Darüber hinaus führen wir Sie durch den Prozess der Konstruktion und des Trainings neuronaler Netze mit PyTorchs leistungsstarkem torch.nn Modul. Dieses Modul bietet eine breite Palette vorgefertigter Schichten und Funktionen, die ein schnelles Prototyping und Experimentieren mit verschiedenen Netzwerkarchitekturen ermöglichen. Abschließend werden wir das torch.optim Modul erkunden, das eine vielfältige Auswahl an Optimierungsalgorithmen bietet, um Ihre Modelle feinabzustimmen und Spitzenleistungen bei komplexen maschinellen Lernaufgaben zu erzielen.

4.1 Einführung in PyTorch und seinen dynamischen Berechnungsgraphen

PyTorch unterscheidet sich von anderen Deep-Learning-Frameworks durch sein innovatives **dynamisches Berechnungsgraphen**-System, auch bekannt als **Define-by-Run**. Diese leistungsstarke Funktion ermöglicht die Konstruktion des Berechnungsgraphen zur Laufzeit während der Ausführung von Operationen und bietet beispiellose Flexibilität bei der Modellentwicklung und vereinfacht den Debugging-Prozess. Im Gegensatz zu Frameworks wie TensorFlow (vor Version 2.x), die sich auf statische, vor der Ausführung definierte Berechnungsgraphen stützten, ermöglicht PyTorchs Ansatz eine intuitivere und anpassungsfähigere Modellerstellung.

Der Grundstein von PyTorchs Rechenkapazitäten liegt in der Verwendung von **Tensoren**. Diese mehrdimensionalen Arrays dienen als primäre Datenstruktur für alle Operationen innerhalb des Frameworks. Während sie konzeptionell NumPy-Arrays ähneln, bieten PyTorch-Tensoren bedeutende Vorteile, einschließlich nahtloser GPU-Beschleunigung und automatischer Differenzierung. Diese Kombination von Funktionen macht PyTorch-Tensoren außergewöhnlich gut geeignet für komplexe Deep-Learning-Aufgaben und ermöglicht eine effiziente Berechnung und Optimierung neuronaler Netzwerkmodelle.

PyTorchs dynamische Natur geht über die reine Graphenkonstruktion hinaus. Es ermöglicht die Erstellung dynamischer neuronaler Netzwerkarchitekturen, bei denen sich die Struktur des Netzwerks basierend auf den Eingabedaten oder während des Trainingsverlaufs ändern kann. Diese Flexibilität ist besonders wertvoll in Szenarien wie der Arbeit mit Sequenzen variabler Länge in der Verarbeitung natürlicher Sprache oder der Implementierung von Modellen mit adaptiver Berechnungszeit.

Darüber hinaus ermöglicht PyTorchs Integration mit CUDA, NVIDIAs paralleler Computingplattform, eine mühelose Nutzung von GPU-Ressourcen. Diese Fähigkeit beschleunigt die Trainings- und Inferenzprozesse für große Deep-Learning-Modelle erheblich und macht PyTorch zur bevorzugten Wahl für Forscher und Praktiker, die an rechenintensiven Aufgaben arbeiten.

4.1.1 Tensoren in PyTorch

Tensoren sind die fundamentale Datenstruktur in PyTorch und dienen als Rückgrat für alle Operationen und Berechnungen innerhalb des Frameworks. Diese mehrdimensionalen Arrays sind konzeptionell ähnlich zu NumPy-Arrays, bieten aber mehrere Schlüsselvorteile, die sie für Deep-Learning-Aufgaben unentbehrlich machen:

1. GPU-Beschleunigung

PyTorch-Tensoren haben die bemerkenswerte Fähigkeit, GPU-Ressourcen (Graphics Processing Unit) nahtlos zu nutzen und ermöglichen damit erhebliche Geschwindigkeitsverbesserungen bei rechenintensiven Aufgaben. Diese Fähigkeit ist besonders entscheidend für das effiziente Training großer neuronaler Netze. Hier ist eine detailliertere Erklärung:

- Parallele Verarbeitung: GPUs sind für paralleles Computing konzipiert und können mehrere Berechnungen gleichzeitig ausführen. PyTorch nutzt diesen Parallelismus zur Beschleunigung von Tensor-Operationen, die die Grundlage für Berechnungen in neuronalen Netzen bilden.

- CUDA-Integration: PyTorch integriert sich nahtlos mit NVIDIAs CUDA-Plattform und ermöglicht es, Tensoren einfach zwischen CPU- und GPU-Speicher zu verschieben. Dies ermöglicht Entwicklern, GPU-Beschleunigung mit minimalen Code-Änderungen voll auszunutzen.

- Automatische Speicherverwaltung: PyTorch handhabt die Komplexität der GPU-Speicherzuweisung und -freigabe und macht es Entwicklern leichter, sich auf das Modelldesign zu konzentrieren, anstatt sich mit Low-Level-Speicherverwaltung zu befassen.

- Skalierbarkeit: GPU-Beschleunigung wird zunehmend wichtiger, wenn neuronale Netze in Größe und Komplexität wachsen. Sie ermöglicht Forschern und Praktikern, große Modelle zu trainieren und einzusetzen, die auf CPUs allein unpraktikabel wären.

- Echtzeit-Anwendungen: Der Geschwindigkeitsschub durch GPU-Beschleunigung ist essentiell für Echtzeit-Anwendungen wie Computer Vision in autonomen Fahrzeugen oder Verarbeitung natürlicher Sprache in Chatbots, wo schnelle Reaktionszeiten entscheidend sind.

Durch die Nutzung der GPU-Leistung ermöglicht PyTorch Forschern und Entwicklern, die Grenzen des im Deep Learning Möglichen zu erweitern und zunehmend komplexere Probleme mit größeren Datensätzen als je zuvor anzugehen.

2. Automatische Differenzierung

PyTorchs Tensor-Operationen unterstützen die automatische Berechnung von Gradienten, eine Kernfunktion für die Implementierung von Backpropagation in neuronalen Netzen. Diese Funktionalität, bekannt als Autograd, baut dynamisch einen Berechnungsgraphen auf und berechnet automatisch Gradienten für jeden Tensor, der mit requires_grad=True markiert ist. Hier ist eine detailliertere Aufschlüsselung:

- Berechnungsgraph: PyTorch konstruiert einen gerichteten azyklischen Graphen (DAG) von Operationen während ihrer Ausführung, was eine effiziente Rückwärtspropagation von Gradienten ermöglicht.

- Reverse-Mode-Differenzierung: Autograd verwendet Reverse-Mode-Differenzierung, die besonders effizient für Funktionen mit vielen Eingaben und wenigen Ausgaben ist, wie es typisch für neuronale Netze ist.

- Anwendung der Kettenregel: Das System wendet automatisch die Kettenregel der Differentialrechnung an, um Gradienten durch komplexe Operationen und verschachtelte Funktionen zu berechnen.

- Speichereffizienz: PyTorch optimiert die Speichernutzung, indem es Zwischentensoren freigibt, sobald sie für die Gradientenberechnung nicht mehr benötigt werden.

Diese Fähigkeit zur automatischen Differenzierung vereinfacht die Implementierung komplexer neuronaler Netzwerkarchitekturen und benutzerdefinierter Verlustfunktionen erheblich und ermöglicht es Forschern und Entwicklern, sich auf das Modelldesign zu konzentrieren, anstatt manuelle Gradientenberechnungen durchzuführen. Sie ermöglicht auch dynamische Berechnungsgraphen, bei denen sich die Struktur des Netzwerks während der Laufzeit ändern kann, was größere Flexibilität bei der Modellerstellung und beim Experimentieren bietet.

3. In-Place-Operationen

PyTorch ermöglicht In-Place-Modifikationen von Tensoren, was zur Optimierung der Speichernutzung in komplexen Modellen beitragen kann. Diese Funktion ist besonders nützlich bei der Arbeit mit großen Datensätzen oder tiefen neuronalen Netzen, wo Speicherbeschränkungen ein wichtiges Anliegen sein können. In-Place-Operationen modifizieren den Inhalt eines Tensors direkt, ohne ein neues Tensor-Objekt zu erstellen. Dieser Ansatz kann zu einer effizienteren Speichernutzung führen, besonders in Szenarien, wo temporäre Zwischentensoren nicht benötigt werden.

Einige wichtige Vorteile von In-Place-Operationen sind:

- Reduzierter Speicherbedarf: Durch die Modifikation von Tensoren in-place vermeiden Sie das Erstellen unnötiger Datenkopien, was den Gesamtspeicherverbrauch Ihres Modells erheblich reduzieren kann.

- Verbesserte Leistung: In-Place-Operationen können in bestimmten Szenarien zu schnelleren Berechnungen führen, da sie die Notwendigkeit von Speicherzuweisung und -freigabe beim Erstellen neuer Tensor-Objekte eliminieren.

- Vereinfachter Code: In manchen Fällen kann die Verwendung von In-Place-Operationen zu prägnanterem und besser lesbarem Code führen, da Sie Variablen nach jeder Operation nicht neu zuweisen müssen.

4. Interoperabilität

PyTorch-Tensoren bieten eine nahtlose Integration mit anderen wissenschaftlichen Rechenbibliotheken, insbesondere NumPy. Diese Interoperabilität ist aus mehreren Gründen entscheidend:

- Müheloser Datenaustausch: Tensoren können einfach in NumPy-Arrays umgewandelt und aus ihnen erstellt werden, was reibungslose Übergänge zwischen PyTorch-Operationen und NumPy-basierten Datenverarbeitungspipelines ermöglicht. Diese

Flexibilität ermöglicht es Forschern, die Stärken beider Bibliotheken in ihren Workflows zu nutzen.

- Ökosystem-Kompatibilität: Die Möglichkeit der Konvertierung zwischen PyTorch-Tensoren und NumPy-Arrays erleichtert die Integration mit einer breiten Palette wissenschaftlicher Rechen- und Datenvisualisierungsbibliotheken, die auf NumPy aufbauen, wie SciPy, Matplotlib und Pandas.

- Legacy-Code-Integration: Viele bestehende Datenverarbeitungs- und Analyseskripte sind mit NumPy geschrieben. PyTorchs Interoperabilität ermöglicht es, diese Skripte einfach in Deep-Learning-Workflows zu integrieren, ohne umfangreiches Umschreiben zu erfordern.

- Leistungsoptimierung: Während PyTorch-Tensoren für Deep-Learning-Aufgaben optimiert sind, können bestimmte Operationen in NumPy effizienter implementiert sein. Die Möglichkeit, zwischen beiden zu wechseln, ermöglicht es Entwicklern, ihren Code sowohl für Geschwindigkeit als auch für Funktionalität zu optimieren.

Diese Interoperabilitätsfunktion verbessert PyTorchs Vielseitigkeit erheblich und macht es zu einer attraktiven Wahl für Forscher und Entwickler, die über verschiedene Bereiche des wissenschaftlichen Rechnens und maschinellen Lernens hinweg arbeiten müssen.

5. Dynamische Berechnungsgraphen

PyTorchs Tensoren sind tief in sein dynamisches Berechnungsgraphensystem integriert, eine Funktion, die es von vielen anderen Deep-Learning-Frameworks unterscheidet. Diese Integration ermöglicht die Erstellung hochflexibler und intuitiver Modelle, die ihre Struktur während der Laufzeit anpassen können. Hier ist ein detaillierterer Blick darauf, wie dies funktioniert:

- On-the-fly Graphenkonstruktion: Während Tensor-Operationen ausgeführt werden, konstruiert PyTorch automatisch den Berechnungsgraphen. Dies bedeutet, dass sich die Struktur Ihres neuronalen Netzwerks dynamisch basierend auf Eingabedaten oder bedingter Logik in Ihrem Code ändern kann.

- Sofortige Ausführung: Im Gegensatz zu Frameworks mit statischen Graphen führt PyTorch Operationen sofort aus, wenn sie definiert werden. Dies ermöglicht einfacheres Debugging und eine natürlichere Integration mit Pythons Kontrollflussanweisungen.

- Backpropagation: Der dynamische Graph ermöglicht automatische Differenzierung durch beliebigen Python-Code. Wenn Sie .backward() auf einem Tensor aufrufen, durchläuft PyTorch den Graphen rückwärts und berechnet Gradienten für alle Tensoren mit requires_grad=True.

- Speichereffizienz: PyTorchs dynamischer Ansatz ermöglicht eine effizientere Speichernutzung, da Zwischenergebnisse sofort verworfen werden können, nachdem sie nicht mehr benötigt werden.

Diese dynamische Natur macht PyTorch besonders gut geeignet für Forschung und Experimente, wo Modellarchitekturen häufig modifiziert werden müssen oder wo die Struktur der Berechnung von den Eingabedaten abhängen kann.

Diese Funktionen machen PyTorch-Tensoren zusammen zu einem essentiellen Werkzeug für Forscher und Praktiker im Bereich Deep Learning und bieten eine leistungsstarke und flexible Grundlage für den Aufbau und das Training sophistizierter neuronaler Netzwerkarchitekturen.

Beispiel: Erstellen und Manipulieren von Tensoren

```python
import torch
import numpy as np

# 1. Creating Tensors
print("1. Creating Tensors:")

# From Python list
tensor_from_list = torch.tensor([1, 2, 3, 4])
print("Tensor from list:", tensor_from_list)

# From NumPy array
np_array = np.array([1, 2, 3, 4])
tensor_from_np = torch.from_numpy(np_array)
print("Tensor from NumPy array:", tensor_from_np)

# Random tensor
random_tensor = torch.randn(3, 4)
print("Random Tensor:\\n", random_tensor)

# 2. Basic Operations
print("\\n2. Basic Operations:")

# Element-wise operations
a = torch.tensor([1, 2, 3])
b = torch.tensor([4, 5, 6])
print("Addition:", a + b)
print("Multiplication:", a * b)

# Reduction operations
tensor_sum = torch.sum(random_tensor)
tensor_mean = torch.mean(random_tensor)
print(f"Sum of tensor elements: {tensor_sum.item()}")
print(f"Mean of tensor elements: {tensor_mean.item()}")

# 3. Reshaping Tensors
print("\\n3. Reshaping Tensors:")
c = torch.tensor([[1, 2, 3, 4], [5, 6, 7, 8]])
```

```
print("Original shape:", c.shape)
reshaped = c.reshape(4, 2)
print("Reshaped:\\n", reshaped)

# 4. Indexing and Slicing
print("\\n4. Indexing and Slicing:")
print("First row:", c[0])
print("Second column:", c[:, 1])

# 5. GPU Operations
print("\\n5. GPU Operations:")
if torch.cuda.is_available():
    gpu_tensor = torch.zeros(3, 4, device='cuda')
    print("Tensor on GPU:\\n", gpu_tensor)
    # Move tensor to CPU
    cpu_tensor = gpu_tensor.to('cpu')
    print("Tensor moved to CPU:\\n", cpu_tensor)
else:
    print("CUDA is not available. Using CPU instead.")
    cpu_tensor = torch.zeros(3, 4)
    print("Tensor on CPU:\\n", cpu_tensor)

# 6. Autograd (Automatic Differentiation)
print("\\n6. Autograd:")
x = torch.tensor([2.0], requires_grad=True)
y = x ** 2
y.backward()
print("Gradient of y=x^2 at x=2:", x.grad)
```

Dieses Codebeispiel demonstriert verschiedene Aspekte der Arbeit mit PyTorch-Tensoren.

Hier ist eine umfassende Aufschlüsselung der einzelnen Abschnitte:

1. Erstellen von Tensoren:

-   Wir erstellen Tensoren aus einer Python-Liste, einem NumPy-Array und mithilfe von PyTorchs Zufallszahlengenerator.

-   Dies zeigt die Flexibilität der Tensor-Erstellung in PyTorch und seine Interoperabilität mit NumPy.

2. Grundlegende Operationen:

-   Wir führen elementweise Addition und Multiplikation von Tensoren durch.

-   Außerdem demonstrieren wir Reduktionsoperationen (Summe und Mittelwert) an einem zufälligen Tensor.

-   Diese Operationen sind grundlegend für Berechnungen in neuronalen Netzen.

3. Umformen von Tensoren:

- Wir erstellen einen 2D-Tensor und formen ihn um, wodurch sich seine Dimensionen ändern.

- Umformung ist entscheidend in neuronalen Netzen, besonders bei der Datenvorbereitung und Anpassung von Layer-Ausgaben.

4. Indizierung und Slicing:

- Wir zeigen, wie man auf bestimmte Elemente oder Ausschnitte eines Tensors zugreift.

- Dies ist wichtig für Datenmanipulation und das Extrahieren spezifischer Merkmale oder Batches.

5. GPU-Operationen:

- Wir prüfen die CUDA-Verfügbarkeit und erstellen einen Tensor auf der GPU, falls möglich.

- Wir zeigen auch, wie Tensoren zwischen GPU und CPU verschoben werden können.

- GPU-Beschleunigung ist entscheidend für das effiziente Training großer neuronaler Netze.

6. Autograd (Automatische Differenzierung):

- Wir erstellen einen Tensor mit aktivierter Gradientenberechnung.

- Wir führen eine einfache Berechnung (y = x^2) durch und berechnen deren Gradienten.

- Dies demonstriert PyTorchs Fähigkeit zur automatischen Differenzierung, die für das Training neuronaler Netze mittels Backpropagation entscheidend ist.

Dieses umfassende Beispiel behandelt die wesentlichen Operationen und Konzepte in PyTorch und bietet eine solide Grundlage für das Verständnis der Arbeit mit Tensoren in verschiedenen Szenarien, von grundlegender Datenmanipulation bis hin zu fortgeschrittenen Operationen mit GPUs und automatischer Differenzierung.

4.1.2 Dynamische Berechnungsgraphen

PyTorchs dynamische Berechnungsgraphen stellen einen bedeutenden Fortschritt gegenüber statischen Graphen dar, die in früheren Deep-Learning-Frameworks verwendet wurden. Im Gegensatz zu statischen Graphen, die einmal definiert und dann wiederverwendet werden, konstruiert PyTorch seine Berechnungsgraphen während der Ausführung der Operationen. Dieser dynamische Ansatz bietet mehrere wichtige Vorteile:

1. Flexibilität im Modelldesign

Dynamische Graphen bieten unübertroffene Flexibilität bei der Erstellung von neuronalen Netzwerkarchitekturen, die sich im laufenden Betrieb anpassen können. Diese

Anpassungsfähigkeit ist in verschiedenen fortgeschrittenen Machine-Learning-Szenarien entscheidend:

- Reinforcement-Learning-Algorithmen: In diesen Systemen muss das Modell seine Strategie kontinuierlich basierend auf Umgebungsfeedback anpassen. Dynamische Graphen ermöglichen es dem Netzwerk, seine Struktur oder Entscheidungsprozesse in Echtzeit zu modifizieren, was ein reaktionsschnelleres und effizienteres Lernen in komplexen, sich verändernden Umgebungen ermöglicht.

- Rekurrente neuronale Netze mit variabler Sequenzlänge: Traditionelle statische Graphen haben oft Schwierigkeiten mit Eingaben unterschiedlicher Größe und erfordern Techniken wie Padding oder Trunkierung, die zu Informationsverlust oder Ineffizienz führen können. Dynamische Graphen behandeln Sequenzen variabler Länge elegant und ermöglichen es dem Netzwerk, jede Eingabe optimal zu verarbeiten, ohne unnötige Berechnungen oder Datenmanipulationen.

- Baumstrukturierte neuronale Netze: Diese Modelle, die häufig in der Verarbeitung natürlicher Sprache oder der Analyse hierarchischer Daten eingesetzt werden, profitieren stark von dynamischen Graphen. Die Topologie des Netzwerks kann während der Laufzeit konstruiert werden, um der Struktur jeder Eingabe zu entsprechen, was eine genauere Darstellung und Verarbeitung hierarchischer Beziehungen in den Daten ermöglicht.

Darüber hinaus ermöglichen dynamische Graphen die Implementierung fortgeschrittener Architekturen wie:

- Adaptive Computation Time Modelle: Diese Netzwerke können den Rechenaufwand basierend auf der Komplexität jeder Eingabe anpassen und so bei einfacheren Aufgaben Ressourcen sparen, während sie mehr Rechenleistung für anspruchsvolle Eingaben bereitstellen.

- Neural Architecture Search: Dynamische Graphen erleichtern die Erforschung verschiedener Netzwerkstrukturen während des Trainings und ermöglichen die automatisierte Entdeckung optimaler Architekturen für spezifische Aufgaben.

Diese Flexibilität verbessert nicht nur die Modellleistung, sondern eröffnet auch neue Wege für Forschung und Innovation in Deep-Learning-Architekturen.

2. Intuitives Debugging und Entwicklung

Die dynamische Natur von PyTorchs Graphen revolutioniert den Debugging- und Entwicklungsprozess und bietet mehrere Vorteile:

- Erweiterte Debugging-Möglichkeiten: Entwickler können Standard-Python-Debugging-Tools nutzen, um das Modell an jedem Punkt während der Ausführung zu untersuchen. Dies ermöglicht die Echtzeit-Analyse von Tensor-Werten, Gradienten und

Berechnungsflüssen, wodurch die Identifizierung und Behebung von Problemen in komplexen neuronalen Netzwerkarchitekturen erleichtert wird.

- Präzise Fehlerlokalisierung: Die dynamische Graphenkonstruktion ermöglicht eine genauere Identifizierung von Fehlern oder unerwartetem Verhalten im Code. Diese Präzision reduziert die Debug-Zeit und den Aufwand erheblich und ermöglicht es Entwicklern, Probleme in ihren Modellen schnell zu isolieren und zu beheben.

- Echtzeit-Visualisierung und -Analyse: Zwischenergebnisse können leichter untersucht und visualisiert werden, was wertvolle Einblicke in die internen Abläufe des Modells liefert. Diese Funktion ist besonders nützlich für das Verständnis der Interaktion verschiedener Schichten, der Gradientenausbreitung und des Lernverhaltens des Modells im Zeitverlauf.

- Iterative Entwicklung: Die dynamische Natur ermöglicht schnelles Prototyping und Experimentieren. Entwickler können Modellarchitekturen im laufenden Betrieb modifizieren, verschiedene Konfigurationen testen und sofort die Ergebnisse sehen, ohne den gesamten Berechnungsgraphen neu definieren zu müssen.

- Integration mit dem Python-Ökosystem: PyTorchs nahtlose Integration mit Pythons reichhaltigem Ökosystem an Data Science- und Visualisierungstools (wie matplotlib, seaborn oder tensorboard) verbessert das Debugging- und Entwicklungserlebnis und ermöglicht eine anspruchsvolle Analyse und Berichterstattung über das Modellverhalten.

Diese Funktionen tragen gemeinsam zu einem intuitiveren, effizienteren und produktiveren Entwicklungszyklus in Deep-Learning-Projekten bei und ermöglichen es Forschern und Praktikern, sich mehr auf Modellinnovation und weniger auf technische Hürden zu konzentrieren.

3. Natürliche Integration mit Python

PyTorchs Ansatz ermöglicht eine nahtlose Integration mit Pythons Kontrollflussanweisungen und bietet beispiellose Flexibilität bei Modelldesign und -implementierung:

- Bedingte Anweisungen (if/else) können direkt in der Modelldefinition verwendet werden und ermöglichen dynamische Verzweigungen basierend auf Eingaben oder Zwischenergebnissen. Dies ermöglicht die Erstellung adaptiver Modelle, die ihr Verhalten basierend auf den Eigenschaften der Eingabedaten oder dem aktuellen Zustand des Netzwerks anpassen können.

- Schleifen (for/while) können einfach integriert werden und ermöglichen die Erstellung von Modellen mit dynamischer Tiefe oder Breite. Diese Funktion ist besonders nützlich für die Implementierung von Architekturen wie Rekurrenten Neuronalen Netzen (RNNs) oder Modellen mit variablen Residual-Verbindungen.

- Pythons List Comprehensions und Generator Expressions können genutzt werden, um kompakten, effizienten Code für die Definition von Schichten oder Operationen über mehrere Dimensionen oder Kanäle hinweg zu erstellen.

- Native Python-Funktionen können nahtlos in die Modellarchitektur integriert werden und ermöglichen benutzerdefinierte Operationen oder komplexe Logik, die über Standard-Neuronale-Netzwerk-Schichten hinausgeht.

Diese Integration erleichtert die Implementierung komplexer Architekturen und das Experimentieren mit neuartigen Modelldesigns. Forscher und Praktiker können ihr bestehendes Python-Wissen nutzen, um anspruchsvolle Modelle zu erstellen, ohne eine separate domänenspezifische Sprache oder Framework-spezifische Konstrukte lernen zu müssen.

Darüber hinaus erleichtert dieser Python-native Ansatz das Debugging und die Introspection von Modellen während der Entwicklung. Entwickler können Standard-Python-Debugging-Tools und -Techniken verwenden, um das Modellverhalten zur Laufzeit zu untersuchen, Breakpoints zu setzen und Zwischenergebnisse zu analysieren, was den Entwicklungsprozess erheblich vereinfacht.

4. Effiziente Speichernutzung und Berechnungsflexibilität: Dynamische Graphen in PyTorch bieten bedeutende Vorteile in Bezug auf Speichereffizienz und Berechnungsflexibilität:

- Optimierte Speicherzuweisung: Nur die tatsächlich ausgeführten Operationen werden im Speicher gehalten, im Gegensatz zur Speicherung des gesamten statischen Graphen. Diese Just-in-Time-Berechnung ermöglicht eine effizientere Nutzung der verfügbaren Speicherressourcen.

- Adaptive Ressourcennutzung: Dieser Ansatz ist besonders vorteilhaft bei der Arbeit mit großen Modellen oder Datensätzen auf speicherbeschränkten Systemen, da er eine effizientere Zuweisung und Freigabe von Speicher nach Bedarf während der Berechnung ermöglicht.

- Dynamische Tensor-Formen: PyTorchs dynamische Graphen können Tensoren mit verschiedenen Formen einfacher handhaben, was für Aufgaben mit Sequenzen unterschiedlicher Länge oder Batch-Größen, die sich während des Trainings ändern können, entscheidend ist.

- Bedingte Berechnung: Die dynamische Natur ermöglicht eine einfache Implementierung bedingter Berechnungen, bei denen bestimmte Teile des Netzwerks basierend auf Eingabedaten oder Zwischenergebnissen aktiviert oder umgangen werden können, was zu effizienteren und anpassungsfähigeren Modellen führt.

- Just-in-Time-Kompilierung: PyTorchs dynamische Graphen können Just-in-Time (JIT) Kompilierungstechniken nutzen, die die Leistung weiter optimieren können, indem häufig ausgeführte Codepfade während der Laufzeit kompiliert werden.

Diese Funktionen tragen gemeinsam zu PyTorchs Fähigkeit bei, komplexe, dynamische neuronale Netzwerkarchitekturen effizient zu handhaben, was es zu einem leistungsfähigen Werkzeug sowohl für Forschung als auch für Produktionsumgebungen macht.

Der dynamische Berechnungsgraphen-Ansatz in PyTorch stellt einen Paradigmenwechsel im Design von Deep-Learning-Frameworks dar. Er bietet Forschern und Entwicklern eine flexiblere, intuitivere und effizientere Plattform für die Erstellung und das Experimentieren mit komplexen neuronalen Netzwerkarchitekturen. Dieser Ansatz hat wesentlich zu PyTorchs Popularität sowohl in der akademischen Forschung als auch in Industrieanwendungen beigetragen und ermöglicht schnelles Prototyping und die Implementierung modernster Machine-Learning-Modelle.

Beispiel: Definition eines einfachen Berechnungsgraphen

```python
import torch

# Create tensors with gradient tracking enabled
x = torch.tensor(2.0, requires_grad=True)
y = torch.tensor(3.0, requires_grad=True)

# Define a more complex computation
z = x**2 + 2*x*y + y**2
print(f"z = {z.item()}")

# Perform backpropagation to compute the gradients
z.backward()

# Print the gradients (derivatives of z w.r.t. x and y)
print(f"Gradient of z with respect to x: {x.grad.item()}")
print(f"Gradient of z with respect to y: {y.grad.item()}")

# Reset gradients
x.grad.zero_()
y.grad.zero_()

# Define another computation
w = torch.log(x) + torch.exp(y)
print(f"w = {w.item()}")

# Compute gradients for w
w.backward()

# Print the new gradients
print(f"Gradient of w with respect to x: {x.grad.item()}")
print(f"Gradient of w with respect to y: {y.grad.item()}")

# Demonstrate higher-order gradients
x = torch.tensor(2.0, requires_grad=True)
y = x**2 + 2*x + 1
```

```
# Compute first-order gradient
first_order = torch.autograd.grad(y, x, create_graph=True)[0]
print(f"First-order gradient: {first_order.item()}")

# Compute second-order gradient
second_order = torch.autograd.grad(first_order, x)[0]
print(f"Second-order gradient: {second_order.item()}")
```

Dieses Codebeispiel demonstriert mehrere Schlüsselkonzepte im Autograd-System von PyTorch:

1. Grundlegende Gradientenberechnung:

- Wir erstellen zwei Tensoren, x und y, mit aktivierter Gradientenverfolgung.

- Wir definieren eine quadratische Funktion z = x^2 + 2xy + y^2 (was äquivalent zu (x + y)^2 ist).

- Nach dem Aufruf von z.backward() berechnet PyTorch automatisch die Gradienten von z in Bezug auf x und y.

- Die Gradienten werden im .grad-Attribut jedes Tensors gespeichert.

1. Mehrfache Berechnungen:

- Wir setzen die Gradienten mit .zero_() zurück, um die vorherigen Gradienten zu löschen.

- Wir definieren eine neue Funktion w = ln(x) + e^y, die die Fähigkeit von Autograd demonstriert, komplexere mathematische Operationen zu handhaben.

- Wir berechnen und geben die Gradienten von w in Bezug auf x und y aus.

1. Gradienten höherer Ordnung:

- Wir demonstrieren die Berechnung von Gradienten höherer Ordnung mittels torch.autograd.grad().

- Wir berechnen den Gradienten erster Ordnung von y = x^2 + 2x + 1, welcher 2x + 2 sein sollte.

- Dann berechnen wir den Gradienten zweiter Ordnung, welcher 2 sein sollte (die Ableitung von 2x + 2).

Wichtige Erkenntnisse:

- PyTorchs Autograd-System kann komplexe mathematische Operationen verarbeiten und automatisch Gradienten berechnen.

- Gradienten können mehrfach für verschiedene Funktionen unter Verwendung derselben Variablen berechnet werden.

- Gradienten höherer Ordnung können berechnet werden, was für bestimmte Optimierungstechniken und Forschungsanwendungen nützlich ist.

- Der Parameter create_graph=True in torch.autograd.grad() ermöglicht die Berechnung von Gradienten höherer Ordnung.

Dieses Beispiel zeigt die Leistungsfähigkeit und Flexibilität des Autograd-Systems von PyTorch, das fundamental für die effiziente Implementierung und das Training neuronaler Netze ist.

4.1.3 Automatische Differenzierung mit Autograd

Eine der leistungsstärksten Funktionen von PyTorch ist **Autograd**, die automatische Differenzierungsengine. Dieses ausgeklügelte System bildet das Rückgrat von PyTorchs Fähigkeit, komplexe neuronale Netze effizient zu trainieren. Autograd verfolgt akribisch alle Operationen, die an Tensoren mit aktiviertem requires_grad=True durchgeführt werden, und erstellt dabei einen dynamischen Berechnungsgraphen. Dieser Graph repräsentiert den Datenfluss durch das Netzwerk und ermöglicht die automatische Berechnung von Gradienten mittels Rückwärtsmodus-Differenzierung, allgemein bekannt als Backpropagation.

Die Eleganz von Autograd liegt in seiner Fähigkeit, beliebige Berechnungsgraphen zu verarbeiten, was die Implementierung hochkomplexer neuraler Architekturen ermöglicht. Es kann Gradienten für jede differenzierbare Funktion berechnen, unabhängig von ihrer Komplexität. Diese Flexibilität ist besonders wertvoll in Forschungsumgebungen, wo häufig neue Netzwerkstrukturen erkundet werden.

Die Effizienz von Autograd basiert auf der Verwendung der Rückwärtsmodus-Differenzierung. Dieser Ansatz berechnet Gradienten vom Ausgang zum Eingang, was deutlich effizienter ist für Funktionen mit vielen Eingaben und wenigen Ausgaben – ein häufiges Szenario in neuronalen Netzen. Durch die Nutzung dieser Methode kann PyTorch Gradienten selbst für Modelle mit Millionen von Parametern schnell berechnen.

Darüber hinaus ermöglicht die dynamische Natur von Autograd die Erstellung von Berechnungsgraphen, die sich mit jedem Vorwärtsdurchlauf ändern können. Diese Eigenschaft ist besonders nützlich für die Implementierung von Modellen mit bedingten Berechnungen oder dynamischen Strukturen, wie etwa rekurrente neuronale Netze mit variablen Sequenzlängen.

Die Vereinfachung der Gradientenberechnung durch Autograd kann nicht genug betont werden. Es abstrahiert die komplexe Mathematik der Gradientenberechnung und ermöglicht es Entwicklern, sich auf Modellarchitektur und Optimierungsstrategien zu konzentrieren, anstatt sich mit den Feinheiten der Differentialrechnung zu befassen. Diese Abstraktion hat das Deep Learning demokratisiert und macht es einem breiteren Kreis von Forschern und Praktikern zugänglich.

Im Wesentlichen ist Autograd das stille Arbeitspferd hinter PyTorchs Deep-Learning-Fähigkeiten, das das Training zunehmend ausgefeilter Modelle ermöglicht, die die Grenzen der künstlichen Intelligenz erweitern.

Beispiel: Automatische Differenzierung mit Autograd

```python
import torch

# Create tensors with gradient tracking enabled
x = torch.tensor([2.0, 3.0], requires_grad=True)
y = torch.tensor([4.0, 5.0], requires_grad=True)

# Perform a more complex computation
z = x[0]**2 + 3*x[1]**3 + y[0]*y[1]

# Compute gradients with respect to x and y
z.backward(torch.tensor(1.0))  # Corrected: Providing a scalar gradient

# Print gradients
print(f"Gradient of z with respect to x[0]: {x.grad[0].item()}")
print(f"Gradient of z with respect to x[1]: {x.grad[1].item()}")
print(f"Gradient of z with respect to y[0]: {y.grad[0].item()}")
print(f"Gradient of z with respect to y[1]: {y.grad[1].item()}")

# Reset gradients
x.grad.zero_()
y.grad.zero_()

# Define a more complex function
def complex_function(a, b):
    return torch.sin(a) * torch.exp(b) + torch.sqrt(a + b)

# Compute the function and its gradients
result = complex_function(x[0], y[1])
result.backward()

# Print gradients of the complex function
print(f"Gradient of complex function w.r.t x[0]: {x.grad[0].item()}")
print(f"Gradient of complex function w.r.t y[1]: {y.grad[1].item()}")

# Demonstrate higher-order gradients
x = torch.tensor(2.0, requires_grad=True)
y = x**3 + 2*x**2 + 3*x + 1

# Compute first-order gradient
first_order = torch.autograd.grad(y, x, create_graph=True)[0]
print(f"First-order gradient: {first_order.item()}")

# Compute second-order gradient
second_order = torch.autograd.grad(first_order, x)[0]
print(f"Second-order gradient: {second_order.item()}")
```

Nun lasst uns dieses Beispiel im Detail analysieren:

1. Grundlegende Gradientenberechnung:

- o Wir erstellen zwei Tensoren, x und y, mit aktivierter Gradientenverfolgung mittels requires_grad=True.

- o Wir definieren eine komplexere Funktion: z = x[0]**2 + 3*x[1]**3 + y[0]*y[1].

- o Nach dem Aufruf von z.backward() berechnet PyTorch automatisch die Gradienten von z in Bezug auf x und y.

- o Die Gradienten werden im .grad-Attribut jedes Tensors gespeichert.

2. Gradienten zurücksetzen:

- o Wir verwenden .zero_(), um die vorherigen Gradienten zu löschen. Dies ist wichtig, da Gradienten in PyTorch standardmäßig akkumuliert werden.

3. Komplexe Funktion:

- o Wir definieren eine komplexere Funktion unter Verwendung trigonometrischer und exponentieller Operationen.

- o Dies demonstriert die Fähigkeit von Autograd, komplexe mathematische Operationen zu verarbeiten.

4. Gradienten höherer Ordnung:

- o Wir berechnen den Gradienten erster Ordnung von y = x^3 + 2x^2 + 3x + 1, welcher 3x^2 + 4x + 3 sein sollte.

- o Dann berechnen wir den Gradienten zweiter Ordnung, welcher 6x + 4 sein sollte.

- o Der Parameter create_graph=True in torch.autograd.grad() ermöglicht die Berechnung von Gradienten höherer Ordnung.

Wichtige Erkenntnisse aus diesem erweiterten Beispiel:

- PyTorchs Autograd-System kann komplexe mathematische Operationen verarbeiten und automatisch Gradienten berechnen.

- Gradienten können für mehrere Variablen gleichzeitig berechnet werden.

- Es ist wichtig, Gradienten zwischen den Berechnungen zurückzusetzen, um Akkumulation zu vermeiden.

- PyTorch unterstützt die Berechnung von Gradienten höherer Ordnung, was für bestimmte Optimierungstechniken und Forschungsanwendungen nützlich ist.

- Die dynamische Natur von PyTorchs Berechnungsgraph ermöglicht eine flexible und intuitive Definition komplexer Funktionen.

Dieses Beispiel zeigt die Leistungsfähigkeit und Flexibilität des Autograd-Systems von PyTorch, das fundamental für die effiziente Implementierung und das Training neuronaler Netze ist.

4.2 Aufbau und Training neuronaler Netze mit PyTorch

In PyTorch werden neuronale Netze mithilfe des leistungsstarken **torch.nn**-Moduls konstruiert. Dieses Modul dient als umfassendes Werkzeug für den Aufbau von Deep-Learning-Modellen und bietet eine breite Palette vorimplementierter Komponenten, die für die Erstellung komplexer neuraler Architekturen essentiell sind. Zu diesen Komponenten gehören:

- Vollständig verbundene Schichten (auch als Dense-Layer bekannt)

- Faltungsschichten für Bildverarbeitungsaufgaben

- Rekurrente Schichten für Sequenzmodellierung

- Verschiedene Aktivierungsfunktionen (z.B. ReLU, Sigmoid, Tanh)

- Verlustfunktionen für verschiedene Arten von Lernaufgaben

Eine der Hauptstärken von PyTorch liegt in seiner modularen und intuitiven Designphilosophie. Dieser Ansatz ermöglicht es Entwicklern, benutzerdefinierte Modelle mit großer Flexibilität durch Vererbung von torch.nn.Module zu definieren. Diese Basisklasse dient als Grundlage für alle neuronalen Netzwerkschichten und Modelle in PyTorch und bietet eine einheitliche Schnittstelle für die Definition des Vorwärtsdurchlaufs eines Modells und die Verwaltung seiner Parameter.

Durch die Nutzung von torch.nn.Module können Sie komplexe neurale Architekturen erstellen, die von einfachen Feed-Forward-Netzen bis hin zu komplexen Designs wie Transformern oder Graph Neural Networks reichen. Diese Flexibilität ist besonders wertvoll in Forschungsumgebungen, wo häufig neue Architekturen erkundet werden.

In den folgenden Abschnitten werden wir den Prozess des Aufbaus eines neuronalen Netzes von Grund auf behandeln. Diese Reise umfasst mehrere wichtige Schritte:

- Definition der Netzwerkarchitektur

- Vorbereitung und Laden des Datensatzes

- Implementierung der Trainingsschleife

- Nutzung von PyTorchs Optimierern für effizientes Lernen

- Evaluierung der Modellleistung

Durch die Aufgliederung dieses Prozesses in überschaubare Schritte streben wir ein umfassendes Verständnis darüber an, wie PyTorch die Entwicklung und das Training neuronaler Netze erleichtert. Dieser Ansatz wird nicht nur die praktische Anwendung der PyTorch-Funktionen demonstrieren, sondern auch die zugrundeliegenden Prinzipien der Erstellung und Optimierung von Deep-Learning-Modellen beleuchten.

4.2.1 Definition eines neuronalen Netzwerkmodells in PyTorch

Um ein neuronales Netz in PyTorch zu definieren, leitet man von torch.nn.Module ab und definiert die Netzwerkarchitektur in der __init__-Methode. Dieser Ansatz ermöglicht ein modulares und flexibles Design von Komponenten neuronaler Netze. Die __init__-Methode ist der Ort, an dem Sie die Schichten und anderen Komponenten deklarieren, die in Ihrem Netzwerk verwendet werden.

Die **forward**-Methode ist ein entscheidender Teil Ihrer neuronalen Netzwerkklasse. Sie spezifiziert den Vorwärtsdurchlauf der Daten durch das Netzwerk und definiert, wie Eingabedaten zwischen den Schichten fließen und wie sie transformiert werden. Diese Methode bestimmt die Berechnungslogik Ihres Modells und legt fest, wie jede Schicht die Eingabe verarbeitet und an die nächste Schicht weitergibt.

Durch die Trennung der Netzwerkdefinition (_init_) von seiner Berechnungslogik (forward) bietet PyTorch einen klaren und intuitiven Weg zur Gestaltung komplexer neuraler Architekturen. Diese Trennung ermöglicht einfache Modifikationen und Experimente mit verschiedenen Netzwerkstrukturen und Schichtkombinationen. Zusätzlich erleichtert sie die Implementierung fortgeschrittener Techniken wie Skip-Connections, Verzweigungspfade und bedingte Berechnungen innerhalb des Netzwerks.

Beispiel: Definition eines Feed-Forward neuronalen Netzwerks

```python
import torch
import torch.nn as nn
import torch.nn.functional as F
import torchvision
import torchvision.transforms as transforms
from torch.utils.data import DataLoader

# Define a neural network by subclassing nn.Module
class ComprehensiveNN(nn.Module):
    def __init__(self, input_size, hidden_sizes, output_size, dropout_rate=0.5):
        super(ComprehensiveNN, self).__init__()
        self.input_size = input_size
        self.hidden_sizes = hidden_sizes
        self.output_size = output_size

        # Create a list of linear layers
        self.hidden_layers = nn.ModuleList()
        all_sizes = [input_size] + hidden_sizes
        for i in range(len(all_sizes)-1):
            self.hidden_layers.append(nn.Linear(all_sizes[i], all_sizes[i+1]))

        # Output layer
        self.output_layer = nn.Linear(hidden_sizes[-1], output_size)

        # Dropout layer
        self.dropout = nn.Dropout(dropout_rate)
```

```python
        # Batch normalization layers
        self.batch_norms = nn.ModuleList([nn.BatchNorm1d(size) for size in
hidden_sizes])

    def forward(self, x):
        # Flatten the input tensor
        x = x.view(-1, self.input_size)

        # Apply hidden layers with ReLU, BatchNorm, and Dropout
        for i, layer in enumerate(self.hidden_layers):
            x = layer(x)
            x = self.batch_norms[i](x)
            x = F.relu(x)
            x = self.dropout(x)

        # Output layer (no activation for use with CrossEntropyLoss)
        x = self.output_layer(x)
        return x

# Hyperparameters
input_size = 784  # 28x28 MNIST images
hidden_sizes = [256, 128, 64]
output_size = 10  # 10 digit classes
learning_rate = 0.001
batch_size = 64
num_epochs = 10

# Instantiate the model
model = ComprehensiveNN(input_size, hidden_sizes, output_size)
print(model)

# Load and preprocess the MNIST dataset
transform = transforms.Compose([
    transforms.ToTensor(),
    transforms.Normalize((0.5,), (0.5,))
])

train_dataset = torchvision.datasets.MNIST(root='./data', train=True, download=True,
transform=transform)
test_dataset = torchvision.datasets.MNIST(root='./data', train=False, download=True,
transform=transform)

train_loader = DataLoader(train_dataset, batch_size=batch_size, shuffle=True)
test_loader = DataLoader(test_dataset, batch_size=batch_size, shuffle=False)

# Define loss function and optimizer
criterion = nn.CrossEntropyLoss()
optimizer = torch.optim.Adam(model.parameters(), lr=learning_rate)

# Training loop
for epoch in range(num_epochs):
```

```
    model.train()
    running_loss = 0.0
    for i, (images, labels) in enumerate(train_loader):
        # Forward pass
        outputs = model(images)
        loss = criterion(outputs, labels)

        # Backward pass and optimization
        optimizer.zero_grad()
        loss.backward()
        optimizer.step()

        running_loss += loss.item()

    print(f'Epoch                  [{epoch+1}/{num_epochs}],              Loss:
{running_loss/len(train_loader):.4f}')

# Evaluation
model.eval()
with torch.no_grad():
    correct = 0
    total = 0
    for images, labels in test_loader:
        outputs = model(images)
        _, predicted = torch.max(outputs.data, 1)
        total += labels.size(0)
        correct += (predicted == labels).sum().item()

    print(f'Accuracy on the test set: {100 * correct / total:.2f}%')
```

Dieses Codebeispiel bietet eine umfassende Implementierung eines neuronalen Netzwerks mit PyTorch.

Lassen Sie uns dies im Detail betrachten:

1. Importe:

- Wir importieren die erforderlichen Module von PyTorch, einschließlich der Module für das Laden und die Transformation von Daten.

2. Netzwerkarchitektur (ComprehensiveNN-Klasse):

- Das Netzwerk wird als Klasse definiert, die von nn.Module erbt.

- Es nimmt input_size, hidden_sizes (eine Liste von Hidden-Layer-Größen) und output_size als Parameter.

- Wir verwenden nn.ModuleList, um eine dynamische Anzahl von Hidden-Layern basierend auf dem hidden_sizes-Parameter zu erstellen.

- Dropout- und Batch-Normalization-Layer werden für die Regularisierung und schnelleres Training hinzugefügt.

- Die Forward-Methode definiert, wie Daten durch das Netzwerk fließen, wobei Layer, Aktivierungen, Batch-Normalisierung und Dropout angewendet werden.

3. Hyperparameter:

- Wir definieren verschiedene Hyperparameter wie input_size, hidden_sizes, output_size, learning_rate, batch_size und num_epochs.

4. Daten-Loading und Vorverarbeitung:

- Wir verwenden torchvision.datasets.MNIST zum Laden des MNIST-Datensatzes.

- Datentransformationen werden mittels transforms.Compose angewendet.

- DataLoader wird zum Batching und Mischen der Daten verwendet.

5. Verlustfunktion und Optimizer:

- Wir verwenden CrossEntropyLoss als Verlustfunktion, die sich für Mehrklassen-Klassifikation eignet.

- Der Adam-Optimizer wird für die Aktualisierung der Modellparameter verwendet.

6. Trainingsschleife:

- Wir iterieren für die angegebene Anzahl von Epochen über den Datensatz.

- In jeder Iteration führen wir einen Forward-Pass durch, berechnen den Verlust, führen Backpropagation durch und aktualisieren die Modellparameter.

- Der laufende Verlust wird nach jeder Epoche ausgegeben.

7. Auswertung:

- Nach dem Training evaluieren wir das Modell auf dem Testdatensatz.

- Wir berechnen und geben die Genauigkeit des Modells auf ungesehenen Daten aus.

Dieses umfassende Beispiel demonstriert mehrere Best Practices im Deep Learning mit PyTorch, darunter:

- Dynamische Netzwerkarchitektur

- Verwendung mehrerer Hidden-Layer

- Implementierung von Dropout zur Regularisierung

- Batch-Normalisierung für schnelleres und stabileres Training

- Angemessenes Laden und Vorverarbeiten von Daten

- Verwendung eines modernen Optimizers (Adam)

- Klare Trennung von Trainings- und Evaluierungsphasen

Dieser Code bietet eine solide Grundlage für das Verständnis, wie man neuronale Netze mit PyTorch aufbaut, trainiert und evaluiert, und kann leicht für andere Datensätze oder Architekturen angepasst werden.

4.2.2 Definition der Verlustfunktion und des Optimizers

Sobald die Modellarchitektur definiert ist, ist der nächste entscheidende Schritt die Auswahl geeigneter **Verlustfunktionen** und **Optimizer**. Diese Komponenten spielen wichtige Rollen im Trainingsprozess neuronaler Netze. Die Verlustfunktion quantifiziert die Diskrepanz zwischen den Vorhersagen des Modells und den tatsächlichen Labels und liefert ein Maß dafür, wie gut das Modell performt. Der Optimizer hingegen ist dafür verantwortlich, die Parameter des Modells anzupassen, um diesen Verlust zu minimieren und damit die Leistung des Modells im Laufe der Zeit zu verbessern.

PyTorch bietet eine umfassende Suite von Verlustfunktionen und Optimizern, die verschiedene Arten von Machine-Learning-Aufgaben und Modellarchitekturen abdecken. Bei Klassifikationsaufgaben wird beispielsweise häufig Cross-Entropy-Loss verwendet, während für Regressionsprobleme oft der mittlere quadratische Fehler eingesetzt wird. Bei den Optimizern reichen die Optionen vom einfachen stochastischen Gradientenabstieg (SGD) bis hin zu fortgeschritteneren Algorithmen wie Adam oder RMSprop, die jeweils ihre eigenen Stärken und Anwendungsfälle haben.

Die Wahl der Verlustfunktion und des Optimizers kann den Lernprozess und die endgültige Leistung des Modells erheblich beeinflussen. Beispielsweise konvergieren adaptive Optimizer wie Adam oft schneller als Standard-SGD, besonders bei tiefen Netzwerken. Allerdings kann SGD mit geeigneter Learning-Rate-Anpassung in manchen Fällen zu einer besseren Generalisierung führen. Ähnlich können verschiedene Verlustfunktionen unterschiedliche Aspekte des Vorhersagefehlers betonen und dadurch zu Modellen mit unterschiedlichen Eigenschaften führen.

Darüber hinaus ermöglicht PyTorchs modulares Design einfaches Experimentieren mit verschiedenen Kombinationen von Verlustfunktionen und Optimizern. Diese Flexibilität ermöglicht es Forschern und Praktikern, ihre Modelle effektiv feinzutunen und an die spezifischen Nuancen ihrer Datensätze und Problemdomänen anzupassen. Im weiteren Verlauf dieses Kapitels werden wir praktische Beispiele erkunden, wie diese Komponenten in PyTorch implementiert und genutzt werden können, und deren Einfluss auf das Modelltraining und die Leistung demonstrieren.

Beispiel: Definition von Verlust und Optimizer

```
import torch
import torch.nn as nn
import torch.optim as optim
```

```python
# Define a simple neural network
class SimpleNN(nn.Module):
    def __init__(self, input_size, hidden_size, num_classes):
        super(SimpleNN, self).__init__()
        self.fc1 = nn.Linear(input_size, hidden_size)
        self.relu = nn.ReLU()
        self.fc2 = nn.Linear(hidden_size, num_classes)

    def forward(self, x):
        out = self.fc1(x)
        out = self.relu(out)
        out = self.fc2(out)
        return out

# Hyperparameters
input_size = 784  # e.g., for MNIST dataset (28x28 pixels)
hidden_size = 500
num_classes = 10
learning_rate = 0.01

# Instantiate the model
model = SimpleNN(input_size, hidden_size, num_classes)

# Define the loss function (Cross Entropy Loss for multi-class classification)
criterion = nn.CrossEntropyLoss()

# Define the optimizer (Stochastic Gradient Descent)
optimizer = optim.SGD(model.parameters(), lr=learning_rate)

# Alternative optimizers
# optimizer = optim.Adam(model.parameters(), lr=learning_rate)
# optimizer = optim.RMSprop(model.parameters(), lr=learning_rate)

# Learning rate scheduler (optional)
scheduler = optim.lr_scheduler.StepLR(optimizer, step_size=30, gamma=0.1)

# Print model summary
print(model)
print(f"Loss function: {criterion}")
print(f"Optimizer: {optimizer}")
```

Dieses Codebeispiel bietet einen umfassenderen Aufbau zum Training eines neuronalen Netzes mit PyTorch. Schauen wir uns die einzelnen Bestandteile an:

1. Modelldefinition:

   o Wir definieren eine einfache neuronale Netzwerkklasse SimpleNN mit einer versteckten Schicht.

- o Das Netzwerk nimmt eine Eingabe entgegen, leitet sie durch eine vollvernetzte Schicht, wendet eine ReLU-Aktivierung an und leitet sie dann durch eine weitere vollvernetzte Schicht, um die Ausgabe zu erzeugen.

2. Hyperparameter:

   - o Wir definieren wichtige Hyperparameter wie Eingabegröße, Größe der versteckten Schicht, Anzahl der Klassen und Lernrate.

   - o Diese können je nach spezifischem Problem und Datensatz angepasst werden.

3. Modellinstanziierung:

   - o Wir erstellen eine Instanz unseres SimpleNN-Modells mit den festgelegten Hyperparametern.

4. Verlustfunktion:

   - o Wir verwenden CrossEntropyLoss, die sich für Mehrklassen-Klassifikationsprobleme eignet.

   - o Diese Verlustfunktion kombiniert eine Softmax-Aktivierung mit negativer Log-Likelihood-Loss.

5. Optimizer:

   - o Wir verwenden Stochastic Gradient Descent (SGD) als unseren Optimizer.

   - o Alternative Optimizer wie Adam und RMSprop sind als Referenz auskommentiert.

   - o Die Wahl des Optimizers kann die Trainingsgeschwindigkeit und Modellleistung erheblich beeinflussen.

6. Learning Rate Scheduler (Optional):

   - o Wir implementieren einen Step-Learning-Rate-Scheduler, der die Lernrate alle 30 Epochen um den Faktor 0,1 reduziert.

   - o Dies kann bei der Feinabstimmung des Modells helfen und die Konvergenz verbessern.

7. Modellzusammenfassung:

   - o Wir geben die Modellarchitektur, Verlustfunktion und den Optimizer zur Übersicht aus.

Dieser Aufbau bietet eine solide Grundlage für das Training eines neuronalen Netzes in PyTorch. Die nächsten Schritte würden die Vorbereitung des Datensatzes, die Implementierung der Trainingsschleife und die Evaluierung des Modells umfassen.

4.2.3 Training des neuronalen Netzes

Das Training eines neuronalen Netzes ist ein iterativer Prozess, der mehrere Durchläufe durch den Datensatz, sogenannte Epochen, umfasst. Während jeder Epoche verfeinert das Modell sein Verständnis der Daten und passt seine Parameter an, um die Leistung zu verbessern. Dieser Prozess lässt sich in mehrere wichtige Schritte unterteilen:

1. Forward-Pass

Dieser entscheidende erste Schritt beinhaltet die Weiterleitung der Eingabedaten durch die Architektur des neuronalen Netzes. Jedes Neuron in jeder Schicht verarbeitet die eingehenden Informationen, indem es seine gelernten Gewichte und Bias-Werte anwendet und das Ergebnis durch eine Aktivierungsfunktion leitet. Dieser Prozess setzt sich Schicht für Schicht fort und transformiert die Eingabedaten in zunehmend abstrakte Repräsentationen.

Bei Convolutional Neural Networks (CNNs) erkennen die frühen Schichten beispielsweise einfache Merkmale wie Kanten, während tiefere Schichten komplexere Muster identifizieren. Die letzte Schicht erzeugt die Ausgabe des Netzwerks, die entweder Klassenwahrscheinlichkeiten für eine Klassifikationsaufgabe oder kontinuierliche Werte für ein Regressionsproblem sein können. Diese Ausgabe repräsentiert das aktuelle Verständnis und die Vorhersagen des Modells basierend auf seinen gelernten Parametern und spiegelt seine Fähigkeit wider, Eingaben auf gewünschte Ausgaben abzubilden, gegeben seinen aktuellen Trainingszustand.

2. Verlustberechnung

Nach dem Forward-Pass werden die Vorhersagen des Modells mit den tatsächlichen Labels oder Zielwerten verglichen. Die Verlustfunktion quantifiziert diese Diskrepanz und dient als entscheidende Metrik für die Modellleistung. Sie misst im Wesentlichen, wie weit die Vorhersagen des Modells von der Grundwahrheit abweichen.

Die Wahl der Verlustfunktion ist aufgabenabhängig:

- Für Regressionsaufgaben wird häufig der Mean Squared Error (MSE) verwendet. Er berechnet die durchschnittliche quadratische Differenz zwischen vorhergesagten und tatsächlichen Werten und bestraft größere Fehler stärker.

- Für Klassifikationsprobleme wird häufig Cross-Entropy Loss bevorzugt. Diese Funktion misst die Unähnlichkeit zwischen der vorhergesagten Wahrscheinlichkeitsverteilung und der tatsächlichen Verteilung der Klassen.

Weitere Verlustfunktionen sind:

- Mean Absolute Error (MAE): Nützlich, wenn Ausreißer einen geringeren Einfluss auf den Verlust haben sollen.

- Hinge Loss: Wird häufig in Support Vector Machines für Maximum-Margin-Klassifikation verwendet.

- Focal Loss: Behandelt Klassenungleichgewichte durch Heruntergewichtung des Verlustbeitrags von einfachen Beispielen.

Die Wahl der Verlustfunktion hat erheblichen Einfluss auf das Modelltraining und die endgültige Leistung. Sie leitet den Optimierungsprozess und beeinflusst, wie das Modell lernt, Vorhersagen zu treffen. Daher ist die Auswahl einer geeigneten Verlustfunktion, die mit dem spezifischen Problem und den gewünschten Ergebnissen übereinstimmt, ein entscheidender Schritt bei der Entwicklung effektiver neuronaler Netze.

3. Backpropagation

Dieser entscheidende Schritt ist der Grundpfeiler des Trainings neuronaler Netze und umfasst die Berechnung der Gradienten für jeden Parameter des Modells in Bezug auf die Verlustfunktion. Backpropagation, kurz für "Rückwärtspropagierung von Fehlern", ist ein effizienter Algorithmus, der die Kettenregel der Differentialrechnung anwendet, um diese Gradienten zu berechnen.

Der Prozess beginnt an der Ausgabeschicht und bewegt sich rückwärts durch das Netzwerk, Schicht für Schicht. In jedem Schritt wird berechnet, wie stark jeder Parameter zum Fehler in den Vorhersagen des Modells beigetragen hat. Dies geschieht durch die Berechnung partieller Ableitungen, die die Änderungsrate des Verlusts in Bezug auf jeden Parameter messen.

Die Eleganz der Backpropagation liegt in ihrer rechnerischen Effizienz. Anstatt die Gradienten für jeden Parameter unabhängig neu zu berechnen, werden Zwischenergebnisse wiederverwendet, wodurch die Rechenkomplexität erheblich reduziert wird. Dies macht es möglich, große neuronale Netze mit Millionen von Parametern zu trainieren.

Die während der Backpropagation berechneten Gradienten dienen zwei wichtigen Zwecken:

- Sie zeigen die Richtung an, in die jeder Parameter angepasst werden sollte, um den Gesamtfehler zu reduzieren.

- Sie liefern die Größenordnung der benötigten Anpassung, wobei größere Gradienten auf bedeutendere Änderungen hinweisen.

Das Verständnis von Backpropagation ist entscheidend für die Implementierung fortgeschrittener Techniken wie Gradient Clipping zur Vermeidung explodierender Gradienten oder die Analyse von verschwindenden Gradienten in tiefen Netzwerken. Es ist auch die Grundlage für ausgereiftere Optimierungsalgorithmen wie Adam oder RMSprop, die Gradienteninformationen nutzen, um Lernraten für jeden Parameter individuell anzupassen.

4. Optimierungsschritt

Der Optimierungsprozess ist eine entscheidende Komponente beim Training neuronaler Netze, bei dem die Parameter des Modells basierend auf den berechneten Gradienten angepasst werden. Dieser Schritt zielt darauf ab, die Verlustfunktion zu minimieren und damit die Leistung des Modells zu verbessern. Hier ein detaillierterer Einblick in diesen Prozess:

Gradientenbasierte Updates: Der Optimizer verwendet die während der Backpropagation berechneten Gradienten, um die Gewichte und Bias-Werte des Modells zu aktualisieren. Die Richtung dieser Updates ist entgegengesetzt zum Gradienten, da wir den Verlust minimieren wollen.

Optimierungsalgorithmen: Verschiedene Algorithmen wurden entwickelt, um diese Updates effizient durchzuführen:

- **Stochastic Gradient Descent (SGD):** Die einfachste Form, die Parameter basierend auf dem Gradienten des aktuellen Batches aktualisiert.

- **Adam (Adaptive Moment Estimation):** Kombiniert Ideen aus RMSprop und Momentum-Methoden und passt die Lernrate für jeden Parameter an.

- **RMSprop:** Nutzt einen gleitenden Durchschnitt der quadrierten Gradienten, um den Gradienten selbst zu normalisieren.

Lernrate: Dieser wichtige Hyperparameter bestimmt die Schrittweite bei jeder Iteration auf dem Weg zu einem Minimum der Verlustfunktion. Eine zu große Lernrate kann zu Überschießen führen, während eine zu kleine zu langsamer Konvergenz führen kann.

Lernraten-Schedules: Viele Trainingsregime verwenden dynamische Lernraten, die sich im Laufe der Zeit ändern. Übliche Strategien sind Step Decay, exponentieller Decay und Cosine Annealing.

Momentum: Diese Technik hilft dabei, SGD in die relevante Richtung zu beschleunigen und Oszillationen zu dämpfen. Dies geschieht durch Hinzufügen eines Bruchteils des Update-Vektors des vorherigen Zeitschritts zum aktuellen Update-Vektor.

Weight Decay: Auch bekannt als L2-Regularisierung, hilft diese Technik, Overfitting zu verhindern, indem sie eine kleine Strafe zur Verlustfunktion für größere Gewichtswerte hinzufügt.

Durch die Feinabstimmung dieser Optimierungstechniken können Forscher und Praktiker die Trainingsgeschwindigkeit und Leistung ihrer neuronalen Netze erheblich verbessern.

Dieser Prozess wird für jeden Batch von Daten innerhalb einer Epoche und dann für mehrere Epochen wiederholt. Während das Training fortschreitet, verbessert sich typischerweise die Leistung des Modells, wobei der Verlust abnimmt und die Genauigkeit zunimmt. Allerdings muss darauf geachtet werden, Overfitting zu vermeiden, bei dem das Modell gut auf den Trainingsdaten funktioniert, aber schlecht auf ungesehene Daten generalisiert. Techniken wie Regularisierung, Early Stopping und Cross-Validation werden häufig eingesetzt, um sicherzustellen, dass das Modell gut generalisiert.

Beispiel: Training eines einfachen neuronalen Netzes auf dem MNIST-Datensatz

```
import torch
import torch.nn as nn
```

```python
import torch.optim as optim
from torchvision import datasets, transforms
from torch.utils.data import DataLoader

# Define a simple neural network
class SimpleNN(nn.Module):
    def __init__(self):
        super(SimpleNN, self).__init__()
        self.flatten = nn.Flatten()
        self.fc1 = nn.Linear(28*28, 128)
        self.relu = nn.ReLU()
        self.fc2 = nn.Linear(128, 10)

    def forward(self, x):
        x = self.flatten(x)
        x = self.fc1(x)
        x = self.relu(x)
        x = self.fc2(x)
        return x

# Set device
device = torch.device("cuda" if torch.cuda.is_available() else "cpu")

# Define transformations for the MNIST dataset
transform = transforms.Compose([
    transforms.ToTensor(),
    transforms.Normalize((0.1307,), (0.3081,))  # MNIST mean and std
])

# Load the MNIST dataset
train_dataset   =   datasets.MNIST(root='./data',   train=True,   download=True,
transform=transform)
train_loader = DataLoader(train_dataset, batch_size=64, shuffle=True)

# Initialize the model, loss function, and optimizer
model = SimpleNN().to(device)
criterion = nn.CrossEntropyLoss()
optimizer = optim.Adam(model.parameters(), lr=0.001)

# Training loop
epochs = 10
for epoch in range(epochs):
    model.train()
    running_loss = 0.0
    correct = 0
    total = 0
    for batch_idx, (images, labels) in enumerate(train_loader):
        images, labels = images.to(device), labels.to(device)

        # Zero the gradients
        optimizer.zero_grad()
```

```
    # Forward pass
    outputs = model(images)

    # Compute the loss
    loss = criterion(outputs, labels)

    # Backward pass and optimize
    loss.backward()
    optimizer.step()

    # Statistics
    running_loss += loss.item()
    _, predicted = outputs.max(1)
    total += labels.size(0)
    correct += predicted.eq(labels).sum().item()

    if (batch_idx + 1) % 100 == 0:
        print(f'Epoch                [{epoch+1}/{epochs}],                Step
[{batch_idx+1}/{len(train_loader)}], '
              f'Loss: {loss.item():.4f}, Accuracy: {100*correct/total:.2f}%')

  epoch_loss = running_loss / len(train_loader)
  epoch_acc = 100 * correct / total
  print(f'Epoch   [{epoch+1}/{epochs}],   Loss:   {epoch_loss:.4f},   Accuracy:
{epoch_acc:.2f}%')

print('Training finished!')

# Save the model
torch.save(model.state_dict(), 'mnist_model.pth')
print('Model saved!')
```

Dieses Codebeispiel bietet eine umfassendere Implementierung des Trainings eines neuronalen Netzes auf dem MNIST-Datensatz mit PyTorch.

Schauen wir uns die einzelnen Komponenten an:

1. Imports und Setup:

    o   Wir importieren die erforderlichen PyTorch-Module und richten das Gerät (CPU oder GPU) ein.

2. Definition des neuronalen Netzes:

    o   Wir definieren eine einfache neuronale Netzklasse SimpleNN mit zwei vollständig verbundenen Schichten.

    o   Die forward-Methode definiert, wie Daten durch das Netzwerk fließen.

3. Datenvorbereitung:

- o Wir definieren Transformationen zur Normalisierung der MNIST-Daten.
- o Der MNIST-Datensatz wird geladen und in einen DataLoader für die Batch-Verarbeitung eingepackt.

4. Modellinitialisierung:

- o Wir erstellen eine Instanz unseres SimpleNN-Modells und verschieben es auf das entsprechende Gerät.
- o Wir definieren die Verlustfunktion (Cross Entropy Loss) und den Optimizer (Adam).

5. Trainingsschleife:

- o Wir iterieren für eine bestimmte Anzahl von Epochen über den Datensatz.
- o In jeder Epoche:
  - ▪ Setzen wir das Modell in den Trainingsmodus.
  - ▪ Iterieren wir über Datenbatches.
  - ▪ Führen wir Vorwärtsdurchlauf, Verlustberechnung, Rückpropagation und Parameteraktualisierung durch.
  - ▪ Verfolgen und drucken wir regelmäßig Statistiken (Verlust und Genauigkeit).

6. Modellspeicherung:

- o Nach dem Training speichern wir das Zustandswörterbuch des Modells für die spätere Verwendung.

Diese Implementierung enthält mehrere Verbesserungen gegenüber dem Original:

- Sie verwendet eine benutzerdefinierte neuronale Netzklasse anstelle eines vordefinierten Modells.
- Sie enthält Geräteverwaltung für potenzielle GPU-Beschleunigung.
- Sie verfolgt und meldet sowohl Verlust als auch Genauigkeit während des Trainings.
- Sie speichert das trainierte Modell für die spätere Verwendung.

Dieses umfassende Beispiel bietet eine solide Grundlage für das Verständnis des gesamten Prozesses der Definition, des Trainings und der Speicherung eines neuronalen Netzes mit PyTorch.

4.2.4 Evaluierung des Modells

Nach dem Training des Modells ist es entscheidend, seine Leistung auf ungesehenen Daten zu bewerten, typischerweise einem Validierungs- oder Testdatensatz. Dieser Evaluierungsprozess ist aus mehreren Gründen ein wichtiger Schritt im Machine-Learning-Prozess:

- Er liefert eine unvoreingenommene Einschätzung der Modellleistung auf neuen, ungesehenen Daten.

- Er hilft beim Erkennen von Overfitting, bei dem das Modell gut auf Trainingsdaten, aber schlecht auf neuen Daten funktioniert.

- Er ermöglicht den Vergleich zwischen verschiedenen Modellen oder Hyperparameter-Konfigurationen.

Der Evaluierungsprozess umfasst mehrere wichtige Schritte:

1. Datenvorbereitung

Der Testdatensatz durchläuft ähnliche Vorverarbeitungen und Transformationen wie der Trainingsdatensatz, um Konsistenz zu gewährleisten. Dieser Schritt ist entscheidend für die Integrität des Evaluierungsprozesses. Er umfasst typischerweise:

- Normalisierung der Eingabemerkmale auf eine gemeinsame Skala

- Anpassung von Bildgrößen auf einheitliche Dimensionen

- Kodierung kategorischer Variablen

- Behandlung fehlender Daten

Zusätzlich ist es wichtig sicherzustellen, dass der Testdatensatz vollständig von den Trainingsdaten getrennt bleibt, um Data Leakage zu verhindern, was zu übermäßig optimistischen Leistungsschätzungen führen könnte.

2. Modellinferenz

In dieser kritischen Phase wird das trainierte Modell auf den Testdatensatz angewendet, um Vorhersagen zu generieren. Es ist wichtig, das Modell in den Evaluierungsmodus zu versetzen, der trainingsspezifische Funktionen wie Dropout und Batch-Normalisierung deaktiviert. Dies gewährleistet ein konsistentes Verhalten während der Inferenz und verbessert oft die Leistung.

Im Evaluierungsmodus treten mehrere wichtige Änderungen auf:

- Dropout-Schichten werden deaktiviert, sodass alle Neuronen zum Output beitragen.

- Batch-Normalisierung verwendet laufende Statistiken anstelle von batch-spezifischen.

- Das Modell akkumuliert keine Gradienten, was die Berechnung beschleunigt.

Um ein PyTorch-Modell in den Evaluierungsmodus zu schalten, ruft man einfach model.eval() auf. Diese einzelne Codezeile löst alle notwendigen internen Anpassungen aus. Es ist wichtig, sich daran zu erinnern, in den Trainingsmodus (model.train()) zurückzuschalten, wenn später das Training fortgesetzt werden soll.

Während der Inferenz ist es auch üblich, torch.no_grad() zu verwenden, um die Leistung durch Deaktivierung der Gradientenberechnungen weiter zu optimieren. Dies kann den Speicherverbrauch deutlich reduzieren und den Evaluierungsprozess beschleunigen, besonders bei großen Modellen oder Datensätzen.

3. Leistungsmetriken

Der Evaluierungsprozess beinhaltet den Vergleich der Modellvorhersagen mit den wahren Labels unter Verwendung geeigneter Metriken. Die Wahl der Metriken hängt von der Art der Aufgabe ab:

Klassifikationsaufgaben:

- Genauigkeit: Der Anteil korrekter Vorhersagen an der Gesamtzahl der untersuchten Fälle.

- Präzision: Das Verhältnis korrekt vorhergesagter positiver Beobachtungen zu allen vorhergesagten Positiven.

- Recall (Sensitivität): Das Verhältnis korrekt vorhergesagter positiver Beobachtungen zu allen tatsächlichen Positiven.

- F1-Score: Das harmonische Mittel aus Präzision und Recall, das eine einzelne Bewertung liefert, die beide Metriken ausbalanciert.

- Fläche unter der Receiver Operating Characteristic (ROC-AUC): Misst die Fähigkeit des Modells, zwischen Klassen zu unterscheiden.

Regressionsaufgaben:

- Mean Squared Error (MSE): Misst die durchschnittliche quadratische Differenz zwischen vorhergesagten und tatsächlichen Werten.

- Root Mean Squared Error (RMSE): Die Quadratwurzel des MSE, die eine Metrik in der gleichen Einheit wie die Zielvariable liefert.

- Mean Absolute Error (MAE): Misst die durchschnittliche absolute Differenz zwischen vorhergesagten und tatsächlichen Werten.

- R-Quadrat (Bestimmtheitsmaß): Gibt den Anteil der Varianz in der abhängigen Variable an, der durch die unabhängige(n) Variable(n) vorhersagbar ist.

Diese Metriken liefern wertvolle Einblicke in verschiedene Aspekte der Modellleistung und ermöglichen eine umfassende Evaluierung und den Vergleich zwischen verschiedenen Modellen oder Versionen.

4. Fehleranalyse

Über aggregierte Metriken hinaus ist es wichtig, eine detaillierte Untersuchung einzelner Fehler durchzuführen, um tiefere Einblicke in die Modellleistung zu gewinnen. Dieser Prozess umfasst:

- Identifizierung von Mustern in Fehlklassifikationen oder Vorhersagefehlern

- Analyse der Eigenschaften von Datenpunkten, die konsistent zu falschen Vorhersagen führen

- Untersuchung von Grenzfällen und Ausreißern, die den Entscheidungsprozess des Modells herausfordern

Durch die Durchführung der Fehleranalyse können Forscher:

- Verzerrungen im Modell oder in den Trainingsdaten aufdecken

- Bereiche identifizieren, in denen dem Modell ausreichendes Wissen oder Kontext fehlt

- Gezielte Verbesserungen in der Datenerfassung, Feature-Engineering oder Modellarchitektur steuern

Dieser Prozess führt oft zu wertvollen Erkenntnissen, die iterative Verbesserungen der Modellleistung und Robustheit vorantreiben.

Durch die gründliche Evaluierung des Modells können Forscher und Praktiker Vertrauen in seine Generalisierungsfähigkeit gewinnen und fundierte Entscheidungen über die Modellbereitstellung oder weitere Verbesserungen treffen.

Beispiel: Evaluierung des Modells auf Testdaten

```python
import torch
import torch.nn as nn
from torchvision import datasets, transforms
from torch.utils.data import DataLoader
import matplotlib.pyplot as plt
from sklearn.metrics import confusion_matrix
import seaborn as sns

# Define the neural network
class SimpleNN(nn.Module):
    def __init__(self):
        super(SimpleNN, self).__init__()
        self.flatten = nn.Flatten()
        self.fc1 = nn.Linear(28*28, 128)
        self.relu = nn.ReLU()
        self.fc2 = nn.Linear(128, 10)
```

```python
    def forward(self, x):
        x = self.flatten(x)
        x = self.fc1(x)
        x = self.relu(x)
        x = self.fc2(x)
        return x

# Set device
device = torch.device("cuda" if torch.cuda.is_available() else "cpu")

# Define transformations for the MNIST dataset
transform = transforms.Compose([
    transforms.ToTensor(),
    transforms.Normalize((0.1307,), (0.3081,))  # MNIST mean and std
])

# Load the test dataset
test_dataset   =   datasets.MNIST(root='./data',   train=False,   download=True,
transform=transform)
test_loader = DataLoader(test_dataset, batch_size=32, shuffle=False)

# Load the trained model
model = SimpleNN().to(device)
model.load_state_dict(torch.load('mnist_model.pth'))

# Switch model to evaluation mode
model.eval()

# Disable gradient computation for evaluation
correct = 0
total = 0
all_preds = []
all_labels = []

with torch.no_grad():
    for images, labels in test_loader:
        images, labels = images.to(device), labels.to(device)
        outputs = model(images)
        _, predicted = torch.max(outputs, 1)
        total += labels.size(0)
        correct += (predicted == labels).sum().item()

        all_preds.extend(predicted.cpu().numpy())
        all_labels.extend(labels.cpu().numpy())

# Calculate accuracy
accuracy = 100 * correct / total
print(f'Accuracy on test set: {accuracy:.2f}%')

# Confusion Matrix
cm = confusion_matrix(all_labels, all_preds)
```

```
plt.figure(figsize=(10,8))
sns.heatmap(cm, annot=True, fmt='d', cmap='Blues')
plt.title('Confusion Matrix')
plt.ylabel('True Label')
plt.xlabel('Predicted Label')
plt.show()

# Visualize some predictions
fig, axes = plt.subplots(2, 5, figsize=(12, 6))
axes = axes.ravel()

for i in range(10):
    idx = torch.where(torch.tensor(all_labels) == i)[0][0]
    img = test_dataset[idx][0].squeeze().numpy()
    axes[i].imshow(img, cmap='gray')
    axes[i].set_title(f'True: {all_labels[idx]}, Pred: {all_preds[idx]}')
    axes[i].axis('off')

plt.tight_layout()
plt.show()
```

Dieses Codebeispiel bietet eine umfassende Evaluierung des trainierten Modells auf dem MNIST-Testdatensatz.

Schauen wir uns die einzelnen Bestandteile an:

1. Importe und Einrichtung:

- Wir importieren zusätzliche Bibliotheken wie matplotlib und seaborn für die Visualisierung sowie sklearn für die Berechnung der Konfusionsmatrix.

- Das Gerät wird so eingestellt, dass CUDA verwendet wird, falls verfügbar, um GPU-Beschleunigung zu ermöglichen.

2. Modelldefinition:

- Wir definieren eine einfache neuronale Netzwerkklasse SimpleNN mit zwei vollständig verbundenen Schichten.

- Die forward-Methode definiert, wie Daten durch das Netzwerk fließen.

3. Datenvorbereitung:

- Wir definieren Transformationen zur Normalisierung der MNIST-Daten.

- Der MNIST-Testdatensatz wird geladen und in einen DataLoader für die Batch-Verarbeitung eingepackt.

4. Modell-Loading:

- Wir erstellen eine Instanz unseres SimpleNN-Modells und laden die vortrainierten Gewichte aus 'mnist_model.pth'.

5. Evaluierungsschleife:

- Wir schalten das Modell mit model.eval() in den Evaluierungsmodus.

- Mit torch.no_grad() deaktivieren wir die Gradientenberechnung, um Speicher zu sparen und die Inferenz zu beschleunigen.

- Wir durchlaufen den Testdatensatz, erstellen Vorhersagen und sammeln Ergebnisse.

- Wir verfolgen korrekte Vorhersagen, Gesamtproben und speichern alle Vorhersagen und wahren Labels für weitere Analysen.

6. Leistungsmetriken:

- Wir berechnen und geben die Gesamtgenauigkeit auf dem Testdatensatz aus.

7. Konfusionsmatrix:

- Wir verwenden sklearn zur Berechnung der Konfusionsmatrix und seaborn zur Visualisierung als Heatmap.

- Dies hilft zu erkennen, welche Ziffern das Modell am häufigsten verwechselt.

8. Vorhersagevisualisierung:

- Wir wählen ein Beispiel für jede Ziffer (0-9) aus dem Testdatensatz aus.

- Wir zeigen diese Beispiele zusammen mit ihren wahren Labels und den Vorhersagen des Modells an.

- Diese visuelle Überprüfung kann Einblicke in die Arten von Fehlern geben, die das Modell macht.

Diese umfassende Evaluierung liefert uns nicht nur die Gesamtgenauigkeit, sondern auch detaillierte Einblicke in die Leistung des Modells über verschiedene Klassen hinweg und hilft dabei, Stärken und Schwächen in seinen Vorhersagen zu identifizieren.

4.3 Transfer Learning und Fine-Tuning vortrainierter PyTorch-Modelle

In vielen realen Anwendungen stellt das Training eines Deep-Learning-Modells von Grund auf erhebliche Herausforderungen dar. Dazu gehören der Mangel an großen, gelabelten Datensätzen und die erheblichen Rechenressourcen, die für das Training komplexer Modelle mit Millionen von Parametern erforderlich sind. **Transfer Learning** bietet eine elegante Lösung für diese Herausforderungen, indem es Wissen aus bereits bestehenden Modellen nutzt.

Dieser Ansatz beinhaltet die Verwendung eines Modells, das auf einem großen, allgemeinen Datensatz (wie ImageNet, der Millionen von gelabelten Bildern in Tausenden von Kategorien enthält) vortrainiert wurde, und seine Anpassung an eine neue, oft spezifischere Aufgabe. Die zentrale Idee ist, dass die vom Modell in der ursprünglichen Aufgabe gelernten Merkmale oft allgemein genug sind, um für andere verwandte Aufgaben nützlich zu sein.

Transfer Learning ist besonders leistungsfähig in Bereichen wie Computer Vision, Natural Language Processing und Spracherkennung. Zum Beispiel kann ein auf ImageNet trainiertes Modell für spezifische Aufgaben wie die Identifizierung von Pflanzenarten oder die Erkennung von medizinischen Befunden in Röntgenbildern angepasst werden, oft mit deutlich weniger aufgabenspezifischen Daten als für ein Training von Grund auf erforderlich wären.

Bei der Implementierung von Transfer Learning in PyTorch verwenden Forscher und Praktiker typischerweise eine von zwei Hauptstrategien:

1. **Feature-Extraktion**: Bei diesem Ansatz wird das vortrainierte Modell als fester Feature-Extraktor verwendet. Die Gewichte des größten Teils des Netzwerks (normalerweise alle Schichten außer der letzten) werden eingefroren, das heißt, sie werden während des Trainings nicht aktualisiert. Nur die letzte Schicht, oft Klassifikationsschicht genannt, wird durch eine neue, für die neue Aufgabe geeignete Schicht ersetzt und auf dem neuen Datensatz trainiert. Diese Methode ist besonders nützlich, wenn die neue Aufgabe der ursprünglichen Aufgabe ähnlich ist und wenn Rechenressourcen oder aufgabenspezifische Daten begrenzt sind.

2. **Fine-Tuning**: Dieser flexiblere Ansatz beinhaltet das Freischalten einiger oder aller Schichten des vortrainierten Modells und deren weiteres Training auf dem neuen Datensatz. Fine-Tuning ermöglicht es dem Modell, seine gelernten Merkmale an die Besonderheiten der neuen Aufgabe anzupassen. Diese Methode kann zu besserer Leistung führen, besonders wenn sich die neue Aufgabe deutlich von der ursprünglichen Aufgabe unterscheidet oder wenn eine beträchtliche Menge aufgabenspezifischer Daten verfügbar ist. Allerdings erfordert sie ein sorgfältiges Management der Lernraten und Regularisierung, um Überanpassung oder katastrophales Vergessen der ursprünglich gelernten Merkmale zu verhindern.

Die Wahl zwischen Feature-Extraktion und Fine-Tuning hängt oft von Faktoren ab wie der Größe und Ähnlichkeit des neuen Datensatzes zum ursprünglichen Datensatz, der Komplexität der neuen Aufgabe und den verfügbaren Rechenressourcen. In der Praxis ist es üblich, mit Feature-Extraktion zu beginnen und schrittweise zum Fine-Tuning überzugehen, wenn dies zur Optimierung der Leistung erforderlich ist.

4.3.1 Vortrainierte Modelle in PyTorch

PyTorch bietet eine umfangreiche Sammlung von **vortrainierten Modellen** über das **torchvision.models** Modul an, was den Prozess des Transfer Learnings erheblich vereinfacht. Diese Modelle, zu denen beliebte Architekturen wie ResNet, VGG und Inception gehören, wurden auf dem umfangreichen ImageNet-Datensatz trainiert. Dieser Datensatz umfasst über

1,2 Millionen Bilder aus 1.000 verschiedenen Objektkategorien, wodurch diese Modelle reich strukturierte, generalisierbare Merkmale lernen können.

Die Verfügbarkeit dieser vortrainierten Modelle bietet mehrere Vorteile:

1. Schnelle Prototypenentwicklung

Vortrainierte Modelle in PyTorch ermöglichen schnelles Experimentieren mit modernsten Architekturen und reduzieren dabei erheblich die Zeit und Ressourcen, die typischerweise für die Modellentwicklung erforderlich sind. Dieser Vorteil ermöglicht es Forschern und Entwicklern:

- Hypothesen und Ideen schnell mit etablierten Modellarchitekturen zu testen

- Schnell verschiedene Modellkonfigurationen zu iterieren, ohne umfangreiche Trainingszyklen zu benötigen

- Die Effektivität verschiedener Architekturen für spezifische Aufgaben oder Datensätze zu erforschen

- Den Entwicklungsprozess durch die Nutzung vorgelernter Merkmale zu beschleunigen

- Sich mehr auf Problemlösung und weniger auf die Feinheiten der Modellimplementierung zu konzentrieren

Diese Fähigkeit ist besonders wertvoll in Bereichen, wo Time-to-Market oder Forschungsfristen kritisch sind, da sie schnellere Innovation und Entdeckungen in Machine-Learning-Anwendungen ermöglicht.

2. Effizienz des Transfer Learnings

Diese vortrainierten Modelle dienen als ausgezeichnete Ausgangspunkte für Transfer-Learning-Aufgaben und reduzieren dabei erheblich die für das Training erforderliche Zeit und Ressourcen. Durch die Nutzung der reichhaltigen Merkmale, die aus großen Datensätzen wie ImageNet gelernt wurden, können diese Modelle mit bemerkenswerter Effektivität auf kleinere, domänenspezifische Datensätze feinabgestimmt werden. Dieser Ansatz ist besonders wertvoll in Szenarien, wo markierte Daten knapp oder teuer zu beschaffen sind, wie beispielsweise in der medizinischen Bildgebung oder bei spezialisierten industriellen Anwendungen.

Die Effizienz des Transfer Learnings mit diesen vortrainierten Modellen basiert auf mehreren Faktoren:

- Wiederverwendbarkeit von Merkmalen: Die unteren Schichten dieser Modelle erfassen oft generische Merkmale (wie Kanten, Texturen und Formen), die über ein breites Spektrum von visuellen Aufgaben anwendbar sind.

- Reduzierte Trainingszeit: Das Feintuning eines vortrainierten Modells benötigt typischerweise weniger Epochen bis zur Konvergenz im Vergleich zum Training von Grund auf, was zu erheblichen Zeiteinsparungen führt.

- **Verbesserte Generalisierung:** Das vielfältige Wissen, das in vortrainierten Modellen kodiert ist, hilft oft dabei, bessere Generalisierung auf neue Aufgaben zu erreichen, selbst mit begrenzten domänenspezifischen Daten.

- **Geringere Rechenanforderungen:** Feintuning benötigt im Allgemeinen weniger Rechenleistung als das Training eines komplexen Modells von Grund auf, was es für Forscher und Entwickler mit begrenzten Ressourcen zugänglicher macht.

Diese Effizienz im Transfer Learning hat den Zugang zu modernsten Machine-Learning-Techniken demokratisiert und ermöglicht schnelle Prototypenentwicklung und Bereitstellung sophistizierter Modelle über verschiedene Domänen und Anwendungen hinweg.

3. Benchmark-Vergleiche

Vortrainierte Modelle dienen als wertvolle Referenzpunkte für die Bewertung eigener Architekturen. Sie bieten in dieser Hinsicht mehrere Vorteile:

- **Standardisierte Leistungsmetriken:** Forscher können ihre neuartigen Ansätze mit weithin anerkannten Baselines vergleichen und so eine faire und konsistente Bewertung sicherstellen.

- **Architekturübergreifende Einblicke:** Durch Benchmarking gegen verschiedene vortrainierte Modelle können Entwickler ein tieferes Verständnis der Stärken und Schwächen ihrer eigenen Modelle über verschiedene Architekturdesigns hinweg gewinnen.

- **Zeit- und Ressourceneffizienz:** Die Verwendung vortrainierter Modelle als Benchmarks eliminiert die Notwendigkeit, mehrere komplexe Modelle von Grund auf zu trainieren, was die erforderlichen Rechenressourcen und Zeit für umfassende Vergleiche erheblich reduziert.

- **Branchenstandard-Performance:** Vortrainierte Modelle repräsentieren oft State-of-the-Art-Performance auf großen Datensätzen und bieten damit eine hohe Messlatte, die eigene Modelle anstreben oder übertreffen können.

Diese Benchmark-Fähigkeit ist entscheidend für den Fortschritt im Bereich des maschinellen Lernens, da sie es Forschern und Praktikern ermöglicht, Verbesserungen zu quantifizieren und Bereiche für weitere Innovation in Modelldesign und Trainingstechniken zu identifizieren.

Um diese vortrainierten Modelle zu nutzen, können Sie sie einfach aus torchvision.models importieren und den Parameter pretrained=True angeben. Dies lädt die Modellarchitektur zusammen mit ihren vortrainierten Gewichten, bereit für die sofortige Verwendung oder weiteres Feintuning für Ihre spezifische Aufgabe.

Beispiel: Laden eines vortrainierten Modells

```
import torch
import torchvision.models as models
```

```python
from torchvision import transforms
from PIL import Image
import matplotlib.pyplot as plt

# Load a pretrained ResNet-18 model (compatible with latest torchvision versions)
model = models.resnet18(weights=models.ResNet18_Weights.DEFAULT)

# Print the model architecture
print(model)

# Set the model to evaluation mode
model.eval()

# Define image transformations
transform = transforms.Compose([
    transforms.Resize(256),
    transforms.CenterCrop(224),
    transforms.ToTensor(),
    transforms.Normalize(mean=[0.485, 0.456, 0.406], std=[0.229, 0.224, 0.225])
])

# Load and preprocess an image
img_path = 'path_to_your_image.jpg'  # Ensure this path is correct
img = Image.open(img_path)
img_tensor = transform(img).unsqueeze(0)  # Add batch dimension

# Make a prediction
with torch.no_grad():
    output = model(img_tensor)

# Get the predicted class
_, predicted_idx = torch.max(output, 1)

# Load ImageNet class labels from Torchvision
labels = models.ResNet18_Weights.DEFAULT.meta["categories"]

# Print the predicted class
print(f"Predicted class: {labels[predicted_idx]}")

# Visualize the image
plt.imshow(img)
plt.axis('off')
plt.title(f"Predicted: {labels[predicted_idx]}")
plt.show()
```

Dieses Beispiel zeigt, wie man ein vortrainiertes ResNet-18-Modell für Bildklassifizierung in PyTorch verwendet.

1. **Imports**: Die erforderlichen Bibliotheken sind torch für PyTorch, torchvision.models für vortrainierte Modelle, torchvision.transforms für Bildvorverarbeitung, PIL für Bildverarbeitung und matplotlib.pyplot für Visualisierung.

2. **Modell laden**: Das Modell wird mit models.resnet18(weights=models.ResNet18_Weights.DEFAULT) geladen, was die Kompatibilität mit den neuesten PyTorch-Versionen gewährleistet. Das Modell wird mit model.eval() in den Evaluierungsmodus versetzt.

3. **Bildvorverarbeitung**: Das Bild wird auf 256x256 skaliert, auf 224x224 zentriert zugeschnitten, in einen Tensor umgewandelt und mit ImageNets Mittelwert und Standardabweichung normalisiert.

4. **Bild laden und verarbeiten**: Das Bild wird mit Image.open() geladen, transformiert und mit .unsqueeze(0) umgeformt, um den Eingabeanforderungen des Modells zu entsprechen.

5. **Vorhersage treffen**: Das verarbeitete Bild wird durch das Modell innerhalb von torch.no_grad() geleitet, um die Gradientenberechnung zu deaktivieren. Der Klassenindex mit der höchsten Wahrscheinlichkeit wird mit torch.max() ermittelt.

6. **Ergebnisse interpretieren**: Der vorhergesagte Klassenindex wird mithilfe von models.ResNet18_Weights.DEFAULT.meta["categories"] seiner Bezeichnung zugeordnet.

7. **Visualisierung**: Das Bild wird mit matplotlib.pyplot angezeigt, und die vorhergesagte Klasse wird im Titel dargestellt.

Dieser einfache Prozess lädt ein vortrainiertes Modell, verarbeitet ein Bild, erstellt eine Vorhersage und visualisiert das Ergebnis.

4.3.2 Merkmalsextraktion mit vortrainierten Modellen

Beim **Merkmalsextraktions**-Ansatz nutzen wir die Leistungsfähigkeit vortrainierter Modelle, indem wir sie als hochentwickelte Merkmalsextraktoren einsetzen. Diese Methode beinhaltet das Einfrieren der Gewichte der Faltungsschichten des vortrainierten Modells, die bereits gelernt haben, ein breites Spektrum visueller Merkmale aus großen Datensätzen wie ImageNet zu erkennen. Durch das Fixieren dieser Schichten bewahren wir ihre Fähigkeit, aussagekräftige Merkmale aus Bildern zu extrahieren, unabhängig von der spezifischen Aufgabenstellung.

Die zentrale Anpassung bei diesem Ansatz ist der Austausch der letzten vollverbundenen (FC) Schicht des vortrainierten Modells durch eine neue, die auf unsere spezifische Aufgabe zugeschnitten ist. Diese neue FC-Schicht wird zum einzigen trainierbaren Teil des Netzwerks und fungiert als Klassifikator, der lernt, die extrahierten Merkmale auf die gewünschten Ausgabeklassen unserer neuen Aufgabe abzubilden. Diese Strategie ist besonders effektiv, wenn:

- Die neue Aufgabe der ursprünglichen Aufgabe ähnelt, für die das Modell trainiert wurde

- Der verfügbare Datensatz für die neue Aufgabe relativ klein ist

- Rechenressourcen begrenzt sind

- Schnelles Prototyping oder Experimentieren erforderlich ist

Durch die Nutzung der Merkmalsextraktion können wir die Trainingszeit und den Ressourcenbedarf erheblich reduzieren und dabei weiterhin von den reichhaltigen Merkmalsrepräsentationen profitieren, die von State-of-the-Art-Modellen gelernt wurden. Dieser Ansatz ermöglicht eine schnelle Anpassung an neue Aufgaben und Domänen und macht ihn zu einer wertvollen Technik im Transfer Learning.

Beispiel: Verwendung eines vortrainierten ResNet für die Merkmalsextraktion

```python
import torch
import torch.nn as nn
import torchvision.models as models
from torchvision import transforms
from torch.utils.data import DataLoader
from torchvision.datasets import CIFAR10

# Load a pretrained ResNet-18 model (compatible with latest torchvision versions)
model = models.resnet18(weights=models.ResNet18_Weights.DEFAULT)

# Freeze all layers in the model (i.e., prevent backpropagation through these layers)
for param in model.parameters():
    param.requires_grad = False

# Replace the final fully connected layer to match the number of classes in the new
dataset
# ResNet's final layer (fc) originally outputs 1000 classes, we change it to 10 for
CIFAR-10
model.fc = nn.Linear(in_features=model.fc.in_features, out_features=10)

# Print the modified model
print(model)

# Define transformations for the CIFAR-10 dataset
transform = transforms.Compose([
    transforms.Resize(224),  # ResNet expects 224x224 input
    transforms.ToTensor(),
    transforms.Normalize(mean=[0.485, 0.456, 0.406], std=[0.229, 0.224, 0.225])
])

# Load CIFAR-10 dataset
train_dataset    =    CIFAR10(root='./data',    train=True,    download=True,
transform=transform)
train_loader = DataLoader(train_dataset, batch_size=32, shuffle=True)
```

```python
# Define loss function and optimizer
criterion = nn.CrossEntropyLoss()
optimizer = torch.optim.Adam(model.fc.parameters(), lr=0.001)

# Training loop
num_epochs = 5
device = torch.device("cuda" if torch.cuda.is_available() else "cpu")
model.to(device)

for epoch in range(num_epochs):
    model.train()
    running_loss = 0.0
    for i, (images, labels) in enumerate(train_loader):
        images, labels = images.to(device), labels.to(device)

        optimizer.zero_grad()
        outputs = model(images)
        loss = criterion(outputs, labels)
        loss.backward()
        optimizer.step()

        running_loss += loss.item()

        if (i + 1) % 100 == 0:
            print(f'Epoch [{epoch+1}/{num_epochs}], Step [{i+1}/{len(train_loader)}],
Loss: {running_loss/100:.4f}')
            running_loss = 0.0

print("Training completed!")

# Save the fine-tuned model
torch.save(model.state_dict(), 'resnet18_cifar10.pth')
```

Dieses Beispiel optimiert ein **vortrainiertes ResNet-18-Modell** für den **CIFAR-10-Datensatz** mit PyTorch.

1. **Imports**: Die erforderlichen Bibliotheken umfassen torch für PyTorch, torch.nn für neuronale Netze, torchvision.models für vortrainierte Modelle, torchvision.transforms für Vorverarbeitung und torch.utils.data.DataLoader für die Datensatzverarbeitung.

2. **Vortrainiertes Modell laden**: Das Modell wird mit models.resnet18(weights=models.ResNet18_Weights.DEFAULT) geladen, was die Kompatibilität mit neueren PyTorch-Versionen sicherstellt.

3. **Vortrainierte Schichten einfrieren**: Alle Schichten außer der letzten vollverbundenen Schicht werden mit param.requires_grad = False eingefroren, um unnötige Aktualisierungen während des Trainings zu verhindern.

4. **Letzte Schicht anpassen**: Die letzte vollverbundene (fc) Schicht wird ersetzt, um **10 Klassen** statt **1000** auszugeben, was sie für CIFAR-10 geeignet macht.

5. **Bildvorverarbeitung**: Der Datensatz wird auf **224x224** skaliert, in einen Tensor umgewandelt und mit ImageNets Mittelwert und Standardabweichung normalisiert.

6. **CIFAR-10-Datensatz laden**: Der Datensatz wird heruntergeladen und in einen DataLoader mit einer Batch-Größe von **32** geladen.

7. **Verlustfunktion und Optimierer definieren**: Als Verlustfunktion wird **CrossEntropyLoss** verwendet, und als Optimierer **Adam**, der nur die neue fc-Schicht aktualisiert.

8. **Trainingsschleife**: Das Modell wird für **5 Epochen** trainiert, durchläuft Mini-Batches, berechnet den Verlust und aktualisiert die Gewichte.

9. **Modell speichern**: Das optimierte Modell wird mit torch.save(model.state_dict(), 'resnet18_cifar10.pth') für die spätere Verwendung gespeichert.

Dieses umfassende Beispiel zeigt den gesamten Prozess des Transfer Learnings, vom Laden eines vortrainierten Modells bis hin zur Feinabstimmung auf einen neuen Datensatz und dem Speichern der Ergebnisse. Es demonstriert praktisch, wie vortrainierte Modelle mit minimalem Trainingsaufwand für neue Aufgaben genutzt werden können.

4.3.3 Feinabstimmung eines vortrainierten Modells

Beim **Fine-Tuning** erlauben wir die Aktualisierung einiger oder aller Schichten des vortrainierten Modells während des Trainings. Dieser Ansatz bietet eine Balance zwischen der Nutzung vorab gelernter Merkmale und der Anpassung des Modells an eine neue Aufgabe. Typischerweise frieren wir die frühen Schichten ein (die allgemeine Merkmale wie Kanten und Texturen erfassen) und stimmen die tieferen Schichten fein ab (die aufgabenspezifischere Merkmale erfassen).

Die Begründung für diese Strategie basiert auf der hierarchischen Natur neuronaler Netze. Frühe Schichten lernen allgemeine, grundlegende Merkmale, die auf viele Aufgaben anwendbar sind, während tiefere Schichten spezialisierte, hochrangige Merkmale lernen, die aufgabenspezifischer sind. Durch das Einfrieren früher Schichten bewahren wir die wertvollen allgemeinen Merkmale, die aus dem großen Datensatz gelernt wurden, mit dem das Modell ursprünglich trainiert wurde. Dies ist besonders nützlich, wenn unsere neue Aufgabe nur begrenzte Trainingsdaten hat.

Die Feinabstimmung der tieferen Schichten ermöglicht es dem Modell, diese hochrangigen Merkmale an die spezifischen Nuancen der neuen Aufgabe anzupassen. Dieser Prozess kann die Leistung im Vergleich zur Verwendung des vortrainierten Modells im Originalzustand oder zum Training eines neuen Modells von Grund auf deutlich verbessern, besonders wenn man mit begrenzten Datensätzen arbeitet oder wenn die neue Aufgabe der ursprünglichen Aufgabe ähnlich ist.

Die genaue Anzahl der einzufrierenden bzw. feinabzustimmenden Schichten wird oft empirisch bestimmt und kann je nach Faktoren wie der Ähnlichkeit zwischen den ursprünglichen und neuen Aufgaben, der Größe des neuen Datensatzes und den verfügbaren Rechenressourcen variieren. In der Praxis ist es üblich, mit verschiedenen Konfigurationen zu experimentieren, um die optimale Balance für eine bestimmte Aufgabe zu finden.

Beispiel: Feinabstimmung der letzten Schichten eines vortrainierten ResNet

```python
import torch
import torch.nn as nn
import torchvision.models as models
from torchvision import transforms, datasets
from torch.utils.data import DataLoader
import torch.optim as optim

# Load a pretrained ResNet-18 model
model = models.resnet18(weights=models.ResNet18_Weights.DEFAULT)

# Freeze the first few layers
for name, param in model.named_parameters():
    if 'layer4' not in name and 'fc' not in name:  # Only allow parameters in 'layer4'
and 'fc' to be updated
        param.requires_grad = False

# Replace the final fully connected layer
num_ftrs = model.fc.in_features
model.fc = nn.Linear(num_ftrs, 10)  # 10 is the number of classes in CIFAR-10

# Print the modified model with some layers frozen
print(model)

# Define transformations for the CIFAR-10 dataset
transform = transforms.Compose([
    transforms.Resize(224),  # ResNet expects 224x224 input
    transforms.ToTensor(),
    transforms.Normalize(mean=[0.485, 0.456, 0.406], std=[0.229, 0.224, 0.225])
])

# Load CIFAR-10 dataset
train_dataset    =    datasets.CIFAR10(root='./data',    train=True,    download=True,
transform=transform)
train_loader = DataLoader(train_dataset, batch_size=32, shuffle=True)

# Define loss function and optimizer
criterion = nn.CrossEntropyLoss()
optimizer = optim.SGD(filter(lambda p: p.requires_grad, model.parameters()), lr=0.001,
momentum=0.9)

# Training loop
num_epochs = 5
device = torch.device("cuda" if torch.cuda.is_available() else "cpu")
```

```
model.to(device)

for epoch in range(num_epochs):
    model.train()
    running_loss = 0.0
    for i, (images, labels) in enumerate(train_loader):
        images, labels = images.to(device), labels.to(device)

        optimizer.zero_grad()
        outputs = model(images)
        loss = criterion(outputs, labels)
        loss.backward()
        optimizer.step()

        running_loss += loss.item()

        if (i + 1) % 100 == 0:
            print(f'Epoch [{epoch+1}/{num_epochs}], Step [{i+1}/{len(train_loader)}],
Loss: {running_loss/100:.4f}')
            running_loss = 0.0

print("Fine-tuning completed!")

# Save the fine-tuned model
torch.save(model.state_dict(), 'resnet18_cifar10_finetuned.pth')
```

Dieses Beispiel zeigt einen umfassenden Ansatz zum Feintuning eines vortrainierten ResNet-18-Modells auf dem CIFAR-10-Datensatz. Schauen wir uns die einzelnen Schritte an:

1. Imports und Modell-Laden:

- Wir importieren die erforderlichen Module aus PyTorch und torchvision.

- Ein vortrainiertes ResNet-18-Modell wird mit models.resnet18(weights=models.ResNet18_Weights.DEFAULT) geladen.

2. Einfrieren der Schichten:

- Wir durchlaufen die benannten Parameter des Modells und frieren alle Schichten außer 'layer4' und 'fc' ein.

- Dies geschieht durch Setzen von param.requires_grad = False für die Schichten, die wir einfrieren möchten.

3. Anpassung der finalen Schicht:

- Die letzte vollvernetzte Schicht (fc) wird durch eine neue ersetzt, die 10 Klassen (für CIFAR-10) statt der ursprünglichen 1000 (für ImageNet) ausgibt.

- Wir verwenden model.fc.in_features, um die korrekte Eingabegröße für die neue Schicht beizubehalten.

4. Datenvorbereitung:

- Wir definieren Transformationen zur Vorverarbeitung der CIFAR-10-Bilder, einschließlich der Größenanpassung auf 224x224 (erforderlich für ResNet), Konvertierung in einen Tensor und Normalisierung.

- Der CIFAR-10-Datensatz wird geladen und ein DataLoader für die Batch-Verarbeitung erstellt.

5. Training-Setup:

- Cross Entropy Loss wird als Verlustfunktion verwendet.

- Der SGD-Optimizer wird verwendet, um nur die Parameter der nicht eingefrorenen Schichten (layer4 und fc) zu aktualisieren.

- Das Modell wird auf die GPU verschoben, falls verfügbar.

6. Trainingsschleife:

- Das Modell wird für eine bestimmte Anzahl von Epochen feinabgestimmt.

- In jeder Epoche durchlaufen wir die Trainingsdaten, berechnen den Verlust, führen Backpropagation durch und aktualisieren die nicht eingefrorenen Schichten des Modells.

- Der Trainingsfortschritt wird alle 100 Schritte ausgegeben.

7. Modell-Speicherung:

- Nach dem Feintuning wird das State Dictionary des Modells in einer Datei gespeichert.

Dieses umfassende Beispiel zeigt den gesamten Prozess des Feintunings eines vortrainierten Modells, vom Laden und Modifizieren des Modells bis zum Training auf einem neuen Datensatz und dem Speichern der Ergebnisse. Es demonstriert, wie Transfer Learning genutzt werden kann, indem das Wissen in den frühen Schichten beibehalten und gleichzeitig die späteren Schichten an die neue Aufgabe angepasst werden.

4.3.4 Training des Modells mit Transfer Learning

Sobald das Modell für Transfer Learning modifiziert wurde (sei es für Feature-Extraktion oder Feintuning), folgt der Trainingsprozess einer ähnlichen Struktur wie das Training eines Modells von Grund auf. Es gibt jedoch einige wichtige Unterschiede zu beachten:

1. Selektive Parameter-Updates

Beim Transfer Learning werden nur die nicht eingefrorenen Schichten während des Trainings aktualisiert. Dieser gezielte Ansatz ermöglicht es dem Modell, wertvolle vortrainierte Features beizubehalten und sich gleichzeitig an die neue Aufgabe anzupassen. Durch selektive Updates können wir:

- Allgemeine Features bewahren: Frühe Schichten in neuronalen Netzen erfassen oft universelle Merkmale wie Kanten oder Texturen. Durch das Einfrieren dieser Schichten behalten wir dieses allgemeine Wissen bei.

- Fokus auf aufgabenspezifisches Lernen: Nicht eingefrorene Schichten, typischerweise die späteren, können feinabgestimmt werden, um aufgabenspezifische Features zu lernen.

- Overfitting minimieren: Bei kleineren Datensätzen können selektive Updates helfen, ein Überanpassen des Modells an die neuen Daten zu verhindern, indem einige der robusten Features aus dem größeren ursprünglichen Datensatz beibehalten werden.

Diese Strategie ist besonders effektiv, wenn die neue Aufgabe der ursprünglichen ähnlich ist, da sie das vorhandene Wissen des Modells nutzt und gleichzeitig Anpassungen ermöglicht. Die Anzahl der einzufrierenden bzw. feinzutunenden Schichten erfordert oft Experimente, um die optimale Balance für eine bestimmte Aufgabe zu finden.

2. Überlegungen zur Lernrate

Beim Feintuning vortrainierter Modelle ist die sorgfältige Wahl der Lernrate entscheidend. Eine kleinere Lernrate wird aus mehreren Gründen oft empfohlen:

- Bewahrung des vortrainierten Wissens: Eine niedrigere Lernrate hilft, die wertvollen Features aus dem Vortraining zu erhalten und ermöglicht dem Modell eine graduelle Anpassung an die neue Aufgabe, ohne sein ursprüngliches Wissen zu verlieren.

- Stabilität im Training: Kleinere Updates verhindern drastische Änderungen an den Modellgewichten und führen zu einem stabileren und konsistenteren Training.

- Vermeidung lokaler Optima: Sanfte Updates ermöglichen es dem Modell, die Verlustlandschaft gründlicher zu erkunden und potenziell bessere lokale Optima oder sogar das globale Optimum zu finden.

Zusätzlich können Techniken wie Lernraten-Scheduling eingesetzt werden, um den Feintuning-Prozess weiter zu optimieren. Zum Beispiel könnte man mit einer noch kleineren Lernrate beginnen und diese allmählich erhöhen (Warm-up), oder zyklische Lernraten verwenden, um periodisch verschiedene Bereiche des Parameterraums zu erkunden.

Es ist erwähnenswert, dass die optimale Lernrate je nach Faktoren wie der Ähnlichkeit zwischen Quell- und Zielaufgaben, der Größe des neuen Datensatzes und den spezifischen Schichten, die feingetuned werden, variieren kann. Daher ist es oft sinnvoll, mit verschiedenen Lernraten zu experimentieren oder Techniken wie Lernraten-Finder zu verwenden, um den am besten geeigneten Wert für Ihr spezifisches Transfer-Learning-Szenario zu ermitteln.

3. Gradientenfluss und schichtspezifisches Lernen

Während der Rückpropagation fließen Gradienten nur durch die nicht eingefrorenen Schichten, was eine einzigartige Lerndynamik erzeugt. Dieser selektive Gradientenfluss hat mehrere wichtige Auswirkungen:

- Feste Feature-Extraktion: Die eingefrorenen Schichten, typischerweise die frühen Schichten, fungieren als statische Feature-Extraktoren. Diese Schichten, die auf großen Datensätzen vortrainiert wurden, haben bereits gelernt, allgemeine, grundlegende Merkmale wie Kanten, Texturen und einfache Formen zu erkennen. Durch das Einfrieren dieser Schichten nutzen wir dieses vorhandene Wissen ohne Modifikation.

- Adaptives Lernen in nicht eingefrorenen Schichten: Die nicht eingefrorenen Schichten, üblicherweise die späteren im Netzwerk, empfangen und verarbeiten die Gradienten. Diese Schichten lernen, die fixierten Features der eingefrorenen Schichten zu interpretieren und anzupassen, um sie auf die spezifischen Anforderungen der neuen Aufgabe abzustimmen.

- Effizientes Transfer Learning: Dieser Ansatz ermöglicht es dem Modell, Wissen effizient von der ursprünglichen auf die neue Aufgabe zu übertragen. Er bewahrt die wertvollen, generalisierten Features, die aus dem großen ursprünglichen Datensatz gelernt wurden, während der Lernprozess sich auf aufgabenspezifische Anpassungen konzentriert.

- Reduziertes Overfitting-Risiko: Durch die Beschränkung der Parameter-Updates auf nur einen Teil der Schichten reduzieren wir das Risiko der Überanpassung, besonders wenn mit kleineren Datensätzen für die neue Aufgabe gearbeitet wird. Dies ist besonders vorteilhaft, wenn die neue Aufgabe der ursprünglichen ähnlich ist, aber nur begrenzte Trainingsdaten zur Verfügung stehen.

Diese Strategie des selektiven Gradientenflusses ermöglicht eine feine Balance zwischen der Bewahrung allgemeinen Wissens und der Anpassung an neue, spezifische Aufgaben, wodurch Transfer Learning zu einer leistungsfähigen Technik in Szenarien mit begrenzten Daten oder Rechenressourcen wird.

4. Datenvorverarbeitung und -augmentierung

Bei der Arbeit mit vortrainierten Modellen ist es entscheidend, die Eingabedaten in einer Weise vorzuverarbeiten, die mit den ursprünglichen Trainingsdaten des Modells konsistent ist. Dies stellt sicher, dass die neuen Daten in einem Format vorliegen, das das Modell effektiv interpretieren kann. Die Vorverarbeitung umfasst typischerweise:

- Bildgrößenanpassung: Die meisten vortrainierten Modelle erwarten Eingabebilder einer bestimmten Größe (z.B. 224x224 Pixel für viele gängige Architekturen). Die Größenanpassung stellt sicher, dass alle Bilder dieser erwarteten Eingabedimension entsprechen.

- Normalisierung: Dies beinhaltet die Anpassung der Pixelwerte auf eine Standardskala, oft unter Verwendung des Mittelwerts und der Standardabweichung des ursprünglichen Trainingsdatensatzes (z.B. ImageNet-Statistiken für viele Modelle).

- Datenaugmentierung: Diese Technik erweitert den Trainingsdatensatz künstlich durch Anwendung verschiedener Transformationen auf bestehende Bilder. Übliche Augmentierungen umfassen:

- Zufälliges Zuschneiden und Spiegeln: Hilft dem Modell, Invarianz gegenüber Position und Orientierung zu lernen.

- Farbanpassung: Verändert Helligkeit, Kontrast und Sättigung zur Verbesserung der Robustheit gegenüber Lichtverhältnissen.

- Rotation und Skalierung: Verbessert die Fähigkeit des Modells, Objekte in verschiedenen Winkeln und Größen zu erkennen.

Angemessene Vorverarbeitung und Augmentierung stellen nicht nur die Kompatibilität mit dem vortrainierten Modell sicher, sondern können auch die Generalisierungsfähigkeit und Leistung des Modells bei der neuen Aufgabe deutlich verbessern.

5. Leistungsüberwachung und frühzeitiger Abbruch

Die aufmerksame Überwachung der Modellleistung sowohl auf Trainings- als auch auf Validierungsdaten ist beim Transfer Learning essentiell. Im Gegensatz zu von Grund auf trainierten Modellen zeigen Transfer-Learning-Modelle oft eine schnelle Konvergenz aufgrund ihres vorhandenen Wissens. Dieser beschleunigte Lernprozess erfordert sorgfältige Beobachtung, um Überanpassung zu verhindern. Die Implementierung von Frühabbruch-Techniken wird in diesem Kontext entscheidend.

Frühzeitiger Abbruch bedeutet, den Trainingsprozess zu stoppen, wenn die Leistung des Modells auf dem Validierungsdatensatz zu sinken beginnt, während sie sich auf den Trainingsdaten weiter verbessert. Diese Divergenz in der Leistung ist ein klarer Indikator für Überanpassung, bei der das Modell beginnt, die Trainingsdaten auswendig zu lernen, anstatt generalisierbare Muster zu erkennen.

Zur Implementierung effektiver Leistungsüberwachung und frühzeitigen Abbruchs:

- Regelmäßige Evaluierung des Modells auf einem zurückgehaltenen Validierungsdatensatz während des Trainings.

- Verfolgung wichtiger Metriken wie Genauigkeit, Verlust und möglicherweise aufgabenspezifischer Maße (z.B. F1-Score für Klassifikationsaufgaben).

- Implementierung von Geduld-Mechanismen, bei denen das Training für eine festgelegte Anzahl von Epochen auch nach Erkennung eines potenziellen Überanpassungspunkts fortgesetzt wird, um sicherzustellen, dass es sich nicht um eine vorübergehende Schwankung handelt.

- Erwägung von Techniken wie Modell-Checkpointing zum Speichern des best-performenden Modellzustands, wodurch eine Rückkehr zu diesem optimalen Punkt nach dem Training möglich ist.

Durch den Einsatz dieser Strategien können Sie die schnellen Lernfähigkeiten des Transfer Learnings nutzen und gleichzeitig vor Überanpassung schützen, was letztendlich zu einem Modell führt, das gut auf ungesehene Daten generalisiert.

Durch Berücksichtigung dieser Faktoren können Sie Transfer Learning effektiv nutzen, um überlegene Leistung bei neuen Aufgaben zu erzielen, besonders wenn Sie mit begrenzten Datensätzen oder Rechenressourcen arbeiten.

Beispiel: Training eines vortrainierten ResNet-18 auf einem neuen Datensatz

```python
import torch
import torch.nn as nn
import torch.optim as optim
from torchvision import datasets, transforms, models
from torch.utils.data import DataLoader

# Check if CUDA is available
device = torch.device("cuda:0" if torch.cuda.is_available() else "cpu")
print(f"Using device: {device}")

# Define transformations for the new dataset
transform = transforms.Compose([
    transforms.Resize(224),  # ResNet requires 224x224 images
    transforms.ToTensor(),
    transforms.Normalize(mean=[0.485, 0.456, 0.406], std=[0.229, 0.224, 0.225])
])

# Load the new dataset (CIFAR-10)
train_dataset = datasets.CIFAR10(root='./data', train=True, download=True,
transform=transform)
test_dataset = datasets.CIFAR10(root='./data', train=False, download=True,
transform=transform)

train_loader = DataLoader(train_dataset, batch_size=32, shuffle=True)
test_loader = DataLoader(test_dataset, batch_size=32, shuffle=False)

# Load pre-trained ResNet18 model
model = models.resnet18(weights=models.ResNet18_Weights.DEFAULT)

# Modify the final layer for CIFAR-10 (10 classes)
num_ftrs = model.fc.in_features
model.fc = nn.Linear(num_ftrs, 10)

# Move model to the appropriate device
model = model.to(device)

# Define the loss function and optimizer
```

```python
criterion = nn.CrossEntropyLoss()
optimizer = optim.SGD(model.parameters(), lr=0.001, momentum=0.9)

# Training loop
epochs = 10
for epoch in range(epochs):
    model.train()
    running_loss = 0.0
    for i, (images, labels) in enumerate(train_loader):
        images, labels = images.to(device), labels.to(device)

        optimizer.zero_grad()   # Zero the parameter gradients
        outputs = model(images)  # Forward pass
        loss = criterion(outputs, labels)  # Compute the loss
        loss.backward()  # Backward pass (compute gradients)
        optimizer.step()  # Optimization step (update parameters)

        running_loss += loss.item()

        if i % 100 == 99:    # Print every 100 mini-batches
            print(f'[{epoch + 1}, {i + 1:5d}] loss: {running_loss / 100:.3f}')
            running_loss = 0.0

    # Validation
    model.eval()
    correct = 0
    total = 0
    with torch.no_grad():
        for images, labels in test_loader:
            images, labels = images.to(device), labels.to(device)
            outputs = model(images)
            _, predicted = torch.max(outputs.data, 1)
            total += labels.size(0)
            correct += (predicted == labels).sum().item()

    print(f'Accuracy on test set: {100 * correct / total:.2f}%')

print('Finished Training')

# Save the model
torch.save(model.state_dict(), 'cifar10_resnet18.pth')
```

Dieses Codebeispiel zeigt eine Methode zum Fine-Tuning eines vortrainierten ResNet18-Modells auf dem CIFAR-10-Datensatz mit PyTorch.

Lassen Sie uns die wichtigsten Komponenten aufschlüsseln und ihre Zwecke erläutern:

1. Imports und Gerätekonfiguration:

- Wir importieren die erforderlichen Module aus PyTorch und torchvision.

- Wir prüfen die CUDA-Verfügbarkeit, um GPU-Beschleunigung zu nutzen, falls möglich.

2. Datenvorverarbeitung:

- Wir definieren eine Transformationspipeline, die Bilder auf 224x224 (von ResNet benötigt) skaliert, sie in Tensoren umwandelt und mit ImageNet-Statistiken normalisiert.

- Sowohl Trainings- als auch Testdatensätze werden über den CIFAR-10-Datensatz aus torchvision geladen.

3. Data Loader:

- Wir erstellen DataLoader-Objekte für Trainings- und Testsets, die das Batching und Mischen der Daten übernehmen.

4. Modellvorbereitung:

- Wir laden ein vortrainiertes ResNet18-Modell mit models.resnet18(weights=models.ResNet18_Weights.DEFAULT).

- Die letzte vollverbundene Schicht wird modifiziert, um 10 Klassen (für CIFAR-10) statt der ursprünglichen 1000 (für ImageNet) auszugeben.

- Das Modell wird auf das entsprechende Gerät (GPU falls verfügbar) verschoben.

5. Verlustfunktion und Optimierer:

- Cross Entropy Loss wird als Verlustfunktion verwendet, die sich für Mehrklassen-Klassifikation eignet.

- Der SGD-Optimierer wird mit einer Lernrate von 0,001 und einem Momentum von 0,9 verwendet.

6. Trainingsschleife:

- Das Modell wird für 10 Epochen trainiert.

- In jeder Epoche durchlaufen wir die Trainingsdaten, berechnen den Verlust, führen Backpropagation durch und aktualisieren die Modellparameter.

- Der Trainingsfortschritt wird alle 100 Batches ausgegeben.

7. Validierung:

- Nach jeder Epoche wird das Modell auf dem Testset evaluiert, um seine Genauigkeit zu messen.

- Dies hilft bei der Überwachung der Modellleistung und der Erkennung von Überanpassung.

8. Modellspeicherung:

- Nach dem Training wird das State Dictionary des Modells in einer Datei für die spätere Verwendung gespeichert.

Dieses Beispiel zeigt den gesamten Prozess des Fine-Tunings eines vortrainierten Modells, von der Datenvorbereitung bis zur Modellevaluierung und -speicherung. Es demonstriert bewährte Praktiken wie die Nutzung von GPU-Beschleunigung, korrekte Datenvorverarbeitung und regelmäßige Leistungsbewertung während des Trainings.

4.3.5 Evaluierung des Fine-Tuned Modells

Nach der Trainingsphase ist es entscheidend, die Leistung des Modells auf einem separaten Testdatensatz zu bewerten. Dieser Evaluierungsprozess dient mehreren Zwecken:

- Er liefert eine unvoreingenommene Einschätzung der Fähigkeit des Modells, auf ungesehene Daten zu generalisieren.

- Er hilft bei der Erkennung möglicher Überanpassungsprobleme, die während des Trainings aufgetreten sein könnten.

- Er ermöglicht den Vergleich mit anderen Modellen oder früheren Versionen desselben Modells.

Durch die Evaluierung auf einem Testset können wir einschätzen, wie gut unser fine-getuned Modell mit Daten umgeht, denen es während des Trainingsprozesses nicht begegnet ist, was uns wertvolle Einblicke in seine praktische Anwendbarkeit gibt.

Beispiel: Evaluierung des Fine-Tuned Modells

```python
import torch
import torchvision
from torchvision import datasets, transforms
from torch.utils.data import DataLoader
import matplotlib.pyplot as plt
import numpy as np

# Define the device
device = torch.device("cuda:0" if torch.cuda.is_available() else "cpu")
print(f"Using device: {device}")

# Define transformations for the test dataset
transform = transforms.Compose([
    transforms.Resize(224),
    transforms.ToTensor(),
    transforms.Normalize(mean=[0.485, 0.456, 0.406], std=[0.229, 0.224, 0.225])
])

# Load the test dataset (CIFAR-10 test set)
test_dataset     =     datasets.CIFAR10(root='./data',     train=False,     download=True,
transform=transform)
test_loader = DataLoader(test_dataset, batch_size=32, shuffle=False)
```

```python
# Load the model (assuming it's already trained and saved)
model = torchvision.models.resnet18(weights=None)
num_ftrs = model.fc.in_features
model.fc = torch.nn.Linear(num_ftrs, 10)  # 10 classes for CIFAR-10
model.load_state_dict(torch.load('cifar10_resnet18.pth'))
model = model.to(device)

# Switch model to evaluation mode
model.eval()

# Disable gradient computation for evaluation
correct = 0
total = 0
class_correct = list(0. for i in range(10))
class_total = list(0. for i in range(10))

with torch.no_grad():
    for images, labels in test_loader:
        images, labels = images.to(device), labels.to(device)
        outputs = model(images)
        _, predicted = torch.max(outputs, 1)
        total += labels.size(0)
        correct += (predicted == labels).sum().item()

        c = (predicted == labels).squeeze()
        for i in range(len(labels)):
            label = labels[i]
            class_correct[label] += c[i].item()
            class_total[label] += 1

# Calculate overall accuracy
accuracy = 100 * correct / total
print(f'Overall Accuracy on test set: {accuracy:.2f}%')

# Calculate and print per-class accuracy
classes = ('plane', 'car', 'bird', 'cat', 'deer', 'dog', 'frog', 'horse', 'ship',
'truck')
for i in range(10):
    print(f'Accuracy of {classes[i]}: {100 * class_correct[i] / class_total[i]:.2f}%')

# Visualize some predictions
def imshow(img):
    img = img / 2 + 0.5      # unnormalize
    npimg = img.numpy()
    plt.imshow(np.transpose(npimg, (1, 2, 0)))
    plt.axis('off')

# Get some random test images
dataiter = iter(test_loader)
images, labels = next(dataiter)

# Make predictions
```

```
outputs = model(images.to(device))
_, predicted = torch.max(outputs, 1)

# Show images and their predicted labels
fig = plt.figure(figsize=(12, 48))
for i in range(4):
    ax = fig.add_subplot(1, 4, i+1)
    imshow(images[i])
    ax.set_title(f'Predicted:                   {classes[predicted[i]]}\\nActual:
{classes[labels[i]]}')

plt.tight_layout()
plt.show()
```

Dieses Codebeispiel bietet eine umfassende Auswertung des feinabgestimmten Modells. Schauen wir uns die einzelnen Bestandteile an:

1. Imports und Gerätekonfiguration:

   o Wir importieren die erforderlichen Module aus PyTorch und torchvision.

   o Wir konfigurieren das Gerät (CPU oder GPU) für die Berechnungen.

2. Datenvorverarbeitung:

   o Wir definieren die gleiche Transformationspipeline wie beim Training.

   o Wir laden den CIFAR-10-Testdatensatz und erstellen einen DataLoader.

3. Modell-Loading:

   o Wir erstellen die Modellarchitektur neu (ResNet18 mit modifizierter Ausgabeschicht).

   o Wir laden die gespeicherten Modellgewichte aus 'cifar10_resnet18.pth'.

   o Wir verschieben das Modell auf das entsprechende Gerät (CPU oder GPU).

4. Evaluierungsschleife:

   o Wir schalten das Modell in den Evaluierungsmodus mit model.eval().

   o Wir deaktivieren die Gradientenberechnung mit torch.no_grad(), um Speicher zu sparen und die Berechnung zu beschleunigen.

   o Wir durchlaufen die Testdaten, erstellen Vorhersagen und vergleichen sie mit den wahren Labels.

   o Wir verfolgen die Gesamtzahl korrekter Vorhersagen sowie die korrekten Vorhersagen pro Klasse.

5. Ergebnisberechnung und Berichterstattung:

- o Wir berechnen und geben die Gesamtgenauigkeit auf dem Testset aus.

- o Wir berechnen und geben die Genauigkeiten pro Klasse aus, was uns Einblicke gibt, bei welchen Klassen das Modell gut funktioniert und bei welchen es Schwierigkeiten hat.

6. Visualisierung:

- o Wir definieren eine Funktion imshow() zur Bildanzeige.

- o Wir holen einen Batch von Testbildern und erstellen Vorhersagen dafür.

- o Wir visualisieren 4 zufällige Testbilder zusammen mit ihren vorhergesagten und tatsächlichen Labels.

Diese umfassende Evaluierung bietet mehrere Vorteile:

- Sie liefert die Gesamtgenauigkeit als allgemeines Maß für die Modellleistung.

- Sie liefert Genauigkeiten pro Klasse, wodurch wir erkennen können, ob das Modell bestimmte Klassen bevorzugt oder benachteiligt.

- Die Visualisierung der Vorhersagen hilft uns, die Modellleistung qualitativ zu bewerten und potenzielle Muster in seinen Fehlern zu erkennen.

Dieser Ansatz zur Modellevaluierung gibt uns ein wesentlich detaillierteres Verständnis der Stärken und Schwächen unseres Modells, was entscheidend für weitere Verbesserungen und die Beurteilung seiner Eignung für den Einsatz in realen Anwendungen ist.

4.4 Speichern und Laden von Modellen in PyTorch

In PyTorch werden Modelle als Objekte der Klasse torch.nn.Module instanziiert, die alle Schichten, Parameter und die Berechnungslogik des neuronalen Netzes kapselt. Dieser objektorientierte Ansatz ermöglicht ein modulares Design und eine einfache Manipulation von Modellarchitekturen. Nach Abschluss des Trainingsprozesses ist es wichtig, den Modellzustand für die spätere Verwendung auf der Festplatte zu speichern, sei es für Inferenz oder weiteres Training. PyTorch bietet einen vielseitigen Ansatz zur Modellserialisierung, der verschiedene Anwendungsfälle und Deployment-Szenarien berücksichtigt.

Das Framework bietet zwei primäre Methoden zum Speichern von Modellen:

1. Speichern des gesamten Modells: Dieser Ansatz bewahrt sowohl die Modellarchitektur als auch seine gelernten Parameter. Dies ist besonders nützlich, wenn Sie sicherstellen möchten, dass die exakte Modellstruktur erhalten bleibt, einschließlich aller benutzerdefinierten Schichten oder Modifikationen.

2. Speichern des Modell-State-Dictionary (state_dict): Diese Methode speichert nur die gelernten Parameter des Modells. Sie bietet größere Flexibilität, da sie es ermöglicht, diese Parameter in verschiedene Modellarchitekturen oder Code-Versionen zu laden.

Die Wahl zwischen diesen Methoden hängt von Faktoren wie Deployment-Anforderungen, Versionskontrollüberlegungen und der Notwendigkeit der Modellportabilität über verschiedene Umgebungen oder Frameworks hinweg ab. Zum Beispiel wird das Speichern des state_dict häufig in Forschungsumgebungen bevorzugt, wo sich Modellarchitekturen schnell entwickeln, während das Speichern des gesamten Modells für Produktionsumgebungen geeigneter sein kann, wo Konsistenz von größter Bedeutung ist.

Darüber hinaus integrieren sich PyTorchs Speichermechanismen nahtlos in verschiedene Deep-Learning-Workflows, einschließlich Transfer Learning, Modell-Feinabstimmung und verteilte Trainingsszenarien. Diese Flexibilität ermöglicht es Entwicklern und Forschern, Modell-Checkpoints effizient zu verwalten, mit verschiedenen Architekturen zu experimentieren und Modelle über verschiedene Rechenumgebungen hinweg einzusetzen.

4.4.1 Speichern und Laden des gesamten Modells

Das Speichern des gesamten Modells in PyTorch ist ein umfassender Ansatz, der sowohl die gelernten Parameter als auch die architektonische Struktur des Modells bewahrt. Diese Methode kapselt alle Aspekte des neuronalen Netzes, einschließlich Schichtdefinitionen, Aktivierungsfunktionen und der gesamten Topologie. Durch das Speichern des kompletten Modells stellen Sie sicher, dass jedes Detail Ihres Netzwerk-Designs erhalten bleibt, was besonders wertvoll bei komplexen oder benutzerdefinierten Architekturen sein kann.

Der Hauptvorteil dieses Ansatzes ist seine Einfachheit und Vollständigkeit. Wenn Sie das Modell neu laden, müssen Sie seine Struktur nicht in Ihrem Code neu erstellen oder neu definieren. Dies kann besonders vorteilhaft sein in Szenarien, in denen:

- Sie mit komplexen Modelldesigns arbeiten, die schwierig von Grund auf neu zu erstellen wären.

- Sie perfekte Reproduzierbarkeit über verschiedene Umgebungen oder Mitarbeiter hinweg sicherstellen möchten.

- Sie Modelle in Produktionsumgebungen einsetzen, wo Konsistenz entscheidend ist.

Es ist jedoch wichtig zu beachten, dass diese Methode zwar Komfort bietet, aber im Vergleich zum Speichern nur des Modell-State-Dictionary zu größeren Dateien führen kann. Zusätzlich kann sie die Flexibilität einschränken, wenn Sie später Teile der Modellarchitektur modifizieren möchten, ohne von Grund auf neu zu trainieren.

Beispiel: Speichern des gesamten Modells

```
import torch
import torch.nn as nn
import torch.optim as optim
```

```python
from torchvision import datasets, transforms
from torch.utils.data import DataLoader

# Define a simple model
class SimpleNN(nn.Module):
    def __init__(self):
        super(SimpleNN, self).__init__()
        self.fc1 = nn.Linear(784, 128)
        self.fc2 = nn.Linear(128, 64)
        self.fc3 = nn.Linear(64, 10)
        self.relu = nn.ReLU()

    def forward(self, x):
        x = x.view(-1, 784)
        x = self.relu(self.fc1(x))
        x = self.relu(self.fc2(x))
        x = self.fc3(x)
        return x

# Set device
device = torch.device("cuda" if torch.cuda.is_available() else "cpu")

# Instantiate the model
model = SimpleNN().to(device)

# Define loss function and optimizer
criterion = nn.CrossEntropyLoss()
optimizer = optim.Adam(model.parameters(), lr=0.001)

# Load and preprocess data
transform = transforms.Compose([
    transforms.ToTensor(),
    transforms.Normalize((0.1307,), (0.3081,))
])

train_dataset    =    datasets.MNIST(root='./data',    train=True,    download=True,
transform=transform)
train_loader = DataLoader(train_dataset, batch_size=64, shuffle=True)

# Training loop
num_epochs = 5
for epoch in range(num_epochs):
    model.train()
    for batch_idx, (data, target) in enumerate(train_loader):
        data, target = data.to(device), target.to(device)
        optimizer.zero_grad()
        output = model(data)
        loss = criterion(output, target)
        loss.backward()
        optimizer.step()

        if batch_idx % 100 == 0:
```

```
            print(f'Epoch                    {epoch+1}/{num_epochs},              Batch
{batch_idx}/{len(train_loader)}, Loss: {loss.item():.4f}')

# Save the entire model
torch.save(model, 'model.pth')

# Save just the model state dictionary
torch.save(model.state_dict(), 'model_state_dict.pth')

# Example of loading the model
loaded_model = torch.load('model.pth')
loaded_model.eval()

# Example of loading the state dictionary
new_model = SimpleNN()
new_model.load_state_dict(torch.load('model_state_dict.pth'))
new_model.eval()
```

Dieses Beispiel bietet einen umfassenden Einblick in die Erstellung, das Training und das Speichern eines PyTorch-Modells.

Schauen wir uns die einzelnen Komponenten an:

1. Modelldefinition:

   o Wir definieren ein einfaches neuronales Netzwerk (SimpleNN) mit drei vollständig verbundenen Schichten.

   o Die ReLU-Aktivierungsfunktion wird zur besseren Übersichtlichkeit in der **init**-Methode definiert.

2. Gerätekonfiguration:

   o Wir verwenden torch.device, um automatisch die GPU zu wählen, falls verfügbar, andernfalls die CPU.

3. Modellinstanziierung:

   o Das Modell wird erstellt und auf das ausgewählte Gerät (GPU/CPU) übertragen.

4. Verlustfunktion und Optimierer:

   o Wir verwenden CrossEntropyLoss als Verlustfunktion, die sich für Klassifizierungsaufgaben eignet.

   o Der Adam-Optimierer wird mit einer Lernrate von 0,001 verwendet.

5. Datenladen und -vorverarbeitung:

   o Wir verwenden den MNIST-Datensatz als Beispiel.

- o Die Daten werden mit ToTensor und Normalize transformiert.

- o Ein DataLoader wird für die Batch-Verarbeitung während des Trainings erstellt.

6. Trainingsschleife:

- o Das Modell wird für 5 Epochen trainiert.

- o In jeder Epoche durchlaufen wir die Trainingsdaten, berechnen den Verlust und aktualisieren die Modellparameter.

- o Der Trainingsfortschritt wird alle 100 Batches ausgegeben.

7. Speichern des Modells:

- o Wir zeigen zwei Möglichkeiten zum Speichern des Modells: a. Speichern des gesamten Modells mit torch.save(model, 'model.pth') b. Speichern nur des Modell-State-Dictionary mit torch.save(model.state_dict(), 'model_state_dict.pth')

8. Laden des Modells:

- o Wir zeigen, wie sowohl das gesamte Modell als auch das State-Dictionary geladen werden können.

- o Nach dem Laden setzen wir das Modell mit model.eval() in den Evaluierungsmodus.

Dieses Beispiel deckt den gesamten Prozess von der Definition eines Modells über das Training bis hin zum Speichern und Laden ab und bietet damit einen umfassenden Einblick in die Arbeit mit PyTorch-Modellen.

Beispiel: Laden des gesamten Modells

Sobald das Modell gespeichert ist, können Sie es in einem neuen Skript oder einer neuen Sitzung laden, ohne die Modellarchitektur neu definieren zu müssen.

```python
import torch
import torch.nn as nn

# Define a simple model architecture
class SimpleNN(nn.Module):
    def __init__(self):
        super(SimpleNN, self).__init__()
        self.fc1 = nn.Linear(784, 128)
        self.fc2 = nn.Linear(128, 64)
        self.fc3 = nn.Linear(64, 10)
        self.relu = nn.ReLU()

    def forward(self, x):
        x = x.view(-1, 784)
```

```python
        x = self.relu(self.fc1(x))
        x = self.relu(self.fc2(x))
        x = self.fc3(x)
        return x

# Load the saved model
model = torch.load('model.pth')

# Print the loaded model architecture
print("Loaded Model Architecture:")
print(model)

# Check if the model is on the correct device (CPU/GPU)
print(f"Model device: {next(model.parameters()).device}")

# Set the model to evaluation mode
model.eval()

# Example input for inference
example_input = torch.randn(1, 784)  # Assuming input size is 784 (28x28 image)

# Perform inference
with torch.no_grad():
    output = model(example_input)

print(f"Example output shape: {output.shape}")
print(f"Example output: {output}")

# If you want to continue training, set the model back to training mode
model.train()

print("Model set to training mode for further fine-tuning if needed.")
```

Schauen wir uns das genauer an:

- Modelldefinition: Wir definieren eine einfache neuronale Netzwerkklasse (SimpleNN), um zu demonstrieren, wie das gespeicherte Modell aussehen könnte. Dies ist nützlich, um die Struktur des geladenen Modells zu verstehen.

- Laden des Modells: Wir verwenden torch.load('model.pth'), um das gesamte Modell einschließlich seiner Architektur und Parameter zu laden.

- Modell ausgeben: print(model) zeigt die Struktur des Modells und gibt uns einen Überblick über seine Schichten und Verbindungen.

- Architekturüberprüfung: Wir geben model.architecture aus, um die spezifische Architektur des geladenen Modells zu bestätigen.

- Geräteprüfung: Wir überprüfen, auf welchem Gerät (CPU oder GPU) das Modell geladen ist, was für Performanceüberlegungen wichtig ist.

- Evaluierungsmodus: model.eval() versetzt das Modell in den Evaluierungsmodus, was für die Inferenz entscheidend ist, da es Schichten wie Dropout und BatchNorm beeinflusst.

- Beispiel-Inferenz: Wir erstellen einen zufälligen Tensor als Beispieleingabe und führen eine Inferenz durch, um zu demonstrieren, dass das Modell funktionsfähig ist.

- Ausgabeüberprüfung: Wir geben die Form und den Inhalt der Ausgabe aus, um das Verhalten des Modells zu überprüfen.

- Trainingsmodus: Schließlich zeigen wir, wie man das Modell wieder in den Trainingsmodus versetzt (model.train()), falls weiteres Fine-tuning erforderlich ist.

Dieses umfassende Beispiel lädt nicht nur das Modell, sondern zeigt auch, wie man seine Eigenschaften untersucht, seine Funktionalität überprüft und es für verschiedene Anwendungsfälle (Inferenz oder weiteres Training) vorbereitet. Es vermittelt ein tieferes Verständnis für die Arbeit mit gespeicherten PyTorch-Modellen in verschiedenen Szenarien.

4.4.2 Speichern und Laden des Model's state_dict

Eine gängigere Praxis in PyTorch ist das Speichern des **state_dict** des Modells, das nur die Parameter und Buffer des Modells enthält, nicht aber die Modellarchitektur.

Dieser Ansatz bietet mehrere Vorteile:

- Flexibilität: Das Speichern des state_dict ermöglicht zukünftige Modifikationen der Modellarchitektur bei gleichzeitiger Beibehaltung gelernter Parameter. Diese Vielseitigkeit ist unschätzbar wertvoll bei der Verfeinerung von Modelldesigns oder der Anwendung von Transfer-Learning-Techniken auf neue Architekturen.

- Effizienz: Das state_dict bietet eine kompaktere Speicherlösung im Vergleich zum Speichern des gesamten Modells, da es die Struktur des Berechnungsgraphen ausschließt. Dies führt zu kleineren Dateigößen und schnelleren Ladezeiten.

- Kompatibilität: Die Verwendung des state_dict gewährleistet eine bessere Interoperabilität zwischen verschiedenen PyTorch-Versionen und Rechenumgebungen. Diese verbesserte Kompatibilität ermöglicht einen nahtlosen Modellaustausch und -einsatz über verschiedene Plattformen und Systeme hinweg.

Beim Speichern des state_dict erstellen Sie im Wesentlichen eine Momentaufnahme des gelernten Wissens des Modells. Dies umfasst die Gewichte verschiedener Schichten, Bias-Terme und andere trainierbare Parameter. So funktioniert es in der Praxis:

- Speichern: Sie können das state_dict einfach mit torch.save(model.state_dict(), 'model_weights.pth') speichern.

- Laden: Um diese gespeicherten Parameter zu verwenden, initialisieren Sie zunächst ein Modell mit der gewünschten Architektur und laden dann das state_dict mit model.load_state_dict(torch.load('model_weights.pth')).

Dieser Ansatz ist besonders vorteilhaft in Szenarien wie Transfer Learning, bei denen Sie ein vortrainiertes Modell als Ausgangspunkt für eine neue Aufgabe verwenden möchten, oder in verteilten Trainingsumgebungen, in denen Sie Modellaktualisierungen effizient austauschen müssen.

Beispiel: Speichern des Model's state_dict

```python
import torch
import torch.nn as nn

# Define a simple model
class SimpleNN(nn.Module):
    def __init__(self):
        super(SimpleNN, self).__init__()
        self.fc1 = nn.Linear(784, 128)
        self.fc2 = nn.Linear(128, 64)
        self.fc3 = nn.Linear(64, 10)
        self.relu = nn.ReLU()

    def forward(self, x):
        x = x.view(-1, 784)
        x = self.relu(self.fc1(x))
        x = self.relu(self.fc2(x))
        x = self.fc3(x)
        return x

# Instantiate the model
model = SimpleNN()

# Train the model (simplified for demonstration)
# ... (training code here)

# Save the model's state_dict (only the parameters)
torch.save(model.state_dict(), 'model_state.pth')

# To demonstrate loading:
# Create a new instance of the model
new_model = SimpleNN()

# Load the state_dict into the new model
new_model.load_state_dict(torch.load('model_state.pth'))

# Set the model to evaluation mode
new_model.eval()

print("Model's state_dict:")
for param_tensor in new_model.state_dict():
```

```python
    print(f"{param_tensor}\\t{new_model.state_dict()[param_tensor].size()}")

# Verify the model works
test_input = torch.randn(1, 784)
with torch.no_grad():
    output = new_model(test_input)
print(f"Test output shape: {output.shape}")
```

Dieses Codebeispiel zeigt den Prozess des Speicherns und Ladens eines state_dict in PyTorch.

Schauen wir uns das im Detail an:

- Modelldefinition: Wir definieren ein einfaches neuronales Netz (SimpleNN) mit drei vollständig verbundenen Schichten und ReLU-Aktivierungen.

- Modellinstanziierung: Wir erstellen eine Instanz des SimpleNN-Modells.

- Modelltraining: In einem realen Szenario würde hier das Training stattfinden. Der Übersichtlichkeit halber wird dieser Schritt ausgelassen.

- Speichern des state_dict: Wir verwenden torch.save(), um nur die Modellparameter (state_dict) in einer Datei namens 'model_state.pth' zu speichern.

- Laden des state_dict: Wir erstellen eine neue Instanz von SimpleNN und laden den gespeicherten state_dict mit load_state_dict().

- Evaluierungsmodus aktivieren: Wir versetzen das geladene Modell mit model.eval() in den Evaluierungsmodus, was für die Inferenz wichtig ist.

- Überprüfung des state_dict: Wir geben die Schlüssel und Dimensionen des geladenen state_dict aus, um seinen Inhalt zu verifizieren.

- Funktionalitätsprüfung: Wir erstellen einen zufälligen Eingabetensor und leiten ihn durch das geladene Modell, um dessen korrekte Funktionsweise sicherzustellen.

Dieses Beispiel veranschaulicht den gesamten Prozess des Speicherns und Ladens eines state_dict des Modells, was für die Modellpersistenz und den Transfer in PyTorch entscheidend ist. Es zeigt auch, wie man den geladenen state_dict überprüft und die Funktionalität des Modells verifiziert.

Beispiel: Laden des Model's state_dict

Beim Laden eines state_dict müssen Sie zunächst die Modellarchitektur definieren (damit PyTorch weiß, wo die Parameter zu laden sind) und anschließend den gespeicherten state_dict in dieses Modell laden.

```python
import torch
import torch.nn as nn

# Define the model architecture
```

```python
class SimpleNN(nn.Module):
    def __init__(self):
        super(SimpleNN, self).__init__()
        self.fc1 = nn.Linear(784, 128)
        self.fc2 = nn.Linear(128, 64)
        self.fc3 = nn.Linear(64, 10)
        self.relu = nn.ReLU()

    def forward(self, x):
        x = x.view(-1, 784)
        x = self.relu(self.fc1(x))
        x = self.relu(self.fc2(x))
        x = self.fc3(x)
        return x

# Instantiate the model (the same architecture as the saved model)
model = SimpleNN()

# Load the model's state_dict
model.load_state_dict(torch.load('model_state.pth'))

# Switch the model to evaluation mode
model.eval()

# Verify the loaded model
print("Model structure:")
print(model)

# Check model parameters
for name, param in model.named_parameters():
    print(f"Layer: {name} | Size: {param.size()} | Values : {param[:2]}")

# Perform a test inference
test_input = torch.randn(1, 784)  # Create a random input tensor
with torch.no_grad():
    output = model(test_input)
print(f"\\nTest output shape: {output.shape}")
print(f"Test output: {output}")

# If you want to continue training, switch back to train mode
# model.train()
```

Lassen Sie uns dieses umfassende Beispiel aufschlüsseln:

1. Modelldefinition: Wir definieren die SimpleNN-Klasse, die die gleiche Architektur wie das gespeicherte Modell hat. Dieser Schritt ist entscheidend, da PyTorch die Struktur des Modells kennen muss, um den state_dict korrekt laden zu können.

2. Modellinstanziierung: Wir erstellen eine Instanz des SimpleNN-Modells. Dies erzeugt die Modellstruktur, jedoch mit zufällig initialisierten Gewichten.

3. Laden des state_dict: Wir verwenden torch.load(), um den gespeicherten state_dict aus der Datei zu laden, und laden ihn dann mit model.load_state_dict() in unser Modell. Dies ersetzt die zufälligen Gewichte durch die trainierten Gewichte aus der Datei.

4. Evaluierungsmodus: Wir schalten das Modell mit model.eval() in den Evaluierungsmodus. Dies ist wichtig für die Inferenz, da es das Verhalten bestimmter Schichten (wie Dropout und BatchNorm) beeinflusst.

5. Modellüberprüfung: Wir geben die Modellstruktur aus, um zu überprüfen, ob sie unseren Erwartungen entspricht.

6. Parameterinspektion: Wir durchlaufen die Parameter des Modells und geben ihre Namen, Größen und die ersten'beiden Werte aus. Dies hilft zu überprüfen, ob die Parameter korrekt geladen wurden.

7. Testinferenz: Wir erstellen einen zufälligen Eingabetensor und führen eine Testinferenz durch, um sicherzustellen, dass das Modell wie erwartet funktioniert. Wir verwenden torch.no_grad(), um die Gradientenberechnung zu deaktivieren, die für die Inferenz nicht benötigt wird und Speicher spart.

8. Ausgabeüberprüfung: Wir geben die Form und Werte der Ausgabe aus, um zu überprüfen, ob das Modell plausible Ergebnisse liefert.

Dieses Codebeispiel zeigt einen gründlicheren Ansatz zum Laden und Überprüfen eines PyTorch-Modells, was entscheidend ist beim Einsetzen von Modellen in Produktionsumgebungen oder bei der Fehlersuche in gespeicherten Modellen.

4.4.3 Speichern und Laden von Modell-Checkpoints

Während des Trainingsprozesses ist es wichtig, eine Strategie für das Speichern von **Modell-Checkpoints** zu implementieren. Diese Checkpoints sind im Wesentlichen Momentaufnahmen der Modellparameter, die in verschiedenen Phasen des Trainingszyklus erfasst werden. Diese Praxis dient mehreren wichtigen Zwecken:

1. Unterbrechungswiederherstellung

Checkpoints dienen als entscheidende Schutzmaßnahmen gegen unerwartete Unterbrechungen während des Trainingsprozesses. In der unvorhersehbaren Welt des maschinellen Lernens, wo Trainingssitzungen Tage oder sogar Wochen dauern können, ist das Risiko von Unterbrechungen allgegenwärtig. Stromausfälle, Systemabstürze oder Netzwerkausfälle können den Trainingsfortschritt abrupt stoppen und möglicherweise zu erheblichen Rückschlägen führen.

Durch die Implementierung eines robusten Checkpoint-Systems schaffen Sie ein Sicherheitsnetz, das es ermöglicht, das Training vom zuletzt gespeicherten Zustand aus fortzusetzen. Das bedeutet, dass Sie nach einer Unterbrechung nicht von vorne beginnen müssen, sondern dort weitermachen können, wo Sie aufgehört haben, wodurch wertvolle Rechenressourcen und Zeit gespart werden.

Checkpoints speichern typischerweise nicht nur die Parameter des Modells, sondern auch wichtige Metadaten wie die aktuelle Epoche, Lernrate und den Optimiererzustand. Dieser umfassende Ansatz stellt sicher, dass bei der Wiederaufnahme des Trainings alle Aspekte des Modellzustands genau wiederhergestellt werden, wodurch die Integrität des Lernprozesses gewahrt bleibt.

2. Leistungsüberwachung und Analyse

Das regelmäßige Speichern von Checkpoints während des Trainingsprozesses liefert wertvolle Einblicke in die Lernentwicklung Ihres Modells. Diese Praxis ermöglicht es Ihnen:

- Die Entwicklung wichtiger Metriken wie Verlust und Genauigkeit im Zeitverlauf zu überwachen, wodurch Sie Trends und Muster im Lernprozess des Modells erkennen können.

- Potenzielle Probleme frühzeitig zu erkennen, wie Überanpassung oder Unteranpassung, indem Sie die Trainings- und Validierungsleistung über verschiedene Checkpoints hinweg vergleichen.

- Optimale Stoppunkte für das Training zu bestimmen, insbesondere bei der Implementierung von Early-Stopping-Techniken zur Vermeidung von Überanpassung.

- Nachträgliche Analysen durchzuführen, um zu verstehen, welche Epochen oder Iterationen die beste Leistung erbracht haben, was künftige Trainingsstrategien beeinflusst.

- Verschiedene Modellversionen oder Hyperparameter-Konfigurationen durch Analyse ihrer jeweiligen Checkpoint-Historien zu vergleichen.

Durch die Führung einer umfassenden Aufzeichnung der Modellleistung in verschiedenen Phasen gewinnen Sie tiefere Einblicke in dessen Verhalten und können fundierte Entscheidungen über Modellauswahl, Hyperparameter-Tuning und Trainingsdauer treffen. Dieser datengesteuerte Ansatz zur Modellentwicklung ist entscheidend für das Erreichen optimaler Ergebnisse in komplexen Deep-Learning-Projekten.

3. Modellversionierung und Leistungsvergleich

Checkpoints dienen als leistungsfähiges Werkzeug zur Verwaltung verschiedener Versionen Ihres Modells während des Trainingsprozesses. Diese Fähigkeit ist aus mehreren Gründen wertvoll:

- Entwicklungsverfolgung: Durch das Speichern von Checkpoints in regelmäßigen Abständen können Sie beobachten, wie sich die Leistung Ihres Modells im Laufe der Zeit entwickelt. Dies ermöglicht es Ihnen, kritische Punkte im Trainingsprozess zu identifizieren, an denen signifikante Verbesserungen oder Verschlechterungen auftreten.

- Hyperparameter-Optimierung: Bei Experimenten mit verschiedenen Hyperparameter-Konfigurationen ermöglichen Checkpoints den systematischen Vergleich der Leistung verschiedener Setups. Sie können einfach zur bestperformenden Konfiguration zurückkehren oder analysieren, warum bestimmte Parameter zu besseren Ergebnissen führten.

- Trainingsphasenanlyse: Checkpoints geben Einblick in das Verhalten Ihres Modells in verschiedenen Trainingsphasen. Dies kann Ihnen helfen, optimale Trainingsdauern zu bestimmen, Lernplateaus zu identifizieren oder Überanpassung frühzeitig zu erkennen.

- A/B-Tests: Bei der Entwicklung neuer Modellarchitekturen oder Trainingstechniken ermöglichen Checkpoints die Durchführung rigoroser A/B-Tests. Sie können die Leistung verschiedener Ansätze unter identischen Bedingungen vergleichen und faire und genaue Auswertungen sicherstellen.

Darüber hinaus erleichtert die Modellversionierung durch Checkpoints die kollaborative Arbeit in maschinellen Lernprojekten. Teammitglieder können spezifische Modellversionen teilen, Ergebnisse reproduzieren und effektiver auf den Fortschritten anderer aufbauen. Diese Praxis verbessert nicht nur den Entwicklungsprozess, sondern trägt auch zur Reproduzierbarkeit und Zuverlässigkeit Ihrer maschinellen Lernexperimente bei.

4. Transfer Learning und Modellanpassung

Gespeicherte Checkpoints spielen eine entscheidende Rolle beim Transfer Learning, einer leistungsfähigen Technik im Deep Learning, bei der Wissen aus einer Aufgabe auf eine andere, verwandte Aufgabe übertragen wird. Dieser Ansatz ist besonders wertvoll beim Umgang mit begrenzten Datensätzen oder beim effizienten Lösen komplexer Probleme.

Durch die Nutzung gespeicherter Checkpoints von vortrainierten Modellen können Forscher und Praktiker:

- Den Lernprozess für neue Aufgaben beschleunigen, indem sie auf Merkmale zurückgreifen, die aus großen, vielfältigen Datensätzen gelernt wurden.

- Modelle für spezifische Domänen oder Anwendungen feinabstimmen und dabei Trainingszeit und Rechenressourcen erheblich reduzieren.

- Die Herausforderung begrenzter markierter Daten in spezialisierten Bereichen überwinden, indem Wissen aus allgemeineren Domänen übertragen wird.

- Mit verschiedenen architektonischen Modifikationen experimentieren, während das Basiswissen des ursprünglichen Modells erhalten bleibt.

Ein Modell, das beispielsweise auf einem großen Datensatz natürlicher Bilder trainiert wurde, kann an die Erkennung spezifischer medizinischer Bildgebung angepasst werden, selbst mit einer relativ kleinen Menge medizinischer Daten. Die vortrainierten Gewichte dienen als intelligenter Ausgangspunkt, der es dem Modell ermöglicht, sich schnell an die neue Aufgabe anzupassen und dabei sein allgemeines Verständnis visueller Merkmale beizubehalten.

Darüber hinaus ermöglichen Checkpoints die iterative Verfeinerung von Modellen über verschiedene Projektphasen hinweg. Wenn neue Daten verfügbar werden oder sich die Problemdefinition weiterentwickelt, können Entwickler frühere Checkpoints aufsuchen, um alternative Trainingspfade zu erkunden oder Wissen aus verschiedenen Phasen der Modellentwicklung zu kombinieren.

Zusätzlich bieten Checkpoints Flexibilität beim Modelleinsatz, da Sie die bestperformende Version Ihres Modells für den Produktiveinsatz wählen können. Dieser Ansatz zum Speichern und Wiederherstellen von Modellen ist ein Grundpfeiler robuster und effizienter Deep-Learning-Workflows, der sicherstellt, dass Ihr wertvoller Trainingsfortschritt erhalten bleibt und effektiv genutzt werden kann.

Beispiel: Speichern eines Modell-Checkpoints

Ein Modell-Checkpoint enthält typischerweise den **state_dict** des Modells zusammen mit anderen wichtigen Trainingsinformationen, wie dem Optimiererzustand und der aktuellen Epoche.

```python
import torch
import torch.nn as nn
import torch.optim as optim

# Define a simple model
class SimpleModel(nn.Module):
    def __init__(self):
        super(SimpleModel, self).__init__()
        self.fc = nn.Linear(10, 5)

    def forward(self, x):
        return self.fc(x)

# Initialize the model
model = SimpleModel()

# Define an optimizer
optimizer = optim.SGD(model.parameters(), lr=0.01)

# Define a loss function
criterion = nn.MSELoss()

# Simulate some training
for epoch in range(10):
    # Dummy data
    inputs = torch.randn(32, 10)
    targets = torch.randn(32, 5)

    # Forward pass
```

```python
    outputs = model(inputs)
    loss = criterion(outputs, targets)

    # Backward pass and optimize
    optimizer.zero_grad()
    loss.backward()
    optimizer.step()

# Save the model checkpoint (including model state and optimizer state)
checkpoint = {
    'epoch': 10,  # Save the epoch number
    'model_state_dict': model.state_dict(),  # Save the model parameters
    'optimizer_state_dict': optimizer.state_dict(),  # Save the optimizer state
    'loss': loss.item(),  # Save the current loss
}

torch.save(checkpoint, 'model_checkpoint.pth')

# To demonstrate loading:
# Load the checkpoint
loaded_checkpoint = torch.load('model_checkpoint.pth')

# Create a new model and optimizer
new_model = SimpleModel()
new_optimizer = optim.SGD(new_model.parameters(), lr=0.01)

# Load the state dictionaries
new_model.load_state_dict(loaded_checkpoint['model_state_dict'])
new_optimizer.load_state_dict(loaded_checkpoint['optimizer_state_dict'])

# Set the model to evaluation mode
new_model.eval()

print(f"Loaded model from epoch {loaded_checkpoint['epoch']} with loss {loaded_checkpoint['loss']}")
```

Code-Analyse:

1. Modelldefinition: Wir definieren ein einfaches neuronales Netzwerkmodell SimpleModel mit einer linearen Schicht. Dies stellt eine grundlegende Struktur dar, die für komplexere Modelle erweitert werden kann.

2. Modell- und Optimierer-Initialisierung: Wir erstellen Instanzen des Modells und des Optimierers. Der Optimierer (in diesem Fall SGD) ist für die Aktualisierung der Modellparameter während des Trainings verantwortlich.

3. Verlustfunktion: Wir definieren eine Verlustfunktion (Mean Squared Error), um die Leistung des Modells während des Trainings zu messen.

4. Trainingssimulation: Wir simulieren einen Trainingsprozess mit einer Schleife, die 10 Epochen durchläuft. In jeder Epoche:

   o Generieren wir Dummy-Eingabedaten und Zielausgaben

   o Führen wir einen Vorwärtsdurchlauf durch das Modell durch

   o Berechnen wir den Verlust

   o Führen wir Backpropagation durch und aktualisieren die Modellparameter

5. Checkpoint-Erstellung: Nach dem Training erstellen wir ein Checkpoint-Dictionary, das Folgendes enthält:

   o Die aktuelle Epochennummer

   o Das State Dictionary des Modells (enthält alle Modellparameter)

   o Das State Dictionary des Optimierers (enthält den Zustand des Optimierers)

   o Den aktuellen Verlustwert

6. Speichern des Checkpoints: Wir verwenden torch.save(), um das Checkpoint-Dictionary in einer Datei namens 'model_checkpoint.pth' zu speichern.

7. Laden des Checkpoints: Um die Verwendung des gespeicherten Checkpoints zu demonstrieren:

   o Laden wir die Checkpoint-Datei mit torch.load()

   o Erstellen wir neue Instanzen des Modells und Optimierers

   o Laden wir die gespeicherten State Dictionaries in das neue Modell und den Optimierer

   o Setzen wir das Modell in den Evaluierungsmodus, was wichtig für die Inferenz ist (deaktiviert Dropout etc.)

8. Verifizierung: Schließlich geben wir die geladene Epochennummer und den Verlust aus, um zu überprüfen, ob der Checkpoint korrekt geladen wurde.

Dieses Beispiel bietet einen vollständigen Überblick über den Prozess des Speicherns und Ladens von Modellen in PyTorch. Es zeigt nicht nur, wie man einen Checkpoint speichert, sondern auch, wie man ein einfaches Modell erstellt, trainiert und dann den gespeicherten Zustand wieder in eine neue Modellinstanz lädt. Dies ist besonders nützlich für die Fortsetzung des Trainings von einem gespeicherten Zustand aus oder für den Einsatz trainierter Modelle in Produktionsumgebungen.

Beispiel: Laden eines Modell-Checkpoints

Beim Laden eines Checkpoints können Sie die Parameter des Modells, den Zustand des Optimierers und andere Trainingsinformationen wiederherstellen, wodurch Sie das Training an der Stelle fortsetzen können, an der es unterbrochen wurde.

```python
import torch
import torch.nn as nn
import torch.optim as optim

# Define a simple model
class SimpleModel(nn.Module):
    def __init__(self):
        super(SimpleModel, self).__init__()
        self.fc1 = nn.Linear(10, 20)
        self.fc2 = nn.Linear(20, 5)

    def forward(self, x):
        x = torch.relu(self.fc1(x))
        return self.fc2(x)

# Initialize the model, loss function, and optimizer
model = SimpleModel()
criterion = nn.MSELoss()
optimizer = optim.Adam(model.parameters(), lr=0.001)

# Load the model checkpoint
checkpoint = torch.load('model_checkpoint.pth')

# Restore the model's parameters
model.load_state_dict(checkpoint['model_state_dict'])

# Restore the optimizer's state
optimizer.load_state_dict(checkpoint['optimizer_state_dict'])

# Retrieve other saved information
start_epoch = checkpoint['epoch']
loss = checkpoint['loss']

# Print the restored epoch and loss
print(f"Resuming training from epoch {start_epoch}, with loss: {loss}")

# Set the model to training mode
model.train()

# Resume training
num_epochs = 10
for epoch in range(start_epoch, start_epoch + num_epochs):
    # Dummy data for demonstration
    inputs = torch.randn(32, 10)
    targets = torch.randn(32, 5)

    # Forward pass
```

```
    outputs = model(inputs)
    loss = criterion(outputs, targets)

    # Backward pass and optimize
    optimizer.zero_grad()
    loss.backward()
    optimizer.step()

    print(f"Epoch [{epoch+1}/{start_epoch + num_epochs}], Loss: {loss.item():.4f}")

# Save the updated model checkpoint
torch.save({
    'epoch': start_epoch + num_epochs,
    'model_state_dict': model.state_dict(),
    'optimizer_state_dict': optimizer.state_dict(),
    'loss': loss.item(),
}, 'updated_model_checkpoint.pth')

print("Training completed and new checkpoint saved.")
```

Dieses Beispiel zeigt einen umfassenderen Ansatz zum Laden eines Modell-Checkpoints und zur Fortsetzung des Trainings.

Hier ist eine detaillierte Aufschlüsselung des Codes:

1. Modelldefinition: Wir definieren ein einfaches neuronales Netzwerkmodell SimpleModel mit zwei linearen Schichten und einer ReLU-Aktivierungsfunktion. Dies stellt eine grundlegende Struktur dar, die für komplexere Modelle erweitert werden kann.

2. Modell-, Verlustfunktion- und Optimierer-Initialisierung: Wir erstellen Instanzen des Modells, definieren eine Verlustfunktion (mittlerer quadratischer Fehler) und initialisieren einen Optimierer (Adam).

3. Laden des Checkpoints: Wir verwenden torch.load(), um die zuvor gespeicherte Checkpoint-Datei zu laden.

4. Wiederherstellung der Modell- und Optimierer-Zustände: Wir stellen die Parameter des Modells und den Zustand des Optimierers mithilfe ihrer jeweiligen load_state_dict()-Methoden wieder her. Dies gewährleistet, dass wir das Training genau dort fortsetzen, wo wir aufgehört haben.

5. Abrufen zusätzlicher Informationen: Wir extrahieren die Epochennummer und den Verlustwert aus dem Checkpoint. Diese Informationen sind nützlich für die Fortschrittsverfolgung und können als Ausgangspunkt für das fortgesetzte Training verwendet werden.

6. Trainingsmodus einstellen: Wir setzen das Modell mit model.train() in den Trainingsmodus. Dies ist wichtig, da es Dropout-Schichten und Batch-Normalisierungsschichten ermöglicht, während des Trainings korrekt zu funktionieren.

7. Training fortsetzen: Wir implementieren eine Trainingsschleife, die für eine bestimmte Anzahl von Epochen ab der letzten gespeicherten Epoche weiterläuft. Dies zeigt, wie das Training nahtlos von einem Checkpoint aus fortgesetzt werden kann.

8. Trainingsprozess: In jeder Epoche:

    o Generieren wir Dummy-Eingabedaten und Zielausgaben (in einem realen Szenario würden Sie hier Ihre tatsächlichen Trainingsdaten laden)

    o Führen wir einen Vorwärtsdurchlauf durch das Modell durch

    o Berechnen wir den Verlust

    o Führen wir Backpropagation durch und aktualisieren die Modellparameter

    o Geben wir die aktuelle Epoche und den Verlust zur Fortschrittsverfolgung aus

9. Speichern des aktualisierten Checkpoints: Nach Abschluss der zusätzlichen Trainingsepochen speichern wir einen neuen Checkpoint. Dieser aktualisierte Checkpoint enthält:

    o Die neue aktuelle Epochennummer

    o Das aktualisierte State Dictionary des Modells

    o Das aktualisierte State Dictionary des Optimierers

    o Den finalen Verlustwert

Dieses umfassende Beispiel veranschaulicht den gesamten Prozess des Ladens eines Checkpoints, der Fortsetzung des Trainings und des Speicherns eines aktualisierten Checkpoints. Dies ist besonders nützlich für lange Trainingssitzungen, die möglicherweise unterbrochen und wieder aufgenommen werden müssen, oder für iterative Modellverbesserungen, bei denen Sie auf früheren Trainingsfortschritten aufbauen möchten.

4.4.4 Best Practices für das Speichern und Laden von Modellen

1. **State_dict für Flexibilität nutzen**: Das Speichern des **state_dict** bietet mehr Flexibilität, da es nur die Parameter des Modells speichert. Dieser Ansatz ermöglicht einfacheres Transfer Learning und Modellanpassungen. Sie können beispielsweise diese Parameter in Modelle mit leicht unterschiedlichen Architekturen laden, wodurch Sie mit verschiedenen Modellkonfigurationen experimentieren können, ohne von Grund auf neu trainieren zu müssen.

2. **Checkpoints während des Trainings speichern**: Das regelmäßige Speichern von Checkpoints ist entscheidend für die Aufrechterhaltung des Fortschritts in langen

Trainingssitzungen. Es ermöglicht die Fortsetzung des Trainings vom letzten gespeicherten Zustand aus, wenn es unterbrochen wird, und spart wertvolle Zeit und Rechenressourcen. Darüber hinaus können Checkpoints verwendet werden, um die Modellleistung in verschiedenen Trainingsphasen zu analysieren, optimale Stoppunkte zu identifizieren oder Probleme im Trainingsprozess zu beheben.

3. **Nach dem Laden von Modellen den .eval()-Modus verwenden**: Schalten Sie das Modell nach dem Laden für die Inferenz immer in den Evaluierungsmodus. Dieser Schritt ist wichtig, da er das Verhalten bestimmter Schichten wie Dropout und Batch-Normalisierung beeinflusst. Im Evaluierungsmodus sind Dropout-Schichten deaktiviert, und die Batch-Normalisierung verwendet laufende Statistiken anstelle von Batch-Statistiken, was konsistente Ausgaben bei verschiedenen Inferenzdurchläufen gewährleistet.

4. **Optimierer-Zustand speichern**: Beim Speichern von Checkpoints sollten Sie den Zustand des Optimierers zusammen mit den Modellparametern speichern. Diese Praxis ist essenziell für die genaue Fortsetzung des Trainings, da sie wichtige Informationen wie Lernraten und Momentum-Werte für jeden Parameter bewahrt. Durch die Beibehaltung des Optimierer-Zustands stellen Sie sicher, dass der Trainingsprozess reibungslos dort fortsetzt, wo er aufgehört hat, und die Trajektorie des Optimierungsprozesses beibehalten wird.

5. **Versionskontrolle Ihrer Checkpoints**: Implementieren Sie ein Versionierungssystem für Ihre gespeicherten Modelle und Checkpoints. Dies ermöglicht es Ihnen, Änderungen im Zeitverlauf zu verfolgen, verschiedene Versionen Ihres Modells zu vergleichen und bei Bedarf einfach zu früheren Zuständen zurückzukehren. Eine ordnungsgemäße Versionierung kann bei der Zusammenarbeit mit Teammitgliedern oder wenn Sie Ergebnisse aus bestimmten Phasen der Modellentwicklung reproduzieren müssen, unschätzbar wertvoll sein.

4.5 Bereitstellung von PyTorch-Modellen mit TorchServe

Nach dem Training eines PyTorch-Modells ist der nächste entscheidende Schritt die Bereitstellung in einer Produktionsumgebung, in der es neue Daten verarbeiten und Vorhersagen generieren kann. **TorchServe**, eine gemeinsame Entwicklung von AWS und Facebook, bietet eine robuste und anpassungsfähige Lösung für die Bereitstellung von PyTorch-Modellen. Dieses leistungsstarke Tool ermöglicht die nahtlose Bereitstellung trainierter Modelle als REST-APIs, erleichtert die gleichzeitige Verwaltung mehrerer Modelle und bietet horizontale Skalierungsmöglichkeiten zur Bewältigung von Szenarien mit hohem Datenverkehr.

TorchServe verfügt über eine Reihe von Funktionen, die für die Anforderungen von Produktionsbereitstellungen entwickelt wurden:

- **Multi-Modell-Serving**: Effiziente Verwaltung und Bereitstellung mehrerer Modelle innerhalb einer einzigen Instanz, wodurch die Ressourcennutzung optimiert wird.

- **Umfassendes Logging und Monitoring**: Nutzen Sie integrierte Metriken und Protokollierungsfunktionen für eine detaillierte Leistungsverfolgung und -analyse.

- **Erweiterte Batch-Inferenz**: Verbessern Sie die Leistung durch intelligente Gruppierung eingehender Anfragen in Batches, wodurch Durchsatz und Effizienz maximiert werden.

- **Nahtlose GPU-Integration**: Nutzen Sie die Leistung von GPUs, um Inferenzprozesse drastisch zu beschleunigen und schnellere Antwortzeiten zu ermöglichen.

- **Dynamische Modellverwaltung**: Aktualisieren, versionieren und führen Sie Modelle ohne Serviceunterbrechung zurück, um kontinuierliche Verbesserungen und Flexibilität zu gewährleisten.

Dieser Abschnitt bietet einen umfassenden Leitfaden zur Bereitstellung eines Modells mit TorchServe. Wir behandeln den gesamten Prozess, von der Vorbereitung des Modells in einem TorchServe-kompatiblen Format bis zur Konfiguration und zum Start des Modellservers. Darüber hinaus untersuchen wir Best Practices für die Optimierung Ihrer Bereitstellung und die Nutzung der erweiterten Funktionen von TorchServe, um eine robuste und skalierbare Modellbereitstellung in Produktionsumgebungen zu gewährleisten.

4.5.1 Vorbereitung des Modells für TorchServe

Bevor ein PyTorch-Modell mit TorchServe bereitgestellt werden kann, ist es entscheidend, das Modell in einem Format vorzubereiten, das TorchServe effektiv interpretieren und nutzen kann. Dieser Vorbereitungsprozess umfasst mehrere wichtige Schritte:

1. Modell-Serialisierung

Der erste Schritt bei der Vorbereitung eines PyTorch-Modells für die Bereitstellung mit TorchServe ist die Serialisierung des trainierten Modells. Serialisierung ist der Prozess der Umwandlung einer komplexen Datenstruktur oder eines Objektzustands in ein Format, das gespeichert oder übertragen und später rekonstruiert werden kann. Im Kontext von PyTorch-Modellen bedeutet dies hauptsächlich das Speichern des Zustandswörterbuchs des Modells.

Das Zustandswörterbuch, auf das über model.state_dict() zugegriffen wird, ist ein Python-Dictionary, das jede Schicht ihren Parameter-Tensoren zuordnet. Es enthält alle lernbaren Parameter (Gewichte und Bias-Werte) des Modells. PyTorch stellt eine praktische Funktion torch.save() zur Serialisierung dieses Zustandswörterbuchs bereit.

Hier ist ein typischer Prozess für die Modell-Serialisierung:

1. Trainieren Sie Ihr PyTorch-Modell bis zum gewünschten Leistungsniveau.

2. Greifen Sie auf das Zustandswörterbuch des Modells mit model.state_dict() zu.

3. Verwenden Sie torch.save(model.state_dict(), 'model.pth'), um das Zustandswörterbuch in einer Datei zu speichern. Die Erweiterung '.pth' wird üblicherweise für PyTorch-Modelldateien verwendet, ist aber nicht zwingend erforderlich.

Dieser Serialisierungsschritt ist entscheidend, da er Ihnen Folgendes ermöglicht:

- Die Parameter des trainierten Modells für zukünftige Verwendung zu bewahren.

- Das Modell mit anderen zu teilen, ohne den gesamten Trainingsprozess weitergeben zu müssen.

- Das Modell in Produktionsumgebungen bereitzustellen, wie zum Beispiel mit TorchServe.

- Das Training von einem zuvor gespeicherten Zustand aus fortzusetzen.

Es ist wichtig zu beachten, dass torch.save() das Pickle-Modul von Python zur Serialisierung des Objekts verwendet, weshalb Sie beim Laden von Modellen aus nicht vertrauenswürdigen Quellen vorsichtig sein sollten. Obwohl Sie das gesamte Modellobjekt speichern können, wird empfohlen, nur das Zustandswörterbuch zu speichern, um bessere Portabilität und Flexibilität zu gewährleisten.

2. Erstellen eines Modell-Archivs

TorchServe erfordert, dass Modelle in eine Model Archive (.mar)-Datei verpackt werden. Dieses Archiv ist ein umfassendes Paket, das alle notwendigen Komponenten für die Bereitstellung und den Betrieb eines maschinellen Lernmodells enthält. Das .mar-Dateiformat ist speziell für die nahtlose Zusammenarbeit mit TorchServe konzipiert und stellt sicher, dass alle erforderlichen Elemente für einen effizienten Modellbetrieb gebündelt sind. Dieses Archiv umfasst:

- Die Gewichte und Architektur des Modells: Dies ist der Kern des Archivs, der die trainierten Parameter (Gewichte) und die Struktur (Architektur) des neuronalen Netzes enthält. Diese werden typischerweise als PyTorch-Zustandswörterbuch (.pth-Datei) oder als serialisierte Modelldatei gespeichert.

- Alle notwendigen Konfigurationsdateien: Diese können JSON- oder YAML-Dateien umfassen, die modellspezifische Einstellungen, Hyperparameter oder andere Konfigurationsdetails spezifizieren, die für die korrekte Modellinitialisierung und -ausführung erforderlich sind.

- Benutzerdefinierter Code für Vorverarbeitung, Nachverarbeitung oder die Handhabung spezifischer Modellanforderungen: Dies umfasst häufig ein benutzerdefiniertes Handler-Skript (üblicherweise eine Python-Datei), das definiert, wie Eingabedaten vor der Modellverarbeitung vorverarbeitet werden sollen, wie die Modellausgabe nachverarbeitet werden soll und welche andere modellspezifische Logik für die Inferenz erforderlich ist.

- Zusätzliche Ressourcen wie Label-Mappings oder Tokenizer: Dies sind ergänzende Dateien, die bei der Interpretation der Modelleingabe oder -ausgabe helfen. Zum Beispiel könnte eine Label-Mapping-Datei numerische Klassenvorhersagen mit menschenlesbaren Labels verknüpfen, während ein Tokenizer für die Verarbeitung von Texteingaben in Natural Language Processing-Modellen erforderlich sein könnte.

Das Model Archive dient als eigenständige Einheit, die alles enthält, was TorchServe zum Bereitstellen und Ausführen des Modells benötigt. Dieser Verpackungsansatz gewährleistet Portabilität und macht es einfach, Modelle zwischen verschiedenen Umgebungen zu übertragen oder über verschiedene Systeme hinweg bereitzustellen, ohne sich um fehlende Abhängigkeiten oder Konfigurationsprobleme sorgen zu müssen.

3. Modell-Handler

Die Erstellung einer benutzerdefinierten Handler-Klasse ist ein entscheidender Schritt bei der Definition, wie TorchServe mit Ihrem Modell interagiert. Dieser Handler fungiert als Schnittstelle zwischen TorchServe und Ihrem PyTorch-Modell und stellt Methoden bereit für:

- Vorverarbeitung von Eingabedaten: Diese Methode transformiert Rohdaten in ein für Ihr Modell geeignetes Format. Zum Beispiel könnte sie Bilder in der Größe anpassen, Text tokenisieren oder numerische Werte normalisieren.

- Durchführung der Inferenz: Diese Methode leitet die vorverarbeiteten Daten durch Ihr Modell, um Vorhersagen zu generieren.

- Nachverarbeitung der Ergebnisse: Diese Methode nimmt die Rohausgabe des Modells und formatiert sie in eine benutzerfreundliche Antwort. Dies kann die Dekodierung von Vorhersagen, das Anwenden von Schwellenwerten oder die Formatierung der Ausgabe als JSON umfassen.

Der Handler enthält typischerweise auch Methoden für die Modellinitialisierung und das Laden. Durch die Anpassung dieser Methoden können Sie sicherstellen, dass Ihr Modell nahtlos in TorchServe integriert wird, verschiedene Eingabetypen korrekt verarbeitet und aussagekräftige Ausgaben für Endbenutzer oder Anwendungen liefert, die die Vorhersagen Ihres Modells nutzen.

4. Versionierung

Die .mar-Datei unterstützt Versionierung, eine wichtige Funktion für die Verwaltung verschiedener Iterationen Ihres Modells. Diese Funktion ermöglicht es Ihnen:

- Mehrere Versionen desselben Modells gleichzeitig zu verwalten, wobei jede potenziell für verschiedene Anwendungsfälle oder Leistungsmetriken optimiert ist.

- A/B-Tests durchzuführen, indem verschiedene Modellversionen bereitgestellt und ihre Leistung in realen Szenarien verglichen wird.

- Schrittweise Einführungen von Modellaktualisierungen zu ermöglichen, wodurch eine ältere Version inkrementell durch eine neuere ersetzt werden kann, während unerwartetes Verhalten oder Leistungseinbrüche überwacht werden.

- Einfach zu einer vorherigen Version zurückzukehren, wenn Probleme mit einer neuen Bereitstellung auftreten, um minimale Serviceunterbrechungen zu gewährleisten.

- Die Entwicklung Ihres Modells im Zeitverlauf zu verfolgen, was wertvolle Einblicke in den Entwicklungsprozess liefert und bei der Modell-Governance und Compliance-Anforderungen hilft.

Durch die Nutzung dieser Versionierungsfunktion können Sie eine robustere und flexiblere Bereitstellungsstrategie sicherstellen, die kontinuierliche Verbesserungen Ihrer Modelle ermöglicht und gleichzeitig die Stabilität und Zuverlässigkeit Ihrer Machine-Learning-Dienste gewährleistet.

Durch die sorgfältige Vorbereitung Ihres Modells in diesem TorchServe-kompatiblen Format stellen Sie eine reibungslose Bereitstellung und optimale Leistung in Produktionsumgebungen sicher. Diese Vorbereitungsphase ist entscheidend für die Nutzung der Fähigkeiten von TorchServe zur effizienten und skalierbaren Bereitstellung von PyTorch-Modellen.

Schritt 1: Export des Modells

Um TorchServe effektiv zu nutzen, müssen Sie zwei entscheidende Schritte bei der Vorbereitung Ihres Modells befolgen:

1. Speichern der Modellgewichte: Dies erfolgt mithilfe der PyTorch-Funktion **torch.save()**. Diese Funktion serialisiert die Parameter des Modells (Gewichte und Bias-Werte) in eine Datei, typischerweise mit der Erweiterung .pth. Dieser Schritt ist wesentlich, da er das gelernte Wissen Ihres trainierten Modells erfasst.

2. Korrekte Serialisierung sicherstellen: Es reicht nicht aus, nur die Gewichte zu speichern; Sie müssen sicherstellen, dass das Modell in einer Weise serialisiert wird, die TorchServe verstehen und laden kann. Dies umfasst oft nicht nur das Speichern des Zustandswörterbuchs des Modells, sondern auch alle benutzerdefinierten Schichten, Vorverarbeitungsschritte oder andere modellspezifische Informationen, die TorchServe benötigt, um Ihr Modell korrekt zu instanziieren und zu verwenden.

Durch sorgfältiges Befolgen dieser Schritte stellen Sie sicher, dass Ihr Modell effizient von TorchServe geladen und betrieben werden kann, was eine nahtlose Bereitstellung und Inferenz in Produktionsumgebungen ermöglicht.

Beispiel: Export eines vortrainierten Modells

```
import torch
import torchvision.models as models
from torchvision import transforms
from PIL import Image
```

```python
# Load a pretrained ResNet-18 model
model = models.resnet18(pretrained=True)

# Set the model to evaluation mode
model.eval()

# Save the model's state_dict (required by TorchServe)
torch.save(model.state_dict(), 'resnet18.pth')

# Define a function to preprocess the input image
def preprocess_image(image_path):
    transform = transforms.Compose([
        transforms.Resize(256),
        transforms.CenterCrop(224),
        transforms.ToTensor(),
        transforms.Normalize(mean=[0.485, 0.456, 0.406], std=[0.229, 0.224, 0.225])
    ])
    image = Image.open(image_path)
    return transform(image).unsqueeze(0)

# Load and preprocess a sample image
sample_image = preprocess_image('sample_image.jpg')

# Perform inference
with torch.no_grad():
    output = model(sample_image)

# Get the predicted class index
_, predicted_idx = torch.max(output, 1)
predicted_label = predicted_idx.item()

print(f"Predicted class index: {predicted_label}")

# Load ImageNet class labels from a file
imagenet_classes = []
with open("imagenet_classes.txt") as f:
    imagenet_classes = [line.strip() for line in f.readlines()]

# Ensure the class index is within range
if predicted_label < len(imagenet_classes):
    print(f"Predicted class: {imagenet_classes[predicted_label]}")
else:
    print("Predicted class index is out of range.")
```

Dieses Codebeispiel demonstriert einen **vollständigen Arbeitsablauf** für die Verwendung eines vortrainierten **ResNet-18-Modells**, dessen Speicherung und Durchführung von Inferenz mit **korrekten Klassenbezeichnungen von ImageNet**.

Aufschlüsselung des Codes:

1. **Erforderliche Bibliotheken importieren:**

   o   torch: Die zentrale PyTorch-Bibliothek.

   o   torchvision.models: Stellt vortrainierte Modelle bereit.

   o   torchvision.transforms: Für Bildvorverarbeitung.

   o   PIL: Zum Laden und Bearbeiten von Bildern.

2. **Vortrainiertes Modell laden:**

   o   Wir verwenden models.resnet18(pretrained=True), um ein **ResNet-18-Modell mit vortrainierten Gewichten** zu laden, das auf ImageNet trainiert wurde.

3. **Modell in den Evaluierungsmodus versetzen:**

   o   model.eval() versetzt das Modell in den **Inferenzmodus**, wobei Dropout und Batch-Normalisierung deaktiviert werden, um stabilere Vorhersagen zu ermöglichen.

4. **Speichern des Modellzustands:**

   o   torch.save(model.state_dict(), 'resnet18.pth') speichert **ausschließlich die Modellparameter**, was die empfohlene Methode zur Speicherung eines PyTorch-Modells für den Einsatz ist.

5. **Vorverarbeitungsfunktion definieren:**

   o   preprocess_image(image_path) wendet die standardmäßige **ImageNet-Vorverarbeitung** an:

   ▪   Größenänderung auf 256x256

   ▪   Zentrale Beschneidung auf 224x224

   ▪   Umwandlung in einen Tensor

   ▪   Normalisierung mit **ImageNet-Mittelwerten und Standardabweichungen**

6. **Beispielbild laden und vorverarbeiten:**

   o   Wir rufen preprocess_image('sample_image.jpg') auf, um ein **Bild in ein modellkompatibles Format umzuwandeln**.

7. **Inferenz durchführen:**

   o   Der with torch.no_grad(): Block stellt sicher, dass **keine Gradienten berechnet werden**, was den Speicherverbrauch reduziert und die Inferenz beschleunigt.

8. **Ausgabe interpretieren:**

- o Wir verwenden torch.max(output, 1), um den **Klassenindex mit der höchsten Wahrscheinlichkeit** zu erhalten.

9. **Klassenlabels laden und zuordnen:**

   - o Das Modell sagt einen **ImageNet-Klassenindex (0-999)** vorher, daher **laden wir die korrekten ImageNet-Labels** aus imagenet_classes.txt.

   - o Wir stellen sicher, dass der vorhergesagte Index innerhalb des gültigen Bereichs liegt, bevor wir das Label ausgeben.

10. **Ergebnisse ausgeben:**

   - o Der vorhergesagte **Klassenindex** und der **menschenlesbare Klassenname** werden zur besseren Interpretation ausgegeben.

Dieses Beispiel gewährleistet einen **robusten Arbeitsablauf** für die Verwendung eines **vortrainierten Modells**, dessen **Speicherung für den Einsatz** und die **Durchführung von Inferenz mit korrekten Labels**, was alles essentiell für Deep-Learning-Anwendungen in der Praxis ist.

4.5.2 Einen benutzerdefinierten Model-Handler erstellen (Optional)

TorchServe verwendet **Model-Handler** als entscheidende Komponente in seiner Architektur. Diese Handler fungieren als Brücke zwischen dem TorchServe-Framework und Ihrem spezifischen PyTorch-Modell und definieren zwei wichtige Aspekte der Modellbereitstellung:

1. Model Loading: Handler legen fest, wie Ihr Modell initialisiert und in den Speicher geladen werden soll. Dies umfasst Aufgaben wie:

- Laden der Modellarchitektur und -gewichte aus gespeicherten Dateien

- Versetzen des Modells in den Evaluierungsmodus für Inferenz

- Übertragen des Modells auf das entsprechende Gerät (CPU oder GPU)

2. Inferenz-Anfrageverarbeitung: Handler bestimmen, wie TorchServe eingehende Inferenzanfragen verarbeiten soll, was typischerweise Folgendes umfasst:

- Vorverarbeitung der Eingabedaten, um sie dem erwarteten Modellformat anzupassen

- Weiterleitung der vorverarbeiteten Daten durch das Modell

- Nachverarbeitung der Modellausgabe zur Generierung der endgültigen Antwort

Während TorchServe Standard-Handler für gängige Szenarien bereitstellt, müssen Sie möglicherweise einen benutzerdefinierten Handler erstellen, wenn Ihr Modell spezifische Vor- oder Nachverarbeitungsschritte erfordert. Zum Beispiel:

- Benutzerdefinierte Bildvorverarbeitung für Computer-Vision-Modelle

- Text-Tokenisierung für Natural Language Processing-Modelle

- Spezialisierte Ausgabeformatierung für die Anforderungen Ihrer Anwendung

Durch die Implementierung eines benutzerdefinierten Handlers stellen Sie sicher, dass Ihr Modell nahtlos in TorchServe integriert wird und eine effiziente und präzise Inferenz in Produktionsumgebungen ermöglicht.

Beispiel: Einen benutzerdefinierten Handler erstellen (Optional)

```python
import torch
import torchvision.models as models
from torchvision import transforms
from PIL import Image
import json
import logging

class ResNetHandler:
    def __init__(self):
        self.model = None
        self.device = torch.device('cuda' if torch.cuda.is_available() else 'cpu')
        self.class_to_idx = None
        self.logger = logging.getLogger(__name__)

    def initialize(self, context):
        """
        Initialize the handler at startup.
        :param context: Initial context containing model server system properties.
        """
        self.manifest = context.manifest
        properties = context.system_properties
        model_dir = properties.get("model_dir")
        self.logger.info(f"Model directory: {model_dir}")

        # Load the model architecture
        self.model = models.resnet18(pretrained=False)
        self.model.fc = torch.nn.Linear(self.model.fc.in_features, 1000)  # Adjust if
needed

        # Load the model's state_dict
        state_dict_path = f"{model_dir}/resnet18.pth"
        self.logger.info(f"Loading model from {state_dict_path}")
        self.model.load_state_dict(torch.load(state_dict_path,
map_location=self.device))
        self.model.eval()
        self.model.to(self.device)

        # Load class mapping
        class_mapping_path = f"{model_dir}/class_mapping.json"
        try:
            with open(class_mapping_path, 'r') as f:
                self.class_to_idx = json.load(f)
```

```python
            self.logger.info("Class mapping loaded successfully")
        except FileNotFoundError:
            self.logger.warning(f"Class      mapping      file      not      found      at
{class_mapping_path}")

        self.logger.info("Model initialized successfully")

    def preprocess(self, data):
        """
        Preprocess the input data before inference.
        :param data: Input data to be preprocessed.
        :return: Preprocessed data for model input.
        """

        self.logger.info("Preprocessing input data")
        transform = transforms.Compose([
            transforms.Resize(256),
            transforms.CenterCrop(224),
            transforms.ToTensor(),
            transforms.Normalize(mean=[0.485,  0.456,  0.406],  std=[0.229,  0.224,
0.225])
        ])

        images = []
        for row in data:
            image = row.get("data") or row.get("body")
            if isinstance(image, (bytes, bytearray)):
                image = Image.open(io.BytesIO(image))
            elif isinstance(image, str):
                image = Image.open(image)
            else:
                raise ValueError(f"Unsupported image format: {type(image)}")

            images.append(transform(image))

        return torch.stack(images).to(self.device)

    def inference(self, data):
        """
        Perform inference on the preprocessed data.
        :param data: Preprocessed data for model input.
        :return: Raw model output.
        """

        self.logger.info("Performing inference")
        with torch.no_grad():
            output = self.model(data)
        return output

    def postprocess(self, inference_output):
        """
        Postprocess the model output.
        :param inference_output: Raw model output.
        :return: Processed output.
```

```python
        """
        self.logger.info("Postprocessing inference output")
        probabilities = torch.nn.functional.softmax(inference_output, dim=1)
        top_prob, top_class = torch.topk(probabilities, 5)

        result = []
        for i in range(top_prob.shape[0]):
            item_result = []
            for j in range(5):
                class_idx = top_class[i][j].item()
                if self.class_to_idx:
                    class_name = self.class_to_idx.get(str(class_idx),   f"Unknown
class {class_idx}")
                else:
                    class_name = f"Class {class_idx}"
                item_result.append({
                    "class": class_name,
                    "probability": top_prob[i][j].item()
                })
            result.append(item_result)

        return json.dumps(result)

    def handle(self, data, context):
        """
        Handle a request to the model.
        :param data: Input data for inference.
        :param context: Context object containing request details.
        :return: Processed output.
        """
        self.logger.info("Handling inference request")
        preprocessed_data = self.preprocess(data)
        inference_output = self.inference(preprocessed_data)
        return self.postprocess(inference_output)
```

Dieses Codebeispiel bietet eine umfassende Implementierung eines benutzerdefinierten Handlers für TorchServe.

Hier ist eine detaillierte Aufschlüsselung der Änderungen und Ergänzungen:

1. Importe: Notwendige Importe hinzugefügt, einschließlich Logging für besseres Debugging und Fehlerverfolgung.

2. Initialisierung:

- Logging-Setup hinzugefügt.

- Fehlerbehandlung für das Laden des Modells und der Klassenabbildung integriert.

- Die Initialisierung durch Verwendung des von TorchServe bereitgestellten Kontextobjekts robuster gestaltet.

3. Vorverarbeitung:

- Erweitert zur Verarbeitung mehrerer Eingabeformate (Bytes, Dateipfade).

- Unterstützung für Batch-Verarbeitung hinzugefügt.

4. Inferenz:

- Schlank und fokussiert auf die Modellausführung gehalten.

5. Nachverarbeitung:

- Verbessert, um die Top 5 Vorhersagen mit Wahrscheinlichkeiten zurückzugeben.

- Unterstützung für Klassennamen-Mapping bei Verfügbarkeit hinzugefügt.

6. Handle-Methode:

- Haupthandle-Methode hinzugefügt, die TorchServe aufruft und die Vorverarbeitung, Inferenz und Nachverarbeitung koordiniert.

7. Fehlerbehandlung und Logging:

- Durchgängig integriert, um das Debugging zu erleichtern und die Robustheit zu verbessern.

8. Flexibilität:

- Der Handler ist jetzt flexibler und kann mit oder ohne Klassenabbildungsdatei arbeiten.

Diese Implementierung bietet einen produktionsreifen Handler, der verschiedene Szenarien und Randfälle bewältigen kann und sich damit besser für den realen Einsatz mit TorchServe eignet.

4.5.3 Erstellen des Modellarchivs (.mar)

Das Modellarchiv, gekennzeichnet durch die Dateierweiterung .mar, ist eine entscheidende Komponente im TorchServe-Bereitstellungsprozess. Dieses Archiv dient als umfassendes Paket, das alle wesentlichen Elemente enthält, die für das Bereitstellen des Modells erforderlich sind, einschließlich:

1. Modellgewichte: Die trainierten Parameter Ihres neuronalen Netzwerks.

2. Modell-Handler: Ein Python-Skript, das definiert, wie das Modell geladen und Anfragen verarbeitet werden.

3. Modellkonfiguration: Alle zusätzlichen Dateien oder Metadaten, die für den Modellbetrieb notwendig sind.

TorchServe nutzt dieses Archiv als zentrale Referenz beim Laden und Ausführen des Modells, was den Bereitstellungsprozess optimiert und sicherstellt, dass alle notwendigen Komponenten gebündelt sind.

Schritt 2: Erstellen des Modellarchivs mit torch-model-archiver

Zur Erleichterung der Erstellung dieser Modellarchive stellt TorchServe ein spezielles Kommandozeilen-Tool namens **torch-model-archiver** bereit. Dieses Hilfsprogramm vereinfacht den Prozess der Paketierung Ihrer PyTorch-Modelle und zugehörigen Dateien in das erforderliche .mar-Format.

Das torch-model-archiver-Tool benötigt zwei primäre Eingaben:

1. Model's state_dict: Dies ist die serialisierte Form der Modellparameter, typischerweise als .pth- oder .pt-Datei gespeichert.

2. Handler-Datei: Ein Python-Skript, das definiert, wie TorchServe mit Ihrem Modell interagieren soll, einschließlich Methoden zur Vorverarbeitung von Eingaben, Durchführung von Inferenz und Nachverarbeitung von Ausgaben.

Zusätzlich können Sie weitere notwendige Dateien wie Klassenlabels, Konfigurationsdateien oder andere für den Modellbetrieb erforderliche Assets einbinden.

Durch die Verwendung von torch-model-archiver stellen Sie sicher, dass alle Komponenten korrekt verpackt und bereit für die Bereitstellung mit TorchServe sind, was Konsistenz und einfache Nutzung in verschiedenen Umgebungen fördert.

Befehl zum Erstellen der .mar-Datei:

```
# Archive the ResNet18 model for TorchServe
torch-model-archiver \\
  --model-name resnet18 \\  # Model name
  --version 1.0 \\  # Version number
  --model-file model.py \\  # Path to model definition (if needed)
  --serialized-file resnet18.pth \\  # Path to saved weights
  --handler handler.py \\  # Path to custom handler (if any)
  --export-path model_store \\  # Output directory
  --extra-files index_to_name.json  # Additional files like class labels
```

4.5.4 Starten des TorchServe-Modellservers

Sobald das Modellarchiv erstellt wurde, können Sie TorchServe starten, um das Modell bereitzustellen. Dieser Prozess umfasst die Initialisierung des TorchServe-Servers, der als Laufzeitumgebung für Ihre PyTorch-Modelle fungiert. TorchServe lädt das von Ihnen erstellte Modellarchiv (.mar-Datei), richtet die erforderlichen Endpunkte für Inferenzen ein und verwaltet den Lebenszyklus des Modells.

Beim Start führt TorchServe mehrere wichtige Aktionen aus:

- Es lädt das Modell aus der .mar-Datei in den Speicher

- Es initialisiert alle benutzerdefinierten Handler, die Sie festgelegt haben

- Es richtet REST-API-Endpunkte für die Modellverwaltung und Inferenz ein

- Es bereitet das Modell für den Betrieb vor und stellt sicher, dass es bereit ist, eingehende Anfragen zu verarbeiten

Dieser Bereitstellungsschritt ist entscheidend, da er Ihr Modell von einer statischen Datei in einen aktiven, zugänglichen Dienst überführt, der in der Lage ist, Inferenzanfragen in Echtzeit zu verarbeiten. Sobald TorchServe mit Ihrem Modell läuft, ist es bereit, Vorhersageanfragen anzunehmen und zu beantworten, wodurch Ihr maschinelles Lernmodell effektiv in einen produktionsreifen Zustand versetzt wird.

Schritt 3: TorchServe starten

torchserve --start --model-store model_store --models resnet18=resnet18.mar

Hier ist eine Aufschlüsselung des Befehls:

- torchserve: Dies ist der Hauptbefehl zum Ausführen von TorchServe.

- --start: Dieser Parameter weist TorchServe an, den Server zu starten.

- --model-store model_store: Dies gibt das Verzeichnis an, in dem Ihre Modellarchive (.mar-Dateien) gespeichert sind. In diesem Fall ist es ein Verzeichnis namens "model_store".

- --models resnet18=resnet18.mar: Dies teilt TorchServe mit, welche Modelle geladen werden sollen. Hier wird ein ResNet-18-Modell aus einer Datei namens "resnet18.mar" geladen.

Wenn Sie diesen Befehl ausführen, startet TorchServe, lädt das angegebene ResNet-18-Modell aus der .mar-Datei im Model Store und macht es über eine API für Vorhersagen verfügbar.

4.5.5 Vorhersagen über die API durchführen

Sobald das Modell bereitgestellt ist, können Sie Inferenzanfragen für Echtzeitvorhersagen an die API senden. Dieser Schritt ist entscheidend, da er Ihnen ermöglicht, Ihr trainiertes Modell in praktischen Anwendungen zu nutzen. Hier ist eine detailliertere Erklärung dieses Prozesses:

1. API-Endpunkt: TorchServe erstellt einen REST-API-Endpunkt für Ihr Modell. Dieser Endpunkt ist typischerweise über eine URL wie http://localhost:8080/predictions/[model_name] erreichbar.

2. Anfrageformat: Sie können HTTP-POST-Anfragen an diesen Endpunkt senden. Der Anfragekörper enthält üblicherweise die Eingabedaten (z.B. eine Bilddatei für Bildklassifizierungsaufgaben), für die Sie Vorhersagen erstellen möchten.

3. Echtzeitverarbeitung: Wenn Sie eine Anfrage senden, verarbeitet TorchServe diese in Echtzeit. Es verwendet das bereitgestellte Modell, um basierend auf den Eingabedaten Vorhersagen zu generieren.

4. Antwort: Die API gibt eine Antwort zurück, die die Vorhersagen des Modells enthält. Dies können Klassenwahrscheinlichkeiten für eine Klassifizierungsaufgabe, Begrenzungsrahmen für eine Objekterkennungsaufgabe oder andere für den Zweck Ihres Modells relevante Ausgaben sein.

5. Integration: Dieser API-basierte Ansatz ermöglicht eine einfache Integration Ihres Modells in verschiedene Anwendungen, Websites oder Dienste, wodurch Sie Ihr KI-Modell in realen Szenarien nutzen können.

Durch die Verwendung dieser API können Sie die Fähigkeiten Ihres PyTorch-Modells nahtlos in Ihr breiteres Software-Ökosystem integrieren, wodurch es zu einem leistungsfähigen Werkzeug für die Implementierung KI-gesteuerter Funktionen und Eigenschaften wird.

Schritt 4: Senden einer Vorhersageanfrage an die TorchServe API

```python
import requests
import json
from PIL import Image
import io

def predict_image(image_path, model_name, server_url):
    """
    Send an image to TorchServe for prediction.

    Args:
    image_path (str): Path to the image file
    model_name (str): Name of the model to use for prediction
    server_url (str): Base URL of the TorchServe server

    Returns:
    dict: Prediction results
    """
    # Prepare the image file for prediction
    with open(image_path, 'rb') as file:
        image_data = file.read()

    # Prepare the request
    url = f"{server_url}/predictions/{model_name}"
    files = {'data': ('image.jpg', image_data)}

    try:
        # Send a POST request to the model's endpoint
        response = requests.post(url, files=files)
        response.raise_for_status()  # Raise an exception for bad status codes

        # Parse and return the prediction result
        return response.json()

    except requests.exceptions.RequestException as e:
        print(f"Error occurred: {e}")
        return None
```

```
# Example usage
if __name__ == "__main__":
    image_path = 'test_image.jpg'
    model_name = 'resnet18'
    server_url = '<http://localhost:8080>'

    result = predict_image(image_path, model_name, server_url)

    if result:
        print("Prediction Result:")
        print(json.dumps(result, indent=2))
    else:
        print("Failed to get prediction.")
```

Hier ist eine Aufschlüsselung der wichtigsten Komponenten:

1. Funktionsdefinition:

- Wir definieren eine predict_image Funktion, die den Vorhersageprozess kapselt.

- Diese Funktion nimmt drei Parameter entgegen: den Pfad zur Bilddatei, den Namen des Modells und die URL des TorchServe-Servers.

2. Bildvorbereitung:

- Die Bilddatei wird als Binärdaten eingelesen, was effizienter ist als sie als PIL Image-Objekt zu öffnen.

3. Anfragevorbereitung:

- Wir erstellen die vollständige URL für den Vorhersage-Endpunkt unter Verwendung der Server-URL und des Modellnamens.

- Die Bilddaten werden als Datei für den POST-Request vorbereitet.

4. Fehlerbehandlung:

- Der Code verwendet einen try-except-Block, um mögliche Fehler während der Anfrage zu behandeln.

- Er nutzt raise_for_status(), um HTTP-Fehler abzufangen.

5. Antwortverarbeitung:

- Die JSON-Antwort vom Server wird zurückgegeben, wenn die Anfrage erfolgreich ist.

6. Hauptausführung:

- Das Skript enthält einen bedingten Hauptausführungsblock.

- Es demonstriert die Verwendung der predict_image Funktion mit Beispielparametern.

7. Ergebnisanzeige:

- Wenn eine Vorhersage erfolgreich erstellt wurde, wird sie in einer formatierten JSON-Struktur für bessere Lesbarkeit ausgegeben.

- Bei fehlgeschlagener Vorhersage wird eine Fehlermeldung angezeigt.

Dieses Beispiel bietet eine robuste Fehlerbehandlung, erhöhte Flexibilität durch Parametrisierung und eine klarere Struktur, die die Kernfunktionalität in eine wiederverwendbare Funktion isoliert. Es eignet sich besser für die Integration in größere Projekte und bietet eine solide Grundlage für zukünftige Entwicklung oder Anpassung.

4.5.6 Überwachung und Verwaltung von Modellen mit TorchServe

TorchServe bietet eine umfassende Suite von Funktionen zur Überwachung und Verwaltung Ihrer bereitgestellten Modelle, die Ihre Fähigkeit zur Wartung und Optimierung Ihrer Machine-Learning-Infrastruktur verbessert:

Metriken: TorchServe stellt detaillierte Leistungsmetriken über den /metrics Endpunkt bereit. Diese Metriken umfassen:

- Latenz: Messung der Zeit, die Ihr Modell für die Verarbeitung von Anfragen benötigt, um Leistungsengpässe zu identifizieren und zu beheben.

- Durchsatz: Verfolgung der Anzahl von Anfragen, die Ihr Modell pro Zeiteinheit verarbeiten kann, wichtig für Kapazitätsplanung und Skalierungsentscheidungen.

- GPU-Auslastung: Für Modelle, die auf GPUs laufen, Überwachung der Ressourcennutzung zur Sicherstellung optimaler Leistung.

- Anfragehäufigkeit: Analyse der Häufigkeit eingehender Anfragen zum Verständnis von Nutzungsmustern und Spitzenzeiten.

Diese Metriken ermöglichen datengesteuerte Entscheidungen für Modelloptimierung und Infrastrukturplanung.

Skalierung: TorchServes Skalierungsfähigkeiten sind darauf ausgelegt, verschiedene Lasten in Produktionsumgebungen zu bewältigen:

- Horizontale Skalierung: Bereitstellung mehrerer Instanzen desselben Modells auf verschiedenen Servern zur Verteilung der Arbeitslast.

- Vertikale Skalierung: Anpassung der Ressourcen (CPU, GPU, Arbeitsspeicher), die jeder Modellinstanz basierend auf der Nachfrage zugewiesen werden.

- Auto-Skalierung: Implementierung regelbasierter oder prädiktiver Auto-Skalierung zur dynamischen Anpassung der Anzahl von Modellinstanzen basierend auf Verkehrsmustern.

- Lastausgleich: Effiziente Verteilung eingehender Anfragen über mehrere Modellinstanzen zur Sicherstellung optimaler Ressourcennutzung.

Diese Skalierungsfunktionen ermöglichen es Ihrer Bereitstellung, Szenarien mit hohem Verkehrsaufkommen nahtlos zu bewältigen und eine konstante Leistung unter verschiedenen Lasten aufrechtzuerhalten.

Protokolle: TorchServes Protokollierungssystem ist ein leistungsfähiges Werkzeug zur Überwachung und Fehlerbehebung Ihrer bereitgestellten Modelle:

- Fehlerprotokolle: Erfassung und Kategorisierung von Fehlern während der Modellinferenz, um Probleme schnell zu identifizieren und zu lösen.

- Anfrageprotokolle: Verfolgung einzelner Anfragen, einschließlich Eingabedaten und Modellantworten, nützlich für Debugging und Prüfung.

- Systemprotokolle: Überwachung von Ereignissen auf Serverebene, wie Modell-Laden/Entladen und Konfigurationsänderungen.

- Benutzerdefinierte Protokollierung: Implementierung benutzerdefinierter Protokollierung in Ihren Modell-Handlern zur Erfassung anwendungsspezifischer Informationen.

- Protokollaggregation: Integration mit Protokollverwaltungstools für zentralisierte Protokollsammlung und -analyse über mehrere Instanzen hinweg.

Diese umfassenden Protokolle liefern wertvolle Einblicke für die Aufrechterhaltung der Gesundheit und Leistung Ihrer bereitgestellten Modelle.

Durch die Nutzung dieser fortgeschrittenen Funktionen können Sie sicherstellen, dass Ihre TorchServe-Bereitstellung robust, skalierbar und in Produktionsumgebungen einfach verwaltbar bleibt.

Praktische Übungen Kapitel 4

Übung 1: Speichern und Laden eines Model state_dict

Aufgabe: Definieren Sie ein einfaches neuronales Netz, trainieren Sie es mit dem MNIST-Datensatz, speichern Sie den state_dict des Modells und laden Sie dann den gespeicherten state_dict, um das Training an der Stelle fortzusetzen, an der es aufgehört hat.

Lösung:

```
import torch
import torch.nn as nn
import torch.optim as optim
from torchvision import datasets, transforms
from torch.utils.data import DataLoader
```

```python
# Define a simple neural network
class SimpleNN(nn.Module):
    def __init__(self):
        super(SimpleNN, self).__init__()
        self.fc1 = nn.Linear(784, 128)
        self.fc2 = nn.Linear(128, 64)
        self.fc3 = nn.Linear(64, 10)

    def forward(self, x):
        x = x.view(-1, 784)
        x = torch.relu(self.fc1(x))
        x = torch.relu(self.fc2(x))
        return self.fc3(x)

# Instantiate the model and optimizer
model = SimpleNN()
optimizer = optim.SGD(model.parameters(), lr=0.01)

# Save model's state_dict after training for a few epochs
torch.save(model.state_dict(), 'simple_nn_state.pth')

# Load the model's state_dict
loaded_model = SimpleNN()
loaded_model.load_state_dict(torch.load('simple_nn_state.pth'))

# Continue training or use the loaded model for inference
print("Model state loaded successfully!")
```

Übung 2: Speichern und Laden eines Modell-Checkpoints

Aufgabe: Trainieren Sie ein neuronales Netz mit dem CIFAR-10-Datensatz, speichern Sie einen Checkpoint, der den state_dict des Modells und den Optimiererzustand enthält, und setzen Sie das Training vom gespeicherten Checkpoint aus fort.

Lösung:

```python
import torch
import torch.optim as optim
import torch.nn as nn
import torchvision.models as models  # Import missing module
from torchvision import datasets, transforms
from torch.utils.data import DataLoader

# Define a simple model (ResNet-18 for CIFAR-10)
model = models.resnet18(pretrained=False)
model.fc = nn.Linear(model.fc.in_features, 10)

# Define optimizer and loss function
optimizer = optim.Adam(model.parameters(), lr=0.001)
criterion = nn.CrossEntropyLoss()
```

```python
# Define CIFAR-10 dataset and DataLoader
transform = transforms.Compose([transforms.ToTensor()])
train_dataset   =    datasets.CIFAR10(root='./data',   train=True,   download=True,
transform=transform)
train_loader = DataLoader(train_dataset, batch_size=32, shuffle=True)

# Train for a few epochs
for epoch in range(2):
    running_loss = 0.0
    for inputs, labels in train_loader:
        optimizer.zero_grad()
        outputs = model(inputs)
        loss = criterion(outputs, labels)
        loss.backward()
        optimizer.step()
        running_loss += loss.item()

# Save the model and optimizer state as a checkpoint
checkpoint = {
    'epoch': 2,
    'model_state_dict': model.state_dict(),
    'optimizer_state_dict': optimizer.state_dict(),
    'loss': running_loss
}
torch.save(checkpoint, 'cifar10_checkpoint.pth')

# Load the checkpoint and resume training
checkpoint = torch.load('cifar10_checkpoint.pth')
model.load_state_dict(checkpoint['model_state_dict'])
optimizer.load_state_dict(checkpoint['optimizer_state_dict'])
start_epoch = checkpoint['epoch']
loss = checkpoint['loss']

print(f"Resumed training from epoch {start_epoch}, Loss: {loss}")
```

Übung 3: Bereitstellung eines PyTorch-Modells mit TorchServe

Aufgabe: Exportieren Sie ein trainiertes Modell (z.B. ResNet-18) als .pth-Datei, erstellen Sie einen benutzerdefinierten Handler für TorchServe und stellen Sie das Modell mit TorchServe bereit. Verwenden Sie die TorchServe-API, um ein Testbild zur Vorhersage zu senden.

Lösung:

Schritt 1: Exportieren Sie die Modellgewichte.

```python
import torch
import torchvision.models as models

# Load a pretrained ResNet-18 model
model = models.resnet18(pretrained=True)
```

```
# Save the model's state_dict for deployment
torch.save(model.state_dict(), 'resnet18.pth')
```

Schritt 2: Erstellen Sie einen benutzerdefinierten Handler (falls erforderlich).

```
from torchvision import transforms, models
from PIL import Image
import torch

class ResNetHandler:
    def __init__(self):
        self.model = None
        self.device = torch.device('cuda' if torch.cuda.is_available() else 'cpu')

    def initialize(self, model_dir):
        self.model = models.resnet18(pretrained=False)
        self.model.load_state_dict(torch.load(f"{model_dir}/resnet18.pth",
map_location=self.device))
        self.model.to(self.device)
        self.model.eval()

    def preprocess(self, data):
        transform = transforms.Compose([
            transforms.Resize(256),
            transforms.CenterCrop(224),
            transforms.ToTensor(),
            transforms.Normalize(mean=[0.485, 0.456, 0.406], std=[0.229, 0.224,
0.225])
        ])
        image = Image.open(data[0]['body'])
        return transform(image).unsqueeze(0).to(self.device)

    def inference(self, data):
        with torch.no_grad():
            output = self.model(data)
        return torch.argmax(output, dim=1).item()

    def postprocess(self, data):
        return [{"predicted_class": data}]
```

Schritt 3: Archivieren Sie das Modell mit torch-model-archiver.

```
torch-model-archiver \\
  --model-name resnet18 \\
  --version 1.0 \\
  --serialized-file resnet18.pth \\
  --handler handler.py \\
  --export-path model_store
```

Schritt 4: TorchServe starten.

```
torchserve --start --model-store model_store --models resnet18=resnet18.mar
```

Schritt 5: Ein Testbild zur Vorhersage senden.

```python
import requests

# Prepare the image file for prediction
image_file = {'data': open('test_image.jpg', 'rb')}

# Send a POST request to TorchServe
response            =            requests.post('<http://localhost:8080/predictions/resnet18>',
files=image_file)

# Print the predicted class
print(response.json())
```

Übung 4: Laden eines vortrainierten Modells und Feinabstimmung

Aufgabe: Laden Sie ein vortrainiertes ResNet-18-Modell, ersetzen Sie die letzte Schicht und führen Sie eine Feinabstimmung des Modells auf einem neuen Datensatz (CIFAR-10) durch. Speichern Sie das feinabgestimmte Modell und evaluieren Sie es auf dem Testdatensatz.

Lösung:

```python
import torch.optim as optim
import torch.nn as nn
from torchvision import datasets, transforms, models
from torch.utils.data import DataLoader

# Load the pretrained ResNet-18 model
model = models.resnet18(pretrained=True)

# Freeze the parameters of all layers except the last fully connected layer
for param in model.parameters():
    param.requires_grad = False

# Replace the final fully connected layer to match the CIFAR-10 dataset
model.fc = nn.Linear(model.fc.in_features, 10)

# Define the optimizer and loss function
optimizer = optim.Adam(model.fc.parameters(), lr=0.001)
criterion = nn.CrossEntropyLoss()

# Load CIFAR-10 dataset
transform = transforms.Compose([transforms.Resize(224), transforms.ToTensor()])
train_dataset     =     datasets.CIFAR10(root='./data',     train=True,     download=True,
transform=transform)
train_loader = DataLoader(train_dataset, batch_size=32, shuffle=True)
```

```python
# Fine-tune the model
for epoch in range(5):
    running_loss = 0.0
    for inputs, labels in train_loader:
        optimizer.zero_grad()
        outputs = model(inputs)
        loss = criterion(outputs, labels)
        loss.backward()
        optimizer.step()
        running_loss += loss.item()

    print(f"Epoch {epoch+1}, Loss: {running_loss/len(train_loader)}")

# Save the fine-tuned model
torch.save(model.state_dict(), 'resnet18_finetuned.pth')
```

Diese Übungen behandeln grundlegende Fähigkeiten wie das Speichern/Laden von Modellen und Checkpoints, das Bereitstellen von PyTorch-Modellen mit TorchServe und das Feintuning vortrainierter Modelle. Durch die Bearbeitung dieser Aufgaben sammeln Sie praktische Erfahrung im Umgang mit PyTorch-Modellen während des gesamten Trainings-, Bereitstellungs- und Inferenzlebenszyklus.

Kapitel 4 Zusammenfassung

In **Kapitel 4** haben wir uns mit **PyTorch** beschäftigt, einem der am häufigsten verwendeten Frameworks für Deep Learning. PyTorchs Flexibilität und dynamischer Berechnungsgraph haben es zu einem Favoriten unter Forschern und Praktikern gleichermaßen gemacht. In diesem Kapitel haben wir wichtige PyTorch-Konzepte erkundet, einschließlich des Aufbaus, Trainings und der Bereitstellung von Modellen.

Wir begannen mit einer Einführung in PyTorchs **dynamischen Berechnungsgraphen**, ein Schlüsselmerkmal, das es von anderen Frameworks wie TensorFlow (vor Version 2.x) unterscheidet. Im Gegensatz zu statischen Graphen wird PyTorchs Graph während der Ausführung von Operationen dynamisch erstellt, was eine größere Flexibilität beim Debugging und der Modellgestaltung ermöglicht. Dieser Define-by-Run-Ansatz erleichtert den Umgang mit Modellen mit dynamischen Architekturen, wie sie im Reinforcement Learning und bei sequenzbasierten Aufgaben verwendet werden.

Anschließend behandelten wir den Aufbau und das Training neuronaler Netze mit **torch.nn**. Wir definierten ein einfaches Feed-Forward-Neuronales Netz und gingen durch die wesentlichen Komponenten jedes PyTorch-Modells: den Forward Pass, die Verlustfunktion und den Optimizer. Sie lernten, wie man eine Trainingsschleife implementiert, in der das Modell Eingabedaten verarbeitet, Gradienten berechnet und seine Parameter durch Backpropagation aktualisiert. Die Flexibilität der PyTorch-Optimierer wie **SGD** und **Adam** ermöglicht eine einfache Anpassung des Trainingsprozesses.

Als Nächstes untersuchten wir **Transfer Learning** und **Fine-Tuning** mit vortrainierten Modellen aus dem **torchvision.models** Modul. Transfer Learning ist eine äußerst effektive Technik zur Nutzung von Modellen, die auf großen Datensätzen wie ImageNet trainiert wurden, und deren Anpassung an eigene Aufgaben. Wir demonstrierten, wie man ein vortrainiertes ResNet-18-Modell lädt, seine Schichten für die Merkmalsextraktion einfriert und die tieferen Schichten für neue Aufgaben feinabstimmt. Dieser Ansatz reduziert die Trainingszeit erheblich und verbessert die Leistung, besonders bei der Arbeit mit kleineren Datensätzen.

In den folgenden Abschnitten untersuchten wir, wie man **Modelle in PyTorch speichert und lädt**. PyTorch bietet Flexibilität bei der Modellpersistenz durch das Speichern entweder des gesamten Modells oder nur des **state_dict** (der gelernten Parameter). Wir diskutierten auch, wie man Modell-Checkpoints während des Trainings speichert, was es ermöglicht, das Training im Fall von Unterbrechungen fortzusetzen.

Abschließend behandelten wir die **Bereitstellung von PyTorch-Modellen mit TorchServe**, einem leistungsfähigen Tool, das es ermöglicht, Modelle als REST-APIs in Produktionsumgebungen bereitzustellen. TorchServe macht es einfach, PyTorch-Modelle für Echtzeitvorhersagen zu exponieren, Batch-Inferenz zu handhaben und Bereitstellungen zu skalieren. Wir stellten auch vor, wie man benutzerdefinierte Handler für Modelle erstellt, die vor der Vorhersage spezielle Vor- oder Nachverarbeitungsschritte benötigen.

Zusammenfassend bot dieses Kapitel ein umfassendes Verständnis von PyTorch, vom Training und Speichern von Modellen bis hin zur Bereitstellung in realen Anwendungen. Durch die Beherrschung der PyTorch-Funktionen und die Nutzung seiner Tools können Sie Deep-Learning-Modelle sowohl in der Forschung als auch in Produktionsumgebungen effizient aufbauen, trainieren und bereitstellen.

Kapitel 5: Faltungsneuronale Netze (CNNs)

Faltungsneuronale Netze (CNNs) stellen einen bahnbrechenden Fortschritt auf dem Gebiet des Deep Learning dar, insbesondere im Bereich der Bildverarbeitung und Computer-Vision-Aufgaben. Diese hochentwickelten neuronalen Netzwerkarchitekturen nutzen die inhärente räumliche Struktur visueller Daten und unterscheiden sich damit von traditionellen vollständig verbundenen Netzwerken, die Eingaben unabhängig voneinander verarbeiten. Durch die Nutzung dieser räumlichen Information zeichnen sich CNNs bei der Identifizierung und Extraktion verschiedener visueller Merkmale aus, von einfachen Kanten und Texturen bis hin zu komplexen Formen und Objekten in Bildern.

Die Stärke von CNNs liegt in ihrer Fähigkeit, zunehmend abstrakte und komplexe Darstellungen visueller Daten aufzubauen, während Informationen durch die Schichten des Netzwerks fließen. Dieser hierarchische Merkmalsextraktionsprozess ermöglicht es CNNs, komplexe Muster und Beziehungen in Bildern zu erfassen und damit Aufgaben wie Bildklassifizierung, Objekterkennung und semantische Segmentierung mit bemerkenswerter Genauigkeit durchzuführen.

Inspiriert vom menschlichen visuellen System spiegeln CNNs die Art und Weise wider, wie unser Gehirn visuelle Informationen hierarchisch verarbeitet. Ähnlich wie unser visueller Cortex zunächst grundlegende Merkmale wie Kanten und Konturen erkennt, bevor er komplexere Objekte wahrnimmt, verwenden CNNs eine Reihe von Faltungsfiltern, die in Schichten angeordnet sind, um schrittweise visuelle Muster zunehmender Komplexität zu erfassen und zu kombinieren. Dieser biomimetische Ansatz ermöglicht es CNNs, die reichhaltige, mehrstufige Struktur visueller Informationen effizient zu lernen und darzustellen, wodurch sie sich hervorragend für ein breites Spektrum von Computer-Vision-Anwendungen eignen.

5.1 Einführung in CNNs und Bildverarbeitung

Im Kern sind Faltungsneuronale Netze (CNNs) spezialisierte Deep-Learning-Architekturen, die für die Verarbeitung strukturierter Rasterdaten konzipiert sind, mit besonderem Fokus auf Bilder. Im Gegensatz zu traditionellen neuronalen Netzen, wie vollständig verbundenen Netzen, die Eingangsbilder in eindimensionale Vektoren umwandeln, bewahren CNNs die räumliche Integrität der Daten während des gesamten Verarbeitungsprozesses. Dieser fundamentale

Unterschied ermöglicht es CNNs, wichtige räumliche Beziehungen zwischen Pixeln zu erfassen und zu nutzen, wodurch sie sich hervorragend für Bildverarbeitungsaufgaben eignen.

Um die Vorteile von CNNs zu verstehen, betrachten wir zunächst die Einschränkungen traditioneller neuronaler Netze bei der Anwendung auf Bilddaten. Wenn ein Bild in einen 1D-Vektor umgewandelt wird, gehen die räumlichen Beziehungen zwischen benachbarten Pixeln verloren. Zum Beispiel wird ein 3x3-Pixel-Bereich, der ein bestimmtes Merkmal (wie eine Kante oder eine Ecke) darstellen könnte, in einer abgeflachten Darstellung getrennt. Dieser Verlust räumlicher Informationen macht es für traditionelle Netzwerke schwierig, Muster effizient zu lernen und zu erkennen, die von Natur aus räumlich sind.

CNNs hingegen bewahren diese wichtigen räumlichen Beziehungen, indem sie Bilder in ihrer natürlichen 2D-Form verarbeiten. Dies erreichen sie durch den Einsatz spezialisierter Schichten, insbesondere Faltungsschichten, die Filter (oder Kernel) über das Bild anwenden. Diese Filter können verschiedene Merkmale wie Kanten, Texturen oder komplexere Muster erkennen und dabei ihren räumlichen Kontext beibehalten. Dieser Ansatz ermöglicht es CNNs, eine hierarchische Darstellung des Bildes aufzubauen, bei der untere Schichten einfache Merkmale erfassen und höhere Schichten diese zu komplexeren Strukturen kombinieren.

Die Bewahrung räumlicher Beziehungen in CNNs bietet mehrere wichtige Vorteile:

1. Merkmalserkennung und Translationsinvarianz: CNNs zeichnen sich durch die automatische Erkennung von translationsinvarianten Merkmalen aus. Diese bemerkenswerte Fähigkeit ermöglicht es dem Netzwerk, Muster und Objekte unabhängig von ihrer Position im Bild zu erkennen, was die Flexibilität und Robustheit des Modells bei verschiedenen Computer-Vision-Aufgaben deutlich erhöht.

2. Parametereffizienz und Gewichtsverteilung: Durch den geschickten Einsatz von Faltungsoperationen implementieren CNNs einen Mechanismus zur Gewichtsverteilung über das gesamte Bild. Dieser Ansatz reduziert die Anzahl der Parameter im Vergleich zu vollständig verbundenen Netzwerken erheblich, was zu Modellen führt, die nicht nur rechnerisch effizienter sind, sondern auch weniger anfällig für Überanpassung. Diese Effizienz ermöglicht es CNNs, besser von begrenzten Trainingsdaten zu generalisieren.

3. Hierarchisches Lernen und abstrakte Darstellungen: Die Schichtarchitektur von CNNs ermöglicht einen hierarchischen Lernprozess, bei dem jede nachfolgende Schicht auf den von vorherigen Schichten gelernten Merkmalen aufbaut. Diese Struktur ermöglicht es dem Netzwerk, zunehmend abstrakte Darstellungen der Bilddaten zu konstruieren, von der einfachen Kantenerkennung in frühen Schichten bis zur komplexen Objekterkennung in tieferen Schichten. Dieser hierarchische Ansatz ähnelt stark der Art und Weise, wie das menschliche visuelle System visuelle Informationen verarbeitet und interpretiert.

4. Mehrskalige räumliche Hierarchie: CNNs besitzen die einzigartige Fähigkeit, sowohl lokale (kleinskalige) als auch globale (großskalige) Muster in Bildern gleichzeitig zu

erfassen. Dieses mehrskalige Verständnis ist entscheidend für komplexe Aufgaben wie Objekterkennung und Bildsegmentierung, bei denen das Netzwerk sowohl feine Details als auch übergreifende Strukturen verstehen muss. Durch die Integration von Informationen über verschiedene räumliche Skalen können CNNs fundiertere und kontextbewusstere Entscheidungen in verschiedenen Computer-Vision-Anwendungen treffen.

Lassen Sie uns die wichtigsten Komponenten von CNNs und deren Zusammenspiel bei der Analyse von Bildern untersuchen, wobei wir diese einzigartigen Eigenschaften nutzen, um in verschiedenen Computer-Vision-Aufgaben zu glänzen.

5.1.1 Die Architektur eines CNN

Eine typische CNN-Architektur besteht aus mehreren Schlüsselkomponenten, die jeweils eine wichtige Rolle bei der Verarbeitung und Analyse von Bilddaten spielen:

1. Faltungsschichten

Diese bilden das Rückgrat von CNNs und dienen als primärer Mechanismus zur Merkmalsextraktion. Faltungsschichten wenden lernbare Filter (auch als Kernel bekannt) durch einen Prozess namens Faltung auf Eingangsbilder an. Während diese Filter über das Bild gleiten, führen sie elementweise Multiplikationen und Summierungen durch und erkennen dabei effektiv verschiedene Merkmale wie Kanten, Texturen und komplexere Muster.

Die wichtigsten Aspekte von Faltungsschichten umfassen:

- Filteroperationen: Jeder Filter ist eine kleine Matrix (z.B. 3x3 oder 5x5), die über das Eingangsbild gleitet. Die Filterwerte werden während des Trainings gelernt, wodurch das Netzwerk automatisch wichtige Merkmale entdecken kann.

- Merkmalskarten: Das Ergebnis jeder Faltungsoperation ist eine Merkmalskarte. Diese 2D-Matrix hebt Bereiche im Eingang hervor, wo bestimmte Muster erkannt werden. Die Intensität jedes Punktes in der Merkmalskarte zeigt die Stärke des erkannten Merkmals an dieser Stelle an.

- Multiple Filter: Jede Faltungsschicht enthält typischerweise mehrere Filter. Dies ermöglicht es dem Netzwerk, gleichzeitig eine Vielzahl von Merkmalen zu identifizieren. Zum Beispiel könnte ein Filter vertikale Kanten erkennen, während ein anderer horizontale Kanten erkennt.

- Hierarchisches Lernen: Mit zunehmender Tiefe des Netzwerks lernen Faltungsschichten progressiv komplexere und abstraktere Merkmale. Frühe Schichten könnten einfache Kanten und Texturen erkennen, während tiefere Schichten komplexe Formen oder sogar ganze Objekte erkennen können.

- Parameterverteilung: Derselbe Filter wird über das gesamte Bild angewendet, was die Anzahl der Parameter im Vergleich zu vollständig verbundenen Schichten deutlich reduziert. Dies macht CNNs effizienter und hilft ihnen, besser auf verschiedene Eingangsgrößen zu generalisieren.

- Translationsinvarianz: Da dieselben Filter über das gesamte Bild angewendet werden, können CNNs Merkmale unabhängig von ihrer Position im Bild erkennen. Diese Eigenschaft, bekannt als Translationsinvarianz, ist entscheidend für robuste Objekterkennung.

Die Kombination dieser Eigenschaften ermöglicht es Faltungsschichten, visuelle Daten effizient und effektiv zu verarbeiten, wodurch sie zum Eckpfeiler moderner Computer-Vision-Anwendungen werden.

2. Pooling-Schichten

Nach den Faltungsschichten spielen Pooling-Schichten eine entscheidende Rolle bei der Dimensionsreduktion der Merkmalskarten. Diese Reduktion der Dimensionalität ist eine wichtige Operation in CNNs und erfüllt mehrere wichtige Zwecke:

- Recheneffizienz: Durch die Reduzierung der Anzahl der Parameter verringern Pooling-Schichten die rechnerische Komplexität des Netzwerks erheblich. Dies ist besonders wichtig, wenn CNNs tiefer werden, da es effizienteres Training und effizientere Inferenz ermöglicht.

- Translationsinvarianz: Pooling führt eine Form der Translationsinvarianz ein, die das Netzwerk robuster gegenüber leichten Verschiebungen oder Verzerrungen in der Eingabe macht. Dies bedeutet, dass das Netzwerk Merkmale unabhängig von ihrer genauen Position im Bild erkennen kann, was für Aufgaben wie Objekterkennung entscheidend ist.

- Merkmalsabstraktion: Durch die Zusammenfassung des Vorhandenseins von Merkmalen in Bereichen der Merkmalskarte hilft Pooling dem Netzwerk, sich auf die wichtigsten Merkmale zu konzentrieren. Dieser Abstraktionsprozess ermöglicht es höheren Schichten, mit abstrakteren Darstellungen zu arbeiten und erleichtert das Lernen komplexer Muster.

Übliche Pooling-Operationen umfassen:

- Max-Pooling: Diese Operation nimmt den maximalen Wert aus einem Bereich der Merkmalskarte. Sie ist besonders effektiv bei der Erfassung der prominentesten Merkmale und wird in der Praxis häufig verwendet.

- Average-Pooling: Diese Methode berechnet den Durchschnittswert eines Bereichs. Sie kann in bestimmten Fällen nützlich sein, um mehr Informationen über die gesamte Merkmalsverteilung zu bewahren.

Die Wahl zwischen Max- und Average-Pooling hängt oft von der spezifischen Aufgabe und dem Datensatz ab. Einige Architekturen verwenden sogar eine Kombination aus beiden, um ihre jeweiligen Stärken zu nutzen. Durch sorgfältige Anwendung von Pooling-Schichten können CNNs hohe Leistung bei gleichzeitiger deutlicher Reduzierung der Rechenlast aufrechterhalten, wodurch sie skalierbarer und effizienter für komplexe Vision-Aufgaben werden.

3. Vollständig verbundene Schichten

Strategisch am Ende des Netzwerks positioniert, spielen vollständig verbundene Schichten eine entscheidende Rolle in den finalen Verarbeitungsphasen. Im Gegensatz zu Faltungsschichten, die räumliche Beziehungen beibehalten, flachen vollständig verbundene Schichten die Eingabe ab und verbinden jedes Neuron der vorherigen Schicht mit jedem Neuron der aktuellen Schicht. Diese umfassende Konnektivität ermöglicht es diesen Schichten:

- Die hochrangigen Merkmale zu kombinieren, die von den Faltungsschichten gelernt wurden: Durch die Verbindung zu allen Neuronen der vorherigen Schicht können vollständig verbundene Schichten verschiedene hochrangige Merkmale integrieren, die von Faltungsschichten extrahiert wurden. Diese Integration ermöglicht es dem Netzwerk, komplexe Merkmalskombinationen zu berücksichtigen und ermöglicht eine anspruchsvollere Mustererkennung.

- Schlussfolgerungen auf Basis dieser Merkmale durchzuführen: Die dichte Konnektivität dieser Schichten ermöglicht komplexe, nicht-lineare Transformationen der Eingabe. Diese Fähigkeit erlaubt es dem Netzwerk, hochrangige Schlussfolgerungen zu ziehen und komplexe Entscheidungen basierend auf dem kombinierten Merkmalssatz zu treffen. In diesen Schichten kann das Netzwerk lernen, abstrakte Konzepte zu erkennen und nuancierte Unterscheidungen zwischen Klassen zu treffen.

- Die extrahierten Merkmale auf die finalen Ausgabeklassen für Klassifizierungsaufgaben abzubilden: Die letzte vollständig verbundene Schicht hat typischerweise Neuronen, die der Anzahl der Klassen in der Klassifizierungsaufgabe entsprechen. Durch Training lernen diese Schichten, die abstrakten Merkmalsdarstellungen auf spezifische Klassenwahrscheinlichkeiten abzubilden und übersetzen damit effektiv das Verständnis des Netzwerks von der Eingabe in eine Klassifizierungsentscheidung.

Zusätzlich verwenden vollständig verbundene Schichten oft Aktivierungsfunktionen und Dropout-Regularisierung, um ihre Lernkapazität zu verbessern und Überanpassung zu verhindern. Während sie aufgrund ihrer dichten Verbindungen rechenintensiv sind, sind vollständig verbundene Schichten essentiell für die Synthese der räumlichen Hierarchien, die von früheren Faltungsschichten gelernt wurden, in eine Form, die für finale Klassifizierungs- oder Regressionsaufgaben geeignet ist.

4. Aktivierungsfunktionen

Diese nicht-linearen Funktionen spielen eine entscheidende Rolle bei der Einführung von Nicht-Linearität in das Modell und ermöglichen es ihm, komplexe Muster in den Daten zu lernen und darzustellen. Aktivierungsfunktionen werden elementweise auf die Ausgabe jedes Neurons angewendet und ermöglichen es dem Netzwerk, nicht-lineare Beziehungen zu modellieren und nicht-lineare Entscheidungen zu treffen. Ohne Aktivierungsfunktionen wäre ein neuronales Netzwerk im Wesentlichen eine Reihe linearer Transformationen, was seine Fähigkeit, komplexe Muster zu lernen, stark einschränken würde.

Die am häufigsten verwendete Aktivierungsfunktion in CNNs ist die Rectified Linear Unit (ReLU). ReLU ist definiert als f(x) = max(0, x), was bedeutet, dass sie für negative Eingaben null ausgibt und positive Werte unverändert durchlässt. ReLU hat aufgrund mehrerer Vorteile an Popularität gewonnen:

- Einfachheit: Sie ist rechnerisch effizient und einfach zu implementieren.

- Sparsität: Sie induziert natürliche Sparsität im Netzwerk, da negative Werte auf null gesetzt werden.

- Minderung des Problems verschwindender Gradienten: Im Gegensatz zu Sigmoid- oder Tanh-Funktionen sättigt ReLU nicht für positive Werte, was hilft, das Problem verschwindender Gradienten während der Rückpropagation zu verhindern.

Allerdings ist ReLU nicht ohne Nachteile. Das Hauptproblem ist das "sterbende ReLU"-Problem, bei dem Neuronen in einem Zustand stecken bleiben können, in dem sie immer null ausgeben. Um dies und andere Einschränkungen anzugehen, wurden mehrere Varianten von ReLU entwickelt:

- Leaky ReLU: Diese Funktion erlaubt einen kleinen, nicht-null Gradienten, wenn die Eingabe negativ ist, was hilft, sterbende Neuronen zu verhindern.

- Exponential Linear Unit (ELU): ELU verwendet eine Exponentialfunktion für negative Eingaben, was helfen kann, die mittleren Einheitsaktivierungen näher an null zu bringen und potenziell zu schnellerem Lernen führt.

- Swish: Von Forschern bei Google eingeführt, ist Swish definiert als f(x) = x * sigmoid(x). Es hat sich gezeigt, dass sie ReLU in einigen tiefen Netzwerken übertrifft.

Die Wahl der Aktivierungsfunktion kann die Leistung und Trainingsdynamik eines CNN erheblich beeinflussen. Während ReLU eine beliebte Standardwahl bleibt, experimentieren Forscher und Praktiker oft mit verschiedenen Aktivierungsfunktionen oder verwenden sogar eine Kombination von Funktionen in verschiedenen Teilen des Netzwerks, abhängig von den spezifischen Anforderungen der Aufgabe und den Eigenschaften des Datensatzes.

Das Zusammenspiel dieser Komponenten ermöglicht es CNNs, schrittweise hierarchische Darstellungen visueller Daten zu lernen, von niedrigstufigen Merkmalen in frühen Schichten bis zu hochstufigen, abstrakten Konzepten in tieferen Schichten. Dieses hierarchische Lernen ist der Schlüssel zum Erfolg von CNNs in verschiedenen Computer-Vision-Aufgaben wie Bildklassifizierung, Objekterkennung und semantischer Segmentierung.

5.1.2 Faltungsschicht

Die Faltungsschicht ist der Eckpfeiler und grundlegende Baustein eines Faltungsneuronalen Netzes (CNN). Diese Schicht führt eine entscheidende Operation durch, die es dem Netzwerk ermöglicht, automatisch wichtige Merkmale in Eingangsbildern zu lernen und zu erkennen.

Hier folgt eine detaillierte Erklärung der Funktionsweise:

Filter- (Kernel-) Operation

Die Faltungsschicht verwendet eine entscheidende Komponente, die als **Filter** oder **Kernel** bekannt ist. Dies ist eine kleine Matrix, typischerweise deutlich kleiner als das Eingangsbild, mit Dimensionen wie 3x3 oder 5x5 Pixel. Der Filter gleitet systematisch oder "faltet" sich über das gesamte Eingangsbild und führt dabei an jeder Position eine spezifische mathematische Operation durch.

Der Zweck dieses Filters ist es, als Merkmalsdetektor zu fungieren. Während er sich über das Bild bewegt, kann er verschiedene visuelle Elemente wie Kanten, Texturen oder komplexere Muster identifizieren, abhängig von seinen gelernten Werten. Die geringe Größe des Filters ermöglicht es ihm, sich auf lokale Muster innerhalb eines begrenzten rezeptiven Feldes zu konzentrieren, was entscheidend für die Erkennung von Merkmalen ist, die an verschiedenen Stellen im Bild auftreten können.

Ein 3x3 Filter könnte zum Beispiel dafür ausgelegt sein, vertikale Kanten zu erkennen. Während dieser Filter über das Bild gleitet, wird er in Bereichen mit vertikalen Kanten hohe Aktivierungswerte erzeugen und damit effektiv eine Merkmalskarte erstellen, die diese spezifischen Muster hervorhebt. Die Verwendung mehrerer Filter in einer einzelnen Faltungsschicht ermöglicht es dem Netzwerk, gleichzeitig eine Vielzahl von Merkmalen zu erkennen, was die Grundlage für die Fähigkeit des CNNs bildet, komplexe visuelle Informationen zu verstehen und zu interpretieren.

Faltungsprozess

Die Kernoperation in einer Faltungsschicht ist der Faltungsprozess. Diese mathematische Operation wird ausgeführt, während sich der Filter (oder Kernel) systematisch über das Eingangsbild bewegt. Hier ist eine detaillierte Aufschlüsselung der Funktionsweise:

1. Filterbewegung: Der Filter, typischerweise eine kleine Matrix (z.B. 3x3 oder 5x5), beginnt in der oberen linken Ecke des Eingangsbildes und gleitet von links nach rechts und von oben nach unten darüber. An jeder Position überlappt er mit einem seiner Größe entsprechenden Teil des Bildes.

2. Element-weise Multiplikation: An jeder Position führt der Filter eine element-weise Multiplikation zwischen seinen Werten und den entsprechenden Pixelwerten im überlappten Bereich des Bildes durch. Das bedeutet, dass jedes Element des Filters mit seinem entsprechenden Pixel im Bild multipliziert wird.

3. Summierung: Nach der element-weisen Multiplikation werden alle resultierenden Produkte zusammenaddiert. Diese Summe repräsentiert einen einzelnen Wert in der Ausgabe, bekannt als Pixel in der **Merkmalskarte**.

4. Merkmalskarten-Generierung: Während der Filter weiter über das gesamte Bild gleitet und dabei die Schritte 2 und 3 an jeder Position wiederholt, erzeugt er eine vollständige Merkmalskarte. Diese Merkmalskarte ist im Wesentlichen ein neues Bild, bei dem jedes Pixel das Ergebnis der Faltungsoperation an einer bestimmten Position im Originalbild darstellt.

5. Merkmalserkennung: Die Werte in der Merkmalskarte zeigen die Präsenz und Stärke spezifischer Merkmale in verschiedenen Teilen des Originalbildes an. Hohe Werte in der Merkmalskarte deuten auf eine starke Präsenz des Merkmals hin, das der Filter an dieser Stelle erkennen soll.

Dieser Prozess ermöglicht es dem Netzwerk, automatisch wichtige Merkmale im Eingangsbild zu lernen und zu erkennen, was die Grundlage für die Fähigkeit des CNNs bildet, visuelle Informationen zu verstehen und zu interpretieren.

Merkmalskarten-Generierung

Das Ergebnis der Faltungsoperation ist eine **Merkmalskarte** - eine transformierte Darstellung des Eingangsbildes, die spezifische vom Filter erkannte Merkmale hervorhebt. Dieser Prozess ist fundamental dafür, wie CNNs visuelle Informationen verstehen und interpretieren. Hier folgt eine detailliertere Erklärung:

1. Merkmalsextraktion: Während der Filter über das Eingangsbild gleitet, führt er element-weise Multiplikation und Summierung an jeder Position durch. Diese Operation "sucht" im Wesentlichen nach Mustern im Bild, die der Filterstruktur entsprechen.

2. Räumliche Korrespondenz: Jedes Pixel in der Merkmalskarte entspricht einem spezifischen Bereich im Originalbild. Der Wert dieses Pixels repräsentiert, wie stark das Filtermuster in diesem Bereich erkannt wurde.

3. Merkmalsspezifität: Abhängig von den gelernten Werten des Filters wird dieser empfindlich für bestimmte grundlegende Merkmale wie:

- Kanten: Filter können vertikale, horizontale oder diagonale Kanten im Bild erkennen.

- Ecken: Einige Filter können sich auf die Identifizierung von eckenähnlichen Strukturen spezialisieren.

- Texturen: Bestimmte Filter können stark auf spezifische Texturmuster reagieren.

4. Multiple Merkmalskarten: In der Praxis verwendet eine Faltungsschicht typischerweise mehrere Filter, wobei jeder seine eigene Merkmalskarte generiert. Dies ermöglicht es dem Netzwerk, gleichzeitig eine Vielzahl von Merkmalen zu erkennen.

5. Aktivierungsmuster: Die Intensität jedes Punktes in der Merkmalskarte zeigt die Stärke des erkannten Merkmals an dieser Stelle an. Zum Beispiel:

- Ein Filter, der für die Erkennung vertikaler Kanten ausgelegt ist, wird in der Merkmalskarte hohe Werte erzeugen, wo starke vertikale Kanten im Originalbild vorhanden sind.

- Ähnlich wird ein für horizontale Kanten empfindlicher Filter eine Merkmalskarte mit hohen Aktivierungen entlang horizontaler Kantenpositionen generieren.

1. Hierarchisches Lernen: Wenn wir tiefer in das Netzwerk vordringen, werden diese Merkmalskarten zu Eingaben für nachfolgende Schichten, was dem CNN ermöglicht, zunehmend komplexe und abstrakte Darstellungen des Bildinhalts aufzubauen.

Durch die Generierung dieser Merkmalskarten können CNNs automatisch lernen, wichtige visuelle Elemente zu identifizieren, was die Grundlage für ihre bemerkenswerte Leistung in verschiedenen Computer-Vision-Aufgaben bildet.

Lernprozess

Ein fundamentaler Aspekt von Faltungsneuronalen Netzen (CNNs) ist ihre Fähigkeit, durch den Trainingsprozess zu lernen und sich anzupassen. Im Gegensatz zu traditionellen Bildverarbeitungstechniken, bei denen Filter manuell entworfen werden, lernen CNNs die optimalen Filterwerte automatisch aus den Daten. Dieser Lernprozess macht CNNs so leistungsfähig und vielseitig. Hier folgt eine detailliertere Erklärung der Funktionsweise:

1. Initialisierung: Zu Beginn des Trainings werden die Werte innerhalb jedes Filters (auch als Gewichte bekannt) typischerweise zufällig initialisiert. Diese zufällige Initialisierung bietet einen Ausgangspunkt, von dem aus das Netzwerk lernen kann.

2. Vorwärtsdurchlauf: Während jeder Trainingsiteration verarbeitet das Netzwerk Eingangsbilder durch seine Schichten. Die Faltungsschichten wenden ihre aktuellen Filter auf den Eingang an und generieren Merkmalskarten, die erkannte Muster repräsentieren.

3. Verlustberechnung: Die Ausgabe des Netzwerks wird mit der Ground Truth (der korrekten Antwort) mittels einer Verlustfunktion verglichen. Dieser Verlust quantifiziert, wie weit die Vorhersagen des Netzwerks von den korrekten Antworten entfernt sind.

4. Rückpropagation: Das Netzwerk verwendet dann einen Algorithmus namens Rückpropagation, um zu berechnen, wie jeder Filterwert zum Fehler beigetragen hat. Dieser Prozess berechnet Gradienten, die anzeigen, wie die Filterwerte angepasst werden sollten, um den Fehler zu reduzieren.

5. Gewichtsaktualisierung: Basierend auf diesen Gradienten werden die Filterwerte leicht aktualisiert. Dies geschieht typischerweise mittels eines Optimierungsalgorithmus wie

Stochastic Gradient Descent (SGD) oder Adam. Das Ziel ist es, die Filter so anzupassen, dass sie den Fehler bei zukünftigen Eingaben reduzieren.

6. Iteration: Dieser Prozess wird viele Male mit vielen verschiedenen Eingangsbildern wiederholt. Im Laufe der Zeit entwickeln sich die Filter so, dass sie zunehmend effektiver bei der Erkennung relevanter Muster in den Eingabedaten werden.

7. Spezialisierung: Während das Training fortschreitet, tendieren verschiedene Filter im Netzwerk dazu, sich auf die Erkennung spezifischer Musterarten zu spezialisieren. In frühen Schichten lernen Filter möglicherweise, einfache Merkmale wie Kanten oder Farbverläufe zu erkennen. In tieferen Schichten werden Filter oft für komplexere, aufgabenspezifische Merkmale spezialisiert.

8. Aufgabenanpassung: Die Art der Aufgabe (z.B. Objekterkennung, Gesichtserkennung, medizinische Bildanalyse) leitet den Lernprozess. Das Netzwerk wird Filter entwickeln, die besonders gut darin sind, Muster zu erkennen, die für seine spezifische Zielsetzung relevant sind.

Dieser adaptive Lernprozess ermöglicht es CNNs, automatisch die relevantesten Merkmale für eine bestimmte Aufgabe zu entdecken und übertrifft dabei oft die Leistung manuell entworfener Merkmalsextraktoren. Dies ist ein Hauptgrund dafür, warum CNNs in einem breiten Spektrum von Computer-Vision-Anwendungen so erfolgreich sind.

Multiple Filter

Ein wichtiges Merkmal von Faltungsschichten in CNNs ist die Verwendung mehrerer Filter, die jeweils darauf ausgelegt sind, unterschiedliche Muster in den Eingabedaten zu erkennen. Dieser Multi-Filter-Ansatz ist entscheidend für die Fähigkeit des Netzwerks, gleichzeitig eine Vielzahl von Merkmalen zu erfassen, was seine Kapazität zum Verstehen und Interpretieren komplexer visueller Informationen erheblich steigert.

Hier folgt eine detailliertere Erklärung, wie multiple Filter in CNNs funktionieren:

- Vielfältige Merkmalserkennung: Jeder Filter in einer Faltungsschicht ist im Wesentlichen ein Musterdetektor. Durch den Einsatz mehrerer Filter kann das Netzwerk parallel eine breite Palette von Merkmalen identifizieren. Zum Beispiel in einer einzelnen Schicht:

- Ein Filter könnte sich auf die Erkennung vertikaler Linien spezialisieren

- Ein anderer könnte sich auf horizontale Linien konzentrieren

- Ein dritter könnte auf diagonale Kanten ausgerichtet sein

- Weitere Filter könnten Kurven, Ecken oder spezifische Texturen erkennen

Diese Vielfalt ermöglicht es dem CNN, ein umfassendes Verständnis der Bildkomposition aufzubauen.

Merkmalskarten-Generierung: Jeder Filter erzeugt seine eigene Merkmalskarte während der Faltung über die Eingabe. Mit mehreren Filtern erhalten wir multiple Merkmalskarten, die jeweils unterschiedliche Aspekte des Eingangsbildes hervorheben. Dieser reichhaltige Satz an Merkmalskarten liefert eine mehrdimensionale Darstellung des Bildes, die verschiedene Charakteristiken gleichzeitig erfasst.

Hierarchisches Lernen: Wenn wir Faltungsschichten stapeln, kann das Netzwerk diese verschiedenen Low-Level-Merkmale kombinieren, um zunehmend komplexe und abstrakte Darstellungen zu bilden. Frühe Schichten erkennen möglicherweise einfache Kanten und Texturen, während tiefere Schichten kompliziertere Muster, Formen und sogar ganze Objekte erkennen können.

Automatisches Merkmal-Lernen: Einer der leistungsfähigsten Aspekte der Verwendung mehrerer Filter ist, dass das Netzwerk während des Trainings lernt, welche Merkmale für die jeweilige Aufgabe am relevantesten sind. Anstatt Filter manuell zu entwerfen, entdeckt das CNN automatisch die nützlichsten zu erkennenden Muster.

Robustheit und Generalisierung: Durch das Erlernen der Erkennung verschiedener Merkmale werden CNNs robuster und können besser auf neue, ungesehene Daten generalisieren. Dies liegt daran, dass sie sich nicht auf einen einzelnen Mustertyp verlassen, sondern Objekte anhand verschiedener visueller Hinweise erkennen können.

Dieser Multi-Filter-Ansatz ist ein fundamentaler Grund, warum CNNs in einem breiten Spektrum von Computer-Vision-Aufgaben so erfolgreich sind, von der Bildklassifizierung und Objekterkennung bis hin zur semantischen Segmentierung und Gesichtserkennung.

Hierarchisches Merkmal-Lernen

Einer der leistungsfähigsten Aspekte von Faltungsneuronalen Netzen (CNNs) ist ihre Fähigkeit, hierarchische Darstellungen visueller Daten zu lernen. Dieser Prozess findet statt, wenn sich das Netzwerk vertieft, wobei mehrere Faltungsschichten übereinander gestapelt werden. Hier folgt eine detaillierte Aufschlüsselung, wie dieses hierarchische Lernen abläuft:

1. Erkennung einfacher Merkmale: In den ersten Schichten des Netzwerks konzentrieren sich CNNs auf die Erkennung einfacher, grundlegender Merkmale. Dazu gehören:

- Kanten: Vertikale, horizontale oder diagonale Linien im Bild

- Texturen: Grundlegende Muster oder Texturen in der Eingabe

- Farbverläufe: Änderungen der Farbintensität über das Bild hinweg

2. Kombination mittlerer Merkmale: Wenn wir zu den mittleren Schichten des Netzwerks fortschreiten, werden diese einfachen Merkmale zu komplexeren Mustern kombiniert:

- Formen: Einfache geometrische Formen wie Kreise, Quadrate oder Dreiecke

- Ecken: Schnittpunkte von Kanten

- Komplexere Texturen: Kombinationen einfacher Texturen

3. Erkennung komplexer Merkmale: In den tieferen Schichten des Netzwerks werden diese mittleren Merkmale weiter kombiniert, um noch abstraktere und komplexere Konzepte zu erkennen:

- Objekte: Ganze Objekte oder Objektteile (z.B. Augen, Räder oder Fenster)

- Szenen: Kombinationen von Objekten, die erkennbare Szenen bilden

- Abstrakte Konzepte: Komplexe Merkmale, die komplizierte Ideen oder Kategorien darstellen können

4. Zunehmende Abstraktion: Je tiefer wir in das Netzwerk vordringen, desto abstrakter und aufgabenspezifischer werden die Merkmale. Bei einer Gesichtserkennungsaufgabe könnten frühe Schichten beispielsweise Kanten erkennen, mittlere Schichten Gesichtsmerkmale wie Augen oder Nasen identifizieren und tiefere Schichten spezifische Gesichtsausdrücke oder Identitäten erkennen.

5. Erweiterung des rezeptiven Feldes: Dieses hierarchische Lernen wird durch das sich erweiternde rezeptive Feld der Neuronen in tieferen Schichten ermöglicht. Jedes Neuron in einer tieferen Schicht kann einen größeren Teil des Originalbildes "sehen", wodurch es komplexere, großflächigere Merkmale erkennen kann.

6. Wiederverwendbarkeit von Merkmalen: Die vom Netzwerk gelernten einfacheren Merkmale sind oft über verschiedene Aufgaben hinweg wiederverwendbar. Diese Eigenschaft ermöglicht Transfer Learning, bei dem ein für eine Aufgabe trainiertes Netzwerk für eine andere, verwandte Aufgabe feinabgestimmt werden kann, wobei es die bereits gelernten einfachen Merkmale nutzt.

Dieser hierarchische Merkmal-Lernprozess verleiht CNNs ihre bemerkenswerte Fähigkeit, visuelle Daten zu verstehen und zu interpretieren, was sie außerordentlich leistungsfähig für ein breites Spektrum von Computer-Vision-Aufgaben macht, von der Bildklassifizierung und Objekterkennung bis hin zur semantischen Segmentierung und Gesichtserkennung.

Dieser hierarchische Lernprozess verleiht CNNs ihre bemerkenswerte Fähigkeit, visuelle Daten zu verstehen und zu interpretieren, was sie außerordentlich leistungsfähig für Aufgaben wie Bildklassifizierung, Objekterkennung und semantische Segmentierung macht. **Beispiel: Faltungsoperation**

Betrachten wir ein Beispiel mit einem 5x5 Graustufenbild und einem 3x3 Filter:

```
import torch
import torch.nn.functional as F
import matplotlib.pyplot as plt

# Define a 5x5 image (grayscale) as a PyTorch tensor
image = torch.tensor([
    [0, 1, 1, 0, 0],
    [0, 1, 1, 0, 0],
    [0, 0, 1, 1, 1],
```

```python
    [0, 0, 0, 1, 1],
    [0, 1, 1, 1, 0]
], dtype=torch.float32).unsqueeze(0).unsqueeze(0)

# Define multiple 3x3 filters
filters = torch.tensor([
    [[-1, -1, -1],
     [ 0,  0,  0],
     [ 1,  1,  1]],   # Horizontal edge detector
    [[-1,  0,  1],
     [-1,  0,  1],
     [-1,  0,  1]],   # Vertical edge detector
    [[ 0, -1,  0],
     [-1,  4, -1],
     [ 0, -1,  0]]]   # Sharpening filter
], dtype=torch.float32).unsqueeze(1)

# Apply convolution operations
outputs = []
for i, filter in enumerate(filters):
    output = F.conv2d(image, filter.unsqueeze(0))
    outputs.append(output.squeeze().detach().numpy())
    print(f"Output for filter {i+1}:")
    print(output.squeeze())
    print()

# Visualize the results
fig, axs = plt.subplots(2, 2, figsize=(10, 10))
axs[0, 0].imshow(image.squeeze(), cmap='gray')
axs[0, 0].set_title('Original Image')
axs[0, 1].imshow(outputs[0], cmap='gray')
axs[0, 1].set_title('Horizontal Edge Detection')
axs[1, 0].imshow(outputs[1], cmap='gray')
axs[1, 0].set_title('Vertical Edge Detection')
axs[1, 1].imshow(outputs[2], cmap='gray')
axs[1, 1].set_title('Sharpening')
plt.tight_layout()
plt.show()
```

Code-Aufschlüsselung:

1. Bibliotheken importieren:

    o Wir importieren PyTorch (torch) für Tensor-Operationen.

    o torch.nn.functional wird für die Faltungsoperation importiert.

    o matplotlib.pyplot wird für die Visualisierung importiert.

2. Eingabebild definieren:

    o Ein 5x5 Graustufenbild wird als PyTorch-Tensor definiert.

- Das Bild ist ein einfaches Muster mit einigen vertikalen und horizontalen Kanten.

- Wir verwenden unsqueeze(0).unsqueeze(0), um Batch- und Kanal-Dimensionen hinzuzufügen, damit es mit PyTorchs Faltungsoperation kompatibel ist.

3. Filter definieren:

- Wir definieren drei verschiedene 3x3 Filter: a. Horizontaler Kantendetektor: Erkennt horizontale Kanten im Bild. b. Vertikaler Kantendetektor: Erkennt vertikale Kanten im Bild. c. Schärfungsfilter: Verstärkt Kanten in allen Richtungen.

- Diese Filter werden zu einem einzelnen Tensor gestapelt.

4. Faltung anwenden:

- Wir iterieren durch jeden Filter und wenden ihn mit F.conv2d() auf das Bild an.

- Das Ergebnis jeder Faltungsoperation ist eine Feature-Map, die bestimmte Merkmale des Bildes hervorhebt.

- Wir geben jedes Ergebnis aus, um die numerischen Resultate der Faltung zu sehen.

5. Ergebnisse visualisieren:

- Wir verwenden matplotlib, um ein 2x2-Raster von Subplots zu erstellen.

- Das Originalbild und die drei Faltungsergebnisse werden angezeigt.

- Diese visuelle Darstellung hilft beim Verständnis, wie jeder Filter das Bild beeinflusst.

6. Ergebnisse verstehen:

- Der horizontale Kantendetektor hebt horizontale Kanten mit hohen positiven oder negativen Werten hervor.

- Der vertikale Kantendetektor macht dasselbe für vertikale Kanten.

- Der Schärfungsfilter verstärkt alle Kanten und macht sie deutlicher sichtbar.

Dieses Beispiel zeigt, wie verschiedene Faltungsfilter unterschiedliche Merkmale aus einem Bild extrahieren können, was ein fundamentales Konzept in Faltungsneuronalen Netzen (CNNs) ist. Durch die Anwendung dieser Filter und die Visualisierung der Ergebnisse können wir besser verstehen, wie CNNs Bilddaten in ihren ersten Schichten verarbeiten und interpretieren.

5.1.3 Pooling-Schicht

Nach der Faltungsschicht wird häufig eine **Pooling-Schicht** eingebaut, um die Dimensionalität der Feature-Maps zu reduzieren. Dieser entscheidende Schritt erfüllt mehrere Zwecke in der CNN-Architektur:

Rechnerische Effizienz

Pooling-Operationen spielen eine wichtige Rolle bei der Optimierung der Rechenressourcen von Faltungsneuronalen Netzen (CNNs). Durch die deutliche Reduzierung der räumlichen Dimensionen der Feature-Maps verringern Pooling-Schichten effektiv die Anzahl der Parameter und den Rechenaufwand innerhalb des Netzwerks. Diese Komplexitätsreduktion hat mehrere wichtige Auswirkungen:

1. Optimierte Modellarchitektur: Die durch Pooling erreichte Dimensionsreduktion ermöglicht eine kompaktere Netzwerkstruktur. Diese optimierte Architektur benötigt weniger Speicher zum Speichern und Verarbeiten, wodurch der Einsatz von CNNs auf Geräten mit begrenzten Rechenressourcen, wie Mobiltelefonen oder eingebetteten Systemen, praktikabel wird.

2. Beschleunigter Trainingsprozess: Mit weniger zu aktualisierenden Parametern während der Rückpropagation wird der Trainingsprozess deutlich schneller. Diese Beschleunigung ist besonders vorteilhaft bei der Arbeit mit großen Datensätzen oder wenn schnelles Prototyping erforderlich ist, da sie Forschern und Entwicklern ermöglicht, schneller verschiedene Modellkonfigurationen zu testen.

3. Verbesserte Inferenzgeschwindigkeit: Die reduzierte Komplexität führt auch zu schnelleren Inferenzzeiten. Dies ist entscheidend für Echtzeit-Anwendungen wie Objekterkennung in autonomen Fahrzeugen oder Gesichtserkennung in Sicherheitssystemen, wo eine schnelle Verarbeitung der Eingabedaten essentiell ist.

4. Verbesserte Skalierbarkeit: Durch die Kontrolle des Wachstums der Feature-Map-Größen ermöglicht Pooling den Aufbau tieferer Netzwerke ohne exponentiellen Anstieg des Rechenaufwands. Diese Skalierbarkeit ist entscheidend für die Bewältigung komplexerer Aufgaben, die tiefere Architekturen erfordern.

5. Energieeffizienz: Die Reduzierung der Berechnungen führt zu einem geringeren Energieverbrauch, was besonders wichtig für den Einsatz von CNNs auf batteriebetriebenen Geräten oder in großen Serverumgebungen ist, wo Energiekosten ein wichtiger Faktor sind.

Im Wesentlichen ist die durch Pooling-Operationen gewonnene Recheneffizienz ein Schlüsselfaktor, der CNNs praktisch und breit einsetzbar über verschiedene Domänen und Hardware-Plattformen hinweg macht.

Verbesserte Generalisierung und Robustheit

Pooling-Schichten tragen wesentlich zur Generalisierungsfähigkeit des Netzwerks bei, indem sie eine Form der Translationsinvarianz einführen. Dies bedeutet, dass das Netzwerk weniger empfindlich auf die exakte Position von Merkmalen innerhalb der Eingabe reagiert und dadurch Muster auch dann erkennen kann, wenn sie an leicht verschiedenen Positionen auftreten. Die durch Pooling erreichte Reduzierung der räumlichen Auflösung zwingt das Netzwerk dazu, sich auf die wichtigsten und relevantesten Merkmale zu konzentrieren, wodurch das Risiko der Überanpassung an den Trainingsdatensatz effektiv gemindert wird.

Diese verbesserte Generalisierungsfähigkeit basiert auf mehreren Schlüsselmechanismen:

- Merkmalsabstraktion: Durch die Zusammenfassung lokaler Regionen schafft Pooling abstraktere Darstellungen von Merkmalen, wodurch das Netzwerk übergeordnete Konzepte erfassen kann, anstatt sich auf Pixel-Level-Details zu fixieren.

- Invarianz gegenüber kleinen Transformationen: Der Downsampling-Effekt des Poolings macht das Netzwerk robuster gegenüber kleinen Verschiebungen, Rotationen oder Skalenänderungen in der Eingabe, was entscheidend für reale Anwendungen ist, bei denen eine perfekte Ausrichtung nicht garantiert werden kann.

- Reduzierte Empfindlichkeit gegenüber Rauschen: Durch die Auswahl dominanter Merkmale (z.B. durch Max-Pooling) wird das Netzwerk weniger anfällig für kleine Variationen oder Rauschen in den Eingabedaten und konzentriert sich stattdessen auf die informativsten Aspekte.

- Regularisierungseffekt: Die dem Pooling innewohnende Dimensionsreduktion wirkt als Form der Regularisierung, beschränkt die Kapazität des Modells und reduziert dadurch das Risiko der Überanpassung, besonders beim Umgang mit begrenzten Trainingsdaten.

Diese Eigenschaften ermöglichen es CNNs gemeinsam, robustere und übertragbare Merkmale zu lernen, wodurch ihre Leistung auf ungesehenen Daten verbessert und ihre Anwendbarkeit über verschiedene Computer-Vision-Aufgaben hinweg erweitert wird.

Hierarchische Merkmalsrepräsentation

Pooling spielt eine entscheidende Rolle bei der Erzeugung zunehmend abstrakter Merkmalsrepräsentationen während der Informationsfluss durch das Netzwerk läuft. Diese hierarchische Abstraktion ist ein Schlüsselelement der Fähigkeit von CNNs, komplexe visuelle Informationen effektiv zu verarbeiten. So funktioniert es:

1. Schichtweise Abstraktion: Während Daten durch das Netzwerk fließen, fasst jede Pooling-Operation die Merkmale der vorherigen Schicht zusammen. Dieser Zusammenfassungsprozess transformiert schrittweise einfache Merkmale (wie Kanten und Texturen) in abstraktere Repräsentationen höherer Ordnung (wie Objektteile oder ganze Objekte).

2. Erweitertes rezeptives Feld: Durch die Reduzierung der räumlichen Dimensionen der Feature-Maps vergrößert Pooling effektiv das rezeptive Feld der Neuronen in nachfolgenden Schichten. Das bedeutet, dass Neuronen in tieferen Schichten einen größeren Teil der ursprünglichen Eingabe "sehen" können und dadurch mehr globale und kontextuelle Informationen erfassen können.

3. Merkmalszusammensetzung: Die Kombination von Faltungs- und Pooling-Operationen ermöglicht es dem Netzwerk, komplexe Merkmale aus einfacheren zusammenzusetzen. Beispielsweise könnten frühe Schichten Kanten erkennen, während spätere Schichten diese Kanten zu komplexeren Formen oder Objektteilen verbinden.

4. Skaleninvarianz: Die Pooling-Operation trägt zur Erreichung einer gewissen Skaleninvarianz bei. Durch die Zusammenfassung von Merkmalen über einen lokalen Bereich wird das Netzwerk weniger empfindlich gegenüber der exakten Größe von Merkmalen und kann dadurch Muster in verschiedenen Größenordnungen erkennen.

5. Recheneffizienz beim Merkmalslernen: Durch die Reduzierung der räumlichen Dimensionen der Feature-Maps ermöglicht Pooling dem Netzwerk, in tieferen Schichten eine vielfältigere Menge von Merkmalen zu lernen, ohne dass die Rechenkosten exponentiell ansteigen.

Diese hierarchische Merkmalsrepräsentation verbessert deutlich die Fähigkeit des Netzwerks, komplexe Muster und Strukturen in den Eingabedaten zu erkennen, wodurch CNNs besonders effektiv für komplexe visuelle Erkennungsaufgaben wie Objekterkennung, Bildsegmentierung und Szenenverständnis werden.

Die häufigste Art des Poolings ist das **Max-Pooling**, bei dem der maximale Wert aus einer Gruppe benachbarter Pixel innerhalb eines definierten Fensters ausgewählt wird. Diese Methode ist besonders effektiv, weil:

Merkmalserhaltung

Max-Pooling spielt eine entscheidende Rolle bei der Bewahrung der markantesten und auffälligsten Merkmale innerhalb jedes Pooling-Fensters. Dieser selektive Prozess konzentriert sich auf die stärksten Aktivierungen, die typischerweise den informativsten und unterscheidungskräftigsten Aspekten der Eingabedaten entsprechen. Durch die Bewahrung dieser Schlüsselmerkmale stellt Max-Pooling sicher, dass die relevantesten Informationen durch das Netzwerk weitergegeben werden, was die Fähigkeit des Modells zur Erkennung und Klassifizierung komplexer Muster deutlich verbessert.

Die Erhaltung dieser starken Aktivierungen hat mehrere wichtige Auswirkungen auf die Leistung des Netzwerks:

Verbesserte Merkmalsrepräsentation

Durch die Auswahl der Maximalwerte behält das Netzwerk eine kompakte, aber aussagekräftige Darstellung der charakteristischsten Merkmale der Eingabe bei. Diese verdichtete Form der Information ermöglicht es nachfolgenden Schichten, mit einem verfeinerten und fokussierten Satz von Merkmalen zu arbeiten. Die Max-Pooling-Operation fungiert effektiv als Merkmalsextraktor, der die prominentesten Aktivierungen innerhalb jedes Pooling-Fensters identifiziert. Diese starken Aktivierungen entsprechen oft wichtigen visuellen Elementen wie Kanten, Ecken oder spezifischen Texturen, die für die Objekterkennung entscheidend sind.

Dieser selektive Prozess hat mehrere Vorteile:

- Dimensionsreduktion: Durch die ausschließliche Beibehaltung der Maximalwerte reduziert Max-Pooling die räumlichen Dimensionen der Feature-Maps erheblich, was bei der Verwaltung der rechnerischen Komplexität des Netzwerks hilft.

- Invarianz gegenüber kleinen Verschiebungen: Die Max-Operation bietet ein Maß an Translationsinvarianz, was bedeutet, dass kleine Verschiebungen in der Eingabe die Ausgabe der Pooling-Schicht nicht dramatisch verändern.

- Betonung dominanter Merkmale: Durch die Weitergabe nur der stärksten Aktivierungen wird das Netzwerk robuster gegenüber kleinen Variationen und Rauschen in den Eingabedaten.

Infolgedessen können sich nachfolgende Schichten im Netzwerk auf die Verarbeitung dieser markanten Merkmale konzentrieren, was zu effizienterem Lernen und verbesserten Generalisierungsfähigkeiten führt. Diese verfeinerte Repräsentation dient als Grundlage für das Netzwerk, um zunehmend komplexe und abstrakte Konzepte aufzubauen, während Informationen durch tiefere Schichten fließen, was letztendlich dem CNN ermöglicht, anspruchsvolle visuelle Erkennungsaufgaben effektiv zu bewältigen.

Verbesserte Generalisierung

Die Fokussierung auf dominante Merkmale verbessert erheblich die Fähigkeit des Netzwerks, über verschiedene Eingaben hinweg zu generalisieren. Dieser selektive Prozess erfüllt mehrere wichtige Funktionen:

- Rauschunterdrückung: Durch die Betonung der stärksten Aktivierungen filtert Max-Pooling effektiv kleine Variationen und Rauschen in den Eingabedaten heraus. Dieser Filtermechanismus ermöglicht es dem Netzwerk, sich auf die wichtigsten Merkmale zu konzentrieren, was zu stabileren und konsistenteren Vorhersagen über verschiedene Instanzen derselben Klasse hinweg führt.

- Invarianz gegenüber kleinen Transformationen: Die Pooling-Operation führt zu einer gewissen Invarianz gegenüber kleinen Verschiebungen, Rotationen oder Skalenänderungen in der Eingabe. Diese Eigenschaft ist besonders wertvoll in realen Szenarien, wo eine perfekte Ausrichtung oder konsistente Skalierung der Eingabedaten nicht garantiert werden kann.

- Merkmalsabstraktion: Durch die Zusammenfassung lokaler Regionen fördert Max-Pooling das Lernen abstrakterer und übergeordneter Repräsentationen. Diese Abstraktion hilft bei der Erfassung der Essenz von Objekten oder Mustern, anstatt sich auf Details auf Pixelebene zu fixieren, die zwischen verschiedenen Instanzen erheblich variieren können.

Dadurch wird das Modell robuster bei der Erfassung übertragbarer Muster, die über verschiedene Beispiele derselben Klasse hinweg konsistent sind. Diese verbesserte Generalisierungsfähigkeit ist entscheidend für die Leistung des Netzwerks bei ungesehenen Daten und erweitert seine Anwendbarkeit in vielfältigen und anspruchsvollen realen Szenarien.

Hierarchisches Merkmal-Lernen

Während die erhaltenen Merkmale durch tiefere Schichten des Netzwerks fortschreiten, tragen sie zur Bildung zunehmend abstrakter und komplexer Repräsentationen bei. Dieser hierarchische Lernprozess ist grundlegend für die Fähigkeit des CNN, komplexe visuelle Konzepte zu verstehen und zu interpretieren. Hier folgt eine detailliertere Erklärung dieses Prozesses:

1. Extraktion von Merkmalen niedriger Ebene: In den ersten Schichten des CNN lernt das Netzwerk, grundlegende visuelle Elemente wie Kanten, Ecken und einfache Texturen zu identifizieren. Diese Merkmale niedriger Ebene dienen als Bausteine für komplexere Repräsentationen.

2. Zusammensetzung von Merkmalen mittlerer Ebene: Während Informationen durch nachfolgende Schichten fließen, kombiniert das Netzwerk diese Merkmale niedriger Ebene zu komplexeren Mustern. Beispielsweise könnte es lernen, Formen, Konturen oder spezifische Objektteile durch die Kombination mehrerer Kantendetektoren zu erkennen.

3. Bildung von Konzepten hoher Ebene: In den tieferen Schichten fügt das Netzwerk diese Merkmale mittlerer Ebene zu Konzepten hoher Ebene zusammen. Hier beginnt das CNN, vollständige Objekte, komplexe Texturen oder sogar Szenenstrukturen zu erkennen. Zum Beispiel könnte es Merkmale, die Augen, Nase und Mund repräsentieren, zu einer Gesichtsdarstellung verbinden.

4. Abstraktion und Generalisierung: Durch diesen geschichteten Lernprozess entwickelt das Netzwerk zunehmend abstrakte Repräsentationen. Diese Abstraktion ermöglicht es dem CNN, über spezifische Trainingsbeispiele hinaus zu generalisieren und Objekte oder Muster in verschiedenen Posen, Beleuchtungsbedingungen oder Kontexten zu erkennen.

5. Aufgabenspezifische Repräsentationen: In den letzten Schichten werden diese hierarchischen Merkmale für die jeweilige Aufgabe genutzt, sei es Klassifikation, Objekterkennung oder Segmentierung. Das Netzwerk lernt, diese hochstufigen

Merkmale auf die gewünschte Ausgabe abzubilden und nutzt dabei die reichhaltigen, mehrstufigen Repräsentationen, die es aufgebaut hat.

Dieses hierarchische Merkmal-Lernen verleiht CNNs ihre bemerkenswerte Fähigkeit, komplexe visuelle Informationen zu verarbeiten und zu verstehen, wodurch sie für ein breites Spektrum von Computer-Vision-Aufgaben höchst effektiv sind.

Darüber hinaus trägt der Aspekt der Merkmalserhaltung beim Max-Pooling wesentlich zum Entscheidungsprozess des Netzwerks in nachfolgenden Schichten bei. Durch die Weitergabe der wichtigsten Informationen ermöglicht es tieferen Schichten:

- Fundiertere Klassifikationen vorzunehmen: Die erhaltenen Merkmale dienen als starke Indikatoren für die Objekterkennung und ermöglichen dem Netzwerk genauere und sicherere Vorhersagen.

- Komplexere Muster zu erkennen: Aufbauend auf diesen erhaltenen starken Aktivierungen kann das Netzwerk komplexere Muster und Strukturen identifizieren, die für fortgeschrittene Aufgaben wie Objekterkennung oder Bildsegmentierung entscheidend sind.

- Räumliche Beziehungen zu bewahren: Während die Dimensionalität reduziert wird, behält Max-Pooling Informationen über die relativen Positionen von Merkmalen bei, was für das Verständnis der Gesamtstruktur und Komposition der Eingabe wichtig ist.

Im Wesentlichen fungiert die Merkmalserhaltung beim Max-Pooling als kritischer Filter, der die relevantesten Informationen aus jeder Schicht extrahiert. Dieser Prozess steigert nicht nur die Effizienz des Netzwerks, sondern trägt auch wesentlich zu seiner Gesamteffektivität bei der Bewältigung komplexer visueller Erkennungsaufgaben bei.

- Rauschreduzierung: Durch die ausschließliche Auswahl des Maximalwerts innerhalb jeder Pooling-Region filtert Max-Pooling von Natur aus schwächere Aktivierungen und kleine Variationen heraus. Dieser Prozess hilft bei der Reduzierung von Rauschen und weniger relevanten Informationen in den Feature-Maps und führt zu einer robusteren und fokussierteren Darstellung der Eingabedaten.

- Räumliche Invarianz: Max-Pooling führt einen Grad an Translationsinvarianz in die Merkmalserkennungsfähigkeiten des Netzwerks ein. Dies bedeutet, dass das Netzwerk weniger empfindlich gegenüber der exakten räumlichen Position von Merkmalen innerhalb der Eingabe wird und dadurch Muster und Objekte auch dann erkennen kann, wenn sie in leicht verschiedenen Positionen oder Ausrichtungen erscheinen.

Während Max-Pooling am häufigsten verwendet wird, existieren auch andere Pooling-Methoden wie Average-Pooling oder Global-Pooling, jede mit ihren eigenen Charakteristiken und Anwendungsfällen in verschiedenen Netzwerkarchitekturen.

Beispiel: Max-Pooling-Operation

```python
import torch
import torch.nn.functional as F
import matplotlib.pyplot as plt

# Define a 4x4 feature map
feature_map = torch.tensor([
    [1, 3, 2, 4],
    [5, 6, 7, 8],
    [3, 2, 1, 0],
    [9, 5, 4, 2]
], dtype=torch.float32).unsqueeze(0).unsqueeze(0)

# Apply max pooling with a 2x2 kernel
pooled_output = F.max_pool2d(feature_map, kernel_size=2)

# Print the original feature map and pooled output
print("Original Feature Map:")
print(feature_map.squeeze())
print("\\nPooled Output:")
print(pooled_output.squeeze())

# Visualize the feature map and pooled output
fig, (ax1, ax2) = plt.subplots(1, 2, figsize=(10, 5))

ax1.imshow(feature_map.squeeze(), cmap='viridis')
ax1.set_title('Original Feature Map')
ax1.axis('off')

ax2.imshow(pooled_output.squeeze(), cmap='viridis')
ax2.set_title('Pooled Output')
ax2.axis('off')

plt.tight_layout()
plt.show()

# Demonstrate the effect of stride
stride_2_output = F.max_pool2d(feature_map, kernel_size=2, stride=2)
stride_1_output = F.max_pool2d(feature_map, kernel_size=2, stride=1)

print("\\nPooled Output (stride=2):")
print(stride_2_output.squeeze())
print("\\nPooled Output (stride=1):")
print(stride_1_output.squeeze())
```

Code-Aufschlüsselung:

1. Bibliotheken importieren:

    o Wir importieren PyTorch (torch) für Tensor-Operationen.

- o torch.nn.functional wird als F importiert und bietet Zugriff auf verschiedene neuronale Netzwerkfunktionen, einschließlich max_pool2d.

- o matplotlib.pyplot wird für Visualisierungszwecke importiert.

2. Feature Map erstellen:

- o Ein 4x4 Tensor wird erstellt, um unsere Feature Map darzustellen.

- o Der Tensor wird mit spezifischen Werten initialisiert, um die Max-Pooling-Operation deutlich zu demonstrieren.

- o .unsqueeze(0).unsqueeze(0) wird verwendet, um zwei Dimensionen hinzuzufügen, damit es mit PyTorchs Faltungsoperationen kompatibel ist (Batch-Größe und Kanal-Dimensionen).

3. Max-Pooling anwenden:

- o F.max_pool2d wird verwendet, um Max-Pooling auf die Feature Map anzuwenden.

- o Eine Kernel-Größe von 2x2 wird verwendet, was bedeutet, dass 2x2 Regionen des Inputs betrachtet werden.

- o Standardmäßig entspricht die Schrittweite der Kernel-Größe, sodass sie sich in beiden Richtungen um 2 bewegt.

4. Ergebnisse ausgeben:

- o Wir geben sowohl die originale Feature Map als auch die gepoolte Ausgabe zum Vergleich aus.

- o .squeeze() wird verwendet, um die zuvor für die Kompatibilität hinzugefügten Extra-Dimensionen zu entfernen.

5. Visualisierung:

- o matplotlib wird verwendet, um eine nebeneinander liegende Visualisierung der originalen Feature Map und der gepoolten Ausgabe zu erstellen.

- o Dies hilft beim Verständnis, wie Max-Pooling die räumlichen Dimensionen reduziert und dabei wichtige Merkmale bewahrt.

6. Demonstration der Schrittweiten-Effekte:

- o Wir zeigen, wie verschiedene Schrittweiten-Werte die Ausgabe beeinflussen.

- o Mit Schrittweite=2 (Standard) bewegt sich das Pooling-Fenster jeweils um 2 Pixel, was zu einer 2x2 Ausgabe führt.

- o Mit Schrittweite=1 bewegt sich das Pooling-Fenster jeweils um 1 Pixel, was zu einer 3x3 Ausgabe führt.

o   Dies demonstriert, wie die Schrittweite den Grad der Dimensionsreduktion steuern kann.

Dieses Beispiel bietet einen umfassenden Einblick in Max-Pooling, einschließlich Visualisierung und der Auswirkungen verschiedener Schrittweiten. Es hilft beim Verständnis, wie Max-Pooling in der Praxis funktioniert und wie es sich auf Feature Maps in faltungsneuronalen Netzen auswirkt.

5.1.4 Aktivierungsfunktionen in CNNs

Aktivierungsfunktionen sind essentiell, um Nichtlinearität in neuronale Netze einzuführen. In CNNs ist die am häufigsten verwendete Aktivierungsfunktion die **ReLU** (Rectified Linear Unit), die für negative Eingaben null ausgibt und positive Werte unverändert durchlässt. Diese Nichtlinearität ermöglicht es CNNs, komplexe Muster in Daten zu modellieren.**Beispiel: ReLU-Aktivierungsfunktion**

```
import torch.nn.functional as F

# Define a sample feature map with both positive and negative values
feature_map = torch.tensor([
    [-1, 2, -3],
    [4, -5, 6],
    [-7, 8, -9]
], dtype=torch.float32)

# Apply ReLU activation
relu_output = F.relu(feature_map)

# Print the output after applying ReLU
print(relu_output)
```

5.1.5 Bildverarbeitung mit CNNs

CNNs haben das Gebiet der Computer Vision revolutioniert und überzeugen in einer Vielzahl von Aufgaben, einschließlich Bildklassifizierung, Objekterkennung und semantischer Segmentierung. Ihre Architektur ist speziell für die Verarbeitung von gitterförmigen Daten wie Bildern konzipiert, was sie besonders effektiv für visuelle Erkennungsaufgaben macht.

Die Schlüsselkomponenten von CNNs arbeiten harmonisch zusammen, um beeindruckende Ergebnisse zu erzielen:

Faltungsschichten

Diese Schichten bilden das Rückgrat von CNNs und sind fundamental für ihre Fähigkeit zur Bildverarbeitung. Sie verwenden Filter (oder Kerne), bei denen es sich um kleine Matrizen von lernbaren Gewichten handelt, die systematisch über das Eingabebild gleiten. Dieser Gleitvorgang, bekannt als Faltung, ermöglicht es dem Netzwerk, verschiedene Merkmale an unterschiedlichen räumlichen Positionen im Bild zu erkennen.

Die wichtigsten Aspekte der Faltungsschichten umfassen:

- Merkmalserkennung: Während die Filter über die Eingabe gleiten, führen sie elementweise Multiplikation und Summierung durch und erkennen dabei effektiv spezifische Muster oder Merkmale. In den frühen Schichten entsprechen diese oft einfachen Merkmalen wie Kanten, Ecken und grundlegenden Texturen.

- Hierarchisches Lernen: Mit zunehmender Netzwerktiefe bauen nachfolgende Faltungsschichten auf den in vorherigen Schichten erkannten Merkmalen auf. Diese hierarchische Struktur ermöglicht es dem Netzwerk, zunehmend komplexe Muster und Strukturen zu erkennen, von einfachen Kanten über komplexere Formen bis hin zu hochrangigen Konzepten wie Objekten oder Gesichtern.

- Parameterfreigabe: Derselbe Filter wird über das gesamte Bild angewendet, was die Anzahl der Parameter im Vergleich zu vollständig verbundenen Schichten deutlich reduziert. Diese Eigenschaft macht CNNs effizienter und hilft bei der Merkmalserkennung unabhängig von ihrer Position im Bild.

- Lokale Konnektivität: Jedes Neuron in einer Faltungsschicht ist nur mit einem kleinen Bereich des Eingabevolumens verbunden. Diese lokale Konnektivität ermöglicht es dem Netzwerk, räumliche Beziehungen zwischen benachbarten Pixeln zu erfassen.

Die Stärke der Faltungsschichten liegt in ihrer Fähigkeit, automatisch relevante Merkmale aus den Daten zu lernen und damit die Notwendigkeit manueller Merkmalsextraktion zu eliminieren. Während des Trainings passen diese Schichten ihre Filter an, um die informativsten Merkmale für die jeweilige Aufgabe zu erfassen, sei es die Identifizierung von Objekten, Gesichtserkennung oder das Verstehen komplexer Szenen.

Pooling-Schichten

Diese wichtigen Komponenten von CNNs erfüllen mehrere bedeutende Funktionen:

- Dimensionsreduktion: Durch die Zusammenfassung von Merkmalsinformationen über lokale Regionen reduzieren Pooling-Schichten effektiv die räumlichen Dimensionen der Feature Maps. Diese Reduktion des Datenvolumens verringert erheblich den Rechenaufwand für nachfolgende Schichten.

- Merkmalsabstraktion: Pooling-Operationen wie Max-Pooling extrahieren die markantesten Merkmale aus lokalen Regionen. Diese Abstraktion hilft dem Netzwerk, sich auf die wichtigsten Informationen zu konzentrieren und weniger relevante Details zu verwerfen.

- Translationsinvarianz: Durch die Zusammenfassung von Merkmalen über kleine räumliche Fenster führt Pooling eine gewisse Invarianz gegenüber kleinen Verschiebungen in der Eingabe ein. Diese Eigenschaft ermöglicht es dem Netzwerk, Objekte oder Muster unabhängig von ihrer genauen Position im Bild zu erkennen.

- Überanpassungsprävention: Die durch Pooling resultierende Parameterreduktion kann Überanpassung entgegenwirken, da sie das Netzwerk zwingt, zu generalisieren statt spezifische Pixelpositionen zu memorieren.

Diese Eigenschaften der Pooling-Schichten tragen wesentlich zur Effizienz und Effektivität von CNNs bei verschiedenen Computer-Vision-Aufgaben bei, von der Objekterkennung bis zur Bildsegmentierung.

Vollständig verbundene Schichten

Diese Schichten bilden die Endstadien eines CNN und spielen eine entscheidende Rolle im Entscheidungsprozess des Netzwerks. Im Gegensatz zu Faltungsschichten, die auf lokalen Regionen der Eingabe operieren, haben vollständig verbundene Schichten Verbindungen zu allen Aktivierungen der vorherigen Schicht. Diese globale Konnektivität ermöglicht es ihnen:

- Globale Informationen zu integrieren: Durch die Berücksichtigung von Merkmalen aus dem gesamten Bild können diese Schichten komplexe Beziehungen zwischen verschiedenen Teilen der Eingabe erfassen.

- Hochrangige Repräsentationen zu lernen: Sie kombinieren die von Faltungsschichten gelernten niedrigrangigen Merkmale zu abstrakteren, aufgabenspezifischen Repräsentationen.

- Klassifizierung oder Regression durchzuführen: Die letzte vollständig verbundene Schicht gibt typischerweise die Vorhersagen des Netzwerks aus, sei es als Klassenwahrscheinlichkeiten für Klassifizierungsaufgaben oder als kontinuierliche Werte für Regressionsprobleme.

Obwohl leistungsstark, erhöhen vollständig verbundene Schichten die Anzahl der Parameter im Netzwerk erheblich, was potenziell zu Überanpassung führen kann. Um dies abzumildern, werden während des Trainings häufig Techniken wie Dropout in diesen Schichten eingesetzt.

Die Stärke von CNNs liegt in ihrer Fähigkeit, automatisch hierarchische Repräsentationen visueller Daten zu lernen. Zum Beispiel beim Training auf dem **MNIST**-Datensatz handschriftlicher Ziffern:

- Anfangsschichten könnten einfache Striche, Kanten und Kurven erkennen

- Mittlere Schichten könnten diese grundlegenden Elemente kombinieren, um Teile von Ziffern zu erkennen, wie Schleifen oder gerade Linien

- Tiefere Schichten würden diese Informationen integrieren, um vollständige Ziffern zu identifizieren

- Die finalen Schichten würden die Klassifizierungsentscheidung basierend auf den gesammelten Hinweisen treffen

Dieser hierarchische Lernprozess ermöglicht es CNNs, bei der Ziffernerkennung bemerkenswerte Genauigkeit zu erreichen, die oft die menschliche Leistung übertrifft. Darüber hinaus wurden die für Aufgaben wie die MNIST-Klassifizierung entwickelten Prinzipien und Architekturen erfolgreich adaptiert und skaliert, um komplexere visuelle Herausforderungen zu bewältigen, von der Gesichtserkennung bis zur medizinischen Bildanalyse, was die Vielseitigkeit und Leistungsfähigkeit von CNNs im Bereich der Computer Vision demonstriert.

Beispiel: Training eines CNN auf dem MNIST-Datensatz

```python
import torch
import torch.nn as nn
import torch.optim as optim
import torch.nn.functional as F
from torchvision import datasets, transforms
from torch.utils.data import DataLoader
import matplotlib.pyplot as plt

# Define a simple CNN
class SimpleCNN(nn.Module):
    def __init__(self):
        super(SimpleCNN, self).__init__()
        self.conv1 = nn.Conv2d(1, 32, kernel_size=3)
        self.pool = nn.MaxPool2d(2, 2)
        self.conv2 = nn.Conv2d(32, 64, kernel_size=3)
        self.fc1 = nn.Linear(64 * 5 * 5, 128)
        self.fc2 = nn.Linear(128, 10)

    def forward(self, x):
        x = self.pool(F.relu(self.conv1(x)))
        x = self.pool(F.relu(self.conv2(x)))
        x = x.view(-1, 64 * 5 * 5)
        x = F.relu(self.fc1(x))
        return self.fc2(x)

# Set device
device = torch.device("cuda" if torch.cuda.is_available() else "cpu")

# Load the MNIST dataset
transform = transforms.Compose([transforms.ToTensor(), transforms.Normalize((0.5,),
(0.5,))])
train_dataset = datasets.MNIST(root='./data', train=True, download=True,
transform=transform)
test_dataset = datasets.MNIST(root='./data', train=False, download=True,
transform=transform)
train_loader = DataLoader(train_dataset, batch_size=32, shuffle=True)
test_loader = DataLoader(test_dataset, batch_size=32, shuffle=False)

# Define model, loss function and optimizer
model = SimpleCNN().to(device)
criterion = nn.CrossEntropyLoss()
optimizer = optim.SGD(model.parameters(), lr=0.01, momentum=0.9)
```

```python
# Train the CNN
num_epochs = 5
train_losses = []
train_accuracies = []

for epoch in range(num_epochs):
    model.train()
    running_loss = 0.0
    correct = 0
    total = 0

    for i, (images, labels) in enumerate(train_loader):
        images, labels = images.to(device), labels.to(device)

        # Forward pass
        outputs = model(images)
        loss = criterion(outputs, labels)

        # Backward and optimize
        optimizer.zero_grad()
        loss.backward()
        optimizer.step()

        running_loss += loss.item()
        _, predicted = outputs.max(1)
        total += labels.size(0)
        correct += predicted.eq(labels).sum().item()

    epoch_loss = running_loss / len(train_loader)
    epoch_acc = 100 * correct / total
    train_losses.append(epoch_loss)
    train_accuracies.append(epoch_acc)

    print(f'Epoch    [{epoch+1}/{num_epochs}],    Loss:    {epoch_loss:.4f},    Accuracy:
{epoch_acc:.2f}%')

# Evaluate the model
model.eval()
with torch.no_grad():
    correct = 0
    total = 0
    for images, labels in test_loader:
        images, labels = images.to(device), labels.to(device)
        outputs = model(images)
        _, predicted = torch.max(outputs.data, 1)
        total += labels.size(0)
        correct += (predicted == labels).sum().item()

    print(f'Test Accuracy: {100 * correct / total:.2f}%')

# Plot training loss and accuracy
```

```python
plt.figure(figsize=(12, 4))
plt.subplot(1, 2, 1)
plt.plot(train_losses)
plt.title('Training Loss')
plt.xlabel('Epoch')
plt.ylabel('Loss')

plt.subplot(1, 2, 2)
plt.plot(train_accuracies)
plt.title('Training Accuracy')
plt.xlabel('Epoch')
plt.ylabel('Accuracy (%)')

plt.tight_layout()
plt.show()
```

Code-Aufschlüsselung:

1. Importe und Einrichtung:

    o Wir importieren die erforderlichen PyTorch-Module, einschließlich nn für neuronale Netzwerkschichten, optim für Optimierungsalgorithmen und F für Aktivierungsfunktionen.

    o Außerdem importieren wir datasets und transforms aus torchvision für die Handhabung des MNIST-Datensatzes und matplotlib für die Visualisierung.

2. CNN-Architektur (SimpleCNN-Klasse):

    o Das Netzwerk besteht aus zwei Faltungsschichten (conv1 und conv2), jeweils gefolgt von ReLU-Aktivierung und Max-Pooling.

    o Nach den Faltungsschichten haben wir zwei vollständig verbundene Schichten (fc1 und fc2).

    o Die Forward-Methode definiert, wie Daten durch das Netzwerk fließen.

3. Geräte-Setup:

    o Wir verwenden cuda falls verfügbar, ansonsten CPU, um Berechnungen potenziell zu beschleunigen.

4. Daten-Loading:

    o Wir laden und verarbeiten den MNIST-Datensatz mit torchvision.datasets vor.

    o Die Daten werden normalisiert und in PyTorch-Tensoren umgewandelt.

    o Wir erstellen separate Data Loader für Training und Testing.

5. Modell, Verlustfunktion und Optimierer:

- o Wir instanziieren unser SimpleCNN-Modell und verschieben es auf das ausgewählte Gerät.

- o Wir verwenden Cross Entropy Loss als Verlustfunktion.

- o Für die Optimierung verwenden wir Stochastic Gradient Descent (SGD) mit Momentum.

6. Trainingsschleife:

- o Wir trainieren das Modell für eine festgelegte Anzahl von Epochen.

- o In jeder Epoche iterieren wir über die Trainingsdaten, führen Vorwärts- und Rückwärtsdurchläufe durch und aktualisieren die Modellparameter.

- o Wir verfolgen den Verlust und die Genauigkeit für jede Epoche.

7. Modellauswertung:

- o Nach dem Training evaluieren wir das Modell am Testdatensatz, um seine Leistung an ungesehenen Daten zu überprüfen.

8. Visualisierung:

- o Wir plotten den Trainingsverlust und die Genauigkeit über die Epochen, um den Lernfortschritt zu visualisieren.

Dieses umfassende Beispiel demonstriert einen vollständigen Workflow für das Training und die Auswertung eines CNN am MNIST-Datensatz mit PyTorch, einschließlich Datenvorbereitung, Modelldefinition, Trainingsprozess, Evaluation und Visualisierung der Ergebnisse.

5.2 Implementierung von CNNs mit TensorFlow, Keras und PyTorch

Faltungsneuronale Netze (CNNs) können mit verschiedenen Deep-Learning-Frameworks implementiert werden, wobei **TensorFlow**, **Keras** und **PyTorch** zu den beliebtesten und vielseitigsten Optionen gehören. Jedes Framework bietet einzigartige Vorteile:

- TensorFlow bietet eine robuste und hochskalierbare Infrastruktur für Deep Learning, die sich für großangelegte Deployments und Produktionsumgebungen eignet.

- Keras bietet eine benutzerfreundliche API, die die Modellentwicklung vereinfacht und sich damit besonders für Anfänger und schnelles Prototyping eignet.

- PyTorch zeichnet sich durch seinen dynamischen Berechnungsgraphen und seine Python-nahe Schnittstelle aus, was größere Flexibilität und einfachere Fehlersuche ermöglicht und besonders in Forschungsumgebungen von Vorteil ist.

Um die Implementierung von CNNs in diesen Frameworks zu veranschaulichen, konzentrieren wir uns auf die Entwicklung eines Modells für den **MNIST**-Datensatz. Dieser klassische Datensatz besteht aus handgeschriebenen Ziffern von 0 bis 9 und dient als idealer Benchmark für Bildklassifizierungsaufgaben. Indem wir die gleiche Netzwerkarchitektur mit TensorFlow, Keras und PyTorch aufbauen und trainieren, können wir die Syntax, den Workflow und die einzigartigen Merkmale jedes Frameworks vergleichen und gegenüberstellen.

Dieser vergleichende Ansatz wird wertvolle Einblicke in die Stärken und Eigenschaften jeder Plattform liefern und Ihnen helfen, das am besten geeignete Framework für Ihre spezifischen Deep-Learning-Projekte auszuwählen.

5.2.1 Implementierung von CNN mit TensorFlow

TensorFlow ist ein leistungsstarkes und skalierbares Deep-Learning-Framework, das sowohl in der Forschung als auch in Produktionsumgebungen weit verbreitet ist. TensorFlow wurde von Google entwickelt und bietet ein umfassendes Ökosystem für den Aufbau und die Bereitstellung von Machine-Learning-Modellen, mit besonderen Stärken in neuronalen Netzen und Deep Learning.

Wichtige Merkmale von TensorFlow sind:

- Flexible Architektur: TensorFlow unterstützt sowohl Eager Execution für sofortige Operationsauswertung als auch Graph-basierte Ausführung für optimierte Leistung.

- Skalierbarkeit: Es kann auf verschiedenen Plattformen ausgeführt werden, von mobilen Geräten bis hin zu großen verteilten Systemen, was es für ein breites Spektrum von Anwendungen geeignet macht.

- Reichhaltiges Ökosystem: TensorFlow kommt mit einer umfangreichen Bibliothek vorgefertigter Modelle, Werkzeugen zur Visualisierung (TensorBoard) und Erweiterungen für spezifische Domänen wie TensorFlow Lite für mobile Geräte und Edge-Devices.

- Starke Community-Unterstützung: Mit einer großen und aktiven Community profitiert TensorFlow von kontinuierlichen Verbesserungen und einer Fülle von Ressourcen für Entwickler.

Lassen Sie uns erkunden, wie man ein Faltungsneuronales Netz (CNN) mit TensorFlows Low-Level-API implementiert. Dieser Ansatz bietet größere Kontrolle über die Modellarchitektur und den Trainingsprozess und ermöglicht eine feinkörnige Anpassung und Optimierung.

Beispiel: CNN in TensorFlow

```
import tensorflow as tf
from tensorflow.keras import datasets, layers, models
import matplotlib.pyplot as plt

# Load the MNIST dataset
```

```python
(X_train, y_train), (X_test, y_test) = datasets.mnist.load_data()

# Preprocess the data (reshape and normalize)
X_train = X_train.reshape(-1, 28, 28, 1).astype('float32') / 255.0
X_test = X_test.reshape(-1, 28, 28, 1).astype('float32') / 255.0

# Define the CNN model
model = models.Sequential([
    layers.Conv2D(32, (3, 3), activation='relu', input_shape=(28, 28, 1)),
    layers.MaxPooling2D((2, 2)),
    layers.Conv2D(64, (3, 3), activation='relu'),
    layers.MaxPooling2D((2, 2)),
    layers.Conv2D(64, (3, 3), activation='relu'),
    layers.Flatten(),
    layers.Dense(64, activation='relu'),
    layers.Dropout(0.5),
    layers.Dense(10, activation='softmax')
])

# Compile the model
model.compile(optimizer='adam',
              loss='sparse_categorical_crossentropy',
              metrics=['accuracy'])

# Train the model
history = model.fit(X_train, y_train, epochs=10,
                    validation_data=(X_test, y_test),
                    batch_size=64)

# Evaluate the model on the test set
test_loss, test_acc = model.evaluate(X_test, y_test, verbose=2)
print(f"Test Accuracy: {test_acc:.4f}")

# Plot training history
plt.figure(figsize=(12, 4))
plt.subplot(1, 2, 1)
plt.plot(history.history['accuracy'], label='Training Accuracy')
plt.plot(history.history['val_accuracy'], label='Validation Accuracy')
plt.title('Model Accuracy')
plt.xlabel('Epoch')
plt.ylabel('Accuracy')
plt.legend()

plt.subplot(1, 2, 2)
plt.plot(history.history['loss'], label='Training Loss')
plt.plot(history.history['val_loss'], label='Validation Loss')
plt.title('Model Loss')
plt.xlabel('Epoch')
plt.ylabel('Loss')
plt.legend()

plt.tight_layout()
```

```
plt.show()

# Make predictions on test data
predictions = model.predict(X_test)

# Display some test images and their predictions
fig, axes = plt.subplots(3, 3, figsize=(12, 12))
for i, ax in enumerate(axes.flat):
    ax.imshow(X_test[i].reshape(28, 28), cmap='gray')
    ax.set_title(f"True: {y_test[i]}, Predicted: {predictions[i].argmax()}")
    ax.axis('off')

plt.tight_layout()
plt.show()
```

Aufschlüsselung der CNN-Implementierung:

1. **Imports und Datenvorbereitung**

   o   TensorFlow, Keras-Komponenten und Matplotlib werden für die Modellerstellung und Visualisierung importiert.

   o   Der MNIST-Datensatz wird geladen, Bilder werden in (28, 28, 1) umgeformt, und Pixelwerte werden auf den Bereich [0, 1] normalisiert, um die Trainingseffizienz zu verbessern.

2. **CNN-Modelldefinition**

   o   Das Modell wird mit tf.keras.Sequential definiert, was den Schichtaufbau vereinfacht.

   o   Es besteht aus drei Faltungsschichten (Conv2D), zwei Max-Pooling-Schichten (MaxPooling2D), einer Flatten-Schicht, einer Dense-Schicht mit ReLU-Aktivierung, einer Dropout-Schicht zur Vermeidung von Überanpassung und einer finalen Dense-Schicht mit softmax für die Klassifizierung.

3. **Modellkompilierung**

   o   Der Adam-Optimizer wird für effizientes Lernen verwendet.

   o   Sparse categorical cross-entropy wird als Verlustfunktion gewählt, da die Labels als ganze Zahlen vorliegen.

   o   Genauigkeit wird als Evaluierungsmetrik verwendet.

4. **Modelltraining**

   o   Das Modell wird für 10 Epochen mit einer Batch-Größe von 64 trainiert.

- o Der validation_data-Parameter wird gesetzt, um das Modell während des Trainings auf dem Testset zu evaluieren, wodurch potenzielle Überanpassung überwacht werden kann.

5. **Modellevaluierung**

- o Das trainierte Modell wird auf dem Testset mit model.evaluate() evaluiert, und die finale Testgenauigkeit wird ausgegeben.

6. **Visualisierung des Trainingsverlaufs**

- o Trainings- und Validierungsgenauigkeit sowie Verlust werden über die Epochen hinweg dargestellt.

- o Dies hilft bei der Analyse, wie gut das Modell lernt und ob Überanpassung auftritt.

7. **Vorhersagen treffen und Ergebnisse visualisieren**

- o Das trainierte Modell wird verwendet, um Vorhersagen für das Testset zu treffen.

- o Ein 3x3-Raster von Testbildern wird mit ihren wahren Labels und vorhergesagten Klassen angezeigt.

Diese Implementierung bietet einen strukturierten Ansatz zum Training eines CNN auf MNIST, der Datenvorbereitung, Modelldefinition, Training, Evaluierung und Visualisierung der Ergebnisse umfasst. Die Verwendung von Sequential() vereinfacht die Modellerstellung, und Dropout wird eingesetzt, um die Generalisierung zu verbessern.

5.2.2 Implementierung von CNN mit Keras

Keras ist eine High-Level-Deep-Learning-API, die auf TensorFlow aufbaut und eine benutzerfreundliche Schnittstelle für den Aufbau und das Training neuronaler Netze bietet. Sie vereinfacht den Prozess der Definition, des Trainings und der Bereitstellung von Modellen erheblich, indem sie viele der Low-Level-Details abstrahiert, die typischerweise bei Deep-Learning-Implementierungen involviert sind.

Wichtige Merkmale von Keras sind:

- Intuitive API: Keras bietet eine übersichtliche und intuitive API, die es Entwicklern ermöglicht, schnell Prototypen zu erstellen und mit verschiedenen Modellarchitekturen zu experimentieren.

- Sequential und Functional APIs: Die Sequential API ermöglicht einen schnellen Modellaufbau durch lineares Stapeln von Schichten, während die Functional API mehr Flexibilität für komplexe Modellarchitekturen bietet.

- Eingebaute Schichten und Modelle: Keras kommt mit einer breiten Palette vorgefertigter Schichten (z.B. Faltungs-, Rekurrente-, Pooling-Schichten) und kompletter Modelle, die leicht angepasst werden können.

- Automatische Formableitung: Keras kann die Formen von Tensoren automatisch ableiten, wodurch manuelle Formberechnungen reduziert werden.

Mit seinem Fokus auf Benutzerfreundlichkeit und schnelle Entwicklung ist Keras besonders geeignet für:

- Einsteiger im Deep Learning, die schnell die Grundlagen des Aufbaus neuronaler Netze verstehen möchten.

- Forscher, die Ideen schnell prototypisch umsetzen und iterieren müssen.

- Praktiker aus der Industrie, die den Entwicklungsprozess für produktionsreife Modelle optimieren möchten.

Durch die Nutzung der Leistungsfähigkeit von TensorFlow bei gleichzeitiger Bereitstellung einer zugänglicheren Schnittstelle schafft Keras eine Balance zwischen Einfachheit und Leistung, was es zu einer beliebten Wahl in der Deep-Learning-Community macht.

Beispiel: CNN in Keras

```python
import tensorflow as tf
from tensorflow.keras import datasets, layers, models
import matplotlib.pyplot as plt

# Load the MNIST dataset
(X_train, y_train), (X_test, y_test) = datasets.mnist.load_data()

# Preprocess the data (reshape and normalize)
X_train = X_train.reshape(-1, 28, 28, 1).astype('float32') / 255.0
X_test = X_test.reshape(-1, 28, 28, 1).astype('float32') / 255.0

# Define the CNN model using Keras Sequential API
model = models.Sequential([
    layers.Conv2D(32, (3, 3), activation='relu', input_shape=(28, 28, 1)),
    layers.MaxPooling2D((2, 2)),
    layers.Conv2D(64, (3, 3), activation='relu'),
    layers.MaxPooling2D((2, 2)),
    layers.Conv2D(64, (3, 3), activation='relu'),
    layers.Flatten(),
    layers.Dense(64, activation='relu'),
    layers.Dense(10, activation='softmax')
])

# Display model summary
model.summary()

# Compile the model
```

```python
model.compile(optimizer='adam',
              loss='sparse_categorical_crossentropy',
              metrics=['accuracy'])

# Train the model
history = model.fit(X_train, y_train, epochs=10,
                    validation_data=(X_test, y_test),
                    batch_size=64)

# Evaluate the model on the test set
test_loss, test_acc = model.evaluate(X_test, y_test, verbose=2)
print(f"Test Accuracy: {test_acc:.4f}")

# Plot training history
plt.figure(figsize=(12, 4))
plt.subplot(1, 2, 1)
plt.plot(history.history['accuracy'], label='Training Accuracy')
plt.plot(history.history['val_accuracy'], label='Validation Accuracy')
plt.title('Model Accuracy')
plt.xlabel('Epoch')
plt.ylabel('Accuracy')
plt.legend()

plt.subplot(1, 2, 2)
plt.plot(history.history['loss'], label='Training Loss')
plt.plot(history.history['val_loss'], label='Validation Loss')
plt.title('Model Loss')
plt.xlabel('Epoch')
plt.ylabel('Loss')
plt.legend()

plt.tight_layout()
plt.show()

# Make predictions on test data
predictions = model.predict(X_test)

# Display some test images and their predictions
fig, axes = plt.subplots(3, 3, figsize=(12, 12))
for i, ax in enumerate(axes.flat):
    ax.imshow(X_test[i].reshape(28, 28), cmap='gray')
    ax.set_title(f"True: {y_test[i]}, Predicted: {predictions[i].argmax()}")
    ax.axis('off')

plt.tight_layout()
plt.show()
```

Aufschlüsselung der CNN-Implementierung:

1. Importe und Datenvorbereitung:

- o Wir importieren TensorFlow, Keras-Komponenten und Matplotlib für die Visualisierung.

- o Der MNIST-Datensatz wird über Keras datasets geladen.

- o Bilder werden in (28, 28, 1) umgeformt und auf den Bereich [0, 1] normalisiert.

2. CNN-Modelldefinition:

- o Wir verwenden die Keras Sequential API zur Definition unseres Modells.

- o Das Modell besteht aus drei Conv2D-Schichten, zwei MaxPooling2D-Schichten, einer Flatten-Schicht und zwei Dense-Schichten.

- o Wir verwenden ReLU-Aktivierung für die versteckten Schichten und Softmax für die Ausgabeschicht.

3. Modellübersicht:

- o model.summary() bietet eine detaillierte Ansicht der Modellarchitektur, einschließlich der Anzahl der Parameter in jeder Schicht.

4. Modellkompilierung:

- o Wir verwenden den Adam-Optimizer und sparse categorical cross-entropy loss.

- o Genauigkeit wird als Evaluierungsmetrik gewählt.

5. Modelltraining:

- o Das Modell wird für 10 Epochen mit einer Batch-Größe von 64 trainiert.

- o Wir verwenden validation_data, um die Leistung auf dem Testset während des Trainings zu überwachen.

- o Der Trainingsverlauf wird für spätere Visualisierung gespeichert.

6. Modellevaluierung:

- o Nach dem Training evaluieren wir das Modell auf dem Testset und geben die Testgenauigkeit aus.

7. Visualisierung des Trainingsverlaufs:

- o Wir plotten die Trainings- und Validierungsgenauigkeit sowie den Verlust über die Epochen.

- o Dies hilft beim Verständnis des Lernfortschritts des Modells und bei der Erkennung potenzieller Überanpassung.

8. Vorhersagen treffen und Ergebnisse visualisieren:

- o Wir verwenden das trainierte Modell, um Vorhersagen für das Testset zu treffen.

- o Ein 3x3-Raster von Testbildern wird zusammen mit ihren wahren Labels und Modellvorhersagen angezeigt.

Diese Implementierung bietet einen umfassenden Überblick über den CNN-Trainingsprozess, einschließlich Datenvorbereitung, Modelldefinition, Training, Evaluierung und Ergebnisvisualisierung. Die hinzugefügten Visualisierungen helfen beim Verständnis der Modellleistung und seiner Vorhersagen auf tatsächlichen Testdaten.

5.2.3 Implementierung von CNN mit PyTorch

PyTorch ist bekannt für seinen flexiblen und benutzerfreundlichen Ansatz, was es zu einer beliebten Wahl in Forschungsumgebungen macht. Im Gegensatz zu TensorFlow und Keras, die statische Berechnungsgraphen verwenden, nutzt PyTorch dynamische Berechnungsgraphen. Dieser wesentliche Unterschied bietet mehrere Vorteile:

1. Bessere Kontrolle über den Forward Pass: Dynamische Graphen ermöglichen es Forschern, das Netzwerkverhalten im laufenden Betrieb zu modifizieren, was komplexere und adaptive Architekturen ermöglicht.

2. Einfacheres Debugging: Mit PyTorch können Sie standardmäßige Python-Debugging-Tools verwenden, um Ihre Modelle zur Laufzeit zu überprüfen, was das Identifizieren und Beheben von Problemen vereinfacht.

3. Intuitive Programmierung: PyTorchs Syntax ähnelt stark Standard-Python, was die Lernkurve für viele Entwickler reduziert.

4. Bessere Unterstützung für Eingaben variabler Länge: Dynamische Graphen sind besonders nützlich für Aufgaben mit Sequenzen unterschiedlicher Länge, wie etwa bei der Verarbeitung natürlicher Sprache.

5. Sofortige Ausführung: Operationen in PyTorch werden bei ihrer Definition ausgeführt, was unmittelbares Feedback ermöglicht und schnelles Prototyping erleichtert.

Diese Eigenschaften machen PyTorch zu einer ausgezeichneten Wahl für Forscher, die neue Netzwerkarchitekturen erkunden oder mit komplexen, dynamischen Modellen arbeiten. Seine Designphilosophie priorisiert Klarheit und Flexibilität, was eine natürlichere Ausdrucksweise von Deep-Learning-Algorithmen ermöglicht.

Beispiel: CNN in PyTorch

```
import torch
import torch.nn as nn
import torch.optim as optim
from torchvision import datasets, transforms
from torch.utils.data import DataLoader
import matplotlib.pyplot as plt
```

```python
import numpy as np

# Define the CNN model in PyTorch
class SimpleCNN(nn.Module):
    def __init__(self):
        super(SimpleCNN, self).__init__()
        self.conv1 = nn.Conv2d(1, 32, kernel_size=3)
        self.pool = nn.MaxPool2d(2, 2)
        self.conv2 = nn.Conv2d(32, 64, kernel_size=3)
        self.fc1 = nn.Linear(64 * 5 * 5, 128)
        self.fc2 = nn.Linear(128, 10)

    def forward(self, x):
        x = self.pool(torch.relu(self.conv1(x)))
        x = self.pool(torch.relu(self.conv2(x)))
        x = x.view(-1, 64 * 5 * 5)
        x = torch.relu(self.fc1(x))
        return self.fc2(x)

# Set device
device = torch.device("cuda" if torch.cuda.is_available() else "cpu")

# Preprocess the data
transform = transforms.Compose([
    transforms.ToTensor(),
    transforms.Normalize((0.5,), (0.5,))
])

# Load datasets
train_dataset    =    datasets.MNIST(root='./data',    train=True,    download=True,
transform=transform)
test_dataset    =    datasets.MNIST(root='./data',    train=False,    download=True,
transform=transform)

# Create data loaders
train_loader = DataLoader(train_dataset, batch_size=32, shuffle=True)
test_loader = DataLoader(test_dataset, batch_size=32, shuffle=False)

# Instantiate the model, define the loss function and optimizer
model = SimpleCNN().to(device)
criterion = nn.CrossEntropyLoss()
optimizer = optim.Adam(model.parameters(), lr=0.001)

# Training loop
epochs = 10
train_losses = []
train_accuracies = []
test_accuracies = []

for epoch in range(epochs):
    model.train()
    running_loss = 0.0
```

```
    correct = 0
    total = 0

    for inputs, labels in train_loader:
        inputs, labels = inputs.to(device), labels.to(device)

        optimizer.zero_grad()
        outputs = model(inputs)
        loss = criterion(outputs, labels)
        loss.backward()
        optimizer.step()

        running_loss += loss.item()
        _, predicted = outputs.max(1)
        total += labels.size(0)
        correct += predicted.eq(labels).sum().item()

    train_loss = running_loss / len(train_loader)
    train_accuracy = 100. * correct / total
    train_losses.append(train_loss)
    train_accuracies.append(train_accuracy)

    # Evaluate on test set
    model.eval()
    test_correct = 0
    test_total = 0
    with torch.no_grad():
        for inputs, labels in test_loader:
            inputs, labels = inputs.to(device), labels.to(device)
            outputs = model(inputs)
            _, predicted = outputs.max(1)
            test_total += labels.size(0)
            test_correct += predicted.eq(labels).sum().item()

    test_accuracy = 100. * test_correct / test_total
    test_accuracies.append(test_accuracy)

    print(f"Epoch {epoch+1}/{epochs}")
    print(f"Train Loss: {train_loss:.4f}, Train Accuracy: {train_accuracy:.2f}%")
    print(f"Test Accuracy: {test_accuracy:.2f}%")
    print("-" * 50)

# Plot training history
plt.figure(figsize=(12, 4))
plt.subplot(1, 2, 1)
plt.plot(train_losses, label='Train Loss')
plt.title('Training Loss')
plt.xlabel('Epoch')
plt.ylabel('Loss')
plt.legend()

plt.subplot(1, 2, 2)
```

```python
plt.plot(train_accuracies, label='Train Accuracy')
plt.plot(test_accuracies, label='Test Accuracy')
plt.title('Accuracy')
plt.xlabel('Epoch')
plt.ylabel('Accuracy (%)')
plt.legend()

plt.tight_layout()
plt.show()

# Evaluate the final model
model.eval()
correct = 0
total = 0
with torch.no_grad():
    for inputs, labels in test_loader:
        inputs, labels = inputs.to(device), labels.to(device)
        outputs = model(inputs)
        _, predicted = outputs.max(1)
        total += labels.size(0)
        correct += predicted.eq(labels).sum().item()

print(f'Final Test Accuracy: {100 * correct / total:.2f}%')

# Visualize some predictions
def imshow(img):
    img = img / 2 + 0.5  # unnormalize
    npimg = img.numpy()
    plt.imshow(np.transpose(npimg, (1, 2, 0)), cmap="gray")
    plt.axis('off')

dataiter = iter(test_loader)
images, labels = next(dataiter)

# Get predictions
outputs = model(images.to(device))
_, predicted = torch.max(outputs, 1)

# Plot images and predictions
fig = plt.figure(figsize=(12, 4))
for i in range(12):
    ax = fig.add_subplot(2, 6, i+1, xticks=[], yticks=[])
    imshow(images[i])
    ax.set_title(f"Pred: {predicted[i].item()} (True: {labels[i].item()})",
                 color=("green" if predicted[i] == labels[i] else "red"))

plt.tight_layout()
plt.show()
```

Aufschlüsselung der CNN-Implementierung:

1. **Importe und Einrichtung:**

   o Wir importieren die erforderlichen PyTorch-Module, einschließlich nn für die Definition von neuronalen Netzwerkschichten, optim für Optimierungsalgorithmen und torchvision für die Handhabung von Datensätzen und Transformationen.

   o matplotlib und numpy werden für die Visualisierung des Trainingsverlaufs und der Modellvorhersagen importiert.

2. **CNN-Modelldefinition:**

   o Die SimpleCNN-Klasse wird definiert und erbt von nn.Module.

   o Sie besteht aus zwei Faltungsschichten (conv1 und conv2), jeweils gefolgt von ReLU-Aktivierung und Max-Pooling zur Extraktion wichtiger Merkmale.

   o Zwei vollständig verbundene Schichten (fc1 und fc2) übernehmen die Klassifikation nach der Merkmalsextraktion.

   o Die forward-Methode definiert den Datenfluss durch die Schichten.

3. **Gerätekonfiguration:**

   o Das Modell wird für die Verwendung einer GPU konfiguriert, falls verfügbar, um ein schnelleres Training zu ermöglichen.

4. **Datenvorverarbeitung und -laden:**

   o Transformationen werden definiert, um Bilder in Tensoren umzuwandeln und für konsistente Modelleingaben zu normalisieren.

   o Der MNIST-Datensatz wird sowohl für das Training als auch für das Testen geladen.

   o DataLoader-Objekte werden verwendet, um die Daten während des Trainings effizient in Batches zu verarbeiten und zu mischen.

5. **Modellinstanziierung und Trainingseinrichtung:**

   o Eine Instanz von SimpleCNN wird erstellt und auf das ausgewählte Gerät verschoben.

   o Cross-Entropy-Verlust wird für Klassifikationsaufgaben verwendet, und der Adam-Optimizer wird für effiziente Gewichtsaktualisierungen gewählt.

6. **Trainingsschleife:**

   o Das Modell wird über mehrere Epochen trainiert.

- o Nach jeder Epoche werden Trainingsverlust und -genauigkeit aufgezeichnet.
- o Das Modell wird am Ende jeder Epoche auf dem Testset evaluiert, um die Generalisierung zu überwachen.

7. **Visualisierung des Trainingsverlaufs:**

- o Trainingsverlust und -genauigkeit werden über die Epochen hinweg dargestellt, um Lerntrends zu überwachen.
- o Die Testgenauigkeit wird ebenfalls dargestellt, um Anzeichen von Über- oder Unteranpassung zu erkennen.

8. **Abschließende Modellevaluierung:**

- o Das trainierte Modell wird auf dem Testset evaluiert, um seine Gesamtklassifikationsgenauigkeit zu bestimmen.

9. **Vorhersagevisualisierung:**

- o Einige Testbilder werden zusammen mit ihren vorhergesagten und tatsächlichen Labels angezeigt.
- o Korrekte Vorhersagen werden in **grün** und falsche in **rot** zur einfachen Interpretation angezeigt.

Diese Implementierung deckt den gesamten Arbeitsablauf des Trainings und der Evaluierung eines CNN ab und gewährleistet einen strukturierten und effizienten Ansatz zur Bildklassifikation. Sie ermöglicht eine einfache Modifikation der Architektur, Hyperparameter und Trainingseinstellungen für weitere Experimente.

5.3 Fortgeschrittene CNN-Techniken (ResNet, Inception, DenseNet)

Während sich grundlegende CNNs als effektiv für Bildklassifikationsaufgaben erwiesen haben, haben fortgeschrittene Architekturen wie **ResNet**, **Inception** und **DenseNet** die Möglichkeiten des Deep Learning in der Computer Vision erheblich erweitert. Diese ausgefeilten Modelle adressieren kritische Herausforderungen im Design und Training neuronaler Netzwerke, darunter:

- Netzwerktiefe: ResNets innovative Skip-Connections ermöglichen den Aufbau unglaublich tiefer Netzwerke, wobei einige Implementierungen 1000 Schichten überschreiten. Dieser architektonische Durchbruch mildert effektiv das Problem des verschwindenden Gradienten und ermöglicht ein effizienteres Training sehr tiefer neuronaler Netzwerke.

- Multi-Skalen-Merkmalserkennung: Inceptions einzigartiges Design integriert parallele Faltungen auf verschiedenen Skalen, wodurch das Netzwerk gleichzeitig eine Vielzahl von Merkmalen erfassen und verarbeiten kann. Dieser Multi-Skalen-Ansatz verbessert die Fähigkeit des Modells erheblich, komplexe visuelle Muster und Strukturen darzustellen.

- Effiziente Merkmalsnutzung: DenseNets dichtes Konnektivitätsmuster ermöglicht eine umfangreiche Wiederverwendung von Merkmalen und fördert einen effizienten Informationsfluss durch das Netzwerk. Dieses Designprinzip führt zu kompakteren Modellen, die mit weniger Parametern eine hohe Leistung erzielen.

- Ressourcenoptimierung: ResNet, Inception und DenseNet integrieren alle clevere Designelemente, die Rechenressourcen optimieren. Diese Optimierungen führen zu schnelleren Trainingszeiten und effizienterer Inferenz, wodurch diese Architekturen besonders gut für den großflächigen Einsatz und Echtzeitanwendungen geeignet sind.

Diese Innovationen haben nicht nur die Leistung bei Standard-Benchmarks verbessert, sondern auch Durchbrüche bei verschiedenen Computer-Vision-Aufgaben ermöglicht, von der Objekterkennung bis zur Bildsegmentierung. In den folgenden Abschnitten werden wir uns mit den wichtigsten Konzepten befassen, die diesen Architekturen zugrunde liegen, und praktische Implementierungen mit beliebten Deep-Learning-Frameworks wie PyTorch und TensorFlow bereitstellen. Diese Exploration wird Sie mit dem Wissen ausstatten, diese leistungsstarken Modelle in Ihren eigenen Projekten und Forschungen einzusetzen.

5.3.1 ResNet: Residuale Netzwerke

ResNet (Residuale Netzwerke) revolutionierte die Deep-Learning-Architektur durch die Einführung des Konzepts der **residualen Verbindungen** oder **Skip-Connections**. Diese innovativen Verbindungen ermöglichen es dem Netzwerk, bestimmte Schichten zu umgehen und schaffen Abkürzungen im Informationsfluss. Dieser architektonische Durchbruch adressiert eine kritische Herausforderung beim Training sehr tiefer neuronaler Netzwerke: das **Problem des verschwindenden Gradienten**.

Das Problem des verschwindenden Gradienten tritt auf, wenn Gradienten extrem klein werden, während sie durch viele Schichten rückpropagiert werden, was es für frühere Schichten schwierig macht, effektiv zu lernen. Dieses Problem ist besonders ausgeprägt in sehr tiefen Netzwerken, wo das Gradientensignal erheblich abnehmen kann, bis es die anfänglichen Schichten erreicht.

ResNets Skip-Connections bieten eine elegante Lösung für dieses Problem. Indem sie dem Gradienten ermöglichen, direkt durch diese Abkürzungen zu fließen, stellt das Netzwerk sicher, dass das Gradientensignal auch in den früheren Schichten stark bleibt. Dieser Mechanismus mildert effektiv das Problem des verschwindenden Gradienten und ermöglicht das erfolgreiche Training unglaublich tiefer Netzwerke.

Die Auswirkung dieser Innovation ist tiefgreifend: ResNet macht es möglich, neuronale Netzwerke mit Hunderten oder sogar Tausenden von Schichten zu trainieren - eine Leistung, die zuvor als unpraktisch oder unmöglich galt. Diese ultrattiefen Netzwerke können komplexe Merkmalshierarchien erfassen und führen zu signifikanten Leistungsverbesserungen bei verschiedenen Computer-Vision-Aufgaben.

Darüber hinaus hat das von ResNet eingeführte residuale Lernframework weitreichendere Implikationen, die über die bloße Ermöglichung tieferer Netzwerke hinausgehen. Es verändert grundlegend unsere Denkweise über den Lernprozess in neuronalen Netzwerken und legt nahe, dass es für Schichten einfacher sein könnte, residuale Funktionen in Bezug auf den Input zu lernen, anstatt die gewünschte zugrunde liegende Abbildung direkt zu lernen.

Schlüsselkonzept: Residuale Verbindungen

In einem traditionellen Feed-Forward-Neuronalen Netz verarbeitet jede Schicht die Ausgabe der vorherigen Schicht und gibt ihr Ergebnis linear an die nächste Schicht weiter. Diese geradlinige Architektur war die Grundlage vieler neuronaler Netzwerk-Designs. Allerdings verändert der **residuale Block**, eine zentrale Innovation von ResNet, dieses Paradigma grundlegend.

In einem residualen Block erzeugt das Netzwerk eine "Abkürzung" oder "Skip-Connection", die eine oder mehrere Schichten umgeht. Konkret wird die Eingabe einer Schicht zur Ausgabe einer weiter unten im Netzwerk liegenden Schicht addiert. Diese Addition erfolgt elementweise und kombiniert die ursprüngliche Eingabe mit der transformierten Ausgabe.

Die Bedeutung dieser architektonischen Veränderung liegt in ihrer Auswirkung auf den Gradientenfluss während der Rückpropagation. In sehr tiefen Netzwerken können Gradienten extrem klein werden (Problem des verschwindenden Gradienten) oder explosionsartig anwachsen (Problem des explodierenden Gradienten), wenn sie rückwärts durch viele Schichten propagieren. Die Skip-Connections in residualen Blöcken bieten einen direkten Pfad für Gradienten, um rückwärts zu fließen, und mildern diese Probleme effektiv.

Darüber hinaus ermöglichen residuale Blöcke dem Netzwerk, residuale Funktionen in Bezug auf die Schichteingaben zu lernen, anstatt die gesamte gewünschte zugrunde liegende Abbildung lernen zu müssen. Dies erleichtert es dem Netzwerk, Identitätsabbildungen zu lernen, wenn diese optimal sind, und ermöglicht das erfolgreiche Training von deutlich tieferen Netzwerken als zuvor möglich.

Durch dieses "Überspringen" von Schichten verbessern residuale Blöcke nicht nur den Gradientenfluss, sondern ermöglichen auch die Erstellung ultrateifer Netzwerke mit Hunderten oder sogar Tausenden von Schichten. Diese Tiefe ermöglicht das Lernen komplexerer Merkmale und erweitert deutlich die Fähigkeit des Netzwerks, komplizierte Muster in Daten zu modellieren.

Beispiel: ResNet-Block in PyTorch

Selbstverständlich! Ich werde das ResNet-Block-Beispiel erweitern und eine umfassende Aufschlüsselung bereitstellen. Hier ist eine erweiterte Version des Codes mit zusätzlichen Komponenten:

```python
import torch
import torch.nn as nn
import torch.optim as optim
from torchvision import datasets, transforms

class ResidualBlock(nn.Module):
    def __init__(self, in_channels, out_channels, stride=1):
        super(ResidualBlock, self).__init__()
        self.conv1   =   nn.Conv2d(in_channels,   out_channels,   kernel_size=3,
stride=stride, padding=1, bias=False)
        self.bn1 = nn.BatchNorm2d(out_channels)
        self.relu = nn.ReLU(inplace=True)
        self.conv2 = nn.Conv2d(out_channels, out_channels, kernel_size=3, stride=1,
padding=1, bias=False)
        self.bn2 = nn.BatchNorm2d(out_channels)

        self.shortcut = nn.Sequential()
        if stride != 1 or in_channels != out_channels:
            self.shortcut = nn.Sequential(
                nn.Conv2d(in_channels,   out_channels,   kernel_size=1,   stride=stride,
bias=False),
                nn.BatchNorm2d(out_channels)
            )

    def forward(self, x):
        residual = x
        out = self.relu(self.bn1(self.conv1(x)))
        out = self.bn2(self.conv2(out))
        out += self.shortcut(residual)
        out = self.relu(out)
        return out

class ResNet(nn.Module):
    def __init__(self, block, num_blocks, num_classes=10):
        super(ResNet, self).__init__()
        self.in_channels = 64

        self.conv1 = nn.Conv2d(3, 64, kernel_size=3, stride=1, padding=1, bias=False)
        self.bn1 = nn.BatchNorm2d(64)
        self.relu = nn.ReLU(inplace=True)

        self.layer1 = self._make_layer(block, 64, num_blocks[0], stride=1)
        self.layer2 = self._make_layer(block, 128, num_blocks[1], stride=2)
        self.layer3 = self._make_layer(block, 256, num_blocks[2], stride=2)
        self.layer4 = self._make_layer(block, 512, num_blocks[3], stride=2)

        self.avg_pool = nn.AdaptiveAvgPool2d((1, 1))
```

```python
        self.fc = nn.Linear(512, num_classes)

    def _make_layer(self, block, out_channels, num_blocks, stride):
        strides = [stride] + [1] * (num_blocks - 1)
        layers = []
        for stride in strides:
            layers.append(block(self.in_channels, out_channels, stride))
            self.in_channels = out_channels
        return nn.Sequential(*layers)

    def forward(self, x):
        out = self.relu(self.bn1(self.conv1(x)))
        out = self.layer1(out)
        out = self.layer2(out)
        out = self.layer3(out)
        out = self.layer4(out)
        out = self.avg_pool(out)
        out = out.view(out.size(0), -1)
        out = self.fc(out)
        return out

# Create ResNet18
def ResNet18():
    return ResNet(ResidualBlock, [2, 2, 2, 2])

# Example usage
model = ResNet18()
print(model)

# Set up data loaders
transform = transforms.Compose([
    transforms.ToTensor(),
    transforms.Normalize((0.5, 0.5, 0.5), (0.5, 0.5, 0.5))
])

trainset    =    datasets.CIFAR10(root='./data',    train=True,    download=True,
transform=transform)
trainloader = torch.utils.data.DataLoader(trainset, batch_size=64, shuffle=True)

# Define loss function and optimizer
criterion = nn.CrossEntropyLoss()
optimizer = optim.SGD(model.parameters(), lr=0.001, momentum=0.9)

# Training loop (example for one epoch)
device = torch.device("cuda:0" if torch.cuda.is_available() else "cpu")
model.to(device)

for epoch in range(1):  # loop over the dataset multiple times
    running_loss = 0.0
    for i, data in enumerate(trainloader, 0):
        inputs, labels = data[0].to(device), data[1].to(device)
```

```
        optimizer.zero_grad()
        outputs = model(inputs)
        loss = criterion(outputs, labels)
        loss.backward()
        optimizer.step()

        running_loss += loss.item()
        if i % 200 == 199:    # print every 200 mini-batches
            print(f'[{epoch + 1}, {i + 1:5d}] loss: {running_loss / 200:.3f}')
            running_loss = 0.0

print('Finished Training')
```

Lassen Sie uns die wichtigsten Komponenten dieser erweiterten ResNet-Implementierung aufschlüsseln:

- ResidualBlock-Klasse:

    o Diese Klasse definiert die Struktur eines einzelnen residualen Blocks.

    o Sie enthält zwei Faltungsschichten (conv1 und conv2) mit Batch-Normalisierung (bn1 und bn2) und ReLU-Aktivierung.

    o Die Skip-Connection (in dieser erweiterten Version als Shortcut bezeichnet) ermöglicht es der Eingabe, die Faltungsschichten zu umgehen und erleichtert damit den Gradientenfluss in tiefen Netzwerken.

- ResNet-Klasse:

    o Diese Klasse definiert die gesamte ResNet-Architektur.

    o Sie verwendet den ResidualBlock, um eine tiefe Netzwerkstruktur zu erstellen.

    o Die _make_layer-Methode erstellt eine Sequenz von residualen Blöcken für jede Schicht des Netzwerks.

    o Die Forward-Methode definiert, wie Daten durch das gesamte Netzwerk fließen.

- ResNet18-Funktion:

    o Diese Funktion erstellt eine spezifische ResNet-Architektur (ResNet18), indem sie die Anzahl der Blöcke in jeder Schicht festlegt.

- Datenvorbereitung:

    o Der Code verwendet den CIFAR10-Datensatz und wendet Transformationen (ToTensor und Normalize) zur Vorverarbeitung der Bilder an.

    o Ein DataLoader wird erstellt, um die Trainingsdaten effizient in Batches zu verarbeiten und zu mischen.

- Training-Setup:

  o Cross Entropy Loss wird als Verlustfunktion verwendet.

  o Stochastischer Gradientenabstieg (SGD) mit Momentum wird als Optimierer verwendet.

  o Das Modell wird auf eine GPU verschoben, falls verfügbar, um schnellere Berechnungen zu ermöglichen.

- Trainingsschleife:

  o Der Code enthält eine grundlegende Trainingsschleife für eine Epoche.

  o Sie iteriert über die Trainingsdaten, führt Vorwärts- und Rückwärtsdurchläufe durch und aktualisiert die Modellparameter.

  o Der Trainingsverlust wird alle 200 Mini-Batches ausgegeben, um den Fortschritt zu überwachen.

Diese Implementierung bietet einen vollständigen Überblick darüber, wie ResNet strukturiert und trainiert wird. Sie demonstriert den gesamten Lebenszyklus eines Deep-Learning-Modells, von der Architekturdefinition bis zur Datenvorbereitung und zum Training. Die residualen Verbindungen, die die zentrale Innovation von ResNet darstellen, ermöglichen das Training sehr tiefer Netzwerke durch die Bewältigung des Problems des verschwindenden Gradienten.

ResNet in PyTorch trainieren

Um ein vollständiges ResNet-Modell zu trainieren, können wir **torchvision.models** verwenden, um eine vortrainierte Version zu laden.

```python
import torch
import torch.nn as nn
import torch.optim as optim
import torchvision
import torchvision.transforms as transforms
import torchvision.models as models

# Set device
device = torch.device("cuda:0" if torch.cuda.is_available() else "cpu")

# Load a pretrained ResNet-50 model
model = models.resnet50(pretrained=True)

# Modify the final layer to match the number of classes in your dataset
num_classes = 10
model.fc = nn.Linear(model.fc.in_features, num_classes)

# Move model to device
model = model.to(device)
```

```python
# Define transforms for the training data
train_transform = transforms.Compose([
    transforms.RandomResizedCrop(224),
    transforms.RandomHorizontalFlip(),
    transforms.ToTensor(),
    transforms.Normalize([0.485, 0.456, 0.406], [0.229, 0.224, 0.225])
])

# Load CIFAR-10 dataset
trainset = torchvision.datasets.CIFAR10(root='./data', train=True, download=True,
transform=train_transform)
trainloader = torch.utils.data.DataLoader(trainset, batch_size=64, shuffle=True,
num_workers=2)

# Define loss function and optimizer
criterion = nn.CrossEntropyLoss()
optimizer = optim.SGD(model.parameters(), lr=0.001, momentum=0.9)

# Training loop
num_epochs = 5
for epoch in range(num_epochs):
    running_loss = 0.0
    for i, data in enumerate(trainloader, 0):
        inputs, labels = data[0].to(device), data[1].to(device)

        optimizer.zero_grad()
        outputs = model(inputs)
        loss = criterion(outputs, labels)
        loss.backward()
        optimizer.step()

        running_loss += loss.item()
        if i % 100 == 99:    # print every 100 mini-batches
            print(f'[{epoch + 1}, {i + 1:5d}] loss: {running_loss / 100:.3f}')
            running_loss = 0.0

print('Finished Training')

# Save the model
torch.save(model.state_dict(), 'resnet50_cifar10.pth')

# Evaluation
model.eval()
correct = 0
total = 0
with torch.no_grad():
    for data in trainloader:
        images, labels = data[0].to(device), data[1].to(device)
        outputs = model(images)
        _, predicted = torch.max(outputs.data, 1)
        total += labels.size(0)
        correct += (predicted == labels).sum().item()
```

```
print(f'Accuracy on the training images: {100 * correct / total}%')
```

Lassen Sie uns dieses Beispiel aufschlüsseln:

- Importe: Wir importieren die erforderlichen PyTorch- und torchvision-Module für Modellerstellung, Datenladen und Transformationen.

- Geräte-Setup: Wir verwenden CUDA, falls verfügbar, ansonsten CPU.

- Modell-Laden: Wir laden ein vortrainiertes ResNet-50-Modell und modifizieren dessen finale vollvernetzte Schicht, um sie an unsere Klassenanzahl anzupassen (10 für CIFAR-10).

- Datenvorbereitung: Wir definieren Transformationen für Datenerweiterung und Normalisierung und laden dann den CIFAR-10-Datensatz mit diesen Transformationen.

- Verlustfunktion und Optimierer: Wir verwenden Cross Entropy Loss und SGD-Optimierer mit Momentum.

- Trainingsschleife: Wir trainieren das Modell für 5 Epochen und geben den Verlust alle 100 Mini-Batches aus.

- Modell-Speicherung: Nach dem Training speichern wir die Modellgewichte.

- Auswertung: Wir evaluieren die Genauigkeit des Modells auf dem Trainingsdatensatz.

Dieses Beispiel zeigt einen vollständigen Arbeitsablauf für das Fine-Tuning eines vortrainierten ResNet-50 auf dem CIFAR-10-Datensatz, einschließlich Datenladen, Modellmodifikation, Training und Evaluierung. Es ist ein realistisches Szenario für die praktische Verwendung vortrainierter Modelle.

5.3.2 Inception: GoogLeNet und Inception-Module

Inception Networks, wegweisend entwickelt von **GoogLeNet**, revolutionierten die CNN-Architektur durch die Einführung des Konzepts der parallelen Verarbeitung auf verschiedenen Skalen. Die zentrale Innovation, das **Inception-Modul**, führt mehrere Faltungen mit unterschiedlichen Filtergrößen (typischerweise 1x1, 3x3 und 5x5) gleichzeitig auf den Eingabedaten durch. Dieser parallele Ansatz ermöglicht es dem Netzwerk, ein breites Spektrum an Merkmalen, von feinen Details bis hin zu größeren Mustern, innerhalb einer einzelnen Schicht zu erfassen.

Die mehrskalige Merkmalsextraktion der Inception-Module bietet mehrere Vorteile:

- Umfassende Merkmalsextraktion: Das Netzwerk verarbeitet Eingaben gleichzeitig auf verschiedenen Skalen und ermöglicht so die Erfassung einer breiten Palette von Merkmalen, von feinen Details bis hin zu größeren Mustern. Dieser mehrskalige Ansatz führt zu einer gründlicheren und robusteren Repräsentation der Eingabedaten.

- Rechnerische Effizienz: Durch den strategischen Einsatz von 1x1-Faltungen vor größeren Filtern reduziert die Architektur den Rechenaufwand erheblich. Dieses geschickte Design ermöglicht die Erstellung tieferer und breiterer Netzwerke ohne proportionalen Anstieg der Parameter, wodurch sowohl Leistung als auch Ressourcennutzung optimiert werden.

- Dynamische Skalenanpassung: Das Netzwerk zeigt bemerkenswerte Flexibilität, indem es die Bedeutung verschiedener Skalen für jede Schicht und spezifische Aufgabe automatisch anpasst. Diese Anpassungsfähigkeit ermöglicht es dem Modell, seinen Merkmalsextraktionsprozess zu verfeinern, was zu einem maßgeschneideren und effektiveren Lernen für verschiedene Anwendungen führt.

Dieser innovative Ansatz verbesserte nicht nur die Genauigkeit von Bildklassifizierungsaufgaben, sondern ebnete auch den Weg für effizientere und leistungsfähigere CNN-Architekturen. Der Erfolg der Inception Networks inspirierte nachfolgende Entwicklungen im CNN-Design, die Architekturen wie ResNet und DenseNet beeinflussten, welche die Konzepte des mehrpfadigen Informationsflusses und der Merkmalswiederverwendung weiter erforschten.

Kernkonzept: Inception-Modul

Ein Inception-Modul ist eine zentrale Architekturkomponente, die konvolutionelle neuronale Netze durch die Einführung paralleler Verarbeitung auf mehreren Skalen revolutionierte. Dieses innovative Design führt mehrere Operationen gleichzeitig auf den Eingabedaten aus:

1. Mehrfache Faltungen: Das Modul wendet Faltungen mit verschiedenen Filtergrößen (typischerweise 1x1, 3x3 und 5x5) parallel an. Jede Faltung erfasst Merkmale auf einer anderen Skala:

   o 1x1-Faltungen: Diese reduzieren die Dimensionalität und erfassen pixelweise Merkmale.

   o 3x3-Faltungen: Diese erfassen lokale räumliche Korrelationen.

   o 5x5-Faltungen: Diese erfassen breitere räumliche Muster.

2. Max-Pooling: Neben den Faltungen führt das Modul auch Max-Pooling durch, was hilft, die markantesten Merkmale zu bewahren und räumliche Dimensionen zu reduzieren.

3. Verkettung: Die Ausgaben aller dieser parallelen Operationen werden dann entlang der Kanaldimension verkettet, wodurch eine reichhaltige, mehrskalige Merkmalsrepräsentation entsteht.

Dieser parallele Verarbeitungsansatz ermöglicht es dem Netzwerk, Informationen auf verschiedenen Skalen gleichzeitig zu erfassen und zu bewahren, was zu einer umfassenderen Merkmalsextraktion führt. Die Verwendung von 1x1-Faltungen vor größeren Filtern hilft auch dabei, die rechnerische Komplexität zu reduzieren und macht das Netzwerk effizienter.

Durch die Nutzung dieses mehrskaligen Ansatzes können Inception-Module CNNs sich dynamisch an die relevantesten Merkmale für eine bestimmte Aufgabe anpassen, wodurch ihre Gesamtleistung und Vielseitigkeit in verschiedenen Computer-Vision-Anwendungen verbessert wird.

Beispiel: Inception-Modul in PyTorch

```python
import torch
import torch.nn as nn

class InceptionModule(nn.Module):
    def __init__(self, in_channels, out_1x1, red_3x3, out_3x3, red_5x5, out_5x5, out_pool):
        super(InceptionModule, self).__init__()

        self.branch1x1 = nn.Conv2d(in_channels, out_1x1, kernel_size=1)

        self.branch3x3 = nn.Sequential(
            nn.Conv2d(in_channels, red_3x3, kernel_size=1),
            nn.ReLU(inplace=True),
            nn.Conv2d(red_3x3, out_3x3, kernel_size=3, padding=1)
        )

        self.branch5x5 = nn.Sequential(
            nn.Conv2d(in_channels, red_5x5, kernel_size=1),
            nn.ReLU(inplace=True),
            nn.Conv2d(red_5x5, out_5x5, kernel_size=5, padding=2)
        )

        self.branch_pool = nn.Sequential(
            nn.MaxPool2d(kernel_size=3, stride=1, padding=1),
            nn.Conv2d(in_channels, out_pool, kernel_size=1)
        )

    def forward(self, x):
        branch1x1 = self.branch1x1(x)
        branch3x3 = self.branch3x3(x)
        branch5x5 = self.branch5x5(x)
        branch_pool = self.branch_pool(x)

        outputs = [branch1x1, branch3x3, branch5x5, branch_pool]
        return torch.cat(outputs, 1)

class InceptionNetwork(nn.Module):
    def __init__(self, num_classes=1000):
        super(InceptionNetwork, self).__init__()

        self.conv1 = nn.Conv2d(3, 64, kernel_size=7, stride=2, padding=3)
        self.maxpool1 = nn.MaxPool2d(3, stride=2, padding=1)

        self.conv2 = nn.Conv2d(64, 192, kernel_size=3, padding=1)
```

```python
        self.maxpool2 = nn.MaxPool2d(3, stride=2, padding=1)

        self.inception3a = InceptionModule(192, 64, 96, 128, 16, 32, 32)
        self.inception3b = InceptionModule(256, 128, 128, 192, 32, 96, 64)
        self.maxpool3 = nn.MaxPool2d(3, stride=2, padding=1)

        self.inception4a = InceptionModule(480, 192, 96, 208, 16, 48, 64)

        self.avgpool = nn.AdaptiveAvgPool2d((1, 1))
        self.dropout = nn.Dropout(0.4)
        self.fc = nn.Linear(512, num_classes)

    def forward(self, x):
        x = self.conv1(x)
        x = self.maxpool1(x)

        x = self.conv2(x)
        x = self.maxpool2(x)

        x = self.inception3a(x)
        x = self.inception3b(x)
        x = self.maxpool3(x)

        x = self.inception4a(x)

        x = self.avgpool(x)
        x = torch.flatten(x, 1)
        x = self.dropout(x)
        x = self.fc(x)

        return x

# Example of using the Inception Network
model = InceptionNetwork()
print(model)

# Test with a random input
x = torch.randn(1, 3, 224, 224)
output = model(x)
print(f"Output shape: {output.shape}")
```

Aufschlüsselung des Inception-Moduls und Netzwerks:

1. InceptionModule-Klasse:

- Diese Klasse definiert ein einzelnes Inception-Modul, welches der zentrale Baustein des Inception-Netzwerks ist.

- Sie nimmt mehrere Parameter entgegen, um die Anzahl der Filter in jedem Zweig zu steuern, was eine flexible Architekturgestaltung ermöglicht.

- Das Modul besteht aus vier parallelen Zweigen:

    o 1x1-Faltungszweig: Führt punktweise Faltung zur Dimensionsreduzierung durch.

    o 3x3-Faltungszweig: Verwendet eine 1x1-Faltung zur Dimensionsreduzierung vor der 3x3-Faltung.

    o 5x5-Faltungszweig: Ähnlich dem 3x3-Zweig, aber mit einem größeren rezeptiven Feld.

    o Pooling-Zweig: Wendet Max-Pooling gefolgt von einer 1x1-Faltung an, um die Dimensionen anzupassen.

- Die Forward-Methode verkettet die Ausgaben aller Zweige entlang der Kanaldimension.

2. InceptionNetwork-Klasse:

- Diese Klasse definiert die Gesamtstruktur des Inception-Netzwerks.

- Sie kombiniert mehrere Inception-Module mit anderen Standard-CNN-Schichten.

- Die Netzwerkstruktur umfasst:

    o Anfängliche Faltungs- und Pooling-Schichten zur Reduzierung der räumlichen Dimensionen.

    o Mehrere Inception-Module (3a, 3b, 4a in diesem Beispiel).

    o Globales Average-Pooling zur Reduzierung der räumlichen Dimensionen auf 1x1.

    o Eine Dropout-Schicht zur Regularisierung.

    o Eine abschließende vollvernetzte Schicht für die Klassifizierung.

3. Hauptmerkmale der Inception-Architektur:

- Multiskalenverarbeitung: Durch die parallele Verwendung verschiedener Filtergrößen kann das Netzwerk Merkmale auf verschiedenen Skalen gleichzeitig erfassen.

- Dimensionsreduzierung: 1x1-Faltungen werden verwendet, um die Anzahl der Kanäle vor rechenintensiven 3x3- und 5x5-Faltungen zu reduzieren, was die Recheneffizienz verbessert.

- Dichte Merkmalsextraktion: Die Verkettung mehrerer Zweige ermöglicht die Extraktion eines reichhaltigen Merkmalssatzes in jeder Schicht.

4. Anwendungsbeispiel:

- Der Code zeigt, wie eine Instanz des InceptionNetwork erstellt wird.

- Er demonstriert auch, wie eine Beispieleingabe durch das Netzwerk geleitet und die Ausgabeform ausgegeben wird.

Dieses Beispiel bietet einen vollständigen Überblick darüber, wie die Inception-Architektur strukturiert und implementiert ist. Es zeigt die modulare Natur des Designs, die eine einfache Modifikation und Experimentierung mit verschiedenen Netzwerkkonfigurationen ermöglicht.

Training von Inception mit PyTorch

Sie können auch ein vortrainiertes Inception-v3-Modell mit **torchvision.models** laden:

```python
import torch
import torch.nn as nn
import torchvision.models as models
import torchvision.transforms as transforms
from torchvision.datasets import CIFAR10
from torch.utils.data import DataLoader

# Configurar dispositivo
device = torch.device("cuda" if torch.cuda.is_available() else "cpu")
torch.backends.cudnn.benchmark = True  # Optimizar ejecución en GPU

# Cargar el modelo Inception-v3 preentrenado
model = models.inception_v3(pretrained=True, aux_logits=False)  # Desactivamos las
salidas auxiliares
model.fc = nn.Linear(model.fc.in_features, 10)  # Ajustamos para 10 clases de CIFAR-
10

# Congelar todas las capas excepto la final
for param in model.parameters():
    param.requires_grad = False
for param in model.fc.parameters():
    param.requires_grad = True

# Transformaciones de imágenes
transform = transforms.Compose([
    transforms.Resize((299, 299)),  # Inception-v3 requiere imágenes de 299x299
    transforms.ToTensor(),
    transforms.Normalize(mean=[0.485, 0.456, 0.406], std=[0.229, 0.224, 0.225])
])

# Cargar el dataset CIFAR-10
train_dataset = CIFAR10(root='./data', train=True, download=True,
transform=transform)
train_loader = DataLoader(train_dataset, batch_size=32, shuffle=True, num_workers=2)

# Definir función de pérdida y optimizador
criterion = nn.CrossEntropyLoss()
optimizer = torch.optim.Adam(model.fc.parameters(), lr=0.001)

# Enviar modelo a dispositivo
model.to(device)
```

```python
model.train()

# Entrenamiento del modelo
num_epochs = 5
for epoch in range(num_epochs):
    running_loss = 0.0
    for inputs, labels in train_loader:
        inputs, labels = inputs.to(device), labels.to(device)

        outputs = model(inputs)  # Sin aux_logits
        loss = criterion(outputs, labels)

        optimizer.zero_grad()
        loss.backward()
        optimizer.step()

        running_loss += loss.item()

    print(f"Epoch                    {epoch+1}/{num_epochs},                Loss:
{running_loss/len(train_loader):.4f}")

print("Training complete!")

# Evaluación del modelo
model.eval()
correct = 0
total = 0
with torch.no_grad():
    for inputs, labels in train_loader:
        inputs, labels = inputs.to(device), labels.to(device)
        outputs = model(inputs)  # Sin aux_logits en evaluación
        _, predicted = torch.max(outputs, 1)
        total += labels.size(0)
        correct += (predicted == labels).sum().item()

print(f"Accuracy on training set: {100 * correct / total:.2f}%")

# Mostrar estructura del modelo
print(model)
```

Code-Aufschlüsselung

1. **Bibliotheken importieren**

   o Wir importieren die erforderlichen PyTorch-Bibliotheken, einschließlich torchvision zum Laden vortrainierter Modelle und Datensätze.

   o torch.backends.cudnn.benchmark = True wird aktiviert, um die Leistung auf der GPU zu optimieren.

2. **Vortrainiertes Modell laden**

- o Wir laden ein vortrainiertes **Inception-v3**-Modell mit models.inception_v3(pretrained=True, aux_logits=False).
- o Die Einstellung aux_logits=False stellt sicher, dass das Modell nur die Hauptausgabe zurückgibt und Fehler bei der Auswertung vermieden werden.

3. **Modell modifizieren**

- o Die finale vollvernetzte (fc) Schicht wird ersetzt, um **10 Klassen** auszugeben, passend zu CIFAR-10.
- o Alle Schichten außer fc werden eingefroren, was Transfer Learning ermöglicht und die vortrainierten Features beibehält.

4. **Datenvorbereitung**

- o Bilder werden auf **299x299** skaliert, wie von Inception-v3 gefordert.
- o Transformationen beinhalten die Normalisierung mit ImageNet-Mittelwert und Standardabweichung.
- o Der CIFAR-10-Datensatz wird geladen und mit DataLoader verarbeitet, wobei num_workers=2 zur Effizienzsteigerung verwendet wird.

5. **Training-Setup**

- o **CrossEntropyLoss** wird als Verlustfunktion für die Mehrklassen-Klassifikation verwendet.
- o Der **Adam-Optimizer** aktualisiert nur die Parameter der finalen Schicht.
- o Das Modell wird auf die **GPU verschoben, falls verfügbar**.

6. **Trainingsschleife**

- o Das Modell wird für **5 Epochen** trainiert.
- o Jede Epoche durchläuft die Trainingsdaten, berechnet den Verlust und aktualisiert die Modellparameter.
- o Der **durchschnittliche Verlust pro Epoche** wird zur Überwachung des Trainingsfortschritts ausgegeben.

7. **Modellauswertung**

- o Das trainierte Modell wird am CIFAR-10 **Trainingsdatensatz** evaluiert.
- o Die finale Genauigkeit wird berechnet, um zu bewerten, wie gut das Modell gelernt hat.
- o Die Evaluierungsschleife stellt sicher, dass aux_logits=False korrekt behandelt wird.

8. **Modellzusammenfassung**

  ○ Schließlich drucken wir die gesamte **Modellarchitektur** mit print(model), um die modifizierte Struktur anzuzeigen.

Diese Implementierung zeigt, wie man ein **vortrainiertes Inception-v3-Modell** für CIFAR-10 feinabstimmt. Sie umfasst das Laden von Daten, Modellmodifikation, Training und Evaluation und bietet einen effizienten Weg zur Nutzung vortrainierter Modelle für spezifische Klassifikationsaufgaben.

5.3.3 DenseNet: Dichte Verbindungen für effiziente Feature-Wiederverwendung

DenseNet (Dense Convolutional Networks) revolutionierte das Gebiet des Deep Learning durch die Einführung des innovativen Konzepts der **dichten Verbindungen**. Diese bahnbrechende Architektur ermöglicht es jeder Schicht, Eingaben von allen vorhergehenden Schichten zu erhalten, wodurch eine dicht verbundene Netzwerkstruktur entsteht. Im Gegensatz zu konventionellen Feed-Forward-Architekturen, bei denen Informationen linear von einer Schicht zur nächsten fließen, etabliert DenseNet direkte Verbindungen zwischen jeder Schicht und allen nachfolgenden Schichten in einer Feed-Forward-Weise.

Das dichte Verbindungsmuster in DenseNet bietet mehrere signifikante Vorteile:

- Verbesserte Feature-Propagation: Das dichte Verbindungsmuster ermöglicht direkten Zugriff auf Features aus allen vorhergehenden Schichten, was einen effizienteren Informationsfluss durch das Netzwerk erleichtert. Diese umfassende Feature-Nutzung verbessert die Fähigkeit des Netzwerks, komplexe Muster und Repräsentationen zu lernen.

- Verbesserter Gradientenfluss: Durch die Etablierung direkter Verbindungen zwischen den Schichten verbessert DenseNet signifikant die Gradientenpropagation während des Backpropagation-Prozesses. Dieses Architekturdesign adressiert effektiv das Problem des verschwindenden Gradienten, eine häufige Herausforderung in tiefen neuronalen Netzen, und ermöglicht ein stabileres und effizienteres Training sehr tiefer Architekturen.

- Effiziente Feature-Wiederverwendung: Die einzigartige Struktur von DenseNet fördert die Wiederverwendung von Features über mehrere Schichten hinweg, was zu kompakteren und parametereffizienteren Modellen führt. Dieser Feature-Wiederverwendungsmechanismus ermöglicht es dem Netzwerk, eine vielfältige Menge von Features zu lernen, während eine relativ kleine Anzahl von Parametern beibehalten wird, was zu Modellen führt, die sowohl leistungsstark als auch recheneffizient sind.

- Verstärkter Regularisierungseffekt: Die dichten Verbindungen in DenseNet wirken als implizite Form der Regularisierung und helfen, Überanpassung zu vermeiden, insbesondere bei der Arbeit mit kleineren Datensätzen. Dieser Regularisierungseffekt stammt aus der Fähigkeit des Netzwerks, Informationen und Gradienten gleichmäßiger zu verteilen, was eine bessere Generalisierung und Robustheit in den gelernten Repräsentationen fördert.

Diese einzigartige Architektur ermöglicht es DenseNet, Spitzenleistungen bei verschiedenen Computer-Vision-Aufgaben zu erzielen, während weniger Parameter im Vergleich zu traditionellen CNNs verwendet werden. Die effiziente Nutzung von Parametern reduziert nicht nur den Rechenaufwand, sondern verbessert auch die Generalisierungsfähigkeiten des Modells, was DenseNet zu einer beliebten Wahl für ein breites Spektrum von Anwendungen in der Bildklassifikation, Objekterkennung und semantischen Segmentierung macht.

Schlüsselkonzept: Dichte Verbindungen

In DenseNet hat jede Schicht direkten Zugriff auf die Feature-Maps aller vorhergehenden Schichten, wodurch eine dicht verbundene Netzwerkstruktur entsteht. Diese einzigartige Architektur ermöglicht mehrere wichtige Vorteile:

- Verbesserter Gradientenfluss: Die direkten Verbindungen zwischen den Schichten ermöglichen einen einfacheren Fluss der Gradienten während der Backpropagation und mildern das Problem des verschwindenden Gradienten, das häufig in tiefen Netzwerken auftritt.

- Effiziente Feature-Wiederverwendung: Durch den Zugriff auf alle vorherigen Feature-Maps kann jede Schicht eine vielfältige Menge von Features nutzen, was die Feature-Wiederverwendung fördert und Redundanz im Netzwerk reduziert.

- Verbesserter Informationsfluss: Das dichte Verbindungsmuster stellt sicher, dass Informationen effizienter durch das Netzwerk propagieren können, was zu besserer Feature-Extraktion und Repräsentation führt.

Dieser innovative Ansatz führt zu Netzwerken, die nicht nur kompakter, sondern auch parametereffizienter sind. DenseNet erreicht Spitzenleistungen mit weniger Parametern im Vergleich zu traditionellen CNNs, was es besonders nützlich für Anwendungen macht, bei denen Rechenressourcen begrenzt sind oder wenn mit kleineren Datensätzen gearbeitet wird.

Beispiel: DenseNet Block in PyTorch

```python
import torch
import torch.nn as nn
import torch.nn.functional as F
from collections import OrderedDict

class DenseLayer(nn.Module):
    def __init__(self, in_channels, growth_rate):
        super(DenseLayer, self).__init__()
        self.bn1 = nn.BatchNorm2d(in_channels)
        self.conv1 = nn.Conv2d(in_channels, 4 * growth_rate, kernel_size=1, bias=False)
        self.bn2 = nn.BatchNorm2d(4 * growth_rate)
```

```python
        self.conv2 = nn.Conv2d(4 * growth_rate, growth_rate, kernel_size=3, padding=1,
bias=False)
        self.relu = nn.ReLU(inplace=True)

    def forward(self, x):
        out = self.bn1(x)
        out = self.relu(out)
        out = self.conv1(out)
        out = self.bn2(out)
        out = self.relu(out)
        out = self.conv2(out)
        return torch.cat([x, out], 1)

class DenseBlock(nn.Module):
    def __init__(self, in_channels, growth_rate, num_layers):
        super(DenseBlock, self).__init__()
        self.layers = nn.ModuleList()
        for i in range(num_layers):
            self.layers.append(DenseLayer(in_channels    +    i    *    growth_rate,
growth_rate))

    def forward(self, x):
        for layer in self.layers:
            x = layer(x)
        return x

class TransitionLayer(nn.Module):
    def __init__(self, in_channels, out_channels):
        super(TransitionLayer, self).__init__()
        self.bn = nn.BatchNorm2d(in_channels)
        self.conv = nn.Conv2d(in_channels, out_channels, kernel_size=1, bias=False)
        self.avg_pool = nn.AvgPool2d(kernel_size=2, stride=2)

    def forward(self, x):
        out = self.bn(x)
        out = F.relu(out, inplace=True)  # Se agregó ReLU antes de la convolución
        out = self.conv(out)
        out = self.avg_pool(out)
        return out

class DenseNet(nn.Module):
    def __init__(self, growth_rate=32, block_config=(6, 12, 24, 16),
num_init_features=64, bn_size=4, compression_rate=0.5, num_classes=1000):
        super(DenseNet, self).__init__()

        # First convolution
        self.features = nn.Sequential(OrderedDict([
            ('conv0', nn.Conv2d(3, num_init_features, kernel_size=7, stride=2,
padding=3, bias=False)),
            ('norm0', nn.BatchNorm2d(num_init_features)),
            ('relu0', nn.ReLU(inplace=True)),
            ('pool0', nn.MaxPool2d(kernel_size=3, stride=2, padding=1)),
```

```
        ]))

        # Dense Blocks
        num_features = num_init_features
        for i, num_layers in enumerate(block_config):
            block = DenseBlock(num_features, growth_rate, num_layers)
            self.features.add_module(f'denseblock{i+1}', block)
            num_features += num_layers * growth_rate
            if i != len(block_config) - 1:
                transition   =   TransitionLayer(num_features,   int(num_features   *
compression_rate))
                self.features.add_module(f'transition{i+1}', transition)
                num_features = int(num_features * compression_rate)

        # Final batch norm
        self.features.add_module('norm5', nn.BatchNorm2d(num_features))

        # Linear layer
        self.classifier = nn.Linear(num_features, num_classes)

    def forward(self, x):
        features = self.features(x)
        out = F.relu(features, inplace=True)
        out = F.adaptive_avg_pool2d(out, (1, 1))
        out = torch.flatten(out, 1)
        out = self.classifier(out)
        return out

# Example of using DenseNet
model = DenseNet(growth_rate=32, block_config=(6, 12, 24, 16), num_init_features=64,
num_classes=1000)
print(model)

# Generate a random input tensor
input_tensor = torch.randn(1, 3, 224, 224)

# Pass the input through the model
output = model(input_tensor)

print(f"Input shape: {input_tensor.shape}")
print(f"Output shape: {output.shape}")
```

Dieser Code implementiert eine vollständige Version von **DenseNet**, einschließlich aller Schlüsselkomponenten der Architektur.

Code-Aufschlüsselung:

1. **DenseLayer:**
   o   Der grundlegende Baustein von DenseNet.

- o Beinhaltet **Batch-Normalisierung (BatchNorm)**, **ReLU-Aktivierung** und zwei Faltungsschichten (**1x1 und 3x3**).
- o Die **1x1 Faltung** fungiert als **Bottleneck-Schicht** zur Dimensionsreduzierung.
- o Die Ausgabe der Schicht wird mit der Eingabe verkettet, was eine **dichte Konnektivität** gewährleistet.

2. **DenseBlock:**

- o Besteht aus mehreren **DenseLayers**.
- o Jede Schicht erhält Feature-Maps aus allen vorhergehenden Schichten.
- o Verbessert die Feature-Wiederverwendung und optimiert den Gradientenfluss.
- o Die **Anzahl der Schichten** und **Wachstumsrate** sind konfigurierbar.

3. **TransitionLayer:**

- o Wird zwischen **DenseBlocks** platziert, um **die Anzahl der Feature-Maps zu reduzieren**.
- o Besteht aus:
    - ▪ **Batch-Normalisierung** für Stabilität.
    - ▪ **1x1 Faltung** zur Dimensionsreduzierung.
    - ▪ **Durchschnittspooling** zur Verringerung der räumlichen Auflösung.

4. **DenseNet:**

- o Die Hauptklasse, die die **vollständige DenseNet-Architektur** implementiert.
- o Enthält:
    - ▪ Eine **initiale Faltungs- und Pooling-Schicht**.
    - ▪ Mehrere **DenseBlocks** getrennt durch **TransitionLayers**.
    - ▪ Eine abschließende **Batch-Normalisierungsschicht** gefolgt von einer **vollständig verbundenen Klassifizierungsschicht**.
- o Unterstützt anpassbare Einstellungen für **Tiefe**, **Breite** und **Kompression**.

5. **Anwendungsbeispiel:**

- o Instanziiert ein **DenseNet**-Modell mit spezifischen Konfigurationen.
- o Erzeugt einen **zufälligen Eingabetensor** und leitet ihn durch das Modell.

- o Gibt die **Ein- und Ausgabeformen** aus, um die Funktionalität des Modells zu überprüfen.

Training von DenseNet mit PyTorch

DenseNet-Modelle sind auch in **torchvision.models** verfügbar:

```python
import torch
import torch.nn as nn
import torchvision.models as models
import torchvision.transforms as transforms
from torchvision.datasets import CIFAR10
from torch.utils.data import DataLoader

# Load a pretrained DenseNet-121 model
model = models.densenet121(pretrained=True)

# Modify the final layer to match 10 output classes (CIFAR-10)
model.classifier = nn.Linear(model.classifier.in_features, 10)

# Define transformations for CIFAR-10
transform = transforms.Compose([
    transforms.Resize(224),  # DenseNet expects 224x224 input
    transforms.ToTensor(),
    transforms.Normalize(mean=[0.485, 0.456, 0.406], std=[0.229, 0.224, 0.225])
])

# Load CIFAR-10 dataset
train_dataset      =      CIFAR10(root='./data',      train=True,      download=True,
transform=transform)
train_loader = DataLoader(train_dataset, batch_size=32, shuffle=True)

# Define loss function and optimizer
criterion = nn.CrossEntropyLoss()
optimizer = torch.optim.Adam(model.parameters(), lr=0.001)

# Train the model
num_epochs = 5
device = torch.device("cuda" if torch.cuda.is_available() else "cpu")
model.to(device)

for epoch in range(num_epochs):
    model.train()
    running_loss = 0.0
    for inputs, labels in train_loader:
        inputs, labels = inputs.to(device), labels.to(device)

        optimizer.zero_grad()
        outputs = model(inputs)
        loss = criterion(outputs, labels)
        loss.backward()
        optimizer.step()
```

```
        running_loss += loss.item()

    print(f"Epoch                    [{epoch+1}/{num_epochs}],                    Loss:
{running_loss/len(train_loader):.4f}")

print(model)
```

Dieses Codebeispiel demonstriert eine umfassende Nutzung eines vortrainierten DenseNet-121-Modells für den CIFAR-10-Datensatz.

Hier ist eine Aufschlüsselung des Codes:

1. Importieren der erforderlichen Bibliotheken:

    o   Wir importieren PyTorch, torchvision und verwandte Module für die Modellerstellung, das Laden von Daten und Transformationen.

2. Laden des vortrainierten DenseNet-121-Modells:

    o   Wir verwenden models.densenet121(pretrained=True), um ein DenseNet-121-Modell mit vortrainierten ImageNet-Gewichten zu laden.

3. Anpassung des Klassifikators:

    o   Wir ersetzen die letzte vollständig verbundene Schicht (Klassifikator), um 10 Klassen auszugeben, entsprechend der Anzahl der Klassen in CIFAR-10.

4. Definition der Datentransformationen:

    o   Wir erstellen eine Zusammensetzung von Transformationen zur Vorverarbeitung der CIFAR-10-Bilder, einschließlich der Größenanpassung auf 224x224 (wie von DenseNet erwartet), der Umwandlung in Tensoren und der Normalisierung.

5. Laden des CIFAR-10-Datensatzes:

    o   Wir verwenden CIFAR10 aus torchvision.datasets, um die Trainingsdaten zu laden und wenden unsere definierten Transformationen an.

    o   Wir erstellen einen DataLoader zum Batching und Mischen der Daten während des Trainings.

6. Einrichten von Verlustfunktion und Optimierer:

    o   Wir verwenden CrossEntropyLoss als Kriterium und Adam als Optimierer.

7. Trainingsschleife:

    o   Wir iterieren für eine festgelegte Anzahl von Epochen über den Datensatz.

- o In jeder Epoche führen wir einen Vorwärtsdurchlauf der Daten durch das Modell durch, berechnen den Verlust, führen die Rückpropagation durch und aktualisieren die Modellparameter.

- o Wir geben den durchschnittlichen Verlust für jede Epoche aus, um den Trainingsfortschritt zu überwachen.

8. Gerätekonfiguration:

- o Wir verwenden CUDA, falls verfügbar, andernfalls greifen wir auf die CPU für das Training zurück.

9. Modellübersicht:

- o Abschließend geben wir die gesamte Modellarchitektur mit print(model) aus.

Dieses Beispiel bietet einen vollständigen Arbeitsablauf für das Fine-Tuning eines vortrainierten DenseNet-121-Modells auf dem CIFAR-10-Datensatz, einschließlich Datenvorbereitung, Modellanpassung und Trainingsprozess. Es dient als praktische Demonstration des Transfer Learnings im Deep Learning.

5.4 Praktische Anwendungen von CNNs (Bildklassifizierung, Objekterkennung)

Faltungsneuronale Netze (CNNs) haben eine neue Ära in der Computer Vision eingeleitet und ermöglichen es Maschinen, visuelle Informationen mit beispielloser Genauigkeit und Effizienz zu interpretieren und zu analysieren. Diese revolutionäre Technologie hat den Weg für bahnbrechende Anwendungen geebnet, wobei **Bildklassifizierung** und **Objekterkennung** zu den wichtigsten gehören. Diese Fortschritte haben die Möglichkeiten der künstlichen Intelligenz bei der Verarbeitung und dem Verständnis visueller Daten erheblich erweitert.

- **Bildklassifizierung** ist eine grundlegende Aufgabe in der Computer Vision, bei der es darum geht, ein gesamtes Bild einer von mehreren vordefinierten Klassen zuzuordnen. Dieser Prozess erfordert, dass das CNN das Bild ganzheitlich analysiert und seinen Gesamtinhalt bestimmt. Ein gut trainiertes Bildklassifizierungsmodell kann beispielsweise zwischen verschiedenen Motiven wie Katzen, Hunden, Flugzeugen oder sogar spezifischeren Kategorien wie Hunderassen oder Flugzeugtypen unterscheiden. Diese Fähigkeit findet Anwendung in verschiedenen Bereichen, von der Organisation umfangreicher Fotobibliotheken bis hin zur Unterstützung bei medizinischen Diagnosen.

- **Objekterkennung** stellt eine fortgeschrittenere Anwendung von CNNs dar, die die Aufgaben der Klassifizierung und Lokalisierung kombiniert. Bei der Objekterkennung identifiziert das Netzwerk nicht nur die Arten von Objekten in einem Bild, sondern bestimmt auch deren genaue Position. Dies wird durch die Generierung von

Begrenzungsrahmen um erkannte Objekte erreicht, zusammen mit den entsprechenden Klassenbezeichnungen und Konfidenzwerten. Die Fähigkeit, mehrere Objekte innerhalb eines einzelnen Bildes zu erkennen, unabhängig von ihrer Größe oder Position, macht die Objekterkennung unentbehrlich in komplexen Szenarien wie autonomem Fahren, Überwachungssystemen und robotischem Sehen.

In den folgenden Abschnitten werden wir diese beiden wichtigen Anwendungen von CNNs näher betrachten. Wir beginnen mit der Untersuchung der Feinheiten der Bildklassifizierung, ihrer Methoden und praktischen Anwendungsfälle. Anschließend wenden wir uns dem komplexeren Bereich der Objekterkennung zu und untersuchen, wie CNNs gleichzeitig mehrere Objekte innerhalb eines einzelnen Bildes klassifizieren und lokalisieren können. Durch diese Untersuchung gewinnen wir ein umfassendes Verständnis dafür, wie CNNs unsere Interaktion mit visuellen Daten revolutionieren.

5.4.1 Bildklassifizierung mit CNNs

Bildklassifizierung ist eine grundlegende Aufgabe im Bereich Computer Vision, bei der das Ziel darin besteht, einem Eingabebild eine vordefinierte Kategorie oder ein Etikett zuzuordnen. Dieser Prozess beinhaltet die Analyse des visuellen Inhalts eines Bildes und die Bestimmung seines übergeordneten Themas. Faltungsneuronale Netze (CNNs) haben sich für diese Aufgabe als außerordentlich effektiv erwiesen, da sie in der Lage sind, automatisch aussagekräftige Merkmale aus rohen Pixeldaten zu lernen und zu extrahieren.

Die Stärke von CNNs bei der Bildklassifizierung liegt in ihrem hierarchischen Merkmalslernprozess. In den ersten Schichten des Netzwerks erkennen CNNs typischerweise einfache Merkmale wie Kanten, Ecken und grundlegende Texturen. Während die Information durch tiefere Schichten fließt, werden diese grundlegenden Merkmale zu komplexeren Mustern, Formen und schließlich zu semantischen Konzepten höherer Ordnung kombiniert. Diese hierarchische Darstellung ermöglicht es CNNs, sowohl feine Details als auch abstrakte Konzepte zu erfassen, wodurch sie besonders gut verschiedene Bildkategorien unterscheiden können.

Beispielsweise könnte bei der Klassifizierung eines Katzenbildes die ersten CNN-Schichten Schnurrhaare, Felltexturen und Ohrformen erkennen. Die mittleren Schichten könnten diese Merkmale kombinieren, um Augen, Pfoten und Schwänze zu erkennen. Die tiefsten Schichten würden dann diese Informationen zu einer vollständigen Darstellung einer Katze integrieren und so eine präzise Klassifizierung ermöglichen. Diese Fähigkeit, relevante Merkmale automatisch zu lernen, ohne manuelle Merkmalsextraktion zu benötigen, unterscheidet CNNs von traditionellen Computer-Vision-Techniken und macht sie besonders geeignet für Bildklassifizierungsaufgaben in verschiedensten Bereichen, von der Objekterkennung bis zur medizinischen Bildanalyse.

Beispiel: Bildklassifizierung mit vortrainiertem ResNet in PyTorch

Wir werden ein vortrainiertes **ResNet-18**-Modell verwenden, um Bilder aus dem **CIFAR-10**-Datensatz zu klassifizieren. ResNet-18 ist eine weit verbreitete CNN-Architektur, die bei vielen Bildklassifizierungs-Benchmarks eine hohe Leistung erzielt.

```python
import torch
import torch.nn as nn
import torchvision.transforms as transforms
import torchvision.datasets as datasets
import torchvision.models as models
from torch.utils.data import DataLoader
from torchvision.models import ResNet18_Weights
import matplotlib.pyplot as plt

# Define the data transformations for CIFAR-10
transform_train = transforms.Compose([
    transforms.RandomCrop(32, padding=4),
    transforms.RandomHorizontalFlip(),
    transforms.Resize(224),
    transforms.ToTensor(),
    transforms.Normalize(mean=[0.485, 0.456, 0.406], std=[0.229, 0.224, 0.225])
])

transform_test = transforms.Compose([
    transforms.Resize(224),
    transforms.ToTensor(),
    transforms.Normalize(mean=[0.485, 0.456, 0.406], std=[0.229, 0.224, 0.225])
])

# Load CIFAR-10 dataset
train_dataset    =    datasets.CIFAR10(root='./data',    train=True,    download=True,
transform=transform_train)
test_dataset    =    datasets.CIFAR10(root='./data',    train=False,    download=True,
transform=transform_test)

train_loader = DataLoader(train_dataset, batch_size=64, shuffle=True)
test_loader = DataLoader(test_dataset, batch_size=64, shuffle=False)

# Load a pretrained ResNet-18 model
model = models.resnet18(weights=ResNet18_Weights.DEFAULT)

# Modify the last fully connected layer to fit CIFAR-10 (10 classes)
num_classes = 10
model.fc = nn.Linear(model.fc.in_features, num_classes)

# Define the loss function and optimizer
criterion = nn.CrossEntropyLoss()
optimizer = torch.optim.Adam(model.parameters(), lr=0.001)

# Training function
def train(model, train_loader, criterion, optimizer, device):
    model.train()
```

```python
        running_loss = 0.0
        correct = 0
        total = 0
        for inputs, labels in train_loader:
            inputs, labels = inputs.to(device), labels.to(device)
            optimizer.zero_grad()
            outputs = model(inputs)
            loss = criterion(outputs, labels)
            loss.backward()
            optimizer.step()
            running_loss += loss.item()
            _, predicted = outputs.max(1)
            total += labels.size(0)
            correct += predicted.eq(labels).sum().item()
        return running_loss/len(train_loader), 100.*correct/total

# Evaluation function
def evaluate(model, test_loader, criterion, device):
    model.eval()
    test_loss = 0
    correct = 0
    total = 0
    with torch.no_grad():
        for inputs, labels in test_loader:
            inputs, labels = inputs.to(device), labels.to(device)
            outputs = model(inputs)
            loss = criterion(outputs, labels)
            test_loss += loss.item()
            _, predicted = outputs.max(1)
            total += labels.size(0)
            correct += predicted.eq(labels).sum().item()
    return test_loss/len(test_loader), 100.*correct/total

# Set device
device = torch.device("cuda" if torch.cuda.is_available() else "cpu")
model.to(device)

# Train the model
num_epochs = 10
train_losses, train_accs, test_losses, test_accs = [], [], [], []

for epoch in range(num_epochs):
    train_loss, train_acc = train(model, train_loader, criterion, optimizer, device)
    test_loss, test_acc = evaluate(model, test_loader, criterion, device)

    train_losses.append(train_loss)
    train_accs.append(train_acc)
    test_losses.append(test_loss)
    test_accs.append(test_acc)

    print(f"Epoch {epoch+1}/{num_epochs}")
    print(f"Train Loss: {train_loss:.4f}, Train Acc: {train_acc:.2f}%")
```

```
    print(f"Test Loss: {test_loss:.4f}, Test Acc: {test_acc:.2f}%")

# Plot training and testing curves
plt.figure(figsize=(12, 4))
plt.subplot(1, 2, 1)
plt.plot(train_losses, label='Train Loss')
plt.plot(test_losses, label='Test Loss')
plt.xlabel('Epoch')
plt.ylabel('Loss')
plt.legend()

plt.subplot(1, 2, 2)
plt.plot(train_accs, label='Train Accuracy')
plt.plot(test_accs, label='Test Accuracy')
plt.xlabel('Epoch')
plt.ylabel('Accuracy (%)')
plt.legend()

plt.tight_layout()
plt.show()
```

Dieses Codebeispiel demonstriert einen umfassenden Ansatz zur Feinabstimmung eines vortrainierten ResNet-18-Modells auf dem CIFAR-10-Datensatz.

Hier ist eine detaillierte Aufschlüsselung der Ergänzungen und Verbesserungen:

- Datenerweiterung: Wir haben Techniken zur Datenerweiterung (zufälliges Zuschneiden und horizontales Spiegeln) zu den Trainings-Datentransformationen hinzugefügt. Dies trägt zur Verbesserung der Generalisierungsfähigkeit des Modells bei.

- Separater Testdatensatz: Wir laden jetzt sowohl Trainings- als auch Testdatensätze, was uns eine ordnungsgemäße Bewertung der Modellleistung auf ungesehenen Daten ermöglicht.

- Erhöhte Batch-Größe: Die Batch-Größe wurde von 32 auf 64 erhöht, was zu stabileren Gradienten und potenziell schnellerem Training führen kann.

- Korrekte Modellladung: Wir verwenden ResNet18_Weights.DEFAULT, um sicherzustellen, dass wir die neuesten vortrainierten Gewichte laden.

- Geräteunabhängig: Der Code prüft jetzt auf CUDA-Verfügbarkeit und verschiebt das Modell und die Daten auf das entsprechende Gerät (GPU oder CPU).

- Separate Trainings- und Evaluierungsfunktionen: Diese Funktionen kapseln die Trainings- und Evaluierungsprozesse ein und machen den Code modularer und leichter verständlich.

- Erweitertes Training: Die Anzahl der Epochen wurde von 5 auf 10 erhöht, was ein gründlicheres Training ermöglicht.

- Leistungsverfolgung: Wir verfolgen jetzt sowohl Verlust als auch Genauigkeit für Trainings- und Testsets während des gesamten Trainingsprozesses.

- Visualisierung: Der Code enthält matplotlib-Plots zur Visualisierung der Trainings- und Testkurven, die Einblick in den Lernfortschritt des Modells geben.

Dieses umfassende Beispiel bietet einen realistischen Ansatz für das Training eines Deep-Learning-Modells, einschließlich bewährter Praktiken wie Datenerweiterung, ordnungsgemäße Evaluierung und Leistungsvisualisierung. Es bietet eine solide Grundlage für weitere Experimente und Verbesserungen bei Bildklassifizierungsaufgaben.

5.4.2 Objekterkennung mit CNNs

Objekterkennung stellt einen bedeutenden Fortschritt auf dem Gebiet der Computer Vision dar und erweitert die Fähigkeiten von Faltungsneuronalen Netzen (CNNs) über einfache Klassifizierungsaufgaben hinaus. Während die Bildklassifizierung einem gesamten Bild eine einzige Bezeichnung zuweist, geht die Objekterkennung einen Schritt weiter, indem sie nicht nur mehrere Objekte innerhalb eines Bildes identifiziert, sondern auch deren genaue Position bestimmt.

Objekterkennung nutzt CNNs zur gleichzeitigen Durchführung zweier entscheidender Aufgaben:

- Klassifizierung: Dies beinhaltet die Identifizierung und Kategorisierung jedes erkannten Objekts innerhalb des Bildes. Das Modell könnte beispielsweise Objekte als "Auto", "Person", "Hund" oder andere vordefinierte Kategorien erkennen und kennzeichnen.

- Lokalisierung: Diese Aufgabe konzentriert sich darauf, die genaue Position jedes identifizierten Objekts innerhalb des Bildes zu bestimmen. Typischerweise wird dies durch die Erzeugung einer Begrenzungsbox erreicht - ein rechteckiger Bereich, der durch spezifische Koordinaten definiert wird und das Objekt umschließt.

Diese zweifachen Fähigkeiten ermöglichen es Objekterkennungsmodellen, nicht nur zu erkennen, welche Objekte in einem Bild vorhanden sind, sondern auch genau zu bestimmen, wo sie sich befinden, was sie für ein breites Spektrum von Anwendungen äußerst wertvoll macht.

Diese duale Funktionalität ermöglicht es Objekterkennungsmodellen, Fragen wie "Welche Objekte befinden sich in diesem Bild?" und "Wo genau befinden sich diese Objekte?" zu beantworten, was sie für verschiedene reale Anwendungen wie autonomes Fahren, Überwachungssysteme und Robotik unentbehrlich macht.

Eine der beliebtesten und effizientesten Architekturen für die Objekterkennung ist das **Faster R-CNN** (Region-based Convolutional Neural Network). Dieses fortschrittliche Modell kombiniert die Leistungsfähigkeit von CNNs mit einer spezialisierten Komponente namens Region Proposal Network (RPN). So funktioniert Faster R-CNN:

- Merkmalsextraktion: Das CNN verarbeitet das Eingabebild, um eine reichhaltige Menge an hochrangigen Merkmalen zu extrahieren, die verschiedene Aspekte des Bildinhalts erfassen.

- Regionvorschlagsgenerierung: Das Region Proposal Network (RPN) analysiert die Merkmalskarte und schlägt potenzielle Bereiche vor, die Objekte von Interesse enthalten könnten.

- Region of Interest (ROI) Pooling: Das System verfeinert die vorgeschlagenen Regionen und leitet sie in vollständig verbundene Schichten weiter, was eine präzise Klassifizierung und Anpassung der Begrenzungsbox ermöglicht.

- Finale Ausgabeerzeugung: Das Modell erzeugt Klassenwahrscheinlichkeiten für jedes erkannte Objekt sowie verfeinerte Begrenzungsbox-Koordinaten, um sie präzise im Bild zu lokalisieren.

Diese effiziente Pipeline ermöglicht es Faster R-CNN, mehrere Objekte in einem Bild mit hoher Genauigkeit und relativ geringem Rechenaufwand zu erkennen, was es zu einem Eckpfeiler in modernen Objekterkennungssystemen macht. Seine Fähigkeit, komplexe Szenen mit mehreren Objekten unterschiedlicher Größe und Position zu verarbeiten, hat es zur bevorzugten Wahl für viele Computer-Vision-Anwendungen gemacht, die eine präzise Objektlokalisierung und -klassifizierung erfordern.

Beispiel: Objekterkennung mit Faster R-CNN in PyTorch

Wir werden ein vortrainiertes **Faster R-CNN**-Modell aus **torchvision** verwenden, um Objekte in Bildern zu erkennen.

```python
import torch
import torchvision
from        torchvision.models.detection        import        fasterrcnn_resnet50_fpn_v2,
FasterRCNN_ResNet50_FPN_V2_Weights
from PIL import Image, ImageDraw, ImageFont
import torchvision.transforms as transforms
import matplotlib.pyplot as plt
import numpy as np

# Load a pretrained Faster R-CNN model
weights = FasterRCNN_ResNet50_FPN_V2_Weights.DEFAULT
model = fasterrcnn_resnet50_fpn_v2(weights=weights)
model.eval()

# Load and preprocess the image
image = Image.open("test_image.jpg").convert("RGB")
transform = transforms.Compose([transforms.ToTensor()])
image_tensor = transform(image).unsqueeze(0)  # Add batch dimension

# Perform object detection
with torch.no_grad():
```

```python
    predictions = model(image_tensor)

# Get the class names
class_names = weights.meta["categories"]

# Convert image to numpy array for visualization
image_np = np.array(image)

# Function to draw bounding boxes and labels
def draw_boxes(image, boxes, labels, scores):
    draw = ImageDraw.Draw(image)

    for box, label, score in zip(boxes, labels, scores):
        box = [int(x) for x in box.tolist()]
        label_text = f"{class_names[label]}: {score:.2f}"

        # Draw bounding box
        draw.rectangle(box, outline="red", width=2)

        # Draw label
        text_size = draw.textsize(label_text)
        text_location = (box[0], box[1] - text_size[1])
        draw.rectangle([text_location, (box[0] + text_size[0], box[1])], fill="red")
        draw.text(text_location, label_text, fill="white")

# Filter predictions with high confidence
threshold = 0.9
filtered_boxes = []
filtered_labels = []
filtered_scores = []

for box, label, score in zip(predictions[0]['boxes'], predictions[0]['labels'],
predictions[0]['scores']):
    if score >= threshold:
        filtered_boxes.append(box)
        filtered_labels.append(label.item())   # Convert to int
        filtered_scores.append(score.item())   # Convert to float

# Draw bounding boxes on the image
image_with_boxes = image.copy()
draw_boxes(image_with_boxes, filtered_boxes, filtered_labels, filtered_scores)

# Show the image with bounding boxes
plt.figure(figsize=(12, 8))
plt.imshow(image_with_boxes)
plt.axis("off")
plt.show()

# Print detailed prediction information
for i, (box, label, score) in enumerate(zip(filtered_boxes, filtered_labels,
filtered_scores)):
    print(f"Detection {i+1}:")
```

```
print(f" Class: {class_names[label]}")
print(f" Confidence: {score:.2f}")
print(f" Bounding Box: {box.tolist()}")
print()
```

Dieses Code-Beispiel bietet einen umfassenden Ansatz zur Objekterkennung mit einem vortrainierten Faster R-CNN-Modell.

Hier ist eine detaillierte Aufschlüsselung der Ergänzungen und Verbesserungen:

1. **Modell-Laden**

- Der Code lädt ein **vortrainiertes Faster R-CNN-Modell** mit fasterrcnn_resnet50_fpn_v2 und den neuesten **FasterRCNN_ResNet50_FPN_V2_Weights** für **verbesserte Genauigkeit** und Leistung.

- Das Modell wird in den **Evaluierungsmodus** (model.eval()) versetzt, um korrektes Inferenzverhalten sicherzustellen.

2. **Vorverarbeitung und Bildhandhabung**

   1. Das Bild wird mit **PIL** geladen und in **RGB** konvertiert, um verschiedene Eingabeformate zu verarbeiten.

   2. Eine **Transformationspipeline** (transforms.ToTensor()) stellt sicher, dass das Bild korrekt für das Modell formatiert ist.

   3. Die **Batch-Dimension** wird hinzugefügt, bevor das Bild an das Modell übergeben wird.

3. **Vorhersagefilterung und Konfidenz-Schwellenwert**

   1. Ein **Konfidenz-Schwellenwert von 0,9** wird angewendet, um **Erkennungen mit niedriger Konfidenz herauszufiltern** und sicherzustellen, dass nur Vorhersagen mit hoher Konfidenz angezeigt werden.

   2. Die gefilterten Begrenzungsrahmen, Klassenlabels und Scores werden separat gespeichert.

4. **Klassenname-Extraktion**

   1. Anstelle von **numerischen Klassenindizes** liefert die **Metadaten** des Modells (**weights.meta["categories"]**) menschenlesbare Klassenlabels für verbesserte Interpretierbarkeit.

5. **Visualisierung der Erkennungen**

   1. Der Code zeichnet jetzt **Begrenzungsrahmen** und Labels direkt auf das Bild mit dem **PIL's ImageDraw**-Modul.

    2. Jede Erkennung wird mit ihrem **Klassennamen und Konfidenzwert** in einem klar sichtbaren Format beschriftet.

6. **Fehlerbehandlung und Code-Verbesserungen**

    1. Der aktualisierte Code gewährleistet eine **robuste Handhabung von Eingabebildern** und verhindert Fehler beim Laden von Bildern verschiedener Formate.

    2. Die Begrenzungsrahmen und Texte werden sorgfältig gezeichnet, um **Überlappungen zu vermeiden und die Lesbarkeit zu verbessern**.

7. **Ausgabe der Erkennungsdetails**

    1. Der **Klassenname, Konfidenzwert und die Koordinaten des Begrenzungsrahmens** jeder Erkennung werden für eine detaillierte textuelle Darstellung ausgegeben.

    2. Dies erleichtert die Protokollierung von Ergebnissen und die Weiterverarbeitung von Erkennungen.

Diese erweiterte Implementierung von Faster R-CNN zur Objekterkennung **führt nicht nur Inferenz durch, sondern bietet auch eine intuitive Visualisierung und klare textuelle Ausgabe**. Mit **Hochkonfidenz-Filterung, verbesserter Klassenname-Extraktion und Begrenzungsrahmen-Visualisierung** dient sie als solide Grundlage für **praktische Anwendungen in der Computer Vision**.

5.4.3 Vergleich von Bildklassifizierung und Objekterkennung

Während sowohl Bildklassifizierung als auch Objekterkennung auf Faltungsneuronalen Netzen (CNNs) basieren, unterscheiden sich diese Aufgaben erheblich in ihrer Komplexität, Anwendung und den Herausforderungen, die sie mit sich bringen:

Bildklassifizierung ist eine grundlegende Aufgabe in der Computer Vision, bei der einem Bild ein einzelnes Label zugewiesen wird. Dieser scheinbar einfache Prozess bildet das Fundament für fortgeschrittenere Computer-Vision-Anwendungen. Bildklassifizierungsalgorithmen analysieren das gesamte Bild und berücksichtigen dabei Faktoren wie Farbverteilungen, Texturen, Formen und räumliche Beziehungen, um die am besten geeignete Kategorie für das Bild zu bestimmen.

Die breite Anwendbarkeit der Bildklassifizierung hat zu ihrer Integration in zahlreichen Bereichen geführt:

- Fotokategorisierung: Über das bloße Sortieren von Bildern in vordefinierte Kategorien hinaus können moderne Systeme dynamische Kategorien basierend auf Bildinhalt, Nutzerpräferenzen oder aufkommenden Trends erstellen. Dies ermöglicht eine intuitivere Organisation umfangreicher Bildbibliotheken.

- Gesichtserkennung: Fortschrittliche Gesichtserkennungssysteme können nicht nur Personen identifizieren, sondern auch Emotionen erkennen, das Alter schätzen und sogar potenzielle Gesundheitsprobleme anhand von Gesichtsmerkmalen vorhersagen. Diese Technologie findet Anwendung in der Sicherheit, Personalisierung der Benutzererfahrung und im Gesundheitswesen.

- Automatische Tagging-Systeme: Diese Systeme haben sich weiterentwickelt, um Kontext und Beziehungen zwischen Objekten in Bildern zu verstehen. Sie können detaillierte Beschreibungen generieren, Markenlogos identifizieren und sogar abstrakte Konzepte wie "Glück" oder "Abenteuer" in Bildern erkennen.

- Medizinische Bildgebung: Im Gesundheitswesen unterstützt die Bildklassifizierung die Früherkennung von Krankheiten, hilft bei der Behandlungsplanung und kann sogar Patientenoutcomes vorhersagen. Sie wird in der Radiologie, Pathologie und Dermatologie eingesetzt, um die diagnostische Genauigkeit und Geschwindigkeit zu verbessern.

Die Leistungsfähigkeit der Bildklassifizierung geht über diese Anwendungen hinaus. Sie wird jetzt in der Landwirtschaft zur Erkennung von Pflanzenkrankheiten, im Umweltmonitoring zur Verfolgung von Entwaldung und Wildtieren sowie im Einzelhandel für visuelle Suche und Produktempfehlungen eingesetzt. Mit zunehmender Ausgereiftheit der Algorithmen und größeren Datensätzen erweitern sich die potenziellen Anwendungen der Bildklassifizierung weiter und versprechen zu revolutionieren, wie wir mit visuellen Informationen interagieren und sie verstehen.

Objekterkennung ist eine fortgeschrittenere Aufgabe in der Computer Vision, die über die einfache Klassifizierung hinausgeht. Sie verbindet die Herausforderungen der Identifizierung vorhandener Objekte in einem Bild mit der Bestimmung ihrer genauen Position. Diese duale Anforderung bringt mehrere komplexe Herausforderungen mit sich:

- Handhabung mehrerer Objekte: Anders als bei Klassifizierungsaufgaben, die einem gesamten Bild ein einzelnes Label zuweisen, muss die Objekterkennung mehrere verschiedene Objekte innerhalb eines einzelnen Bildes identifizieren und klassifizieren. Dies erfordert ausgefeilte Algorithmen, die zwischen überlappenden oder teilweise verdeckten Objekten unterscheiden können.

- Lokalisierung: Für jedes erkannte Objekt muss das Netzwerk seine exakte Position im Bild bestimmen. Dies wird typischerweise durch das Zeichnen eines Begrenzungsrahmens um das Objekt erreicht, was eine präzise Koordinatenvorhersage erfordert.

- Skaleninvarianz: Reale Szenen enthalten oft Objekte sehr unterschiedlicher Größe. Ein robustes Objekterkennungsmodell muss sowohl große, auffällige Objekte als auch kleinere, weniger auffällige Objekte im selben Bild genau identifizieren können.

- Echtzeitverarbeitung: Viele praktische Anwendungen der Objekterkennung, wie autonomes Fahren oder Sicherheitssysteme, erfordern nahezu sofortige Ergebnisse. Dies stellt erhebliche rechnerische Anforderungen und macht effiziente Algorithmen und optimierte Hardware-Implementierungen erforderlich.

- Umgang mit Verdeckungen: Objekte in realen Szenarien sind oft teilweise verdeckt oder überlappen sich. Effektive Objekterkennungssysteme müssen in der Lage sein, die Präsenz und Grenzen teilweise sichtbarer Objekte zu erschließen.

- Umgang mit unterschiedlichen Beleuchtungen und Perspektiven: Objekte können unter verschiedenen Beleuchtungsbedingungen oder aus verschiedenen Blickwinkeln unterschiedlich erscheinen. Robuste Erkennungssysteme müssen diese Variationen berücksichtigen.

Die Anwendungen der Objekterkennung sind vielfältig und weitreichend und revolutionieren zahlreiche Branchen:

- Autonomes Fahren: Über die bloße Erkennung von Fußgängern und Fahrzeugen hinaus können fortschrittliche Systeme jetzt komplexe Verkehrsszenarien interpretieren, Verkehrszeichen und Markierungen erkennen und sogar das Verhalten anderer Verkehrsteilnehmer in Echtzeit vorhersagen.

- Überwachungssysteme: Moderne Sicherheitsanwendungen identifizieren nicht nur Objekte oder Personen, sondern können auch Bewegungsmuster analysieren, anomales Verhalten erkennen und sogar potenzielle Sicherheitsbedrohungen vorhersagen, bevor sie eintreten.

- Robotik: Objekterkennung ermöglicht es Robotern, sich in komplexen Umgebungen zu bewegen, Objekte präzise zu manipulieren und natürlicher mit Menschen zu interagieren. Dies hat Anwendungen in der Fertigung, im Gesundheitswesen und sogar in der Weltraumforschung.

- Einzelhandelsanalyse: Fortschrittliche Systeme können Kundenströme verfolgen, die Effektivität der Produktplatzierung analysieren, Ausverkäufe erkennen und sogar das Kundenengagement mit bestimmten Produkten oder Displays überwachen.

- Medizinische Bildgebung: Im Gesundheitswesen unterstützt die Objekterkennung bei der Identifizierung von Tumoren, der Analyse von Röntgen- und MRT-Aufnahmen und sogar bei der Führung robotischer Chirurgiesysteme.

- Landwirtschaft: Mit Objekterkennung ausgestattete Drohnen können die Pflanzengesundheit überwachen, Bereiche identifizieren, die Bewässerung oder Pestizidanwendung benötigen, und sogar bei der automatisierten Ernte helfen.

Um diese komplexen Anforderungen zu erfüllen, haben Forscher zunehmend ausgefeilte CNN-Architekturen entwickelt. Modelle wie R-CNN (Region-based Convolutional Neural Networks) und ihre Varianten (Fast R-CNN, Faster R-CNN) haben die Genauigkeit und Effizienz der

Objekterkennung erheblich verbessert. Die YOLO (You Only Look Once) Modellfamilie hat die Grenzen der Echtzeit-Erkennung verschoben und ermöglicht die Verarbeitung mehrerer Bilder pro Sekunde auf Standard-Hardware.

Neuere Fortschritte umfassen ankerfreie Detektoren wie CornerNet und CenterNet, die die Notwendigkeit vordefinierter Ankerboxen eliminieren, und Transformer-basierte Modelle wie DETR (DEtection TRansformer), die die Leistungsfähigkeit von Aufmerksamkeitsmechanismen für flexiblere und effizientere Objekterkennung nutzen.

Während sich die Objekterkennungstechnologie weiterentwickelt, können wir noch innovativere Anwendungen in verschiedenen Bereichen erwarten, die die Grenze zwischen Computer Vision und menschenähnlicher Wahrnehmung der visuellen Welt weiter verwischen.

5.4.4 Reale Anwendungen von CNNs

Faltungsneuronale Netze (CNNs) haben sich als leistungsstarkes Werkzeug im Bereich des maschinellen Sehens etabliert und revolutionieren die Art und Weise, wie Maschinen visuelle Daten interpretieren und analysieren. Ihre Fähigkeit, hierarchische Merkmale aus Bildern automatisch zu lernen, hat zu bahnbrechenden Anwendungen in verschiedenen Branchen geführt.

Dieser Abschnitt untersucht einige der einflussreichsten praktischen Anwendungen von CNNs und zeigt, wie diese Technologie Bereiche von der Gesundheitsversorgung über autonome Fahrzeuge und Sicherheitssysteme bis hin zu Einzelhandelserlebnissen verändert. Die Betrachtung dieser Anwendungen gibt uns Einblick in die Vielseitigkeit und das Potenzial von CNNs bei der Lösung komplexer visueller Erkennungsaufgaben und ihre Rolle bei der Gestaltung der Zukunft der künstlichen Intelligenz und des maschinellen Lernens.

1. **Medizinische Bildgebung**: CNNs haben die medizinische Bildanalyse revolutioniert und ermöglichen eine genauere und effizientere Diagnose. Diese Netzwerke können verschiedene Arten medizinischer Bildgebung, einschließlich Röntgenaufnahmen, MRTs und CT-Scans, mit bemerkenswerter Präzision analysieren. So können CNNs beispielsweise subtile Auffälligkeiten in Mammogrammen erkennen, die von menschlichen Radiologen möglicherweise übersehen werden, und damit Brustkrebs in früheren, besser behandelbaren Stadien entdecken. In der Neurologie unterstützen CNNs bei der Identifizierung von Hirntumoren und der Vorhersage ihrer Wachstumsmuster, was bei der Behandlungsplanung hilft. Darüber hinaus können diese Netzwerke in der Augenheilkunde Netzhautscans analysieren, um diabetische Retinopathie, Glaukom und altersbedingte Makuladegeneration oft schon vor dem Auftreten sichtbarer Symptome zu erkennen.

2. **Autonome Fahrzeuge**: Die Integration von CNNs in autonome Fahrsysteme war ein Wendepunkt für die Automobilindustrie. Diese Netzwerke verarbeiten Echtzeit-Videofeeds von mehreren Kameras und ermöglichen es Fahrzeugen, sich sicher durch komplexe städtische Umgebungen zu navigieren. CNNs können zwischen verschiedenen Verkehrsteilnehmern unterscheiden, Verkehrszeichen und -signale

interpretieren und sogar das Verhalten von Fußgängern und anderen Fahrzeugen vorhersagen. Diese Technologie verbessert nicht nur die Verkehrssicherheit, sondern optimiert auch den Verkehrsfluss und reduziert den Kraftstoffverbrauch. Fortschrittliche Systeme können jetzt auch schwierige Szenarien wie widrige Wetterbedingungen oder Baustellen bewältigen und bringen uns dem vollautonomen Transport näher.

3. **Sicherheit und Überwachung**: Im Bereich der Sicherheit haben CNNs die Überwachungsmöglichkeiten erheblich verbessert. Die von CNNs gesteuerte Gesichtserkennung kann Personen in Menschenmengen identifizieren und unterstützt damit Strafverfolgung und Grenzkontrolle. Diese Netzwerke können auch ungewöhnliche Verhaltensmuster erkennen, wie unbeaufsichtigtes Gepäck an Flughäfen oder verdächtige Bewegungen in gesicherten Bereichen. Im Einzelhandel helfen CNNs bei der Verhinderung von Ladendiebstahl durch die Überwachung des Kundenverhaltens und die Alarmierung des Personals bei potenziellem Diebstahl. Darüber hinaus tragen diese Systeme in Smart Cities zur öffentlichen Sicherheit bei, indem sie Verkehrsverstöße überwachen, Unfälle erkennen und sogar Kriminalitätsschwerpunkte auf Basis historischer Daten und Echtzeit-Überwachungsfeeds vorhersagen.

4. **Einzelhandel und E-Commerce**: CNNs haben das Einkaufserlebnis sowohl online als auch in physischen Geschäften verändert. Im E-Commerce ermöglichen visuelle Suchfunktionen den Kunden, Produkte durch einfaches Hochladen eines Bildes zu finden, was die Art und Weise revolutioniert, wie Menschen Mode, Wohnaccessoires und mehr einkaufen. In stationären Geschäften ermöglichen CNN-gesteuerte intelligente Spiegel virtuelle Anproben, sodass Kunden sehen können, wie Kleidung oder Make-up an ihnen aussehen würde, ohne sie physisch anzuprobieren. Diese Netzwerke analysieren auch das Kundenverhalten in Geschäften und helfen Einzelhändlern dabei, die Produktplatzierung zu optimieren und Marketingstrategien zu personalisieren. Zusätzlich werden CNNs im Bestandsmanagement eingesetzt, um automatisch Lagerbestände zu überwachen und zu erkennen, wann Regale nachgefüllt werden müssen, wodurch die betriebliche Effizienz verbessert wird.

Praktische Übungen Kapitel 5

Übung 1: Implementierung eines einfachen CNN zur Bildklassifizierung

Aufgabe: Implementieren Sie ein einfaches CNN von Grund auf, um Bilder aus dem MNIST-Datensatz zu klassifizieren. Trainieren Sie das Modell für einige Epochen und bewerten Sie seine Genauigkeit.

Lösung:

```
import torch
```

```python
import torch.nn as nn
import torch.optim as optim
from torchvision import datasets, transforms
from torch.utils.data import DataLoader

# Define the CNN model
class SimpleCNN(nn.Module):
    def __init__(self):
        super(SimpleCNN, self).__init__()
        self.conv1 = nn.Conv2d(1, 32, kernel_size=3)
        self.pool = nn.MaxPool2d(2, 2)
        self.conv2 = nn.Conv2d(32, 64, kernel_size=3)
        self.fc1 = nn.Linear(64 * 5 * 5, 128)
        self.fc2 = nn.Linear(128, 10)

    def forward(self, x):
        x = self.pool(torch.relu(self.conv1(x)))
        x = self.pool(torch.relu(self.conv2(x)))
        x = x.view(-1, 64 * 5 * 5)
        x = torch.relu(self.fc1(x))
        return self.fc2(x)

# Define transformations and load the MNIST dataset
transform = transforms.Compose([transforms.ToTensor(), transforms.Normalize((0.5,),
(0.5,))])
train_dataset   =   datasets.MNIST(root='./data',   train=True,   download=True,
transform=transform)
train_loader = DataLoader(train_dataset, batch_size=32, shuffle=True)

# Instantiate the model, define the loss function and optimizer
model = SimpleCNN()
criterion = nn.CrossEntropyLoss()
optimizer = optim.Adam(model.parameters(), lr=0.001)

# Train the model for 5 epochs
epochs = 5
for epoch in range(epochs):
    running_loss = 0.0
    for inputs, labels in train_loader:
        optimizer.zero_grad()
        outputs = model(inputs)
        loss = criterion(outputs, labels)
        loss.backward()
        optimizer.step()
        running_loss += loss.item()

    print(f"Epoch {epoch+1}, Loss: {running_loss/len(train_loader)}")

# Evaluate the model (Optional: Load test set and compute accuracy)
```

In dieser Übung haben wir ein einfaches CNN zur Klassifizierung des MNIST-Datensatzes implementiert, das Modell mit dem Adam-Optimizer trainiert und den Verlust nach jeder Epoche ausgegeben. Dies kann durch das Laden eines Testdatensatzes und die Berechnung der Genauigkeit erweitert werden.

Übung 2: Feinabstimmung eines vortrainierten ResNet für CIFAR-10

Aufgabe: Nehmen Sie eine Feinabstimmung eines vortrainierten **ResNet-18**-Modells für den CIFAR-10-Datensatz vor, indem Sie die letzte vollvernetzte Schicht durch eine Schicht ersetzen, die 10 Klassen ausgibt. Trainieren Sie das Modell und bewerten Sie seine Genauigkeit auf dem Testdatensatz.

Lösung:

```python
import torch
import torchvision.models as models
import torchvision.transforms as transforms
import torchvision.datasets as datasets
from torch.utils.data import DataLoader
import torch.optim as optim

# Set device
device = torch.device("cuda" if torch.cuda.is_available() else "cpu")

# Load CIFAR-10 dataset
transform = transforms.Compose([
    transforms.Resize(224),
    transforms.ToTensor(),
    transforms.Normalize(mean=[0.485, 0.456, 0.406], std=[0.229, 0.224, 0.225])
])
train_dataset    =    datasets.CIFAR10(root='./data',    train=True,    download=True,
transform=transform)
train_loader = DataLoader(train_dataset, batch_size=32, shuffle=True)

# Load pretrained ResNet-18 model and modify the final layer
model = models.resnet18(pretrained=True)
model.fc = torch.nn.Linear(model.fc.in_features, 10)
model.to(device)  # Move model to device

# Define loss function and optimizer
criterion = torch.nn.CrossEntropyLoss()
optimizer = optim.Adam(model.parameters(), lr=0.001)

# Train the model
model.train()
for epoch in range(5):
    running_loss = 0.0
    for inputs, labels in train_loader:
        inputs, labels = inputs.to(device), labels.to(device)  # Move data to device
        optimizer.zero_grad()
        outputs = model(inputs)
```

```
        loss = criterion(outputs, labels)
        loss.backward()
        optimizer.step()
        running_loss += loss.item()

    print(f"Epoch {epoch+1}, Loss: {running_loss/len(train_loader)}")

# Evaluate the model (Optional: Load test set and compute accuracy)
```

In dieser Übung haben wir ein vortrainiertes **ResNet-18**-Modell geladen und dessen letzte vollvernetzte Schicht modifiziert, um sie an den CIFAR-10-Datensatz (10 Klassen) anzupassen. Nach dem Training über einige Epochen kann das Modell auf dem Testdatensatz evaluiert werden.

Übung 3: Objekterkennung mit Faster R-CNN

Aufgabe: Verwenden Sie ein vortrainiertes **Faster R-CNN**-Modell zur Objekterkennung in einem Bild. Laden Sie das Modell, verarbeiten Sie das Eingabebild vor und geben Sie die erkannten Objekte und ihre Begrenzungsrahmen aus.

Lösung:

```python
import torch
import torchvision
from PIL import Image
import torchvision.transforms as transforms

# Load a pretrained Faster R-CNN model
weights = torchvision.models.detection.FasterRCNN_ResNet50_FPN_Weights.DEFAULT
model = torchvision.models.detection.fasterrcnn_resnet50_fpn(weights=weights)
model.eval()  # Set model to evaluation mode

# Load and preprocess the image
image = Image.open("test_image.jpg")
transform = transforms.Compose([transforms.ToTensor()])
image_tensor = transform(image).unsqueeze(0)  # Add batch dimension

# Perform object detection
with torch.no_grad():
    predictions = model(image_tensor)

# Print the predicted bounding boxes and labels
print(predictions)
```

In dieser Übung:

- Wir haben ein vortrainiertes **Faster R-CNN**-Modell geladen, um Objekterkennung auf einem gegebenen Bild durchzuführen.

- Die erkannten Objekte und ihre Begrenzungsrahmen werden in der Ausgabe angezeigt. Zur besseren Veranschaulichung der Vorhersagen können diese Rahmen auf dem Bild visualisiert werden.

Übung 4: Implementierung eines Inception-Moduls in einem benutzerdefinierten CNN

Aufgabe: Implementieren Sie ein **Inception-Modul** von Grund auf und integrieren Sie es in ein benutzerdefiniertes CNN. Trainieren Sie dieses Modell mit einem Datensatz wie CIFAR-10.

Lösung:

```python
import torch
import torch.nn as nn
import torch.optim as optim
from torchvision import datasets, transforms
from torch.utils.data import DataLoader

# Define the Inception module
class InceptionModule(nn.Module):
    def __init__(self, in_channels):
        super(InceptionModule, self).__init__()
        self.branch1x1 = nn.Conv2d(in_channels, 64, kernel_size=1)

        self.branch3x3 = nn.Sequential(
            nn.Conv2d(in_channels, 128, kernel_size=1),
            nn.ReLU(inplace=True),
            nn.Conv2d(128, 128, kernel_size=3, padding=1)
        )

        self.branch5x5 = nn.Sequential(
            nn.Conv2d(in_channels, 32, kernel_size=1),
            nn.ReLU(inplace=True),
            nn.Conv2d(32, 32, kernel_size=5, padding=2)
        )

        self.branch_pool = nn.Sequential(
            nn.MaxPool2d(kernel_size=3, stride=1, padding=1),
            nn.Conv2d(in_channels, 32, kernel_size=1)
        )

    def forward(self, x):
        branch1x1 = self.branch1x1(x)
        branch3x3 = self.branch3x3(x)
        branch5x5 = self.branch5x5(x)
        branch_pool = self.branch_pool(x)
        outputs = [branch1x1, branch3x3, branch5x5, branch_pool]
        return torch.cat(outputs, 1)

# Define the custom CNN using the Inception module
class CustomCNN(nn.Module):
```

```python
    def __init__(self):
        super(CustomCNN, self).__init__()
        self.inception1 = InceptionModule(in_channels=3)
        self.global_avg_pool = nn.AdaptiveAvgPool2d((1, 1))  # Ensure fixed output
size
        self.fc = nn.Linear(256, 10)  # Corrected output channels (64+128+32+32)

    def forward(self, x):
        x = self.inception1(x)
        x = self.global_avg_pool(x)  # Global average pooling
        x = torch.flatten(x, 1)  # Flatten before fully connected layer
        return self.fc(x)

# Define the data transformations and load CIFAR-10 dataset
transform = transforms.Compose([
    transforms.Resize(32),  # Ensure correct input size
    transforms.ToTensor(),
    transforms.Normalize(mean=[0.485, 0.456, 0.406], std=[0.229, 0.224, 0.225])  #
Normalize
])

train_dataset = datasets.CIFAR10(root='./data', train=True, download=True,
transform=transform)
train_loader = DataLoader(train_dataset, batch_size=32, shuffle=True)

# Instantiate the model, define the loss function and optimizer
device = torch.device("cuda" if torch.cuda.is_available() else "cpu")
model = CustomCNN().to(device)
criterion = nn.CrossEntropyLoss()
optimizer = optim.Adam(model.parameters(), lr=0.001)

# Train the model
for epoch in range(5):
    model.train()
    running_loss = 0.0
    for inputs, labels in train_loader:
        inputs, labels = inputs.to(device), labels.to(device)
        optimizer.zero_grad()
        outputs = model(inputs)
        loss = criterion(outputs, labels)
        loss.backward()
        optimizer.step()
        running_loss += loss.item()

    print(f"Epoch {epoch+1}, Loss: {running_loss/len(train_loader):.4f}")
```

In dieser Übung haben wir ein benutzerdefiniertes **Inception-Modul** implementiert und in ein CNN integriert. Das Modell wurde mit dem **CIFAR-10**-Datensatz unter Verwendung des Adam-Optimierers trainiert.

Diese praktischen Übungen vermitteln praktische Erfahrung in wichtigen CNN-Aufgaben, einschließlich dem Aufbau einfacher CNNs, der Feinabstimmung vortrainierter Modelle, der Durchführung von Objekterkennung und der Implementierung fortgeschrittener Module wie Inception. Durch das Absolvieren dieser Übungen werden Sie in der Lage sein, CNNs auf eine breite Palette von realen Anwendungen anzuwenden.

Kapitel 5 Zusammenfassung

In **Kapitel 5** haben wir die leistungsfähige Architektur der **Faltungsneuronalen Netze (CNNs)** erkundet, die grundlegend für den Bereich Computer Vision geworden sind. CNNs sind darauf ausgelegt, gitterförmige Daten wie Bilder zu verarbeiten und dabei die räumlichen Beziehungen zwischen Pixeln zu bewahren, was sie ideal für Aufgaben wie Bildklassifizierung, Objekterkennung und Bildsegmentierung macht.

Wir begannen mit dem Verständnis der Kernkomponenten von CNNs, einschließlich **Faltungsschichten**, **Pooling-Schichten** und **vollständig verbundenen Schichten**. Faltungsschichten wenden Filter (oder Kernel) auf das Eingabebild an, um lokale Muster wie Kanten und Texturen zu erkennen, die dann durch Aktivierungsfunktionen wie **ReLU** geleitet werden, um Nichtlinearität einzuführen. Pooling-Schichten, wie das **Max-Pooling**, reduzieren die Dimensionalität der Daten bei gleichzeitiger Beibehaltung wesentlicher Informationen, wodurch das Modell effizienter wird.

Die praktische Implementierung von CNNs für die **Bildklassifizierung** wurde anhand des **CIFAR-10**-Datensatzes demonstriert, bei dem ein einfaches CNN-Modell trainiert wurde, um Bilder in 10 Kategorien zu klassifizieren. Wir haben die Rolle von CNNs beim hierarchischen Lernen von Merkmalen hervorgehoben, bei dem untere Schichten einfache Muster erfassen und tiefere Schichten komplexere Strukturen lernen. Durch Anpassung der Anzahl der Filter, Kernelgrößen und Pooling-Operationen können CNNs zunehmend abstrakte Darstellungen der Eingabedaten extrahieren.

Anschließend wandten wir uns fortgeschritteneren **CNN-Architekturen** zu, wie **ResNet**, **Inception** und **DenseNet**. Diese Architekturen adressieren einige der Einschränkungen traditioneller CNNs, wie verschwindende Gradienten, ineffiziente Parameternutzung und die Schwierigkeit, sehr tiefe Netzwerke zu trainieren. **ResNet** führte das Konzept der **Residual-Verbindungen** ein, die es dem Gradienten ermöglichen, bestimmte Schichten zu umgehen und damit das Training viel tieferer Netzwerke ermöglichen. **Inception**-Netzwerke verwenden mehrere parallele Faltungsoperationen, wodurch das Netzwerk Informationen auf verschiedenen Skalen erfassen kann. **DenseNet** fördert mit seinen dichten Verbindungen die Wiederverwendung von Merkmalen und verbessert den Gradientenfluss, was das Netzwerk effizienter und genauer macht.

Im Abschnitt über **Objekterkennung** haben wir untersucht, wie CNNs, insbesondere Architekturen wie **Faster R-CNN**, nicht nur zur Klassifizierung von Objekten in Bildern verwendet werden, sondern auch zu deren Lokalisierung durch die Vorhersage von

Begrenzungsrahmen. Objekterkennung spielt eine wichtige Rolle in Anwendungen wie autonomem Fahren, Überwachung und medizinischer Bildgebung.

Schließlich umfassten die praktischen Übungen eine Reihe von Aufgaben, von der Implementierung eines grundlegenden CNN für Bildklassifizierung bis hin zur Feinabstimmung vortrainierter Modelle wie ResNet-18 und der Verwendung modernster Objekterkennungsmodelle wie Faster R-CNN. Durch diese praktischen Beispiele haben Sie praktische Erfahrung in der Anwendung von CNNs auf reale Probleme gesammelt.

Insgesamt sind CNNs essentielle Werkzeuge im Deep Learning, die viele moderne Computer-Vision-Anwendungen antreiben. Ihre Fähigkeit, automatisch hierarchische Darstellungen aus Daten zu lernen, macht sie vielseitig einsetzbar für ein breites Spektrum von Aufgaben, von der Erkennung von Objekten in Bildern bis zur Detektion von Objekten in komplexen Szenen.

Kapitel 6: Rekurrente Neuronale Netze (RNNs) und LSTMs

Traditionelle neuronale Netze stoßen bei der Verarbeitung sequenzieller Daten auf erhebliche Herausforderungen aufgrund ihrer inhärenten Struktur, die jeden Input als isolierte Einheit behandelt, ohne den Kontext vorheriger Inputs zu berücksichtigen. Diese Einschränkung ist besonders problematisch bei Aufgaben, die das Verständnis zeitlicher Beziehungen oder sich entwickelnder Muster erfordern. Um diese Schwäche zu beheben, entwickelten Forscher **Rekurrente Neuronale Netze (RNNs)**, eine spezialisierte Klasse neuronaler Netze, die speziell für die Verarbeitung sequenzieller Informationen konzipiert wurde.

Die zentrale Innovation der RNNs liegt in ihrer Fähigkeit, einen internen verborgenen Zustand aufrechtzuerhalten, der als eine Art Gedächtnis fungiert und relevante Informationen von einem Zeitschritt zum nächsten während der Sequenzverarbeitung überträgt. Diese einzigartige Architektur ermöglicht es RNNs, zeitliche Abhängigkeiten zu erfassen und zu nutzen, was sie besonders gut für ein breites Spektrum von Anwendungen mit sequenzieller Datenanalyse geeignet macht.

Zu den wichtigsten Bereichen, in denen RNNs bemerkenswerte Erfolge erzielt haben, gehören die Verarbeitung natürlicher Sprache (NLP), wo sie Kontext und Bedeutung von Wörtern in Sätzen verstehen können; Spracherkennung, wo sie zeitliche Muster in Audiosignalen interpretieren können; und Zeitreihenprognosen, wo sie Trends identifizieren und auf Basis historischer Daten Vorhersagen treffen können.

Trotz ihrer Effektivität bei der Verarbeitung sequenzieller Daten haben Standard-RNNs auch ihre Grenzen. Eine der bedeutendsten Herausforderungen ist das **Vanishing-Gradient-Problem**, das während des Trainingsprozesses tiefer neuronaler Netze auftritt. Dieses Problem manifestiert sich, wenn die Gradienten, die zur Aktualisierung der Netzgewichte verwendet werden, extrem klein werden, während sie rückwärts durch die Zeit propagiert werden, was es dem Netzwerk erschwert, langfristige Abhängigkeiten in Sequenzen zu lernen und zu erfassen.

Das Vanishing-Gradient-Problem kann die Fähigkeit des RNN, Informationen über längere Zeiträume zu speichern, stark beeinträchtigen und seine Effektivität bei Aufgaben einschränken, die das Verständnis von Kontext über lange Sequenzen hinweg erfordern. Um diese Einschränkungen zu überwinden und die Fähigkeit rekurrenter Netze zur Modellierung langfristiger Abhängigkeiten zu verbessern, entwickelten Forscher fortgeschrittene Varianten von RNNs.

Zwei der bemerkenswertesten und am häufigsten verwendeten Architekturen sind **Long Short-Term Memory (LSTM)**-Netze und **Gated Recurrent Units (GRUs)**. Diese ausgefeilten Modelle führen spezialisierte Gating-Mechanismen ein, die den Informationsfluss innerhalb des Netzwerks regulieren. Durch selektives Zulassen oder Blockieren des Informationsflusses ermöglichen diese Gates dem Netzwerk, relevantes Langzeitgedächtnis zu bewahren und irrelevante Informationen zu verwerfen.

Dieser innovative Ansatz mindert das Vanishing-Gradient-Problem erheblich und ermöglicht es dem Netzwerk, langreichweitige Abhängigkeiten in sequenziellen Daten effektiv zu erfassen und zu nutzen, wodurch sich das Spektrum der Anwendungen und die Komplexität der Aufgaben, die mit rekurrenten neuronalen Architekturen bewältigt werden können, deutlich erweitert.

6.1 Einführung in RNNs, LSTMs und GRUs

In diesem Abschnitt werden wir uns mit den grundlegenden Konzepten und Architekturen befassen, die das Rückgrat der modernen Sequenzverarbeitung im Deep Learning bilden. Wir werden drei wichtige Arten von neuronalen Netzen untersuchen, die für die Verarbeitung sequenzieller Daten entwickelt wurden: Rekurrente Neuronale Netze (RNNs), Long Short-Term Memory Netze (LSTMs) und Gated Recurrent Units (GRUs).

Jede dieser Architekturen baut auf ihrem Vorgänger auf, adressiert spezifische Herausforderungen und verbessert die Fähigkeit, langfristige Abhängigkeiten in sequenziellen Daten zu erfassen. Durch das Verständnis dieser grundlegenden Modelle gewinnen Sie entscheidende Einblicke darin, wie Deep Learning Aufgaben mit Zeitreihen, natürlicher Sprache und anderen Formen sequenzieller Informationen bewältigt.

6.1.1 Rekurrente Neuronale Netze (RNNs)

Rekurrente Neuronale Netze (RNNs) sind eine Klasse künstlicher neuronaler Netze, die für die Verarbeitung sequenzieller Daten konzipiert wurden. Im Kern eines RNN steht das Konzept der Rekurrenz: Jeder Output wird nicht nur vom aktuellen Input beeinflusst, sondern auch von Informationen aus vorherigen Zeitschritten. Diese einzigartige Architektur ermöglicht es RNNs, eine Form von Gedächtnis aufrechtzuerhalten, was sie besonders gut für Aufgaben mit Sequenzen wie natürliche Sprachverarbeitung, Zeitreihenanalyse und Spracherkennung geeignet macht.

Das Hauptmerkmal, das RNNs von traditionellen Feed-Forward-Neuronalen-Netzen unterscheidet, ist ihre Fähigkeit, Informationen über Zeitschritte hinweg weiterzugeben. Dies wird durch einen Schleifenmechanismus über den verborgenen Zustand erreicht, der als Gedächtnis des Netzwerks dient. Durch die Aktualisierung und Weitergabe dieses verborgenen

Zustands von einem Zeitschritt zum nächsten können RNNs zeitliche Abhängigkeiten in den Daten erfassen und nutzen.

In einem RNN durchläuft der verborgene Zustand einen kontinuierlichen Prozess der Verfeinerung und Aktualisierung bei jedem aufeinanderfolgenden Zeitschritt. Dieser iterative Mechanismus bildet den Kern der Fähigkeit des Netzwerks zur Verarbeitung sequenzieller Informationen.

Der Aktualisierungsprozess läuft wie folgt ab:

Input-Verarbeitung

In jedem Zeitschritt t der Sequenz erhält das RNN einen neuen Input, der üblicherweise als x_t bezeichnet wird. Dieser Inputvektor repräsentiert das aktuelle Element in den zu verarbeitenden sequenziellen Daten. Die Vielseitigkeit von RNNs erlaubt es ihnen, ein breites Spektrum sequenzieller Datentypen zu verarbeiten:

- Textanalyse: Bei Aufgaben der natürlichen Sprachverarbeitung könnte x_t einzelne Wörter in einem Satz repräsentieren, kodiert als Word Embeddings oder One-Hot-Vektoren.

- Zeichenbasierte Verarbeitung: Für Aufgaben wie Textgenerierung oder Rechtschreibkorrektur könnte x_t einzelne Zeichen in einem Dokument repräsentieren, kodiert als One-Hot-Vektoren oder Character Embeddings.

- Zeitreihenanalyse: In Anwendungen wie Aktienkursprognosen oder Wettervorhersagen könnte x_t einen Satz von Merkmalen oder Messungen zu einem bestimmten Zeitpunkt repräsentieren.

- Spracherkennung: Bei Audioverarbeitungsaufgaben könnte x_t akustische Merkmale darstellen, die aus kurzen Zeitfenstern des Audiosignals extrahiert wurden.

Die Flexibilität in der Input-Repräsentation ermöglicht es RNNs, auf verschiedene Arten von Sequenzmodellierungsaufgaben angewendet zu werden, von Sprachverständnis bis zur Sensordatenanalyse. Diese Anpassungsfähigkeit, kombiniert mit der Fähigkeit des Netzwerks, Kontext durch seinen verborgenen Zustand aufrechtzuerhalten, macht RNNs zu einem leistungsfähigen Werkzeug für die Verarbeitung und Generierung sequenzieller Daten in verschiedenen Domänen.

Berechnung des verborgenen Zustands

Der verborgene Zustand zum aktuellen Zeitschritt t, symbolisiert als h_t, wird durch ein komplexes Zusammenspiel zweier Schlüsselkomponenten berechnet: dem aktuellen Input x_t und dem verborgenen Zustand aus dem unmittelbar vorhergehenden Zeitschritt h_(t-1). Dieser rekursive Berechnungsansatz ermöglicht es dem Netzwerk, seine interne Gedächtnisrepräsentation nicht nur aufrechtzuerhalten, sondern auch kontinuierlich zu aktualisieren, während es sequenziell jedes Element in der Inputsequenz verarbeitet.

Die Berechnung des verborgenen Zustands steht im Zentrum der Fähigkeit eines RNN, sequenzielle Daten effektiv zu verarbeiten. Er fungiert als komprimierte Repräsentation aller Informationen, die das Netzwerk bis zu diesem Punkt in der Sequenz gesehen hat. Dieser Mechanismus ermöglicht es dem RNN, kontextuelle Informationen zu erfassen und zu nutzen, was entscheidend für Aufgaben wie Sprachverständnis ist, bei denen die Bedeutung eines Wortes oft von den vorangegangenen Wörtern abhängt.

Die Berechnung des verborgenen Zustands beinhaltet typischerweise eine nicht-lineare Transformation der gewichteten Summe des aktuellen Inputs und des vorherigen verborgenen Zustands. Diese Nicht-Linearität, oft implementiert durch Aktivierungsfunktionen wie tanh oder ReLU, ermöglicht es dem Netzwerk, komplexe Muster und Beziehungen in den Daten zu lernen. Die Gewichte, die auf den Input und den vorherigen verborgenen Zustand angewendet werden, werden während des Trainingsprozesses gelernt, wodurch sich das Netzwerk an die spezifischen Muster und Abhängigkeiten in den Trainingsdaten anpassen kann.

Es ist erwähnenswert, dass diese rekursive Berechnung es RNNs theoretisch ermöglicht, langfristige Abhängigkeiten zu erfassen, in der Praxis haben grundlegende RNNs jedoch oft Schwierigkeiten damit aufgrund von Problemen wie dem Vanishing-Gradient. Diese Einschränkung führte zur Entwicklung fortgeschrittenerer Architekturen wie LSTMs und GRUs, die wir später in diesem Kapitel erkunden werden. Diese fortgeschrittenen Modelle führen zusätzliche Mechanismen ein, um den Informationsfluss durch das Netzwerk besser zu kontrollieren und ein effektiveres Lernen von langfristigen Abhängigkeiten in sequenziellen Daten zu ermöglichen.

Temporaler Informationsfluss

Der rekursive Aktualisierungsmechanismus in RNNs ermöglicht einen ausgefeilten Informationsfluss über Zeitschritte hinweg und schafft ein dynamisches Gedächtnis, das sich entwickelt, während das Netzwerk sequenzielle Daten verarbeitet. Diese zeitliche Konnektivität ermöglicht es dem RNN, komplexe Muster und Abhängigkeiten zu erfassen, die sich über mehrere Zeitschritte erstrecken.

Die Fähigkeit, Informationen über die Zeit hinweg zu speichern und zu aktualisieren, ist entscheidend für Aufgaben, die Kontextbewusstsein erfordern, wie etwa natürliche Sprachverarbeitung oder Zeitreihenanalyse. Bei der Sprachübersetzung beispielsweise hängt die Bedeutung eines Wortes oft von Wörtern ab, die viel früher im Satz erschienen sind. RNNs können theoretisch diesen Kontext aufrechterhalten und für spätere Vorhersagen nutzen.

Es ist jedoch wichtig zu beachten, dass RNNs zwar das Potenzial haben, langfristige Abhängigkeiten zu erfassen, in der Praxis aber oft Schwierigkeiten damit haben, aufgrund von Problemen wie dem Vanishing-Gradient. Diese Einschränkung führte zur Entwicklung fortgeschrittenerer Architekturen wie LSTMs und GRUs, die wir später in diesem Kapitel erkunden werden. Diese fortgeschrittenen Modelle führen zusätzliche Mechanismen ein, um den Informationsfluss durch das Netzwerk besser zu kontrollieren und ein effektiveres Lernen von langfristigen Abhängigkeiten in sequenziellen Daten zu ermöglichen.

Trotz dieser Einschränkungen bleibt das grundlegende Konzept des temporalen Informationsflusses in RNNs ein Eckpfeiler der Sequenzmodellierung im Deep Learning. Es hat den Weg für zahlreiche Fortschritte in Bereichen wie Spracherkennung, maschinelle Übersetzung und sogar Musikgenerierung geebnet, wo das Verständnis des zeitlichen Kontexts entscheidend für die Erzeugung kohärenter und sinnvoller Outputs ist.

Die mathematische Formel für die Aktualisierung des verborgenen Zustands in einem einfachen RNN lautet:

$$h_t = tanh(W_h h_{t-1} + W_x x_t + b)$$

Diese Gleichung beschreibt die Kernoperation eines RNN. Lassen Sie uns ihre Komponenten aufschlüsseln:

- W_h und W_x sind Gewichtsmatrizen. W_h wird auf den vorherigen verborgenen Zustand angewendet, während W_x auf den aktuellen Input angewendet wird. Diese Matrizen werden während des Trainingsprozesses gelernt und bestimmen, wie viel Bedeutung das Netzwerk dem vorherigen Zustand und dem aktuellen Input beimisst.

- b ist ein Bias-Term. Er ermöglicht es dem Modell, eine Verschiebung von Null zu lernen und bietet zusätzliche Flexibilität bei der Anpassung an die Daten.

- $tanh$ (hyperbolischer Tangens) ist eine Aktivierungsfunktion, die Nicht-Linearität in das Modell einführt. Sie begrenzt den Input auf einen Bereich zwischen -1 und 1, was hilft, die Werte des verborgenen Zustands in Grenzen zu halten und verhindert, dass extreme Werte die Berechnung dominieren. Die Nicht-Linearität ermöglicht es dem Netzwerk auch, komplexe Muster und Beziehungen in den Daten zu lernen.

Diese rekursive Berechnung des verborgenen Zustands ermöglicht es RNNs theoretisch, Abhängigkeiten beliebiger Länge in Sequenzen zu erfassen. In der Praxis haben grundlegende RNNs jedoch oft Schwierigkeiten mit langfristigen Abhängigkeiten aufgrund von Problemen wie dem Vanishing-Gradient. Diese Einschränkung führte zur Entwicklung fortgeschrittenerer Architekturen wie Long Short-Term Memory (LSTM)-Netze und Gated Recurrent Units (GRUs), die wir in den folgenden Abschnitten erkunden werden.

Beispiel: Einfaches RNN in PyTorch

```
import torch
import torch.nn as nn

class SimpleRNN(nn.Module):
    def __init__(self, input_size, hidden_size, num_layers):
        super(SimpleRNN, self).__init__()
        self.rnn = nn.RNN(input_size, hidden_size, num_layers, batch_first=True)
        self.fc = nn.Linear(hidden_size, 1)  # Output layer

    def forward(self, x, h0):
        out, hn = self.rnn(x, h0)
        out = self.fc(out[:, -1, :])  # Use the last time step's output
```

```
        return out, hn

# Hyperparameters
input_size = 10
hidden_size = 20
num_layers = 1
sequence_length = 5
batch_size = 3

# Create the model
model = SimpleRNN(input_size, hidden_size, num_layers)

# Example input sequence (batch_size, sequence_length, input_size)
input_seq = torch.randn(batch_size, sequence_length, input_size)

# Initial hidden state (num_layers, batch_size, hidden_size)
h0 = torch.zeros(num_layers, batch_size, hidden_size)

# Forward pass through the RNN
output, hn = model(input_seq, h0)

print("Input shape:", input_seq.shape)
print("Output shape:", output.shape)
print("Hidden state shape:", hn.shape)

# Example of using the model for a simple prediction task
x = torch.randn(1, sequence_length, input_size)  # Single sample
h0 = torch.zeros(num_layers, 1, hidden_size)
prediction, _ = model(x, h0)
print("Prediction:", prediction.item())
```

Dieses Codebeispiel demonstriert eine umfassende Implementierung eines einfachen RNN in PyTorch.

Schauen wir uns die einzelnen Bestandteile an:

1. Imports: Wir importieren PyTorch und dessen Neural-Network-Modul.

2. Modelldefinition: Wir definieren eine SimpleRNN-Klasse, die von nn.Module erbt. Diese Klasse kapselt unser RNN-Modell.

   o Die __init__-Methode initialisiert die RNN-Schicht und eine vollvernetzte (Linear) Ausgangsschicht.

   o Die forward-Methode definiert, wie Daten durch das Modell fließen.

3. Hyperparameter: Wir definieren Schlüsselparameter wie Eingabegröße, versteckte Größe, Anzahl der Schichten, Sequenzlänge und Batch-Größe.

4. Modellinstanziierung: Wir erstellen eine Instanz unseres SimpleRNN-Modells.

5. Eingabedaten: Wir erstellen einen zufälligen Eingabetensor, um einen Batch von Sequenzen zu simulieren.

6. Initialer versteckter Zustand: Wir initialisieren den versteckten Zustand mit Nullen.

7. Forward Pass: Wir leiten die Eingabe und den initialen versteckten Zustand durch das Modell.

8. Ausgabeanalyse: Wir geben die Formen von Eingabe, Ausgabe und verstecktem Zustand aus, um die Transformationen zu verstehen.

9. Vorhersagebeispiel: Wir zeigen, wie das Modell für eine einzelne Vorhersage verwendet wird.

Dieses Beispiel demonstriert nicht nur die grundlegende RNN-Nutzung, sondern auch, wie man es in ein vollständiges Modell mit einer Ausgangsschicht integriert. Es zeigt die Batch-Verarbeitung und bietet ein praktisches Beispiel für die Erstellung einer Vorhersage, wodurch es besser auf reale Szenarien anwendbar ist.

6.1.2 Long Short-Term Memory Networks (LSTMs)

LSTMs (Long Short-Term Memory Networks) sind eine hochentwickelte Weiterentwicklung von RNNs, die entwickelt wurden, um das Problem des verschwindenden Gradienten zu lösen und langfristige Abhängigkeiten in sequentiellen Daten effektiv zu erfassen. Durch die Einführung einer Reihe von Gates und eines Zellzustands können LSTMs Informationen über längere Sequenzen hinweg selektiv speichern oder vergessen, was sie besonders effektiv für Aufgaben macht, die langreichweitige Abhängigkeiten beinhalten.

Die LSTM-Architektur besteht aus mehreren Schlüsselkomponenten:

Forget Gate

Diese wichtige Komponente der LSTM-Architektur dient als selektiver Filter für den Informationsfluss. Sie bewertet die Relevanz von Daten aus dem vorherigen Zellzustand und bestimmt, welche Details beibehalten oder verworfen werden sollen. Das Gate erreicht dies durch die Analyse zweier Schlüsseleingaben:

- Der vorherige versteckte Zustand: Dieser erfasst das Verständnis des Netzwerks für die Sequenz bis zum vorherigen Zeitschritt.

- Die aktuelle Eingabe: Diese repräsentiert neue Informationen, die zum gegenwärtigen Zeitpunkt in das Netzwerk eingehen.

Durch die Kombination dieser Eingaben erzeugt das Forget Gate einen Vektor von Werten zwischen 0 und 1 für jedes Element im Zellzustand. Ein Wert nahe 1 zeigt an, dass die entsprechende Information beibehalten werden soll, während ein Wert nahe 0 darauf hindeutet, dass sie vergessen werden soll. Dieser Mechanismus ermöglicht es dem LSTM, sein Gedächtnis adaptiv zu verwalten, indem es sich auf relevante Informationen konzentriert und irrelevante Details während der Sequenzverarbeitung verwirft.

Solch selektives Vergessen ist besonders wertvoll bei Aufgaben, die eine Modellierung langfristiger Abhängigkeiten erfordern, da es die Anhäufung von Rauschen und veralteten Informationen verhindert, die sonst die Leistung des Netzwerks beeinträchtigen könnten.

Input Gate

Diese wichtige Komponente der LSTM-Architektur ist dafür verantwortlich zu bestimmen, welche neuen Informationen in den Zellzustand aufgenommen werden sollen. Sie arbeitet, indem sie die aktuelle Eingabe und den vorherigen versteckten Zustand analysiert, um einen Vektor von Werten zwischen 0 und 1 für jedes Element im Zellzustand zu erzeugen.

Das Input Gate arbeitet zusammen mit einer "Kandidaten"-Schicht, die neue Werte vorschlägt, die potenziell zum Zellzustand hinzugefügt werden können. Diese Kandidatenschicht verwendet typischerweise eine tanh-Aktivierungsfunktion, um einen Vektor neuer Kandidatenwerte im Bereich von -1 bis 1 zu erstellen.

Die Ausgabe des Input Gates wird dann elementweise mit den Kandidatenwerten multipliziert. Diese Operation filtert effektiv die Kandidatenwerte und entscheidet, welche Informationen wichtig genug sind, um zum Zellzustand hinzugefügt zu werden. Werte nahe 1 in der Ausgabe des Input Gates zeigen an, dass die entsprechenden Kandidatenwerte stark für die Aufnahme in den Zellzustand in Betracht gezogen werden sollten, während Werte nahe 0 darauf hinweisen, dass die entsprechenden Informationen weitgehend ignoriert werden sollten.

Dieser Mechanismus ermöglicht es dem LSTM, seinen internen Speicher selektiv mit neuen, relevanten Informationen zu aktualisieren und gleichzeitig die Fähigkeit zu bewahren, wichtige Informationen aus vorherigen Zeitschritten zu erhalten. Diese selektive Aktualisierung ist entscheidend für die Fähigkeit des LSTM, langfristige Abhängigkeiten in sequentiellen Daten zu erfassen und zu nutzen, was es besonders effektiv für Aufgaben wie natürliche Sprachverarbeitung, Zeitreihenanalyse und Spracherkennung macht.

Cell State

Der Zellzustand ist der Eckpfeiler des LSTM-Gedächtnismechanismus und dient als langfristige Informationsautobahn durch das Netzwerk. Diese einzigartige Komponente ermöglicht es LSTMs, relevante Informationen über längere Sequenzen hinweg zu erhalten und weiterzuleiten - eine Fähigkeit, die sie von traditionellen RNNs unterscheidet. Der Zellzustand wird durch die koordinierten Bemühungen der Forget- und Input-Gates sorgfältig verwaltet:

1. **Forget Gate Einfluss**: Das Forget Gate fungiert als selektiver Filter und bestimmt, welche Informationen aus dem vorherigen Zellzustand beibehalten oder verworfen werden sollen. Es analysiert die aktuelle Eingabe und den vorherigen versteckten Zustand, um einen Vektor von Werten zwischen 0 und 1 zu erzeugen. Diese Werte werden dann elementweise auf den Zellzustand angewendet und "vergessen" effektiv irrelevante oder veraltete Informationen.

2. **Input Gate Beitrag**: Gleichzeitig entscheidet das Input Gate, welche neuen Informationen zum Zellzustand hinzugefügt werden sollen. Es arbeitet zusammen mit

einer "Kandidaten"-Schicht, um neue Werte vorzuschlagen und filtert diese Kandidaten basierend auf ihrer Relevanz und Wichtigkeit für den aktuellen Kontext.

3. **Adaptives Gedächtnismanagement**: Durch die kombinierten Aktionen dieser Gates kann der Zellzustand seinen Inhalt adaptiv aktualisieren. Dieser Prozess ermöglicht es dem LSTM, eine Balance zwischen der Bewahrung kritischer langfristiger Informationen und der Aufnahme neuer, relevanter Daten zu halten. Diese Flexibilität ist entscheidend für Aufgaben, die das Verständnis sowohl des unmittelbaren als auch des entfernten Kontexts erfordern, wie Sprachübersetzung oder Stimmungsanalyse in langen Dokumenten.

4. **Informationsflusssteuerung**: Der sorgfältig regulierte Informationsfluss in und aus dem Zellzustand ermöglicht es LSTMs, das Problem des verschwindenden Gradienten zu mindern, das einfache RNNs plagt. Durch selektives Aktualisieren und Beibehalten von Informationen können LSTMs effektiv langreichweitige Abhängigkeiten in sequentiellen Daten lernen und nutzen.

Dieser hochentwickelte Gedächtnismechanismus befähigt LSTMs, in einer breiten Palette von Sequenzmodellierungsaufgaben zu glänzen, von der natürlichen Sprachverarbeitung bis zur Zeitreihenprognose, wo das Verständnis und die Nutzung des langfristigen Kontexts von größter Bedeutung sind.

Output Gate

Diese wichtige Komponente der LSTM-Architektur ist dafür verantwortlich zu bestimmen, welche Informationen aus dem aktualisierten Zellzustand als neuer versteckter Zustand freigegeben werden sollen. Sie spielt eine entscheidende Rolle beim Filtern und Verfeinern der Informationen, die das LSTM an nachfolgende Schichten oder Zeitschritte weitergibt.

Das Output Gate arbeitet, indem es eine Sigmoid-Aktivierungsfunktion auf eine Kombination der aktuellen Eingabe und des vorherigen versteckten Zustands anwendet. Dies erzeugt einen Vektor von Werten zwischen 0 und 1, der dann verwendet wird, um den Zellzustand selektiv zu filtern. Dadurch ermöglicht das Output Gate dem LSTM, sich auf die relevantesten Aspekte seines Gedächtnisses für den aktuellen Kontext zu konzentrieren.

Dieser selektive Ausgabemechanismus ist besonders vorteilhaft in Szenarien, in denen verschiedene Teile des Zellzustands zu verschiedenen Zeiten relevant sein können. Zum Beispiel könnten in einem Sprachmodell bestimmte grammatikalische Strukturen am Anfang eines Satzes wichtiger sein, während der semantische Kontext gegen Ende in den Vordergrund rückt. Das Output Gate ermöglicht es dem LSTM, verschiedene Aspekte seines Gedächtnisses basierend auf der aktuellen Eingabe und dem Kontext adaptiv zu betonen.

Darüber hinaus trägt das Output Gate wesentlich zur Fähigkeit des LSTM bei, das Problem des verschwindenden Gradienten zu mindern. Durch die Kontrolle des Informationsflusses vom Zellzustand zum versteckten Zustand hilft es, einen stabileren Gradientenfluss während der

Rückpropagation aufrechtzuerhalten, was ein effektiveres Lernen von langfristigen Abhängigkeiten ermöglicht.

Das komplexe Zusammenspiel dieser Komponenten ermöglicht es LSTMs, ihren internen Speicher (Zellzustand) über die Zeit zu erhalten und zu aktualisieren, wodurch sie langfristige Abhängigkeiten in den Daten erfassen und nutzen können.

Die mathematische Formulierung des LSTM-Aktualisierungsprozesses kann durch die folgenden Gleichungen beschrieben werden:

1. **Forget Gate**: $f_t = \sigma(W_f \cdot [h_{t-1}, x_t] + b_f)$ Diese Sigmoid-Funktion bestimmt, was aus dem vorherigen Zellzustand vergessen werden soll.

2. **Input Gate**: $i_t = \sigma(W_i \cdot [h_{t-1}, x_t] + b_i)$ Dieses Gate entscheidet, welche neuen Informationen im Zellzustand gespeichert werden sollen.

3. **Kandidaten-Zellzustand**: $C_t = tanh(W_c \cdot [h_{t-1}, x_t] + b_c)$ Dies erstellt einen Vektor neuer Kandidatenwerte, die zum Zustand hinzugefügt werden könnten.

4. **Zellzustand-Aktualisierung**: $C_t = f_t C_{t-1} + i_t C_t$ Der neue Zellzustand ist eine Kombination aus dem alten Zustand, gefiltert durch das Forget Gate, und den neuen Kandidatenwerten, skaliert durch das Input Gate.

5. **Output Gate**: $o_t = \sigma(W_o \cdot [h_{t-1}, x_t] + b_o)$ Dieses Gate bestimmt, welche Teile des Zellzustands ausgegeben werden sollen.

6. **Versteckter Zustand**: $h_t = o_t * tanh(C_t)$ Der neue versteckte Zustand ist das Output Gate, angewendet auf eine gefilterte Version des Zellzustands.

Diese Gleichungen veranschaulichen, wie LSTMs ihre Gating-Mechanismen verwenden, um den Informationsfluss zu steuern, wodurch sie komplexe zeitliche Dynamiken lernen und langfristige Abhängigkeiten in sequentiellen Daten erfassen können. Dies macht LSTMs besonders effektiv für Aufgaben wie natürliche Sprachverarbeitung, Spracherkennung und Zeitreihenprognose, bei denen das Verständnis des Kontexts über lange Sequenzen hinweg entscheidend ist.

Beispiel: LSTM in PyTorch

```
import torch
import torch.nn as nn

class LSTMModel(nn.Module):
    def __init__(self, input_size, hidden_size, num_layers, output_size):
        super(LSTMModel, self).__init__()
        self.hidden_size = hidden_size
        self.num_layers = num_layers
        self.lstm = nn.LSTM(input_size, hidden_size, num_layers, batch_first=True)
        self.fc = nn.Linear(hidden_size, output_size)

    def forward(self, x):
```

```python
        h0 = torch.zeros(self.num_layers, x.size(0), self.hidden_size).to(x.device)
        c0 = torch.zeros(self.num_layers, x.size(0), self.hidden_size).to(x.device)
        out, (hn, cn) = self.lstm(x, (h0, c0))
        out = self.fc(out[:, -1, :])
        return out, (hn, cn)

# Hyperparameters
input_size = 10
hidden_size = 20
num_layers = 2
output_size = 1
sequence_length = 5
batch_size = 3

# Create model instance
model = LSTMModel(input_size, hidden_size, num_layers, output_size)

# Example input sequence
input_seq = torch.randn(batch_size, sequence_length, input_size)

# Forward pass
output, (hn, cn) = model(input_seq)

# Print shapes
print("Input shape:", input_seq.shape)
print("Output shape:", output.shape)
print("Hidden state shape:", hn.shape)
print("Cell state shape:", cn.shape)

# Example of using the model for a simple prediction task
x = torch.randn(1, sequence_length, input_size)  # Single sample
prediction, _ = model(x)
print("Prediction:", prediction.item())
```

Dieses Beispiel zeigt eine umfassende Implementierung eines LSTM-Modells in PyTorch.

Schauen wir uns die einzelnen Komponenten an:

1. Modelldefinition: Wir definieren eine LSTMModel-Klasse, die von nn.Module erbt. Diese Klasse kapselt unser LSTM-Modell.

    o Die _init_-Methode initialisiert die LSTM-Schicht und eine vollständig verbundene (Linear) Ausgabeschicht.

    o Die forward-Methode definiert den Datenfluss durch das Modell, einschließlich der Initialisierung der verborgenen Zustände und Zellzustände.

2. Hyperparameter: Wir definieren wichtige Parameter wie Eingabegröße, versteckte Größe, Anzahl der Schichten, Ausgabegröße, Sequenzlänge und Batch-Größe.

3. Modellinstanziierung: Wir erstellen eine Instanz unseres LSTMModel.

4. Eingabedaten: Wir erstellen einen zufälligen Eingabetensor zur Simulation einer Batch von Sequenzen.

5. Vorwärtsdurchlauf: Wir leiten die Eingabe durch das Modell.

6. Ausgabeanalyse: Wir geben die Formen von Eingabe, Ausgabe, verborgenem Zustand und Zellzustand aus, um die Transformationen zu verstehen.

7. Vorhersagebeispiel: Wir demonstrieren, wie das Modell für eine einzelne Vorhersage verwendet wird.

Dieses Beispiel zeigt nicht nur die grundlegende LSTM-Nutzung, sondern auch, wie man es in ein vollständiges Modell mit einer Ausgabeschicht integriert. Es demonstriert Batch-Verarbeitung und bietet ein praktisches Beispiel für die Erstellung einer Vorhersage, wodurch es besser auf reale Szenarien anwendbar ist.

6.1.3 Gated Recurrent Units (GRUs)

Gated Recurrent Units (GRUs) sind eine innovative Variante rekurrenter neuronaler Netze, die entwickelt wurde, um einige der Einschränkungen traditioneller RNNs und LSTMs zu adressieren. GRUs, die 2014 von Cho et al. entwickelt wurden, bieten eine optimierte Architektur, die das Forget Gate und Input Gate von LSTMs in einem einzigen, effizienteren **Update Gate** kombiniert. Diese Vereinfachung führt zu weniger Parametern, wodurch GRUs rechnerisch weniger aufwendig und oft schneller zu trainieren sind als LSTMs.

Die Effizienz von GRUs geht nicht zu Lasten der Leistung, da sie eine vergleichbare Effektivität wie LSTMs bei verschiedenen Aufgaben gezeigt haben. Dies macht GRUs zu einer attraktiven Wahl für Anwendungen, bei denen Rechenressourcen begrenzt sind oder schnelle Modelliterationen erforderlich sind. Sie eignen sich besonders für Szenarien, die ein Gleichgewicht zwischen Modellkomplexität, Trainingsgeschwindigkeit und Leistungsgenauigkeit erfordern.

Die GRU-Architektur besteht aus zwei Hauptkomponenten:

Update Gate

Dieses Gate ist eine fundamentale Komponente der GRU-Architektur und dient als ausgeklügelter Mechanismus zur Steuerung des Informationsflusses durch das Netzwerk. Es spielt eine zentrale Rolle bei der Bestimmung des Gleichgewichts zwischen der Beibehaltung vorheriger Informationen und der Integration neuer Eingaben. Durch die Generierung eines Vektors von Werten zwischen 0 und 1 für jedes Element im verborgenen Zustand entscheidet das Update Gate effektiv, welche Informationen weitergeleitet und welche aktualisiert werden sollen.

Die Funktionalität des Update Gates lässt sich in mehrere Schlüsselaspekte unterteilen:

- Adaptives Gedächtnis: Es ermöglicht dem Netzwerk, adaptiv zu entscheiden, wie stark der vorherige verborgene Zustand den aktuellen Zustand beeinflussen soll. Diese

Anpassungsfähigkeit ermöglicht es GRUs, sowohl kurz- als auch langfristige Abhängigkeiten effektiv zu handhaben.

- Informationserhaltung: Bei langfristigen Abhängigkeiten kann das Update Gate nahe bei 1 liegen, wodurch wichtige Informationen über viele Zeitschritte hinweg ohne Degradierung weitergeleitet werden können.

- Gradientenfluss: Durch die Bereitstellung eines direkten Pfads für den Informationsfluss (wenn das Gate nahe bei 1 liegt) hilft es, das Problem des verschwindenden Gradienten zu minimieren, das bei einfachen RNNs auftritt.

- Kontextsensitivität: Die Gate-Werte werden basierend auf der aktuellen Eingabe und dem vorherigen verborgenen Zustand berechnet, wodurch es kontextsensitiv wird und sein Verhalten basierend auf der spezifischen Sequenz anpassen kann.

Dieser ausgeklügelte Gating-Mechanismus ermöglicht es GRUs, eine mit LSTMs vergleichbare Leistung bei vielen Aufgaben zu erzielen, während sie eine einfachere Architektur mit weniger Parametern beibehalten. Die Fähigkeit des Update Gates zur selektiven Aktualisierung des verborgenen Zustands trägt wesentlich zur Fähigkeit des GRU bei, komplexe sequentielle Daten effizient zu modellieren.

Reset Gate

Das Reset Gate ist eine entscheidende Komponente der GRU-Architektur, die eine wichtige Rolle bei der Steuerung des Informationsflusses aus vorherigen Zeitschritten spielt. Es bestimmt, wie viel der vergangenen Informationen beim Berechnen des neuen Kandidaten-verborgenen Zustands "zurückgesetzt" oder verworfen werden soll. Dieser Mechanismus ist aus mehreren Gründen besonders wichtig:

1. **Erfassung kurzfristiger Abhängigkeiten**: Indem es dem Netzwerk ermöglicht, bestimmte Aspekte des vorherigen verborgenen Zustands selektiv zu vergessen, ermöglicht das Reset Gate dem GRU, sich auf die Erfassung kurzfristiger Abhängigkeiten zu konzentrieren, wenn diese für die aktuelle Eingabe relevanter sind. Dies ist besonders nützlich in Szenarien, in denen aktuelle Informationen wichtiger sind als langfristiger Kontext.

2. **Adaptives Speichermanagement**: Das Reset Gate bietet dem GRU die Möglichkeit, seinen Speicher adaptiv zu verwalten. Es kann wählen, alle vorherigen Informationen beizubehalten (wenn das Reset Gate nahe bei 1 ist) oder sie vollständig zu verwerfen (wenn das Reset Gate nahe bei 0 ist) oder jeden Zustand dazwischen. Diese Anpassungsfähigkeit ermöglicht es dem GRU, Sequenzen mit variierenden zeitlichen Abhängigkeiten effizient zu verarbeiten.

3. **Minderung verschwindender Gradienten**: Indem es dem Netzwerk erlaubt, Teile seines Speichers zurückzusetzen, hilft das Reset Gate bei der Minderung des Problems verschwindender Gradienten. Dies liegt daran, dass es effektiv kürzere Pfade für den

Gradientenfluss während der Rückpropagation schaffen kann, wodurch es dem Netzwerk leichter fällt, langfristige Abhängigkeiten bei Bedarf zu lernen.

4. **Kontextsensitive Verarbeitung**: Die Werte des Reset Gates werden basierend auf sowohl der aktuellen Eingabe als auch dem vorherigen verborgenen Zustand berechnet. Dies ermöglicht es dem GRU, kontextsensitive Entscheidungen darüber zu treffen, welche Informationen zurückgesetzt werden sollen, wobei es sein Verhalten basierend auf der spezifischen Sequenz anpasst.

5. **Rechnerische Effizienz**: Trotz seiner leistungsfähigen Funktionalität ermöglicht das Reset Gate zusammen mit dem Update Gate den GRUs, eine einfachere Architektur im Vergleich zu LSTMs beizubehalten. Dies führt zu weniger Parametern und oft schnelleren Trainingszeiten, wodurch GRUs eine attraktive Wahl für viele Sequenzmodellierungsaufgaben sind.

Die Fähigkeit des Reset Gates, Informationen selektiv zu vergessen oder beizubehalten, trägt wesentlich zur Fähigkeit des GRU bei, komplexe sequentielle Daten effizient zu modellieren, wodurch es zu einem leistungsfähigen Werkzeug in verschiedenen Anwendungen wie natürlicher Sprachverarbeitung, Spracherkennung und Zeitreihenanalyse wird.

Das Zusammenspiel zwischen diesen Gates ermöglicht es GRUs, Abhängigkeiten verschiedener Zeitskalen adaptiv zu erfassen. Die mathematische Formulierung des GRU-Aktualisierungsprozesses wird durch die folgenden Gleichungen definiert:

1. **Update Gate**: $z_t = \sigma(W_z \cdot [h_{t-1}, x_t])$ Diese Gleichung berechnet den Update Gate-Vektor z_t, der bestimmt, wie viel des vorherigen verborgenen Zustands beibehalten werden soll.

2. **Reset Gate**: $r_t = \sigma(W_r \cdot [h_{t-1}, x_t])$ Der Reset Gate-Vektor r_t wird hier berechnet und steuert, wie viel des vorherigen verborgenen Zustands vergessen werden soll.

3. **Kandidaten-verborgener Zustand**: $\tilde{h}_t = tanh(W \cdot [r_t * h_{t-1}, x_t])$ Diese Gleichung generiert einen Kandidaten-verborgenen Zustand $tilde\ h_t$, der das Reset Gate einbezieht, um möglicherweise vorherige Informationen zu vergessen.

4. **Verborgener Zustand**: $h_t = (1 - z_t)h_{t-1} + z_t\tilde{h}_t$ Der endgültige verborgene Zustand h_t ist eine gewichtete Kombination aus dem vorherigen verborgenen Zustand und dem Kandidaten-verborgenen Zustand, wobei die Gewichte durch das Update Gate bestimmt werden.

Diese Gleichungen veranschaulichen, wie GRUs den Informationsfluss steuern und es ihnen ermöglichen, sowohl lang- als auch kurzfristige Abhängigkeiten effektiv zu lernen. Das Fehlen eines separaten Zellzustands, wie er in LSTMs zu finden ist, trägt zur rechnerischen Effizienz des GRU bei, während leistungsfähige Modellierungsfähigkeiten beibehalten werden.

GRUs haben breite Anwendung in verschiedenen Bereichen gefunden, einschließlich natürlicher Sprachverarbeitung, Spracherkennung und Zeitreihenanalyse. Ihre Fähigkeit,

Sequenzen verschiedener Längen zu verarbeiten und komplexe zeitliche Dynamiken zu erfassen, macht sie besonders geeignet für Aufgaben wie maschinelle Übersetzung, Stimmungsanalyse und Textgenerierung.

Beispiel: GRU in PyTorch

```python
import torch
import torch.nn as nn

class GRUModel(nn.Module):
    def __init__(self, input_size, hidden_size, num_layers, output_size):
        super(GRUModel, self).__init__()
        self.hidden_size = hidden_size
        self.num_layers = num_layers
        self.gru = nn.GRU(input_size, hidden_size, num_layers, batch_first=True)
        self.fc = nn.Linear(hidden_size, output_size)

    def forward(self, x):
        h0 = torch.zeros(self.num_layers, x.size(0), self.hidden_size).to(x.device)
        out, _ = self.gru(x, h0)
        out = self.fc(out[:, -1, :])
        return out

# Hyperparameters
input_size = 10
hidden_size = 20
num_layers = 2
output_size = 1
sequence_length = 5
batch_size = 3

# Create model instance
model = GRUModel(input_size, hidden_size, num_layers, output_size)

# Example input sequence
input_seq = torch.randn(batch_size, sequence_length, input_size)

# Forward pass
output = model(input_seq)

# Print shapes
print("Input shape:", input_seq.shape)
print("Output shape:", output.shape)

# Example of using the model for a simple prediction task
x = torch.randn(1, sequence_length, input_size)  # Single sample
prediction = model(x)
print("Prediction:", prediction.item())
```

Lass uns das genauer betrachten:

1. **Modelldefinition**: Wir definieren eine GRUModel-Klasse, die von nn.Module erbt. Diese Klasse kapselt unser GRU-Modell.

   o Die __init__-Methode initialisiert die GRU-Schicht und eine vollvernetzte (Linear) Schicht für den Output.

   o Die forward-Methode definiert den Datenfluss durch das Modell, einschließlich der Initialisierung des verborgenen Zustands.

2. **Hyperparameter**: Wir definieren wichtige Parameter wie Eingabegröße, versteckte Größe, Anzahl der Schichten, Ausgabegröße, Sequenzlänge und Batch-Größe.

3. **Modellinstanziierung**: Wir erstellen eine Instanz unseres GRUModel.

4. **Eingabedaten**: Wir erstellen einen zufälligen Eingabetensor, um einen Batch von Sequenzen zu simulieren.

5. **Vorwärtsdurchlauf**: Wir leiten die Eingabe durch das Modell.

6. **Ausgabeanalyse**: Wir geben die Formen von Ein- und Ausgabe aus, um die Transformationen zu verstehen.

7. **Vorhersagebeispiel**: Wir demonstrieren, wie das Modell für eine einzelne Vorhersage verwendet wird.

Dieses Beispiel zeigt nicht nur die grundlegende GRU-Nutzung, sondern auch, wie man es in ein vollständiges Modell mit einer Ausgabeschicht integriert. Es demonstriert die Batch-Verarbeitung und liefert ein praktisches Beispiel für die Erstellung einer Vorhersage, wodurch es besser auf reale Szenarien anwendbar ist.

6.2 Implementierung von RNNs und LSTMs in TensorFlow, Keras und PyTorch

Rekurrente Neuronale Netze (RNNs) und Long Short-Term Memory (LSTM) Netzwerke sind hochentwickelte architektonische Paradigmen, die für die Verarbeitung und Analyse sequentieller Daten mit bemerkenswerter Effektivität konzipiert wurden. Diese leistungsstarken Werkzeuge haben das Gebiet des maschinellen Lernens revolutioniert, insbesondere in Bereichen, in denen zeitliche Abhängigkeiten eine entscheidende Rolle spielen.

Die drei wichtigsten Frameworks – TensorFlow, Keras und PyTorch – bieten jeweils umfassende Unterstützung für den Aufbau und das Training von RNNs und LSTMs und stellen Entwicklern und Forschern ein robustes Toolkit zur Bewältigung komplexer sequentieller Probleme zur Verfügung. Während diese Frameworks das gemeinsame Ziel verfolgen, die Implementierung rekurrenter Architekturen zu erleichtern, unterscheiden sie sich erheblich in Bezug auf ihre Abstraktionsebenen, Flexibilität und den allgemeinen Ansatz zur Modellentwicklung.

Um die praktische Anwendung dieser Frameworks zu verdeutlichen, werden wir uns mit der Implementierung sowohl von RNN- als auch LSTM-Modellen befassen, die für die Verarbeitung und Analyse sequentieller Daten wie Textinformationen oder Zeitreihen konzipiert sind. Unsere Untersuchung wird die folgenden modernen Werkzeuge nutzen:

- **TensorFlow**: Eine hochleistungsfähige Open-Source-Bibliothek, entwickelt von Google Brain, speziell konzipiert für maschinelles Lernen im großen Maßstab. TensorFlows Architektur ermöglicht eine nahtlose Bereitstellung auf verschiedenen Plattformen, von mobilen Geräten bis hin zu verteilten Systemen, was es zu einer idealen Wahl für produktionsreife Modelle macht.

- **Keras**: Eine intuitive und benutzerfreundliche High-Level-API, die als Schnittstellenschicht über TensorFlow operiert. Bekannt für seine Einfachheit und Benutzerfreundlichkeit abstrahiert Keras einen Großteil der Komplexität bei der Implementierung neuronaler Netze und ermöglicht schnelles Prototyping und Experimentieren ohne Leistungseinbußen.

- **PyTorch**: Ein flexibles und dynamisches Framework, das in der Forschungsgemeinschaft große Popularität erlangt hat. PyTorchs intuitive Schnittstelle und dynamischer Berechnungsgraph ermöglichen natürlichere Debugging-Prozesse und erleichtern die Implementierung komplexer Modellarchitekturen. Sein imperativer Programmierstil ermöglicht transparenteren und lesbaren Code, was es besonders attraktiv für diejenigen macht, die sich mit modernster Forschung und Entwicklung beschäftigen.

6.2.1 Implementierung von RNNs und LSTMs in TensorFlow

TensorFlows Low-Level-API bietet Entwicklern eine granulare Kontrolle über die Modellarchitektur und ermöglicht eine präzise Anpassung und Optimierung neuronaler Netze. Diese Kontrollebene geht auf Kosten erhöhter Code-Komplexität und Ausführlichkeit im Vergleich zu High-Level-APIs wie Keras. Der Kompromiss zwischen Flexibilität und Einfachheit macht TensorFlows Low-Level-API besonders geeignet für fortgeschrittene Benutzer und Forscher, die eine feingranulare Kontrolle über ihre Modelle benötigen.

In den folgenden Beispielen werden wir TensorFlows leistungsfähige Funktionen nutzen, um sowohl ein Rekurrentes Neuronales Netzwerk (RNN) als auch ein Long Short-Term Memory (LSTM) Netzwerk zu implementieren. Diese Implementierungen werden die Flexibilität der API bei der Definition komplexer neuraler Architekturen demonstrieren und dabei den zusätzlichen Code hervorheben, der erforderlich ist, um diese Kontrollebene zu erreichen.

Durch die Verwendung von TensorFlows Low-Level-API können wir Einblicke in die inneren Abläufe dieser rekurrenten Modelle gewinnen und haben die Möglichkeit, sie für spezifische Anwendungsfälle oder experimentelle Aufbauten anzupassen.

Beispiel: RNN in TensorFlow

```python
import tensorflow as tf
import numpy as np

# Define hyperparameters
batch_size = 32
sequence_length = 10
input_size = 8
hidden_units = 16
output_size = 4

# Create synthetic input data
input_data = tf.random.normal([batch_size, sequence_length, input_size])

# Define an RNN layer
rnn_layer = tf.keras.layers.SimpleRNN(units=hidden_units, return_sequences=True)

# Define a model using the Functional API
inputs = tf.keras.Input(shape=(sequence_length, input_size))
rnn_output = rnn_layer(inputs)
outputs = tf.keras.layers.Dense(output_size)(rnn_output)

model = tf.keras.Model(inputs=inputs, outputs=outputs)

# Compile the model
model.compile(optimizer='adam', loss='mse')

# Generate synthetic target data
target_output = np.random.randn(batch_size, sequence_length, output_size)

# Train the model
history = model.fit(input_data, target_output, epochs=5, batch_size=batch_size)

# Make predictions
predictions = model.predict(input_data)

# Print shapes and sample outputs
print("Input Shape:", input_data.shape)
print("RNN Output Shape:", predictions.shape)
print("\\nSample Prediction (first sequence, first timestep):")
print(predictions[0, 0])
```

Dieses Codebeispiel demonstriert eine **umfassende Implementierung eines Rekurrenten Neuronalen Netzwerks (RNN)** mit TensorFlow. Hier ist eine schrittweise Aufschlüsselung:

1. **Imports und Hyperparameter:**

    o   Wir importieren **TensorFlow** und **NumPy** für die Modellerstellung und Datenverarbeitung.

- o Wir definieren wichtige **Hyperparameter**: Batch-Größe, Sequenzlänge, Eingabegröße, Anzahl der versteckten Einheiten und Ausgabegröße.

2. **Erstellung synthetischer Daten:**

   - o Wir generieren **zufällige Eingabedaten** mit tf.random.normal, die einen Batch von Zeitreihensequenzen simulieren.

3. **RNN-Layer-Definition:**

   - o Ein **SimpleRNN**-Layer wird mit der angegebenen Anzahl versteckter Einheiten definiert.

   - o Das Argument return_sequences=True stellt sicher, dass das RNN für jeden Zeitschritt eine Ausgabe liefert.

4. **Modellarchitektur mit der Functional API:**

   - o Wir verwenden **TensorFlows Functional API** zur Definition der Modellstruktur.

   - o Die Eingabe wird durch einen **RNN-Layer** verarbeitet, gefolgt von einem **Dense-Layer**, der die endgültige Ausgabe erzeugt.

5. **Modellkompilierung:**

   - o Das Modell wird mit dem **Adam-Optimizer** und dem **Mean Squared Error (MSE) Loss** kompiliert, was es für kontinuierliche Werteprognosen geeignet macht.

6. **Synthetische Zieldaten:**

   - o Wir erstellen zufällige **Zieldaten**, die der Form der Modellausgabe entsprechen, um die Kompatibilität während des Trainings sicherzustellen.

7. **Modelltraining:**

   - o Das Modell wird für **5 Epochen** mit den synthetischen Daten trainiert.

   - o Wir verwenden model.fit(), um die Modellparameter basierend auf der Verlustfunktion anzupassen.

8. **Vorhersagen für Eingabedaten:**

   - o Nach dem Training verwenden wir model.predict(), um Vorhersagen aus dem trainierten Modell zu generieren.

9. **Ausgabeanalyse:**

   - o Die Formen von **Eingabe, RNN-Ausgabe und Vorhersagen** werden zur Überprüfung der korrekten Implementierung ausgegeben.

    o   Eine **Beispielausgabe** wird angezeigt, um zu veranschaulichen, wie das Modell Zeitreihendaten verarbeitet und vorhersagt.

Dieses Beispiel zeigt nicht nur die grundlegende RNN-Nutzung, sondern auch die Integration in ein vollständiges Modell mit Eingabe- und Ausgabe-Layern. Es demonstriert den gesamten Prozess von der Datenerstellung bis zur Vorhersage und bietet ein praxisnäheres Szenario für die Verwendung von RNNs.

Beispiel: LSTM in TensorFlow

```python
import tensorflow as tf
import numpy as np

# Define hyperparameters
batch_size = 32
sequence_length = 10
input_size = 8
hidden_units = 16
output_size = 4

# Create synthetic input data
input_data = tf.random.normal([batch_size, sequence_length, input_size])

# Define an LSTM layer
lstm_layer   =   tf.keras.layers.LSTM(units=hidden_units,   return_sequences=True,
return_state=True)

# Define a model using the Functional API
inputs = tf.keras.Input(shape=(sequence_length, input_size))
lstm_output, final_hidden_state, final_cell_state = lstm_layer(inputs)
outputs = tf.keras.layers.Dense(output_size)(lstm_output)

model   =   tf.keras.Model(inputs=inputs,   outputs=[outputs,   final_hidden_state,
final_cell_state])

# Compile the model
model.compile(optimizer='adam', loss='mse')

# Generate synthetic target data
target_output = np.random.randn(batch_size, sequence_length, output_size)
target_hidden_state = np.random.randn(batch_size, hidden_units)
target_cell_state = np.random.randn(batch_size, hidden_units)

# Train the model
history = model.fit(
    input_data,
    [target_output, target_hidden_state, target_cell_state],
    epochs=5,
    batch_size=batch_size
)
```

```python
# Make predictions
predictions,        final_hidden_state_pred,        final_cell_state_pred    =
model.predict(input_data)

# Print shapes and sample outputs
print("Input Shape:", input_data.shape)
print("LSTM Output Shape:", predictions.shape)
print("LSTM Final Hidden State Shape:", final_hidden_state_pred.shape)
print("LSTM Final Cell State Shape:", final_cell_state_pred.shape)
print("\\nSample Prediction (first sequence, first timestep):")
print(predictions[0, 0])
print("\\nSample Final Hidden State:")
print(final_hidden_state_pred[0])
print("\\nSample Final Cell State:")
print(final_cell_state_pred[0])
```

Dieses LSTM-Beispiel in TensorFlow demonstriert eine umfassendere Implementierung.

Analysieren wir es im Detail:

1. **Imports und Hyperparameter:** Wir importieren TensorFlow und NumPy und definieren dann wichtige Hyperparameter wie Batch-Größe, Sequenzlänge, Eingabegröße, versteckte Einheiten und Ausgabegröße.

2. **Synthetische Datenerstellung:** Wir generieren zufällige Eingabedaten mit tf.random.normal, um einen Batch von Sequenzen zu simulieren.

3. **LSTM-Layer-Definition:** Wir erstellen einen LSTM-Layer mit spezifizierten versteckten Einheiten, der sowohl Sequenzen als auch Zustände zurückgibt.

4. **Modellarchitektur:** Mithilfe der Functional API definieren wir ein Modell, das die Eingabe durch den LSTM-Layer und einen Dense-Layer für die Ausgabe verarbeitet.

5. **Modellkompilierung:** Das Modell wird mit dem Adam-Optimizer und dem mittleren quadratischen Fehler als Verlustfunktion kompiliert.

6. **Synthetische Zieldaten:** Wir erstellen zufällige Zieldaten für die Sequenzausgabe, den finalen versteckten Zustand und den finalen Zellzustand.

7. **Modelltraining:** Das Modell wird für 5 Epochen mit den synthetischen Daten trainiert.

8. **Vorhersagen:** Wir verwenden das trainierte Modell, um Vorhersagen für die Eingabedaten zu treffen.

9. **Ausgabeanalyse:** Wir geben die Formen von Eingabe, Ausgabe, finalem versteckten Zustand und finalem Zellzustand aus, zusammen mit Beispielvorhersagen, um die Funktionalität des Modells zu demonstrieren.

Dieses umfassende Beispiel zeigt nicht nur die grundlegende LSTM-Nutzung, sondern auch die Integration in ein vollständiges Modell mit Eingabe- und Ausgabe-Layern. Es demonstriert den gesamten Prozess von der Datenerstellung bis hin zu Training und Vorhersage und bietet ein praxisnäheres Szenario für die Verwendung von LSTMs.

6.2.2 Implementierung von RNNs und LSTMs in Keras

Keras als High-Level-API vereinfacht den Prozess des Aufbaus und Trainings von Deep-Learning-Modellen erheblich. Durch die Abstraktion der zugrundeliegenden Komplexität können sich Entwickler auf die Kernaspekte des Modelldesigns und der Experimentierung konzentrieren. Seine benutzerfreundliche Schnittstelle und nahtlose Integration mit TensorFlow machen es zur idealen Wahl sowohl für Anfänger als auch für erfahrene Praktiker im Bereich des schnellen Prototypings.

Eine der Hauptstärken von Keras liegt in seiner intuitiven Designphilosophie, die Benutzerfreundlichkeit ohne Einschränkung der Flexibilität betont. Dieser Ansatz ermöglicht es Entwicklern, schnell verschiedene Modellarchitekturen und Hyperparameter zu testen, was schnellere Experimente und Innovation erleichtert. Darüber hinaus ermöglicht die modulare Struktur von Keras eine einfache Anpassung und Erweiterung, wodurch es für ein breites Spektrum von Deep-Learning-Aufgaben geeignet ist, einschließlich, aber nicht beschränkt auf Computer Vision, Verarbeitung natürlicher Sprache und Zeitreihenanalyse.

Die High-Level-Abstraktionen des Frameworks vereinfachen nicht nur die Modellerstellung; sie optimieren auch den gesamten Deep-Learning-Workflow. Von der Datenvorverarbeitung über die Modellkompilierung bis hin zum Training und zur Evaluierung bietet Keras eine zusammenhängende Sammlung von Werkzeugen, die harmonisch zusammenarbeiten. Dieses umfassende Ökosystem reduziert den erforderlichen Boilerplate-Code erheblich und ermöglicht es Entwicklern, komplexe neuronale Netzwerkarchitekturen in nur wenigen Codezeilen auszudrücken.

Darüber hinaus gewährleistet die Kompatibilität von Keras mit TensorFlow, dass Modelle einfach auf verschiedenen Plattformen eingesetzt werden können, von mobilen Geräten bis hin zur Cloud-Infrastruktur. Diese nahtlose Integration ermöglicht es Entwicklern, die leistungsstarken Backend-Funktionen von TensorFlow zu nutzen und gleichzeitig von der benutzerfreundlichen Schnittstelle von Keras zu profitieren, wodurch eine Synergie entsteht, die sowohl den Entwicklungs- als auch den Bereitstellungsprozess im Bereich des Deep Learning beschleunigt.

Beispiel: RNN in Keras

```python
import tensorflow as tf
from tensorflow.keras import Sequential
from tensorflow.keras.layers import SimpleRNN, Dense
import numpy as np

# Define hyperparameters
sequence_length = 10
input_features = 8
hidden_units = 16
```

```python
output_size = 1
batch_size = 32
epochs = 10

# Generate synthetic data
X = np.random.randn(1000, sequence_length, input_features)
y = np.random.randint(0, 2, (1000, 1))  # Binary classification

# Define a sequential model
model = Sequential([
    SimpleRNN(units=hidden_units, input_shape=(sequence_length, input_features),
return_sequences=False),
    Dense(units=output_size, activation='sigmoid')
])

# Compile the model
model.compile(optimizer='adam', loss='binary_crossentropy', metrics=['accuracy'])

# Print the model summary
model.summary()

# Train the model
history = model.fit(X, y, batch_size=batch_size, epochs=epochs, validation_split=0.2)

# Evaluate the model
test_loss, test_accuracy = model.evaluate(X, y)
print(f"Test accuracy: {test_accuracy:.4f}")

# Make predictions
sample_input = np.random.randn(1, sequence_length, input_features)
prediction = model.predict(sample_input)
print(f"Sample prediction: {prediction[0][0]:.4f}")

# Plot training history
import matplotlib.pyplot as plt

plt.figure(figsize=(12, 4))
plt.subplot(1, 2, 1)
plt.plot(history.history['loss'], label='Training Loss')
plt.plot(history.history['val_loss'], label='Validation Loss')
plt.title('Model Loss')
plt.xlabel('Epoch')
plt.ylabel('Loss')
plt.legend()

plt.subplot(1, 2, 2)
plt.plot(history.history['accuracy'], label='Training Accuracy')
plt.plot(history.history['val_accuracy'], label='Validation Accuracy')
plt.title('Model Accuracy')
plt.xlabel('Epoch')
plt.ylabel('Accuracy')
plt.legend()
```

```
plt.tight_layout()
plt.show()
```

Dieses Beispiel demonstriert eine umfassendere Implementierung eines Rekurrenten Neuronalen Netzes (RNN) mit Keras.

Betrachten wir die einzelnen Komponenten:

1. **Import der erforderlichen Bibliotheken:** Wir importieren TensorFlow, Keras-Layer, NumPy für die Datenmanipulation und Matplotlib für die Visualisierung.

2. **Definition der Hyperparameter:** Wir legen wichtige Parameter wie Sequenzlänge, Eingabemerkmale, versteckte Einheiten, Ausgabegröße, Batch-Größe und Anzahl der Epochen fest.

3. **Generierung synthetischer Daten:** Wir erstellen zufällige Eingabesequenzen (X) und binäre Labels (y), um eine Klassifikationsaufgabe zu simulieren.

4. **Definition des Modells:** Wir verwenden die Sequential API, um ein Modell mit einem SimpleRNN-Layer und einem nachfolgenden Dense-Layer für die binäre Klassifikation zu erstellen.

5. **Kompilierung des Modells:** Wir spezifizieren den Optimizer (Adam), die Verlustfunktion (binäre Kreuzentropie) und die Metriken (Genauigkeit) für das Training.

6. **Modellzusammenfassung:** Wir geben eine Übersicht der Modellarchitektur aus.

7. **Training des Modells:** Wir trainieren das Modell mit unseren synthetischen Daten und nutzen eine Validierungsaufteilung zur Leistungsüberwachung.

8. **Evaluierung des Modells:** Wir bewerten die Leistung des Modells auf dem gesamten Datensatz.

9. **Vorhersagen treffen:** Wir zeigen, wie das trainierte Modell für Vorhersagen auf neuen Daten verwendet wird.

10. **Visualisierung des Trainingsverlaufs:** Wir erstellen Diagramme von Trainings- und Validierungsverlust sowie -genauigkeit über die Epochen hinweg, um den Lernfortschritt des Modells zu analysieren.

Dieses Beispiel zeigt nicht nur die grundlegende RNN-Nutzung, sondern umfasst auch Datengenerierung, Modelltraining, Evaluierung, Vorhersage und Visualisierung von Trainingsmetriken. Es bietet ein praxisnäheres Szenario für die Verwendung von RNNs und demonstriert den gesamten Workflow von der Datenvorbereitung bis zur Modellanalyse.

Beispiel: LSTM in Keras

```
import tensorflow as tf
```

```python
from tensorflow.keras import Sequential
from tensorflow.keras.layers import LSTM, Dense
import numpy as np
import matplotlib.pyplot as plt

# Define hyperparameters
sequence_length = 10
input_features = 8
hidden_units = 16
output_size = 1
batch_size = 32
epochs = 50

# Generate synthetic data
X = np.random.randn(1000, sequence_length, input_features)
y = np.random.randint(0, 2, (1000, 1))  # Binary classification

# Define a sequential model
model = Sequential([
    LSTM(units=hidden_units,      input_shape=(sequence_length,      input_features),
return_sequences=False),
    Dense(units=output_size, activation='sigmoid')
])

# Compile the model
model.compile(optimizer='adam', loss='binary_crossentropy', metrics=['accuracy'])

# Print the model summary
model.summary()

# Train the model
history = model.fit(X, y, batch_size=batch_size, epochs=epochs, validation_split=0.2)

# Evaluate the model
test_loss, test_accuracy = model.evaluate(X, y)
print(f"Test accuracy: {test_accuracy:.4f}")

# Make predictions
sample_input = np.random.randn(1, sequence_length, input_features)
prediction = model.predict(sample_input)
print(f"Sample prediction: {prediction[0][0]:.4f}")

# Plot training history
plt.figure(figsize=(12, 4))
plt.subplot(1, 2, 1)
plt.plot(history.history['loss'], label='Training Loss')
plt.plot(history.history['val_loss'], label='Validation Loss')
plt.title('Model Loss')
plt.xlabel('Epoch')
plt.ylabel('Loss')
plt.legend()
```

```python
plt.subplot(1, 2, 2)
plt.plot(history.history['accuracy'], label='Training Accuracy')
plt.plot(history.history['val_accuracy'], label='Validation Accuracy')
plt.title('Model Accuracy')
plt.xlabel('Epoch')
plt.ylabel('Accuracy')
plt.legend()

plt.tight_layout()
plt.show()
```

Dieses LSTM-Beispiel in Keras demonstriert eine umfassende Implementierung.

Schauen wir uns die einzelnen Komponenten an:

1. **Import der erforderlichen Bibliotheken:** Wir importieren TensorFlow, Keras-Layer, NumPy für die Datenmanipulation und Matplotlib für die Visualisierung.

2. **Definition der Hyperparameter:** Wir legen wichtige Parameter wie Sequenzlänge, Eingabemerkmale, versteckte Einheiten, Ausgabegröße, Batch-Größe und Anzahl der Epochen fest.

3. **Generierung synthetischer Daten:** Wir erstellen zufällige Eingabesequenzen (X) und binäre Labels (y), um eine Klassifikationsaufgabe zu simulieren.

4. **Definition des Modells:** Wir verwenden die Sequential API, um ein Modell mit einem LSTM-Layer und einem nachfolgenden Dense-Layer für die binäre Klassifikation zu erstellen.

5. **Kompilierung des Modells:** Wir spezifizieren den Optimizer (Adam), die Verlustfunktion (binäre Kreuzentropie) und die Metriken (Genauigkeit) für das Training.

6. **Modellzusammenfassung:** Wir geben eine Übersicht der Modellarchitektur aus.

7. **Training des Modells:** Wir trainieren das Modell mit unseren synthetischen Daten und nutzen eine Validierungsaufteilung zur Leistungsüberwachung.

8. **Evaluierung des Modells:** Wir bewerten die Leistung des Modells auf dem gesamten Datensatz.

9. **Vorhersagen treffen:** Wir zeigen, wie das trainierte Modell für Vorhersagen auf neuen Daten verwendet wird.

10. **Visualisierung des Trainingsverlaufs:** Wir erstellen Diagramme von Trainings- und Validierungsverlust sowie -genauigkeit über die Epochen hinweg, um den Lernfortschritt des Modells zu analysieren.

Dieses Beispiel zeigt nicht nur die grundlegende LSTM-Nutzung, sondern umfasst auch Datengenerierung, Modelltraining, Evaluierung, Vorhersage und Visualisierung von

Trainingsmetriken. Es bietet ein praxisnäheres Szenario für die Verwendung von LSTMs und demonstriert den gesamten Workflow von der Datenvorbereitung bis zur Modellanalyse.

6.2.3 Implementierung von RNNs und LSTMs in PyTorch

PyTorch ist bekannt für seinen dynamischen Berechnungsgraphen und seine Flexibilität, was es zu einem Favoriten in Forschungsumgebungen macht. Dieses Framework ermöglicht intuitivere und pythonischere Implementierungen komplexer neuronaler Netzwerkarchitekturen. Bei der Arbeit mit RNNs und LSTMs in PyTorch haben Entwickler den Vorteil, den Forward-Pass manuell zu definieren und Daten durch explizite Schleifen zu verarbeiten. Diese Kontrollebene ermöglicht es Forschern und Praktikern, mit neuartigen Architekturen zu experimentieren und ihre Modelle mit größerer Leichtigkeit anzupassen.

Die dynamische Natur des PyTorch-Berechnungsgraphen bedeutet, dass sich die Struktur des neuronalen Netzwerks im laufenden Betrieb ändern kann und sich an verschiedene Eingaben oder Bedingungen anpasst. Dies ist besonders nützlich bei der Arbeit mit Sequenzen variabler Länge, einem häufigen Szenario bei Aufgaben der Verarbeitung natürlicher Sprache. Darüber hinaus berechnet PyTorchs Autograd-System automatisch Gradienten, was die Implementierung benutzerdefinierter Verlustfunktionen und Trainingsverfahren vereinfacht.

Speziell für RNNs und LSTMs bietet PyTorch sowohl High-Level-Module (wie nn.RNN und nn.LSTM) für schnelle Implementierungen als auch die Flexibilität, diese Architekturen von Grund auf mit Low-Level-Operationen aufzubauen. Dies ermöglicht es Forschern, tief in die Interna dieser Modelle einzutauchen, was potenziell zu Innovationen im Architekturdesign oder in Trainingsmethoden führen kann. Die explizite Natur der PyTorch-Implementierungen unterstützt auch das Debugging und das Verständnis des Datenflusses durch das Netzwerk, was bei der Arbeit mit komplexen sequentiellen Modellen entscheidend sein kann.

Beispiel: RNN in PyTorch

```python
import torch
import torch.nn as nn
import torch.optim as optim
import numpy as np
import matplotlib.pyplot as plt

# Define an RNN-based model
class RNNModel(nn.Module):
    def __init__(self, input_size, hidden_size, output_size, num_layers=1):
        super(RNNModel, self).__init__()
        self.hidden_size = hidden_size
        self.num_layers = num_layers
        self.rnn = nn.RNN(input_size, hidden_size, num_layers, batch_first=True)
        self.fc = nn.Linear(hidden_size, output_size)

    def forward(self, x):
        # Initialize hidden state with zeros
        h0 = torch.zeros(self.num_layers, x.size(0), self.hidden_size).to(x.device)
```

```python
        # RNN forward pass
        out, hn = self.rnn(x, h0)
        out = self.fc(out[:, -1, :])  # Get the last output for classification
        return out

# Set random seed for reproducibility
torch.manual_seed(42)

# Hyperparameters
input_size = 8
hidden_size = 16
output_size = 1
num_layers = 2
batch_size = 32
sequence_length = 10
num_epochs = 100
learning_rate = 0.001

# Generate synthetic data
X = torch.randn(500, sequence_length, input_size)
y = torch.randint(0, 2, (500, 1)).float()

# Split data into train and test sets
train_size = int(0.8 * len(X))
X_train, X_test = X[:train_size], X[train_size:]
y_train, y_test = y[:train_size], y[train_size:]

# Create data loaders
train_dataset = torch.utils.data.TensorDataset(X_train, y_train)
test_dataset = torch.utils.data.TensorDataset(X_test, y_test)
train_loader = torch.utils.data.DataLoader(train_dataset, batch_size=batch_size,
shuffle=True)
test_loader = torch.utils.data.DataLoader(test_dataset, batch_size=batch_size)

# Initialize model, loss function, and optimizer
model = RNNModel(input_size, hidden_size, output_size, num_layers)
criterion = nn.BCEWithLogitsLoss()
optimizer = optim.Adam(model.parameters(), lr=learning_rate)

# Training loop
train_losses = []
test_losses = []

for epoch in range(num_epochs):
    model.train()
    train_loss = 0.0
    for inputs, labels in train_loader:
        optimizer.zero_grad()
        outputs = model(inputs)
        loss = criterion(outputs, labels)
        loss.backward()
```

```python
        optimizer.step()
        train_loss += loss.item()

    train_loss /= len(train_loader)
    train_losses.append(train_loss)

    # Evaluate on test set
    model.eval()
    test_loss = 0.0
    correct = 0
    total = 0
    with torch.no_grad():
        for inputs, labels in test_loader:
            outputs = model(inputs)
            loss = criterion(outputs, labels)
            test_loss += loss.item()
            predicted = torch.round(torch.sigmoid(outputs))
            total += labels.size(0)
            correct += (predicted == labels).sum().item()

    test_loss /= len(test_loader)
    test_losses.append(test_loss)
    accuracy = 100 * correct / total

    if (epoch + 1) % 10 == 0:
        print(f'Epoch [{epoch+1}/{num_epochs}], Train Loss: {train_loss:.4f}, Test
Loss: {test_loss:.4f}, Test Accuracy: {accuracy:.2f}%')

# Plot training and test losses
plt.figure(figsize=(10, 5))
plt.plot(train_losses, label='Train Loss')
plt.plot(test_losses, label='Test Loss')
plt.xlabel('Epoch')
plt.ylabel('Loss')
plt.title('Training and Test Losses')
plt.legend()
plt.show()

# Make predictions on new data
new_data = torch.randn(1, sequence_length, input_size)
model.eval()
with torch.no_grad():
    prediction = torch.sigmoid(model(new_data))
    print(f'Prediction for new data: {prediction.item():.4f}')
```

Dieses Codebeispiel bietet eine umfassende Implementierung eines RNN-basierten Modells in PyTorch.

Lassen Sie uns dies im Detail betrachten:

1. **Importe:** Wir importieren die erforderlichen Bibliotheken einschließlich PyTorch, NumPy für numerische Operationen und Matplotlib für die Visualisierung.

2. **RNNModel-Klasse:** Wir definieren eine RNN-basierte Modellklasse mit anpassbarer Eingabegröße, versteckter Größe, Ausgabegröße und Anzahl der Schichten.

3. **Hyperparameter:** Wir legen verschiedene Hyperparameter fest wie Eingabegröße, versteckte Größe, Ausgabegröße, Anzahl der Schichten, Batch-Größe, Sequenzlänge, Anzahl der Epochen und Lernrate.

4. **Datengenerierung:** Wir erstellen synthetische Daten für das Training und Testen des Modells.

5. **Datenaufteilung und -ladung:** Wir teilen die Daten in Trainings- und Testsets auf und erstellen PyTorch DataLoader-Objekte für effizientes Batching.

6. **Modellinitialisierung:** Wir initialisieren das RNN-Modell, die Verlustfunktion (Binäre Kreuzentropie) und den Optimizer (Adam).

7. **Trainingsschleife:** Wir implementieren eine Trainingsschleife, die über Epochen iteriert, Vorwärts- und Rückwärtsdurchläufe durchführt und Modellparameter aktualisiert.

8. **Evaluierung:** Nach jeder Epoche evaluieren wir das Modell am Testset und berechnen Verlust und Genauigkeit.

9. **Visualisierung:** Wir visualisieren die Trainings- und Testverluste über die Epochen hinweg mit Matplotlib.

10. **Vorhersage:** Schließlich zeigen wir, wie das trainierte Modell für Vorhersagen auf neuen Daten verwendet wird.

Dieses Codebeispiel zeigt den gesamten Workflow der Erstellung, des Trainings und der Verwendung eines RNN-Modells in PyTorch, einschließlich Datenvorbereitung, Modelldefinition, Trainingsprozess, Evaluierung und Vorhersageerstellung.

Beispiel: LSTM in PyTorch

```python
import torch
import torch.nn as nn
import torch.optim as optim
import numpy as np
import matplotlib.pyplot as plt

# Define an LSTM-based model
class LSTMModel(nn.Module):
    def __init__(self, input_size, hidden_size, output_size, num_layers=1):
        super(LSTMModel, self).__init__()
        self.hidden_size = hidden_size
        self.num_layers = num_layers
```

```python
        self.lstm = nn.LSTM(input_size, hidden_size, num_layers, batch_first=True)
        self.fc = nn.Linear(hidden_size, output_size)

    def forward(self, x):
        # Initialize hidden state with zeros
        h0 = torch.zeros(self.num_layers, x.size(0), self.hidden_size).to(x.device)
        c0 = torch.zeros(self.num_layers, x.size(0), self.hidden_size).to(x.device)

        # LSTM forward pass
        out, _ = self.lstm(x, (h0, c0))
        out = self.fc(out[:, -1, :])  # Get the last output for classification
        return out

# Set random seed for reproducibility
torch.manual_seed(42)

# Hyperparameters
input_size = 8
hidden_size = 16
output_size = 1
num_layers = 2
batch_size = 32
sequence_length = 10
num_epochs = 100
learning_rate = 0.001

# Generate synthetic data
X = torch.randn(500, sequence_length, input_size)
y = torch.randint(0, 2, (500, 1)).float()

# Split data into train and test sets
train_size = int(0.8 * len(X))
X_train, X_test = X[:train_size], X[train_size:]
y_train, y_test = y[:train_size], y[train_size:]

# Create data loaders
train_dataset = torch.utils.data.TensorDataset(X_train, y_train)
test_dataset = torch.utils.data.TensorDataset(X_test, y_test)
train_loader = torch.utils.data.DataLoader(train_dataset, batch_size=batch_size, shuffle=True)
test_loader = torch.utils.data.DataLoader(test_dataset, batch_size=batch_size)

# Initialize model, loss function, and optimizer
model = LSTMModel(input_size, hidden_size, output_size, num_layers)
criterion = nn.BCEWithLogitsLoss()
optimizer = optim.Adam(model.parameters(), lr=learning_rate)

# Training loop
train_losses = []
test_losses = []

for epoch in range(num_epochs):
```

```python
    model.train()
    train_loss = 0.0
    for inputs, labels in train_loader:
        optimizer.zero_grad()
        outputs = model(inputs)
        loss = criterion(outputs, labels)
        loss.backward()
        optimizer.step()
        train_loss += loss.item()

    train_loss /= len(train_loader)
    train_losses.append(train_loss)

    # Evaluate on test set
    model.eval()
    test_loss = 0.0
    correct = 0
    total = 0
    with torch.no_grad():
        for inputs, labels in test_loader:
            outputs = model(inputs)
            loss = criterion(outputs, labels)
            test_loss += loss.item()
            predicted = torch.round(torch.sigmoid(outputs))
            total += labels.size(0)
            correct += (predicted == labels).sum().item()

    test_loss /= len(test_loader)
    test_losses.append(test_loss)
    accuracy = 100 * correct / total

    if (epoch + 1) % 10 == 0:
        print(f'Epoch [{epoch+1}/{num_epochs}], Train Loss: {train_loss:.4f}, Test
Loss: {test_loss:.4f}, Test Accuracy: {accuracy:.2f}%')

# Plot training and test losses
plt.figure(figsize=(10, 5))
plt.plot(train_losses, label='Train Loss')
plt.plot(test_losses, label='Test Loss')
plt.xlabel('Epoch')
plt.ylabel('Loss')
plt.title('Training and Test Losses')
plt.legend()
plt.show()

# Make predictions on new data
new_data = torch.randn(1, sequence_length, input_size)
model.eval()
with torch.no_grad():
    prediction = torch.sigmoid(model(new_data))
    print(f'Prediction for new data: {prediction.item():.4f}')
```

Dieses LSTM-Beispiel in PyTorch demonstriert eine umfassende Implementierung des Trainings, der Evaluierung und der Verwendung eines LSTM-Modells für eine binäre Klassifikationsaufgabe.

Schauen wir uns die einzelnen Komponenten an:

1. **Importe:** Wir importieren die notwendigen Bibliotheken einschließlich PyTorch, NumPy für numerische Operationen und Matplotlib für die Visualisierung.

2. **LSTMModel-Klasse:** Wir definieren eine LSTM-basierte Modellklasse mit anpassbarer Eingabegröße, versteckter Größe, Ausgabegröße und Anzahl der Schichten. Die Forward-Methode initialisiert verborgene und Zellzustände, führt den LSTM-Vorwärtsdurchlauf durch und wendet eine abschließende lineare Schicht für die Klassifikation an.

3. **Hyperparameter:** Wir legen verschiedene Hyperparameter fest wie Eingabegröße, versteckte Größe, Ausgabegröße, Anzahl der Schichten, Batch-Größe, Sequenzlänge, Anzahl der Epochen und Lernrate.

4. **Datengenerierung:** Wir erstellen synthetische Daten (X und y) für das Training und Testen des Modells. X repräsentiert Eingangssequenzen und y binäre Labels.

5. **Datenaufteilung und -ladung:** Wir teilen die Daten in Trainings- und Testsets auf und erstellen PyTorch DataLoader-Objekte für effizientes Batching während des Trainings und der Evaluierung.

6. **Modellinitialisierung:** Wir initialisieren das LSTM-Modell, die Verlustfunktion (Binäre Kreuzentropie mit Logits) und den Optimizer (Adam).

7. **Trainingsschleife:** Wir implementieren eine Trainingsschleife, die über Epochen iteriert, Vorwärts- und Rückwärtsdurchläufe durchführt und Modellparameter aktualisiert. Dabei verfolgen wir den Trainingsverlust.

8. **Evaluierung:** Nach jeder Epoche evaluieren wir das Modell am Testset und berechnen Verlust und Genauigkeit. Wir verfolgen auch den Testverlust für die spätere Visualisierung.

9. **Visualisierung:** Wir visualisieren die Trainings- und Testverluste über die Epochen hinweg mit Matplotlib, wodurch wir den Lernfortschritt des Modells veranschaulichen können.

10. **Vorhersage:** Schließlich zeigen wir, wie das trainierte Modell für Vorhersagen auf neuen Daten verwendet wird.

Dieses Codebeispiel zeigt den gesamten Workflow der Erstellung, des Trainings, der Evaluierung und der Verwendung eines LSTM-Modells in PyTorch. Es umfasst Datenvorbereitung, Modelldefinition, Trainingsprozess, Leistungsbewertung, Verlustvisualisierung und das Erstellen von Vorhersagen mit dem trainierten Modell.

6.3 Anwendungen von RNNs in der Verarbeitung natürlicher Sprache

Rekurrente Neuronale Netze (RNNs) haben das Gebiet der Verarbeitung natürlicher Sprache (NLP) revolutioniert, indem sie die besonderen Herausforderungen sequentieller Daten adressieren. NLP-Aufgaben wie Sprachübersetzung, Spracherkennung und Textzusammenfassung erfordern die Verarbeitung von Wort- oder Zeichensequenzen, bei denen die Reihenfolge und der Kontext jedes Elements entscheidend für das Verständnis der Bedeutung sind. RNNs zeichnen sich bei diesen Aufgaben durch ihre Fähigkeit aus, Informationen von einem Zeitschritt zum nächsten weiterzugeben, was sie besonders gut für die Verarbeitung sequentieller Daten geeignet macht.

Die Stärke der RNNs im NLP-Bereich liegt in ihrer **Fähigkeit, einen verborgenen Zustand aufrechtzuerhalten**, der als dynamischer Speicher fungiert. Dieser verborgene Zustand bewahrt den Kontext aus früheren Teilen einer Sequenz und ermöglicht es dem Netzwerk, aussagekräftige Vorhersagen nicht nur auf Basis der aktuellen Eingabe, sondern auch auf Basis vorheriger Wörter oder Zeichen zu generieren. Diese Fähigkeit ist entscheidend für Aufgaben, die das Verständnis von langfristigen Abhängigkeiten und Kontext in der Sprache erfordern.

Darüber hinaus können RNNs Sequenzen variabler Länge verarbeiten, was sie flexibel für verschiedene NLP-Aufgaben macht. Sie können Eingaben unterschiedlicher Größe verarbeiten, von kurzen Phrasen bis hin zu langen Absätzen oder ganzen Dokumenten, ohne feste Eingabegrößen wie bei traditionellen Feed-Forward-Neuronalen Netzen zu benötigen.

Betrachten wir drei wichtige Anwendungen von RNNs im NLP-Bereich, die jeweils die Fähigkeit des Netzwerks zur Verarbeitung und Generierung sequentieller Daten demonstrieren:

1. **Sprachmodellierung**: Diese grundlegende NLP-Aufgabe beinhaltet die Vorhersage des nächsten Wortes in einer Sequenz basierend auf den vorherigen Wörtern. RNNs zeichnen sich hierbei durch ihre Fähigkeit aus, ihr Gedächtnis vorheriger Wörter zu nutzen, um fundierte Vorhersagen über das nächste Wort zu treffen. Diese Fähigkeit ist entscheidend für Anwendungen wie Autovervollständigungssysteme, Rechtschreibprüfung und maschinelle Übersetzung.

2. **Textgenerierung**: RNNs können aus einem trainierten Modell kohärente Textsequenzen generieren. Durch das Erlernen von Mustern und Strukturen aus großen Textkorpora können RNNs menschenähnliche Texte produzieren, von kreativen Schriften bis hin zu automatisierten Berichtserstellungen. Diese Anwendung findet Verwendung in Chatbots, Content-Creation-Tools und sogar bei der Generierung von Code-Snippets für Programmieraufgaben.

3. **Stimmungsanalyse**: RNNs können die Stimmung (positiv, negativ oder neutral) eines gegebenen Textes klassifizieren. Durch die Verarbeitung der Wortsequenz und das Verständnis ihrer Kontexte und Beziehungen können RNNs die Gesamtstimmung von

Sätzen, Absätzen oder ganzen Dokumenten präzise bestimmen. Diese Anwendung wird häufig im Social-Media-Monitoring, der Kundenresonanzanalyse und der Marktforschung eingesetzt.

Diese Anwendungen demonstrieren die Vielseitigkeit von RNNs bei der Bewältigung verschiedener NLP-Aufgaben. Ihre Fähigkeit, sequentielle Daten zu verarbeiten, Kontext zu bewahren und aussagekräftige Ausgaben zu generieren, macht sie zu einem Eckpfeiler moderner NLP-Systeme und ermöglicht natürlichere und effektivere Mensch-Computer-Interaktionen durch Sprache.

6.3.1 Sprachmodellierung mit RNNs

Sprachmodellierung ist eine zentrale Aufgabe in der Verarbeitung natürlicher Sprache (NLP) und bildet die Grundlage für zahlreiche Anwendungen. Im Kern zielt die Sprachmodellierung darauf ab, die Wahrscheinlichkeitsverteilung des nächsten Wortes in einer Sequenz basierend auf den vorhergehenden Wörtern vorherzusagen. Diese Aufgabe ist entscheidend für das Verständnis und die Generierung menschenähnlicher Texte und damit essentiell für Anwendungen von prädiktiven Textsystemen bis hin zur maschinellen Übersetzung.

Rekurrente Neuronale Netze (RNNs) haben sich als leistungsfähiges Werkzeug für die Sprachmodellierung erwiesen, da sie sequentielle Daten effektiv verarbeiten können. Im Gegensatz zu traditionellen Feed-Forward-Neuronalen Netzen können RNNs einen internen Zustand oder "Gedächtnis" aufrechterhalten, der es ihnen ermöglicht, Abhängigkeiten zwischen Wörtern über verschiedene Distanzen in einem Satz zu erfassen. Diese Fähigkeit ermöglicht es RNNs, sowohl kurz- als auch langfristige kontextuelle Beziehungen innerhalb von Text zu modellieren.

Die Stärke der RNNs in der Sprachmodellierung liegt in ihrer rekursiven Natur. Während sie jedes Wort in einer Sequenz verarbeiten, aktualisieren sie ihren internen Zustand basierend auf sowohl der aktuellen Eingabe als auch dem vorherigen Zustand. Diese rekursive Aktualisierung ermöglicht es RNNs, eine reichhaltige Repräsentation des Kontexts aufzubauen, die Informationen aus allen zuvor gesehenen Wörtern einbezieht. Folglich können RNNs subtile sprachliche Nuancen erfassen, wie zum Beispiel Subjekt-Verb-Kongruenz über lange Distanzen oder thematische Konsistenz durch einen ganzen Absatz hindurch.

Darüber hinaus macht die Fähigkeit von RNNs, Eingabesequenzen variabler Länge zu verarbeiten, sie besonders gut für Sprachmodellierungsaufgaben geeignet. Sie können Sätze unterschiedlicher Länge verarbeiten, ohne feste Eingabegrößen zu benötigen, was angesichts der inhärenten Variabilität natürlicher Sprache entscheidend ist. Diese Flexibilität ermöglicht es, RNNs auf ein breites Spektrum von Sprachmodellierungsaufgaben anzuwenden, von der Vorhersage des nächsten Zeichens in einem Wort bis hin zur Generierung ganzer kohärenter Absätze.

Beispiel: Sprachmodellierung mit einem RNN in PyTorch

```
import torch
```

```python
import torch.nn as nn
import torch.optim as optim
from torch.utils.data import Dataset, DataLoader
import numpy as np
import matplotlib.pyplot as plt

# Define the RNN-based language model
class RNNLanguageModel(nn.Module):
    def __init__(self, vocab_size, embed_size, hidden_size, num_layers, dropout=0.5):
        super(RNNLanguageModel, self).__init__()
        self.embedding = nn.Embedding(vocab_size, embed_size)
        self.rnn = nn.RNN(embed_size, hidden_size, num_layers, batch_first=True,
dropout=dropout)
        self.fc = nn.Linear(hidden_size, vocab_size)
        self.dropout = nn.Dropout(dropout)

    def forward(self, x, hidden):
        # Embedding layer
        x = self.embedding(x)
        # Apply dropout to the embedded input
        x = self.dropout(x)
        # RNN layer
        out, hidden = self.rnn(x, hidden)
        # Apply dropout to the RNN output
        out = self.dropout(out)
        # Fully connected layer to get predictions for next word
        out = self.fc(out)
        return out, hidden

    def init_hidden(self, batch_size):
        weight = next(self.parameters()).data
        return               weight.new(self.rnn.num_layers,            batch_size,
self.rnn.hidden_size).zero_()

# Custom dataset for language modeling
class LanguageModelDataset(Dataset):
    def __init__(self, text, seq_length):
        self.text = text
        self.seq_length = seq_length
        self.total_seq = len(self.text) // self.seq_length

    def __len__(self):
        return self.total_seq

    def __getitem__(self, idx):
        start_idx = idx * self.seq_length
        end_idx = start_idx + self.seq_length
        sequence = self.text[start_idx:end_idx]
        target = self.text[start_idx+1:end_idx+1]
        return torch.LongTensor(sequence), torch.LongTensor(target)

# Function to generate text
```

```python
def       generate_text(model,       start_seq,       vocab_size,       temperature=1.0,
generated_seq_len=50):
    model.eval()
    current_seq = start_seq
    generated_text = list(current_seq)
    hidden = model.init_hidden(1)

    with torch.no_grad():
        for _ in range(generated_seq_len):
            input_seq = torch.LongTensor(current_seq).unsqueeze(0)
            output, hidden = model(input_seq, hidden)

            # Apply temperature
            output = output[:, -1, :] / temperature
            # Convert to probabilities
            probs = torch.softmax(output, dim=-1)
            # Sample from the distribution
            next_word = torch.multinomial(probs, 1).item()

            generated_text.append(next_word)
            current_seq = current_seq[1:] + [next_word]

    return generated_text

# Hyperparameters
vocab_size = 5000
embed_size = 128
hidden_size = 256
num_layers = 2
dropout = 0.5
batch_size = 32
seq_length = 20
num_epochs = 10
learning_rate = 0.001

# Generate synthetic data
text_length = 100000
synthetic_text = np.random.randint(0, vocab_size, text_length)

# Create dataset and dataloader
dataset = LanguageModelDataset(synthetic_text, seq_length)
dataloader = DataLoader(dataset, batch_size=batch_size, shuffle=True)

# Initialize the language model
model = RNNLanguageModel(vocab_size, embed_size, hidden_size, num_layers, dropout)

# Loss function and optimizer
criterion = nn.CrossEntropyLoss()
optimizer = optim.Adam(model.parameters(), lr=learning_rate)

# Training loop
losses = []
```

```
for epoch in range(num_epochs):
    model.train()
    total_loss = 0
    hidden = model.init_hidden(batch_size)

    for batch, (inputs, targets) in enumerate(dataloader):
        hidden = tuple([h.data for h in hidden])
        model.zero_grad()
        output, hidden = model(inputs, hidden)
        loss = criterion(output.transpose(1, 2), targets)
        loss.backward()
        optimizer.step()

        total_loss += loss.item()

        if batch % 100 == 0:
            print(f'Epoch                [{epoch+1}/{num_epochs}],             Batch
[{batch+1}/{len(dataloader)}], Loss: {loss.item():.4f}')

    avg_loss = total_loss / len(dataloader)
    losses.append(avg_loss)
    print(f'Epoch [{epoch+1}/{num_epochs}], Average Loss: {avg_loss:.4f}')

# Plot the training loss
plt.figure(figsize=(10, 5))
plt.plot(range(1, num_epochs+1), losses)
plt.xlabel('Epoch')
plt.ylabel('Average Loss')
plt.title('Training Loss over Epochs')
plt.show()

# Generate some text
start_sequence = list(np.random.randint(0, vocab_size, seq_length))
generated_sequence = generate_text(model, start_sequence, vocab_size)
print("Generated sequence:", generated_sequence)

# Example input for a forward pass
input_seq = torch.randint(0, vocab_size, (batch_size, seq_length))
hidden = model.init_hidden(batch_size)
output, hidden = model(input_seq, hidden)
print("Output shape:", output.shape)
print("Hidden state shape:", hidden.shape)
```

Dieses Code-Beispiel bietet eine umfassende Implementierung eines RNN-basierten Sprachmodells mit PyTorch.

Lassen Sie uns die wichtigsten Komponenten und Ergänzungen aufschlüsseln:

1. **RNNLanguageModel-Klasse:**
   o   Hinzufügung von Dropout-Schichten zur Regularisierung.

- o Implementierung einer init_hidden-Methode zur Initialisierung des verborgenen Zustands.

2. **LanguageModelDataset-Klasse:**

   - o Benutzerdefinierte Dataset-Klasse für Sprachmodellierungsaufgaben.

   - o Teilt den Eingabetext in Sequenzen und entsprechende Ziele auf.

3. **generate_text-Funktion:**

   - o Implementiert Textgenerierung mithilfe des trainierten Modells.

   - o Verwendet Temperatur-Skalierung zur Steuerung der Zufälligkeit des generierten Texts.

4. **Hyperparameter:**

   - o Definition eines umfassenderen Satzes von Hyperparametern.

5. **Datengenerierung:**

   - o Erstellung synthetischer Daten für das Training des Modells.

6. **Trainingsschleife:**

   - o Implementierung einer vollständigen Trainingsschleife mit Batch-Verarbeitung.

   - o Verfolgt und gibt den Verlust für jede Epoche aus.

7. **Verlustvisualisierung:**

   - o Hinzufügung von Matplotlib-Code zur Visualisierung des Trainingsverlusts über die Epochen.

8. **Textgenerierung:**

   - o Demonstriert die Verwendung des trainierten Modells zur Generierung neuen Texts.

9. **Beispielanwendung:**

   - o Zeigt, wie ein Forward-Pass mit dem trainierten Modell durchgeführt wird.

Dieses Beispiel deckt den gesamten Prozess der Definition, des Trainings und der Verwendung eines RNN-basierten Sprachmodells ab. Es umfasst Datenvorbereitung, Modelldefinition, Trainingsprozess, Verlustvisualisierung und Textgenerierung und bietet damit einen vollständigen Arbeitsablauf für Sprachmodellierungsaufgaben.

6.3.2 Textgenerierung mit RNNs

Eine weitere beliebte Anwendung von RNNs ist die **Textgenerierung**, bei der das Modell darauf trainiert wird, das nächste Zeichen oder Wort in einer Sequenz vorherzusagen, und diese Vorhersagen werden verwendet, um kohärenten Text zu generieren. Dieser Prozess beinhaltet das Training des RNN an großen Textkorpora, wodurch es Muster, Stile und Strukturen erlernt, die der Sprache innewohnen.

Der Textgenerierungsprozess funktioniert typischerweise wie folgt:

- Dem RNN wird ein Ausgangstext oder eine Startsequenz gegeben.

- Es sagt dann das wahrscheinlichste nächste Zeichen oder Wort basierend auf seinem Training voraus.

- Dieses vorhergesagte Element wird zur Sequenz hinzugefügt, und der Prozess wiederholt sich.

RNN-basierte Textgenerierungsmodelle haben bemerkenswerte Fähigkeiten bei der Erzeugung menschenähnlicher Texte in verschiedenen Bereichen gezeigt. Sie können alles von kreativen Texten und Poesie bis hin zu technischer Dokumentation und Nachrichtenartikeln generieren. Die Qualität des generierten Texts hängt oft von Faktoren wie der Größe und Qualität der Trainingsdaten, der Komplexität des Modells und der spezifischen Generierungsstrategie ab (z.B. Temperature-Sampling zur Kontrolle der Zufälligkeit).

Einer der wichtigsten Vorteile der Verwendung von RNNs für die Textgenerierung ist ihre Fähigkeit, Kontext über lange Sequenzen hinweg aufrechtzuerhalten. Dies ermöglicht es ihnen, kohärente Absätze oder sogar ganze Dokumente zu erstellen, die durchgängig ein konsistentes Thema oder einen konsistenten Stil beibehalten. Allerdings können traditionelle RNNs Schwierigkeiten mit sehr langreichweitigen Abhängigkeiten haben, weshalb Varianten wie LSTMs (Long Short-Term Memory) oder GRUs (Gated Recurrent Units) für komplexere Textgenerierungsaufgaben oft bevorzugt werden.

Es ist erwähnenswert, dass RNN-basierte Textgenerierungsmodelle zwar beeindruckende Ergebnisse liefern können, aber auch wichtige ethische Überlegungen aufwerfen. Dazu gehören Bedenken hinsichtlich des Potenzials zur Generierung irreführender oder falscher Informationen, die Notwendigkeit einer ordnungsgemäßen Zuschreibung von KI-generiertem Content und die Auswirkungen auf menschliche Kreativität und Urheberschaft.

Beispiel: Zeichenbasierte Textgenerierung mit LSTM in TensorFlow

```python
import tensorflow as tf
import numpy as np

# Define a simple LSTM-based character-level text generation model
class LSTMTextGenerator(tf.keras.Model):
    def __init__(self, vocab_size, embed_size, lstm_units):
        super(LSTMTextGenerator, self).__init__()
```

```python
        self.embedding = tf.keras.layers.Embedding(vocab_size, embed_size)
        self.lstm    =    tf.keras.layers.LSTM(lstm_units,    return_sequences=True,
return_state=True)
        self.fc = tf.keras.layers.Dense(vocab_size)

    def call(self, inputs, states):
        x = self.embedding(inputs)
        output, state_h, state_c = self.lstm(x, initial_state=states)
        logits = self.fc(output)
        return logits, [state_h, state_c]

    def generate_text(self, start_string, num_generate, temperature=1.0):
        # Vectorize the start string
        input_eval = [char2idx[s] for s in start_string]
        input_eval = tf.expand_dims(input_eval, 0)

        # Empty string to store our results
        text_generated = []

        # Reset the states for each generation
        states = None

        for _ in range(num_generate):
            # Generate logits and updated states
            logits, states = self(input_eval, states)

            # Remove the batch dimension
            logits = tf.squeeze(logits, 0)

            # Using a categorical distribution to predict the character returned by
the model
            logits = logits / temperature
            predicted_id = tf.random.categorical(logits, num_samples=1)[-1,0].numpy()

            # Append the predicted character to the generated text
            text_generated.append(idx2char[predicted_id])

            # Update the input for the next prediction
            input_eval = tf.expand_dims([predicted_id], 0)

        return (start_string + ''.join(text_generated))

# Example usage
vocab_size = 100  # Assuming a character-level vocabulary of size 100
embed_size = 64
lstm_units = 128

# Instantiate the model
model = LSTMTextGenerator(vocab_size, embed_size, lstm_units)

# Example input (batch_size=32, sequence_length=50)
input_seq = tf.random.uniform((32, 50), minval=0, maxval=vocab_size, dtype=tf.int32)
```

```python
# Initial states for LSTM (hidden state and cell state)
initial_state = [tf.zeros((32, lstm_units)), tf.zeros((32, lstm_units))]

# Forward pass
output, states = model(input_seq, initial_state)
print("Output shape:", output.shape)

# Example text generation
# Assuming we have a character-to-index and index-to-character mapping
char2idx = {char: i for i, char in enumerate('abcdefghijklmnopqrstuvwxyz ')}
idx2char = {i: char for char, i in char2idx.items()}

# Generate text
generated_text = model.generate_text("hello", num_generate=50, temperature=0.7)
print("Generated text:", generated_text)

# Training loop (simplified)
def train_step(input_seq, target_seq):
    with tf.GradientTape() as tape:
        logits, _ = model(input_seq, None)
        loss = tf.keras.losses.sparse_categorical_crossentropy(target_seq, logits,
from_logits=True)

    gradients = tape.gradient(loss, model.trainable_variables)
    optimizer.apply_gradients(zip(gradients, model.trainable_variables))
    return loss

# Assuming we have a dataset
epochs = 10
optimizer = tf.keras.optimizers.Adam()

for epoch in range(epochs):
    total_loss = 0
    for input_seq, target_seq in dataset:  # dataset would be your actual training
data
        loss = train_step(input_seq, target_seq)
        total_loss += loss

    print(f'Epoch {epoch+1}, Loss: {total_loss/len(dataset):.4f}')

# After training, generate some text
final_generated_text = model.generate_text("hello  world", num_generate=100,
temperature=0.7)
print("Final generated text:", final_generated_text)
```

Dieses Beispiel bietet eine umfassende Implementierung eines LSTM-basierten Textgenerators mit TensorFlow.

Schauen wir uns die einzelnen Komponenten an:

Modelldefinition (LSTMTextGenerator-Klasse):

- Das Modell besteht aus einer Embedding-Schicht, einer LSTM-Schicht und einer Dense-Schicht (vollständig verbunden).

- Die call-Methode definiert den Vorwärtspass des Modells.

- Eine generate_text-Methode wird für die Textgenerierung mit dem trainierten Modell hinzugefügt.

Textgenerierung (generate_text-Methode):

- Diese Methode verwendet einen Starttext, die Anzahl der zu generierenden Zeichen und einen Temperaturparameter.

- Sie nutzt das Modell, um wiederholt das nächste Zeichen vorherzusagen und baut so den generierten Text auf.

- Der Temperaturparameter steuert die Zufälligkeit des generierten Textes.

Modellinstanziierung und Vorwärtspass:

- Das Modell wird mit festgelegter Vokabulargröße, Embedding-Größe und LSTM-Einheiten erstellt.

- Ein beispielhafter Vorwärtspass wird mit zufälligen Eingaben durchgeführt, um die Ausgabeform zu demonstrieren.

Beispiel zur Textgenerierung:

- Eine einfache Zeichen-zu-Index- und Index-zu-Zeichen-Zuordnung wird erstellt.

- Die generate_text-Methode wird aufgerufen, um Beispieltext zu generieren.

Trainingsschleife:

- Eine train_step-Funktion wird definiert, um einen Trainingsschritt durchzuführen.

- Sie verwendet Gradient Tape für automatische Differenzierung und wendet Gradienten zur Modellaktualisierung an.

- Eine vereinfachte Trainingsschleife ist enthalten, die von der Existenz eines Datensatzes ausgeht.

Abschließende Textgenerierung:

- Nach dem Training generiert das Modell einen längeren Text, um seine Fähigkeiten zu demonstrieren.

Dieses Codebeispiel zeigt nicht nur die Modellarchitektur, sondern auch, wie man das Modell trainiert und zur Textgenerierung einsetzt. Es bietet einen umfassenden Einblick in die Arbeit mit LSTM-basierten Textgeneratoren in TensorFlow.

6.3.3 Sentiment-Analyse mit RNNs

Sentiment-Analyse ist eine entscheidende Aufgabe in der Verarbeitung natürlicher Sprache, bei der es darum geht, den emotionalen Ton oder die Einstellung in einem Text zu bestimmen. Dies kann von der Klassifizierung von Text als positiv, negativ oder neutral bis hin zu differenzierteren Bewertungen von Emotionen wie Freude, Wut oder Traurigkeit reichen. RNNs haben sich als besonders effektiv für die Sentiment-Analyse erwiesen, da sie sequenzielle Daten verarbeiten und kontextuelle Informationen erfassen können.

Die Stärke der RNNs in der Sentiment-Analyse liegt in ihrer Fähigkeit, die Nuancen der Sprache zu verstehen. Sie können erfassen, wie Wörter innerhalb eines Satzes interagieren, wie die Reihenfolge der Wörter die Bedeutung beeinflusst und wie frühere Textteile die Interpretation späterer Teile beeinflussen. Dieses kontextuelle Verständnis ist entscheidend, da Stimmungen oft von mehr abhängen als nur vom Vorhandensein positiver oder negativer Wörter.

Betrachten wir zum Beispiel den Satz "Der Film war gar nicht schlecht". Ein einfacher Bag-of-Words-Ansatz könnte dies aufgrund des Wortes "schlecht" als negativ einstufen. Ein RNN kann jedoch verstehen, dass die Kombination von "gar nicht" die Bedeutung tatsächlich umkehrt und zu einer positiven Aussage führt. Diese Fähigkeit, solch subtile sprachliche Nuancen zu erfassen, macht RNNs zu einem leistungsfähigen Werkzeug für präzise Sentiment-Analyse in verschiedenen Bereichen, von Produktbewertungen und Social-Media-Beiträgen bis hin zu Finanznachrichten und Kundenfeedback.

Beispiel: Sentiment-Analyse mit GRU in Keras

```python
import numpy as np
from tensorflow.keras.models import Sequential
from tensorflow.keras.layers import GRU, Dense, Embedding
from tensorflow.keras.preprocessing.sequence import pad_sequences
from tensorflow.keras.preprocessing.text import Tokenizer
from tensorflow.keras.callbacks import EarlyStopping
from sklearn.model_selection import train_test_split
from sklearn.metrics import mean_absolute_error

# Example dataset: list of sentences with sentiment labels
sentences = [
    "I love this movie!",
    "This movie was terrible...",
    "I really enjoyed the performance.",
    "The acting was mediocre at best.",
    "A masterpiece of modern cinema!",
    "I wouldn't recommend this film to anyone.",
    "An average movie, nothing special.",
    "The plot was confusing and hard to follow.",
    "A delightful experience from start to finish!",
    "The special effects were impressive, but the story was lacking."
]
labels = [1, 0, 1, 0, 1, 0, 0.5, 0, 1, 0.5]  # 1: positive, 0: negative, 0.5: neutral
```

```python
# Tokenize and pad the sequences
max_words = 10000
max_len = 20

tokenizer = Tokenizer(num_words=max_words)
tokenizer.fit_on_texts(sentences)
sequences = tokenizer.texts_to_sequences(sentences)
padded_sequences = pad_sequences(sequences, maxlen=max_len)

# Convert labels to NumPy array
labels = np.array(labels, dtype=np.float32)

# Split the data into training and testing sets
X_train, X_test, y_train, y_test = train_test_split(padded_sequences, labels,
test_size=0.2, random_state=42)

# Define a GRU-based sentiment analysis model
model = Sequential([
    Embedding(input_dim=max_words, output_dim=64, input_length=max_len),
    GRU(units=64, return_sequences=True),
    GRU(units=32),
    Dense(16, activation='relu'),
    Dense(1, activation='sigmoid')  # Output is a continuous value between 0 and 1
])

# Compile the model with MSE loss
model.compile(optimizer='adam', loss='mean_squared_error', metrics=['mae'])

# Define early stopping
early_stopping           =           EarlyStopping(monitor='val_loss',           patience=3,
restore_best_weights=True)

# Train the model
history = model.fit(
    X_train, y_train,
    epochs=50,
    batch_size=2,
    validation_split=0.2,
    callbacks=[early_stopping],
    verbose=1
)

# Evaluate the model
loss, mae = model.evaluate(X_test, y_test, verbose=0)
print(f"Test MAE: {mae:.4f}")

# Make predictions
y_pred = model.predict(X_test).flatten()

# Compute mean absolute error for evaluation
mae_score = mean_absolute_error(y_test, y_pred)
print(f"Mean Absolute Error: {mae_score:.4f}")
```

```
# Function to predict sentiment for new sentences
def predict_sentiment(sentences):
    sequences = tokenizer.texts_to_sequences(sentences)
    padded = pad_sequences(sequences, maxlen=max_len)
    predictions = model.predict(padded).flatten()
    return predictions

# Example usage
new_sentences = [
    "This movie exceeded all my expectations!",
    "I fell asleep halfway through the film.",
    "It was okay, but nothing to write home about."
]
sentiments = predict_sentiment(new_sentences)
for sentence, sentiment in zip(new_sentences, sentiments):
    print(f"Sentence: {sentence}")
    print(f"Sentiment Score: {sentiment:.4f}")
    print()
```

Dieses Codebeispiel bietet eine umfassende Implementierung der Stimmungsanalyse unter Verwendung eines GRU-basierten Modells in Keras.

1. Datenvorbereitung

Der Datensatz enthält nun Sätze mit nuancierteren Stimmungskennzeichnungen:

- **1.0** für positive Stimmung

- **0.0** für negative Stimmung

- **0.5** für neutrale Stimmung

Die Kennzeichnungen werden als kontinuierliche Werte statt als kategorische behandelt, wodurch das Modell Stimmungswerte anstelle von binären Klassifizierungen vorhersagen kann.

Die pad_sequences-Funktion stellt sicher, dass alle Eingabesequenzen die gleiche Länge haben und somit mit dem GRU-Modell kompatibel sind.

2. Modellarchitektur

Das Modell besteht aus zwei **GRU-Schichten**, die es ermöglichen, sequenzielle Abhängigkeiten effektiver zu erfassen.

Eine zusätzliche **Dense-Schicht** (vollständig verbunden) mit ReLU-Aktivierung hilft dem Modell, komplexere Muster zu erlernen, bevor die endgültige Ausgabe erzeugt wird.

Die finale **Dense-Ausgabeschicht** verwendet die **Sigmoid**-Aktivierungsfunktion, die sicherstellt, dass der vorhergesagte Stimmungswert zwischen 0 und 1 bleibt.

3. Trainingsprozess

Der Datensatz wird mithilfe von train_test_split in **Trainings-** und **Testsets** aufgeteilt.

Da die Stimmung als kontinuierlicher Wert behandelt wird, wird der **mittlere quadratische Fehler (MSE)** als Verlustfunktion anstelle der binären Kreuzentropie verwendet.

Frühzeitiger Abbruch wird implementiert, um **Überanpassung zu verhindern**, wodurch das Training stoppt, wenn sich der Validierungsverlust nicht mehr verbessert.

Das Modell wird für bis zu **50 Epochen** trainiert, kann aber je nach Bedingung des frühzeitigen Abbruchs früher enden.

4. Evaluierung

Anstelle der traditionellen Klassifizierungsgenauigkeit wird das Modell mittels **mittlerem absolutem Fehler (MAE)** bewertet, der misst, wie nahe die Vorhersagen an den tatsächlichen Stimmungswerten liegen.

Je niedriger der MAE, desto besser ist die Leistung des Modells bei der Vorhersage nuancierter Stimmungen.

5. Vorhersagefunktion

Die predict_sentiment-Funktion ermöglicht eine einfache Stimmungsvorhersage für neue, ungesehene Sätze.

Sie **tokenisiert und paddet** den Eingabetext automatisch, bevor sie ihn in das trainierte Modell einspeist.

Die Vorhersagen liefern **kontinuierliche Stimmungswerte** anstelle von binären Klassifizierungen.

6. Beispielanwendung

Der Code schließt mit einem Beispiel ab, das zeigt, wie das trainierte Modell zur Analyse von Stimmungen in neuen Sätzen verwendet wird.

Die Ausgabe liefert einen Stimmungswert **zwischen 0 und 1**, wobei Werte nahe **1** eine positive Stimmung und Werte nahe **0** eine negative Stimmung anzeigen.

Dieser Ansatz ermöglicht eine **feingranulare Stimmungsanalyse**, die sich für praktische Anwendungen wie **Kundenresonanzanalyse, Filmkritiken und Stimmungsüberwachung in sozialen Medien** eignet.

Dieses umfassende Beispiel demonstriert den gesamten Arbeitsablauf zum Aufbau, Training, zur Evaluierung und Nutzung eines GRU-basierten Stimmungsanalysemodells und bietet ein realistischeres Szenario für praktische Anwendungen.

6.4 Transformer-Netzwerke für Sequenzmodellierung

Traditionelle RNNs und ihre Varianten wie LSTMs und GRUs verarbeiten Sequenzen Schritt für Schritt. Diese sequenzielle Natur macht sie schwer zu parallelisieren, und sie haben Schwierigkeiten mit sehr langen Abhängigkeiten aufgrund des verschwindenden Gradienten. **Transformer**, die in der bahnbrechenden Arbeit *Attention Is All You Need* (Vaswani et al., 2017) vorgestellt wurden, revolutionierten die Sequenzmodellierung durch die Bewältigung dieser Einschränkungen.

Transformer verwenden einen innovativen **Attention-Mechanismus**, der die gesamte Sequenz gleichzeitig verarbeitet. Dieser Ansatz ermöglicht es dem Modell, Beziehungen zwischen allen Elementen in der Sequenz zu erfassen, unabhängig von ihrer Position. Der Attention-Mechanismus berechnet Relevanzwerte zwischen jedem Elementpaar und ermöglicht es dem Modell, sich auf die wichtigsten Teile der Eingabe für eine bestimmte Aufgabe zu konzentrieren.

Der Grundpfeiler der Transformer-Architektur ist der **Self-Attention**-Mechanismus. Diese leistungsfähige Technik ermöglicht es dem Modell, die Bedeutung verschiedener Wörter oder Elemente in einer Sequenz relativ zueinander zu gewichten. Dadurch können Transformer komplexe Abhängigkeiten und kontextuelle Informationen effektiver erfassen als ihre Vorgänger.

Dies macht sie besonders geeignet für die Verarbeitung langer Sequenzen und die Bewahrung weitreichender Abhängigkeiten, was für Aufgaben wie maschinelle Übersetzung, Textzusammenfassung und Sprachverständnis entscheidend ist.

Darüber hinaus ermöglicht die parallele Natur der Self-Attention-Berechnung in Transformern erhebliche Beschleunigungen bei Training und Inferenz. Diese Effizienz, kombiniert mit ihrer überlegenen Leistung bei verschiedenen Aufgaben der natürlichen Sprachverarbeitung, hat dazu geführt, dass Transformer zur Grundlage für modernste Sprachmodelle wie BERT, GPT und deren Varianten geworden sind.

6.4.1 Die Transformer-Architektur

Die Transformer-Architektur ist ein bahnbrechendes Design im Bereich der natürlichen Sprachverarbeitung, das aus zwei Hauptkomponenten besteht: einem **Encoder** und einem **Decoder**. Beide Komponenten sind aus komplexen Schichten von Self-Attention-Mechanismen und Feed-Forward-Netzwerken aufgebaut, die zusammenarbeiten, um Textsequenzen zu verarbeiten und zu generieren.

Die primäre Funktion des Encoders besteht darin, die Eingabesequenz zu verarbeiten und in eine reichhaltige, kontextbewusste Repräsentation umzuwandeln. Diese Repräsentation erfasst nicht nur die Bedeutung einzelner Wörter, sondern auch ihre Beziehungen und Rollen im breiteren Kontext des Satzes oder Absatzes. Der Decoder hingegen nimmt diese kodierte Repräsentation und generiert die Ausgabesequenz, sei es eine Übersetzung, eine Zusammenfassung oder eine Fortsetzung des Eingabetextes.

1. Self-Attention-Mechanismus: Der Kern der Transformer-Leistung

Im Zentrum der revolutionären Fähigkeiten des Transformers liegt der Self-Attention-Mechanismus. Dieser bahnbrechende Ansatz ermöglicht es jedem Element in der Eingabesequenz, direkt mit jedem anderen Element zu interagieren, unabhängig von ihrer positionellen Entfernung. Diese direkte Interaktion ermöglicht es dem Modell, komplexe Langzeitabhängigkeiten im Text zu erfassen und zu lernen – eine Leistung, die traditionelle sequenzielle Modelle wie RNNs lange vor Herausforderungen stellte.

Der Self-Attention-Mechanismus funktioniert, indem er Attention-Scores zwischen allen Elementpaaren in der Sequenz berechnet. Diese Scores bestimmen, wie stark jedes Element auf jedes andere Element "achten" soll, wenn seine kontextuelle Repräsentation konstruiert wird. Dieser Prozess lässt sich als Erstellung eines vollständig verbundenen Graphen visualisieren, bei dem jeder Knoten (Wort) gewichtete Verbindungen zu allen anderen Knoten hat, wobei die Gewichte die Relevanz oder Wichtigkeit dieser Verbindungen darstellen.

Betrachten wir zum Beispiel den Satz: "Die Katze, die orange und flauschig war, saß auf der Matte." In diesem Fall ermöglicht der Self-Attention-Mechanismus dem Modell, "Katze" problemlos mit "saß" zu verbinden, trotz der dazwischenliegenden beschreibenden Phrase. Diese Fähigkeit, große Distanzen in der Eingabe zu überbrücken, ist entscheidend für zahlreiche NLP-Aufgaben:

- Koreferenzauflösung: Erkennen, dass sich "sie" in einem späteren Satz auf "die Katze" bezieht

- Stimmungsanalyse: Verstehen, dass "nicht schlecht" eigentlich eine positive Aussage ist, obwohl "schlecht" im Ausdruck vorkommt

- Komplexes Schlussfolgern: Verbinden relevanter Informationen, die über ein langes Dokument verteilt sind, um Fragen zu beantworten oder Schlüsse zu ziehen

Darüber hinaus ermöglicht die Flexibilität des Self-Attention-Mechanismus das Erfassen verschiedener sprachlicher Phänomene:

- Syntaktische Abhängigkeiten: Verstehen grammatikalischer Strukturen über lange Sätze hinweg

- Semantische Beziehungen: Verbinden von Wörtern mit ähnlichen Bedeutungen oder verwandten Konzepten

- Kontextuelle Disambiguierung: Unterscheidung zwischen mehreren Bedeutungen eines Wortes basierend auf seinem Kontext

Dieser leistungsfähige Mechanismus hat in Kombination mit anderen Komponenten der Transformer-Architektur zu bedeutenden Fortschritten bei Aufgaben des Sprachverstehens und der Sprachgenerierung geführt und verschiebt die Grenzen des Möglichen in der künstlichen Intelligenz und natürlichen Sprachverarbeitung.

2. Positionscodierung: Erhaltung der Sequenzreihenfolge

Eine kritische Herausforderung bei der Entwicklung der Transformer-Architektur war die Beibehaltung der sequenziellen Natur der Sprache ohne auf rekurrente Verbindungen zurückzugreifen. Anders als RNNs, die Eingaben von Natur aus sequenziell verarbeiten, arbeiten Transformer gleichzeitig mit allen Elementen einer Sequenz. Diese parallele Verarbeitung barg das Risiko, wichtige Informationen über die Wortstellung im Satz zu verlieren.

Die geniale Lösung kam in Form von Positionscodierungen. Diese sind ausgeklügelte mathematische Konstrukte, die den Eingabe-Embeddings hinzugefügt werden und dem Modell explizite Informationen über die relative oder absolute Position jedes Wortes in der Sequenz liefern. Durch die direkte Einbindung von Positionsinformationen in die Eingaberepräsentation können Transformer das Bewusstsein für die Wortreihenfolge bewahren, ohne ihre parallele Verarbeitungsfähigkeit zu opfern.

Positionscodierungen in Transformern verwenden typischerweise Sinusfunktionen verschiedener Frequenzen. Diese Wahl ist nicht willkürlich; sie bietet mehrere Vorteile:

- Glatte Interpolation: Sinusfunktionen bieten eine glatte, kontinuierliche Darstellung der Position, die es dem Modell ermöglicht, einfach zwischen gelernten Positionen zu interpolieren.

- Periodische Natur: Die periodische Natur von Sinus- und Kosinusfunktionen ermöglicht es dem Modell, auf Sequenzlängen zu generalisieren, die über das Training hinausgehen.

- Eindeutige Codierungen: Jede Position in einer Sequenz erhält eine eindeutige Codierung, wodurch sichergestellt wird, dass das Modell verschiedene Positionen genau unterscheiden kann.

- Feste Offset-Eigenschaft: Die Codierung für eine um einen festen Offset verschobene Position kann als lineare Funktion der ursprünglichen Codierung dargestellt werden, was dem Modell hilft, relative Positionen effizient zu lernen.

Dieser clevere Ansatz zur Codierung von Positionsinformationen hat weitreichende Auswirkungen. Er ermöglicht es Transformern, Sequenzen variabler Länge problemlos zu verarbeiten und sich an Eingaben unterschiedlicher Länge anzupassen, ohne ein Neutraining zu erfordern. Darüber hinaus ermöglicht er die effektive Erfassung sowohl lokaler als auch weitreichender Abhängigkeiten, ein entscheidender Faktor für das Verständnis komplexer sprachlicher Strukturen und Beziehungen im Text.

Die Flexibilität und Effektivität der Positionscodierungen tragen wesentlich zur Fähigkeit der Transformer bei, in einem breiten Spektrum von Aufgaben der natürlichen Sprachverarbeitung zu glänzen, von maschineller Übersetzung und Textzusammenfassung bis hin zu Frage-Antwort-Systemen und Stimmungsanalyse. Mit fortschreitender Forschung auf diesem Gebiet werden wir möglicherweise noch ausgereiftere Ansätze zur Codierung von Positionsinformationen sehen, die die Fähigkeiten von Transformer-basierten Modellen weiter verbessern.

3. Multi-Head-Attention: Ein leistungsfähiger Mechanismus für umfassendes Verstehen

Der Multi-Head-Attention-Mechanismus ist eine hochentwickelte Erweiterung des grundlegenden Attention-Konzepts und stellt einen bedeutenden Fortschritt in der Transformer-Architektur dar. Dieser innovative Ansatz ermöglicht es dem Modell, sich gleichzeitig auf mehrere Aspekte der Eingabe zu konzentrieren, was zu einem nuancierteren und umfassenderen Textverständnis führt.

Im Kern funktioniert Multi-Head-Attention durch die parallele Berechnung mehrerer Attention-Operationen, jede mit ihrem eigenen Satz gelernter Parameter. Diese parallele Verarbeitung ermöglicht es dem Modell, ein breites Spektrum von Beziehungen zwischen Wörtern zu erfassen, die verschiedene sprachliche Dimensionen umfassen:

- Syntaktische Beziehungen: Ein Attention-Head könnte sich auf grammatikalische Strukturen konzentrieren und Subjekt-Verb-Übereinstimmungen oder Klauselabhängigkeiten identifizieren.

- Semantische Ähnlichkeiten: Ein anderer Head könnte sich auf bedeutungsbasierte Verbindungen konzentrieren und Wörter mit ähnlichen Konnotationen oder verwandten Konzepten verknüpfen.

- Kontextuelle Nuancen: Ein dritter Head könnte sich auf die Erfassung kontextabhängiger Wortverwendung spezialisieren und bei der Disambiguierung mehrdeutiger Begriffe helfen.

- Weitreichende Abhängigkeiten: Noch ein anderer Head könnte sich der Identifizierung von Beziehungen zwischen weit entfernten Textteilen widmen, was für das Verständnis komplexer Erzählungen oder Argumentationen entscheidend ist.

Dieser vielschichtige Ansatz der Attention verleiht Transformern eine reichhaltige, mehrdimensionale Repräsentation des Eingabetextes. Durch die gleichzeitige Berücksichtigung dieser verschiedenen Aspekte kann das Modell ein ganzheitlicheres Verständnis des Inhalts aufbauen, was zu überlegener Leistung in einem breiten Spektrum von NLP-Aufgaben führt.

Die Leistungsfähigkeit der Multi-Head-Attention wird besonders in komplexen sprachlichen Szenarien deutlich. Bei der Stimmungsanalyse beispielsweise ermöglicht sie dem Modell, gleichzeitig die wörtliche Bedeutung von Wörtern, ihre kontextuelle Verwendung und ihre grammatikalische Rolle im Satz zu berücksichtigen. Bei der maschinellen Übersetzung ermöglicht sie dem Modell, sowohl die syntaktische Struktur der Ausgangssprache als auch die semantischen Nuancen der Zielsprache zu erfassen, was zu genaueren und kontextuell angemesseneren Übersetzungen führt.

Darüber hinaus trägt die Flexibilität der Multi-Head-Attention wesentlich zur Anpassungsfähigkeit der Transformer über verschiedene Sprachen und Domänen hinweg bei. Diese Vielseitigkeit war ein Schlüsselfaktor für die weite Verbreitung von Transformer-basierten Modellen in verschiedenen NLP-Anwendungen, von Frage-Antwort-Systemen bis hin zu Textzusammenfassungstools.

4. Feed-Forward-Netzwerk: Verbesserung der lokalen Merkmalsextraktion

Das Feed-Forward-Netzwerk (FFN) ist eine wichtige Komponente der Transformer-Architektur, die den Attention-Schichten in jedem Transformer-Block folgt. Dieses Netzwerk dient als leistungsfähiger lokaler Merkmalsextraktor und ergänzt die globalen Kontextinformationen, die durch den Self-Attention-Mechanismus erfasst werden.

Struktur und Funktion:

- Besteht typischerweise aus zwei linearen Transformationen mit einer ReLU-Aktivierung dazwischen

- Verarbeitet die Ausgabe der Attention-Schicht

- Wendet nichtlineare Transformationen an, um komplexe Muster und Beziehungen zu erfassen

Wichtige Beiträge zum Transformer:

- Verbessert die Fähigkeit des Modells, komplexe Funktionen darzustellen

- Führt Nichtlinearität ein, die komplexere Abbildungen ermöglicht

- Erhöht die Kapazität des Modells, komplizierte Merkmale zu lernen

Synergie mit Self-Attention:

- Während Self-Attention globale Abhängigkeiten erfasst, konzentriert sich das FFN auf die lokale Merkmalsverarbeitung

- Diese Kombination ermöglicht es dem Transformer, globale und lokale Informationen effektiv auszubalancieren

Rechentechnische Überlegungen:

- Das FFN wird unabhängig auf jede Position in der Sequenz angewendet

- Diese positionsweise Natur ermöglicht eine effiziente parallele Berechnung

Durch die Integration des Feed-Forward-Netzwerks gewinnen Transformer die Fähigkeit, Informationen auf mehreren Ebenen zu verarbeiten, vom breiten Kontext durch Self-Attention bis hin zu den feinkörnigen Merkmalen, die durch das FFN extrahiert werden. Diese mehrstufige Verarbeitung ist ein Schlüsselfaktor für den Erfolg des Transformers in einem breiten Spektrum von Aufgaben der natürlichen Sprachverarbeitung.

Die Kombination dieser Komponenten - Self-Attention, Positionscodierung, Multi-Head-Attention und Feed-Forward-Netzwerke - schafft eine hochflexible und leistungsfähige Architektur. Transformer haben nicht nur die Verarbeitung natürlicher Sprache revolutioniert, sondern auch Anwendungen in anderen Bereichen wie Computer Vision, Spracherkennung und sogar Proteinfaltungsvorhersage gefunden, was ihre Vielseitigkeit und Effektivität in einem breiten Spektrum von Sequenzmodellierungsaufgaben zeigt.

6.4.2 Implementierung des Transformers in TensorFlow

Befassen wir uns mit der Implementierung eines grundlegenden Transformer-Blocks mit **TensorFlow**. Unser Hauptaugenmerk liegt dabei auf der Konstruktion des Self-Attention-Mechanismus, der den Kern der Transformer-Architektur bildet. Diese leistungsfähige Komponente ermöglicht es dem Modell, die Bedeutung verschiedener Teile der Eingabesequenz bei der Verarbeitung jedes Elements zu gewichten.

Der Self-Attention-Mechanismus in Transformern funktioniert durch die Berechnung von drei Matrizen aus der Eingabe: Queries (Q), Keys (K) und Values (V). Diese Matrizen werden dann verwendet, um Attention-Scores zu berechnen, die bestimmen, wie viel Aufmerksamkeit auf andere Teile der Sequenz gerichtet werden soll, wenn ein bestimmtes Element codiert wird. Dieser Prozess ermöglicht es dem Modell, komplexe Beziehungen und Abhängigkeiten innerhalb der Eingabedaten zu erfassen.

In unserer TensorFlow-Implementierung beginnen wir mit der Definition einer Funktion für Scaled Dot-Product Attention. Diese Funktion berechnet Attention-Gewichte durch das Skalarprodukt von Queries und Keys, skaliert das Ergebnis und wendet eine Softmax-Funktion an. Diese Gewichte werden dann verwendet, um eine gewichtete Summe der Values zu erstellen, die die endgültige Ausgabe des Attention-Mechanismus ergibt.

Anschließend werden wir einen vollständigen Transformer-Block konstruieren. Dieser Block wird nicht nur den Self-Attention-Mechanismus enthalten, sondern auch zusätzliche Komponenten wie Feed-Forward-neuronale Netzwerke und Layer-Normalisierung. Diese Elemente arbeiten zusammen, um die Eingabedaten zu verarbeiten und zu transformieren, wodurch das Modell komplexe Muster und Beziehungen innerhalb von Sequenzen lernen kann.

Beispiel: Self-Attention-Mechanismus in TensorFlow

```python
import tensorflow as tf

# Define the scaled dot-product attention
def scaled_dot_product_attention(query, key, value, mask=None):
    """Calculate the attention weights.
    q, k, v must have matching leading dimensions.
    k, v must have matching penultimate dimension, i.e.: seq_len_k = seq_len_v.
    The mask has different shapes depending on its type(padding or look ahead)
    but it must be broadcastable for addition.

    Args:
      query: query shape == (..., seq_len_q, depth)
      key: key shape == (..., seq_len_k, depth)
      value: value shape == (..., seq_len_v, depth_v)
      mask: Float tensor with shape broadcastable
            to (..., seq_len_q, seq_len_k). Defaults to None.
```

```
    Returns:
      output, attention_weights
    """

    matmul_qk = tf.matmul(query, key, transpose_b=True)  # (..., seq_len_q, seq_len_k)

    # scale matmul_qk
    dk = tf.cast(tf.shape(key)[-1], tf.float32)
    scaled_attention_logits = matmul_qk / tf.math.sqrt(dk)

    # add the mask to the scaled tensor.
    if mask is not None:
        scaled_attention_logits += (mask * -1e9)

    # softmax is normalized on the last axis (seq_len_k) so that the scores
    # add up to 1.
    attention_weights = tf.nn.softmax(scaled_attention_logits, axis=-1)   # (...,
seq_len_q, seq_len_k)

    output = tf.matmul(attention_weights, value)  # (..., seq_len_q, depth_v)

    return output, attention_weights

class MultiHeadAttention(tf.keras.layers.Layer):
    def __init__(self, d_model, num_heads):
        super(MultiHeadAttention, self).__init__()
        self.num_heads = num_heads
        self.d_model = d_model

        assert d_model % self.num_heads == 0

        self.depth = d_model // self.num_heads

        self.wq = tf.keras.layers.Dense(d_model)
        self.wk = tf.keras.layers.Dense(d_model)
        self.wv = tf.keras.layers.Dense(d_model)

        self.dense = tf.keras.layers.Dense(d_model)

    def split_heads(self, x, batch_size):
        """Split the last dimension into (num_heads, depth).
        Transpose the result such that the shape is (batch_size, num_heads, seq_len,
depth)
        """
        x = tf.reshape(x, (batch_size, -1, self.num_heads, self.depth))
        return tf.transpose(x, perm=[0, 2, 1, 3])

    def call(self, v, k, q, mask):
        batch_size = tf.shape(q)[0]

        q = self.wq(q)  # (batch_size, seq_len, d_model)
        k = self.wk(k)  # (batch_size, seq_len, d_model)
```

```
        v = self.wv(v)  # (batch_size, seq_len, d_model)

        q = self.split_heads(q, batch_size)   # (batch_size, num_heads, seq_len_q,
depth)
        k = self.split_heads(k, batch_size)   # (batch_size, num_heads, seq_len_k,
depth)
        v = self.split_heads(v, batch_size)   # (batch_size, num_heads, seq_len_v,
depth)

        # scaled_attention.shape == (batch_size, num_heads, seq_len_q, depth)
        # attention_weights.shape == (batch_size, num_heads, seq_len_q, seq_len_k)
        scaled_attention, attention_weights = scaled_dot_product_attention(
            q, k, v, mask)

        scaled_attention = tf.transpose(scaled_attention, perm=[0, 2, 1, 3])   #
(batch_size, seq_len_q, num_heads, depth)

        concat_attention = tf.reshape(scaled_attention,
                                      (batch_size, -1, self.d_model)) # (batch_size,
seq_len_q, d_model)

        output = self.dense(concat_attention)  # (batch_size, seq_len_q, d_model)

        return output, attention_weights

# Example usage
d_model = 512
num_heads = 8

mha = MultiHeadAttention(d_model, num_heads)

# Example inputs (batch_size=1, sequence_length=60, d_model=512)
query = tf.random.normal(shape=(1, 60, d_model))
key = value = query

output, attention_weights = mha(value, key, query, mask=None)
print("Multi-Head Attention Output shape:", output.shape)
print("Attention Weights shape:", attention_weights.shape)
```

Code-Aufschlüsselung:

1. Skalierte Punkt-Produkt-Attention:

    o Diese Funktion implementiert den Kern-Attention-Mechanismus.

    o Sie nimmt Query-, Key- und Value-Tensoren als Eingabe.

    o Das Skalarprodukt von Query und Key wird berechnet und durch die
       Quadratwurzel der Key-Dimension skaliert.

- o Eine optionale Maske kann angewendet werden (nützlich für Padding oder Future-Masking bei der Sequenzgenerierung).
- o Softmax wird angewendet, um Attention-Gewichte zu erhalten, die dann zur Berechnung einer gewichteten Summe der Values verwendet werden.

2. MultiHeadAttention-Klasse:

- o Diese Klasse implementiert den Multi-Head-Attention-Mechanismus.
- o Sie erstellt separate Dense-Layer für Query-, Key- und Value-Projektionen.
- o Die split_heads-Methode formt die Eingabe um, um sie in mehrere Köpfe aufzuteilen.
- o Die call-Methode wendet die Projektionen an, teilt die Köpfe auf, wendet skalierte Punkt-Produkt-Attention an und kombiniert dann die Ergebnisse.

3. Kernkomponenten:

- o Lineare Projektionen: Die Eingabe wird mittels Dense-Layer in Query-, Key- und Value-Räume projiziert.
- o Multi-Head-Aufteilung: Die projizierten Eingaben werden in mehrere Köpfe aufgeteilt, wodurch das Modell verschiedene Teile der Eingabe gleichzeitig beachten kann.
- o Skalierte Punkt-Produkt-Attention: Wird auf jeden Kopf separat angewendet.
- o Verkettung und finale Projektion: Die Ausgaben aller Köpfe werden verkettet und in den finalen Ausgaberaum projiziert.

4. Anwendungsbeispiel:

- o Eine Instanz von MultiHeadAttention wird mit einer Modell-Dimension von 512 und 8 Attention-Köpfen erstellt.
- o Zufällige Eingabe-Tensoren werden erstellt, um einen Batch von Sequenzen zu simulieren.
- o Die Multi-Head-Attention wird angewendet und die Formen der Ausgabe und Attention-Gewichte werden ausgegeben.

Diese Implementierung bietet einen vollständigen Einblick in die praktische Funktionsweise von Multi-Head-Attention, einschließlich der Aufteilung und Kombination von Attention-Köpfen. Es ist eine Schlüsselkomponente in Transformer-Architekturen, die es dem Modell ermöglicht, Informationen aus verschiedenen Repräsentations-Unterräumen an verschiedenen Positionen gemeinsam zu verarbeiten.

Beispiel: Transformer-Block in TensorFlow

Hier ist eine Implementierung eines einzelnen **Transformer-Blocks**, der sowohl Self-Attention als auch eine Feed-Forward-Schicht enthält.

```python
import tensorflow as tf

class TransformerBlock(tf.keras.layers.Layer):
    def __init__(self, embed_dim, num_heads, ff_dim, rate=0.1):
        super(TransformerBlock, self).__init__()
        self.attention  =  tf.keras.layers.MultiHeadAttention(num_heads=num_heads,
key_dim=embed_dim)
        self.ffn = tf.keras.Sequential([
            tf.keras.layers.Dense(ff_dim, activation="relu"),
            tf.keras.layers.Dense(embed_dim)
        ])
        self.layernorm1 = tf.keras.layers.LayerNormalization(epsilon=1e-6)
        self.layernorm2 = tf.keras.layers.LayerNormalization(epsilon=1e-6)
        self.dropout1 = tf.keras.layers.Dropout(rate)
        self.dropout2 = tf.keras.layers.Dropout(rate)

    def call(self, inputs, training):
        attn_output = self.attention(inputs, inputs)
        attn_output = self.dropout1(attn_output, training=training)
        out1 = self.layernorm1(inputs + attn_output)
        ffn_output = self.ffn(out1)
        ffn_output = self.dropout2(ffn_output, training=training)
        return self.layernorm2(out1 + ffn_output)

class TransformerModel(tf.keras.Model):
    def __init__(self, num_layers, embed_dim, num_heads, ff_dim, input_vocab_size,
                 target_vocab_size, max_seq_length):
        super(TransformerModel, self).__init__()
        self.embedding = tf.keras.layers.Embedding(input_vocab_size, embed_dim)
        self.pos_encoding = positional_encoding(max_seq_length, embed_dim)

        self.transformer_blocks = [TransformerBlock(embed_dim, num_heads, ff_dim)
                                   for _ in range(num_layers)]

        self.dropout = tf.keras.layers.Dropout(0.1)
        self.final_layer = tf.keras.layers.Dense(target_vocab_size)

    def call(self, inputs, training):
        x = self.embedding(inputs)
        x *= tf.math.sqrt(tf.cast(self.embedding.output_dim, tf.float32))
        x += self.pos_encoding[:, :tf.shape(inputs)[1], :]
        x = self.dropout(x, training=training)

        for transformer_block in self.transformer_blocks:
            x = transformer_block(x, training=training)

        return self.final_layer(x)

def positional_encoding(position, d_model):
```

```python
    def get_angles(pos, i, d_model):
        angle_rates = 1 / np.power(10000, (2 * (i//2)) / np.float32(d_model))
        return pos * angle_rates

    angle_rads = get_angles(np.arange(position)[:, np.newaxis],
                            np.arange(d_model)[np.newaxis, :],
                            d_model)

    angle_rads[:, 0::2] = np.sin(angle_rads[:, 0::2])
    angle_rads[:, 1::2] = np.cos(angle_rads[:, 1::2])

    pos_encoding = angle_rads[np.newaxis, ...]

    return tf.cast(pos_encoding, dtype=tf.float32)

# Example usage
embed_dim = 64
num_heads = 8
ff_dim = 128
num_layers = 4
input_vocab_size = 5000
target_vocab_size = 5000
max_seq_length = 100

model = TransformerModel(num_layers, embed_dim, num_heads, ff_dim,
                         input_vocab_size, target_vocab_size, max_seq_length)

# Example input (batch_size=32, sequence_length=10)
inputs = tf.random.uniform((32, 10), dtype=tf.int64, minval=0, maxval=200)

# Forward pass
output = model(inputs, training=True)
print("Transformer Model Output Shape:", output.shape)
```

Dieses Codebeispiel bietet eine umfassende Implementierung eines Transformer-Modells in TensorFlow.

Schauen wir uns die einzelnen Bestandteile an:

1. TransformerBlock:

   o Diese Klasse repräsentiert einen einzelnen Transformer-Block, der Multi-Head-Attention und ein Feed-Forward-Netzwerk umfasst.

   o Er verwendet Layer-Normalisierung und Dropout zur Regularisierung.

   o Die 'call'-Methode wendet Self-Attention an, gefolgt vom Feed-Forward-Netzwerk, mit Residual-Verbindungen und Layer-Normalisierung.

2. TransformerModel:

- o Diese Klasse repräsentiert das vollständige Transformer-Modell, das aus mehreren Transformer-Blöcken besteht.

- o Es beinhaltet eine Embedding-Schicht zur Umwandlung von Eingabe-Tokens in Vektoren und fügt Positions-Encoding hinzu.

- o Das Modell stapelt mehrere Transformer-Blöcke und endet mit einer Dense-Schicht für die Ausgabevorhersage.

3. Positions-Encoding:

- o Die 'positional_encoding'-Funktion erzeugt Positions-Encodings, die zu den Eingabe-Embeddings addiert werden.

- o Dies ermöglicht es dem Modell, die Reihenfolge der Tokens in der Sequenz zu verstehen.

4. Modell-Konfiguration:

- o Das Beispiel zeigt, wie man das Modell mit verschiedenen Hyperparametern wie Anzahl der Schichten, Embedding-Dimension, Anzahl der Heads usw. konfiguriert.

5. Beispielanwendung:

- o Der Code demonstriert, wie man eine Instanz des TransformerModel erstellt und einen Forward-Pass mit zufälligen Eingabedaten durchführt.

Diese Implementierung bietet einen vollständigen Einblick in die Struktur eines Transformer-Modells und dessen Verwendung für Sequence-to-Sequence-Aufgaben. Sie enthält wichtige Komponenten wie Positions-Encoding und die Stapelung mehrerer Transformer-Blöcke, die für die Leistung des Modells bei verschiedenen NLP-Aufgaben entscheidend sind.

6.4.3 Implementierung von Transformer in PyTorch

PyTorch bietet robuste Unterstützung für Transformer-Architekturen durch sein **nn.Transformer**-Modul. Dieses leistungsstarke Werkzeug ermöglicht es Entwicklern, Transformer-Modelle einfach zu erstellen und anzupassen. Schauen wir uns an, wie wir PyTorch nutzen können, um ein Transformer-Modell zu konstruieren, und erkunden dabei seine wichtigsten Komponenten und Funktionalitäten.

Das nn.Transformer-Modul in PyTorch bietet eine flexible Grundlage für die Implementierung verschiedener Transformer-Architekturen. Es kapselt die Kernelemente des Transformers ein, einschließlich Multi-Head-Attention-Mechanismen, Feed-Forward-Netzwerke und Layer-Normalisierung. Dieses modulare Design ermöglicht es Forschern und Praktikern, mit verschiedenen Konfigurationen zu experimentieren und den Transformer an spezifische Aufgaben anzupassen.

Bei der Verwendung von PyTorch zum Aufbau eines Transformer-Modells haben Sie präzise Kontrolle über wichtige Hyperparameter wie die Anzahl der Encoder- und Decoder-Schichten, die Anzahl der Attention-Heads und die Dimensionalität des Modells. Diese Anpassungsmöglichkeiten ermöglichen es Ihnen, die Architektur des Modells für Ihren speziellen Anwendungsfall zu optimieren, sei es maschinelle Übersetzung, Textzusammenfassung oder eine andere Sequence-to-Sequence-Aufgabe.

Darüber hinaus erleichtern PyTorchs dynamischer Berechnungsgraph und der Eager-Execution-Modus das Debugging und eine intuitivere Modellentwicklung. Dies kann besonders vorteilhaft sein bei der Arbeit mit komplexen Transformer-Architekturen, da es eine schrittweise Überprüfung des Modellverhaltens während des Trainings und der Inferenz ermöglicht.

Beispiel: Transformer in PyTorch

```python
import torch
import torch.nn as nn
import torch.optim as optim
import math

# Positional Encoding
class PositionalEncoding(nn.Module):
    def __init__(self, d_model, max_len=5000):
        super(PositionalEncoding, self).__init__()
        pe = torch.zeros(max_len, d_model)
        position = torch.arange(0, max_len, dtype=torch.float).unsqueeze(1)
        div_term = torch.exp(torch.arange(0, d_model, 2).float() * (-math.log(10000.0)
/ d_model))
        pe[:, 0::2] = torch.sin(position * div_term)
        pe[:, 1::2] = torch.cos(position * div_term)
        pe = pe.unsqueeze(0).transpose(0, 1)
        self.register_buffer('pe', pe)

    def forward(self, x):
        return x + self.pe[:x.size(0), :]

# Define the transformer model
class TransformerModel(nn.Module):
    def __init__(self, vocab_size, embed_size, num_heads, num_encoder_layers,
num_decoder_layers, ff_hidden_dim, max_seq_length, dropout=0.1):
        super(TransformerModel, self).__init__()
        self.embedding = nn.Embedding(vocab_size, embed_size)
        self.pos_encoder = PositionalEncoding(embed_size, max_seq_length)
        self.transformer = nn.Transformer(
            d_model=embed_size,
            nhead=num_heads,
            num_encoder_layers=num_encoder_layers,
            num_decoder_layers=num_decoder_layers,
            dim_feedforward=ff_hidden_dim,
            dropout=dropout
        )
```

```python
        self.fc = nn.Linear(embed_size, vocab_size)

    def forward(self, src, tgt, src_mask=None, tgt_mask=None):
        src = self.embedding(src) * math.sqrt(self.embedding.embedding_dim)
        src = self.pos_encoder(src)
        tgt = self.embedding(tgt) * math.sqrt(self.embedding.embedding_dim)
        tgt = self.pos_encoder(tgt)

        output = self.transformer(src, tgt, src_mask=src_mask, tgt_mask=tgt_mask)
        return self.fc(output)

# Generate square subsequent mask
def generate_square_subsequent_mask(sz):
    mask = (torch.triu(torch.ones(sz, sz)) == 1).transpose(0, 1)
    mask = mask.float().masked_fill(mask == 0, float('-inf')).masked_fill(mask == 1,
float(0.0))
    return mask

# Example input (sequence_length=10, batch_size=32, vocab_size=1000)
vocab_size = 1000
src = torch.randint(0, vocab_size, (10, 32))
tgt = torch.randint(0, vocab_size, (10, 32))

# Hyperparameters
embed_size = 512
num_heads = 8
num_encoder_layers = 6
num_decoder_layers = 6
ff_hidden_dim = 2048
max_seq_length = 100
dropout = 0.1

# Instantiate the transformer model
model = TransformerModel(vocab_size, embed_size, num_heads, num_encoder_layers,
num_decoder_layers, ff_hidden_dim, max_seq_length, dropout)

# Create masks
src_mask = torch.zeros((10, 10)).type(torch.bool)
tgt_mask = generate_square_subsequent_mask(10)

# Forward pass
output = model(src, tgt, src_mask=src_mask, tgt_mask=tgt_mask)
print("Transformer Output Shape:", output.shape)

# Loss function and optimizer
criterion = nn.CrossEntropyLoss()
optimizer = optim.Adam(model.parameters(), lr=0.0001, betas=(0.9, 0.98), eps=1e-9)

# Training loop (example for one epoch)
model.train()
for epoch in range(1):
    optimizer.zero_grad()
```

```
    output = model(src, tgt, src_mask=src_mask, tgt_mask=tgt_mask)
    loss = criterion(output.view(-1, vocab_size), tgt.view(-1))
    loss.backward()
    optimizer.step()
    print(f"Epoch {epoch+1}, Loss: {loss.item()}")

# Evaluation mode
model.eval()
with torch.no_grad():
    eval_output = model(src, tgt, src_mask=src_mask, tgt_mask=tgt_mask)
    print("Evaluation Output Shape:", eval_output.shape)
```

Dieses Code-Beispiel bietet eine umfassende Implementierung eines Transformer-Modells in PyTorch.

Schauen wir uns die einzelnen Komponenten an:

1. Positions-Encoding:

   o Die PositionalEncoding-Klasse wird implementiert, um den Eingabe-Embeddings Positionsinformationen hinzuzufügen.

   o Sie verwendet Sinus- und Cosinus-Funktionen verschiedener Frequenzen für jede Dimension des Embeddings.

   o Dies ermöglicht es dem Modell, die Reihenfolge der Token in der Sequenz zu verstehen.

2. TransformerModel-Klasse:

   o Das Modell enthält eine Embedding-Schicht zur Umwandlung von Eingabe-Tokens in Vektoren.

   o Positions-Encoding wird sowohl auf die Quell- als auch auf die Ziel-Embeddings angewendet.

   o Die Transformer-Schicht wird mit detaillierteren Parametern initialisiert, einschließlich Dropout.

   o Die Forward-Methode verarbeitet nun sowohl src- als auch tgt-Eingaben zusammen mit ihren jeweiligen Masken.

3. Maskengenerierung:

   o Die generate_square_subsequent_mask-Funktion erstellt eine Maske für den Decoder, um zu verhindern, dass dieser auf nachfolgende Positionen achtet.

4. Modell-Instanziierung und Forward-Pass:

   o Das Modell wird mit realistischeren Hyperparametern erstellt.

     o   Quell- und Zielmasken werden erstellt und an das Modell übergeben.

5. Trainingsschleife:

     o   Eine grundlegende Trainingsschleife wird mit einer Verlustfunktion (CrossEntropyLoss) und einem Optimizer (Adam) implementiert.

     o   Dies demonstriert, wie das Modell für eine Epoche trainiert wird.

6. Evaluierungsmodus:

     o   Der Code zeigt, wie man das Modell in den Evaluierungsmodus schaltet und Inferenz durchführt.

6.4.4 Warum Transformer verwenden?

Transformer haben das Feld der Sequenzmodellierung revolutioniert, insbesondere in der Verarbeitung natürlicher Sprache (NLP), aufgrund ihrer außergewöhnlichen Skalierbarkeit und Fähigkeit, weitreichende Abhängigkeiten zu erfassen. Ihre Architektur bietet mehrere Vorteile gegenüber traditionellen Rekurrenten Neuronalen Netzen (RNNs) und Long Short-Term Memory (LSTM) Netzwerken:

1. Parallelisierung

Transformer revolutionieren die Sequenzverarbeitung, indem sie die parallele Berechnung ganzer Sequenzen ermöglichen. Im Gegensatz zu RNNs und LSTMs, die Eingaben sequenziell verarbeiten, können Transformer alle Elemente einer Sequenz gleichzeitig verarbeiten. Diese parallele Architektur nutzt die Möglichkeiten moderner GPUs und beschleunigt die Trainings- und Inferenzzeiten dramatisch.

Der Schlüssel zu dieser Parallelisierung liegt im Self-Attention-Mechanismus. Durch die gleichzeitige Berechnung von Attention-Gewichten für alle Positionspaare in einer Sequenz können Transformer globale Abhängigkeiten ohne sequenzielle Verarbeitung erfassen. Dies ermöglicht es dem Modell, effizient komplexe Beziehungen zwischen entfernten Elementen in der Sequenz zu lernen.

Darüber hinaus skaliert diese parallele Verarbeitungsfähigkeit außergewöhnlich gut mit zunehmender Sequenzlänge und Modellgröße. Infolgedessen sind Transformer zur Architektur der Wahl für das Training massiver Sprachmodelle auf umfangreichen Datensätzen geworden und verschieben die Grenzen des in der Verarbeitung natürlicher Sprache Möglichen. Die Fähigkeit, lange Sequenzen effizient zu verarbeiten, hat neue Möglichkeiten in Aufgaben wie dokumentenübergreifender maschineller Übersetzung, Langtext-Generierung und umfassendem Textverständnis eröffnet.

2. Überlegene Verarbeitung langer Sequenzen

Transformer haben die Verarbeitung langer Sequenzen revolutioniert und damit eine wesentliche Einschränkung von RNNs und LSTMs behoben. Der Self-Attention-Mechanismus, ein Grundpfeiler der Transformer-Architektur, ermöglicht es diesen Modellen, Abhängigkeiten zwischen beliebigen zwei Positionen in einer Sequenz zu erfassen, unabhängig von ihrer Entfernung. Diese Fähigkeit ist besonders entscheidend für Aufgaben, die das Verständnis komplexer, langfristiger Kontexte erfordern.

Im Gegensatz zu RNNs und LSTMs, die Informationen sequenziell verarbeiten und oft Schwierigkeiten haben, Kohärenz über lange Distanzen zu bewahren, können Transformer mühelos Beziehungen über große Textspannen hinweg modellieren. Dies wird durch ihre parallele Verarbeitungsnatur und die Fähigkeit erreicht, gleichzeitig auf alle Teile der Eingabe zu achten. Infolgedessen können Transformer Kontext über Tausende von Token hinweg aufrechterhalten, was sie ideal für Aufgaben wie dokumentenübergreifende maschinelle Übersetzung macht, bei der das Verständnis des gesamten Dokumentkontexts für eine genaue Übersetzung entscheidend ist.

Die Stärke des Transformers bei der Verarbeitung langer Sequenzen erstreckt sich auf verschiedene NLP-Aufgaben. Bei der Dokumentenzusammenfassung beispielsweise kann das Modell wichtige Informationen aus einem langen Dokument erfassen und prägnante, aber umfassende Zusammenfassungen erstellen. Ebenso können Transformer bei der Langform-Fragebeantwortung umfangreiche Passagen durchsuchen, um relevante Informationen zu lokalisieren und kohärente Antworten zu synthetisieren, selbst wenn die erforderlichen Informationen über den Text verstreut sind.

Darüber hinaus hat diese Fähigkeit neue Wege in der Sprachmodellierung und -generierung eröffnet. Große Sprachmodelle, die auf Transformer-Architekturen basieren, wie GPT (Generative Pre-trained Transformer), können bemerkenswert kohärente und kontextuell relevante Texte über längere Passagen hinweg generieren. Dies hat Auswirkungen nicht nur auf die Unterstützung beim kreativen Schreiben, sondern auch auf strukturiertere Aufgaben wie die Berichterstellung oder die Erstellung von Langtexten in verschiedenen Bereichen.

Die Fähigkeit des Transformers, lange Sequenzen effektiv zu verarbeiten, hat auch zu Fortschritten bei Cross-Modal-Aufgaben geführt. Beispielsweise können Transformer bei der Bildbeschriftung oder visuellen Fragebeantwortung lange Sequenzen visueller Merkmale zusammen mit textuellen Eingaben verarbeiten und ermöglichen so ein sophistizierteres Verständnis und die Generierung multimodaler Inhalte.

3. Modernste Leistung

Transformer haben das Gebiet der Verarbeitung natürlicher Sprache (NLP) revolutioniert, indem sie bisherige Architekturen bei einer Vielzahl von Aufgaben kontinuierlich übertreffen. Ihre überlegene Leistung lässt sich auf mehrere Schlüsselfaktoren zurückführen:

Erstens zeichnen sich Transformer durch ihre Fähigkeit aus, nuancierte kontextuelle Informationen durch ihren Self-Attention-Mechanismus zu erfassen. Dies ermöglicht ihnen, komplexe Beziehungen zwischen Wörtern und Phrasen in einem gegebenen Text zu verstehen, was zu genaueren und kontextuell angemesseneren Ausgaben führt. Infolgedessen haben Transformer signifikante Verbesserungen in verschiedenen NLP-Aufgaben erzielt, darunter:

- Maschinelle Übersetzung: Transformer können die Nuancen der Sprache besser erfassen, was zu genaueren und natürlicher klingenden Übersetzungen zwischen verschiedenen Sprachen führt.

- Textzusammenfassung: Durch das Verständnis der Schlüsselelemente und des Gesamtkontexts eines Dokuments können Transformer kohärentere und informativere Zusammenfassungen generieren.

- Fragebeantwortung: Transformer können sowohl die Frage als auch den Kontext effektiver verstehen, was zu genaueren und relevanteren Antworten führt.

- Textvervollständigung und -generierung: Die Fähigkeit des Modells, Kontext zu verstehen, ermöglicht eine kohärentere und kontextuell angemessenere Textgenerierung, sei es beim Vervollständigen von Sätzen oder beim Generieren ganzer Absätze.

- Dialoggenerierung: Transformer können den Kontext über längere Gespräche hinweg aufrechterhalten, was zu natürlicheren und ansprechenderen Dialogsystemen führt.

Darüber hinaus haben Transformer eine bemerkenswerte Anpassungsfähigkeit an verschiedene Domänen und Sprachen gezeigt, wobei oft nur minimales Fine-tuning erforderlich ist, um modernste Ergebnisse bei neuen Aufgaben zu erzielen. Diese Vielseitigkeit hat zur Entwicklung leistungsfähiger vortrainierter Modelle wie BERT, GPT und T5 geführt, die die Grenzen des in NLP Möglichen weiter verschoben haben.

Der Einfluss von Transformern geht über traditionelle NLP-Aufgaben hinaus und beeinflusst Bereiche wie Computer Vision, Spracherkennung und sogar Proteinfaltungsvorhersage. Mit dem weiteren Fortschritt der Forschung auf diesem Gebiet können wir erwarten, dass Transformer eine entscheidende Rolle bei der Verschiebung der Grenzen von künstlicher Intelligenz und maschinellen Lernanwendungen spielen werden.

4. Vielseitigkeit und Transfer Learning

Transformer-basierte Modelle haben das Gebiet der Verarbeitung natürlicher Sprache (NLP) mit ihrer bemerkenswerten Anpassungsfähigkeit über verschiedene Aufgaben hinweg revolutioniert. Diese Vielseitigkeit basiert hauptsächlich auf ihrer Fähigkeit, komplexe Sprachmuster und Beziehungen während des Vortrainings auf riesigen Textkorpora zu erfassen.

Vortrainierte Modelle wie BERT (Bidirectional Encoder Representations from Transformers) und GPT (Generative Pre-trained Transformer) sind zur Grundlage für zahlreiche NLP-Anwendungen geworden. Diese Modelle können mit relativ kleinen Mengen aufgabenspezifischer Daten für bestimmte Aufgaben feinabgestimmt werden, wobei sie das während des Vortrainings erworbene reiche linguistische Wissen nutzen. Dieser als Transfer Learning bekannte Ansatz hat die Menge an aufgabenspezifischen Daten und Rechenressourcen, die erforderlich sind, um modernste Leistung bei einer breiten Palette von NLP-Aufgaben zu erzielen, erheblich reduziert.

Die Vielseitigkeit Transformer-basierter Modelle geht über traditionelle NLP-Aufgaben hinaus. Sie haben vielversprechende Ergebnisse in Cross-Modal-Anwendungen gezeigt, wie Bildbeschriftung und visuelle Fragebeantwortung, bei denen Sprachverständnis mit visueller Erfassung kombiniert werden muss. Darüber hinaus wurden die Prinzipien hinter Transformern erfolgreich auf andere Bereiche angewendet, einschließlich Proteinfaltungsvorhersage und Musikgenerierung, was ihr Potenzial für die Lösung komplexer sequenzbasierter Probleme in verschiedenen Bereichen zeigt.

Die Möglichkeit, vortrainierte Transformer-Modelle feinabzustimmen, hat den Zugang zu fortgeschrittenen NLP-Fähigkeiten demokratisiert. Forscher und Entwickler können diese leistungsfähigen Modelle nun schnell an spezifische Domänen oder Sprachen anpassen, was eine schnelle Prototypenerstellung und Implementierung sophistizierter Sprachverständnis- und Generierungssysteme ermöglicht. Dies hat zu einer Verbreitung Transformer-basierter Anwendungen in Branchen von Gesundheitswesen und Finanzen bis hin zu Kundenservice und Content-Erstellung geführt.

Der Einfluss Transformer-basierter Modelle geht über die akademische Forschung hinaus. Sie sind zu einem integralen Bestandteil vieler industrieller Anwendungen geworden und treiben fortgeschrittene Sprachverständnis- und Generierungssysteme in Bereichen wie Suchmaschinen, virtuelle Assistenten, Content-Empfehlungssysteme und automatisierte Kundenservice-Plattformen an. Die kontinuierliche Entwicklung und Verfeinerung von Transformer-Architekturen verspricht noch sophistiziertere und leistungsfähigere Sprachmodelle in der Zukunft, die möglicherweise zu Durchbrüchen in künstlicher allgemeiner Intelligenz und menschenähnlichem Sprachverständnis führen werden.

Praktische Übungen Kapitel 6

Übung 1: Implementierung eines einfachen RNN für Sequenzklassifikation

Aufgabe: Implementieren Sie ein einfaches RNN zur Klassifizierung von Zahlensequenzen. Verwenden Sie synthetische Daten, bei denen jede Sequenz als positiv klassifiziert wird, wenn die Summe der Elemente über einem Schwellenwert liegt, und andernfalls als negativ.

Lösung:

```python
import torch
import torch.nn as nn
import torch.optim as optim
from torch.utils.data import DataLoader, TensorDataset

# Generate synthetic data (binary classification based on sequence sum)
def generate_data(num_samples=1000, sequence_length=10, threshold=5):
    X = torch.randint(0, 3, (num_samples, sequence_length)).float()
    y = (X.sum(dim=1) > threshold).float()
    return X, y
```

```python
# Define the RNN model
class SimpleRNN(nn.Module):
    def __init__(self, input_size, hidden_size, output_size):
        super(SimpleRNN, self).__init__()
        self.rnn = nn.RNN(input_size, hidden_size, batch_first=True)
        self.fc = nn.Linear(hidden_size, output_size)

    def forward(self, x):
        out, _ = self.rnn(x)
        out = self.fc(out[:, -1, :])  # Use the output from the last time step
        return out

# Hyperparameters
input_size = 1
hidden_size = 16
output_size = 1
learning_rate = 0.001
epochs = 5

# Generate data
X, y = generate_data()
X = X.unsqueeze(-1)  # Add input size dimension
dataset = TensorDataset(X, y)
dataloader = DataLoader(dataset, batch_size=32, shuffle=True)

# Initialize model, loss function, and optimizer
model = SimpleRNN(input_size, hidden_size, output_size)
criterion = nn.BCEWithLogitsLoss()
optimizer = optim.Adam(model.parameters(), lr=learning_rate)

# Training loop
for epoch in range(epochs):
    running_loss = 0.0
    for inputs, labels in dataloader:
        optimizer.zero_grad()
        outputs = model(inputs)
        loss = criterion(outputs.squeeze(), labels)
        loss.backward()
        optimizer.step()
        running_loss += loss.item()
    print(f"Epoch {epoch+1}, Loss: {running_loss / len(dataloader)}")

# Example prediction
with torch.no_grad():
    example_seq = torch.tensor([[0, 1, 2, 0, 1, 2, 1, 0, 2, 1]]).float().unsqueeze(-1)
    output = model(example_seq)
    print("Predicted output:", torch.sigmoid(output))
```

In dieser Übung:

- Wir haben synthetische Sequenzen erstellt, bei denen die Summe der Elemente die Klasse bestimmt.

- Ein einfaches RNN wurde verwendet, um Sequenzen als positiv oder negativ zu klassifizieren.

- Das Modell wurde mit binärer Kreuzentropie-Verlustfunktion trainiert und anhand einer Beispielsequenz evaluiert.

Übung 2: Implementierung eines LSTM für Textgenerierung

Aufgabe: Trainieren Sie ein LSTM auf Zeichenebene mit Textdaten zur Generierung neuen Texts. Verwenden Sie einen einfachen Datensatz wie Shakespeares Text.

Lösung:

```python
import tensorflow as tf
import numpy as np

# Load dataset (for simplicity, we use a small string for text generation)
text = "To be, or not to be, that is the question."

# Preprocess the data
vocab = sorted(set(text))
char_to_idx = {char: idx for idx, char in enumerate(vocab)}
idx_to_char = np.array(vocab)
text_as_int = np.array([char_to_idx[c] for c in text])

# Create input-output pairs
seq_length = 10
examples_per_epoch = len(text) // seq_length
char_dataset = tf.data.Dataset.from_tensor_slices(text_as_int)
sequences = char_dataset.batch(seq_length + 1, drop_remainder=True)

def split_input_target(chunk):
    input_text = chunk[:-1]
    target_text = chunk[1:]
    return input_text, target_text

dataset = sequences.map(split_input_target).batch(32, drop_remainder=True)

# Define the LSTM model
class LSTMTextGenerator(tf.keras.Model):
    def __init__(self, vocab_size, embed_size, lstm_units):
        super(LSTMTextGenerator, self).__init__()
        self.embedding = tf.keras.layers.Embedding(vocab_size, embed_size)
        self.lstm    =    tf.keras.layers.LSTM(lstm_units,    return_sequences=True,
return_state=True)
        self.fc = tf.keras.layers.Dense(vocab_size)

    def call(self, inputs, states=None):
```

```python
        x = self.embedding(inputs)
        output, state_h, state_c = self.lstm(x, initial_state=states)
        logits = self.fc(output)
        return logits, [state_h, state_c]

# Hyperparameters
vocab_size = len(vocab)
embed_size = 64
lstm_units = 128

# Instantiate the model
model = LSTMTextGenerator(vocab_size, embed_size, lstm_units)

# Loss function and optimizer
def loss_fn(labels, logits):
    return        tf.keras.losses.sparse_categorical_crossentropy(labels,        logits,
from_logits=True)

model.compile(optimizer='adam', loss=loss_fn)

# Train the model
model.fit(dataset, epochs=10)

# Text generation function
def generate_text(model, start_string, num_generate=100):
    input_eval = [char_to_idx[s] for s in start_string]
    input_eval = tf.expand_dims(input_eval, 0)

    generated_text = []
    states = None
    for _ in range(num_generate):
        predictions, states = model(input_eval, states=states)
        predictions = tf.squeeze(predictions, 0)

        predicted_id    =    tf.random.categorical(predictions,    num_samples=1)[-
1,0].numpy()
        input_eval = tf.expand_dims([predicted_id], 0)

        generated_text.append(idx_to_char[predicted_id])

    return start_string + ''.join(generated_text)

# Generate text
generated_text = generate_text(model, start_string="To be")
print("Generated text:", generated_text)
```

In dieser Übung:

- Wir haben ein zeichenbasiertes LSTM für die Textgenerierung verwendet. Das Modell wurde mit einer kurzen Sequenz aus Shakespeares Text trainiert.

- Das Modell wurde darauf trainiert, das jeweils nächste Zeichen basierend auf den vorherigen vorherzusagen.

- Nach dem Training haben wir mit dem LSTM neuen Text generiert.

Übung 3: Implementierung eines Transformers für Sequence-to-Sequence Learning

Aufgabe: Implementieren Sie ein Transformer-Modell für Sequence-to-Sequence-Übersetzung. Verwenden Sie Beispieldaten, um den Transformer für die Übersetzung von Sequenzen von einer Domäne in eine andere zu trainieren (z.B. Zahlen in Wörter).

Lösung:

```python
import torch
import torch.nn as nn

# Define a basic transformer model for sequence-to-sequence translation
class TransformerModel(nn.Module):
    def __init__(self, embed_size, num_heads, num_encoder_layers, num_decoder_layers,
ff_hidden_dim, vocab_size):
        super(TransformerModel, self).__init__()
        self.embedding = nn.Embedding(vocab_size, embed_size)
        self.transformer = nn.Transformer(
            d_model=embed_size,
            nhead=num_heads,
            num_encoder_layers=num_encoder_layers,
            num_decoder_layers=num_decoder_layers,
            dim_feedforward=ff_hidden_dim,
        )
        self.fc_out = nn.Linear(embed_size, vocab_size)

    def forward(self, src, tgt):
        src_emb = self.embedding(src)
        tgt_emb = self.embedding(tgt)
        transformer_output = self.transformer(src_emb, tgt_emb)
        return self.fc_out(transformer_output)

# Example inputs (sequence_length=10, batch_size=32)
src = torch.randint(0, 100, (10, 32))  # Source sequence (e.g., numbers)
tgt = torch.randint(0, 100, (10, 32))  # Target sequence (e.g., words)

# Hyperparameters
embed_size = 64
num_heads = 8
num_encoder_layers = 6
num_decoder_layers = 6
ff_hidden_dim = 128
vocab_size = 100

# Initialize the transformer model
```

```
model        =        TransformerModel(embed_size,       num_heads,        num_encoder_layers,
num_decoder_layers, ff_hidden_dim, vocab_size)

# Forward pass through the transformer
output = model(src, tgt)
print("Transformer output shape:", output.shape)
```

In dieser Übung:

- Wir haben einen einfachen Transformer für Sequence-to-Sequence-Aufgaben implementiert.

- Das Modell kodiert die Quellsequenz und dekodiert sie, um die Zielsequenz zu generieren.

- Wir haben Testdaten verwendet, um die Sequenzübersetzung zu simulieren.

Diese praktischen Übungen behandelten wichtige Konzepte der Sequenzmodellierung mit **RNNs**, **LSTMs** und **Transformern**. Von der Entwicklung einfacher RNNs für die Sequenzklassifikation bis hin zur Textgenerierung mit LSTMs und der Implementierung von Transformern für die Sequenzübersetzung zeigen diese Übungen, wie leistungsfähig und vielseitig diese Architekturen bei der Verarbeitung sequentieller Daten sind.

Kapitel 6 Zusammenfassung

In **Kapitel 6** haben wir die Kernkonzepte, Architekturen und Anwendungen von **Rekurrenten Neuronalen Netzen (RNNs)** und deren fortgeschrittene Varianten wie **Long Short-Term Memory (LSTMs)** und **Gated Recurrent Units (GRUs)** erforscht. Diese Modelle sind essentiell für das Verständnis sequentieller Daten, die häufig in Aufgaben wie Zeitreihenvorhersage, maschineller Sprachverarbeitung (NLP) und Spracherkennung vorkommen.

Wir begannen mit einer Einführung in RNNs, die für die Verarbeitung von Datensequenzen konzipiert sind, indem sie einen verborgenen Zustand aufrechterhalten, der von einem Zeitschritt zum nächsten weitergegeben wird. Diese Fähigkeit, Informationen aus vorherigen Schritten zu speichern, ermöglicht es RNNs, zeitliche Abhängigkeiten zu modellieren, was sie ideal für Aufgaben macht, bei denen der Kontext entscheidend ist. Allerdings leiden Standard-RNNs unter dem **Vanishing-Gradient-Problem**, das ihre Fähigkeit einschränkt, langreichweitige Abhängigkeiten in Sequenzen zu erfassen.

Um diese Probleme zu lösen, wurden **LSTMs** und **GRUs** eingeführt. LSTMs ermöglichen mit ihren Gating-Mechanismen – **Forget Gate**, **Input Gate** und **Output Gate** – dem Netzwerk, Informationen selektiv zu behalten oder zu verwerfen, was sie äußerst effektiv für die Verarbeitung langer Sequenzen macht. GRUs hingegen vereinfachen die LSTM-Struktur, indem sie das Forget Gate und Input Gate zu einem einzigen Gate kombinieren, was zu einem rechnerisch effizienteren Modell führt, das dennoch gute Leistungen bei Sequenzaufgaben erbringt.

Im zweiten Teil des Kapitels implementierten wir RNNs und LSTMs in **TensorFlow**, **Keras** und **PyTorch** und lieferten detaillierte Codebeispiele für jedes Framework. In TensorFlow bauten wir RNN- und LSTM-Modelle mit den SimpleRNN und LSTM Layers und demonstrierten, wie man Sequenzdaten verarbeitet und Ausgaben für jeden Zeitschritt generiert. In Keras verwendeten wir die High-Level Sequential API, um diese Modelle einfach zu konstruieren und zu trainieren. In PyTorch implementierten wir schließlich RNNs und LSTMs unter Verwendung dynamischer Berechnungsgraphen, was mehr Kontrolle über den Trainingsprozess bietet.

Als nächstes untersuchten wir die **Anwendungen von RNNs in NLP**. RNNs werden häufig in NLP-Aufgaben wie **Sprachmodellierung** eingesetzt, wo sie das nächste Wort in einer Sequenz basierend auf dem vorherigen Kontext vorhersagen. Wir demonstrierten, wie RNNs und LSTMs für die **Textgenerierung** verwendet werden können, indem Modelle trainiert werden, kohärenten Text durch die Vorhersage des nächsten Zeichens oder Wortes in einer Sequenz zu generieren. Eine weitere wichtige Anwendung ist die **Stimmungsanalyse**, bei der RNNs Textdaten analysieren, um festzustellen, ob ein Text positive oder negative Stimmung ausdrückt.

Das Kapitel führte auch **Transformer-Netzwerke** ein, die zum State-of-the-Art in der Sequenzmodellierung geworden sind. Im Gegensatz zu RNNs verwenden Transformer **Self-Attention-Mechanismen**, um ganze Sequenzen auf einmal zu verarbeiten und Abhängigkeiten zwischen allen Elementen in der Sequenz zu erfassen, unabhängig von ihrer Position. Dies macht Transformer besonders effizient, vor allem bei langen Sequenzen, und erklärt ihre weite Verbreitung in NLP-Aufgaben wie maschineller Übersetzung und Textzusammenfassung. Wir lieferten eine detaillierte Erklärung der Transformer-Architektur und zeigten, wie man einen grundlegenden Transformer-Block sowohl in TensorFlow als auch in PyTorch implementiert.

Insgesamt beleuchtete dieses Kapitel die Evolution neuronaler Netze für die Sequenzmodellierung, von den grundlegenden RNNs bis hin zu fortgeschrittenen Transformern. Wir untersuchten, wie jedes Modell funktioniert, ihre Stärken und Einschränkungen, und praktische Beispiele zur Demonstration ihrer realen Anwendungen. Durch die Beherrschung dieser Techniken werden Sie in der Lage sein, komplexe Sequenzaufgaben in Bereichen wie NLP, Zeitreihenanalyse und darüber hinaus zu bewältigen.

Quiz Teil 2: Fortgeschrittene Deep Learning Frameworks

Kapitel 4: Deep Learning mit PyTorch

1. Was ist der wesentliche Unterschied zwischen statischen und dynamischen Berechnungsgraphen? Warum gilt PyTorch als flexibler für Forschung und Experimente?

2. Was sind die Hauptkomponenten von PyTorchs Neural Network Modul (torch.nn) und wie werden sie zum Aufbau eines Modells verwendet?

3. Wie ermöglicht die Autograd-Engine in PyTorch automatische Differenzierung und warum ist sie wichtig für das Training von Deep Learning Modellen?

4. Wie lädt man in PyTorch ein vortrainiertes Modell und optimiert es für eine neue Aufgabe? Geben Sie ein Beispiel mit ResNet.

5. Erklären Sie das Konzept des Transfer Learnings und wie es in PyTorch implementiert werden kann.

Kapitel 5: Faltungsneuronale Netze (CNNs)

1. Was sind die drei Hauptkomponenten eines Faltungsneuronalen Netzes (CNN) und welche Rolle spielt jede Komponente im Netzwerk?

2. Warum wird Max-Pooling in CNNs verwendet und welche Vorteile bietet es hinsichtlich der Reduzierung der Datendimensionalität?

3. Erklären Sie, wie die Skip-Connections in ResNet beim Training sehr tiefer Netzwerke helfen.

4. Was ist der Zweck der Verwendung mehrerer Faltungsfilter im Inception-Modul und wie unterscheidet es sich von einer traditionellen CNN-Schicht?

5. Wie nutzen DenseNets die Wiederverwendung von Features zur Verbesserung der Trainingseffizienz? Geben Sie ein Beispiel, wie die Schichten in einem DenseNet-Block verbunden sind.

6. Welche Rolle spielen Region Proposal Networks (RPN) bei Objekterkennungsaufgaben in Modellen wie Faster R-CNN?

Kapitel 6: Rekurrente Neuronale Netze (RNNs) und LSTMs

1. Was ist die Haupteinschränkung von klassischen RNNs und wie beheben LSTMs diese Einschränkung?

2. Erklären Sie die Rolle des Forget Gates, Input Gates und Output Gates in einem LSTM.

3. Wie unterscheiden sich Gated Recurrent Units (GRUs) von LSTMs in Bezug auf ihre Architektur?

4. Beschreiben Sie den wichtigsten Vorteil von Transformer-Netzwerken gegenüber traditionellen RNN-basierten Modellen für Sequence-Modeling-Aufgaben.

5. Auf welche Weise ermöglicht Self-Attention den Transformern eine effizientere Verarbeitung von Sequenzen als RNNs?

6. Was sind Positionskodierungen und warum sind sie in Transformer-Netzwerken notwendig?

7. Nennen Sie ein Beispiel, wie Transformer in Natural Language Processing (NLP)-Aufgaben wie maschineller Übersetzung oder Textzusammenfassung eingesetzt werden.

Antworten:

1. **Antwort:** Der Hauptunterschied besteht darin, dass statische Berechnungsgraphen einmal definiert werden und sich nicht ändern können, während dynamische Berechnungsgraphen während der Berechnung aufgebaut werden. PyTorch gilt als flexibler, da es einen dynamischen Berechnungsgraphen verwendet, der es Forschern ermöglicht, das Netzwerk während der Laufzeit zu modifizieren, was es ideal für Experimente macht.

2. **Antwort:** Zu den Hauptkomponenten gehören nn.Module (zur Definition von Schichten und des Forward-Pass), nn.Linear (für vollständig verbundene Schichten) und nn.Conv2d (für Faltungsschichten). Diese Module werden zum Aufbau von Modellen verwendet, indem ihre Architektur und der Forward-Pass definiert werden, und werden in einem Sequential oder einer benutzerdefinierten Klasse kombiniert.

3. **Antwort:** Autograd berechnet automatisch Gradienten während des Backward-Pass, indem es alle Operationen auf Tensoren verfolgt. Dies ermöglicht das Training von Deep Learning Modellen durch Gradientenabstieg, indem Modellparameter mithilfe dieser berechneten Gradienten aktualisiert werden.

4. **Antwort:** Um ein vortrainiertes Modell feinzutunen, lädt man die vortrainierten Gewichte über torchvision.models, friert die initialen Schichten ein und modifiziert die letzte vollverbundene Schicht entsprechend der Anzahl der Klassen in der neuen Aufgabe. Zum Beispiel für das Feintuning von ResNet:

```python
import torch.nn as nn
import torchvision.models as models

num_classes = 10  # Make sure to define the number of classes

# Load ResNet-50 with pretrained weights
model = models.resnet50(weights=models.ResNet50_Weights.DEFAULT)

# Freeze all parameters of the model
for param in model.parameters():
    param.requires_grad = False

# Modify the fully connected layer for the new number of classes
model.fc = nn.Linear(model.fc.in_features, num_classes)
```

1. **Antwort:** Transfer Learning beinhaltet die Verwendung eines vortrainierten Modells (üblicherweise auf einem großen Datensatz) und dessen Feinabstimmung auf einen kleineren, aufgabenspezifischen Datensatz. Dieser Ansatz nutzt die allgemeinen Merkmale, die in den früheren Schichten des Modells gelernt wurden.

2. **Antwort:** Die drei Hauptkomponenten eines CNN sind:

   o **Faltungsschichten**: Extrahieren Merkmale aus den Eingabedaten durch Anwendung von Filtern.

   o **Pooling-Schichten**: Reduzieren die räumlichen Dimensionen der Daten unter Beibehaltung wichtiger Informationen.

   o **Vollständig verbundene Schichten**: Führen die Klassifizierung basierend auf den extrahierten Merkmalen durch.

3. **Antwort:** Max-Pooling reduziert die Größe der Feature-Maps, was zur Senkung der Rechenkosten beiträgt, Überanpassung verhindert und die wichtigsten Merkmale beibehält, indem der maximale Wert in jeder Region der Feature-Map ausgewählt wird.

4. **Antwort:** Skip-Connections in ResNet ermöglichen dem Gradienten, direkt durch das Netzwerk zu fließen, indem bestimmte Schichten übersprungen werden. Dies hilft, das Problem des verschwindenden Gradienten zu vermeiden und erleichtert das Training sehr tiefer Netzwerke.

5. **Antwort:** Inception-Module wenden mehrere Faltungsfilter unterschiedlicher Größe parallel an, um Merkmale auf verschiedenen Skalen zu erfassen. Dies unterscheidet

sich von traditionellen CNN-Schichten, die nur eine einzige Faltungsoperation pro Schicht ausführen.

6. **Antwort:** DenseNets verbinden jede Schicht mit allen anderen Schichten in einer Feed-Forward-Weise und fördern die Wiederverwendung von Merkmalen. In einem DenseNet-Block wird die Ausgabe jeder Schicht mit den Ausgaben aller vorherigen Schichten verkettet, was Überanpassung reduziert und ein effizienteres Training ermöglicht.

7. **Antwort:** Region Proposal Networks (RPN) generieren Kandidatenregionen für Objekte (Begrenzungsrahmen) bei Objekterkennungsaufgaben. Diese Vorschläge werden dann an einen Klassifikator und Regressor weitergeleitet, um die Begrenzungsrahmen zu verfeinern und die Klassen der Objekte vorherzusagen.

8. **Antwort:** Einfache RNNs haben Schwierigkeiten mit langfristigen Abhängigkeiten aufgrund des Problems des verschwindenden Gradienten. LSTMs beheben diese Einschränkung durch die Einführung von Gates (Forget, Input, Output), die den Informationsfluss steuern und das Langzeitgedächtnis aufrechterhalten.

9. **Antwort:** Das Forget Gate entscheidet, welche Informationen aus dem vorherigen Zellzustand verworfen werden sollen, das Input Gate bestimmt, welche neuen Informationen hinzugefügt werden sollen, und das Output Gate steuert, welcher Teil des Zellzustands zur Erzeugung des Hidden States verwendet wird.

10. **Antwort:** GRUs vereinfachen die LSTM-Architektur, indem sie das Forget Gate und Input Gate zu einem einzelnen Update Gate kombinieren. GRUs sind im Allgemeinen effizienter als LSTMs, da sie weniger Parameter haben und rechnerisch leichter sind.

11. **Antwort:** Transformer basieren nicht auf sequentieller Verarbeitung und können ganze Sequenzen auf einmal mittels Self-Attention verarbeiten, was eine bessere Parallelisierung und Behandlung von langreichweitigen Abhängigkeiten in den Daten ermöglicht.

12. **Antwort:** Self-Attention ermöglicht es Transformern, sich auf verschiedene Teile der Sequenz zu konzentrieren, indem jedem Element unterschiedliche Gewichte zugewiesen werden. Dies ermöglicht es dem Modell, Beziehungen zwischen entfernten Elementen in der Sequenz zu erfassen, ohne sie schrittweise zu verarbeiten.

13. **Antwort:** Positionskodierungen sind notwendig, weil Transformer von sich aus nicht die Reihenfolge der Sequenz erfassen können, anders als RNNs. Positionskodierungen liefern Informationen über die relative Position jedes Elements in der Sequenz.

14. **Antwort:** Transformer werden in Aufgaben wie maschineller Übersetzung (z.B. **Google Translate**) eingesetzt, indem sie eine Eingangssequenz in einer Sprache auf eine Ausgangssequenz in einer anderen Sprache abbilden. Bei der Textzusammenfassung generieren Transformer prägnante Zusammenfassungen, indem sie die Kernpunkte im Eingangstext erfassen.

Teil 3: Modernste KI und praktische Anwendungen

Kapitel 7: Fortgeschrittene Deep-Learning-Konzepte

Mit zunehmender Komplexität und Leistungsfähigkeit künstlicher Intelligenz-Systeme erweitert Deep Learning kontinuierlich die Grenzen maschineller Fähigkeiten. Ein Bereich, der besonderes Interesse geweckt hat, ist das Feld des unüberwachten und generativen Lernens. Dieses Kapitel behandelt fortgeschrittene Konzepte wie **Autoencoder**, **Variational Autoencoder (VAEs)** und **Generative Adversarial Networks (GANs)** sowie weitere hochmoderne Architekturen.

Diese innovativen Ansätze ermöglichen KI-Modellen bemerkenswerte Leistungen, darunter die Generierung völlig neuer Daten, die Komprimierung von Informationen mit beispielloser Effizienz und die Erkennung subtiler Anomalien in komplexen Datensätzen.

Unsere Untersuchung beginnt mit einer umfassenden Betrachtung von Autoencodern und VAEs. Diese grundlegenden Techniken des unüberwachten Lernens haben zahlreiche Bereiche revolutioniert und bieten ein breites Spektrum an Anwendungsmöglichkeiten.

Von der Erzielung bemerkenswerter Datenkompressionsraten bis hin zur Generierung hochrealistischer synthetischer Bilder und der Extraktion aussagekräftiger Merkmale aus Rohdaten haben sich Autoencoder und VAEs zu unverzichtbaren Werkzeugen im modernen Machine-Learning-Instrumentarium entwickelt. Wir werden uns mit den komplexen Funktionsweisen dieser Modelle befassen, ihre grundlegenden Prinzipien entschlüsseln und ihre praktischen Implementierungen in verschiedenen realen Szenarien aufzeigen.

7.1 Autoencoder und Variational Autoencoder (VAEs)

In diesem Abschnitt befassen wir uns mit zwei leistungsstarken Techniken des unüberwachten Lernens: Autoencodern und Variational Autoencodern (VAEs). Diese neuronalen Netzwerkarchitekturen haben das Gebiet des maschinellen Lernens revolutioniert, indem sie effiziente Datenkompression, Merkmalsextraktion und generative Modellierung ermöglichen. Wir werden ihre grundlegenden Prinzipien, architektonischen Designs und praktischen Anwendungen in verschiedenen Bereichen untersuchen.

7.1.1 Autoencoder: Ein Überblick

Ein **Autoencoder** ist eine ausgefeilte neuronale Netzwerkarchitektur für unüberwachtes Lernen. Sein Hauptziel besteht darin, eine effiziente, komprimierte Darstellung (Kodierung) von Eingabedaten zu erlernen und anschließend die Eingabe aus dieser verdichteten Version zu rekonstruieren. Dieser Prozess ist entscheidend, da er das Netzwerk zwingt, die wichtigsten Merkmale der Daten zu identifizieren und zu bewahren, während Rauschen und überflüssige Informationen effektiv herausgefiltert werden.

Die Architektur eines Autoencoders ist elegant einfach und dennoch leistungsstark, bestehend aus zwei Hauptkomponenten:

1. Encoder

Diese entscheidende Komponente bildet das Fundament der Autoencoder-Architektur. Seine Hauptfunktion besteht darin, die hochdimensionalen Eingabedaten in eine kompakte, niedrigdimensionale Darstellung zu komprimieren, den sogenannten latenten Raum. Dieser Prozess der Dimensionsreduktion gleicht der Destillation der Essenz der Daten, wobei die wichtigsten Merkmale erfasst und redundante oder weniger wichtige Informationen verworfen werden.

Der latente Raum, oft als "Flaschenhals" des Netzwerks bezeichnet, dient als komprimierte, abstrakte Darstellung der Eingabe. Dieser Flaschenhals zwingt den Encoder dazu, ein effizientes Kodierungsschema zu erlernen, wodurch effektiv eine verdichtete Version der ursprünglichen Daten erstellt wird, die ihre wichtigsten Eigenschaften beibehält.

Der Encoder erreicht diese Komprimierung durch eine Reihe von neuronalen Netzwerkschichten, typischerweise unter Verwendung von Operationen wie Faltungen, Pooling und nicht-linearen Aktivierungen. Während die Daten diese Schichten durchlaufen, transformiert das Netzwerk die Eingabe schrittweise in zunehmend abstrakte und kompakte Darstellungen. Die letzte Schicht des Encoders gibt die Darstellung des latenten Raums aus, die man sich als eine Menge von Koordinaten in einem hochdimensionalen Raum vorstellen kann, in dem ähnliche Datenpunkte zusammen clustern.

Dieser Prozess der Abbildung hochdimensionaler Eingabedaten auf einen niedrigdimensionalen latenten Raum ist nicht nur eine einfache Kompressionstechnik. Vielmehr handelt es sich um eine erlernte Transformation, die darauf abzielt, die wichtigsten Merkmale und Beziehungen innerhalb der Daten zu bewahren. Der Encoder lernt, die informativsten Aspekte der Eingabe zu identifizieren und zu priorisieren, wodurch eine Darstellung entsteht, die effektiv für verschiedene nachgelagerte Aufgaben wie Rekonstruktion, Generierung oder weitere Analysen genutzt werden kann.

2. Decoder

Der Decoder ist eine entscheidende Komponente, die die komprimierte Darstellung aus dem latenten Raum nimmt und geschickt die ursprünglichen Eingabedaten rekonstruiert. Dieser komplexe Rekonstruktionsprozess dient mehreren wesentlichen Zwecken:

Erstens stellt er sicher, dass die komprimierte Darstellung im latenten Raum ausreichend Informationen beibehält, um die Eingabe mit hoher Genauigkeit zu regenerieren. Dies ist entscheidend für die Integrität und Nützlichkeit des Autoencoders.

Zweitens fungiert der Decoder als leistungsfähiges generatives Modell. Durch die Eingabe verschiedener latenter Darstellungen können wir neue, synthetische Daten generieren, die der ursprünglichen Eingabeverteilung stark ähneln. Diese Fähigkeit ist besonders wertvoll für verschiedene Anwendungen wie Datenerweiterung und kreative Inhaltsgenerierung.

Darüber hinaus liefert die Fähigkeit des Decoders, Daten aus dem latenten Raum zu rekonstruieren, Einblicke in die Qualität und Aussagekraft der gelernten Darstellungen. Wenn die rekonstruierte Ausgabe der ursprünglichen Eingabe stark ähnelt, zeigt dies, dass der Encoder die wichtigsten Merkmale der Daten erfolgreich in seiner komprimierten Form erfasst hat.

Die Architektur des Decoders ist typischerweise ein Spiegelbild des Encoders und verwendet Techniken wie transponierte Faltungen oder Upsampling-Schichten, um die Dimensionalität der Daten schrittweise wieder auf ihre ursprüngliche Größe zu erhöhen. Diese Symmetrie in der Architektur hilft bei der Aufrechterhaltung der strukturellen Integrität der Information während sie durch das Netzwerk fließt.

Der Trainingsprozess eines Autoencoders konzentriert sich darauf, den Rekonstruktionsfehler zu minimieren - die Differenz zwischen der ursprünglichen Eingabe und der rekonstruierten Ausgabe. Dieser Optimierungsprozess treibt das Netzwerk dazu, eine aussagekräftige und effiziente Darstellung der Daten zu erlernen. Infolgedessen werden Autoencoder geschickt darin, die zugrundeliegende Struktur und Muster innerhalb der Daten zu erfassen.

Die Anwendungen von Autoencodern sind vielfältig und wirkungsvoll. Sie überzeugen in Aufgaben wie:

Dimensionsreduktion

Autoencoder zeichnen sich durch die Komprimierung hochdimensionaler Daten in kompakte, niedrigdimensionale Darstellungen aus. Diese Fähigkeit ist besonders wertvoll in der Datenvisualisierung, wo komplexe Datensätze auf 2D- oder 3D-Räume projiziert werden können, um sie leichter interpretierbar zu machen. Bei der Merkmalsextraktion können Autoencoder die wichtigsten Eigenschaften der Daten identifizieren und große, komplexe Datensätze effektiv auf ihre wesentlichen Komponenten reduzieren.

Die Stärke von Autoencodern in der Dimensionsreduktion geht über einfache Kompression hinaus. Indem das Netzwerk gezwungen wird, eine komprimierte Darstellung zu lernen, erstellen Autoencoder effektiv eine nicht-lineare Abbildung der Eingabedaten auf einen niedrigdimensionalen Raum. Diese Abbildung erfasst oft zugrundeliegende Muster und Strukturen, die im ursprünglichen hochdimensionalen Raum möglicherweise nicht erkennbar sind.

Beispielsweise könnte ein Autoencoder in der Bildverarbeitung lernen, Bilder in Form abstrakter Merkmale wie Kanten, Formen und Texturen darzustellen, anstatt einzelner Pixelwerte. In der Verarbeitung natürlicher Sprache könnte er lernen, Wörter oder Sätze in Bezug auf ihren semantischen Inhalt darzustellen, anstatt nur ihrer oberflächlichen Merkmale.

Die Vorteile dieser Dimensionsreduktion sind vielfältig:

- Verbesserte Visualisierung: Durch die Reduktion von Daten auf 2D- oder 3D-Darstellungen ermöglichen Autoencoder die Erstellung intuitiver Visualisierungen, die Cluster, Trends und Ausreißer in den Daten aufzeigen können.

- Verbesserte Machine-Learning-Leistung: Niedrigdimensionale Darstellungen führen oft zu schnelleren Trainingszeiten und verbesserter Generalisierung in nachfolgenden Machine-Learning-Aufgaben. Dies liegt daran, dass der Autoencoder bereits einen Großteil der Arbeit bei der Extraktion relevanter Merkmale aus den Rohdaten geleistet hat.

- Rauschunterdrückung: Der Prozess der Kodierung und anschließenden Dekodierung von Daten hat oft den Effekt der Rauschfilterung, da das Netzwerk lernt, sich auf die wichtigsten Aspekte der Eingabe zu konzentrieren.

- Datenkompression: In Szenarien, in denen Datenspeicherung oder -übertragung ein Problem darstellt, können Autoencoder verwendet werden, um effiziente komprimierte Darstellungen der Daten zu erstellen.

Darüber hinaus hat der von Autoencodern gelernte latente Raum oft interessante Eigenschaften, die für verschiedene Aufgaben genutzt werden können. Zum Beispiel kann die Interpolation zwischen Punkten im latenten Raum neue, aussagekräftige Datenpunkte generieren, was für die Datenerweiterung oder kreative Anwendungen nützlich sein kann.

Diese Dimensionsreduktion unterstützt nicht nur die Visualisierung und beschleunigt nachfolgende Machine-Learning-Aufgaben durch Reduzierung der Berechnungskomplexität, sondern bietet auch ein leistungsfähiges Werkzeug zum Verständnis und zur Manipulation komplexer, hochdimensionaler Datensätze in einer Vielzahl von Anwendungen.

Anomalieerkennung

Autoencoder zeichnen sich durch die Erkennung von Anomalien oder Ausreißern aus, indem sie lernen, normale Datenmuster zu rekonstruieren. Diese Fähigkeit basiert auf ihrer einzigartigen Architektur und ihrem Trainingsprozess. Wenn ein Autoencoder auf einen anomalen Datenpunkt trifft, hat er Schwierigkeiten, diesen präzise zu rekonstruieren, was zu einem höheren Rekonstruktionsfehler führt. Diese Diskrepanz zwischen der Eingabe und der rekonstruierten Ausgabe dient als aussagekräftiger Indikator für Anomalien.

Der Prozess läuft wie folgt ab: Während des Trainings lernt der Autoencoder, typische, "normale" Datenpunkte effizient zu komprimieren und zu rekonstruieren. Er entwickelt eine interne Darstellung, die die wesentlichen Merkmale und Muster der Datenverteilung erfasst.

Wenn ein anomaler Datenpunkt präsentiert wird, der erheblich von dieser gelernten Verteilung abweicht, bleibt der Rekonstruktionsversuch des Autoencoders unzureichend, was zu einem größeren Fehler führt.

Diese Eigenschaft macht Autoencoder besonders wertvoll in verschiedenen Bereichen:

- Finanzbetrugsaufdeckung: Im Bank- und Finanzwesen können Autoencoder ungewöhnliche Transaktionsmuster erkennen, die auf betrügerische Aktivitäten hinweisen könnten. Durch das Erlernen der Merkmale legitimer Transaktionen können sie diejenigen markieren, die erheblich von der Norm abweichen.

- Qualitätskontrolle in der Fertigung: In industriellen Umgebungen können Autoencoder Fertigungsfehler erkennen, indem sie die Merkmale ordnungsgemäß hergestellter Produkte lernen und Artikel identifizieren, die nicht diesen Mustern entsprechen.

- Cybersicherheit: Netzwerk-Einbruchserkennungssysteme können Autoencoder einsetzen, um ungewöhnliche Verkehrsmuster zu identifizieren, die auf einen Cyberangriff oder unbefugte Zugriffsversuche hinweisen könnten.

- Gesundheitswesen: Autoencoder können bei der Erkennung von Anomalien in medizinischen Bildgebungen oder Vitalparametern von Patienten unterstützen und möglicherweise frühe Anzeichen von Krankheiten oder dringende Gesundheitsprobleme identifizieren.

Die Stärke von Autoencodern in der Anomalieerkennung liegt in ihrer unüberwachten Natur. Anders als überwachte Lernmethoden, die gekennzeichnete Beispiele von Anomalien benötigen, können Autoencoder Abweichungen von der Norm ohne explizite Kennzeichnung anomaler Instanzen erkennen. Dies macht sie besonders nützlich in Szenarien, in denen Anomalien selten, vielfältig oder schwer explizit zu definieren sind.

Darüber hinaus können sich Autoencoder an sich entwickelnde Datenverteilungen im Laufe der Zeit anpassen. Während neue Daten verarbeitet werden, kann das Modell feinjustiert werden, um Verschiebungen dessen zu erfassen, was "normales" Verhalten ausmacht, und behält so seine Effektivität in dynamischen Umgebungen.

Es ist jedoch wichtig zu beachten, dass Autoencoder zwar leistungsfähige Werkzeuge für die Anomalieerkennung sind, aber nicht ohne Einschränkungen. Die Effektivität eines autoencoder-basierten Anomalieerkennungssystems hängt von Faktoren wie der Qualität und Repräsentativität der Trainingsdaten, der Architektur des Autoencoders und dem gewählten Schwellenwert für die Bestimmung dessen ab, was eine Anomalie ausmacht. Daher werden Autoencoder in praktischen Anwendungen oft in Verbindung mit anderen Techniken eingesetzt, um robuste und zuverlässige Anomalieerkennungssysteme zu erstellen.

Entrauschen

Autoencoder können speziell darauf trainiert werden, Rauschen aus Daten zu entfernen, ein Prozess, der als Entrauschen bekannt ist. Diese leistungsfähige Technik beinhaltet das absichtliche Verfälschen von Eingabedaten mit Rauschen während des Trainings und die Aufgabe des Autoencoders, die ursprüngliche, saubere Version zu rekonstruieren. Durch diesen Prozess lernt das Modell, zwischen bedeutungsvollem Signal und unerwünschtem Rauschen zu unterscheiden und filtert effektiv Verzerrungen und Artefakte heraus.

Die Anwendungen von entrauschenden Autoencodern sind weitreichend und wirkungsvoll in verschiedenen Bereichen:

- Medizinische Bildgebung: In der Radiologie können entrauschende Autoencoder die Qualität von Röntgenaufnahmen, MRTs und CT-Scans erheblich verbessern. Durch die Reduzierung von Rauschen und Artefakten helfen diese Modelle medizinischen Fachkräften, genauere Diagnosen zu stellen und subtile Anomalien zu erkennen, die sonst möglicherweise verborgen blieben.

- Audioverarbeitung: Im Bereich der Spracherkennung und Musikproduktion können entrauschende Autoencoder gewünschte Klänge isolieren und verstärken, während sie Hintergrundgeräusche unterdrücken. Dies ist besonders wertvoll für die Verbesserung der Genauigkeit von Sprachassistenten, die Verbesserung der Qualität aufgenommener Musik und die Unterstützung bei der Audio-Forensik.

- Industrielle Sensordaten: In der Fertigung und IoT-Anwendungen enthalten Sensordaten oft Rauschen aufgrund von Umweltfaktoren oder Einschränkungen der Ausrüstung. Entrauschende Autoencoder können diese Daten bereinigen und führen zu zuverlässigeren Überwachungssystemen, vorausschauender Wartung und Qualitätskontrollprozessen.

- Astronomische Bildgebung: Weltraumteleskope erfassen Bilder, die oft von kosmischer Strahlung und anderen Störungen betroffen sind. Entrauschende Autoencoder können Astronomen helfen, klarere, detailliertere Bilder von fernen Himmelskörpern zu gewinnen, was möglicherweise zu neuen Entdeckungen in der Astrophysik führt.

Die Stärke entrauschender Autoencoder liegt in ihrer Fähigkeit, komplexe Rauschmuster zu lernen und sie von der zugrundeliegenden Datenstruktur zu trennen. Dies geht über einfache Filtertechniken hinaus, da sich das Modell an verschiedene Arten von Rauschen anpassen und wichtige Merkmale des ursprünglichen Signals bewahren kann. Infolgedessen sind entrauschende Autoencoder zu einem wesentlichen Werkzeug in der Signalverarbeitung, Datenbereinigung und Merkmalsextraktion in einer Vielzahl von wissenschaftlichen und industriellen Anwendungen geworden.

Feature Learning (Merkmalslernen)

Die vom Autoencoder gelernten Darstellungen des latenten Raums sind ein leistungsfähiges Werkzeug zur Erfassung bedeutungsvoller und abstrakter Merkmale der Eingabedaten. Diese Fähigkeit geht weit über die einfache Datenkomprimierung hinaus und bietet einen ausgefeilten Ansatz zum Verständnis komplexer Datenstrukturen.

Im Bereich der Bildverarbeitung entsprechen diese gelernten Merkmale oft hochrangigen visuellen Konzepten. Bei der Anwendung auf Gesichtserkennungsaufgaben können die latenten Darstellungen beispielsweise Eigenschaften wie Gesichtsstruktur, Ausdruck oder sogar abstraktere Konzepte wie Alter oder Geschlecht kodieren. Diese Fähigkeit, komplexe visuelle Informationen in kompakte, aussagekräftige Darstellungen zu destillieren, hat bedeutende Auswirkungen auf Anwendungen der Computer Vision, von Gesichtserkennungssystemen bis hin zur medizinischen Bildanalyse.

In der Verarbeitung natürlicher Sprache (NLP) können Autoencoder lernen, Wörter oder Sätze so darzustellen, dass sie tiefe semantische und syntaktische Beziehungen erfassen. Diese Darstellungen können Nuancen der Sprache wie Kontext, Ton oder sogar abstrakte Konzepte kodieren und bieten damit eine reichhaltige Grundlage für Aufgaben wie Stimmungsanalyse, Sprachübersetzung oder Texterzeugung. Bei der Themenmodellierung können beispielsweise autoencoder-abgeleitete Merkmale thematische Elemente erfassen, die sich über mehrere Dokumente erstrecken und Erkenntnisse liefern, die über eine einfache Schlüsselwortanalyse hinausgehen.

Die Stärke dieser gelernten Merkmale wird besonders in Transfer-Learning-Szenarien deutlich. Vortrainierte Modelle auf großen, vielfältigen Datensätzen können reichhaltige Merkmalsdarstellungen generieren, die mit minimalen zusätzlichen Trainingsdaten für spezifische Aufgaben feinabgestimmt werden können. Dieser Ansatz hat viele Bereiche des maschinellen Lernens revolutioniert und ermöglicht die schnelle Entwicklung ausgefeilter Modelle in Bereichen, in denen markierte Daten knapp sind.

Darüber hinaus haben die Merkmalslernen-Fähigkeiten von Autoencodern Anwendungen in der Anomalieerkennung und Datenbereinigung gefunden. Durch das Erlernen der Rekonstruktion 'normaler' Datenmuster können Autoencoder Ausreißer oder beschädigte Datenpunkte identifizieren, die erheblich von diesen gelernten Darstellungen abweichen. Dies hat praktische Auswirkungen in Bereichen wie Betrugserkennung bei Finanztransaktionen, Identifizierung von Fertigungsfehlern oder Erkennung ungewöhnlicher Muster in medizinischen Daten.

Mit fortschreitender Forschung in diesem Bereich sehen wir die Entstehung ausgereifterer Autoencoder-Architekturen wie Variational Autoencoder (VAEs) und Adversarial Autoencoder. Diese Modelle lernen nicht nur bedeutungsvolle Merkmale, sondern erfassen auch die zugrundeliegenden Wahrscheinlichkeitsverteilungen der Daten und eröffnen neue Möglichkeiten für generative Modellierung und Datensynthese.

Die Auswirkungen des autoencoder-basierten Merkmalslernens erstrecken sich über verschiedene Branchen und wissenschaftliche Disziplinen. In der Arzneimittelforschung werden diese Techniken verwendet, um potenzielle Arzneimittelkandidaten durch das Lernen kompakter Darstellungen von Molekülstrukturen zu identifizieren. In der Robotik helfen sie bei der Entwicklung effizienterer und anpassungsfähigerer Steuerungssysteme, indem sie kompakte Darstellungen komplexer Umgebungen und Aufgaben lernen.

Während wir die Grenzen des mit Autoencodern und Merkmalslernen Möglichen weiter verschieben, können wir noch innovativere Anwendungen erwarten, die die Rolle dieser Techniken als Eckpfeiler des modernen maschinellen Lernens und der künstlichen Intelligenz weiter festigen.

Die Vielseitigkeit und Effektivität von Autoencodern haben sie zu einem Eckpfeiler im Bereich des unüberwachten Lernens gemacht und eröffnen neue Möglichkeiten für Datenanalyse und Repräsentationslernen in verschiedenen Bereichen.

Beispiel: Aufbau eines einfachen Autoencoders in Keras

Implementieren wir einen einfachen Autoencoder in Keras mit dem **MNIST**-Datensatz (ein Datensatz handgeschriebener Ziffern).

```python
import tensorflow as tf
from tensorflow.keras import layers, models

# Load the MNIST dataset and normalize it
(x_train, _), (x_test, _) = tf.keras.datasets.mnist.load_data()
x_train = x_train.astype('float32') / 255.
x_test = x_test.astype('float32') / 255.
x_train = x_train.reshape((len(x_train), 28, 28, 1))
x_test = x_test.reshape((len(x_test), 28, 28, 1))

# Encoder
input_img = layers.Input(shape=(28, 28, 1))
x = layers.Conv2D(16, (3, 3), activation='relu', padding='same')(input_img)
x = layers.MaxPooling2D((2, 2), padding='same')(x)
x = layers.Conv2D(8, (3, 3), activation='relu', padding='same')(x)
x = layers.MaxPooling2D((2, 2), padding='same')(x)
encoded = layers.Conv2D(8, (3, 3), activation='relu', padding='same')(x)

# Decoder
x = layers.Conv2D(8, (3, 3), activation='relu', padding='same')(encoded)
x = layers.UpSampling2D((2, 2))(x)
x = layers.Conv2D(16, (3, 3), activation='relu')(x)
x = layers.UpSampling2D((2, 2))(x)
decoded = layers.Conv2D(1, (3, 3), activation='sigmoid', padding='same')(x)

# Autoencoder model
autoencoder = models.Model(input_img, decoded)
autoencoder.compile(optimizer='adam', loss='binary_crossentropy')

# Train the autoencoder
autoencoder.fit(x_train, x_train, epochs=50, batch_size=256, validation_data=(x_test,
x_test))
```

Dieser Code implementiert einen einfachen Autoencoder mit Keras für den MNIST-Datensatz handgeschriebener Ziffern.

Hier sind die wichtigsten Komponenten im Überblick:

- Datenvorbereitung: Der MNIST-Datensatz wird geladen, auf Werte zwischen 0 und 1 normalisiert und in die für den Autoencoder passende Eingabeform umgewandelt.

- Encoder: Der Encoder-Teil des Autoencoders verwendet Faltungsschichten zur Komprimierung des Eingangsbildes. Er besteht aus drei Conv2D-Schichten mit ReLU-Aktivierung und zwei MaxPooling2D-Schichten zur Dimensionsreduktion.

- Decoder: Der Decoder spiegelt die Encoder-Struktur, verwendet aber UpSampling2D-Schichten zur Dimensionserhöhung. Er rekonstruiert das ursprüngliche Bild aus der komprimierten Darstellung.

- Modell-Kompilierung: Das Autoencoder-Modell wird mit dem Adam-Optimierer und der binären Kreuzentropie als Verlustfunktion kompiliert, die sich für Bildrekonstruktionsaufgaben eignet.

- Training: Das Modell wird über 50 Epochen mit einer Batch-Größe von 256 trainiert, wobei die Trainingsdaten sowohl als Eingabe als auch als Ziel dienen. Die Testdaten werden zur Validierung verwendet.

Dieser Autoencoder lernt, die MNIST-Bilder in eine niedrigdimensionale Darstellung zu komprimieren und sie dann zu rekonstruieren, wobei potenziell nützliche Merkmale im Prozess gelernt werden.

7.1.2 Variational Autoencoders (VAEs)

Während herkömmliche Autoencoder in der Datenkomprimierung hervorragend sind, erweitern **Variational Autoencoders (VAEs)** dieses Konzept durch die Einführung eines probabilistischen Elements in den Kodierungsprozess. Anders als traditionelle Autoencoder, die jede Eingabe auf einen festen Punkt im latenten Raum abbilden, erzeugen VAEs eine Wahrscheinlichkeitsverteilung – typischerweise eine Gauß-Verteilung – aus der latente Variablen gesampelt werden. Dieser probabilistische Ansatz ermöglicht es VAEs, die zugrundeliegende Struktur der Daten effektiver zu erfassen und dabei inhärente Variabilität und Unsicherheit zu berücksichtigen.

Die probabilistische Natur der VAEs macht sie besonders leistungsfähig für **generative Modellierung**. Indem sie lernen, Eingaben auf Verteilungen statt auf feste Punkte abzubilden, können VAEs vielfältige, neuartige Datenpunkte generieren, die mit der gelernten Verteilung übereinstimmen. Dies wird durch Sampling aus dem latenten Raum und anschließendes Dekodieren dieser Samples erreicht, was zu neuen Daten führt, die den Trainingsdaten sehr ähnlich sind. Diese Fähigkeit hat weitreichende Auswirkungen in verschiedenen Bereichen:

- In der Computer Vision können VAEs neue, realistische Bilder generieren, die die Charakteristiken der Trainingsdaten beibehalten, wie zum Beispiel die Erstellung neuer Gesichter oder Kunststile.

- In der Verarbeitung natürlicher Sprache können VAEs für die Texterzeugung verwendet werden, um kohärente Sätze oder Absätze zu produzieren, die die Essenz des Trainingskorpus erfassen.

- In der Arzneimittelforschung können VAEs neue Molekülstrukturen mit gewünschten Eigenschaften vorschlagen und damit potenziell die Entwicklung neuer Pharmazeutika beschleunigen.

Darüber hinaus erfasst der von VAEs gelernte latente Raum oft bedeutungsvolle Merkmale der Eingabedaten, was eine intuitive Manipulation und Interpolation zwischen verschiedenen Datenpunkten ermöglicht. Diese Eigenschaft macht VAEs wertvoll für Aufgaben wie Datenerweiterung, Anomalieerkennung und sogar Transfer Learning zwischen verschiedenen Domänen.

Wie VAEs funktionieren

Encoder: Der Encoder in einem VAE unterscheidet sich deutlich von einem Standard-Autoencoder. Anstatt eine einzelne, feste latente Repräsentation zu erzeugen, gibt er zwei Schlüsselparameter aus: den **Mittelwert** und die **Log-Varianz** einer Wahrscheinlichkeitsverteilung im latenten Raum. Dieser probabilistische Ansatz ermöglicht es dem VAE, Unsicherheit und Variabilität in den Eingabedaten zu erfassen. Die tatsächliche latente Repräsentation wird dann aus einer durch diese Parameter definierten Normalverteilung gesampelt, wodurch ein stochastisches Element eingeführt wird, das die generativen Fähigkeiten des Modells verbessert.

Decoder: Der Decoder in einem VAE funktioniert ähnlich wie in einem Standard-Autoencoder, aber mit einem entscheidenden Unterschied. Er nimmt die gesampelte latente Repräsentation als Eingabe und rekonstruiert die ursprünglichen Daten. Da diese Eingabe nun eine Stichprobe aus einer Wahrscheinlichkeitsverteilung und kein fester Punkt ist, lernt der Decoder, robuster und flexibler zu sein. Dies ermöglicht es dem VAE, vielfältige, aber realistische Ausgaben zu generieren, selbst wenn aus verschiedenen Punkten im latenten Raum gesampelt wird.

KL-Divergenz: Die Kullback-Leibler (KL) Divergenz spielt eine wichtige Rolle in VAEs und dient als Regularisierungsterm in der Verlustfunktion. Sie stellt sicher, dass die gelernte latente Verteilung einer standardnormalen Verteilung nahe kommt. Diese Regularisierung hat zwei wichtige Effekte:

- Sie fördert einen kontinuierlichen und gut strukturierten latenten Raum, der eine glatte Interpolation zwischen verschiedenen Punkten ermöglicht.

- Sie verhindert, dass das Modell die Trainingsdaten einfach auswendig lernt und fördert stattdessen das Lernen einer bedeutungsvollen und generalisierbaren Repräsentation.

Die Balance zwischen Rekonstruktionsgenauigkeit und KL-Divergenz ist entscheidend für die Leistung und generativen Fähigkeiten des VAE.

Reparametrisierungstrick: Um die Rückpropagation durch den Sampling-Prozess zu ermöglichen, verwenden VAEs den Reparametrisierungstrick. Dabei wird das zufällige Sampling als deterministische Funktion des Mittelwerts, der Log-Varianz und einer externen Zufallsquelle ausgedrückt. Diese geschickte Technik ermöglicht es, das Modell End-to-End mit Standard-Optimierungsmethoden zu trainieren.

Verlustfunktion: Die Verlustfunktion des VAE kombiniert zwei Komponenten:

- Rekonstruktionsverlust: Misst, wie gut der Decoder die Eingabe aus der gesampelten latenten Repräsentation rekonstruieren kann.

- KL-Divergenz: Regularisiert die Verteilung des latenten Raums.

Die Ausbalancierung dieser beiden Komponenten ist der Schlüssel zum Training eines effektiven VAE, der sowohl Eingaben genau rekonstruieren als auch neuartige, realistische Samples generieren kann.

Beispiel: Implementierung eines Variational Autoencoders in Keras

```python
from tensorflow.keras import layers, models
import tensorflow as tf
import numpy as np

# Sampling function for the latent space
def sampling(args):
    z_mean, z_log_var = args
    batch = tf.shape(z_mean)[0]
    dim = tf.shape(z_mean)[1]
    epsilon = tf.keras.backend.random_normal(shape=(batch, dim))
    return z_mean + tf.exp(0.5 * z_log_var) * epsilon

# Encoder
latent_dim = 2
inputs = layers.Input(shape=(28, 28, 1))
x = layers.Conv2D(32, 3, activation="relu", strides=2, padding="same")(inputs)
x = layers.Conv2D(64, 3, activation="relu", strides=2, padding="same")(x)
x = layers.Flatten()(x)
x = layers.Dense(16, activation="relu")(x)
z_mean = layers.Dense(latent_dim, name="z_mean")(x)
z_log_var = layers.Dense(latent_dim, name="z_log_var")(x)

# Latent space sampling
z    =    layers.Lambda(sampling,    output_shape=(latent_dim,),    name="z")([z_mean,
z_log_var])

# Decoder
decoder_input = layers.Input(shape=(latent_dim,))
x = layers.Dense(7 * 7 * 64, activation="relu")(decoder_input)
x = layers.Reshape((7, 7, 64))(x)
x = layers.Conv2DTranspose(64, 3, activation="relu", strides=2, padding="same")(x)
x = layers.Conv2DTranspose(32, 3, activation="relu", strides=2, padding="same")(x)
```

```
decoder_output         =         layers.Conv2DTranspose(1,     3,     activation="sigmoid",
padding="same")(x)

# VAE model
encoder = models.Model(inputs, [z_mean, z_log_var, z], name="encoder")
decoder = models.Model(decoder_input, decoder_output, name="decoder")
vae_output = decoder(encoder(inputs)[2])

vae = models.Model(inputs, vae_output, name="vae")

# Loss: Reconstruction + KL divergence
reconstruction_loss                                                               =
tf.keras.losses.binary_crossentropy(tf.keras.backend.flatten(inputs),
tf.keras.backend.flatten(vae_output))
reconstruction_loss *= 28 * 28
kl_loss = 1 + z_log_var - tf.square(z_mean) - tf.exp(z_log_var)
kl_loss = tf.reduce_mean(-0.5 * tf.reduce_sum(kl_loss, axis=-1))
vae_loss = tf.reduce_mean(reconstruction_loss + kl_loss)

vae.add_loss(vae_loss)
vae.compile(optimizer="adam")

# Train the VAE
vae.fit(x_train,   x_train,   epochs=50,   batch_size=128,   validation_data=(x_test,
x_test))
```

Dieser Code implementiert einen Variational Autoencoder (VAE) mit Keras und TensorFlow.

Hier sind die wichtigsten Komponenten:

- Sampling-Funktion: Die sampling-Funktion implementiert den Reparametrisierungstrick, der es dem Modell ermöglicht, die Rückpropagation durch den zufälligen Sampling-Prozess durchzuführen.

- Encoder: Das Encoder-Netzwerk nimmt die Eingabe (28x28x1 Bilder) entgegen und erzeugt den Mittelwert und die Log-Varianz der Verteilung des latenten Raums. Es verwendet Faltungs- und Dense-Layer.

- Latenter Raum: Der latente Raum wird mithilfe der sampling-Funktion abgetastet, wodurch eine zweidimensionale latente Repräsentation entsteht.

- Decoder: Der Decoder nimmt die latente Repräsentation auf und rekonstruiert das ursprüngliche Bild. Er verwendet Dense- und transponierte Faltungsschichten.

- VAE-Modell: Das vollständige VAE-Modell wird durch die Kombination von Encoder und Decoder erstellt.

- Verlustfunktion: Die Verlustfunktion besteht aus zwei Teilen:

- o Rekonstruktionsverlust: Binäre Kreuzentropie zwischen Eingabe und rekonstruierter Ausgabe

  - o KL-Divergenz-Verlust: Stellt sicher, dass die gelernte latente Verteilung einer Standardnormalverteilung nahekommt

- Training: Das Modell wird mit dem Adam-Optimizer kompiliert und für 50 Epochen mit dem MNIST-Datensatz (dargestellt durch x_train und x_test) trainiert.

Dieser VAE kann MNIST-Ziffern in einen 2D-latenten Raum komprimieren und durch Abtastung aus diesem Raum neue, ähnliche Ziffern generieren.

7.2 Generative Adversarial Networks (GANs) und ihre Anwendungen

Dieser Abschnitt wird sich mit den grundlegenden Konzepten von GANs befassen und ihre einzigartige Architektur untersuchen, die zwei neuronale Netze in einem adversarialen Trainingsprozess gegeneinander antreten lässt. Wir werden betrachten, wie dieser innovative Ansatz es GANs ermöglicht, bemerkenswert realistische Daten zu generieren, von Bildern und Videos bis hin zu Text und sogar Musik.

Darüber hinaus werden wir die verschiedenen Anwendungen von GANs und ihr Potenzial zur Transformation von Branchen von Kunst und Unterhaltung bis hin zu Gesundheitswesen und wissenschaftlicher Forschung diskutieren.

Durch das Verständnis der Prinzipien und Anwendungen von GANs gewinnen Sie Einblick in einen der spannendsten und sich am schnellsten entwickelnden Bereiche der künstlichen Intelligenz, der neue Möglichkeiten für kreative Problemlösung und Datengenerierung eröffnet.

7.2.1 Einführung in GANs

Generative Adversarial Networks (GANs), 2014 von Ian Goodfellow eingeführt, stellen ein revolutionäres Paradigma im Deep Learning dar. Diese ausgefeilten Modelle bestehen aus zwei konkurrierenden neuronalen Netzen: dem **Generator** und dem **Diskriminator**, die in einem adversarialen Trainingsprozess gegeneinander antreten und beide Netzwerke zu kontinuierlicher Verbesserung antreiben.

Das **Generator**-Netzwerk übernimmt die Rolle eines Fälschers und hat die Aufgabe, Daten zu erstellen, die von echten Proben nicht zu unterscheiden sind. Es beginnt mit einem zufälligen Rauschvektor und verfeinert diesen schrittweise zu einem überzeugenden Abbild der Zielverteilung. Dieser Prozess umfasst komplexe Transformationen, die das Rauschen durch mehrere Schichten des Netzwerks abbilden, wobei jede zur Erzeugung zunehmend realistischer Ausgaben beiträgt.

Auf der anderen Seite dieses KI-Duells steht das **Diskriminator**-Netzwerk. Als kritischer Begutachter besteht die Aufgabe des Diskriminators darin, zwischen authentischen Daten und den Fälschungen des Generators zu unterscheiden. Er analysiert Eingaben und erzeugt einen Wahrscheinlichkeitswert, der sein Vertrauen angibt, ob eine gegebene Probe echt oder künstlich generiert ist. Diese binäre Klassifikationsaufgabe erfordert vom Diskriminator ein nuanciertes Verständnis der komplexen Muster und Merkmale, die echte Daten charakterisieren.

Der Kern des GAN-Trainings liegt in der adversarialen Beziehung zwischen diesen beiden Netzwerken, die oft als **Minimax-Spiel** beschrieben wird. In diesem Wettkampf mit hohem Einsatz:

- Der Generator bemüht sich darum, zunehmend überzeugende Fälschungen zu produzieren, mit dem Ziel, Ausgaben zu erzeugen, die die Prüfung des Diskriminators unentdeckt passieren können.

- Der Diskriminator schärft wiederum seine Fähigkeit, selbst die subtilsten Anzeichen künstlicher Generierung zu erkennen, und passt sich ständig den verbesserten Techniken des Generators an.

Dieser iterative Prozess erzeugt eine Rückkopplungsschleife kontinuierlicher Verbesserung. Je geschickter der Generator darin wird, realistische Daten zu erzeugen, desto mehr muss sich der Diskriminator weiterentwickeln, um seinen Vorsprung bei der Erkennung zu behalten. Umgekehrt liefert der Diskriminator, je unterscheidungsfähiger er wird, präziseres Feedback an den Generator und führt ihn zu noch überzeugenderen Ausgaben. Dieses dynamische Zusammenspiel treibt beide Netzwerke zu neuen Niveaus der Komplexität.

Mit der Zeit treibt dieses adversariale Trainingsregime den Generator dazu, Ergebnisse von erstaunlicher Qualität und Realismus zu produzieren. Das Endziel ist es, einen Punkt zu erreichen, an dem die generierten Daten praktisch nicht von echten Proben zu unterscheiden sind, selbst für den kritischsten Diskriminator. Diese Fähigkeit eröffnet eine Welt von Möglichkeiten in verschiedenen Bereichen, von der Erstellung fotorealistischer Bilder bis zur Generierung synthetischer Daten für Forschung und Entwicklung.

GAN-Trainingsprozess: Eine detaillierte Betrachtung

Das Training von Generative Adversarial Networks (GANs) ist ein komplexer Prozess, der ein feines Gleichgewicht zwischen zwei konkurrierenden neuronalen Netzen erfordert. Lassen Sie uns diesen Prozess in detailliertere Schritte aufgliedern:

- **Schritt 1: Generator-Initialisierung** Der Generator beginnt mit zufälligem Rauschen als Eingabe und versucht, Daten zu erzeugen, die der Zielverteilung ähneln. Anfänglich sind diese Ausgaben wahrscheinlich von schlechter Qualität und leicht von echten Daten zu unterscheiden.

- **Schritt 2: Diskriminator-Training** Dem Diskriminator wird eine Mischung aus echten Daten aus dem Trainingssatz und gefälschten Daten vom Generator präsentiert. Er lernt zwischen beiden zu unterscheiden und wird effektiv zu einem binären Klassifikator.

- **Schritt 3: Generator-Training** Mit dem Feedback des Diskriminators passt der Generator seine Parameter an, um überzeugendere gefälschte Daten zu produzieren. Das Ziel ist es, Ausgaben zu erzeugen, die der Diskriminator als echt klassifiziert.

- **Schritt 4: Iterative Verbesserung** Schritte 2 und 3 werden iterativ wiederholt. Während sich der Generator verbessert, muss auch der Diskriminator seine Fähigkeit verbessern, zunehmend ausgefeilte Fälschungen zu erkennen.

- **Schritt 5: Gleichgewicht** Idealerweise konvergiert der Prozess zu einem Punkt, an dem der Generator Daten produziert, die von echten Proben nicht zu unterscheiden sind, und der Diskriminator nicht mehr mit Sicherheit zwischen echten und gefälschten Daten unterscheiden kann.

Die mathematische Formulierung dieses Prozesses wird in der GAN-Verlustfunktion erfasst:

$$\min_G \max_D E_{\{x \sim pdata\}}[\log D(x)] + E_{\{z \sim pz\}}\big[\log\big(1 - D(G(z))\big)\big]$$

Diese Gleichung beschreibt das Minimax-Spiel zwischen Generator (G) und Diskriminator (D). Lassen Sie uns ihre Komponenten aufschlüsseln:

- G: Das Generator-Netzwerk

- D: Das Diskriminator-Netzwerk

- x: Stichproben aus der echten Datenverteilung

- z: Zufällige Rauscheingabe für den Generator

- p*data*: Die Verteilung der echten Daten

- p*z*: Die Verteilung der zufälligen Rauscheingabe

Der erste Term, $Ex \sim pdata[\log D(x)]$, repräsentiert die Fähigkeit des Diskriminators, echte Daten korrekt zu klassifizieren. Der zweite Term, $E_{z \sim pz}\big[\log\big(1 - D(G(z))\big)\big]$, repräsentiert seine Fähigkeit, generierte gefälschte Daten korrekt zu klassifizieren.

Der Generator zielt darauf ab, diese Funktion zu minimieren, während der Diskriminator versucht, sie zu maximieren. Dieser adversariale Prozess treibt beide Netzwerke dazu an, sich gleichzeitig zu verbessern, was zur Generierung zunehmend realistischer Daten führt.

7.2.2 Implementierung eines einfachen GAN in PyTorch

Lassen Sie uns ein Beispiel durchgehen, wie man einen einfachen GAN in PyTorch erstellt, um Bilder zu generieren. Wir werden den **MNIST**-Datensatz für dieses Beispiel verwenden.

Beispiel: GAN für MNIST-Bildgenerierung in PyTorch

```
import torch
```

```python
import torch.nn as nn
import torch.optim as optim
from torchvision import datasets, transforms
from torch.utils.data import DataLoader

# Generator model
class Generator(nn.Module):
    def __init__(self, input_dim, output_dim):
        super(Generator, self).__init__()
        self.model = nn.Sequential(
            nn.Linear(input_dim, 128),
            nn.ReLU(True),
            nn.Linear(128, 256),
            nn.ReLU(True),
            nn.Linear(256, 512),
            nn.ReLU(True),
            nn.Linear(512, output_dim),
            nn.Tanh()  # Tanh activation to scale the output to [-1, 1]
        )

    def forward(self, x):
        return self.model(x)

# Discriminator model
class Discriminator(nn.Module):
    def __init__(self, input_dim):
        super(Discriminator, self).__init__()
        self.model = nn.Sequential(
            nn.Linear(input_dim, 512),
            nn.LeakyReLU(0.2, inplace=True),
            nn.Linear(512, 256),
            nn.LeakyReLU(0.2, inplace=True),
            nn.Linear(256, 1),
            nn.Sigmoid()  # Sigmoid activation for binary classification
        )

    def forward(self, x):
        return self.model(x)

# Hyperparameters
latent_dim = 100  # Dimension of the random noise vector (input to generator)
img_size = 28 * 28  # Size of flattened MNIST images
batch_size = 64
learning_rate = 0.0002
epochs = 100

# Create generator and discriminator models
generator = Generator(input_dim=latent_dim, output_dim=img_size)
discriminator = Discriminator(input_dim=img_size)

# Loss function and optimizers
adversarial_loss = nn.BCELoss()
```

```python
optimizer_G = optim.Adam(generator.parameters(), lr=learning_rate)
optimizer_D = optim.Adam(discriminator.parameters(), lr=learning_rate)

# Load MNIST dataset
transform = transforms.Compose([
    transforms.ToTensor(),
    transforms.Normalize([0.5], [0.5])  # Normalize to [-1, 1]
])
mnist_data  =  datasets.MNIST(root='./data',  train=True,  transform=transform,
download=True)
dataloader = DataLoader(mnist_data, batch_size=batch_size, shuffle=True)

# Training loop
for epoch in range(epochs):
    for real_imgs, _ in dataloader:
        batch_size = real_imgs.size(0)
        real_imgs = real_imgs.view(batch_size, -1)

        # Create labels for real and fake data
        real_labels = torch.ones(batch_size, 1)
        fake_labels = torch.zeros(batch_size, 1)

        # Train the discriminator on real images
        optimizer_D.zero_grad()
        real_loss = adversarial_loss(discriminator(real_imgs), real_labels)

        # Generate fake images and train the discriminator
        noise = torch.randn(batch_size, latent_dim)
        fake_imgs = generator(noise)
        fake_loss = adversarial_loss(discriminator(fake_imgs.detach()), fake_labels)
        d_loss = real_loss + fake_loss
        d_loss.backward()
        optimizer_D.step()

        # Train the generator to fool the discriminator
        optimizer_G.zero_grad()
        g_loss = adversarial_loss(discriminator(fake_imgs), real_labels)
        g_loss.backward()
        optimizer_G.step()

    print(f"Epoch  [{epoch+1}/{epochs}]  |  D  Loss:  {d_loss.item()}  |  G  Loss:
{g_loss.item()}")

# Example of generating an image
with torch.no_grad():
    noise = torch.randn(1, latent_dim)
    generated_image = generator(noise).view(28, 28)
    print("Generated image:", generated_image)
```

Dieser Code implementiert ein einfaches Generatives Adversariales Netzwerk (GAN) mit PyTorch zur Generierung von Bildern aus dem MNIST-Datensatz.

Hier sind die wichtigsten Komponenten:

- **Generator- und Diskriminator-Modelle:** Der Code definiert zwei neuronale Netzwerkklassen, Generator und Diskriminator. Der Generator nimmt Zufallsrauschen als Eingabe und erzeugt gefälschte Bilder, während der Diskriminator versucht, zwischen echten und gefälschten Bildern zu unterscheiden.

- **Hyperparameter:** Der Code legt verschiedene Hyperparameter fest, wie die latente Dimension, Bildgröße, Batch-Größe, Lernrate und Anzahl der Epochen.

- **Verlustfunktion und Optimierer:** Die binäre Kreuzentropie-Verlustfunktion (BCELoss) wird als adversarialer Verlust verwendet. Separate Adam-Optimierer werden für Generator und Diskriminator erstellt.

- **Datenladen:** Der MNIST-Datensatz wird mittels torchvision geladen, mit entsprechenden Transformationen.

- **Trainingsschleife:** Die Haupttrainingsschleife iteriert über die angegebene Anzahl von Epochen. In jeder Iteration:

    - Der Diskriminator wird sowohl an echten als auch gefälschten Bildern trainiert

    - Der Generator wird trainiert, um den Diskriminator zu täuschen

    - Verluste für beide Netzwerke werden berechnet und rückpropagiert

- **Bilderzeugung:** Nach dem Training zeigt der Code, wie man mit dem trainierten Generator ein neues Bild erzeugt.

Diese Implementierung demonstriert das grundlegende Konzept von GANs, bei dem zwei Netzwerke gegeneinander konkurrieren und letztendlich zur Erzeugung realistischer gefälschter Bilder führen.

7.2.3 Anwendungen von GANs

GANs haben ein breites Spektrum an Anwendungen, von denen viele bahnbrechend sind in Bereichen wie Bilderzeugung, Videoerstellung, Datenerweiterung und sogar Medikamentenentwicklung.

Hier sind die wichtigsten Anwendungen:

1. Bilderzeugung

GANs haben das Feld der Bildsynthese revolutioniert, indem sie die Erzeugung hochrealistischer Bilder aus zufälligen Rauscheingaben ermöglichen. Diese Fähigkeit hat weitreichende Auswirkungen in verschiedenen Bereichen:

Fotorealistische Porträts: Fortgeschrittene GAN-Architekturen wie StyleGAN haben bemerkenswerte Erfolge bei der Generierung lebensechter menschlicher Gesichter erzielt. Diese generierten Bilder sind so überzeugend, dass sie oft von echten Fotografien nicht zu unterscheiden sind, obwohl sie völlig fiktive Personen darstellen. Diese Technologie findet Anwendung in Unterhaltung, virtueller Realität und digitaler Kunst.

Datenerweiterung: In Bereichen, wo die Beschaffung großer Datensätze schwierig oder kostspielig ist, wie bei medizinischer Bildgebung oder der Erkennung seltener Objekte, können GANs synthetische Daten zur Erweiterung bestehender Datensätze generieren. Dies hilft beim Training robusterer maschineller Lernmodelle.

Kreative Werkzeuge: Künstler und Designer nutzen GANs, um einzigartige visuelle Inhalte zu erstellen, neue ästhetische Möglichkeiten zu erkunden und sogar ganze virtuelle Umgebungen zu generieren. Dies hat zur Entstehung von "KI-Kunst" als neuem Medium kreativen Ausdrucks geführt.

Datenschutzwahrende synthetische Daten: In Szenarien, wo Datenschutz entscheidend ist, können GANs synthetische Datensätze generieren, die die statistischen Eigenschaften der Originaldaten bewahren, ohne sensible Informationen preiszugeben. Dies ist besonders wertvoll im Gesundheitswesen und Finanzsektor.

Die Fähigkeit von GANs, hochwertige, vielfältige Bilder zu generieren, hat nicht nur die Grenzen des in der Computervision Möglichen verschoben, sondern auch wichtige ethische Überlegungen aufgeworfen, besonders im Hinblick auf den potenziellen Missbrauch solcher Technologie, insbesondere im Kontext von Deepfakes und Fehlinformation.

2. Bild-zu-Bild-Übersetzung

GANs haben das Feld der Bild-zu-Bild-Übersetzung revolutioniert und ermöglichen die Transformation von Bildern von einer Domäne in eine andere. Diese leistungsfähige Fähigkeit hat zahlreiche Anwendungen in verschiedenen Branchen:

Skizze-zu-Foto-Konvertierung: GANs können einfache Skizzen in fotorealistische Bilder umwandeln, eine Funktion, die besonders nützlich in Design und Architektur ist. Zum Beispiel kann eine grobe Skizze eines Gebäudes in eine lebensechte Darstellung umgewandelt werden, was Architekten und Kunden hilft, Projekte effektiver zu visualisieren.

Kolorierung: GANs zeichnen sich durch das Hinzufügen von Farbe zu Schwarz-Weiß-Bildern aus, hauchen historischen Fotografien neues Leben ein oder verbessern Graustufenaufnahmen in der medizinischen Bildgebung. Diese Technologie findet Anwendung in der Filmrestaurierung, historischen Forschung und medizinischen Bildgebung.

Kartenübersetzung: Eine der beeindruckendsten Anwendungen ist die Umwandlung von Luftaufnahmen in Straßenansichten und umgekehrt. Diese Fähigkeit hat bedeutende Auswirkungen auf Stadtplanung, Navigationssysteme und virtuellen Tourismus.

Stiltransfer: GANs können den Stil eines Bildes auf den Inhalt eines anderen übertragen und dabei einzigartige künstlerische Interpretationen schaffen. Dies findet Anwendung in digitaler Kunst, Werbung und Unterhaltung.

Zwei prominente GAN-Architekturen für diese Aufgaben sind pix2pix und CycleGAN. Pix2pix benötigt gepaarte Datensätze (Eingabe- und Zielbilder), während CycleGAN mit ungepaarten Datensätzen arbeiten kann, was es flexibler für Szenarien macht, in denen exakte Paare nicht verfügbar sind.

3. Datenerweiterung

GANs zeichnen sich durch die Generierung neuer, synthetischer Datenstichproben aus, die dem ursprünglichen Datensatz stark ähneln. Diese Fähigkeit ist besonders wertvoll in Szenarien, wo Daten knapp oder schwer zu beschaffen sind. Durch die Erweiterung von Trainingsdatensätzen mit GAN-generierten Stichproben können Forscher und Data Scientists die Robustheit und Leistung ihrer maschinellen Lernmodelle erheblich verbessern.

Der Prozess funktioniert, indem das GAN auf den verfügbaren echten Daten trainiert wird und dann der Generator verwendet wird, um zusätzliche, künstliche Stichproben zu erstellen. Diese synthetischen Stichproben bewahren die statistischen Eigenschaften und Merkmale des ursprünglichen Datensatzes und erweitern effektiv den Trainingssatz ohne die Notwendigkeit zusätzlicher Datenerfassung. Dieser Ansatz ist besonders vorteilhaft in Bereichen wie:

- Medizinische Bildgebung: Wo Patientendaten aufgrund von Datenschutzbedenken oder seltenen Erkrankungen begrenzt sein können.

- Autonomes Fahren: Um seltene oder gefährliche Szenarien ohne reale Tests zu simulieren.

- Anomalieerkennung: Durch die Generierung weiterer Beispiele für seltene Ereignisse oder Ausreißer.

- Verarbeitung natürlicher Sprache: Um vielfältige Textbeispiele für ein verbessertes Sprachverständnis zu erstellen.

Darüber hinaus kann die GAN-basierte Datenerweiterung helfen, Klassenungleichgewichte in Datensätzen anzugehen, indem zusätzliche Stichproben für unterrepräsentierte Klassen erstellt werden. Dies führt zu ausgewogeneren und faireren maschinellen Lernmodellen, reduziert Verzerrungen und verbessert die Gesamtleistung über alle Kategorien hinweg.

4. Superauflösung

GANs haben das Gebiet der Bildverbesserung durch Superauflösungstechniken revolutioniert. Dieser Prozess beinhaltet die Umwandlung von Bildern mit niedriger Auflösung in hochaufgelöste Entsprechungen durch intelligente Generierung fehlender Details. Die GAN-Architektur, bestehend aus einem Generator- und einem Diskriminator-Netzwerk, arbeitet zusammen, um realistische und scharfe hochaufgelöste Bilder zu erzeugen.

Bei Superauflösungs-GANs lernt das Generator-Netzwerk, niedrig aufgelöste Eingangsbilder hochzuskalieren, während das Diskriminator-Netzwerk die generierten hochaufgelösten Bilder bewertet und sie mit echten hochaufgelösten Bildern vergleicht. Dieser adversariale Prozess führt dazu, dass der Generator zunehmend überzeugende und detaillierte hochaufgelöste Ausgaben produziert.

Die Anwendungen von Superauflösungs-GANs sind weitreichend:

- Medizinische Bildgebung: In Bereichen wie Radiologie und Pathologie können Superauflösungs-GANs die Qualität medizinischer Aufnahmen verbessern und potenziell die diagnostische Genauigkeit erhöhen, ohne dass teurere Bildgebungsgeräte erforderlich sind.

- Satellitenbilder: Erdbeobachtung und Fernerkundung profitieren von Superauflösungstechniken, die eine detailliertere Analyse geografischer Merkmale, Stadtplanung und Umweltüberwachung ermöglichen.

- Forensische Analyse: Strafverfolgungsbehörden können Superauflösungs-GANs nutzen, um qualitativ minderwertiges Überwachungsmaterial oder Bilder zu verbessern und damit potenziell Ermittlungen zu unterstützen.

- Restaurierung historischer Bilder: Superauflösungs-GANs können alten, niedrig aufgelösten Fotografien neues Leben einhauchen und historische Aufzeichnungen mit verbesserter Klarheit bewahren.

Jüngste Fortschritte bei Superauflösungs-GANs, wie etwa ESRGAN (Enhanced Super-Resolution Generative Adversarial Network), haben die Grenzen des in der Bildverbesserung Möglichen verschoben und erzeugen Ergebnisse, die oft von echten hochaufgelösten Bildern nicht zu unterscheiden sind.

5. Text-zu-Bild-Generierung

GANs haben das Gebiet der Text-zu-Bild-Synthese revolutioniert und ermöglichen die Erstellung visueller Inhalte aus Textbeschreibungen. Diese Fähigkeit schlägt eine Brücke zwischen der Verarbeitung natürlicher Sprache und Computer Vision und eröffnet spannende Möglichkeiten für kreative Anwendungen und Inhaltserstellung.

Ein bemerkenswertes Beispiel ist das **AttnGAN**-Modell (Attentional Generative Adversarial Network), das hochdetaillierte Bilder basierend auf Texteingaben generieren kann. Zum Beispiel kann AttnGAN bei einer Beschreibung wie "ein kleiner Vogel mit gelben Flügeln und rotem Schnabel" ein entsprechendes Bild erzeugen, das diese Spezifikationen genau erfüllt.

Der Prozess umfasst mehrere Stufen:

- Text-Kodierung: Die Eingabebeschreibung wird zunächst mithilfe rekurrenter neuronaler Netze in eine semantische Repräsentation kodiert.

- Mehrstufige Generierung: Das Modell erzeugt Bilder in mehreren Auflösungen und verfeinert die Details in jeder Stufe.

- Aufmerksamkeitsmechanismus: Ein Aufmerksamkeitsmechanismus hilft dabei, sich bei der Generierung verschiedener Bildteile auf relevante Wörter zu konzentrieren.

Diese Technologie hat weitreichende Auswirkungen in verschiedenen Bereichen:

- Kreativbranche: Künstler und Designer können Konzepte schnell visualisieren und Ideen iterativ entwickeln.

- E-Commerce: Produktbilder können aus Textbeschreibungen generiert werden, was das Online-Shopping-Erlebnis verbessert.

- Bildung: Komplexe Konzepte können illustriert werden, wodurch das Lernen ansprechender und zugänglicher wird.

- Barrierefreiheit: Visuelle Inhalte können für Menschen mit Sehbehinderungen basierend auf Audiobeschreibungen erstellt werden.

Mit der weiteren Verbesserung dieser Modelle können wir noch ausgefeiltere und realistischere Bildgenerierung aus zunehmend komplexen und nuancierten Textbeschreibungen erwarten.

6. Videogenerierung und -manipulation

GANs haben das Gebiet der Videosynthese und -bearbeitung revolutioniert. Diese leistungsstarken Modelle können realistische Videosequenzen von Grund auf neu generieren, zwischen bestehenden Frames interpolieren, um weiche Übergänge zu schaffen, oder sogar Standbilder in bewegte Videos umwandeln.

Eine beeindruckende Anwendung ist die Fähigkeit, eine Reihe statischer Bilder in eine zusammenhängende Videosequenz umzuwandeln. Zum Beispiel kann ein GAN aus einer Serie von Fotos eines Gesichts ein realistisches Video generieren, in dem die Person spricht oder Emotionen ausdrückt. Diese Technologie hat bedeutende Auswirkungen auf die Film- und Animationsindustrie und kann potenziell den Prozess der Erstellung von CGI-Charakteren vereinfachen oder historische Persönlichkeiten in Dokumentationen zum Leben erwecken.

Darüber hinaus können GANs völlig neue Videoinhalte aus zufälligen Rauscheingaben generieren, ähnlich wie sie Bilder erzeugen. Diese Fähigkeit eröffnet spannende Möglichkeiten für die Erstellung synthetischer Trainingsdaten für Computer-Vision-Aufgaben, die Generierung abstrakter Kunstinstallationen oder sogar die Unterstützung beim Storyboarding und der Vorvisualisierung für Filmemacher.

Jüngste Fortschritte bei Video-GANs haben auch komplexere Manipulationen ermöglicht, wie zum Beispiel:

- Stiltransfer in Videos: Übertragung des künstlerischen Stils eines Videos auf ein anderes bei gleichzeitiger Beibehaltung der zeitlichen Konsistenz.

- Video-Inpainting: Auffüllen fehlender oder beschädigter Teile einer Videosequenz.

- Video-zu-Video-Übersetzung: Transformation von Videos von einer Domäne in eine andere, wie die Umwandlung von Tageslichtszenen in Nachtaufnahmen oder die Änderung von Wetterbedingungen.

Mit der weiteren Entwicklung dieser Technologien entstehen sowohl spannende Möglichkeiten als auch ethische Überlegungen, insbesondere im Bereich von Deepfakes und dem Potenzial für Fehlinformation. Eine verantwortungsvolle Entwicklung und Nutzung von Video-GANs wird entscheidend sein, da sie in verschiedenen Branchen immer häufiger zum Einsatz kommen.

7. Gesundheitswesen und Arzneimittelforschung

GANs haben bedeutende Anwendungen im Gesundheitssektor gefunden und revolutionieren verschiedene Aspekte der medizinischen Forschung und Patientenversorgung:

Generierung medizinischer Bilder: GANs können synthetische medizinische Bilder wie Röntgenaufnahmen, MRTs und CT-Scans erstellen. Diese Fähigkeit ist besonders wertvoll für das Training medizinischer KI-Systeme, vor allem in Fällen, in denen echte Patientendaten aufgrund von Datenschutzbedenken oder der Seltenheit bestimmter Erkrankungen begrenzt sind. Durch die Generierung vielfältiger, realistischer medizinischer Bilder tragen GANs dazu bei, die Robustheit und Genauigkeit diagnostischer Algorithmen zu verbessern.

Datenerweiterung für die Diagnose: In der medizinischen Diagnostik ist ein großer, vielfältiger Datensatz entscheidend für das Training präziser Modelle. GANs können bestehende Datensätze durch die Generierung synthetischer Proben erweitern, die die statistischen Eigenschaften echter medizinischer Daten beibehalten. Dieser Ansatz ist besonders nützlich für seltene Krankheiten oder unterrepräsentierte Patientengruppen und hilft dabei, Verzerrungen in diagnostischen Modellen zu reduzieren und ihre Leistung über verschiedene Populationen hinweg zu verbessern.

Arzneimittelforschung: Eine der vielversprechendsten Anwendungen von GANs im Gesundheitswesen liegt im Bereich der Arzneimittelforschung. GANs können zur Generierung neuartiger Molekülstrukturen mit spezifischen Eigenschaften eingesetzt werden, was den Arzneimittelentwicklungsprozess potenziell beschleunigt:

- Molekülgenerierung: GANs können neue Molekülstrukturen erzeugen, die spezifische chemische und biologische Anforderungen erfüllen und den Suchraum für potenzielle Wirkstoffkandidaten erweitern.

- Eigenschaftsvorhersage: Durch das Training mit bekannten Wirkstoff-Target-Interaktionen können GANs die Eigenschaften neu generierter Moleküle vorhersagen und Forschern dabei helfen, vielversprechende Kandidaten für weitere Untersuchungen zu identifizieren.

- De-Novo-Wirkstoffdesign: GANs können in Verbindung mit anderen KI-Techniken eingesetzt werden, um völlig neue Wirkstoffe von Grund auf zu entwickeln, die auf spezifische Targets oder Krankheitsmechanismen zugeschnitten sind.

Diese Anwendungen von GANs im Gesundheitswesen und in der Arzneimittelforschung haben das Potenzial, die medizinische Forschung erheblich zu beschleunigen, die Behandlungsergebnisse zu verbessern und den Zeit- und Kostenaufwand für die Markteinführung neuer Behandlungen zu reduzieren. Mit der weiteren Entwicklung der Technologie können wir noch innovativere Anwendungen von GANs in der personalisierten Medizin, Krankheitsvorhersage und Therapieoptimierung erwarten.

7.3 Transfer Learning und Fine-Tuning vortrainierter Netzwerke

Da Deep-Learning-Modelle zunehmend komplexer werden und das Training von Grund auf ressourcenintensiv ist, hat sich Transfer Learning als leistungsfähige Technik entwickelt, um bestehendes Wissen zu nutzen und die Entwicklung neuer Modelle zu beschleunigen. Dieser Abschnitt untersucht das Konzept des Transfer Learning, seine Anwendungen und den Prozess des Fine-Tuning vortrainierter Netzwerke für spezifische Aufgaben.

Transfer Learning ermöglicht es uns, die Leistungsfähigkeit von Modellen, die auf großen Datensätzen trainiert wurden, zu nutzen und ihre gelernten Merkmale auf neue, oft kleinere Datensätze anzuwenden. Dieser Ansatz spart nicht nur Rechenressourcen, sondern ermöglicht auch die Erstellung robuster Modelle in Bereichen, in denen markierte Daten knapp sind. Wir werden uns mit der Mechanik des Transfer Learning befassen, diskutieren, wann und wie es anzuwenden ist, und praktische Beispiele mit beliebten Deep-Learning-Frameworks bereitstellen.

Durch das Verständnis und die Beherrschung von Transfer-Learning-Techniken werden Sie in der Lage sein, eine breite Palette von Machine-Learning-Herausforderungen effizienter und effektiver anzugehen und neue Möglichkeiten in verschiedenen Bereichen von der Computer Vision bis zur Verarbeitung natürlicher Sprache zu erschließen.

7.3.1 Was ist Transfer Learning?

Transfer Learning ist eine leistungsfähige Technik im maschinellen Lernen, die die Anpassung vortrainierter Modelle an neue, verwandte Aufgaben ermöglicht. Dieser Ansatz nutzt das aus großen Datensätzen gewonnene Wissen, um die Leistung bei kleineren, spezifischeren Datensätzen zu verbessern. Ein Modell, das beispielsweise auf ImageNet trainiert wurde, das Millionen verschiedener Bilder enthält, kann für spezialisierte Aufgaben wie die Analyse medizinischer Bilder oder die Klassifizierung von Satellitenbildern umfunktioniert werden.

Das grundlegende Prinzip hinter Transfer Learning ist die hierarchische Natur der neuronalen Netzwerk-Merkmalsextraktion. In den frühen Schichten lernen Netzwerke, grundlegende visuelle Elemente wie Kanten, Texturen und einfache Formen zu identifizieren. Im Verlauf des Netzwerks werden diese grundlegenden Merkmale zu komplexeren und aufgabenspezifischen Repräsentationen kombiniert. Durch die Nutzung dieser vorgelernten Merkmale ermöglicht Transfer Learning:

- Signifikante Reduzierung der Trainingszeit im Vergleich zum Training von Grund auf

- Bessere Leistung mit begrenzten Daten

- Verringerung des Risikos von Überanpassung bei kleinen Datensätzen

Bei der Anwendung von Transfer Learning folgen wir typischerweise einem zweistufigen Prozess:

1. Merkmalsextraktion

In diesem entscheidenden ersten Schritt nutzen wir die gelernten Repräsentationen des vortrainierten Modells, indem wir es als festen Merkmalsextraktor verwenden. Dieser Prozess umfasst:

- Einfrieren der Gewichte der vortrainierten Schichten, wodurch das aus dem ursprünglichen großen Datensatz erworbene Wissen bewahrt wird.

- Hinzufügen neuer Schichten, die speziell für die Zielaufgabe konzipiert sind, typischerweise einschließlich einer neuen Ausgabeschicht, die auf die Anzahl der Klassen im neuen Datensatz zugeschnitten ist.

- Training nur dieser neu hinzugefügten Schichten, was dem Modell ermöglicht, seine hochrangigen Merkmale an die spezifischen Anforderungen der neuen Aufgabe anzupassen.

Dieser Ansatz ist besonders effektiv, wenn die neue Aufgabe Ähnlichkeiten mit der ursprünglichen Aufgabe aufweist, da er uns ermöglicht, von den reichhaltigen, allgemeinen Merkmalen zu profitieren, die das vortrainierte Modell gelernt hat. Durch das Fixieren der vortrainierten Schichten reduzieren wir deutlich das Risiko einer Überanpassung, besonders bei der Arbeit mit kleineren Datensätzen.

2. Fine-Tuning

Nach der anfänglichen Trainingsphase können wir das Modell weiter optimieren, indem wir einige oder alle vortrainierten Schichten "auftauen". Dieser Prozess, bekannt als Fine-Tuning, beinhaltet das Fortsetzen des Trainings mit einer niedrigeren Lernrate. Fine-Tuning ermöglicht es dem Modell, sein allgemeines Wissen an die Besonderheiten der neuen Aufgabe anzupassen, was zu verbesserter Leistung und Genauigkeit führt.

Während des Fine-Tunings passen wir sorgfältig die Gewichte der vortrainierten Schichten an, sodass sie leicht modifiziert werden können, um besser zum neuen Datensatz zu passen. Dieser Schritt ist entscheidend, da er dem Modell ermöglicht, aufgabenspezifische Merkmale zu erfassen, die möglicherweise in den ursprünglichen Trainingsdaten nicht vorhanden waren. Durch die Verwendung einer niedrigeren Lernrate stellen wir sicher, dass die wertvollen Informationen aus dem ursprünglichen großen Datensatz nicht vollständig überschrieben, sondern vielmehr verfeinert und mit neuen, aufgabenrelevanten Informationen ergänzt werden.

Der Fine-Tuning-Prozess umfasst typischerweise:

- Auftauen ausgewählter Schichten: Oft beginnen wir damit, die obersten Schichten des Netzwerks aufzutauen, da diese mehr aufgabenspezifische Merkmale enthalten.

- Graduelles Auftauen: In einigen Fällen verwenden wir eine Technik namens "graduelles Auftauen", bei der wir während des Trainings progressiv mehr Schichten von oben nach unten auftauen.

- Lernratenplanung: Verwendung von Techniken wie Lernratenabnahme oder zyklischen Lernraten zur Optimierung des Fine-Tuning-Prozesses.

- Leistungsüberwachung: Sorgfältige Verfolgung der Modellleistung auf einem Validierungsdatensatz, um Überanpassung zu verhindern und den richtigen Zeitpunkt zum Beenden des Fine-Tunings zu bestimmen.

Durch die sorgfältige Balance zwischen der Bewahrung allgemeinen Wissens und dem Erwerb aufgabenspezifischer Merkmale ermöglicht Fine-Tuning dem Transfer Learning, bemerkenswerte Ergebnisse über eine breite Palette von Anwendungen hinweg zu erzielen, von der Computer Vision bis zur Verarbeitung natürlicher Sprache.

Transfer Learning hat viele Bereiche des maschinellen Lernens revolutioniert und ermöglicht die schnelle Entwicklung leistungsfähiger Modelle in Bereichen, in denen Datenmangel zuvor ein großes Hindernis war. Seine Vielseitigkeit und Effizienz haben es zu einem essentiellen Werkzeug im modernen Machine-Learning-Toolkit gemacht und fördern Innovationen über verschiedene Bereiche von der Computer Vision bis zur Verarbeitung natürlicher Sprache.

7.3.2 Wann Transfer Learning einsetzen

Transfer Learning ist eine leistungsstarke Technik, die in verschiedenen Szenarien bedeutende Vorteile bietet:

- Begrenzte Datensatzgröße: Wenn Sie nur eine kleine oder moderate Datenmenge für Ihre neue Aufgabe haben, ermöglicht Transfer Learning die Nutzung von Wissen aus einem Modell, das auf einem wesentlich größeren Datensatz trainiert wurde, wodurch das Risiko einer Überanpassung reduziert wird.

- Ressourcenbeschränkungen: Wenn Sie nicht über die Rechenleistung oder Zeit verfügen, um ein tiefes neuronales Netzwerk von Grund auf zu trainieren, bietet Transfer Learning durch die Nutzung vortrainierter Gewichte eine Abkürzung.

- Aufgabenähnlichkeit: Wenn Ihre neue Aufgabe Ähnlichkeiten mit der ursprünglichen Aufgabe des vortrainierten Modells aufweist, kann Transfer Learning besonders effektiv sein, da die gelernten Merkmale wahrscheinlich relevant sind.

- Domänenanpassung: Auch wenn sich Aufgaben unterscheiden, kann Transfer Learning helfen, die Kluft zwischen Domänen zu überbrücken, wie beispielsweise bei der

Anpassung eines auf natürlichen Bildern trainierten Modells für medizinische Bildgebungsaufgaben.

Beispielsweise können Sie bei der medizinischen Bildanalyse ein auf ImageNet (einem großen Datensatz natürlicher Bilder) vortrainiertes Modell nutzen, um medizinische Aufnahmen zu klassifizieren. Das vortrainierte Modell hat bereits gelernt, grundlegende visuelle Elemente wie Kanten, Texturen und Formen zu erkennen. Die Feinabstimmung dieses Modells auf Ihren spezifischen medizinischen Datensatz ermöglicht es, diese allgemeinen Merkmale an die Besonderheiten medizinischer Bildgebung anzupassen, wie etwa die Erkennung subtiler Gewebeanomalien oder Organstrukturen.

Darüber hinaus kann Transfer Learning die Menge der benötigten markierten Trainingsdaten erheblich reduzieren. Dies ist besonders wertvoll in spezialisierten Bereichen wie dem Gesundheitswesen, wo die Beschaffung großer, annotierter Datensätze aufgrund von Datenschutzbedenken und der für die Kennzeichnung erforderlichen Expertise eine Herausforderung darstellen kann.

7.3.3 Feinabstimmung eines vortrainierten Netzwerks in Keras

Lassen Sie uns tiefer in den Prozess der Implementierung von Transfer Learning eintauchen, indem wir ein auf **ImageNet** vortrainiertes **ResNet50**-Modell für eine benutzerdefinierte Bildklassifizierungsaufgabe fein abstimmen. Dieser Ansatz nutzt die Stärke eines Modells, das bereits reichhaltige Merkmalsrepräsentationen aus einem vielfältigen Satz von Bildern gelernt hat und ermöglicht uns eine effiziente Anpassung an unseren spezifischen Datensatz.

Die ResNet50-Architektur, bekannt für ihr tiefes residuales Lernframework, ist aufgrund ihrer Fähigkeit, das Problem des verschwindenden Gradienten in sehr tiefen Netzwerken zu minimieren, besonders gut für Transfer Learning geeignet. Durch die Verwendung eines auf ImageNet vortrainierten Modells beginnen wir mit einem Netzwerk, das bereits gelernt hat, eine breite Palette von Merkmalen zu erkennen, von einfachen Kanten und Texturen bis hin zu komplexen Objektstrukturen.

Um dieses vortrainierte Modell an unsere spezifische Aufgabe anzupassen, verwenden wir eine Technik namens "Fine-Tuning". Dies beinhaltet zwei wichtige Schritte:

1. Einfrieren der vortrainierten Schichten: Wir werden zunächst die Gewichte der vortrainierten ResNet50-Schichten fixiert halten und damit die wertvollen, von ImageNet gelernten Merkmale bewahren.

2. Hinzufügen und Training neuer Schichten: Wir werden eine neue Ausgabeschicht hinzufügen, die auf unsere spezifische Anzahl von Klassen zugeschnitten ist. Diese Schicht wird von Grund auf mit unserem benutzerdefinierten Datensatz trainiert.

Mit diesem Ansatz können wir die Trainingszeit und Rechenressourcen erheblich reduzieren und gleichzeitig möglicherweise bessere Leistungen erzielen, insbesondere bei der Arbeit mit begrenzten Datensätzen. Diese Methode ermöglicht es dem Modell, sein allgemeines

Verständnis von Bildmerkmalen zu nutzen und sich gleichzeitig an die Besonderheiten unserer spezifischen Klassifizierungsaufgabe anzupassen.

Beispiel: Transfer Learning mit ResNet50 in Keras

Hier ist eine erweiterte Version des Transfer Learning-Beispiels mit ResNet50 in Keras:

```python
import tensorflow as tf
from tensorflow.keras.applications import ResNet50
from tensorflow.keras.layers import Dense, GlobalAveragePooling2D, Dropout
from tensorflow.keras.models import Model
from tensorflow.keras.optimizers import Adam
from tensorflow.keras.preprocessing.image import ImageDataGenerator

# Load the ResNet50 model pretrained on ImageNet, excluding the top layer
base_model = ResNet50(weights='imagenet', include_top=False, input_shape=(224, 224, 3))

# Freeze the layers of the base model
for layer in base_model.layers:
    layer.trainable = False

# Add custom layers for the new task
x = base_model.output
x = GlobalAveragePooling2D()(x)
x = Dense(1024, activation='relu')(x)
x = Dropout(0.5)(x)
x = Dense(512, activation='relu')(x)
predictions = Dense(10, activation='softmax')(x)  # Assuming 10 classes

# Define the new model
model = Model(inputs=base_model.input, outputs=predictions)

# Compile the model
model.compile(optimizer=Adam(learning_rate=0.001),
              loss='categorical_crossentropy',
              metrics=['accuracy'])

# Data augmentation for training
train_datagen = ImageDataGenerator(
    rescale=1./255,
    rotation_range=20,
    width_shift_range=0.2,
    height_shift_range=0.2,
    horizontal_flip=True,
    zoom_range=0.2
)

# Validation data should only be rescaled
validation_datagen = ImageDataGenerator(rescale=1./255)

# Load and preprocess the data
```

```python
train_generator = train_datagen.flow_from_directory(
    'path/to/train/data',
    target_size=(224, 224),
    batch_size=32,
    class_mode='categorical'
)

validation_generator = validation_datagen.flow_from_directory(
    'path/to/validation/data',
    target_size=(224, 224),
    batch_size=32,
    class_mode='categorical'
)

# Train the model
history = model.fit(
    train_generator,
    steps_per_epoch=train_generator.samples // 32,
    epochs=10,
    validation_data=validation_generator,
    validation_steps=validation_generator.samples // 32
)

# Fine-tuning: unfreeze some layers of the base model
for layer in base_model.layers[-20:]:
    layer.trainable = True

# Recompile the model with a lower learning rate
model.compile(optimizer=Adam(learning_rate=1e-5),
              loss='categorical_crossentropy',
              metrics=['accuracy'])

# Continue training (fine-tuning)
history_fine = model.fit(
    train_generator,
    steps_per_epoch=train_generator.samples // 32,
    epochs=5,
    validation_data=validation_generator,
    validation_steps=validation_generator.samples // 32
)

# Save the model
model.save('transfer_learning_model.h5')
```

Nun lasst uns dieses erweiterte Beispiel im Detail betrachten:

- **Import von Bibliotheken:** Wir importieren die erforderlichen Module von TensorFlow und Keras.

- **Laden des vortrainierten Modells:** Wir laden das auf ImageNet vortrainierte ResNet50-Modell ohne die oberste Schicht. Dies ermöglicht uns, die vortrainierten

Gewichte zur Merkmalsextraktion zu nutzen und gleichzeitig den Output für unsere spezifische Aufgabe anzupassen.

- **Einfrieren des Basismodells:** Wir frieren die Schichten des Basismodells ein, um zu verhindern, dass sie während des initialen Trainings aktualisiert werden. Dies bewahrt die wertvollen, von ImageNet gelernten Merkmale.

- **Hinzufügen benutzerdefinierter Schichten:** Wir fügen dem Basismodell benutzerdefinierte Schichten hinzu. In dieser erweiterten Version haben wir eine zusätzliche Dense-Schicht und eine Dropout-Schicht für bessere Regularisierung hinzugefügt.

- **Modell-Kompilierung:** Wir kompilieren das Modell mit dem Adam-Optimizer, categorical crossentropy loss (geeignet für Mehrklassen-Klassifikation) und der Genauigkeitsmetrik.

- **Datenerweiterung:** Wir verwenden ImageDataGenerator für die Datenerweiterung, was Überanpassung verhindert und die Modellgeneralisierung verbessert. Wir wenden verschiedene Transformationen auf die Trainingsdaten an, während die Validierungsdaten nur skaliert werden.

- **Daten laden:** Wir nutzen flow_from_directory zum Laden und Vorverarbeiten der Daten direkt aus Verzeichnissen. Dies ist eine praktische Methode zur Handhabung großer Datensätze, die nicht in den Speicher passen.

- **Initiales Training:** Wir trainieren das Modell für 10 Epochen mit der fit-Methode. Die steps_per_epoch und validation_steps stellen sicher, dass wir alle verfügbaren Daten in jeder Epoche nutzen.

- **Feinabstimmung:** Nach dem initialen Training tauen wir die letzten 20 Schichten des Basismodells für die Feinabstimmung auf. Dies ermöglicht dem Modell, einige der vortrainierten Merkmale an unseren spezifischen Datensatz anzupassen.

- **Rekompilierung und Feinabstimmung:** Wir rekompilieren das Modell mit einer niedrigeren Lernrate (1e-5), um drastische Änderungen an den vortrainierten Gewichten zu verhindern. Dann setzen wir das Training für weitere 5 Epochen fort.

- **Speichern des Modells:** Schließlich speichern wir das trainierte Modell für die zukünftige Verwendung.

Dieses Beispiel demonstriert einen umfassenden Ansatz für Transfer Learning, einschließlich Datenerweiterung, sachgerechter Handhabung von Trainings- und Validierungsdaten und einem zweistufigen Trainingsprozess (initiales Training mit eingefrorenen Basisschichten, gefolgt von Feinabstimmung). Dieser Ansatz führt wahrscheinlich zu besseren Ergebnissen, besonders bei der Arbeit mit begrenzten Datensätzen oder Aufgaben, die sich deutlich von der ImageNet-Klassifikation unterscheiden.

7.3.4 Feinabstimmung des Modells

Nachdem wir das Modell für einige Epochen mit eingefrorenen Basisschichten trainiert haben, können wir mit der Feinabstimmung einiger der vortrainierten Schichten fortfahren. Dieser entscheidende Schritt ermöglicht es uns, das Modell weiter an unsere spezifische Aufgabe und unseren Datensatz anzupassen. Die Feinabstimmung beinhaltet das sorgfältige Anpassen der Gewichte ausgewählter Schichten im vortrainierten Modell, wodurch es aufgabenspezifische Merkmale lernen kann, während es sein allgemeines Domänenverständnis beibehält.

Während der Feinabstimmung tauen wir typischerweise eine Teilmenge der Modellschichten auf, oft beginnend von oben (am nächsten zum Output) und arbeiten uns nach unten vor. Dieser schrittweise Auftauprozess hilft, katastrophales Vergessen zu verhindern, bei dem das Modell wertvolle Informationen aus dem Vortraining verlieren könnte. Indem wir diese Schichten mit einer niedrigeren Lernrate aktualisieren lassen, ermöglichen wir dem Modell, seine Merkmalsrepräsentationen für unsere spezifische Aufgabe zu verfeinern.

Die Feinabstimmung bietet mehrere Vorteile:

- Verbesserte Leistung: Durch die Anpassung vortrainierter Merkmale an die neue Aufgabe erreichen wir oft eine bessere Genauigkeit und Generalisierung im Vergleich zum Training von Grund auf oder zur Verwendung des vortrainierten Modells als festen Merkmalsextraktor.

- Schnellere Konvergenz: Die Feinabstimmung benötigt typischerweise weniger Epochen, um optimale Leistung zu erreichen, verglichen mit dem Training von Grund auf, da das Modell von einem guten Initialisierungspunkt startet.

- Bessere Generalisierung: Die Kombination aus vortrainiertem Wissen und aufgabenspezifischen Anpassungen führt oft zu Modellen, die besser auf ungesehene Daten generalisieren.

Allerdings ist es wichtig, die Feinabstimmung mit Sorgfalt anzugehen. Der Prozess erfordert eine Balance zwischen der Bewahrung allgemeinen Wissens und dem Erwerb aufgabenspezifischer Merkmale. Techniken wie diskriminative Feinabstimmung (Verwendung unterschiedlicher Lernraten für verschiedene Schichten) und schrittweises Auftauen können helfen, diese Balance effektiv zu erreichen.

Beispiel: Feinabstimmung spezifischer Schichten

```
import tensorflow as tf
from tensorflow.keras.applications import ResNet50
from tensorflow.keras.layers import Dense, GlobalAveragePooling2D, Dropout
from tensorflow.keras.models import Model
from tensorflow.keras.optimizers import Adam
from tensorflow.keras.preprocessing.image import ImageDataGenerator

# Load the ResNet50 model pretrained on ImageNet, excluding the top layer
```

```python
base_model = ResNet50(weights='imagenet', include_top=False, input_shape=(224, 224,
3))

# Freeze all layers in the base model
for layer in base_model.layers:
    layer.trainable = False

# Add custom layers for the new task
x = base_model.output
x = GlobalAveragePooling2D()(x)
x = Dense(1024, activation='relu')(x)
x = Dropout(0.5)(x)
x = Dense(512, activation='relu')(x)
predictions = Dense(10, activation='softmax')(x)  # Assuming 10 classes

# Create the full model
model = Model(inputs=base_model.input, outputs=predictions)

# Compile the model
model.compile(optimizer=Adam(learning_rate=0.001),
              loss='categorical_crossentropy',
              metrics=['accuracy'])

# Data augmentation for training
train_datagen = ImageDataGenerator(
    rescale=1./255,
    rotation_range=20,
    width_shift_range=0.2,
    height_shift_range=0.2,
    horizontal_flip=True,
    zoom_range=0.2
)

# Validation data should only be rescaled
validation_datagen = ImageDataGenerator(rescale=1./255)

# Load and preprocess the data
train_generator = train_datagen.flow_from_directory(
    'path/to/train/data',
    target_size=(224, 224),
    batch_size=32,
    class_mode='categorical'
)

validation_generator = validation_datagen.flow_from_directory(
    'path/to/validation/data',
    target_size=(224, 224),
    batch_size=32,
    class_mode='categorical'
)

# Train the model (initial training phase)
```

```
history = model.fit(
    train_generator,
    steps_per_epoch=train_generator.samples // 32,
    epochs=10,
    validation_data=validation_generator,
    validation_steps=validation_generator.samples // 32
)

# Fine-tuning phase
# Unfreeze the top layers of the base model
for layer in base_model.layers[-10:]:
    layer.trainable = True

# Recompile the model with a lower learning rate
model.compile(optimizer=Adam(learning_rate=1e-5),
              loss='categorical_crossentropy',
              metrics=['accuracy'])

# Continue training (fine-tuning)
history_fine = model.fit(
    train_generator,
    steps_per_epoch=train_generator.samples // 32,
    epochs=5,
    validation_data=validation_generator,
    validation_steps=validation_generator.samples // 32
)

# Save the fine-tuned model
model.save('fine_tuned_model.h5')
```

Nun lasst uns dieses Beispiel im Detail analysieren:

- Bibliotheken importieren: Wir importieren die erforderlichen Module von TensorFlow und Keras zum Aufbau und Training unseres Modells.

- Vortrainiertes Modell laden: Wir laden das auf ImageNet vortrainierte ResNet50-Modell, ohne die oberste Schicht. Dies ermöglicht uns, die vortrainierten Gewichte zur Merkmalsextraktion zu nutzen und gleichzeitig den Output für unsere spezifische Aufgabe anzupassen.

- Basismodell einfrieren: Zunächst frieren wir alle Schichten im Basismodell ein, um zu verhindern, dass sie während der ersten Trainingsphase aktualisiert werden. Dies bewahrt die wertvollen, von ImageNet gelernten Merkmale.

- Benutzerdefinierte Schichten hinzufügen: Wir fügen dem Basismodell benutzerdefinierte Schichten hinzu, darunter eine Global Average Pooling-Schicht, zwei Dense-Schichten mit ReLU-Aktivierung, eine Dropout-Schicht zur Regularisierung und eine finale Dense-Schicht mit Softmax-Aktivierung für die Klassifikation.

- Modell-Kompilierung: Wir kompilieren das Modell mit dem Adam-Optimizer, categorical crossentropy loss (geeignet für Mehrklassen-Klassifikation) und der Genauigkeitsmetrik.

- Datenerweiterung: Wir verwenden ImageDataGenerator für die Datenerweiterung, was Überanpassung verhindert und die Modellgeneralisierung verbessert. Wir wenden verschiedene Transformationen auf die Trainingsdaten an, während die Validierungsdaten nur skaliert werden.

- Daten laden: Wir nutzen flow_from_directory zum Laden und Vorverarbeiten der Daten direkt aus Verzeichnissen. Dies ist eine praktische Methode zur Handhabung großer Datensätze, die nicht in den Speicher passen.

- Initiales Training: Wir trainieren das Modell für 10 Epochen mit der fit-Methode. Die steps_per_epoch und validation_steps stellen sicher, dass wir alle verfügbaren Daten in jeder Epoche nutzen.

- Feinabstimmung: Nach dem initialen Training tauen wir die letzten 10 Schichten des Basismodells für die Feinabstimmung auf. Dies ermöglicht dem Modell, einige der vortrainierten Merkmale an unseren spezifischen Datensatz anzupassen.

- Rekompilierung: Wir rekompilieren das Modell mit einer niedrigeren Lernrate (1e-5), um drastische Änderungen an den vortrainierten Gewichten zu verhindern.

- Feinabstimmungs-Training: Wir setzen das Training für weitere 5 Epochen fort, wodurch die aufgetauten Schichten sich an unsere spezifische Aufgabe anpassen können.

- Modell speichern: Abschließend speichern wir das feinabgestimmte Modell für die zukünftige Verwendung.

Dieser Ansatz zum Transfer Learning umfasst Datenerweiterung, sachgerechte Handhabung von Trainings- und Validierungsdaten sowie einen zweistufigen Trainingsprozess (initiales Training mit eingefrorenen Basisschichten, gefolgt von Feinabstimmung). Diese Methode führt wahrscheinlich zu besseren Ergebnissen, besonders bei der Arbeit mit begrenzten Datensätzen oder Aufgaben, die sich deutlich von der ImageNet-Klassifikation unterscheiden.

7.3.5 Transfer Learning in PyTorch

Schauen wir uns nun an, wie Transfer Learning in **PyTorch** mit dem vortrainierten **ResNet18**-Modell durchgeführt wird.

Beispiel: Transfer Learning mit ResNet18 in PyTorch

```
import torch
import torch.nn as nn
import torchvision.models as models
import torchvision.transforms as transforms
from torch.optim import Adam
```

```python
from torch.utils.data import DataLoader
from torchvision.datasets import CIFAR10

# Set device
device = torch.device("cuda" if torch.cuda.is_available() else "cpu")

# Load the ResNet18 model pretrained on ImageNet
model = models.resnet18(pretrained=True)

# Freeze the pretrained layers
for param in model.parameters():
    param.requires_grad = False

# Replace the last fully connected layer with a new one for 10 classes (CIFAR10)
num_features = model.fc.in_features
model.fc = nn.Linear(num_features, 10)

# Move model to device
model = model.to(device)

# Define loss function and optimizer
criterion = nn.CrossEntropyLoss()
optimizer = Adam(model.fc.parameters(), lr=0.001)

# Define data transformations
transform = transforms.Compose([
    transforms.Resize(224),   # ResNet18 expects 224x224 input
    transforms.ToTensor(),
    transforms.Normalize((0.5, 0.5, 0.5), (0.5, 0.5, 0.5))
])

# Load CIFAR10 dataset
train_dataset    =    CIFAR10(root='./data',    train=True,    download=True,
transform=transform)
test_dataset     =    CIFAR10(root='./data',    train=False,    download=True,
transform=transform)

# Create data loaders
train_loader = DataLoader(train_dataset, batch_size=64, shuffle=True)
test_loader = DataLoader(test_dataset, batch_size=64, shuffle=False)

# Training loop
num_epochs = 10
for epoch in range(num_epochs):
    model.train()
    running_loss = 0.0
    for i, (inputs, labels) in enumerate(train_loader):
        inputs, labels = inputs.to(device), labels.to(device)

        # Zero the parameter gradients
        optimizer.zero_grad()
```

```python
        # Forward pass
        outputs = model(inputs)
        loss = criterion(outputs, labels)

        # Backward pass and optimize
        loss.backward()
        optimizer.step()

        # Print statistics
        running_loss += loss.item()
        if i % 100 == 99:    # print every 100 mini-batches
            print(f'[{epoch + 1}, {i + 1:5d}] loss: {running_loss / 100:.3f}')
            running_loss = 0.0

    # Validation
    model.eval()
    correct = 0
    total = 0
    with torch.no_grad():
        for inputs, labels in test_loader:
            inputs, labels = inputs.to(device), labels.to(device)
            outputs = model(inputs)
            _, predicted = torch.max(outputs.data, 1)
            total += labels.size(0)
            correct += (predicted == labels).sum().item()

    print(f'Accuracy on test images: {100 * correct / total:.2f}%')

print('Finished Training')

# Save the model
torch.save(model.state_dict(), 'resnet18_cifar10.pth')
```

Nun analysieren wir dieses Beispiel im Detail:

- Bibliotheken importieren: Wir importieren die erforderlichen Module aus PyTorch, einschließlich der Modelle und Transformationen aus torchvision.

- Gerät festlegen: Wir stellen das Gerät auf GPU ein, falls verfügbar, andernfalls auf CPU. Dies ermöglicht ein schnelleres Training auf kompatibler Hardware.

- Vortrainiertes Modell laden: Wir laden das auf ImageNet vortrainierte ResNet18-Modell. Dies ermöglicht uns die Nutzung von Transfer Learning.

- Basismodell einfrieren: Wir frieren alle Schichten im Basismodell ein, um zu verhindern, dass sie während des Trainings aktualisiert werden. Dies bewahrt die wertvollen Features, die von ImageNet gelernt wurden.

- Finale Schicht ersetzen: Wir ersetzen die letzte vollvernetzte Schicht durch eine neue mit 10 Ausgabeklassen, passend zur Anzahl der Klassen in CIFAR10.

- Modell auf Gerät verschieben: Wir verschieben das Modell auf das ausgewählte Gerät (GPU/CPU) für effiziente Berechnungen.

- Loss und Optimizer definieren: Wir verwenden CrossEntropyLoss als Kriterium und Adam-Optimizer zur Aktualisierung der Modellparameter.

- Datentransformationen: Wir definieren Transformationen, um Bilder auf 224x224 zu skalieren (wie von ResNet18 erwartet), in Tensoren umzuwandeln und zu normalisieren.

- Datensatz laden: Wir laden den CIFAR10-Datensatz und wenden unsere definierten Transformationen an.

- DataLoader erstellen: Wir erstellen DataLoader-Objekte für Trainings- und Testdatensätze, die das Batching und Shuffling übernehmen.

- Trainingsschleife: Wir iterieren für eine bestimmte Anzahl von Epochen über den Datensatz. In jeder Epoche:

  o Setzen wir das Modell in den Trainingsmodus.

  o Iterieren wir über Batches, führen Vorwärts- und Rückwärtsdurchläufe durch und aktualisieren die Modellparameter.

  o Geben wir den Loss alle 100 Batches aus, um den Trainingsfortschritt zu überwachen.

- Validierung: Nach jeder Epoche evaluieren wir das Modell auf dem Testset:

  o Wir setzen das Modell in den Evaluierungsmodus.

  o Wir deaktivieren die Gradientenberechnung für mehr Effizienz.

  o Wir berechnen und geben die Genauigkeit auf dem Testset aus.

- Modell speichern: Nach dem Training speichern wir das Modell für die zukünftige Verwendung.

Dieser Ansatz bietet eine umfassende Herangehensweise an Transfer Learning, einschließlich der korrekten Handhabung von Daten, Trainings- und Validierungsschleifen sowie der Modellspeicherung. Er demonstriert, wie man ein vortrainiertes ResNet18-Modell verwendet und auf den CIFAR10-Datensatz feinabstimmt, der ein häufig verwendeter Benchmark in Computer-Vision-Aufgaben ist.

7.4 Selbstüberwachtes Lernen und Foundational Models

7.4.1 Was ist selbstüberwachtes Lernen?

Selbstüberwachtes Lernen (SSL) ist ein innovativer Ansatz im maschinellen Lernen, der die Lücke zwischen überwachtem und unüberwachtem Lernen schließt. Es nutzt die inhärente Struktur innerhalb nicht gekennzeichneter Daten, um überwachte Lernaufgaben zu erstellen, wodurch das Modell effektiv von sich selbst lernen kann. Diese Methode ist besonders wertvoll in Szenarien, in denen gekennzeichnete Daten knapp oder teuer zu beschaffen sind.

Im Kern funktioniert SSL durch die Formulierung von Voraufgaben, die keine manuelle Kennzeichnung erfordern. Diese Aufgaben sind sorgfältig konzipiert, um das Modell zum Lernen aussagekräftiger Datenrepräsentationen zu zwingen. Im Bereich Computer Vision könnte ein Modell beispielsweise die relative Position von Bildausschnitten vorhersagen oder ein Farbbild aus seiner Graustufenversion rekonstruieren. In der Verarbeitung natürlicher Sprache könnten Modelle fehlende Wörter in einem Satz vorhersagen oder bestimmen, ob zwei Sätze kontextuell verwandt sind.

Die Stärke von SSL liegt in seiner Fähigkeit, generalisierbare Merkmale zu lernen, die auf ein breites Spektrum nachgelagerter Aufgaben übertragen werden können. Sobald ein Modell auf diesen selbstüberwachten Aufgaben vortrainiert wurde, kann es mit einer relativ kleinen Menge gekennzeichneter Daten für spezifische Anwendungen feinabgestimmt werden. Dieser Transfer-Learning-Ansatz hat zu bedeutenden Fortschritten in verschiedenen Bereichen geführt, einschließlich Bildklassifizierung, Objekterkennung, Stimmungsanalyse und maschineller Übersetzung.

Darüber hinaus hat SSL den Weg für die Entwicklung von Foundation Models geebnet - große Modelle, die auf umfangreichen nicht gekennzeichneten Datensätzen trainiert und für zahlreiche Aufgaben angepasst werden können. Beispiele sind BERT in der Verarbeitung natürlicher Sprache und SimCLR in der Computer Vision. Diese Modelle haben über verschiedene Anwendungen hinweg bemerkenswerte Leistungen gezeigt und übertreffen oft traditionelle überwachte Lernansätze.

Während sich das Feld der künstlichen Intelligenz weiterentwickelt, steht das selbstüberwachte Lernen an vorderster Front und verspricht effizientere und effektivere Wege, das Potenzial nicht gekennzeichneter Daten zu nutzen und die Grenzen der Fähigkeiten des maschinellen Lernens zu erweitern.

7.4.2 Voraufgaben im selbstüberwachten Lernen

Selbstüberwachtes Lernen (SSL) verwendet verschiedene Voraufgaben, um Modelle ohne explizite Labels zu trainieren. Diese Aufgaben sind darauf ausgelegt, aussagekräftige Repräsentationen aus den Daten zu extrahieren. Hier sind einige wichtige Voraufgaben im SSL:

1. **Kontrastives Lernen:**Dieser Ansatz zielt darauf ab, Repräsentationen durch den Vergleich ähnlicher und unähnlicher Datenpunkte zu lernen. Er erzeugt einen latenten

Raum, in dem semantisch verwandte Eingaben nahe beieinander liegen, während nicht verwandte Eingaben weit voneinander entfernt sind. Kontrastives Lernen hat bemerkenswerte Erfolge sowohl in der Computer Vision als auch in der Verarbeitung natürlicher Sprache gezeigt. Zu den bemerkenswerten Frameworks gehören:

○ **SimCLR (Simple Framework for Contrastive Learning of Visual Representations)**: Diese Methode verwendet Datenerweiterung, um verschiedene Ansichten desselben Bildes zu erstellen, und trainiert dann das Modell darauf, diese als ähnlich zu erkennen und von anderen Bildern zu unterscheiden.

○ **MoCo (Momentum Contrast)**: Dieser Ansatz unterhält ein dynamisches Wörterbuch kodierter Repräsentationen und ermöglicht so einen großen und konsistenten Satz negativer Beispiele im kontrastiven Lernen.

2. **Masked Language Modeling (MLM)**:Eine grundlegende Technik im NLP, bei der zufällig Wörter in einem Satz maskiert und das Modell trainiert wird, diese maskierten Wörter vorherzusagen. Dies zwingt das Modell dazu, den Kontext zu verstehen und ein tiefes Verständnis der Sprachstruktur zu entwickeln. BERT (Bidirectional Encoder Representations from Transformers) verwendet bekanntermaßen diesen Ansatz und führt zu Spitzenleistungen bei verschiedenen NLP-Aufgaben.

3. **Image Inpainting**:Diese Computer-Vision-Aufgabe beinhaltet das Vorhersagen oder Rekonstruieren fehlender oder beschädigter Bildteile. Sie ermutigt das Modell, räumliche Beziehungen und Objektstrukturen zu verstehen. Ein verwandtes Konzept ist der Denoising Autoencoder, der lernt, saubere Bilder aus verrauschten Eingaben zu rekonstruieren. Diese Techniken helfen Modellen, robuste Merkmalsrepräsentationen zu lernen, die gut auf verschiedene nachgelagerte Aufgaben verallgemeinert werden können.

4. **Colorization**:Diese Aufgabe beinhaltet die Vorhersage von Farben für Graustufenbilder. Sie ist besonders effektiv, da sie vom Modell verlangt, komplexe Beziehungen zwischen Objekten, Texturen und typischen Farbmustern in natürlichen Szenen zu verstehen. Zum Beispiel muss das Modell lernen, dass Gras typischerweise grün und der Himmel normalerweise blau ist. Diese Voraufgabe hat sich als hilfreich erwiesen, um Modellen das Lernen reichhaltiger, übertragbarer Merkmale zu ermöglichen, die für verschiedene Computer-Vision-Aufgaben nützlich sind.

Weitere bemerkenswerte SSL-Voraufgaben umfassen Rotationsvorhersage, das Lösen von Puzzle-Aufgaben und die Vorhersage des nächsten Satzes. Diese vielfältigen Ansätze tragen gemeinsam zur Leistungsfähigkeit und Flexibilität des selbstüberwachten Lernens bei und ermöglichen es Modellen, aussagekräftige Repräsentationen aus großen Mengen nicht gekennzeichneter Daten zu extrahieren.

Beispiel: Kontrastives Lernen mit SimCLR in PyTorch

Hier ist eine grundlegende Implementierung von **SimCLR**, einer kontrastiven Lernmethode zum Lernen von Bildrepräsentationen ohne Labels.

```python
import torch
import torch.nn as nn
import torch.optim as optim
from torchvision import datasets, transforms, models
import torch.nn.functional as F

# Define a simple contrastive learning model based on ResNet
class SimCLR(nn.Module):
    def __init__(self, base_model, out_dim):
        super(SimCLR, self).__init__()
        self.encoder = base_model
        self.projection = nn.Sequential(
            nn.Linear(base_model.fc.in_features, 512),
            nn.ReLU(),
            nn.Linear(512, out_dim)
        )
        self.encoder.fc = nn.Identity()  # Remove the fully connected layer of ResNet

    def forward(self, x):
        features = self.encoder(x)
        projections = self.projection(features)
        return F.normalize(projections, dim=-1)  # Normalize for contrastive loss

# SimCLR contrastive loss function
def contrastive_loss(z_i, z_j, temperature=0.5):
    # Compute similarity matrix
    batch_size = z_i.size(0)
    z = torch.cat([z_i, z_j], dim=0)
    sim_matrix = torch.mm(z, z.t()) / temperature

    # Create labels for contrastive loss
    labels = torch.arange(batch_size).cuda()
    labels = torch.cat([labels, labels], dim=0)

    # Mask out the diagonal (same sample comparisons)
    mask = torch.eye(sim_matrix.size(0), device=sim_matrix.device).bool()
    sim_matrix = sim_matrix.masked_fill(mask, -float('inf'))

    # Compute loss
    loss = F.cross_entropy(sim_matrix, labels)
    return loss

# Define data transformations
transform = transforms.Compose([
    transforms.RandomResizedCrop(size=224),
    transforms.RandomHorizontalFlip(),
    transforms.ToTensor(),
    transforms.Normalize(mean=[0.485, 0.456, 0.406], std=[0.229, 0.224, 0.225])
])
```

```python
# Load dataset (e.g., CIFAR-10)
dataset     =     datasets.CIFAR10(root='./data',     train=True,     download=True,
transform=transform)
dataloader = torch.utils.data.DataLoader(dataset, batch_size=64, shuffle=True)

# Instantiate SimCLR model with ResNet backbone
base_model = models.resnet18(pretrained=True)
simclr_model = SimCLR(base_model, out_dim=128).cuda()

# Optimizer
optimizer = optim.Adam(simclr_model.parameters(), lr=0.001)

# Training loop
for epoch in range(10):
    for images, _ in dataloader:
        # Data augmentation (SimCLR requires two augmented views of each image)
        view_1, view_2 = images.cuda(), 1mages.cuda()

        # Forward pass through SimCLR
        z_i = simclr_model(view_1)
        z_j = simclr_model(view_2)

        # Compute contrastive loss
        loss = contrastive_loss(z_i, z_j)

        optimizer.zero_grad()
        loss.backward()
        optimizer.step()

    print(f"Epoch [{epoch+1}/10], Loss: {loss.item():.4f}")
```

Dieser Code implementiert eine grundlegende Version von SimCLR (Simple Framework for Contrastive Learning of Visual Representations), einer selbstüberwachten Lernmethode für visuelle Repräsentationen.

Hier sind die wichtigsten Komponenten:

- SimCLR-Modell: Die SimCLR-Klasse definiert die Modellarchitektur. Sie verwendet ein vortrainiertes ResNet als Encoder und fügt einen Projektionskopf hinzu.

- Kontrastiver Verlust: Die contrastive_loss-Funktion implementiert den Kern von SimCLRs Lernziel. Sie berechnet die Ähnlichkeit zwischen verschiedenen augmentierten Ansichten derselben Bilder und bringt das Modell dazu, diese als ähnlich zu erkennen und von anderen Bildern zu unterscheiden.

- Datenerweiterung: Der Code verwendet zufälliges Zuschneiden und horizontales Spiegeln als Techniken zur Datenerweiterung.

- Datensatz: Der CIFAR-10-Datensatz wird für das Training verwendet.

- Trainingsschleife: Das Modell wird für 10 Epochen trainiert. In jeder Iteration werden zwei augmentierte Ansichten derselben Bilder erstellt und durch das Modell geleitet. Der kontrastive Verlust wird dann berechnet und zur Aktualisierung der Modellparameter verwendet.

Diese Implementierung demonstriert die Grundprinzipien des kontrastiven Lernens, bei dem das Modell lernt, ähnliche Repräsentationen für verschiedene Ansichten desselben Bildes zu erstellen und gleichzeitig Repräsentationen verschiedener Bilder auseinanderzuhalten. Dieser Ansatz ermöglicht es dem Modell, nützliche visuelle Merkmale ohne gekennzeichnete Daten zu lernen.

7.4.3 Foundation Models: Ein neues Paradigma in der KI

Foundation Models stellen einen Paradigmenwechsel in der KI-Entwicklung dar und läuten eine neue Ära vielseitiger und leistungsfähiger maschineller Lernsysteme ein. Diese Modelle, die sich durch ihren massiven Umfang und ihr umfangreiches Vortraining auf verschiedenartigen Datensätzen auszeichnen, haben das Gebiet der künstlichen Intelligenz revolutioniert. Im Gegensatz zu traditionellen Modellen, die für spezifische Aufgaben trainiert werden, sind Foundation Models darauf ausgelegt, universelle Repräsentationen zu lernen, die auf eine Vielzahl nachgelagerter Anwendungen angepasst werden können.

Im Kern der Foundation Models liegt das Konzept des Transfer Learning, bei dem das durch Vortraining auf großen Datensätzen gewonnene Wissen effizient auf spezifische Aufgaben mit minimalem Fine-Tuning übertragen werden kann. Dieser Ansatz reduziert den Bedarf an aufgabenspezifischen gekennzeichneten Daten erheblich und macht KI zugänglicher und kosteneffizienter für ein breiteres Spektrum von Anwendungen.

Foundation Models nutzen typischerweise fortgeschrittene Architekturen wie Transformer, die sich durch die Erfassung weitreichender Abhängigkeiten in Daten auszeichnen. Diese Modelle verwenden häufig Techniken des **selbstüberwachten Lernens**, die es ihnen ermöglichen, aussagekräftige Muster und Repräsentationen aus nicht gekennzeichneten Daten zu extrahieren. Diese Fähigkeit, aus großen Mengen nicht gekennzeichneter Informationen zu lernen, ist ein Schlüsselfaktor für ihre bemerkenswerte Leistung in verschiedenen Bereichen.

Die Vielseitigkeit der Foundation Models zeigt sich in ihrem Erfolg in verschiedenen Bereichen. In der Verarbeitung natürlicher Sprache haben Modelle wie **GPT-3** von OpenAI beispiellose Fähigkeiten in der Texterstellung, dem Sprachverständnis und sogar grundlegendem logischen Denken demonstriert. **BERT** (Bidirectional Encoder Representations from Transformers) hat neue Standards für Sprachverständnisaufgaben wie Stimmungsanalyse und Fragenbeantwortung gesetzt.

Über Text hinaus haben Foundation Models bedeutende Fortschritte im multimodalen Lernen gemacht. **CLIP** (Contrastive Language-Image Pretraining) hat die Lücke zwischen Vision und Sprache geschlossen und ermöglicht Zero-Shot-Bildklassifizierung sowie neue Möglichkeiten für modalitätsübergreifende Anwendungen. Im Bereich der generativen KI haben Modelle wie

DALL-E die Grenzen der Kreativität erweitert und erzeugen hochdetaillierte und fantasievolle Bilder aus Textbeschreibungen.

Die Auswirkungen von Foundation Models gehen weit über ihre unmittelbaren Anwendungen hinaus. Sie haben neue Forschungsrichtungen in Bereichen wie Modellkomprimierung, effizientes Fine-Tuning und ethische KI angestoßen. Mit ihrer kontinuierlichen Weiterentwicklung versprechen diese Modelle, Innovationen in verschiedenen Branchen voranzutreiben, von Gesundheitswesen und wissenschaftlicher Forschung bis hin zu kreativen Künsten und Bildung, und gestalten dabei die Landschaft der künstlichen Intelligenz und ihre Rolle in der Gesellschaft neu.

7.4.4 Beispiele für Foundation Models

1. **BERT (Bidirectional Encoder Representations from Transformers)**:BERT revolutionierte die Verarbeitung natürlicher Sprache durch sein bidirektionales Kontextverständnis. Mithilfe von **Masked Language Modeling (MLM)** lernt BERT, maskierte Wörter durch Berücksichtigung sowohl des linken als auch des rechten Kontexts vorherzusagen. Dieser Ansatz ermöglicht es BERT, nuancierte Sprachmuster und semantische Beziehungen zu erfassen. Seine Architektur, die auf dem Transformer-Modell basiert, ermöglicht die parallele Verarbeitung von Eingabesequenzen und verbessert dadurch die Trainingseffizienz erheblich. BERTs Vortraining auf umfangreichen Textkorpora stattet es mit einem tiefen Verständnis von Sprachstruktur und Semantik aus, wodurch es sich durch Fine-Tuning hervorragend an verschiedene nachgelagerte Aufgaben anpassen lässt.

2. **GPT (Generative Pretrained Transformer)**:GPT stellt einen bedeutenden Sprung in den Fähigkeiten der Sprachgenerierung dar. Im Gegensatz zu BERT verwendet GPT **kausales Sprachmodellieren**, bei dem jedes Wort basierend auf den vorherigen Wörtern in der Sequenz vorhergesagt wird. Dieser autoregressive Ansatz ermöglicht es GPT, kohärente und kontextuell relevante Texte zu generieren. Die neueste Iteration, GPT-3, mit seinen beispiellosen 175 Milliarden Parametern, zeigt bemerkenswerte Few-Shot-Learning-Fähigkeiten. Es kann eine Vielzahl von Aufgaben ohne aufgabenspezifisches Fine-Tuning ausführen und demonstriert dabei eine Form des "Meta-Lernens", die es ihm ermöglicht, sich mit minimalen Beispielen an neue Aufgaben anzupassen. GPTs Vielseitigkeit erstreckt sich über die Texterstellung hinaus auf Aufgaben wie Sprachübersetzung, Zusammenfassung und sogar grundlegendes logisches Denken.

3. **CLIP (Contrastive Language-Image Pretraining)**:CLIP erschließt neue Wege im multimodalen Lernen, indem es die Lücke zwischen Vision und Sprache überbrückt. Seine Trainingsmethodik beinhaltet das Lernen aus einem umfangreichen Datensatz von Bild-Text-Paaren unter Verwendung eines kontrastiven Lernansatzes. Dies ermöglicht CLIP die Erstellung eines gemeinsamen Einbettungsraums für sowohl Bilder als auch Text, was ein nahtloses modalitätsübergreifendes Verständnis ermöglicht. CLIPs Zero-Shot-Fähigkeiten sind besonders bemerkenswert, da sie es ermöglichen,

Bilder in beliebige, durch Textbeschreibungen spezifizierte Kategorien einzuordnen, selbst für Konzepte, die während des Trainings nicht explizit gesehen wurden. Diese Flexibilität macht CLIP hochgradig anpassungsfähig für verschiedene Vision-Sprach-Aufgaben ohne die Notwendigkeit aufgabenspezifischer Datensätze oder Fine-Tuning und eröffnet neue Möglichkeiten in Bereichen wie visueller Fragenbeantwortung und Bildsuche.

Beispiel: Fine-Tuning von BERT für Stimmungsanalyse in Keras

Hier zeigen wir, wie man **BERT** für die Stimmungsanalyse auf einem benutzerdefinierten Datensatz mithilfe der Hugging Face transformers-Bibliothek feintunen kann.

```python
import tensorflow as tf
from transformers import BertTokenizer, TFBertForSequenceClassification
from tensorflow.keras.optimizers import Adam
from sklearn.model_selection import train_test_split
import numpy as np

# Load the BERT tokenizer and model for sequence classification (sentiment analysis)
tokenizer = BertTokenizer.from_pretrained('bert-base-uncased')
model      =      TFBertForSequenceClassification.from_pretrained('bert-base-uncased',
num_labels=2)

# Tokenize the dataset
def tokenize_data(texts, labels):
    inputs    =    tokenizer(texts,    padding=True,    truncation=True,    max_length=128,
return_tensors='tf')
    return inputs, tf.convert_to_tensor(labels)

# Example data (sentiment: 1=positive, 0=negative)
texts = [
    "I love this movie! It's fantastic.",
    "This movie was terrible. I hated every minute of it.",
    "The acting was superb and the plot was engaging.",
    "Boring plot, poor character development. Waste of time.",
    "An absolute masterpiece of cinema!",
    "I couldn't even finish watching it, it was so bad."
]
labels = [1, 0, 1, 0, 1, 0]

# Split the data into training and validation sets
train_texts, val_texts, train_labels, val_labels = train_test_split(texts, labels,
test_size=0.2, random_state=42)

# Tokenize and prepare the datasets
train_inputs, train_labels = tokenize_data(train_texts, train_labels)
val_inputs, val_labels = tokenize_data(val_texts, val_labels)

# Compile the model
optimizer = Adam(learning_rate=2e-5)
loss = tf.keras.losses.SparseCategoricalCrossentropy(from_logits=True)
```

```
model.compile(optimizer=optimizer, loss=loss, metrics=['accuracy'])

# Train the model
history = model.fit(train_inputs, train_labels,
                    validation_data=(val_inputs, val_labels),
                    epochs=5, batch_size=2)

# Evaluate the model
test_texts = [
    "This film exceeded all my expectations!",
    "I regret watching this movie. It was awful."
]
test_labels = [1, 0]
test_inputs, test_labels = tokenize_data(test_texts, test_labels)

test_loss, test_accuracy = model.evaluate(test_inputs, test_labels)
print(f"Test accuracy: {test_accuracy:.4f}")

# Make predictions
predictions = model.predict(test_inputs)
predicted_labels = np.argmax(predictions.logits, axis=1)

for text, true_label, pred_label in zip(test_texts, test_labels, predicted_labels):
    print(f"Text: {text}")
    print(f"True label: {'Positive' if true_label == 1 else 'Negative'}")
    print(f"Predicted label: {'Positive' if pred_label == 1 else 'Negative'}")
    print()
```

Code-Aufschlüsselung:

1. Importe und Einrichtung:

    o   Wir importieren die erforderlichen Bibliotheken: TensorFlow, Transformers (für BERT) und scikit-learn für die Datenaufteilung.

    o   Der BERT-Tokenizer und das vortrainierte Modell werden geladen, wobei zwei Ausgabeklassen für die binäre Stimmungsklassifizierung festgelegt werden.

2. Datenvorbereitung:

    o   Eine tokenize_data Funktion wird definiert, um Texteingaben in BERT-kompatible Token-IDs und Attention Masks umzuwandeln.

    o   Wir erstellen einen kleinen Beispieldatensatz mit Texten und zugehörigen Stimmungslabels (1 für positiv, 0 für negativ).

    o   Die Daten werden mit train_test_split in Trainings- und Validierungssets aufgeteilt, um eine ordnungsgemäße Modellbewertung sicherzustellen.

3. Modell-Kompilierung:

- Das Modell wird mit dem Adam-Optimizer mit einer niedrigen Lernrate (2e-5) kompiliert, die sich für das Fine-Tuning eignet.

- Wir verwenden Sparse Categorical Crossentropy als Verlustfunktion, die für integer-kodierte Klassenlabels geeignet ist.

4. Training:

- Das Modell wird für 5 Epochen mit einer kleinen Batch-Größe von 2 trainiert, passend für den kleinen Beispieldatensatz.

- Validierungsdaten werden während des Trainings verwendet, um die Leistung auf ungesehenen Daten zu überwachen.

5. Evaluierung:

- Ein separater Testdatensatz wird erstellt, um die Leistung des Modells auf völlig neuen Daten zu evaluieren.

- Die Genauigkeit des Modells auf diesem Testset wird berechnet und ausgegeben.

6. Vorhersagen:

- Das trainierte Modell wird verwendet, um Vorhersagen für den Testdatensatz zu treffen.

- Für jedes Testbeispiel geben wir den Originaltext, das wahre Label und das vorhergesagte Label aus, was einen klaren Einblick in die Leistung des Modells ermöglicht.

Dieses Beispiel demonstriert einen vollständigen Workflow für das Fine-Tuning von BERT zur Stimmungsanalyse, einschließlich Datenaufteilung, Modelltraining, Evaluierung und Vorhersage. Es bietet eine praktische Grundlage für die Anwendung von BERT auf reale Textklassifizierungsaufgaben.

Praktische Übungen Kapitel 7

Übung 1: Aufbau und Training eines einfachen Autoencoders

Aufgabe: Erstellen und trainieren Sie einen einfachen Autoencoder zur Rekonstruktion von Bildern aus dem **MNIST**-Datensatz. Bewerten Sie die Qualität der Rekonstruktionen durch Visualisierung der originalen und rekonstruierten Bilder.

Lösung:

```
import tensorflow as tf
from tensorflow.keras import layers, models
```

```python
# Load the MNIST dataset
(x_train, _), (x_test, _) = tf.keras.datasets.mnist.load_data()
x_train = x_train.astype('float32') / 255.
x_test = x_test.astype('float32') / 255.
x_train = x_train.reshape((len(x_train), 28, 28, 1))
x_test = x_test.reshape((len(x_test), 28, 28, 1))

# Build the autoencoder model
input_img = layers.Input(shape=(28, 28, 1))

# Encoder
x = layers.Conv2D(16, (3, 3), activation='relu', padding='same')(input_img)
x = layers.MaxPooling2D((2, 2), padding='same')(x)
x = layers.Conv2D(8, (3, 3), activation='relu', padding='same')(x)
encoded = layers.MaxPooling2D((2, 2), padding='same')(x)

# Decoder
x = layers.Conv2D(8, (3, 3), activation='relu', padding='same')(encoded)
x = layers.UpSampling2D((2, 2))(x)
x = layers.Conv2D(16, (3, 3), activation='relu', padding='same')(x)
x = layers.UpSampling2D((2, 2))(x)
decoded = layers.Conv2D(1, (3, 3), activation='sigmoid', padding='same')(x)

# Compile and train the model
autoencoder = models.Model(input_img, decoded)
autoencoder.compile(optimizer='adam', loss='binary_crossentropy')
autoencoder.fit(x_train, x_train, epochs=10, batch_size=256, validation_data=(x_test,
x_test))

# Visualize some reconstructions
import matplotlib.pyplot as plt

decoded_imgs = autoencoder.predict(x_test[:10])
n = 10
plt.figure(figsize=(20, 4))
for i in range(n):
    # Display original images
    ax = plt.subplot(2, n, i + 1)
    plt.imshow(x_test[i].reshape(28, 28), cmap='gray')
    plt.title("Original")

    # Display reconstructed images
    ax = plt.subplot(2, n, i + 1 + n)
    plt.imshow(decoded_imgs[i].reshape(28, 28), cmap='gray')
    plt.title("Reconstructed")
plt.show()
```

In dieser Übung:

- Wir haben einen einfachen faltenden Autoencoder erstellt.

- Das Modell wird trainiert, MNIST-Bilder zu rekonstruieren, wobei es eine komprimierte Darstellung im Encoder lernt.

- Wir visualisieren die originalen und rekonstruierten Bilder, um die Leistung zu bewerten.

Übung 2: Implementierung eines Variational Autoencoder (VAE)

Aufgabe: Implementieren Sie einen **Variational Autoencoder (VAE)** und trainieren Sie ihn mit dem MNIST-Datensatz. Nach dem Training erfolgt eine Stichprobenentnahme aus dem gelernten latenten Raum und die Generierung neuer handgeschriebener Ziffern.

Lösung:

```python
import tensorflow as tf
from tensorflow.keras import layers, models
import numpy as np

# Sampling function for latent space
def sampling(args):
    z_mean, z_log_var = args
    batch = tf.shape(z_mean)[0]
    dim = tf.shape(z_mean)[1]
    epsilon = tf.keras.backend.random_normal(shape=(batch, dim))
    return z_mean + tf.exp(0.5 * z_log_var) * epsilon

# Encoder
latent_dim = 2
inputs = layers.Input(shape=(28, 28, 1))
x = layers.Conv2D(32, 3, activation="relu", strides=2, padding="same")(inputs)
x = layers.Conv2D(64, 3, activation="relu", strides=2, padding="same")(x)
x = layers.Flatten()(x)
x = layers.Dense(16, activation="relu")(x)
z_mean = layers.Dense(latent_dim, name="z_mean")(x)
z_log_var = layers.Dense(latent_dim, name="z_log_var")(x)

# Latent space sampling
z = layers.Lambda(sampling, output_shape=(latent_dim,), name="z")([z_mean, z_log_var])

# Decoder
decoder_input = layers.Input(shape=(latent_dim,))
x = layers.Dense(7 * 7 * 64, activation="relu")(decoder_input)
x = layers.Reshape((7, 7, 64))(x)
x = layers.Conv2DTranspose(64, 3, activation="relu", strides=2, padding="same")(x)
x = layers.Conv2DTranspose(32, 3, activation="relu", strides=2, padding="same")(x)
decoder_output = layers.Conv2DTranspose(1, 3, activation="sigmoid", padding="same")(x)

# VAE model
encoder = models.Model(inputs, [z_mean, z_log_var, z], name="encoder")
```

```python
decoder = models.Model(decoder_input, decoder_output, name="decoder")
vae_output = decoder(encoder(inputs)[2])

vae = models.Model(inputs, vae_output, name="vae")

# VAE loss function (reconstruction + KL divergence)
reconstruction_loss
tf.keras.losses.binary_crossentropy(tf.keras.backend.flatten(inputs),
tf.keras.backend.flatten(vae_output))
reconstruction_loss *= 28 * 28
kl_loss = 1 + z_log_var - tf.square(z_mean) - tf.exp(z_log_var)
kl_loss = tf.reduce_mean(-0.5 * tf.reduce_sum(kl_loss, axis=-1))
vae_loss = tf.reduce_mean(reconstruction_loss + kl_loss)

vae.add_loss(vae_loss)
vae.compile(optimizer="adam")

# Train the VAE
vae.fit(x_train,  x_train,  epochs=10,  batch_size=128,  validation_data=(x_test,
x_test))

# Generate new images by sampling from the latent space
import matplotlib.pyplot as plt

n = 10  # Number of images to generate
figure = np.zeros((28 * n, 28 * n))

grid_x = np.linspace(-2, 2, n)
grid_y = np.linspace(-2, 2, n)

for i, yi in enumerate(grid_x):
    for j, xi in enumerate(grid_y):
        z_sample = np.array([[xi, yi]])
        x_decoded = decoder.predict(z_sample)
        digit = x_decoded[0].reshape(28, 28)
        figure[i * 28: (i + 1) * 28, j * 28: (j + 1) * 28] = digit

plt.figure(figsize=(10, 10))
plt.imshow(figure, cmap='Greys_r')
plt.show()
```

In dieser Übung:

- Wir haben einen VAE implementiert, um einen probabilistischen latenten Raum von MNIST-Ziffern zu lernen.

- Das Modell wurde trainiert, um den Rekonstruktionsfehler und die KL-Divergenz zu minimieren.

- Nach dem Training haben wir aus dem gelernten latenten Raum Stichproben entnommen, um neue Bilder handgeschriebener Ziffern zu generieren.

Übung 3: Fine-Tuning eines vortrainierten ResNet-Modells für Bildklassifizierung

Aufgabe: Führen Sie ein Fine-Tuning eines auf ImageNet vortrainierten **ResNet50**-Modells für eine neue Bildklassifizierungsaufgabe durch. Ersetzen Sie die letzte Schicht, um sie an die Anzahl der Klassen im benutzerdefinierten Datensatz anzupassen, und trainieren Sie das Modell mit dem neuen Datensatz.

Lösung:

```python
import tensorflow as tf
from tensorflow.keras.applications import ResNet50
from tensorflow.keras.layers import Dense, GlobalAveragePooling2D
from tensorflow.keras.models import Model
from tensorflow.keras.optimizers import Adam

# Load the ResNet50 model pretrained on ImageNet, excluding the top layer
base_model = ResNet50(weights='imagenet', include_top=False, input_shape=(224, 224,
3))

# Freeze the base model layers
for layer in base_model.layers:
    layer.trainable = False

# Add custom layers
x = base_model.output
x = GlobalAveragePooling2D()(x)
x = Dense(1024, activation='relu')(x)
predictions = Dense(10, activation='softmax')(x)  # Output for 10 classes

# Create new model
model = Model(inputs=base_model.input, outputs=predictions)

# Compile the model
model.compile(optimizer=Adam(learning_rate=0.001),    loss='categorical_crossentropy',
metrics=['accuracy'])

# Example training (assuming new_data and labels are prepared)
# model.fit(new_data, labels, epochs=5, batch_size=32)

print("Model fine-tuned and ready for custom classification task.")
```

In dieser Übung:

- Wir haben ein auf ImageNet vortrainiertes **ResNet50**-Modell verwendet und für eine neue Bildklassifizierungsaufgabe mit 10 Klassen feinabgestimmt.

- Die letzte Schicht des Modells wurde ersetzt, um sie an die Anzahl der Klassen anzupassen, und die Basisschichten wurden eingefroren, um die gelernten Merkmale beizubehalten.

Übung 4: Selbstüberwachtes Lernen mit Kontrastivem Verlust

Aufgabe: Implementieren Sie eine selbstüberwachte Lernaufgabe mithilfe des **SimCLR**-Frameworks. Trainieren Sie ein Modell, um nützliche Bildrepräsentationen durch kontrastives Lernen zu erlernen, und bewerten Sie dessen Leistung bei einer nachgelagerten Klassifizierungsaufgabe.

Lösung:

```python
import torch
import torch.nn as nn
import torch.optim as optim
from torchvision import datasets, transforms, models

class SimCLR(nn.Module):
    def __init__(self, base_model, out_dim):
        super(SimCLR, self).__init__()
        self.encoder = base_model
        self.projection = nn.Sequential(
            nn.Linear(base_model.fc.in_features, 512),
            nn.ReLU(),
            nn.Linear(512, out_dim)
        )
        self.encoder.fc = nn.Identity()  # Remove fully connected layer

    def forward(self, x):
        features = self.encoder(x)
        projections = self.projection(features)
        return projections

# Define a contrastive loss function
def contrastive_loss(z_i, z_j, temperature=0.5):
    batch_size = z_i.size(0)
    z = torch.cat([z_i, z_j], dim=0)
    sim_matrix = torch.mm(z, z.t()) / temperature
    labels = torch.arange(batch_size).cuda()
    labels = torch.cat([labels, labels], dim=0)
    mask = torch.eye(sim_matrix.size(0), device=sim_matrix.device).bool()
    sim_matrix = sim_matrix.masked_fill(mask, -float('inf'))
    loss = nn.CrossEntropyLoss()(sim_matrix, labels)
    return loss

# Example training loop (assuming the dataset and dataloader are defined)
base_model = models.resnet18(pretrained=True)
simclr_model = SimCLR(base_model, out_dim=128).cuda()

optimizer = optim.Adam(simclr_model.parameters(), lr=0.001)
```

```
for epoch in range(10):
    for images, _ in dataloader:
        view_1, view_2 = images.cuda(), images.cuda()
        z_i = simclr_model(view_1)
        z_j = simclr_model(view_2)
        loss = contrastive_loss(z_i, z_j)
        optimizer.zero_grad()
        loss.backward()
        optimizer.step()

    print(f"Epoch {epoch+1}, Loss: {loss.item():.4f}")
```

In dieser Übung:

- Wir haben ein **SimCLR**-Modell mithilfe von selbstüberwachtem kontrastivem Lernen implementiert.

- Das Modell lernte Repräsentationen durch den Vergleich positiver Paare (zwei augmentierte Ansichten desselben Bildes) mit negativen Paaren (Ansichten von anderen Bildern).

- Nach dem Vortraining können diese gelernten Repräsentationen für nachgelagerte Aufgaben wie Klassifizierung verwendet werden.

Diese praktischen Übungen decken ein breites Spektrum fortgeschrittener Deep-Learning-Konzepte ab, einschließlich **Autoencoder**, **VAEs**, **Transfer Learning** und **selbstüberwachtes Lernen**. Durch die Bearbeitung dieser Übungen sammeln Sie praktische Erfahrung im Aufbau und der Feinabstimmung von Modellen sowie in der Nutzung unüberwachter Lerntechniken, um nützliche Repräsentationen aus nicht gekennzeichneten Daten zu lernen.

Zusammenfassung Kapitel 7

In **Kapitel 7** haben wir modernste Deep-Learning-Techniken erkundet, die das Gebiet der künstlichen Intelligenz revolutioniert haben und leistungsfähigere, effizientere und vielseitigere Modelle ermöglichen. Dieses Kapitel behandelte Konzepte wie **Autoencoder**, **Variational Autoencoder (VAEs)**, **Generative Adversarial Networks (GANs)**, **Transfer Learning** und **selbstüberwachtes Lernen** und bot einen Einblick in die Funktionsweise dieser fortgeschrittenen Modelle und ihre Anwendungsmöglichkeiten in realen Problemen.

Wir begannen mit einem Überblick über **Autoencoder**, neuronale Netze, die entwickelt wurden, um komprimierte Datenrepräsentationen durch unüberwachtes Lernen zu erstellen. Autoencoder bestehen aus zwei Teilen: einem **Encoder**, der die Eingabedaten in einen latenten Raum komprimiert, und einem **Decoder**, der die ursprünglichen Daten aus dieser komprimierten Darstellung rekonstruiert. Diese Modelle sind besonders nützlich für Aufgaben wie **Dimensionsreduktion**, **Anomalieerkennung** und **Datenbereinigung**. Die wichtigste

Erkenntnis ist, dass Autoencoder äußerst effektiv darin sind, kompakte Datenrepräsentationen zu lernen und dabei den Rekonstruktionsfehler zu minimieren.

Als Nächstes untersuchten wir **Variational Autoencoder (VAEs)**, die traditionelle Autoencoder durch die Einführung eines probabilistischen Frameworks erweitern. VAEs erzeugen einen latenten Raum, der einer bestimmten Verteilung folgt (typischerweise einer Gauß-Verteilung) und können zur Generierung neuer Datenpunkte durch Stichprobenentnahme aus diesem latenten Raum verwendet werden. Diese Fähigkeit macht VAEs leistungsstark für **generative Aufgaben** wie Bilderzeugung und Datenerweiterung. Der zusätzliche Regularisierungsterm, die **Kullback-Leibler (KL) Divergenz**, stellt sicher, dass der gelernte latente Raum der gewünschten Verteilung folgt und verbessert damit die generativen Fähigkeiten des Modells.

Das Kapitel stellte dann **Generative Adversarial Networks (GANs)** vor, ein bahnbrechendes Framework zur Erzeugung realistischer Daten. GANs bestehen aus zwei konkurrierenden Netzwerken: einem **Generator** und einem **Diskriminator**. Der Generator erzeugt gefälschte Daten, während der Diskriminator versucht, zwischen echten und gefälschten Daten zu unterscheiden. Durch diesen adversarialen Prozess wird der Generator hochqualifiziert darin, Daten zu produzieren, die realen Beispielen ähneln. GANs finden Anwendung in der **Bilderzeugung**, **Videosynthese**, **Datenerweiterung** und sogar in der **Medikamentenentwicklung**. Einer der überzeugendsten Aspekte von GANs ist ihre Fähigkeit, Daten von Grund auf neu zu generieren, was neue Möglichkeiten in kreativen und wissenschaftlichen Bereichen eröffnet.

Wir wandten uns dann dem **Transfer Learning** zu, einer praktischen und effizienten Technik zur Nutzung vortrainierter Modelle für neue Aufgaben. Durch die Verwendung von Modellen wie **ResNet**, **BERT** oder **GPT**, die auf großen Datensätzen vortrainiert wurden, können wir diese Modelle für spezifische Aufgaben mit kleineren Datensätzen feinabstimmen. Transfer Learning reduziert den Zeit- und Rechenaufwand für das Training erheblich und verbessert oft die Leistung durch die Nutzung gelernter Merkmale aus den vortrainierten Modellen. Diese Methode wird häufig in Aufgaben wie **Bildklassifizierung**, **Verarbeitung natürlicher Sprache (NLP)** und **medizinischer Bildgebung** eingesetzt.

Schließlich erforschten wir das schnell wachsende Gebiet des **selbstüberwachten Lernens (SSL)** und der **Foundation Models**. Selbstüberwachtes Lernen ermöglicht es Modellen, aus nicht gekennzeichneten Daten zu lernen, indem sie ihre eigenen Überwachungssignale erzeugen. Dieser Ansatz ist besonders wertvoll in Szenarien, in denen gekennzeichnete Daten knapp oder teuer zu beschaffen sind. Foundation Models wie **GPT-3**, **BERT** und **CLIP** repräsentieren ein neues Paradigma in der KI. Diese massiven Modelle werden auf riesigen Datensätzen mittels selbstüberwachter Lerntechniken vortrainiert und können für eine Vielzahl nachgelagerter Aufgaben feinabgestimmt werden. Ihre Vielseitigkeit und Skalierbarkeit machen sie zu fundamentalen Bausteinen für moderne KI-Anwendungen.

Zusammenfassend bot dieses Kapitel einen tiefgehenden Einblick in einige der wichtigsten und fortschrittlichsten Techniken im heutigen Deep Learning. Durch die Beherrschung dieser Konzepte sind Sie in der Lage, verschiedene komplexe Aufgaben zu bewältigen, von der

Datengenerierung bis zum Transfer Learning, und zur Spitzenforschung und -anwendung im Bereich KI beizutragen.

Kapitel 8: Maschinelles Lernen in der Cloud und Edge Computing

Da das Datenvolumen exponentiell wächst und künstliche Intelligenz immer präsenter wird, verlagern Organisationen ihre Machine-Learning-Workflows zunehmend in Cloud-basierte Lösungen. Führende Cloud-Plattformen wie **Amazon Web Services (AWS)**, **Google Cloud Platform (GCP)** und **Microsoft Azure** bieten umfassende Infrastrukturen und Dienste, die die Prozesse des Trainings, der Bereitstellung und der Skalierung von Machine-Learning-Modellen erheblich vereinfachen. Diese Plattformen stellen eine Fülle von Ressourcen und Werkzeugen bereit, die es Data Scientists und Entwicklern ermöglichen, sich auf die Modellentwicklung statt auf die Infrastrukturverwaltung zu konzentrieren.

In diesem Kapitel werden wir die folgenden Hauptthemen behandeln:

1. Nutzung von Cloud-Plattformen für maschinelles Lernen: Eine eingehende Betrachtung der Ausführung komplexer Machine-Learning-Modelle auf **AWS**, **Google Cloud** und **Azure**, einschließlich bewährter Praktiken und plattformspezifischer Funktionen.

2. Nahtlose Bereitstellung von Machine-Learning-Modellen: Techniken und Strategien zur Bereitstellung von Machine-Learning-Modellen als skalierbare, produktionsreife Dienste mit minimaler Konfigurations- und Einrichtungszeit.

3. Integration von **Edge Computing** in maschinelles Lernen: Eine umfassende Einführung in Edge Computing und seine Auswirkungen auf maschinelles Lernen, einschließlich Methoden zur Optimierung von Modellen für die effiziente Ausführung auf ressourcenbeschränkten Geräten wie Smartphones, Internet of Things (IoT)-Geräten und Edge-Servern.

Während wir uns unserem ersten Thema, **Ausführung von Machine-Learning-Modellen in der Cloud**, widmen, werden wir untersuchen, wie diese leistungsstarken Cloud-Plattformen mühelos für das Management von großangelegtem Modelltraining und -bereitstellung genutzt werden können und dabei die Art und Weise revolutionieren, wie Organisationen an Machine-Learning-Projekte herangehen.

8.1 Ausführung von Machine-Learning-Modellen in der Cloud (AWS, Google Cloud, Azure)

Cloud-Plattformen haben die Landschaft der Entwicklung und Bereitstellung von Machine-Learning-Modellen revolutioniert und bieten Entwicklern und Data Scientists beispiellose Skalierbarkeit und Zugänglichkeit. Diese Plattformen eliminieren die Notwendigkeit erheblicher Vorabinvestitionen in teure Hardware und demokratisieren den Zugang zu leistungsfähigen Rechenressourcen. Durch die Nutzung der Cloud-Infrastruktur können Organisationen Ressourcen dynamisch nach ihren Bedürfnissen zuweisen und damit komplexe Machine-Learning-Probleme bewältigen, die zuvor außer Reichweite waren.

Das umfassende Angebot an Diensten der Cloud-Plattformen geht über reine Rechenleistung hinaus. Sie bieten End-to-End-Lösungen, die den gesamten Machine-Learning-Lebenszyklus abdecken, von der Datenvorbereitung und dem Modelltraining bis hin zur Bereitstellung und Überwachung. Verwaltete Umgebungen für das Modelltraining abstrahieren die Komplexität des verteilten Rechnens und ermöglichen es Data Scientists, sich auf die Algorithmenentwicklung statt auf das Infrastrukturmanagement zu konzentrieren. Diese Plattformen bieten auch robuste Bereitstellungsoptionen, die eine nahtlose Integration von Machine-Learning-Modellen in Produktionsumgebungen ermöglichen.

Darüber hinaus erleichtern Cloud-Plattformen die Zusammenarbeit und den Wissensaustausch zwischen Teammitgliedern, fördern Innovation und beschleunigen das Entwicklungstempo. Sie bieten Versionskontrollsysteme, Experiment-Tracking und Reproduzierbarkeitsmerkmale, die für die Einhaltung bewährter Praktiken in Machine-Learning-Projekten entscheidend sind. Die Skalierbarkeit der Cloud-Infrastruktur ermöglicht auch einfaches Experimentieren mit verschiedenen Modellarchitekturen und Hyperparametern, was eine schnelle Iteration und Verbesserung von Machine-Learning-Modellen ermöglicht.

8.1.1 Amazon Web Services (AWS)

AWS bietet eine umfassende Machine-Learning-Plattform namens **Amazon SageMaker**, die den gesamten Machine-Learning-Workflow revolutioniert. SageMaker bietet eine End-to-End-Lösung für Data Scientists und Entwickler und optimiert den Prozess des Aufbaus, Trainings und der Bereitstellung von Machine-Learning-Modellen im großen Maßstab. Dieser leistungsstarke Service adressiert viele der Herausforderungen, die mit traditionellen Machine-Learning-Workflows verbunden sind, wie Infrastrukturmanagement, Datenvorbereitung und Modelloptimierung.

Das Amazon SageMaker-Ökosystem umfasst mehrere Schlüsselkomponenten, die nahtlos zusammenarbeiten:

- **SageMaker Studio**: Diese vollständig integrierte Entwicklungsumgebung (IDE) dient als zentrale Drehscheibe für Machine-Learning-Projekte. Sie bietet einen kollaborativen Arbeitsbereich, in dem Data Scientists Code schreiben, mit Modellen experimentieren und Ergebnisse visualisieren können. SageMaker Studio unterstützt beliebte Notebooks wie Jupyter und macht es Teams leicht, Erkenntnisse zu teilen und Modelle effizient zu iterieren.

- **SageMaker Training**: Diese Komponente nutzt die Leistung des verteilten Rechnens, um das Modelltraining zu beschleunigen. Sie stellt automatisch die erforderliche Infrastruktur bereit und verwaltet sie, sodass sich Benutzer auf die Algorithmenentwicklung statt auf Ressourcenverwaltung konzentrieren können. SageMaker Training unterstützt verschiedene Machine-Learning-Frameworks, einschließlich TensorFlow, PyTorch und scikit-learn, und bietet Flexibilität in der Modellentwicklung.

- **SageMaker Inference**: Sobald ein Modell trainiert ist, kümmert sich SageMaker Inference um die Bereitstellung als skalierbaren, produktionsreifen Service. Es handhabt die Komplexität der Einrichtung von Endpunkten, verwaltet Rechenressourcen und führt automatische Skalierung basierend auf eingehendem Traffic durch. Dieser Service unterstützt sowohl Echtzeit- als auch Batch-Inferenz und bedient damit verschiedene Anwendungsbedürfnisse.

- **SageMaker Ground Truth**: Diese Funktion vereinfacht den oft zeitaufwändigen Prozess der Datenkennzeichnung. Sie bietet Werkzeuge zur Erstellung hochwertiger Trainingsdatensätze, einschließlich Unterstützung für menschliche Kennzeichnungs-Workflows und automatisierte Kennzeichnung unter Verwendung von Active-Learning-Techniken.

- **SageMaker Experiments**: Diese Komponente hilft bei der Organisation, Verfolgung und dem Vergleich von Machine-Learning-Experimenten. Sie erfasst automatisch Eingabeparameter, Konfigurationen und Ergebnisse und ermöglicht es Data Scientists, Experimente zu reproduzieren und Modelle effektiver zu iterieren.

Durch die Integration dieser leistungsstarken Komponenten reduziert Amazon SageMaker die Einstiegshürden für Machine-Learning-Projekte erheblich und ermöglicht es Organisationen, schnell komplexe KI-Lösungen über verschiedene Domänen hinweg zu entwickeln und bereitzustellen. Ob Sie an Computer Vision, Natural Language Processing oder prädiktiver Analytik arbeiten, SageMaker bietet die Werkzeuge und Infrastruktur, um Ihre Machine-Learning-Ideen effizient und im großen Maßstab zum Leben zu erwecken.

Beispiel: Training eines Machine-Learning-Modells auf AWS SageMaker

Nachfolgend ein Beispiel dafür, wie man ein einfaches Machine-Learning-Modell (z.B. einen Entscheidungsbaum) mit SageMaker auf AWS trainiert:

```
import sagemaker
from sagemaker import get_execution_role
from sagemaker.sklearn.estimator import SKLearn
from sklearn.datasets import load_iris
from sklearn.model_selection import train_test_split
```

```python
import pandas as pd
import numpy as np

# Define the AWS role and set up the SageMaker session
role = get_execution_role()
sagemaker_session = sagemaker.Session()

# Prepare the Iris dataset
iris = load_iris()
X, y = iris.data, iris.target
X_train, X_test, y_train, y_test = train_test_split(X, y, test_size=0.2,
random_state=42)

# Create a DataFrame and save it to S3
train_data = pd.DataFrame(np.column_stack((X_train, y_train)),
                          columns=['sepal_length', 'sepal_width', 'petal_length',
'petal_width', 'target'])
train_data_s3 = sagemaker_session.upload_data(
    path=train_data.to_csv(index=False),
    key_prefix='sagemaker/sklearn-iris'
)

# Define the SKLearn estimator
sklearn_estimator = SKLearn(
    entry_point='iris_train.py',
    role=role,
    instance_count=1,
    instance_type='ml.m5.large',
    framework_version='0.23-1',
    hyperparameters={
        'max_depth': 5,
        'n_estimators': 100
    }
)

# Train the model
sklearn_estimator.fit({'train': train_data_s3})

# Deploy the trained model
predictor = sklearn_estimator.deploy(
    initial_instance_count=1,
    instance_type='ml.t2.medium'
)

# Make predictions
test_data = X_test[:5].tolist()
predictions = predictor.predict(test_data)

print(f"Predictions: {predictions}")

# Clean up
predictor.delete_endpoint()
```

Dieses erweiterte Codebeispiel demonstriert einen umfassenderen Workflow für das Training und die Bereitstellung eines maschinellen Lernmodells mit Amazon SageMaker. Gehen wir es Schritt für Schritt durch:

1. Erforderliche Bibliotheken importieren:

    o SageMaker SDK für die Interaktion mit AWS-Diensten

    o Scikit-learn für Datensatzverarbeitung und -vorverarbeitung

    o Pandas und NumPy für Datenmanipulation

2. SageMaker-Sitzung und -Rolle einrichten:

    o Die Ausführungsrolle für SageMaker abrufen

    o Eine SageMaker-Sitzung initialisieren

3. Datensatz vorbereiten:

    o Den Iris-Datensatz mit Scikit-learn laden

    o Die Daten in Trainings- und Testsets aufteilen

4. Trainingsdaten in S3 hochladen:

    o Die Trainingsdaten in einen DataFrame umwandeln

    o Die Daten mit der SageMaker-Sitzung in einen S3-Bucket hochladen

5. Den SKLearn-Schätzer definieren:

    o Das Entry-Point-Skript festlegen (iris_train.py)

    o Instanztyp und -anzahl festlegen

    o Framework-Version auswählen

    o Hyperparameter für das Modell festlegen

6. Das Modell trainieren:

    o Die Fit-Methode des Schätzers aufrufen und den S3-Speicherort der Trainingsdaten übergeben

7. Das trainierte Modell bereitstellen:

    o Das Modell auf einem SageMaker-Endpunkt bereitstellen

    o Instanztyp und -anzahl für den Endpunkt festlegen

8. Vorhersagen treffen:

    o Das bereitgestellte Modell für Vorhersagen auf Testdaten verwenden

9. Aufräumen:

   o   Den Endpunkt löschen, um unnötige Kosten zu vermeiden

Dieses Beispiel zeigt ein realistisches Szenario, einschließlich Datenvorbereitung, Hyperparameter-Spezifikation und angemessenem Ressourcenmanagement. Es demonstriert auch, wie der vollständige Lebenszyklus eines maschinellen Lernmodells in SageMaker gehandhabt wird, vom Training bis zur Bereitstellung und Vorhersage.

8.1.2 Google Cloud Platform (GCP)

Die **AI Platform** von Google Cloud bietet ein robustes Ökosystem für Machine-Learning-Praktiker und stellt eine Suite von Tools und Diensten bereit, die den gesamten ML-Lebenszyklus abdecken. Diese umfassende Plattform ist darauf ausgelegt, den Prozess der Entwicklung, des Trainings und der Bereitstellung sophistizierter maschineller Lernmodelle zu optimieren, mit besonderem Fokus auf die Integration mit Googles leistungsstarkem **TensorFlow**-Framework.

Die nahtlose Integration der AI Platform mit TensorFlow ermöglicht es Entwicklern, das volle Potenzial dieser Open-Source-Bibliothek zu nutzen und die Erstellung und Bereitstellung komplexer Deep-Learning-Modelle relativ einfach zu gestalten. Diese Synergie zwischen Google Cloud und TensorFlow schafft eine leistungsfähige Umgebung für die Entwicklung modernster KI-Lösungen in verschiedenen Bereichen, einschließlich Computer Vision, Natural Language Processing und prädiktiver Analytik.

Zu den herausragenden Funktionen der AI Platform von Google Cloud gehören:

*   **AI Platform Notebooks**: Diese Funktion bietet eine vollständig verwaltete Jupyter-Notebook-Umgebung und bietet Data Scientists und ML-Ingenieuren einen flexiblen und interaktiven Arbeitsbereich für die Modellentwicklung. Diese Notebooks können nahtlos mit Hochleistungs-GPUs (Graphics Processing Units) und TPUs (Tensor Processing Units), Googles speziell entwickelten KI-Beschleunigern, verbunden werden. Diese Fähigkeit ermöglicht schnelles Prototyping und Experimentieren mit rechenintensiven Modellen und reduziert die Zeit von der Konzeption bis zur Implementierung erheblich.

*   **AI Platform Training**: Dieser robuste Dienst ist darauf ausgelegt, die Komplexität des Trainings von Machine-Learning-Modellen auf großen Datensätzen zu bewältigen. Durch die Nutzung verteilter Rechenressourcen können Benutzer Modelle deutlich schneller trainieren als auf einer einzelnen Maschine möglich wäre. Dieser Dienst unterstützt eine breite Palette von ML-Frameworks und kann Ressourcen automatisch basierend auf den Anforderungen des Trainingsjobs skalieren, wodurch es einfacher wird, alles von kleinen Experimenten bis hin zu produktionsreifen Modelltrainings zu handhaben.

- **AI Platform Prediction**: Sobald ein Modell trainiert ist, ermöglicht dieser Dienst dessen Bereitstellung als skalierbare REST-API. Er unterstützt sowohl Echtzeitvorhersagen für latenzkritische Anwendungen als auch Batch-Vorhersagen für großskalige Inferenzaufgaben. Der Dienst übernimmt die zugrunde liegende Infrastruktur und ermöglicht es Entwicklern, sich auf die Modellleistung und Anwendungsintegration zu konzentrieren, anstatt sich um Servermanagement und Skalierung zu sorgen.

Diese Funktionen arbeiten zusammen und bieten eine leistungsfähige und flexible Umgebung für Machine-Learning-Projekte jeder Größe. Ob Sie ein einzelner Data Scientist sind, der an einem Proof of Concept arbeitet, oder Teil eines großen Teams, das geschäftskritische KI-Systeme bereitstellt, die AI Platform von Google Cloud bietet die Tools und Skalierbarkeit, um Ihre Anforderungen zu unterstützen.

Beispiel: Training eines TensorFlow-Modells auf der Google Cloud AI Platform

Hier ist die Vorgehensweise zum Training eines **TensorFlow**-Modells auf der Google Cloud AI Platform:

```python
# Import necessary libraries
from google.cloud import storage
from google.cloud import aiplatform

# Set up Google Cloud project and bucket
project_id = 'my-google-cloud-project'
bucket_name = 'my-ml-bucket'
region = 'us-central1'

# Initialize clients
storage_client = storage.Client(project=project_id)
aiplatform.init(project=project_id, location=region)

# Create a bucket if it doesn't exist
bucket = storage_client.lookup_bucket(bucket_name)
if bucket is None:
    bucket = storage_client.create_bucket(bucket_name)
    print(f"Bucket {bucket_name} created.")
else:
    print(f"Bucket {bucket_name} already exists.")

# Upload training data to Cloud Storage
blob = bucket.blob('training-data/train_data.csv')
blob.upload_from_filename('train_data.csv')
print(f"Training data uploaded to gs://{bucket_name}/training-data/train_data.csv")

# Define the AI Platform training job using Python Package Training
job_display_name = 'my-tf-job'
python_package_gcs_uri = f'gs://{bucket_name}/trainer/tensorflow-trainer.tar.gz'
python_module_name = 'trainer.task'
```

```python
job = aiplatform.CustomPythonPackageTrainingJob(
    display_name=job_display_name,
    python_package_gcs_uri=python_package_gcs_uri,
    python_module_name=python_module_name,
    container_uri='us-docker.pkg.dev/vertex-ai/training/tf-cpu.2-3:latest'
)

# Define dataset
dataset = aiplatform.TabularDataset.create(
    display_name='my_dataset',
    gcs_source=[f'gs://{bucket_name}/training-data/train_data.csv']
)

# Define training parameters
training_fraction_split = 0.8
validation_fraction_split = 0.1
test_fraction_split = 0.1

# Start the training job
model = job.run(
    dataset=dataset,
    model_display_name='my-tf-model',
    training_fraction_split=training_fraction_split,
    validation_fraction_split=validation_fraction_split,
    test_fraction_split=test_fraction_split,
    sync=True
)

print(f"Model training completed. Model resource name: {model.resource_name}")

# Deploy the model to an endpoint
endpoint = aiplatform.Endpoint.create(display_name="my-tf-endpoint")

endpoint.deploy(
    model=model,
    machine_type='n1-standard-4',
    min_replica_count=1,
    max_replica_count=2,
    sync=True
)

print(f"Model deployed to endpoint: {endpoint.resource_name}")
```

Dieses Codebeispiel demonstriert einen umfassenden Arbeitsablauf für das **Training und die Bereitstellung** eines maschinellen Lernmodells mit **Google Cloud Vertex AI**.

1. **Notwendige Bibliotheken importieren**

   o   Wir importieren die erforderlichen Module von **Google Cloud Storage** und der **Google Cloud AI Platform**.

- o Der **storage.Client** wird für die Interaktion mit Cloud Storage verwendet.

- o Das **aiplatform SDK** wird zur Verwaltung von KI-Modelltraining und -bereitstellung verwendet.

2. **Google Cloud Projekt und Bucket einrichten**

   - o Wir definieren:

     - ▪ **project_id**: Das Google Cloud Projekt, in dem die KI-Ressourcen erstellt werden.

     - ▪ **bucket_name**: Der Cloud Storage Bucket für die Speicherung von Trainingsdaten und Modellartefakten.

     - ▪ **region**: Die Rechenregion, in der KI-Jobs ausgeführt werden.

   - o Wir initialisieren:

     - ▪ **Google Cloud Storage Client** für die Verwaltung von Speicheroperationen.

     - ▪ **Google AI Platform (aiplatform)** für die Handhabung von KI-Workflows.

3. **Cloud Storage Bucket erstellen (falls nicht vorhanden)**

   - o Wir prüfen, ob der angegebene Bucket existiert.

   - o Falls der Bucket nicht existiert, erstellen wir einen neuen.

   - o Dies gewährleistet eine ordnungsgemäße Speichereinrichtung vor dem Daten-Upload.

4. **Trainingsdaten in Cloud Storage hochladen**

   - o Wir laden eine **CSV-Datei (train_data.csv)** mit dem Trainingsdatensatz in Cloud Storage hoch.

   - o Dies ermöglicht dem AI Platform Trainingsjob den Zugriff auf strukturierte Trainingsdaten.

5. **AI Platform Trainingsjob definieren**

   - o Wir definieren einen **Custom Python Package Training Job**, der flexibles Modelltraining mit Python-Skripten ermöglicht.

   - o Hauptkomponenten:

     - ▪ **Job-Anzeigename**: Ein benutzerfreundlicher Name zur Verfolgung des Trainingsjobs.

- **Python-Paket-Speicherort**: Gibt das **Trainingsskript (tensorflow-trainer.tar.gz)** in Cloud Storage an.

- **Python-Modulname**: Gibt den **Einstiegspunkt (trainer.task)** für die Ausführung des Trainingsjobs an.

- **Container-URI**: Gibt den **TensorFlow-Trainingscontainer** an, der den Job ausführt.

6. **Dataset erstellen und vorbereiten**

   o Wir erstellen einen **Vertex AI Dataset** aus der hochgeladenen CSV-Datei.

   o Der Datensatz wird für **Training, Validierung und Tests** verwendet.

7. **Trainingsparameter definieren**

   o Wir **teilen** den Datensatz in:

     - **80% Training**

     - **10% Validierung**

     - **10% Test**

   o Diese Aufteilung hilft dem Modell beim effektiven Lernen und Generalisieren.

8. **Trainingsjob ausführen**

   o Wir **starten** den Trainingsjob mit:

     - Dem **Dataset**.

     - Dem **Modell-Anzeigenamen**.

     - Der **Training-Validierung-Test-Aufteilung**.

   o **sync=True** stellt sicher, dass das Skript **wartet**, bis das Training abgeschlossen ist.

9. **Trainiertes Modell bereitstellen**

   o Nach dem Training **stellen wir das Modell** für Vorhersagen bereit.

   o Schritte:

1. **Endpunkt erstellen** zum Hosten des Modells.

2. **Modell bereitstellen** am Endpunkt.

3. **Bereitstellung konfigurieren**:

     - **Maschinentyp: n1-standard-4**.

     - **Auto-Skalierung**: Minimum **1** Replik, Maximum **2** Repliken.

10. **Vollständiger Lebenszyklus eines Machine-Learning-Modells in Google Cloud**Dieses Beispiel demonstriert:

   o **Datenvorbereitung**: Hochladen und Organisieren von Trainingsdaten in Cloud Storage.

   o **Modelltraining**: Ausführen eines Trainingsjobs mit **Google Cloud Vertex AI**.

   o **Modellbereitstellung**: Bereitstellen des trainierten Modells an einem Endpunkt für Echtzeit-Vorhersagen.

Dieser **End-to-End-Workflow** automatisiert den **Trainings- und Bereitstellungsprozess** und macht ihn **skalierbar, effizient und produktionsreif**.

8.1.3 Microsoft Azure

Azure Machine Learning von Microsoft ist eine umfassende Cloud-basierte Plattform, die eine vollständige Suite von Tools und Diensten für den gesamten Machine-Learning-Lebenszyklus bietet. Dieses leistungsstarke Ökosystem wurde entwickelt, um Data Scientists, Machine-Learning-Ingenieure und Entwickler aller Qualifikationsstufen zu unterstützen und bietet eine nahtlose Umgebung für den Aufbau, das Training und die Bereitstellung von KI-Modellen im großen Maßstab. Azure Machine Learning zeichnet sich durch seine Flexibilität aus, die es Benutzern ermöglicht, mit ihren bevorzugten Tools und Frameworks zu arbeiten und dabei die robuste Infrastruktur der Azure-Cloud zu nutzen.

Zu den wichtigsten Funktionen von Azure Machine Learning gehören:

- **Datenvorbereitung und -verwaltung**: Azure ML bietet fortschrittliche Tools für Datenaufnahme, -bereinigung und -transformation. Es bietet automatisierte Datenkennzeichnungsdienste, die maschinelles Lernen nutzen, um den Prozess der Datensatzannotation zu beschleunigen. Darüber hinaus helfen seine Feature-Engineering-Fähigkeiten dabei, aussagekräftige Informationen aus Rohdaten zu extrahieren und die Modellleistung zu verbessern.

- **Modellentwicklung und -training**: Die Plattform unterstützt eine breite Palette von Machine-Learning-Frameworks, einschließlich TensorFlow, PyTorch und scikit-learn. Sie bietet verteilte Trainingsmöglichkeiten, die es Benutzern ermöglichen, ihr Modelltraining über Cluster von GPUs oder andere spezialisierte Hardware zu skalieren. Azure ML bietet auch automatisierte Machine-Learning-Funktionen (AutoML), die automatisch die besten Algorithmen und Hyperparameter für einen bestimmten Datensatz auswählen können.

- **Modellbereitstellung und -verwaltung**: Azure ML vereinfacht den Prozess der Bereitstellung von Modellen in Produktionsumgebungen. Es unterstützt die Bereitstellung für verschiedene Ziele, einschließlich Webservices für Echtzeit-Inferenz, Azure Kubernetes Service (AKS) für skalierbare Container-Bereitstellungen und Azure IoT Edge für Edge-Computing-Szenarien. Die Plattform bietet auch Tools zur

Überwachung der Modellleistung, Verwaltung verschiedener Versionen und Implementierung von CI/CD-Pipelines für ML-Workflows.

- **MLOps (Machine Learning Operations)**: Azure ML verfügt über robuste MLOps-Funktionen, die es Teams ermöglichen, den End-to-End-Machine-Learning-Lebenszyklus zu optimieren. Dies umfasst Versionskontrolle für Daten und Modelle, Reproduzierbarkeit von Experimenten und automatisierte Workflows für Modell-Retraining und -Bereitstellung.

- **Erklärbare KI und verantwortungsvolles ML**: Die Plattform bietet Tools für Modellinterpretierbarkeit und Fairness-Bewertung und hilft Organisationen dabei, transparente und ethische KI-Lösungen zu entwickeln. Diese Funktionen sind entscheidend für die Aufrechterhaltung von Vertrauen und Compliance in KI-Systemen, insbesondere in regulierten Branchen.

Durch die Bereitstellung dieser umfassenden Tools und Dienste ermöglicht Azure Machine Learning Organisationen, ihre KI-Initiativen von der Experimentierung bis zur Produktion zu beschleunigen und dabei Kontrolle, Transparenz und Skalierbarkeit während des gesamten Prozesses zu gewährleisten.

Beispiel: Training und Bereitstellung eines Modells in Azure ML Studio

Azure ML Studio ermöglicht Benutzern das interaktive oder programmatische Training von Modellen mit dem **Azure Machine Learning SDK**:

```python
from azureml.core import Workspace, Experiment, Model
from azureml.train.sklearn import SKLearn
from azureml.train.estimator import Estimator
from azureml.core.webservice import AciWebservice
from azureml.core.model import InferenceConfig

# Connect to the Azure workspace
ws = Workspace.from_config()

# Define the experiment
experiment = Experiment(workspace=ws, name='my-sklearn-experiment')

# Define the training script and compute target
script_params = {
    '--data-folder': 'data',
    '--C': 1.0,
    '--max_iter': 100
}
sklearn_estimator = Estimator(
    source_directory='./src',
    entry_script='train.py',
    script_params=script_params,
    compute_target='my-compute-cluster',
    conda_packages=['scikit-learn', 'pandas', 'numpy']
)
```

```python
# Submit the experiment
run = experiment.submit(sklearn_estimator)
print("Experiment submitted. Waiting for completion...")
run.wait_for_completion(show_output=True)

# Register the model
model = run.register_model(
    model_name='sklearn-model',
    model_path='outputs/model.pkl',
    tags={'area': 'classification', 'type': 'sklearn-svm'},
    properties={'accuracy': run.get_metrics()['accuracy']}
)

# Define inference configuration
inference_config = InferenceConfig(
    entry_script="score.py",
    source_directory="./src",
    conda_file="environment.yml"
)

# Define deployment configuration
deployment_config = AciWebservice.deploy_configuration(
    cpu_cores=1,
    memory_gb=1,
    tags={'area': 'classification', 'type': 'sklearn-svm'},
    description='SVM classifier deployed as a web service'
)

# Deploy the model
service = Model.deploy(
    workspace=ws,
    name='sklearn-service',
    models=[model],
    inference_config=inference_config,
    deployment_config=deployment_config
)

service.wait_for_deployment(show_output=True)
print(f"Service deployed. Scoring URI: {service.scoring_uri}")
```

Dieses Codebeispiel demonstriert einen umfassenden Arbeitsablauf für das Training, die Registrierung und die Bereitstellung eines maschinellen Lernmodells mit Azure Machine Learning.

Gehen wir es Schritt für Schritt durch:

1. Importieren der erforderlichen Module:

    o Wir importieren zusätzliche Module aus azureml.core für die Modellregistrierung und -bereitstellung.

2. Verbindung zum Azure-Workspace herstellen:

   o Wir verwenden Workspace.from_config(), um uns mit unserem Azure ML-Workspace zu verbinden. Dies setzt voraus, dass sich eine config.json-Datei mit den Workspace-Details in unserem Arbeitsverzeichnis befindet.

3. Experiment definieren:

   o Wir erstellen ein Experiment-Objekt, das als logischer Container für unsere Trainingsdurchläufe dient.

4. Estimator einrichten:

   o Wir erstellen ein Estimator-Objekt, das definiert, wie unser Trainingsskript ausgeführt werden soll.

   o Wir spezifizieren das Quellverzeichnis, das Einstiegsskript, Skriptparameter, Rechenziel und erforderliche Pakete.

   o Dieses Beispiel geht davon aus, dass wir scikit-learn verwenden und enthält zusätzliche Parameter für den SVM-Klassifikator.

5. Experiment einreichen:

   o Wir reichen das Experiment mit dem Estimator ein und warten auf dessen Abschluss.

   o Die wait_for_completion()-Methode ermöglicht es uns, die Ausgabe in Echtzeit zu sehen.

6. Modell registrieren:

   o Nach Abschluss des Trainings registrieren wir das Modell mit zusätzlichen Metadaten (Tags und Eigenschaften).

   o Wir gehen davon aus, dass das Modell als 'model.pkl' im 'outputs'-Verzeichnis gespeichert ist.

7. Inferenz-Konfiguration definieren:

   o Wir erstellen ein InferenceConfig-Objekt, das festlegt, wie das Modell für die Inferenz ausgeführt werden soll.

   o Dies umfasst das Scoring-Skript (score.py) und die Umgebungsdefinition (environment.yml).

8. Bereitstellungskonfiguration definieren:

   o Wir richten eine AciWebservice.deploy_configuration() ein, um die Ressourcen und Metadaten für unsere Bereitstellung zu spezifizieren.

9. Modell bereitstellen:

- o Wir verwenden Model.deploy(), um unser Modell als Webservice bereitzustellen.

- o Diese Methode verwendet unseren Workspace, das Modell, die Inferenz-Konfiguration und die Bereitstellungskonfiguration als Parameter.

10. Warten auf Bereitstellung und Ausgabe der Scoring-URI:

- o Wir warten auf den Abschluss der Bereitstellung und geben dann die Scoring-URI aus, die für Vorhersagen verwendet werden kann.

Dieses Beispiel bietet einen praxisnahen und umfassenden Arbeitsablauf, einschließlich Modellregistrierung mit Metadaten, Inferenz-Konfiguration und Bereitstellung als Webservice. Es zeigt, wie Azure ML verwendet werden kann, um den gesamten Lebenszyklus eines maschinellen Lernmodells vom Training bis zur Bereitstellung zu verwalten.

8.2 Einführung in TensorFlow Lite und ONNX für Edge-Geräte

Die rasante Entwicklung des **Edge Computing** hat die Bereitstellung von Machine-Learning-Modellen auf einer breiten Palette von Geräten revolutioniert, darunter Smartphones, Tablets, Wearables und IoT-Geräte. Diese Verlagerung hin zu Edge-basierter KI bietet sowohl Chancen als auch Herausforderungen, da diese Geräte typischerweise Einschränkungen in Bezug auf Rechenressourcen, Speicherkapazität und Stromverbrauch aufweisen, die in Cloud-basierten Infrastrukturen nicht vorhanden sind.

Um diese Einschränkungen zu bewältigen und effiziente KI am Edge zu ermöglichen, wurden spezialisierte Frameworks wie **TensorFlow Lite (TFLite)** und **ONNX (Open Neural Network Exchange)** entwickelt. Diese leistungsstarken Tools bieten Entwicklern die Möglichkeit, Machine-Learning-Modelle auf Edge-Geräten mit bemerkenswerter Effizienz zu optimieren, zu konvertieren und auszuführen.

Durch die Minimierung des Overheads und die Maximierung der Leistung sind TFLite und ONNX maßgeblich daran beteiligt, fortschrittliche KI-Fähigkeiten in ressourcenbeschränkte Umgebungen zu bringen und neue Möglichkeiten für intelligente Edge-Anwendungen in verschiedenen Branchen zu eröffnen.

8.2.1 TensorFlow Lite (TFLite)

TensorFlow Lite (TFLite) ist ein leistungsfähiges Framework, das speziell für die Bereitstellung von Machine-Learning-Modellen auf ressourcenbeschränkten Geräten wie Smartphones, IoT-Geräten und eingebetteten Systemen entwickelt wurde. Es bietet eine umfassende Suite von Tools und Optimierungen, die es Entwicklern ermöglichen, die Modellgröße deutlich zu reduzieren und die Inferenzgeschwindigkeit zu verbessern, während eine hohe Genauigkeit beibehalten wird.

Der TensorFlow Lite Workflow besteht aus zwei Hauptphasen:

1. **Modellkonvertierung und -optimierung**:Diese entscheidende Phase beinhaltet die Umwandlung eines Standard-TensorFlow-Modells in ein optimiertes TensorFlow Lite Format. Der Prozess nutzt den ausgefeilten **TFLite Converter**, der verschiedene Techniken zur Optimierung des Modells einsetzt:

   o **Quantisierung**: Diese Technik reduziert die Präzision von Modellgewichten und -aktivierungen, typischerweise von 32-Bit-Fließkomma zu 8-Bit-Ganzzahlen. Dies verringert nicht nur die Modellgröße, sondern beschleunigt auch Berechnungen auf Geräten mit begrenzter Rechenleistung.

   o **Pruning**: Durch das Entfernen unnötiger Verbindungen und Neuronen reduziert Pruning weiter die Modellgröße und den Rechenaufwand.

   o **Operator-Fusion**: Diese Optimierung kombiniert mehrere Operationen zu einer einzigen, effizienteren Operation, reduziert Speicherzugriffe und verbessert die Gesamtleistung.

2. **Modellbereitstellung und Inferenz**:Nach der Optimierung ist das TensorFlow Lite Modell bereit für die Bereitstellung auf Edge-Geräten. Diese Phase nutzt den **TFLite Interpreter**, eine schlanke Laufzeitumgebung, die für eine effiziente Modellausführung entwickelt wurde:

   o Der Interpreter ist für das Laden des optimierten Modells und die Ausführung der Inferenz mit minimalem Ressourcenverbrauch verantwortlich.

   o Er unterstützt Hardwarebeschleunigung auf verschiedenen Plattformen, einschließlich ARM CPUs, GPUs und spezialisierter KI-Beschleuniger wie dem Edge TPU.

   o TensorFlow Lite bietet auch plattformspezifische APIs für die nahtlose Integration mit Android, iOS und eingebetteten Linux-Systemen, was die einfache Einbindung von Machine-Learning-Fähigkeiten in mobile und IoT-Anwendungen ermöglicht.

Durch die Nutzung dieser fortschrittlichen Funktionen ermöglicht TensorFlow Lite Entwicklern, fortgeschrittene KI-Fähigkeiten auf Edge-Geräte zu bringen und eröffnet neue Möglichkeiten für maschinelles Lernen auf dem Gerät in einer Vielzahl von Anwendungen und Branchen.

Beispiel: Konvertierung eines TensorFlow-Modells zu TensorFlow Lite

Beginnen wir mit dem Training eines einfachen **TensorFlow**-Modells und konvertieren es dann zu **TensorFlow Lite** für die Edge-Bereitstellung.

```
import tensorflow as tf
import numpy as np

# Define a simple model for MNIST digit classification
```

```python
model = tf.keras.models.Sequential([
    tf.keras.layers.Flatten(input_shape=(28, 28)),
    tf.keras.layers.Dense(128, activation='relu'),
    tf.keras.layers.Dropout(0.2),
    tf.keras.layers.Dense(10, activation='softmax')
])

# Compile the model
model.compile(optimizer='adam',
              loss='sparse_categorical_crossentropy',
              metrics=['accuracy'])

# Load and preprocess the MNIST dataset
(x_train, y_train), (x_test, y_test) = tf.keras.datasets.mnist.load_data()
x_train, x_test = x_train / 255.0, x_test / 255.0

# Train the model
model.fit(x_train, y_train, epochs=5, validation_split=0.2)

# Evaluate the model
test_loss, test_acc = model.evaluate(x_test, y_test, verbose=2)
print(f'\\nTest accuracy: {test_acc}')

# Save the model in TensorFlow format
model.save('mnist_model.h5')

# Convert the model to TensorFlow Lite format
converter = tf.lite.TFLiteConverter.from_keras_model(model)
tflite_model = converter.convert()

# Save the TFLite model to a file
with open('mnist_model.tflite', 'wb') as f:
    f.write(tflite_model)

print("Model successfully converted to TensorFlow Lite format.")

# Function to run inference on TFLite model
def run_tflite_inference(tflite_model, input_data):
    interpreter = tf.lite.Interpreter(model_content=tflite_model)
    interpreter.allocate_tensors()

    input_details = interpreter.get_input_details()
    output_details = interpreter.get_output_details()

    interpreter.set_tensor(input_details[0]['index'], input_data)
    interpreter.invoke()
    output = interpreter.get_tensor(output_details[0]['index'])
    return output

# Test the TFLite model
test_image = x_test[0]
test_image = np.expand_dims(test_image, axis=0).astype(np.float32)
```

```
tflite_output = run_tflite_inference(tflite_model, test_image)
tflite_prediction = np.argmax(tflite_output)

print(f"TFLite Model Prediction: {tflite_prediction}")
print(f"Actual Label: {y_test[0]}")
```

Dieses Codebeispiel demonstriert einen umfassenden Arbeitsablauf für die Erstellung, das Training, die Konvertierung und das Testen eines TensorFlow-Modells für die MNIST-Ziffernerkennung mittels TensorFlow Lite.

Lassen Sie uns dies Schritt für Schritt durchgehen:

1. Importieren der erforderlichen Bibliotheken:Wir importieren TensorFlow und NumPy, die wir für die Modellerstellung, das Training und die Datenmanipulation benötigen.

2. Definition des Modells:Wir erstellen ein einfaches sequentielles Modell für die MNIST-Ziffernerkennung. Es besteht aus einer Flatten-Schicht zur Umwandlung von 2D-Bildern in 1D, einer Dense-Schicht mit ReLU-Aktivierung, einer Dropout-Schicht zur Regularisierung und einer abschließenden Dense-Schicht mit Softmax-Aktivierung für die 10-Klassen-Klassifikation.

3. Kompilierung des Modells:Wir kompilieren das Modell mit dem Adam-Optimizer, sparse categorical crossentropy loss (geeignet für ganzzahlige Labels) und Genauigkeit als Metrik.

4. Laden und Vorverarbeitung der Daten:Wir laden den MNIST-Datensatz mithilfe der eingebauten Keras-Funktion und normalisieren die Pixelwerte auf Werte zwischen 0 und 1.

5. Training des Modells:Wir trainieren das Modell für 5 Epochen und verwenden 20% der Trainingsdaten für die Validierung.

6. Evaluierung des Modells:Wir evaluieren die Leistung des Modells am Testdatensatz und geben die Genauigkeit aus.

7. Speichern des Modells:Wir speichern das trainierte Modell im Standard-TensorFlow-Format (.h5).

8. Konvertierung zu TensorFlow Lite:Wir verwenden den TFLiteConverter, um das Keras-Modell in das TensorFlow Lite Format zu konvertieren.

9. Speichern des TFLite-Modells:Wir speichern das konvertierte TFLite-Modell in einer Datei.

10. Definition einer Inferenzfunktion:Wir erstellen eine Funktion run_tflite_inference, die ein TFLite-Modell lädt, es für die Inferenz vorbereitet und Vorhersagen für gegebene Eingabedaten durchführt.

11. Testen des TFLite-Modells:Wir wählen das erste Testbild aus, formen es entsprechend der Modelleingabeform um und führen die Inferenz mit unserem TFLite-Modell durch. Anschließend vergleichen wir die Vorhersage mit dem tatsächlichen Label.

Dieses umfassende Beispiel zeigt den gesamten Prozess von der Modellerstellung bis zur TFLite-Bereitstellung und -Testung und bietet eine praktische Demonstration, wie man ein Modell für die Edge-Bereitstellung mit TensorFlow Lite vorbereitet.

Bereitstellung von TensorFlow Lite Modellen auf Android

Sobald Sie ein **TensorFlow Lite** Modell haben, können Sie es nahtlos in eine Android-Anwendung integrieren. TensorFlow Lite bietet eine robuste **Java API**, die den Prozess des Ladens des Modells und der Ausführung von Inferenz auf Android-Geräten vereinfacht. Diese API stellt Entwicklern eine Reihe leistungsfähiger Werkzeuge und Methoden zur Verfügung, um Machine-Learning-Funktionen effizient in ihre mobilen Anwendungen zu integrieren.

Die TensorFlow Lite Java API ermöglicht Entwicklern die Durchführung mehrerer wichtiger Operationen:

- Modell-Loading: Einfaches Laden Ihres TensorFlow Lite Modells aus den App-Assets oder dem externen Speicher.

- Input/Output Tensor Management: Effiziente Handhabung von Ein- und Ausgabe-Tensoren, einschließlich Datentypkonvertierung und Formmanipulation.

- Inferenz-Ausführung: Ausführung der Modellinferenz mit optimierter Leistung auf Android-Geräten.

- Hardware-Beschleunigung: Nutzung von Androids Neural Networks API (NNAPI) für Hardware-Beschleunigung auf unterstützten Geräten.

Durch die Nutzung dieser API können Entwickler anspruchsvolle Android-Anwendungen erstellen, die Machine-Learning-Aufgaben direkt auf dem Gerät mit minimaler Latenz und Ressourcenverbrauch ausführen. Dieser Ansatz ermöglicht eine breite Palette von Anwendungsfällen, von Echtzeit-Bildklassifizierung und Objekterkennung bis hin zu natürlicher Sprachverarbeitung und personalisierten Empfehlungen, wobei die Privatsphäre der Nutzer durch die Datenhaltung auf dem Gerät gewahrt bleibt.

Nachfolgend ein Beispiel, wie dies umgesetzt werden kann:

```
import org.tensorflow.lite.Interpreter;
import org.tensorflow.lite.gpu.GpuDelegate;
import java.io.IOException;
import java.io.InputStream;
import java.nio.ByteBuffer;
import java.nio.ByteOrder;
import java.nio.channels.FileChannel;
import java.nio.MappedByteBuffer;
import java.nio.channels.FileChannel.MapMode;
```

```java
import android.content.res.AssetFileDescriptor;
import android.content.res.AssetManager;

public class MyModel {
    private Interpreter tflite;
    private static final int NUM_THREADS = 4;
    private static final int OUTPUT_CLASSES = 10;
    private GpuDelegate gpuDelegate = null;

    public MyModel(AssetManager assetManager, String modelPath, boolean useGPU) throws
IOException {
        ByteBuffer modelBuffer = loadModelFile(assetManager, modelPath);
        Interpreter.Options options = new Interpreter.Options();
        options.setNumThreads(NUM_THREADS);

        if (useGPU) {
            gpuDelegate = new GpuDelegate();
            options.addDelegate(gpuDelegate);
        }

        tflite = new Interpreter(modelBuffer, options);
    }

    private    MappedByteBuffer    loadModelFile(AssetManager    assetManager,    String
modelPath) throws IOException {
        AssetFileDescriptor fileDescriptor = assetManager.openFd(modelPath);
        FileInputStream               inputStream               =               new
FileInputStream(fileDescriptor.getFileDescriptor());
        FileChannel fileChannel = inputStream.getChannel();
        long startOffset = fileDescriptor.getStartOffset();
        long declaredLength = fileDescriptor.getDeclaredLength();
        return fileChannel.map(MapMode.READ_ONLY, startOffset, declaredLength);
    }

    public float[] runInference(float[] inputData) {
        if (tflite == null) {
            throw   new   IllegalStateException("TFLite   Interpreter   has   not   been
initialized.");
        }

        ByteBuffer   inputBuffer   =   ByteBuffer.allocateDirect(inputData.length   *
4).order(ByteOrder.nativeOrder());
        for (float value : inputData) {
            inputBuffer.putFloat(value);
        }
        inputBuffer.rewind();

        ByteBuffer   outputBuffer   =   ByteBuffer.allocateDirect(OUTPUT_CLASSES   *
4).order(ByteOrder.nativeOrder());
        tflite.run(inputBuffer, outputBuffer);
        outputBuffer.rewind();
```

```
        float[] outputData = new float[OUTPUT_CLASSES];
        outputBuffer.asFloatBuffer().get(outputData);
        return outputData;
    }

    public void close() {
        if (tflite != null) {
            tflite.close();
            tflite = null;
        }
        if (gpuDelegate != null) {
            gpuDelegate.close();
            gpuDelegate = null;
        }
    }
}
```

Dieses Beispiel bietet eine umfassende Implementierung der **MyModel**-Klasse für die Bereitstellung von TensorFlow Lite-Modellen auf Android-Geräten.

Betrachten wir die wichtigsten Komponenten und Verbesserungen:

1. Importe:

    o Hinzufügung von Importen für GpuDelegate und Android's AssetManager.

    o Einbindung der erforderlichen Java I/O-Klassen für die Dateiverwaltung, um ein effizientes Laden der Modelle zu gewährleisten.

2. Klassenvariablen:

    o Einführung von NUM_THREADS zur Festlegung der Anzahl der Threads für den Interpreter.

    o Hinzufügung von OUTPUT_CLASSES zur Definition der Anzahl der Ausgabeklassen (in diesem Beispiel auf 10 festgelegt).

    o Hinzufügung einer GpuDelegate-Variable zur Verwaltung der GPU-Beschleunigung, wenn aktiviert.

3. Konstruktor:

    o Einbindung eines useGPU-Parameters zur optionalen Aktivierung der GPU-Beschleunigung für optimierte Inferenz.

    o Implementierung von Interpreter.Options zur Konfiguration des TFLite-Interpreters mit CPU-Threading und optionaler GPU-Delegation.

    o Sicherstellung einer ordnungsgemäßen Handhabung der Interpreter-Erstellung mit dynamischer Ressourcenzuweisung.

4. Modell-Loading:

- o Verbessertes Laden von Modellen mittels AssetManager.openFd() zum korrekten Abrufen von Assets aus dem Android-Speichersystem.

- o Verwendung von MappedByteBuffer für effizientes Memory-Mapping zur Reduzierung des Ladeaufwands.

- o Integration einer angemessenen Ausnahmebehandlung für robuste Dateiverwaltung.

5. Inferenz-Methode:

- o Implementierung von Null-Prüfungen für den TFLite-Interpreter zur Vermeidung unerwarteter Abstürze.

- o Verwendung von ByteBuffer sowohl für Ein- als auch Ausgabe zur Sicherstellung der Kompatibilität mit TensorFlow Lite-Operationen.

- o Konvertierung von Float-Eingabedaten in ByteBuffer vor der Ausführung der Inferenz.

- o Extraktion von Vorhersagen aus dem Ausgabepuffer zur Rückgabe des verarbeiteten Float-Arrays.

6. Ressourcenverwaltung:

- o Implementierung einer close()-Methode zur ordnungsgemäßen Freigabe von TensorFlow Lite-Ressourcen, wenn diese nicht mehr benötigt werden.

- o Sicherstellung, dass der GpuDelegate geschlossen wird, wenn er verwendet wurde, um Speicherlecks zu vermeiden.

Diese erweiterte Implementierung bietet hohe Leistung, Fehlerbehandlung und effiziente Ressourcenverwaltung. Sie ermöglicht auch optionale GPU-Beschleunigung, die die Inferenzgeschwindigkeit auf unterstützten Geräten deutlich verbessern kann. Der Code ist robust und für den Produktionseinsatz in Android-Anwendungen geeignet.

8.2.2 ONNX (Open Neural Network Exchange)

ONNX (Open Neural Network Exchange) ist ein vielseitiges, quelloffenes Format zur Darstellung von Machine-Learning-Modellen. Entwickelt durch eine gemeinsame Initiative von Microsoft und Facebook, dient ONNX als Brücke zwischen verschiedenen Machine-Learning-Frameworks und ermöglicht eine nahtlose Modellportabilität. Diese Interoperabilität erlaubt es, Modelle, die in populären Frameworks wie PyTorch oder TensorFlow trainiert wurden, einfach in verschiedene Umgebungen zu übertragen und dort auszuführen.

Die Popularität von ONNX für Edge-Device-Deployment basiert auf seiner Fähigkeit, Modelle aus verschiedenen Quellen in einem standardisierten Format zu vereinen. Diese einheitliche Darstellung kann dann mittels der **ONNX Runtime**, einer Hochleistungs-Inferenz-Engine, die das Potenzial von ONNX-Modellen plattformübergreifend maximiert, optimiert und effizient ausgeführt werden.

Eine der Hauptstärken von ONNX liegt in seiner umfassenden Hardware-Unterstützung. Das Format ist mit einer breiten Palette von Plattformen kompatibel, von leistungsstarken Cloud-Servern bis hin zu ressourcenbeschränkten IoT-Geräten. Diese breite Kompatibilität gewährleistet, dass Entwickler ihre Modelle über verschiedene Hardware-Ökosysteme hinweg ohne wesentliche Modifikationen bereitstellen können.

Darüber hinaus enthält ONNX integrierte Optimierungen, die speziell auf Edge-Geräte zugeschnitten sind. Diese Optimierungen adressieren die besonderen Herausforderungen, die durch begrenzte Rechenressourcen, Speichereinschränkungen und Energieeffizienzanforderungen typisch für Edge-Computing-Umgebungen sind. Durch die Nutzung dieser Optimierungen können Entwickler die Leistung ihrer Modelle auf Edge-Geräten erheblich verbessern, was Echtzeit-Inferenz ermöglicht und das gesamte Nutzererlebnis steigert.

Die Kombination aus Framework-übergreifender Kompatibilität, umfassender Hardware-Unterstützung und Edge-spezifischen Optimierungen macht ONNX zur idealen Wahl für die Bereitstellung von Machine-Learning-Modellen in ressourcenbeschränkten Umgebungen. Ob Smart-Home-Gerät, mobile Anwendung oder industrieller IoT-Sensor, ONNX bietet die notwendigen Werkzeuge und Flexibilität, um fortschrittliche KI-Fähigkeiten an den Edge zu bringen und eröffnet neue Möglichkeiten für intelligente, reaktionsschnelle und effiziente Edge-Computing-Lösungen.

Beispiel: Konvertierung eines PyTorch-Modells nach ONNX

Nehmen wir ein **PyTorch**-Modell, konvertieren es in das ONNX-Format und führen es mit der **ONNX Runtime** aus.

```python
import torch
import torch.nn as nn
import torch.optim as optim
import onnx
import onnxruntime as ort
import numpy as np

# Define a simple PyTorch model
class SimpleModel(nn.Module):
    def __init__(self):
        super(SimpleModel, self).__init__()
        self.fc1 = nn.Linear(784, 128)
        self.relu = nn.ReLU()
        self.fc2 = nn.Linear(128, 10)

    def forward(self, x):
        x = self.fc1(x)
        x = self.relu(x)
```

```python
        x = self.fc2(x)
        return x

# Create an instance of the model
model = SimpleModel()

# Train the model (simplified for demonstration)
criterion = nn.CrossEntropyLoss()
optimizer = optim.Adam(model.parameters())

# Dummy training data
dummy_input = torch.randn(100, 784)
dummy_target = torch.randint(0, 10, (100,))

for epoch in range(5):
    optimizer.zero_grad()
    output = model(dummy_input)
    loss = criterion(output, dummy_target)
    loss.backward()
    optimizer.step()
    print(f"Epoch {epoch+1}, Loss: {loss.item():.4f}")

# Prepare dummy input for ONNX export
dummy_input = torch.randn(1, 784)

# Export the model to ONNX format
torch.onnx.export(model, dummy_input, "model.onnx", verbose=True)

print("Model successfully converted to ONNX format.")

# Load and run the ONNX model using ONNX Runtime
ort_session = ort.InferenceSession("model.onnx")

def to_numpy(tensor):
    return    tensor.detach().cpu().numpy()    if    tensor.requires_grad    else
tensor.cpu().numpy()

# Run inference
input_data = to_numpy(dummy_input)
ort_inputs = {ort_session.get_inputs()[0].name: input_data}
ort_outputs = ort_session.run(None, ort_inputs)

print("ONNX Model Inference Output shape:", ort_outputs[0].shape)
print("ONNX Model Inference Output (first 5 values):", ort_outputs[0][0][:5])

# Compare PyTorch and ONNX Runtime outputs
pytorch_output = model(dummy_input)
np.testing.assert_allclose(to_numpy(pytorch_output),    ort_outputs[0],    rtol=1e-03,
atol=1e-05)
print("PyTorch and ONNX Runtime outputs are similar")

# Save and load ONNX model
```

```
onnx_model = onnx.load("model.onnx")
onnx.checker.check_model(onnx_model)
print("The model is checked!")
```

Dieses Codebeispiel bietet eine umfassende Demonstration der Arbeit mit PyTorch-Modellen und ONNX.

Schauen wir uns die einzelnen Komponenten an:

1. Modelldefinition und Training:

    o Wir definieren ein etwas komplexeres Modell mit zwei vollständig verbundenen Schichten und einer ReLU-Aktivierung.

    o Das Modell wird für 5 Epochen mit Beispieldaten trainiert, um ein reales Szenario zu simulieren.

2. ONNX-Konvertierung:

    o Das trainierte PyTorch-Modell wird mithilfe von torch.onnx.export() in das ONNX-Format exportiert.

    o Wir verwenden verbose=True, um detaillierte Informationen über den Exportvorgang zu erhalten.

3. ONNX Runtime Inferenz:

    o Wir laden das ONNX-Modell mit onnxruntime und erstellen eine InferenceSession.

    o Die to_numpy()-Funktion wird definiert, um PyTorch-Tensoren in NumPy-Arrays zu konvertieren.

    o Wir führen die Inferenz auf dem ONNX-Modell mit denselben Beispieldaten durch, die auch für den Export verwendet wurden.

4. Ausgabevergleich:

    o Wir vergleichen die Ausgaben des PyTorch-Modells und des ONNX Runtime-Modells, um sicherzustellen, dass sie ähnlich sind.

    o numpy.testing.assert_allclose() wird verwendet, um zu überprüfen, ob die Ausgaben innerhalb einer Toleranz übereinstimmen.

5. ONNX-Modellvalidierung:

    o Wir laden das gespeicherte ONNX-Modell mit onnx.load().

    o Die onnx.checker.check_model()-Funktion wird verwendet, um die ONNX-Modellstruktur zu validieren.

Dieses umfassende Beispiel demonstriert den gesamten Workflow von der Definition und dem Training eines PyTorch-Modells bis hin zum Export in das ONNX-Format, der Durchführung von Inferenz mit ONNX Runtime und der Validierung der Ergebnisse. Es bietet eine solide Grundlage für die Arbeit mit ONNX in realen Machine-Learning-Projekten.

Optimierung von ONNX-Modellen für Edge-Geräte

ONNX-Modelle können mithilfe leistungsfähiger Tools wie **ONNX Runtime** und **ONNX Quantization** weiter optimiert werden. Diese fortschrittlichen Optimierungstechniken sind entscheidend für den Einsatz von Machine-Learning-Modellen auf ressourcenbeschränkten Geräten wie Mobiltelefonen, IoT-Geräten und eingebetteten Systemen. Durch den Einsatz dieser Tools können Entwickler die Modellgröße deutlich reduzieren und die Inferenzgeschwindigkeit erhöhen, wodurch komplexe KI-Modelle auf Geräten mit begrenzter Rechenleistung und Speicherkapazität ausgeführt werden können.

Die **ONNX Runtime** ist eine Open-Source-Inferenz-Engine, die entwickelt wurde, um Machine-Learning-Modelle auf verschiedenen Hardware-Plattformen zu beschleunigen. Sie bietet eine breite Palette von Optimierungen, einschließlich Operator-Fusion, Speicherplanung und hardwarespezifischer Beschleunigung. Diese Optimierungen können zu erheblichen Leistungsverbesserungen führen, insbesondere auf Edge-Geräten mit begrenzten Ressourcen.

ONNX Quantization ist eine weitere leistungsfähige Technik, die die Präzision von Modellgewichten und -aktivierungen von 32-Bit-Fließkommazahlen auf Darstellungen mit niedrigerer Bitbreite, wie zum Beispiel 8-Bit-Ganzzahlen, reduziert. Dieser Prozess reduziert nicht nur die Modellgröße, sondern beschleunigt auch die Berechnungen, was besonders vorteilhaft für den Edge-Einsatz ist. Quantisierung kann oft mit minimalen Auswirkungen auf die Modellgenauigkeit angewendet werden und schafft so ein Gleichgewicht zwischen Leistung und Präzision.

Gemeinsam ermöglichen diese Optimierungstools Entwicklern die Erstellung effizienter, leistungsstarker KI-Anwendungen, die auf einer breiten Palette von Geräten, von leistungsstarken Cloud-Servern bis hin zu ressourcenbeschränkten Edge-Geräten, reibungslos laufen können. Diese Fähigkeit wird zunehmend wichtiger, da die Nachfrage nach On-Device-KI in verschiedenen Branchen und Anwendungen weiter wächst.

Um beispielsweise Quantisierung auf ein ONNX-Modell anzuwenden, können Sie die **onnxruntime.quantization**-Bibliothek verwenden:

```python
import onnx
from onnxruntime.quantization import quantize_dynamic, QuantType
import numpy as np
import onnxruntime as ort

# Load the ONNX model
model_path = "model.onnx"
onnx_model = onnx.load(model_path)
```

```python
# Perform dynamic quantization
quantized_model_path = "model_quantized.onnx"
quantize_dynamic(model_path, quantized_model_path, weight_type=QuantType.QUInt8)

print("Model successfully quantized for edge deployment.")

# Compare model sizes
import os
original_size = os.path.getsize(model_path)
quantized_size = os.path.getsize(quantized_model_path)
print(f"Original model size: {original_size/1024:.2f} KB")
print(f"Quantized model size: {quantized_size/1024:.2f} KB")
print(f"Size reduction: {(1 - quantized_size/original_size)*100:.2f}%")

# Run inference on both models and compare results
def run_inference(session, input_data):
    input_name = session.get_inputs()[0].name
    output_name = session.get_outputs()[0].name
    return session.run([output_name], {input_name: input_data})[0]

# Create a dummy input
input_data = np.random.randn(1, 3, 224, 224).astype(np.float32)

# Run inference on original model
original_session = ort.InferenceSession(model_path)
original_output = run_inference(original_session, input_data)

# Run inference on quantized model
quantized_session = ort.InferenceSession(quantized_model_path)
quantized_output = run_inference(quantized_session, input_data)

# Compare outputs
mse = np.mean((original_output - quantized_output)**2)
print(f"Mean Squared Error between original and quantized model outputs: {mse}")

# Measure inference time
import time

def measure_inference_time(session, input_data, num_runs=100):
    total_time = 0
    for _ in range(num_runs):
        start_time = time.time()
        _ = run_inference(session, input_data)
        total_time += time.time() - start_time
    return total_time / num_runs

original_time = measure_inference_time(original_session, input_data)
quantized_time = measure_inference_time(quantized_session, input_data)

print(f"Average inference time (original model): {original_time*1000:.2f} ms")
print(f"Average inference time (quantized model): {quantized_time*1000:.2f} ms")
print(f"Speedup: {original_time/quantized_time:.2f}x")
```

Dieses Beispiel demonstriert einen umfassenden Arbeitsablauf für die Quantisierung eines ONNX-Modells und die Bewertung seiner Leistung.

Betrachten wir die einzelnen Schritte:

1. Modell-Laden und Quantisierung:

    o   Wir beginnen mit dem Laden des ursprünglichen ONNX-Modells mithilfe der onnx-Bibliothek.

    o   Die quantize_dynamic-Funktion wird dann verwendet, um eine dynamische Quantisierung des Modells durchzuführen, wobei die Gewichte in 8-Bit-Ganzzahlen (QUInt8) umgewandelt werden.

2. Modellgrößenvergleich:

    o   Wir vergleichen die Dateigröße des ursprünglichen und des quantisierten Modells, um die durch Quantisierung erreichte Reduzierung der Modellgröße zu demonstrieren.

3. Inferenz-Einrichtung:

    o   Eine Hilfsfunktion run_inference wird definiert, um die Inferenz für beide Modelle zu vereinfachen.

    o   Wir erstellen einen Dummy-Eingabetensor für die Inferenz.

4. Durchführung der Inferenz:

    o   Wir erstellen ONNX Runtime-Sitzungen für sowohl das ursprüngliche als auch das quantisierte Modell.

    o   Die Inferenz wird mit denselben Eingabedaten auf beiden Modellen ausgeführt.

5. Ausgabevergleich:

    o   Wir berechnen den mittleren quadratischen Fehler (MSE) zwischen den Ausgaben des ursprünglichen und des quantisierten Modells, um eventuelle Genauigkeitsverluste durch die Quantisierung zu quantifizieren.

6. Leistungsmessung:

    o   Eine Funktion measure_inference_time wird definiert, um die durchschnittliche Inferenzzeit über mehrere Durchläufe genau zu messen.

    o   Wir messen und vergleichen die Inferenzzeiten beider Modelle.

Dieses umfassende Beispiel zeigt nicht nur, wie man ein ONNX-Modell quantisiert, sondern bietet auch eine gründliche Analyse der Quantisierungseffekte, einschließlich der Modellgrößenreduzierung, möglicher Auswirkungen auf die Genauigkeit und Verbesserungen der Inferenzgeschwindigkeit. Dieser Ansatz gibt Entwicklern einen klaren Einblick in die Kompromisse bei der Modellquantisierung für Edge-Deployment.

8.2.3 Vergleich von TensorFlow Lite und ONNX für Edge-Deployment

Merkmal	TensorFlow Lite (TFLite)	ONNX
Framework-Kompatibilität	Am besten geeignet für TensorFlow-Modelle	Unterstützt mehrere Frameworks (z.B. PyTorch, TensorFlow)
Optimierung	Unterstützt Quantisierung, Pruning und Optimierung	Unterstützt Quantisierung und Modelloptimierung via ONNX Runtime
Benutzerfreundlichkeit	Nahtlose Integration mit TensorFlow-Ökosystem	Flexibler mit Framework-übergreifender Unterstützung
Geräteunterstützung	Mobile Geräte, IoT, eingebettete Systeme	Mobile Geräte, IoT, eingebettete Systeme und mehr

Sowohl **TensorFlow Lite (TFLite)** als auch **Open Neural Network Exchange (ONNX)** bieten leistungsstarke Möglichkeiten für die Bereitstellung von Machine-Learning-Modellen auf Edge-Geräten, jeweils mit eigenen Stärken und Anwendungsfällen. **TensorFlow Lite** ist besonders gut für TensorFlow-basierte Workflows geeignet und bietet nahtlose Integration und Optimierungstools, die speziell für das TensorFlow-Ökosystem entwickelt wurden.

8.3 Bereitstellung von Modellen auf mobilen und Edge-Geräten

Die Bereitstellung von Machine-Learning-Modellen auf mobilen und Edge-Geräten umfasst einen umfassenden Prozess mit mehreren kritischen Phasen, die jeweils eine wichtige Rolle für die optimale Leistung und Effizienz spielen:

1. **Modelloptimierung und -komprimierung**: Dieser entscheidende Schritt beinhaltet die Verfeinerung und Komprimierung des Modells, um einen effizienten Betrieb auf Geräten mit beschränkten Ressourcen zu gewährleisten. Techniken wie Quantisierung, Pruning und Knowledge Distillation werden eingesetzt, um die Modellgröße und den Rechenaufwand bei gleichbleibender Genauigkeit zu reduzieren.

2. **Framework-Auswahl und Modellkonvertierung**: Die Wahl des geeigneten Frameworks wie **TensorFlow Lite** oder **ONNX** ist essentiell für die Konvertierung und Ausführung des Modells auf dem Zielgerät. Diese Frameworks bieten spezialisierte

Tools und Optimierungen für Edge-Deployment und gewährleisten Kompatibilität und Leistung über verschiedene Hardware-Plattformen hinweg.

3. **Mobile Anwendungsintegration**: Diese Phase beinhaltet die nahtlose Integration des optimierten Modells in den Code der mobilen oder Edge-Anwendung. Entwickler müssen effiziente Inferenz-Pipelines implementieren, das Laden und Entladen von Modellen verwalten und die Ein-/Ausgabeverarbeitung handhaben, um eine reibungslose Integration mit der Anwendungsfunktionalität sicherzustellen.

4. **Hardware-spezifische Beschleunigung**: Die Maximierung der Leistung auf Edge-Geräten erfordert häufig die Nutzung gerätespezifischer Hardware-Beschleuniger wie GPUs (Graphics Processing Units), TPUs (Tensor Processing Units) oder NPUs (Neural Processing Units). Dieser Schritt beinhaltet die Optimierung des Modells und des Inferenz-Codes, um diese spezialisierten Hardware-Komponenten optimal zu nutzen und die Inferenzgeschwindigkeit sowie Energieeffizienz deutlich zu verbessern.

5. **Leistungsüberwachung und -optimierung**: Die kontinuierliche Überwachung der Leistung des bereitgestellten Modells auf Edge-Geräten ist entscheidend. Dies umfasst die Verfolgung von Metriken wie Inferenzzeit, Speichernutzung und Batterieverbrauch. Basierend auf diesen Erkenntnissen können weitere Optimierungen vorgenommen werden, um die Effizienz und Benutzererfahrung des Modells zu verbessern.

Lassen Sie uns jeden Schritt im Detail betrachten.

8.3.1 Optimierungstechniken für Edge-Geräte

Vor der Bereitstellung eines maschinellen Lernmodells auf einem mobilen oder Edge-Gerät ist es entscheidend, Optimierungstechniken einzusetzen, um dessen Größe zu minimieren und den Rechenaufwand zu reduzieren. Dieser Optimierungsprozess ist wesentlich, um eine effiziente Leistung auf Geräten mit beschränkten Ressourcen wie Smartphones, Tablets oder IoT-Sensoren zu gewährleisten.

Durch die Verschlankung des Modells können Entwickler dessen Geschwindigkeit deutlich verbessern und den Speicherbedarf reduzieren, was letztendlich zu einer besseren Benutzererfahrung und längeren Akkulaufzeit auf dem Zielgerät führt.

Mehrere Techniken werden üblicherweise eingesetzt, um dies zu erreichen:

1. Quantisierung: Die Quantisierung reduziert die Präzision der Modellgewichte und -aktivierungen von 32-Bit-Fließkomma (FP32) auf Formate mit niedrigerer Präzision wie 16-Bit (FP16) oder 8-Bit (INT8). Dies reduziert die Modellgröße erheblich und beschleunigt die Inferenz bei minimalen Auswirkungen auf die Genauigkeit.

```
# TensorFlow Lite example of post-training quantization
converter = tf.lite.TFLiteConverter.from_saved_model('my_model')
converter.optimizations = [tf.lite.Optimize.DEFAULT]
tflite_quantized_model = converter.convert()
```

2. Pruning: Diese Technik beinhaltet das systematische Entfernen unnötiger Verbindungen oder Neuronen aus einem neuronalen Netzwerk. Durch die Identifizierung und Eliminierung von Parametern, die nur minimal zur Modellleistung beitragen, kann Pruning die Modellgröße und den Rechenaufwand deutlich reduzieren. Dieser Prozess umfasst oft iterative Trainings- und Pruning-Zyklen, bei denen das Modell nach jedem Pruning-Schritt nachtrainiert wird, um die Genauigkeit zu erhalten. Pruning kann besonders effektiv für große, überparametrisierte Modelle sein und ermöglicht einen effizienten Betrieb auf ressourcenbeschränkten Geräten ohne signifikanten Leistungsverlust.

3. Modelldestillation: Diese auch als **Knowledge Distillation** bekannte Technik beinhaltet die Übertragung von Wissen von einem großen, komplexen Modell (dem Lehrer) auf ein kleineres, einfacheres Modell (den Schüler). Der Prozess umfasst typischerweise das Training des Schülermodells, die Ausgabewahrscheinlichkeiten oder Zwischendarstellungen des Lehrermodells nachzuahmen, anstatt nur die harten Klassenbezeichnungen zu lernen. Dieser Ansatz ermöglicht es dem Schülermodell, die nuancierten Entscheidungsgrenzen des Lehrers zu erfassen, was oft zu einer Leistung führt, die übertrifft, was das kleinere Modell bei direktem Training mit den Daten erreichen könnte. Destillation ist besonders nützlich für Edge-Deployment, da sie Modelle erzeugen kann, die sowohl kompakt als auch leistungsstark sind und ein optimales Gleichgewicht zwischen Effizienz und Genauigkeit schaffen.

Sowohl Pruning als auch Destillation können in Kombination mit anderen Optimierungstechniken wie Quantisierung verwendet werden, um die Modelleffizienz für Edge-Deployment weiter zu verbessern. Diese Methoden sind entscheidend im Werkzeugkasten von Machine-Learning-Ingenieuren, die fortschrittliche KI-Fähigkeiten auf ressourcenbeschränkten Edge-Geräten bereitstellen wollen, wodurch erweiterte Funktionalitäten bei gleichzeitiger Aufrechterhaltung von Reaktionsfähigkeit und Energieeffizienz ermöglicht werden.

8.3.2 Bereitstellung von Modellen auf Android-Geräten

Für Android-Geräte sticht **TensorFlow Lite (TFLite)** als das bevorzugte Framework für die Bereitstellung von Machine-Learning-Modellen hervor. Dieses leistungsstarke Tool bietet eine Reihe von Vorteilen, die es ideal für die mobile Entwicklung machen:

- Leichtgewichtige Laufzeitumgebung: TFLite ist speziell für einen effizienten Betrieb auf mobilen Geräten entwickelt und minimiert Ressourcenverbrauch und Akkubelastung.

- Nahtlose Integration: Es stellt eine Suite von Werkzeugen bereit, die den Prozess der Einbindung von ML-Modellen in Android-Anwendungen vereinfachen.

- On-Device-Inferenz: Mit TFLite können Entwickler die Modellinferenz direkt auf dem Gerät ausführen, wodurch die Notwendigkeit einer ständigen Cloud-Verbindung entfällt und die Latenzzeit reduziert wird.

- Optimierte Leistung: TFLite enthält integrierte Optimierungen für mobile Hardware und nutzt GPU-Beschleunigung und andere gerätespezifische Funktionen zur Verbesserung von Geschwindigkeit und Effizienz.

- Datenschutzfreundlich: Durch die lokale Verarbeitung der Daten hilft TFLite, die Privatsphäre der Nutzer zu wahren, da sensible Informationen das Gerät nicht verlassen müssen.

Diese Funktionen ermöglichen es Entwicklern gemeinsam, anspruchsvolle, KI-gesteuerte Android-Anwendungen zu erstellen, die sowohl reaktionsschnell als auch ressourceneffizient sind und neue Möglichkeiten für mobile Benutzererlebnisse eröffnen.

Beispiel: Bereitstellung eines TensorFlow Lite-Modells auf Android

1. **Konvertierung des Modells in TensorFlow Lite**:Zuerst wird das trainierte TensorFlow-Modell in das TensorFlow Lite-Format konvertiert, wie im vorherigen Abschnitt gezeigt.

2. converter = tf.lite.TFLiteConverter.from_saved_model('my_model')

3. tflite_model = converter.convert()

4.

5. # Save the TFLite model

6. with open('model.tflite', 'wb') as f:

7.   f.write(tflite_model)

8. **Integration des Modells in eine Android-App**:Sobald Sie das .tflite-Modell haben, können Sie es mithilfe des **TensorFlow Lite Interpreters** in eine Android-App integrieren. Hier ist ein Beispiel, wie das Modell geladen und die Inferenz ausgeführt wird:

```java
import org.tensorflow.lite.Interpreter;
import android.content.res.AssetManager;
import java.nio.ByteBuffer;
import java.nio.ByteOrder;
import java.io.IOException;
import java.io.InputStream;
import java.nio.channels.FileChannel;
import java.io.FileInputStream;
import java.io.File;

public class MyModel {
    private Interpreter tflite;

    // Constructor: loads the model from assets
    public MyModel(AssetManager assetManager, String modelPath) throws IOException {
        ByteBuffer modelBuffer = loadModelFile(assetManager, modelPath);
        tflite = new Interpreter(modelBuffer);
    }

    // Method to load the model from assets
```

```java
    private ByteBuffer loadModelFile(AssetManager assetManager, String modelPath)
throws IOException {
        try (InputStream inputStream = assetManager.open(modelPath)) {
            byte[] modelBytes = new byte[inputStream.available()];
            inputStream.read(modelBytes);
            ByteBuffer buffer = ByteBuffer.allocateDirect(modelBytes.length)
                    .order(ByteOrder.nativeOrder());
            buffer.put(modelBytes);
            buffer.rewind();
            return buffer.asReadOnlyBuffer(); // Makes the buffer read-only
        }
    }

    // Performs inference with input data
    public float[] runInference(float[] inputData) {
        float[][] outputData = new float[1][10]; // Assuming 10 output classes
        ByteBuffer inputBuffer = ByteBuffer.allocateDirect(inputData.length * 4)
                .order(ByteOrder.nativeOrder());

        for (float value : inputData) {
            inputBuffer.putFloat(value);
        }
        inputBuffer.rewind();

        tflite.run(inputBuffer, outputData);
        return outputData[0]; // Returns the results
    }
}
```

Dieser Code zeigt, wie man ein TensorFlow Lite-Modell in eine Android-Anwendung integriert.

Schauen wir uns die einzelnen Bestandteile an:

1. **Klassendefinition**: Die MyModel-Klasse wird definiert, um TensorFlow Lite-Modelloperationen zu verwalten.

2. **Modell-Laden**: Der Konstruktor MyModel(AssetManager assetManager, String modelPath) lädt das Modell aus den App-Assets. Er verwendet die loadModelFile-Methode, um die Modelldatei in einen ByteBuffer einzulesen.

3. **TFLite Interpreter**: Eine Instanz des Interpreter wird mit dem geladenen Modell-Buffer erstellt. Dieser Interpreter wird für die Inferenz verwendet.

4. **Datei-Einlesen**: Die loadModelFile-Methode liest die TensorFlow Lite-Modelldatei mittels AssetManager.open() anstelle von FileInputStream, um die Kompatibilität mit Android-Assets sicherzustellen. Sie lädt das Modell in einen ByteBuffer, der als schreibgeschützt markiert wird, um Änderungen zu verhindern.

5. **Inferenz**: Die runInference-Methode führt die Inferenz mit Eingabedaten durch. Sie nimmt ein Float-Array als Eingabe und gibt ein weiteres Float-Array als Ausgabe zurück.

Die Methode konvertiert das Eingabe-Array korrekt in einen ByteBuffer, bevor es an den TFLite-Interpreter übergeben wird, um die Kompatibilität mit dem erwarteten Eingabeformat von TensorFlow Lite sicherzustellen.

Dieses Beispiel bietet eine robuste und effiziente Struktur für die Verwendung von TensorFlow Lite in einer Android-App und ermöglicht eine optimierte Inferenz für maschinelles Lernen auf dem Gerät.

1. **Optimierung für Hardware-Beschleunigung**:Viele Android-Geräte verfügen über spezialisierte Hardware-Beschleuniger zur Verbesserung der Machine-Learning-Leistung. Dazu gehören **Digital Signal Processors (DSPs)**, die sich durch die Verarbeitung und Manipulation digitaler Signale auszeichnen, und **Neural Processing Units (NPUs)**, die speziell für neuronale Netzwerkberechnungen optimiert sind. TensorFlow Lite stellt Entwicklern die Werkzeuge zur Verfügung, um diese leistungsstarken Hardware-Komponenten zu nutzen, was zu deutlich schnelleren Inferenzzeiten für Machine-Learning-Modelle führt.Durch die Nutzung dieser Beschleuniger können Entwickler erhebliche Leistungsverbesserungen in ihren KI-gestützten Anwendungen erzielen. Aufgaben wie Bilderkennung, Verarbeitung natürlicher Sprache und Echtzeit-Objekterkennung können mit deutlich geringerer Latenz und höherer Effizienz ausgeführt werden. Diese Optimierung ist besonders wichtig für ressourcenintensive Anwendungen wie Augmented Reality, Sprachassistenten und KI-gestützte Kameras auf dem Gerät, bei denen Reaktionsgeschwindigkeit und Akkulaufzeit von entscheidender Bedeutung sind.Darüber hinaus geht die Fähigkeit von TensorFlow Lite, diese Hardware-Beschleuniger zu nutzen, über reine Geschwindigkeitsverbesserungen hinaus. Sie ermöglicht auch den reibungslosen Betrieb komplexerer und ausgereifterer Modelle auf mobilen Geräten und eröffnet Möglichkeiten für fortgeschrittene KI-Funktionen, die zuvor nur auf leistungsfähigerer Hardware möglich waren. Diese Fähigkeit schließt die Lücke zwischen Cloud-basierten KI-Diensten und Intelligenz auf dem Gerät und bietet Nutzern verbesserten Datenschutz und Offline-Funktionalität bei gleichzeitiger Bereitstellung leistungsstarker KI-Fähigkeiten.Sie können den **TFLite Interpreter** für die Nutzung dieser Hardware-Beschleuniger konfigurieren, indem Sie den **GPU-Delegate** aktivieren:

```
Interpreter.Options options = new Interpreter.Options();
GpuDelegate delegate = new GpuDelegate();
options.addDelegate(delegate);

Interpreter tflite = new Interpreter(modelBuffer, options);
```

8.3.3 Bereitstellung von Modellen auf iOS-Geräten

Für iOS-Geräte bietet TensorFlow Lite eine robuste Unterstützung, die dem Bereitstellungsprozess für Android-Anwendungen ähnelt. Die iOS-Entwicklung nutzt jedoch typischerweise **Core ML**, Apples natives Machine-Learning-Framework, für die

Modellausführung. Dieses Framework ist tief in iOS integriert und für Apples Hardware optimiert, was eine hervorragende Leistung und Energieeffizienz gewährleistet.

Um die Lücke zwischen TensorFlow und Core ML zu schließen, können Entwickler den **TF Lite Converter** verwenden. Dieses leistungsstarke Werkzeug ermöglicht die nahtlose Umwandlung von TensorFlow Lite-Modellen in das Core ML-Format und gewährleistet so die Kompatibilität mit iOS-Geräten. Der Konvertierungsprozess bewahrt die Architektur und Gewichte des Modells und passt sie gleichzeitig an die Spezifikationen von Core ML an.

Die Möglichkeit, TensorFlow Lite-Modelle in das Core ML-Format zu konvertieren, bietet mehrere Vorteile:

- Plattformübergreifende Entwicklung: Entwickler können ein einzelnes TensorFlow-Modell für Android- und iOS-Plattformen pflegen und so den Entwicklungsprozess optimieren.

- Hardware-Optimierung: Core ML nutzt Apples Neural Engine und GPU, was zu schnelleren Inferenzzeiten und geringerem Stromverbrauch führt.

- Integration in das iOS-Ökosystem: Konvertierte Modelle können problemlos mit anderen iOS-Frameworks und APIs interagieren und verbessern so die Gesamtfunktionalität der App.

Darüber hinaus umfasst der Konvertierungsprozess oft iOS-spezifische Optimierungen wie Quantisierung und Pruning, die die Modellgröße erheblich reduzieren und die Leistung verbessern können, ohne die Genauigkeit zu beeinträchtigen. Dies ermöglicht den Einsatz komplexer Machine-Learning-Modelle auf iOS-Geräten mit begrenzten Ressourcen und erweitert die Möglichkeiten für KI-gestützte mobile Anwendungen.

Beispiel: Konvertierung von TensorFlow Lite-Modellen zu Core ML

Hier ist die Vorgehensweise zur Konvertierung eines TensorFlow-Modells in das Core ML-Format:

```
import coremltools as ct
import tensorflow as tf
import numpy as np

# Load the TensorFlow model
model = tf.keras.models.load_model('my_model.h5')

# Convert the model to Core ML format
coreml_model = ct.convert(
    model,
    inputs=[ct.TensorType(shape=(1,) + model.input_shape[1:])],   # Ensure batch
dimension is included
    minimum_deployment_target=ct.target.iOS13
)
```

```python
# Set metadata
coreml_model.author = "Your Name"
coreml_model.license = "Your License"
coreml_model.short_description = "Brief description of your model"
coreml_model.version = "1.0"

# Save the Core ML model
coreml_model_path = 'MyCoreMLModel.mlmodel'
coreml_model.save(coreml_model_path)

# Verify the converted model
import coremltools.proto
from coremltools.models import MLModel

# Load the saved Core ML model
mlmodel = MLModel(coreml_model_path)

# Generate a sample input for testing
input_shape = model.input_shape[1:]  # Exclude batch dimension
sample_input = np.random.rand(1, *input_shape).astype(np.float32)    # Add  batch
dimension

# Run inference with TensorFlow
tf_out = model.predict(sample_input)

# Run inference with Core ML
coreml_input_name = mlmodel.input_description._fd_spec[0].name
coreml_out = mlmodel.predict({coreml_input_name: sample_input})

# Extract Core ML output
output_names = [output.name for output in mlmodel.get_spec().description.output]
coreml_output = coreml_out[output_names[0]]

# Compare outputs
print("Core ML output shape:", coreml_output.shape)
print("TensorFlow output shape:", tf_out.shape)
print("Outputs match:", np.allclose(coreml_output, tf_out, atol=1e-5))

print("Model successfully converted to Core ML format and verified.")
```

Dieses Code-Beispiel zeigt einen umfassenden Prozess zur Konvertierung eines TensorFlow-Modells in das Core ML-Format. Lassen Sie uns

dies im Detail betrachten:

1. **Notwendige Bibliotheken importieren**: Wir importieren coremltools für den Konvertierungsprozess, tensorflow zum Laden des ursprünglichen Modells und numpy für Array-Operationen.

2. **TensorFlow-Modell laden**: Wir verwenden tf.keras.models.load_model, um ein vortrainiertes TensorFlow-Modell aus einer H5-Datei zu laden.

3. **Beispieleingabe generieren**: Wir erstellen einen Beispiel-Eingabetensor, der der Eingabeform des Modells entspricht und stellen sicher, dass die Batch-Dimension enthalten ist. Dies ist nützlich für die spätere Überprüfung der Konvertierung.

4. **Modell konvertieren**: Wir nutzen coremltools.convert(), um das TensorFlow-Modell in das Core ML-Format umzuwandeln. Wir spezifizieren die Eingabeform korrekt, stellen die Kompatibilität mit Core ML sicher und legen ein Mindest-Deployment-Ziel fest (in diesem Fall iOS13).

5. **Metadaten festlegen**: Wir fügen dem Core ML-Modell Metadaten hinzu, einschließlich Autor, Lizenz, Beschreibung und Version. Diese Informationen sind wichtig für die Modellverwaltung und Dokumentation.

6. **Modell speichern**: Wir speichern das konvertierte Modell in einer Datei mit der Erweiterung .mlmodel, dem Standardformat für Core ML-Modelle.

7. **Konvertierung überprüfen**: Wir laden das gespeicherte Core ML-Modell mit MLModel und generieren eine Beispieleingabe zum Testen. Anschließend führen wir Inferenz sowohl auf dem TensorFlow- als auch auf dem Core ML-Modell durch und vergleichen die Ausgaben, um sicherzustellen, dass die Konvertierung erfolgreich war.

8. **Ergebnisse ausgeben**: Schließlich geben wir die Ausgabeformen beider Modelle aus und prüfen, ob sie innerhalb einer kleinen Toleranz übereinstimmen. Dieser Validierungsschritt stellt sicher, dass das konvertierte Modell konsistente Ergebnisse mit dem ursprünglichen TensorFlow-Modell liefert.

Dieses umfassende Beispiel konvertiert nicht nur das Modell, sondern enthält auch Schritte zur Verifizierung und Metadaten-Ergänzung, die für die Bereitstellung zuverlässiger und gut dokumentierter Modelle in iOS-Anwendungen entscheidend sind.

8.3.4 Bereitstellung von Modellen auf Edge-Geräten (IoT und eingebettete Systeme)

Edge-Geräte wie **IoT-Sensoren**, **Raspberry Pi** und **NVIDIA Jetson** stellen aufgrund ihrer begrenzten Rechenressourcen und Energiebeschränkungen besondere Herausforderungen für die Bereitstellung von maschinellem Lernen dar. Um diese Herausforderungen zu bewältigen, wurden optimierte Laufzeitumgebungen wie **TensorFlow Lite** und **ONNX Runtime** speziell für Edge-Computing-Szenarien entwickelt.

Diese spezialisierten Laufzeitumgebungen bieten mehrere wichtige Vorteile für die Edge-Bereitstellung:

- Reduzierte Modellgröße: Sie unterstützen Modell-Komprimierungstechniken wie Quantisierung und Pruning, wodurch der Speicherbedarf von ML-Modellen erheblich reduziert wird.

- Optimierte Inferenz: Diese Laufzeitumgebungen sind darauf ausgelegt, die Inferenzgeschwindigkeit auf ressourcenbeschränkter Hardware zu maximieren, wobei oft gerätespezifische Optimierungen genutzt werden.

- Niedriger Stromverbrauch: Durch die Minimierung des Rechenaufwands helfen sie, die Akkulaufzeit in tragbaren Edge-Geräten zu verlängern.

- Plattformübergreifende Kompatibilität: Sowohl TensorFlow Lite als auch ONNX Runtime unterstützen eine breite Palette von Edge-Geräten und Betriebssystemen, was die Bereitstellung in verschiedenen Hardware-Ökosystemen erleichtert.

Darüber hinaus bieten diese Laufzeitumgebungen häufig zusätzliche Werkzeuge zur Modelloptimierung und Leistungsanalyse, die es Entwicklern ermöglichen, ihre Bereitstellungen für spezifische Edge-Szenarien feinabzustimmen. Dieses Ökosystem von Werkzeugen und Optimierungen macht es möglich, anspruchsvolle Machine-Learning-Modelle auf Geräten mit begrenzten Ressourcen auszuführen und eröffnet neue Möglichkeiten für KI-gestützte Edge-Anwendungen in Bereichen wie IoT, Robotik und eingebettete Systeme.

Beispiel: TensorFlow Lite auf einem Raspberry Pi ausführen

1. **TensorFlow Lite auf dem Raspberry Pi installieren**:Installieren Sie zunächst TensorFlow Lite auf dem Raspberry Pi:

2. pip install tflite-runtime

3. **Inferenz mit TensorFlow Lite ausführen**:Verwenden Sie den folgenden Python-Code, um ein TensorFlow Lite-Modell auf dem Raspberry Pi zu laden und auszuführen:

```python
import numpy as np
import tensorflow as tf

def load_tflite_model(model_path):
    # Load the TFLite model
    interpreter = tf.lite.Interpreter(model_path=model_path)
    interpreter.allocate_tensors()
    return interpreter

def get_input_output_details(interpreter):
    # Get input and output tensors
    input_details = interpreter.get_input_details()
    output_details = interpreter.get_output_details()
    return input_details, output_details

def prepare_input_data(shape, dtype=np.float32):
    # Prepare sample input data
    return np.random.rand(*shape).astype(dtype)
```

```python
def run_inference(interpreter, input_data, input_details, output_details):
    # Set the input tensor
    interpreter.set_tensor(input_details[0]['index'], input_data)

    # Run inference
    interpreter.invoke()

    # Get the output
    output_data = interpreter.get_tensor(output_details[0]['index'])
    return output_data

def main():
    model_path = 'model.tflite'

    # Load model
    interpreter = load_tflite_model(model_path)

    # Get input and output details
    input_details, output_details = get_input_output_details(interpreter)

    # Prepare input data
    input_shape = input_details[0]['shape']
    input_data = prepare_input_data(input_shape)

    # Run inference
    output_data    =    run_inference(interpreter,    input_data,    input_details,
output_details)

    print("Input shape:", input_shape)
    print("Input data:", input_data)
    print("Output shape:", output_data.shape)
    print("Prediction:", output_data)

if __name__ == "__main__":
    main()
```

Dieses Beispiel bietet eine umfassende Implementierung für die Durchführung von Inferenz mit einem TensorFlow Lite-Modell.

Schauen wir uns die einzelnen Komponenten an:

1. Import-Anweisungen: Wir importieren NumPy für numerische Operationen und TensorFlow für TFLite-Funktionalität.

2. load_tflite_model-Funktion: Diese Funktion lädt das TFLite-Modell von einem angegebenen Pfad und reserviert Tensoren.

3. get_input_output_details-Funktion: Ruft die Ein- und Ausgabe-Tensor-Details vom Interpreter ab.

4. prepare_input_data-Funktion: Generiert zufällige Eingabedaten basierend auf der Eingabeform und dem Datentyp.

5. run_inference-Funktion: Setzt den Eingabetensor, ruft den Interpreter auf und holt die Ausgabe ab.

6. main-Funktion: Koordiniert den gesamten Prozess:

    o Lädt das Modell

    o Holt Ein- und Ausgabedetails

    o Bereitet Eingabedaten vor

    o Führt Inferenz durch

    o Gibt Ergebnisse aus

Diese Struktur macht den Code modular, leichter verständlich und flexibler für verschiedene Anwendungsfälle. Sie enthält auch Fehlerbehandlung und liefert zusätzliche Informationen über die Ein- und Ausgabeformen, was für die Fehlersuche und das Verständnis des Modellverhaltens entscheidend sein kann.

8.3.5 Best Practices für Edge-Deployment

Modellkomprimierung: Die Implementierung von Komprimierungstechniken wie **Quantisierung** oder **Pruning** ist entscheidend für das Edge-Deployment. Quantisierung reduziert die Präzision der Modellgewichte, oft von 32-Bit-Fließkomma auf 8-Bit-Ganzzahlen, wodurch Modellgröße und Inferenzzeit bei minimalem Genauigkeitsverlust deutlich verringert werden. Pruning entfernt überflüssige Verbindungen in neuronalen Netzen und reduziert die Modellkomplexität weiter. Diese Techniken sind essentiell für die Bereitstellung großer, komplexer Modelle auf Geräten mit begrenztem Speicher und Rechenleistung.

Hardware-Beschleunigung: Die Nutzung gerätespezifischer Hardware wie **GPUs** (Graphics Processing Units) oder **NPUs** (Neural Processing Units) kann die Inferenzgeschwindigkeit auf Edge-Geräten dramatisch verbessern. GPUs überzeugen bei der Parallelverarbeitung und eignen sich ideal für neuronale Netzwerkberechnungen. NPUs, die speziell für KI-Aufgaben entwickelt wurden, bieten noch höhere Effizienz. Durch die Optimierung von Modellen für diese spezialisierten Prozessoren können Entwickler selbst auf mobilen Geräten nahezu Echtzeit-Performance erreichen.

Batch-Verarbeitung: Für Anwendungen, die Echtzeit-Performance erfordern, kann Batch-Verarbeitung der Eingaben den Modell-Durchsatz auf Edge-Geräten erheblich verbessern. Anstatt Eingaben einzeln zu verarbeiten, werden bei der Batch-Verarbeitung mehrere Eingaben für die gleichzeitige Verarbeitung gruppiert. Dieser Ansatz maximiert die Hardware-Auslastung, besonders bei der Nutzung von GPUs oder NPUs, und kann zu erheblichen Beschleunigungen der Inferenzzeit führen. Entwickler müssen jedoch die Batch-Größe mit den Latenzanforderungen ausbalancieren, um optimale Leistung zu gewährleisten.

Regelmäßige Updates: Für Edge-Geräte mit Internetverbindung ist die Implementierung eines Systems für regelmäßige Modell-Updates wichtig. Dieser Ansatz stellt sicher, dass bereitgestellte Modelle die neuesten Daten widerspiegeln und ihre hohe Genauigkeit über die Zeit beibehalten. Regelmäßige Updates können Probleme wie Concept Drift adressieren, bei dem sich die Beziehung zwischen Eingabedaten und Zielvariablen im Laufe der Zeit ändert. Zusätzlich ermöglichen Updates die Integration neuer Funktionen, Fehlerbehebungen und Leistungsverbesserungen, wodurch Edge-Geräte auch lange nach der ersten Bereitstellung weiterhin Mehrwert bieten.

Energieeffizienz: Bei der Bereitstellung von Modellen auf batteriebetriebenen Edge-Geräten wird die Optimierung der Energieeffizienz entscheidend. Dies umfasst nicht nur die Auswahl energieeffizienter Hardware, sondern auch die Entwicklung von Modellen und Inferenz-Pipelines, die den Stromverbrauch minimieren. Techniken wie Dynamic Voltage and Frequency Scaling (DVFS) können eingesetzt werden, um die Prozessorleistung basierend auf der Arbeitslast anzupassen und so während Phasen geringer Aktivität zusätzlich Energie zu sparen.

Sicherheitsaspekte: Edge-Deployment bringt einzigartige Sicherheitsherausforderungen mit sich. Der Schutz sowohl des Modells als auch der verarbeiteten Daten ist von höchster Bedeutung. Die Implementierung von Verschlüsselung für Modellgewichte und die Verwendung sicherer Kommunikationsprotokolle für die Datenübertragung sind essentiell. Zusätzlich können Techniken wie Federated Learning eingesetzt werden, um Modelle zu verbessern, ohne die Datenprivatsphäre zu gefährden, indem sensible Daten auf dem Edge-Gerät verbleiben und nur Modell-Updates geteilt werden.

Praktische Übungen Kapitel 8

Übung 1: Konvertierung eines TensorFlow-Modells in TensorFlow Lite

Aufgabe: Konvertieren Sie ein vortrainiertes TensorFlow-Modell (z.B. ein einfaches Bildklassifizierungsmodell) in das **TensorFlow Lite**-Format für Edge-Deployment. Wenden Sie Quantisierung an, um die Modellgröße zu reduzieren.

Lösung:

```python
import tensorflow as tf

# Load a pre-trained model (for example, from a saved model directory)
model = tf.keras.models.load_model('my_saved_model')

# Convert the model to TensorFlow Lite format
converter = tf.lite.TFLiteConverter.from_keras_model(model)

# Apply quantization to optimize the model
converter.optimizations = [tf.lite.Optimize.DEFAULT]
tflite_model = converter.convert()
```

```python
# Save the TensorFlow Lite model to a file
with open('model_quantized.tflite', 'wb') as f:
    f.write(tflite_model)

print("Model successfully converted and quantized to TensorFlow Lite format.")
```

In dieser Übung:

- Wir laden ein TensorFlow-Modell und konvertieren es in das **TensorFlow Lite**-Format.

- Die **Post-Training-Quantisierung** wird angewendet, um die Modellgröße zu reduzieren und die Inferenzgeschwindigkeit auf Edge-Geräten zu verbessern.

Übung 2: TensorFlow Lite-Modell auf Android ausführen

Aufgabe: Integrieren Sie ein **TensorFlow Lite**-Modell in eine Android-App und führen Sie Inferenz durch. Es wird angenommen, dass ein TFLite-Modell bereit ist (model.tflite) und das Ziel ist es, Inferenz auf einem Android-Gerät durchzuführen.

Lösung:

```java
import org.tensorflow.lite.Interpreter;
import android.content.res.AssetManager;
import java.io.IOException;
import java.io.InputStream;
import java.nio.ByteBuffer;
import java.nio.ByteOrder;

public class TFLiteModel {
    private Interpreter tflite;

    // Constructor: Load the TensorFlow Lite model from assets
    public TFLiteModel(AssetManager assetManager, String modelPath) throws IOException
{
        ByteBuffer modelBuffer = loadModelFile(assetManager, modelPath);
        tflite = new Interpreter(modelBuffer);
    }

    // Load model from assets into ByteBuffer
    private ByteBuffer loadModelFile(AssetManager assetManager, String modelPath)
throws IOException {
        try (InputStream inputStream = assetManager.open(modelPath)) {
            byte[] modelBytes = new byte[inputStream.available()];
            inputStream.read(modelBytes);
            ByteBuffer buffer = ByteBuffer.allocateDirect(modelBytes.length)
                    .order(ByteOrder.nativeOrder());
            buffer.put(modelBytes);
            buffer.rewind();
            return buffer.asReadOnlyBuffer(); // Make buffer read-only
        }
    }
```

```java
    // Perform inference with input data
    public float[] runInference(float[] inputData) {
        float[][] outputData = new float[1][10]; // Assuming 10 output classes
        ByteBuffer inputBuffer = ByteBuffer.allocateDirect(inputData.length * 4)
                .order(ByteOrder.nativeOrder());

        for (float value : inputData) {
            inputBuffer.putFloat(value);
        }
        inputBuffer.rewind();

        tflite.run(inputBuffer, outputData);
        return outputData[0]; // Return results
    }
}
```

In dieser Übung:

- Wir laden das **TensorFlow Lite**-Modell mithilfe des **TFLite Interpreters** in eine Android-App.

- Das Modell wird verwendet, um Inferenz auf Eingabedaten wie Bildmerkmale durchzuführen und Vorhersagen zu generieren.

Übung 3: Bereitstellung eines Modells mit ONNX Runtime

Aufgabe: Konvertieren Sie ein **PyTorch**-Modell in das **ONNX**-Format und führen Sie Inferenz mit **ONNX Runtime** auf einem ressourcenbeschränkten Gerät wie einem Raspberry Pi durch.

Lösung:

```python
import torch
import torch.nn as nn
import onnx
import onnxruntime as ort

# Define a simple PyTorch model
class SimpleModel(nn.Module):
    def __init__(self):
        super(SimpleModel, self).__init__()
        self.fc = nn.Linear(784, 10)

    def forward(self, x):
        return self.fc(x)

# Create an instance of the model
model = SimpleModel()

# Create a dummy input for model tracing
dummy_input = torch.randn(1, 784)
```

```python
# Export the model to ONNX format
torch.onnx.export(
    model,
    dummy_input,
    "model.onnx",
    opset_version=11,  # Specify opset version for compatibility
    verbose=True,  # Enable verbosity for debugging
    input_names=["input"],  # Define input name
    output_names=["output"]  # Define output name
)

print("Model successfully converted to ONNX format.")

# Run inference using ONNX Runtime
ort_session = ort.InferenceSession("model.onnx")

def to_numpy(tensor):
    return    tensor.detach().cpu().numpy()    if    tensor.requires_grad    else
tensor.cpu().numpy()

# Run inference
input_data = to_numpy(dummy_input)
input_name = ort_session.get_inputs()[0].name  # Dynamically obtain input name
outputs = ort_session.run(None, {input_name: input_data})

print("ONNX Model Inference Output:", outputs)
```

In dieser Übung:

- Wir definieren ein einfaches **PyTorch**-Modell und konvertieren es mithilfe von torch.onnx.export() in das **ONNX**-Format.

- Die **ONNX Runtime** wird verwendet, um Inferenz auf dem konvertierten Modell auszuführen, wodurch es für Edge-Geräte wie den **Raspberry Pi** geeignet ist.

Übung 4: Bereitstellung eines TensorFlow Lite-Modells auf dem Raspberry Pi

Aufgabe: Stellen Sie ein **TensorFlow Lite**-Modell auf einem Raspberry Pi bereit und führen Sie Inferenz auf einem Beispieldatensatz durch.

Lösung:

```python
import numpy as np
import tensorflow as tf

# Load the TensorFlow Lite model
interpreter = tf.lite.Interpreter(model_path="model.tflite")
interpreter.allocate_tensors()

# Get input and output tensor details
```

```
input_details = interpreter.get_input_details()
output_details = interpreter.get_output_details()

# Prepare a sample input (assuming the model expects a 1D array)
input_data = np.array([[1.0, 2.0, 3.0, 4.0]], dtype=np.float32)
interpreter.set_tensor(input_details[0]['index'], input_data)

# Run inference
interpreter.invoke()

# Retrieve the output from the model
output_data = interpreter.get_tensor(output_details[0]['index'])
print(f"Model output: {output_data}")
```

In dieser Übung:

- Wir stellen ein **TensorFlow Lite**-Modell auf einem **Raspberry Pi** mithilfe des **TFLite Interpreters** bereit.

- Das Modell führt Inferenz auf Eingabedaten durch und erstellt Vorhersagen basierend auf dem trainierten Modell.

Übung 5: Konvertierung eines TensorFlow Lite-Modells in Core ML

Aufgabe: Konvertieren Sie ein **TensorFlow Lite**-Modell in das **Core ML**-Format für die Bereitstellung auf einem iOS-Gerät.

Lösung:

```
import coremltools
import tensorflow as tf

# Load the TensorFlow Lite model
model = tf.keras.models.load_model('my_model.h5')

# Convert the model to Core ML format
coreml_model = coremltools.convert(model)

# Save the Core ML model
coreml_model.save('MyCoreMLModel.mlmodel')

print("Model successfully converted to Core ML format.")
```

In dieser Übung:

- Wir konvertieren ein **TensorFlow Lite**-Modell in das **Core ML**-Format mithilfe der **coremltools**-Bibliothek.

- Das Modell kann nun in einer iOS-Anwendung mit **Core ML** bereitgestellt werden.

Diese praktischen Übungen behandelten wichtige Schritte zur Bereitstellung von maschinellen Lernmodellen auf mobilen Geräten und Edge-Geräten unter Verwendung von Frameworks wie **TensorFlow Lite**, **ONNX** und **Core ML**. Durch das Absolvieren dieser Übungen gewinnen Sie praktische Erfahrung in der Optimierung und Ausführung von Modellen auf ressourcenbeschränkten Geräten, wodurch Ihre maschinellen Lernanwendungen vielseitiger und effizienter werden.

Zusammenfassung Kapitel 8

In **Kapitel 8** haben wir die wichtigsten Konzepte der Bereitstellung von maschinellen Lernmodellen in Cloud-Umgebungen und auf Edge-Geräten untersucht. Das Kapitel konzentrierte sich darauf, wie der Übergang vom traditionellen lokalen Computing zum Cloud- und Edge-Computing die Skalierbarkeit, Effizienz und Zugänglichkeit von maschinellen Lernsystemen verändert hat. Angesichts der stetig wachsenden Komplexität der Modelle und der Notwendigkeit von Echtzeit-Inferenz ist die Nutzung von Cloud-Diensten und die Bereitstellung optimierter Modelle auf Edge-Geräten für moderne KI-Anwendungen von entscheidender Bedeutung.

Wir begannen mit der Diskussion des **Cloud-basierten maschinellen Lernens**, das es Organisationen ermöglicht, die rechenintensiven Anforderungen des Trainings und der Bereitstellung von Modellen auf leistungsstarke Cloud-Plattformen auszulagern. Führende Cloud-Service-Anbieter wie **Amazon Web Services (AWS)**, **Google Cloud Platform (GCP)** und **Microsoft Azure** bieten robuste Infrastruktur und Werkzeuge zur Optimierung des gesamten Machine-Learning-Workflows, vom Modelltraining bis zur Bereitstellung. Diese Plattformen ermöglichen es Entwicklern, ihre Modelle mühelos zu skalieren und bieten verwaltete Dienste, die große Datensätze und Echtzeit-Inferenz verarbeiten. Zum Beispiel vereinfachen **AWS SageMaker** und die **Google AI Platform** den Prozess des Erstellens und Bereitstellens von Machine-Learning-Modellen mit minimalem Einrichtungsaufwand. Mit diesen Diensten können Benutzer Modelle auf verteilter Hardware trainieren, sie für die Bereitstellung optimieren und als skalierbare APIs oder Dienste bereitstellen.

Das Kapitel befasste sich dann mit **TensorFlow Lite (TFLite)** und **ONNX (Open Neural Network Exchange)**, zwei wichtigen Frameworks, die entwickelt wurden, um maschinelle Lernmodelle auf ressourcenbeschränkte Edge-Geräte zu bringen. **TensorFlow Lite** ist auf mobile und eingebettete Geräte zugeschnitten und ermöglicht es Entwicklern, TensorFlow-Modelle in ein schlankes Format zu konvertieren, das auf Smartphones, IoT-Sensoren und anderen stromsparenden Hardwarekomponenten eingesetzt werden kann. **ONNX** hingegen ist ein offener Standard, der es ermöglicht, Modelle aus verschiedenen Frameworks wie PyTorch und TensorFlow nahtlos in unterschiedlichen Umgebungen bereitzustellen. Durch die Optimierung von Modellen mittels Techniken wie **Quantisierung**, **Pruning** und **Destillation** bieten sowohl TensorFlow Lite als auch ONNX schnelle, effiziente Inferenz auf Edge-Geräten.

Wir untersuchten auch praktische Schritte zur Bereitstellung von Modellen auf **Android**, **iOS** und **IoT-Geräten** wie dem **Raspberry Pi**. Für Android bietet TensorFlow Lite den **TFLite Interpreter**, der sich einfach in Android-Anwendungen integrieren lässt, um Inferenz auf dem Gerät durchzuführen. Ähnlich können TensorFlow Lite-Modelle für die Bereitstellung auf iOS in **Core ML** konvertiert werden, sodass mobile Entwickler maschinelle Lernmodelle in ihren Apps verwenden können. Darüber hinaus untersuchten wir, wie **ONNX Runtime** die Ausführung von Modellen auf Geräten wie dem Raspberry Pi unterstützt und leistungsfähige KI-Anwendungen in Edge-Computing-Umgebungen ermöglicht.

Das Kapitel schloss mit der Diskussion bewährter Praktiken für die Bereitstellung von Modellen auf Edge-Geräten, einschließlich der Nutzung von Hardware-Beschleunigung (z.B. durch GPUs, NPUs oder DSPs), der Komprimierung von Modellen für schnellere Inferenz und der Aktualisierung von Modellen durch periodisches Nachtraining. Diese Praktiken helfen sicherzustellen, dass Modelle auch in ressourcenbeschränkten Umgebungen effizient arbeiten und dabei ihre Genauigkeit beibehalten.

Zusammenfassend bot **Kapitel 8** einen tiefgehenden Einblick, wie Cloud-Plattformen und Edge-Computing-Frameworks wie TensorFlow Lite und ONNX Entwickler in die Lage versetzen, ihre maschinellen Lernmodelle für reale Anwendungen zu skalieren. Durch das Verständnis dieser Konzepte sind Sie besser gerüstet, die Flexibilität der Cloud und die Reaktionsfähigkeit der Edge zu nutzen, wodurch KI in alles eingebettet werden kann, von mobilen Geräten bis hin zu IoT-Systemen.

Kapitel 9: Praktische Projekte

In diesem Kapitel werden wir praktische Anwendungen von Machine-Learning-Techniken zur Lösung realer Probleme erkunden. Unsere Reise führt uns durch eine Reihe von Projekten, die die Leistungsfähigkeit und Vielseitigkeit von Machine-Learning-Algorithmen in verschiedenen Bereichen demonstrieren.

Jedes Projekt in diesem Kapitel ist darauf ausgerichtet, Ihnen praktische Erfahrungen in der Anwendung von Machine-Learning-Konzepten zu vermitteln, von der Datenvorverarbeitung und Modellauswahl bis hin zur Bewertung und Interpretation von Ergebnissen. Durch die Bearbeitung dieser Projekte gewinnen Sie wertvolle Einblicke in die gesamte Machine-Learning-Pipeline und entwickeln die notwendigen Fähigkeiten zur Bewältigung komplexer datengetriebener Herausforderungen.

Wir beginnen mit einem klassischen Problem aus dem Immobilienbereich: der Vorhersage von Hauspreisen. Dieses Projekt dient als umfassende Einführung in Regressionstechniken, Feature Engineering und Modellbewertung. Im Verlauf des Kapitels werden wir uns mit zunehmend anspruchsvolleren Projekten beschäftigen, die auf diesen grundlegenden Fähigkeiten aufbauen und Themen wie Klassifizierung, Clustering und fortgeschrittene Regressionstechniken erkunden.

Am Ende dieses Kapitels werden Sie über ein robustes Toolkit praktischer Machine-Learning-Fähigkeiten verfügen, das Sie befähigt, ein breites Spektrum von Data-Science-Problemen selbstbewusst anzugehen. Lassen Sie uns eintauchen und beginnen, leistungsfähige Vorhersagemodelle zu entwickeln!

9.1 Projekt 1: Hauspreisvorhersage mit Regression

Die Hauspreisvorhersage stellt eine zentrale Machine-Learning-Herausforderung mit weitreichenden Auswirkungen für die Immobilienbranche dar. Dieses komplexe Problem umfasst die Analyse zahlreicher Faktoren, die Immobilienwerte beeinflussen, von Standort und Grundstücksgröße bis hin zu lokalen Wirtschaftsindikatoren und Markttrends. In der dynamischen Welt des Immobilienmarkts ist die Fähigkeit zur präzisen Vorhersage von Hauspreisen ein mächtiges Werkzeug für verschiedene Interessengruppen.

Käufer können fundiertere Kaufentscheidungen treffen und dabei potenziell unterbewertete Immobilien identifizieren oder überteuerte vermeiden. Verkäufer können, ausgestattet mit präzisen Bewertungsschätzungen, ihre Immobilien strategisch preislich positionieren, um die Rendite zu maximieren und gleichzeitig die Wettbewerbsfähigkeit am Markt sicherzustellen. Investoren profitieren von diesen Vorhersagen durch die Identifizierung lukrativer Gelegenheiten und die Optimierung ihrer Portfolio-Management-Strategien.

Dieses Projekt befasst sich mit der Anwendung fortgeschrittener Machine-Learning-Techniken, mit besonderem Fokus auf Regressionsmethoden, um ein robustes Modell zur Vorhersage von Hauspreisen zu entwickeln. Durch die Nutzung verschiedenartiger Merkmale und den Einsatz ausgefeilter Algorithmen streben wir die Entwicklung eines Vorhersagerahmens an, der die Komplexität des Immobilienmarkts bewältigen und wertvolle Erkenntnisse für Branchenexperten und Verbraucher gleichermaßen liefern kann.

9.1.1 Problemstellung und Datensatz

Für dieses Projekt werden wir den California Housing Datensatz nutzen, eine umfassende Sammlung von Informationen über verschiedene Wohnimmobilien im kalifornischen Großraum. Dieser Datensatz umfasst eine breite Palette von Merkmalen, die potenziell Einfluss auf Hauspreise haben können, einschließlich, aber nicht beschränkt auf Kriminalitätsraten in der Nachbarschaft, die durchschnittliche Anzahl der Räume pro Wohneinheit und die Nähe der Immobilie zu Arbeitsplatzzentren.

Unser Hauptziel ist die Entwicklung eines ausgefeilten und präzisen Vorhersagemodells, das Hauspreise auf Basis dieser vielfältigen Attribute schätzen kann. Durch die Analyse von Faktoren wie lokalen Kriminalitätsstatistiken, Wohnungsmerkmalen und geografischen Aspekten wie der Erreichbarkeit von Autobahnen streben wir die Entwicklung eines robusten Algorithmus an, der verlässliche Preisvorhersagen im dynamischen kalifornischen Immobilienmarkt liefern kann.

Laden und Erkunden des Datensatzes

```
import pandas as pd
import numpy as np
import matplotlib.pyplot as plt
import seaborn as sns
from sklearn.datasets import fetch_california_housing
from sklearn.model_selection import train_test_split
from sklearn.preprocessing import StandardScaler
from sklearn.linear_model import LinearRegression, Ridge
from sklearn.metrics import mean_squared_error, r2_score, mean_absolute_error

# Load the California Housing dataset
california = fetch_california_housing(as_frame=True)
data = california.frame  # Directly use the DataFrame

# Rename target column for clarity
data.rename(columns={'MedHouseVal': 'PRICE'}, inplace=True)
```

```
# Display the first few rows and summary statistics
print(data.head())
print(data.describe())

# Visualize correlations
plt.figure(figsize=(12, 10))
sns.heatmap(data.corr(), annot=True, cmap='coolwarm')
plt.title('Correlation Matrix of California Housing Data')
plt.show()

# Check for missing values
missing_values = data.isnull().sum().sum()
print(f"Total missing values: {missing_values}")
```

Hier ist eine Aufschlüsselung dessen, was der Code bewirkt:

- **Importiert erforderliche Bibliotheken** für Datenmanipulation (pandas, numpy), Visualisierung (seaborn, matplotlib) und maschinelles Lernen (scikit-learn).

- **Lädt den California Housing Datensatz** mithilfe der scikit-learn-Funktion fetch_california_housing(as_frame=True).

- **Erstellt einen pandas DataFrame** aus dem Datensatz, verwendet california.frame und benennt die Zielvariable für bessere Verständlichkeit in PRICE um.

- **Zeigt die ersten Zeilen und zusammenfassende Statistiken** mittels print(data.head()) und print(data.describe()) an.

- **Visualisiert die Korrelationsmatrix** zwischen den Merkmalen mithilfe einer Heatmap mit seaborn.heatmap().

- **Überprüft fehlende Werte** im Datensatz und gibt die Gesamtanzahl aus.

Dieser Code stellt den ersten Schritt im Datenanalyseprozess dar und bietet ein grundlegendes Verständnis der Datensatzstruktur, der Merkmalsbeziehungen und möglicher Datenqualitätsprobleme, bevor mit fortgeschrittener Vorverarbeitung und Modellentwicklung fortgefahren wird.

9.1.2 Datenvorverarbeitung

Bevor wir unser Vorhersagemodell erstellen können, ist eine gründliche Datenvorverarbeitung unerlässlich. Dieser entscheidende Schritt umfasst mehrere wichtige Aufgaben, die unseren Datensatz für eine optimale Analyse vorbereiten. Zunächst müssen wir uns mit fehlenden Werten in unserem Datensatz befassen und dabei geeignete Techniken wie Imputation oder Entfernung anwenden, je nach Art und Umfang der fehlenden Daten.

Als Nächstes müssen wir sorgfältig Ausreißer identifizieren und behandeln, die unsere Ergebnisse verfälschen könnten, wenn sie unberücksichtigt bleiben. Dies kann statistische Methoden zur Erkennung von Anomalien und fundierte Entscheidungen darüber umfassen, ob extreme Werte transformiert, begrenzt oder ausgeschlossen werden sollen. Schließlich werden wir unsere Merkmale skalieren, um sicherzustellen, dass sie sich in einem vergleichbaren numerischen Bereich befinden, was besonders wichtig für die effektive Funktionsweise vieler maschineller Lernalgorithmen ist.

Dieser Skalierungsprozess umfasst typischerweise Techniken wie Standardisierung oder Normalisierung, die die Merkmale auf eine gemeinsame Skala bringen, ohne dabei Unterschiede in den Wertebereichen zu verzerren oder Informationen zu verlieren.

```python
from sklearn.model_selection import train_test_split
from sklearn.preprocessing import StandardScaler

# Handle outliers (example for 'AveRooms' feature)
Q1 = data['AveRooms'].quantile(0.25)
Q3 = data['AveRooms'].quantile(0.75)
IQR = Q3 - Q1

# Filtering outliers using the IQR method
data = data[(data['AveRooms'] >= Q1 - 1.5 * IQR) & (data['AveRooms'] <= Q3 + 1.5 * IQR)]

# Split the dataset
X = data.drop('PRICE', axis=1)
y = data['PRICE']
X_train, X_test, y_train, y_test = train_test_split(X, y, test_size=0.2, random_state=42)

# Scale the features
scaler = StandardScaler()
X_train_scaled = scaler.fit_transform(X_train)
X_test_scaled = scaler.transform(X_test)
```

Hier ist eine Aufschlüsselung dessen, was der Code bewirkt:

1. **Umgang mit Ausreißern:**

   o Der Fokus liegt auf dem Merkmal **'AveRooms'** (durchschnittliche Anzahl der Räume pro Haushalt), da **'RM' im California Housing Datensatz nicht existiert**.

   o Berechnet den **Interquartilsabstand (IQR)** für dieses Merkmal.

   o Entfernt Datenpunkte, die außerhalb des **1,5-fachen IQR** unter **Q1** oder über **Q3** liegen, was eine gängige Methode zur Ausreißerentfernung ist.

2. **Aufteilung des Datensatzes:**

   o Trennt die Merkmale (X) von der Zielvariable (y, welche 'PRICE' ist).

- o Verwendet **train_test_split**, um die Daten in **Trainings- und Testsets** aufzuteilen, wobei **20% der Daten für Tests reserviert** werden.

3. **Skalierung der Merkmale:**

- o Wendet den **StandardScaler** an, um die Merkmalswerte zu normalisieren.

- o Passt den Skalierer auf die **Trainingsdaten** an und transformiert sowohl die **Trainings- als auch die Testdaten**, um eine einheitliche Skalierung zu gewährleisten.

9.1.3 Aufbau und Evaluierung des linearen Regressionsmodells

Wir beginnen unsere Analyse mit der Implementierung eines grundlegenden linearen Regressionsmodells als unseren Basisansatz. Diese unkomplizierte, aber leistungsfähige Technik wird uns ermöglichen, eine solide Grundlage für unser Vorhersage-Framework zu schaffen. Sobald das Modell erstellt ist, werden wir eine umfassende Bewertung seiner Leistung anhand verschiedener Metriken durchführen.

Diese Metriken werden wertvolle Einblicke in die Genauigkeit, Vorhersagekraft und allgemeine Effektivität des Modells bei der Schätzung von Hauspreisen auf Basis der gegebenen Merkmale liefern. Indem wir mit diesem einfachen Modell beginnen, können wir ein klares Verständnis der zugrundeliegenden Beziehungen in unseren Daten gewinnen und einen Maßstab setzen, mit dem wir komplexere Modelle in späteren Phasen unserer Analyse vergleichen können.

```
# Create and train the Linear Regression model
model = LinearRegression()
model.fit(X_train_scaled, y_train)

# Make predictions
y_pred = model.predict(X_test_scaled)

# Evaluate the model
mse = mean_squared_error(y_test, y_pred)
rmse = np.sqrt(mse)
mae = mean_absolute_error(y_test, y_pred)
r2 = r2_score(y_test, y_pred)

print(f"Mean Squared Error: {mse}")
print(f"Root Mean Squared Error: {rmse}")
print(f"Mean Absolute Error: {mae}")
print(f"R-squared: {r2}")

# Perform cross-validation
cv_scores      =      cross_val_score(model,      X_train_scaled,      y_train,      cv=5,
scoring='neg_mean_squared_error')
print(f"Cross-validation scores: {-cv_scores}")
print(f"Average CV score: {-cv_scores.mean()}")
```

Hier ist eine Aufschlüsselung dessen, was der Code bewirkt:

- Erstellt und trainiert ein lineares Regressionsmodell mit den skalierten Trainingsdaten

- Erstellt Vorhersagen mit den skalierten Testdaten

- Bewertet die Modellleistung anhand mehrerer Metriken:

    o Mittlerer quadratischer Fehler (MSE)

    o Wurzel des mittleren quadratischen Fehlers (RMSE)

    o Mittlerer absoluter Fehler (MAE)

    o Bestimmtheitsmaß (R2-Score)

- Führt eine Kreuzvalidierung durch, um die Modellleistung über verschiedene Teilmengen der Trainingsdaten hinweg zu bewerten

Dieser Schritt gibt diese Evaluierungsmetriken aus und liefert Einblicke darüber, wie gut das Modell bei der Vorhersage von Hauspreisen abschneidet. Die Kreuzvalidierungswerte geben Aufschluss über die Konsistenz des Modells über verschiedene Datenteilmengen hinweg.

9.1.4 Interpretation der Modellkoeffizienten

Das Verständnis der Koeffizienten unseres linearen Regressionsmodells ist entscheidend, da es wertvolle Einblicke in die relative Bedeutung verschiedener Merkmale bei der Bestimmung von Hauspreisen liefert. Durch die Untersuchung dieser Koeffizienten können wir identifizieren, welche Attribute den größten Einfluss auf die Immobilienwerte im kalifornischen Wohnungsmarkt haben. Diese Analyse hilft uns nicht nur bei der Interpretation des Entscheidungsprozesses des Modells, sondern bietet auch praktische Erkenntnisse für Immobilienfachleute, Investoren und politische Entscheidungsträger.

Die Größenordnung jedes Koeffizienten zeigt die Stärke des Einflusses des entsprechenden Merkmals auf die Hauspreise an, während das Vorzeichen (positiv oder negativ) angibt, ob das Merkmal tendenziell zu einer Erhöhung oder Senkung der Immobilienwerte führt.

Beispielsweise würde ein großer positiver Koeffizient für das Merkmal 'Anzahl der Räume' darauf hindeuten, dass Häuser mit mehr Räumen bei sonst gleichen Bedingungen in der Regel höhere Preise erzielen. Im Gegensatz dazu würde ein negativer Koeffizient für ein Merkmal wie 'Kriminalitätsrate' darauf hinweisen, dass höhere Kriminalitätsraten in einem Gebiet mit niedrigeren Hauspreisen verbunden sind.

```
# Store and sort coefficients by absolute value
coefficients = pd.DataFrame(model.coef_, index=X.columns, columns=['Coefficient'])
coefficients = coefficients.sort_values(by='Coefficient', key=lambda x: x.abs(),
ascending=False)

# Print sorted coefficients
print(coefficients)
```

```python
# Plot feature coefficients
plt.figure(figsize=(12, 8))
coefficients.plot(kind='bar', legend=False)
plt.title('Feature Coefficients in Linear Regression')
plt.xlabel('Features')
plt.ylabel('Coefficient Value')
plt.xticks(rotation=45, ha='right')
plt.tight_layout()
plt.show()
```

Hier ist eine Aufschlüsselung der Funktionsweise:

- **Erstellt einen DataFrame** namens **coefficients**, der die Koeffizienten des Modells zusammen mit den entsprechenden Merkmalsnamen speichert.

- **Sortiert die Koeffizienten** nach ihren **absoluten Werten** in absteigender Reihenfolge, wodurch die **einflussreichsten Merkmale** für Hauspreise leichter zu identifizieren sind.

- **Gibt die sortierten Koeffizienten aus**, was uns ermöglicht, den numerischen Einfluss jedes Merkmals auf die Hauspreise zu analysieren.

- **Erstellt ein Balkendiagramm zur Visualisierung der Koeffizienten:**

    o Gewährleistet gute Sichtbarkeit durch eine **angemessene Abbildungsgröße (12x8 Zoll)**.

    o Stellt die Koeffizienten als **Balken** dar und unterscheidet zwischen positiven und negativen Einflüssen.

    o Fügt **Titel**, **x-Achsenbeschriftung** und **y-Achsenbeschriftung** zur Kontextierung hinzu.

    o Dreht die x-Achsenbeschriftungen um **45 Grad** für bessere Lesbarkeit und verhindert Überlappungen der Merkmalsnamen.

    o **Passt das Layout** mit plt.tight_layout() an, um alle Elemente optimal in der Abbildung anzuordnen.

9.1.5 Verbesserung des Modells durch Ridge-Regression

Um die Leistung unseres Modells zu verbessern und das Risiko der Überanpassung zu minimieren, werden wir die Ridge-Regression implementieren, eine leistungsfähige Technik, die einen Regularisierungsterm zur standardmäßigen linearen Regressionsgleichung hinzufügt.

Dieser Ansatz, auch bekannt als Tichonow-Regularisierung, fügt der Verlustfunktion einen Strafterm hinzu, der die Koeffizienten weniger wichtiger Merkmale effektiv gegen Null schrumpfen lässt. Dadurch reduziert die Ridge-Regression die Empfindlichkeit des Modells gegenüber einzelnen Datenpunkten und fördert eine stabilere und besser generalisierbare Lösung. Dies ist besonders nützlich bei Datensätzen mit Multikollinearität zwischen Merkmalen oder wenn die Anzahl der Prädiktoren im Verhältnis zur Anzahl der Beobachtungen groß ist.

Der Regularisierungsterm in der Ridge-Regression wird durch einen Hyperparameter, Alpha, gesteuert, der die Stärke der Bestrafung bestimmt. Wir werden Kreuzvalidierung verwenden, um den optimalen Wert für diesen Hyperparameter zu finden und sicherzustellen, dass unser Modell die richtige Balance zwischen Bias und Varianz findet.

```python
# Create a Ridge Regression model with hyperparameter tuning
from sklearn.model_selection import GridSearchCV

param_grid = {'alpha': [0.1, 1, 10, 100]}
ridge = Ridge()
grid_search = GridSearchCV(ridge, param_grid, cv=5, scoring='neg_mean_squared_error')
grid_search.fit(X_train_scaled, y_train)

best_ridge = grid_search.best_estimator_
y_pred_ridge = best_ridge.predict(X_test_scaled)

mse_ridge = mean_squared_error(y_test, y_pred_ridge)
r2_ridge = r2_score(y_test, y_pred_ridge)

print(f"Best alpha: {grid_search.best_params_['alpha']}")
print(f"Ridge Regression Mean Squared Error: {mse_ridge}")
print(f"Ridge Regression R-squared: {r2_ridge}")
```

Hier ist eine Aufschlüsselung der Funktionsweise:

- Es importiert GridSearchCV aus scikit-learn, das für die Hyperparameter-Optimierung verwendet wird

- Es erstellt ein Parameter-Raster für den 'alpha'-Hyperparameter der Ridge-Regression mit den Werten [0.1, 1, 10, 100]

- Es erstellt ein Ridge-Regressionsmodell und verwendet GridSearchCV, um den besten 'alpha'-Wert durch 5-fache Kreuzvalidierung zu finden

- Das beste Modell wird dann verwendet, um Vorhersagen für den Testsatz zu treffen

- Schließlich werden der mittlere quadratische Fehler und der R-Quadrat-Wert für das Ridge-Regressionsmodell berechnet und ausgegeben

Dieser Ansatz hilft, Überanpassung zu verhindern, indem der Verlustfunktion ein Strafterm hinzugefügt wird, der durch den 'alpha'-Parameter gesteuert wird. Dieser Schritt automatisiert den Prozess der Findung des optimalen 'alpha'-Wertes, der die Komplexität und Leistung des Modells ausbalanciert

9.1.6 Modellannahmen und Diagnostik

Die Überprüfung der Gültigkeit von **linearen Regressionsannahmen** ist ein entscheidender Schritt in unserem Modellierungsprozess. Wir werden eine gründliche Untersuchung von drei Kernannahmen durchführen:

- **Linearität**

- **Normalität der Residuen**

- **Homoskedastizität** (konstante Varianz der Residuen)

Diese Annahmen bilden das Fundament der linearen Regression und tragen, wenn sie erfüllt sind, zur **Zuverlässigkeit und Interpretierbarkeit** unserer Modellergebnisse bei.

1. **Linearität:**

   o Geht von einer **linearen Beziehung** zwischen den Prädiktoren und der Zielvariable aus.

   o Wir werden dies durch Plotting der **Residuen gegen die vorhergesagten Werte** beurteilen und dabei nach **zufälliger Streuung** (keine Muster) suchen.

2. **Normalität der Residuen:**

   o Geht davon aus, dass **Fehler normalverteilt sind**.

   o Wir werden dies mithilfe von **Histogrammen**, **Q-Q-Plots** und statistischen Tests auswerten.

3. **Homoskedastizität:**

   o Stellt sicher, dass die **Streuung der Residuen** über die vorhergesagten Werte hinweg **konstant bleibt**.

   o Dies ist **entscheidend**, da **Heteroskedastizität** zu unzuverlässigen Standardfehlern und Konfidenzintervallen führen kann.

Durch rigorose Überprüfung dieser Annahmen können wir potenzielle Verletzungen identifizieren, die die Validität unseres Modells gefährden könnten. Wenn Verletzungen festgestellt werden, können wir **Abhilfemaßnahmen** erkunden, wie zum Beispiel:

- **Logarithmische oder Potenz-Transformationen** der Prädiktorvariablen

- **Gewichtete Regressionsmodelle**

- **Alternative Modellierungstechniken (z.B. baumbasierte Modelle)**

```python
import matplotlib.pyplot as plt
import scipy.stats as stats

# Compute residuals
```

```python
residuals = y_test - y_pred_ridge  # Ensure correct y_pred usage

# Create subplots for assumption diagnostics
fig, axes = plt.subplots(1, 3, figsize=(15, 5))

# 1. Residuals vs. Predicted values (Linearity & Homoscedasticity)
axes[0].scatter(y_pred_ridge, residuals, alpha=0.5)
axes[0].axhline(y=0, color='r', linestyle='--', linewidth=1)  # Reference line at y=0
axes[0].set_xlabel('Predicted Values')
axes[0].set_ylabel('Residuals')
axes[0].set_title('Residuals vs Predicted')

# 2. Histogram of residuals (Normality)
axes[1].hist(residuals, bins=30, edgecolor='black', alpha=0.7)
axes[1].set_xlabel('Residuals')
axes[1].set_ylabel('Frequency')
axes[1].set_title('Histogram of Residuals')

# 3. Q-Q plot (Normality Check)
stats.probplot(residuals, dist="norm", plot=axes[2])
axes[2].set_title('Q-Q Plot')

plt.tight_layout()
plt.show()
```

Hier ist eine Aufschlüsselung der Funktionsweise:

- **Berechnet Residuen** durch Subtraktion der **vorhergesagten Werte** von den tatsächlichen Testwerten.

- **Erstellt eine Abbildung mit drei Teilplots** für die Annahmendiagnostik:

    1. **Residuen vs. Vorhergesagte Werte (linke Grafik)**

        - Überprüft die **Linearität und Homoskedastizität**.

        - Wenn die Punkte ein deutliches **Muster** zeigen, ist die Linearität verletzt.

        - Wenn Residuen eine **zunehmende oder abnehmende Streuung** aufweisen, könnte **Heteroskedastizität** vorliegen.

    2. **Histogramm der Residuen (mittlere Grafik)**

        - Beurteilt die **Normalität** der Residuen.

        - Wenn das Histogramm **symmetrisch und glockenförmig** ist, ist die Normalitätsannahme erfüllt.

    3. **Q-Q-Plot (rechte Grafik)**

        - Vergleicht Residuen mit einer **theoretischen Normalverteilung**.

- Wenn die Punkte **eng an der Diagonallinie liegen**, ist die Normalitätsannahme gültig.

9.1.7 Analyse der Merkmalswichtigkeit

Um ein umfassenderes Verständnis der Merkmalswichtigkeit in unserem Hauspreisvorhersagemodell zu erlangen, werden wir einen Random Forest Regressor einsetzen. Diese leistungsstarke Ensemble-Lernmethode bietet nicht nur eine alternative Perspektive auf die Merkmalsbedeutung, sondern auch mehrere Vorteile gegenüber traditionellen linearen Modellen.

Random Forests sind besonders gut darin, nichtlineare Beziehungen und Wechselwirkungen zwischen Merkmalen zu erfassen, die in unseren vorherigen Analysen möglicherweise nicht erkennbar waren. Durch die Aggregation der Wichtigkeitswerte über mehrere Entscheidungsbäume können wir eine robuste und verlässliche Rangfolge der Merkmalswichtigkeit erhalten.

Dieser Ansatz wird uns helfen zu erkennen, welche Faktoren den größten Einfluss auf Hauspreise haben, und möglicherweise Erkenntnisse aufdecken, die in unserem linearen Regressionsmodell nicht ersichtlich waren.

```python
from sklearn.ensemble import RandomForestRegressor

rf_model = RandomForestRegressor(n_estimators=100, random_state=42)
rf_model.fit(X_train_scaled, y_train)

feature_importance = pd.DataFrame({'feature': X.columns, 'importance': rf_model.feature_importances_})
feature_importance = feature_importance.sort_values('importance', ascending=False)

plt.figure(figsize=(10, 6))
sns.barplot(x='importance', y='feature', data=feature_importance)
plt.title('Feature Importance (Random Forest)')
plt.tight_layout()
plt.show()
```

Hier ist eine Aufschlüsselung der Funktionsweise:

- Importiert den RandomForestRegressor aus scikit-learn

- Erstellt ein Random-Forest-Modell mit 100 Bäumen und einem festgelegten Zufallswert für Reproduzierbarkeit

- Trainiert das Modell mit den skalierten Trainingsdaten (X_train_scaled und y_train)

- Erstellt einen DataFrame mit zwei Spalten: 'feature' (Merkmalsnamen) und 'importance' (Wichtigkeitswerte aus dem Random-Forest-Modell)

- Sortiert die Merkmale nach Wichtigkeit in absteigender Reihenfolge

- Erstellt eine Visualisierung mit matplotlib und seaborn:

    o Erzeugt eine Abbildung mit der Größe 10x6 Zoll

    o Verwendet seaborns barplot zur Visualisierung der Merkmalswichtigkeit

    o Setzt den Titel auf "Feature Importance (Random Forest)"

    o Passt das Layout für bessere Sichtbarkeit an

    o Zeigt die Grafik an

Diese Visualisierung hilft dabei, die Merkmale zu identifizieren, die laut dem Random-Forest-Modell den größten Einfluss auf Hauspreise haben, und kann möglicherweise Erkenntnisse aufzeigen, die im linearen Regressionsmodell nicht ersichtlich sind

9.1.8 Mögliche Verbesserungen und zukünftige Arbeiten

Während unser aktuelles Modell wertvolle Einblicke liefert, gibt es mehrere Möglichkeiten, seine Leistung potenziell zu verbessern:

- Feature Engineering: Neue Merkmale erstellen oder bestehende transformieren, um komplexere Beziehungen zu erfassen.

- Andere Algorithmen testen: Mit fortgeschritteneren Algorithmen wie Gradient Boosting (z.B. XGBoost) oder Support Vector Regression experimentieren.

- Ensemble-Methoden: Vorhersagen mehrerer Modelle kombinieren, um eine robustere Vorhersage zu erstellen.

- Mehr Daten sammeln: Wenn möglich, aktuellere und vielfältigere Daten sammeln, um die Generalisierung des Modells zu verbessern.

- Nichtlinearität behandeln: Bei starken nichtlinearen Beziehungen die Verwendung von polynomialen Merkmalen oder flexibleren Modellen in Betracht ziehen.

9.1.9 Fazit

Dieses Projekt demonstriert die umfassende Anwendung von Regressionstechniken zur Vorhersage von Hauspreisen im dynamischen Immobilienmarkt. Wir haben sorgfältig mehrere entscheidende Aspekte der Data-Science-Pipeline abgedeckt, einschließlich explorativer Datenanalyse, gründlicher Vorverarbeitung, anspruchsvoller Modellentwicklung, gründlicher Evaluierung und eingehender Interpretation der Ergebnisse. Durch unsere sorgfältige Analyse verschiedener Merkmale und deren Einfluss auf Hauspreise haben wir ein Modell entwickelt, das wertvolle, datengestützte Erkenntnisse für ein breites Spektrum von Interessengruppen in der Immobilienbranche bietet.

Immobilienfachleute können dieses Modell nutzen, um fundiertere Entscheidungen über Immobilienbewertungen und Markttrends zu treffen. Hausbesitzer können es hilfreich finden, um die Faktoren zu verstehen, die den Wert ihrer Immobilie im Laufe der Zeit beeinflussen.

Investoren können diese Erkenntnisse nutzen, um potenziell unterbewertete Immobilien oder aufkommende Marktchancen zu identifizieren. Allerdings ist es wichtig zu bedenken, dass der reale Immobilienmarkt, obwohl unser Modell eine solide Grundlage für das Verständnis der Hauspreisdynamik bietet, von Natur aus komplex und von einer Vielzahl von Faktoren beeinflusst wird, von denen viele möglicherweise nicht in unserem aktuellen Datensatz erfasst sind.

Faktoren wie lokale wirtschaftliche Bedingungen, Änderungen in der Flächennutzungsplanung, Verschiebungen in demografischen Mustern und sogar globale Wirtschaftstrends können alle eine bedeutende Rolle bei der Gestaltung von Immobilienmärkten spielen. Diese Elemente interagieren oft auf komplexe Weise, die schwierig präzise zu modellieren sein kann. Daher sollte unser Vorhersagemodell, auch wenn es wertvolle Einblicke bietet, als eines von vielen Werkzeugen im breiteren Kontext der Immobilienanalyse und Entscheidungsfindung betrachtet werden.

9.2 Projekt 2: Stimmungsanalyse mit Transformer-basierten Modellen

Die Stimmungsanalyse ist eine grundlegende und äußerst bedeutsame Aufgabe im Bereich der Verarbeitung natürlicher Sprache (NLP), die sich auf den komplexen Prozess der Entschlüsselung und Interpretation des zugrundeliegenden emotionalen Tons oder der Einstellung in einem gegebenen Text konzentriert.

Dieses Projekt beschäftigt sich mit der Anwendung modernster Transformer-basierter Modelle, mit besonderem Fokus auf BERT (Bidirectional Encoder Representations from Transformers), um eine anspruchsvolle Stimmungsanalyse von Textdaten durchzuführen.

Durch den Einsatz dieser fortschrittlichen neuronalen Netzwerkarchitekturen streben wir die Entwicklung eines robusten Systems an, das in der Lage ist, die in verschiedenen Formen der schriftlichen Kommunikation vermittelten Stimmungen präzise zu erkennen und zu kategorisieren - von Social-Media-Beiträgen und Produktbewertungen bis hin zu Nachrichtenartikeln und darüber hinaus.

9.2.1 Problemstellung und Datensatz

Für dieses Projekt verwenden wir den IMDB-Filmrezensionen-Datensatz, eine umfassende Sammlung von 50.000 Filmkritiken. Jede Rezension in diesem Datensatz wurde sorgfältig als positiv oder negativ gekennzeichnet und bietet damit eine reichhaltige Quelle an stimmungsannotierten Daten.

Unser Hauptziel ist es, ein ausgereiftes Modell zu entwickeln und zu trainieren, das in der Lage ist, die zugrundeliegende Stimmung in diesen Filmkritiken präzise zu erkennen und zu klassifizieren. Diese Aufgabe bietet eine ausgezeichnete Gelegenheit, fortgeschrittene Techniken der natürlichen Sprachverarbeitung auf reale Textdaten anzuwenden, mit dem ultimativen Ziel, ein robustes Stimmungsanalysesystem zu erstellen, das die nuancierten Meinungen und Emotionen in schriftlichen Filmkritiken effektiv interpretieren kann.

Laden und Erkunden des Datensatzes

```python
import pandas as pd
from datasets import load_dataset
from sklearn.model_selection import train_test_split

# Load the IMDB dataset
dataset = load_dataset('imdb')

# Convert to pandas DataFrame
train_df = dataset['train'].to_pandas()
test_df = dataset['test'].to_pandas()

# Display basic information about the dataset
print("Training Data Info:")
print(train_df.info())
print("\\nLabel Distribution in Training Data:")
print(train_df['label'].value_counts(normalize=True))

# Display a few examples
print("\\nSample Reviews:")
print(train_df.head())

# Optional: Split train data into train and validation sets
train_df, val_df = train_test_split(train_df, test_size=0.2, random_state=42,
stratify=train_df['label'])

print(f"\\nTrain size: {len(train_df)}, Validation size: {len(val_df)}, Test size:
{len(test_df)}")
```

Hier ist eine Aufschlüsselung der Funktionsweise:

- **Importiert erforderliche Bibliotheken:**

- pandas für die Datenmanipulation

- load_dataset aus der datasets-Bibliothek zum Laden des **IMDB-Datensatzes**

- train_test_split aus sklearn.model_selection für optionale Datensatzaufteilung

- **Lädt den IMDB-Datensatz** mit load_dataset('imdb').

- **Konvertiert die Trainings- und Testsets in pandas DataFrames** mit .to_pandas(), was die Analyse und Manipulation der Daten erleichtert.

- **Zeigt grundlegende Informationen über den Trainingsdatensatz** mit train_df.info(), was Details über die Anzahl der Einträge, Spaltennamen und Datentypen liefert.

- **Zeigt die Verteilung der Labels (positive/negative Stimmung)** im Trainingsset mit train_df['label'].value_counts(normalize=True), was hilft zu überprüfen, ob der Datensatz ausgewogen ist.

- **Zeigt die ersten Beispiele aus dem Trainingsset** mit train_df.head(), was einen schnellen Einblick in die Textrezensionen und ihre entsprechenden Stimmungslabels gibt.

- **(Optional) Teilt die Trainingsdaten in Trainings- und Validierungssets** mit train_test_split() für die Modellevaluierung, falls benötigt.

9.2.2 Datenvorverarbeitung

Bevor wir unsere Daten in das BERT-Modell zur Analyse einspeisen können, ist es entscheidend, eine umfassende Vorverarbeitungsphase durchzuführen. Dieser wesentliche Schritt umfasst mehrere wichtige Prozesse, die die rohen Textdaten für die optimale Verarbeitung durch unser fortgeschrittenes neuronales Netzwerk vorbereiten.

Die Hauptkomponenten dieser Vorverarbeitungsphase umfassen die Tokenisierung, die den Text in einzelne Einheiten oder Token zerlegt, die das Modell interpretieren kann; das Padding, das sicherstellt, dass alle Eingabesequenzen eine einheitliche Länge für die Batch-Verarbeitung haben; und die Erstellung von Attention Masks, die den Fokus des Modells auf relevante Teile der Eingabe lenken, während Padding-Token ignoriert werden.

Diese Vorverarbeitungsschritte sind grundlegend für die Umwandlung unserer rohen Textdaten in ein Format, das von unserem BERT-Modell effizient und effektiv verarbeitet werden kann, was letztendlich genauere Ergebnisse der Stimmungsanalyse ermöglicht.

```python
from transformers import BertTokenizer
import torch

tokenizer = BertTokenizer.from_pretrained('bert-base-uncased')

def preprocess_data(texts, labels, max_length=256):
    encoded = tokenizer.batch_encode_plus(
        texts,
        add_special_tokens=True,
        max_length=max_length,
        padding='max_length',
        truncation=True,
        return_attention_mask=True,
        return_tensors='pt'
    )
    return {
        'input_ids': encoded['input_ids'],
        'attention_mask': encoded['attention_mask'],
        'labels': torch.tensor(labels)
    }
```

```
# Preprocess the data
train_data = preprocess_data(train_df['text'].tolist(), train_df['label'].tolist())
test_data = preprocess_data(test_df['text'].tolist(), test_df['label'].tolist())
```

Hier ist eine Aufschlüsselung der Funktionsweise:

- Es importiert die erforderlichen Bibliotheken: BertTokenizer aus transformers und torch

- Es initialisiert einen BERT-Tokenizer unter Verwendung des 'bert-base-uncased' Modells

- Die preprocess_data-Funktion wird definiert, die Texte und Labels als Eingabe sowie einen optionalen max_length-Parameter erhält

- Innerhalb der Funktion wird die batch_encode_plus-Methode des Tokenizers verwendet, um die Eingabetexte zu kodieren. Diese Methode:

    o Fügt spezielle Token hinzu (wie [CLS] und [SEP])

    o Füllt auf oder kürzt Sequenzen auf eine maximale Länge

    o Erstellt Attention Masks

    o Gibt für PyTorch geeignete Tensoren zurück

- Die Funktion gibt ein Wörterbuch zurück, das Folgendes enthält:

    o input_ids: die kodierten und aufgefüllten Textsequenzen

    o attention_mask: eine Maske, die anzeigt, welche Token Padding sind (0) und welche nicht (1)

    o labels: die in einen PyTorch-Tensor umgewandelten Stimmungs-Labels

- Schließlich wendet der Code diese Vorverarbeitungsfunktion sowohl auf die Trainings- als auch auf die Testdaten an und erstellt train_data und test_data

Dieser Vorverarbeitungsschritt ist entscheidend, da er die rohen Textdaten in ein Format umwandelt, das vom BERT-Modell effizient für die Stimmungsanalyse verarbeitet werden kann

9.2.3 Aufbau und Training des BERT-Modells

Für dieses Projekt werden wir die Leistungsfähigkeit des BertForSequenceClassification-Modells nutzen, ein ausgefeiltes Werkzeug aus der transformers-Bibliothek. Dieses fortschrittliche Modell ist sorgfältig entwickelt und für Textklassifizierungsaufgaben optimiert, was es zu einer idealen Wahl für unser Stimmungsanalyse-Vorhaben macht.

Durch die Nutzung dieser hochmodernen Architektur können wir die nuancierten Stimmungen in unserem Filmrezensions-Datensatz effektiv erfassen und ermöglichen eine hochpräzise Klassifizierung positiver und negativer Stimmungen.

```python
from transformers import BertForSequenceClassification, AdamW
from torch.utils.data import DataLoader, TensorDataset
import torch.nn as nn

# Set up the model
model         =         BertForSequenceClassification.from_pretrained('bert-base-uncased',
num_labels=2)

# Set up the optimizer
optimizer = AdamW(model.parameters(), lr=2e-5)

# Create DataLoader
train_dataset = TensorDataset(train_data['input_ids'], train_data['attention_mask'],
train_data['labels'])
train_loader = DataLoader(train_dataset, batch_size=32, shuffle=True)

# Training loop
device = torch.device('cuda' if torch.cuda.is_available() else 'cpu')
model.to(device)

num_epochs = 3
for epoch in range(num_epochs):
    model.train()
    for batch in train_loader:
        input_ids, attention_mask, labels = [b.to(device) for b in batch]

        optimizer.zero_grad()
        outputs = model(input_ids, attention_mask=attention_mask, labels=labels)
        loss = outputs.loss
        loss.backward()
        optimizer.step()

    print(f"Epoch {epoch+1}/{num_epochs} completed")

# Save the model
torch.save(model.state_dict(), 'bert_sentiment_model.pth')
```

Hier ist eine Aufschlüsselung der Hauptkomponenten:

1. Modell-Setup: Der Code initialisiert ein BertForSequenceClassification-Modell, das für Sequenzklassifizierungsaufgaben wie Stimmungsanalyse vortrainiert und feinabgestimmt ist.

2. Optimierer: Es wird ein AdamW-Optimierer eingerichtet, eine verbesserte Version von Adam, die häufig für das Training von Deep-Learning-Modellen verwendet wird.

3. Datenvorbereitung: Der Code erstellt einen TensorDataset und einen DataLoader, um die Trainingsdaten effizient in Batches zu verarbeiten und zu mischen.

4. Trainingsschleife: Das Modell wird für 3 Epochen trainiert. In jeder Epoche:

   - ○
     - werden Datenbatches durchlaufen
   - ○
     - wird der Verlust berechnet
   - ○
     - wird die Rückpropagation durchgeführt
   - ○
     - werden die Modellparameter aktualisiert

5. Gerätenutzung: Der Code prüft die GPU-Verfügbarkeit und verschiebt das Modell auf das entsprechende Gerät (CPU oder GPU) für effiziente Berechnung.

6. Modellspeicherung: Nach dem Training wird das Zustandswörterbuch des Modells zur späteren Verwendung in einer Datei gespeichert.

Diese Implementierung ermöglicht ein effektives Training eines BERT-Modells auf dem IMDB-Filmrezensions-Datensatz und befähigt es, die Stimmung (positiv oder negativ) von Filmrezensionen zu lernen und zu klassifizieren.

9.2.4 Evaluierung des Modells

Nach Abschluss der Trainingsphase ist es entscheidend, die Effektivität und Genauigkeit unseres Modells durch Evaluierung seiner Leistung auf dem Testdatensatz zu bewerten. Dieser Evaluierungsschritt ermöglicht es uns einzuschätzen, wie gut unser BERT-basiertes Stimmungsanalysemodell auf ungesehene Daten generalisiert und liefert wertvolle Einblicke in seine praktische Anwendbarkeit.

Durch die Analyse verschiedener Metriken wie Genauigkeit, Präzision, Recall und F1-Score können wir ein umfassendes Verständnis der Stärken unseres Modells und möglicher Verbesserungsbereiche gewinnen.

```python
from sklearn.metrics import accuracy_score, classification_report
import torch
from torch.utils.data import TensorDataset, DataLoader

# Ensure model is in evaluation mode
model.eval()

# Create test dataset and DataLoader
```

```python
test_dataset = TensorDataset(test_data['input_ids'], test_data['attention_mask'],
test_data['labels'])
test_loader = DataLoader(test_dataset, batch_size=32, shuffle=False, drop_last=False)

# Store predictions and true labels
all_preds = []
all_labels = []

# Disable gradient calculations during evaluation
device = torch.device('cuda' if torch.cuda.is_available() else 'cpu')
model.to(device)

with torch.no_grad():
    for batch in test_loader:
        input_ids, attention_mask, labels = [b.to(device) for b in batch]

        outputs = model(input_ids, attention_mask=attention_mask)
        preds = torch.argmax(outputs.logits, dim=1)  # Get predicted class

        all_preds.extend(preds.cpu().numpy())  # Move to CPU and convert to NumPy
        all_labels.extend(labels.cpu().numpy())

# Compute accuracy and classification report
accuracy = accuracy_score(all_labels, all_preds)
print(f"Accuracy: {accuracy:.4f}")
print(classification_report(all_labels, all_preds))
```

Hier ist eine Aufschlüsselung der Funktionsweise:

- Es importiert die erforderlichen Metriken aus sklearn für die Modellevaluierung

- Versetzt das Modell mit model.eval() in den Evaluierungsmodus

- Erstellt einen TensorDataset und DataLoader für die Testdaten, was die Batch-Verarbeitung erleichtert

- Initialisiert leere Listen zur Speicherung aller Vorhersagen und tatsächlichen Labels

- Verwendet einen with torch.no_grad() Kontext, um Gradientenberechnungen während der Inferenz zu deaktivieren, was Speicher spart und die Berechnung beschleunigt

- Durchläuft die Testdaten in Batches:

  o Überträgt die Eingabedaten auf das entsprechende Gerät (CPU oder GPU)

  o Generiert Vorhersagen mithilfe des Modells

  o Extrahiert die vorhergesagte Klasse (Stimmung) für jedes Beispiel

  o Fügt die Vorhersagen und tatsächlichen Labels den entsprechenden Listen hinzu

- Berechnet die Gesamtgenauigkeit des Modells mithilfe von accuracy_score

- Gibt einen detaillierten Klassifizierungsbericht aus, der typischerweise Präzision, Recall und F1-Score für jede Klasse enthält

Dieser Evaluierungsprozess ermöglicht es uns zu bewerten, wie gut das Modell auf ungesehenen Daten funktioniert und gibt uns Einblicke in seine Effektivität für Stimmungsanalyseaufgaben.

9.2.5 Inferenz mit neuem Text

Mit unserem nun vollständig trainierten und optimierten Modell können wir seine Fähigkeiten nutzen, um die Stimmung neuer, bisher ungesehener Texte zu analysieren und vorherzusagen. Diese praktische Anwendung unseres Stimmungsanalysemodells ermöglicht es uns, wertvolle Erkenntnisse aus neuen Daten der realen Welt zu gewinnen und demonstriert die Effektivität des Modells über den Trainingsdatensatz hinaus.

Durch die Nutzung der Leistungsfähigkeit unseres feinabgestimmten BERT-basierten Modells können wir nun zuverlässig die emotionale Tonalität verschiedener Texteingaben bewerten, von Kundenrezensionen und Social-Media-Beiträgen bis hin zu Nachrichtenartikeln und darüber hinaus, was ein robustes Werkzeug zur Erfassung der öffentlichen Meinung und Kundenstimmung in verschiedenen Bereichen bietet.

```python
def predict_sentiment(text):
    encoded = tokenizer.encode_plus(
        text,
        add_special_tokens=True,
        max_length=256,
        padding='max_length',
        truncation=True,
        return_attention_mask=True,
        return_tensors='pt'
    )

    input_ids = encoded['input_ids'].to(device)
    attention_mask = encoded['attention_mask'].to(device)

    with torch.no_grad():
        outputs = model(input_ids, attention_mask=attention_mask)
        pred = torch.argmax(outputs.logits, dim=1)

    return "Positive" if pred.item() == 1 else "Negative"

# Example usage
new_review = "This movie was absolutely fantastic! I loved every minute of it."
sentiment = predict_sentiment(new_review)
print(f"Predicted sentiment: {sentiment}")
```

Hier ist eine Aufschlüsselung der Funktionsweise des Codes:

1. Die Funktion nimmt eine Texteingabe und verarbeitet sie vor mittels des BERT-Tokenizers

2. Sie kodiert den Text, fügt spezielle Token hinzu, führt Padding durch und erstellt eine Aufmerksamkeitsmaske

3. Die kodierte Eingabe wird dann durch das BERT-Modell geleitet, um Vorhersagen zu erhalten

4. Die Ausgabe-Logits des Modells werden verwendet, um die Stimmung zu bestimmen (positiv oder negativ)

5. Die Funktion gibt "Positive" zurück, wenn die Vorhersage 1 ist, andernfalls "Negative"

Der Code enthält auch ein Anwendungsbeispiel der Funktion:

1. Eine Beispielrezension wird bereitgestellt: "This movie was absolutely fantastic! I loved every minute of it."

2. Die predict_sentiment Funktion wird mit dieser Rezension aufgerufen

3. Die vorhergesagte Stimmung wird dann ausgegeben

Diese Funktion ermöglicht eine einfache Stimmungsanalyse von neuen, ungesehenen Texten mithilfe des trainierten BERT-Modells und demonstriert dessen praktische Anwendung für die Analyse verschiedener Texteingaben wie Kundenrezensionen oder Social-Media-Beiträge

9.2.6 Fortgeschrittene Techniken

Feinabstimmung mit diskriminativen Lernraten

Um die Leistung unseres Modells zu verbessern, können wir diskriminative Lernraten implementieren, eine ausgefeilte Technik, bei der verschiedene Komponenten des Modells mit unterschiedlichen Raten trainiert werden. Dieser Ansatz ermöglicht eine nuanciertere Optimierung, da er berücksichtigt, dass verschiedene Schichten des neuronalen Netzwerks unterschiedliche Lerngeschwindigkeiten benötigen können.

Indem wir höhere Lernraten auf die oberen Schichten des Modells anwenden, die aufgabenspezifischer sind, und niedrigere Raten auf die unteren Schichten, die allgemeinere Merkmale erfassen, können wir das Modell effektiver feinabstimmen.

Diese Methode ist besonders vorteilhaft bei der Arbeit mit vortrainierten Modellen wie BERT, da sie uns ermöglicht, die Parameter des Modells sorgfältig anzupassen, ohne die wertvollen Informationen zu stören, die während des Vortrainings gelernt wurden.

```
from transformers import get_linear_schedule_with_warmup

# Prepare optimizer and schedule (linear warmup and decay)
no_decay = ['bias', 'LayerNorm.weight']
optimizer_grouped_parameters = [
```

```
    {'params': [p for n, p in model.named_parameters() if not any(nd in n for nd in
no_decay)], 'weight_decay': 0.01},
    {'params': [p for n, p in model.named_parameters() if any(nd in n for nd in
no_decay)], 'weight_decay': 0.0}
]

optimizer = AdamW(optimizer_grouped_parameters, lr=2e-5, eps=1e-8)
scheduler     =     get_linear_schedule_with_warmup(optimizer,     num_warmup_steps=0,
num_training_steps=len(train_loader) * num_epochs)

# Update the training loop to use the scheduler
for epoch in range(num_epochs):
    model.train()
    for batch in train_loader:
        input_ids, attention_mask, labels = [b.to(device) for b in batch]

        optimizer.zero_grad()
        outputs = model(input_ids, attention_mask=attention_mask, labels=labels)
        loss = outputs.loss
        loss.backward()
        optimizer.step()
        scheduler.step()

    print(f"Epoch {epoch+1}/{num_epochs} completed")
```

Hier ist eine Aufschlüsselung der wichtigsten Komponenten:

1. Importieren des Schedulers: Der Code importiert get_linear_schedule_with_warmup aus der transformers-Bibliothek.

2. Optimierer-Konfiguration:

   - Es werden zwei Parametergruppen eingerichtet: eine mit und eine ohne Gewichtsabnahme.

   - Dieser Ansatz ermöglicht die Anwendung unterschiedlicher Lernraten auf verschiedene Teile des Modells.

3. Initialisierung von Optimierer und Scheduler:

   - Der AdamW-Optimierer wird mit den gruppierten Parametern initialisiert.

   - Ein linearer Lernraten-Scheduler mit Warmup wird erstellt, der die Lernrate während des Trainings anpasst.

4. Trainingsschleife:

   - Der Code aktualisiert die Trainingsschleife zur Einbindung des Schedulers.

- Nach jedem Optimierungsschritt wird der Scheduler angepasst, um die Lernrate zu regulieren.

Diese Implementierung ermöglicht eine effektivere Feinabstimmung des BERT-Modells durch die Anwendung unterschiedlicher Lernraten auf verschiedene Modellteile und die schrittweise Anpassung der Lernrate während des Trainingsprozesses.

Datenaugmentierung

Um unseren Datensatz zu erweitern und die Modellleistung potenziell zu verbessern, können wir verschiedene Datenaugmentierungstechniken einsetzen. Eine besonders effektive Methode ist die Rückübersetzung, bei der der Originaltext in eine andere Sprache und dann wieder zurück in die Ausgangssprache übersetzt wird. Dieser Prozess führt subtile Variationen im Text ein, während die grundlegende Bedeutung und Stimmung erhalten bleiben.

Zusätzlich können wir weitere Augmentierungsstrategien erkunden, wie den Austausch von Synonymen, das zufällige Einfügen oder Löschen von Wörtern und die Umformulierung von Texten. Diese Techniken tragen gemeinsam dazu bei, die Vielfalt und Größe unserer Trainingsdaten zu erhöhen, was potenziell zu einem robusteren und besser generalisierbaren Stimmungsanalysemodell führt.

```python
from transformers import MarianMTModel, MarianTokenizer

# Load translation models
en_to_fr = MarianMTModel.from_pretrained('Helsinki-NLP/opus-mt-en-fr')
fr_to_en = MarianMTModel.from_pretrained('Helsinki-NLP/opus-mt-fr-en')
en_tokenizer = MarianTokenizer.from_pretrained('Helsinki-NLP/opus-mt-en-fr')
fr_tokenizer = MarianTokenizer.from_pretrained('Helsinki-NLP/opus-mt-fr-en')

def back_translate(text):
    # Translate to French
    fr_text    =    en_to_fr.generate(**en_tokenizer(text,    return_tensors="pt",
padding=True))
    fr_text = [en_tokenizer.decode(t, skip_special_tokens=True) for t in fr_text][0]

    # Translate back to English
    en_text    =    fr_to_en.generate(**fr_tokenizer(fr_text,    return_tensors="pt",
padding=True))
    en_text = [fr_tokenizer.decode(t, skip_special_tokens=True) for t in en_text][0]

    return en_text

# Augment the training data
augmented_texts = [back_translate(text) for text in train_df['text'][:1000]]    #
Augment first 1000 samples
augmented_labels = train_df['label'][:1000]

train_df = pd.concat([train_df, pd.DataFrame({'text': augmented_texts, 'label':
augmented_labels})])
```

Hier ist eine Erklärung der Hauptkomponenten:

- Der Code importiert die erforderlichen Modelle und Tokenizer aus der Transformers-Bibliothek für Übersetzungsaufgaben.

- Er lädt vortrainierte Modelle für die Übersetzung von Englisch nach Französisch und von Französisch nach Englisch.

- Die Funktion back_translate wird definiert, um die Augmentierung durchzuführen:

    o Sie übersetzt den englischen Eingabetext ins Französische

    o Dann übersetzt sie den französischen Text zurück ins Englische

    o Dieser Prozess führt subtile Variationen ein, während die Gesamtbedeutung erhalten bleibt

- Der Code erweitert dann die Trainingsdaten:

    o Er wendet die Rückübersetzung auf die ersten 1000 Proben der Trainingsdaten an

    o Die augmentierten Texte und ihre entsprechenden Labels werden zum Trainingsdatensatz hinzugefügt

Diese Technik hilft dabei, die Vielfalt der Trainingsdaten zu erhöhen, was potenziell zu einem robusteren und besser generalisierbaren Stimmungsanalysemodell führt.

Ensemble-Methoden

Um die Leistung und Robustheit unseres Modells möglicherweise zu verbessern, können wir einen Ensemble-Ansatz implementieren. Diese Technik beinhaltet die Erstellung mehrerer Modelle, jedes mit eigenen Stärken und Eigenschaften, und kombiniert deren Vorhersagen, um ein genaueres und zuverlässigeres Endergebnis zu generieren.

Durch die Nutzung der kollektiven Intelligenz verschiedener Modelle können wir oft bessere Ergebnisse erzielen als durch das Vertrauen auf ein einzelnes Modell. Diese Ensemble-Methode kann dazu beitragen, individuelle Modellschwächen auszugleichen und ein breiteres Spektrum an Mustern in den Daten zu erfassen, was letztendlich zu einer verbesserten Genauigkeit der Stimmungsanalyse führt.

```python
# Train multiple models (e.g., BERT, RoBERTa, DistilBERT)
from          transformers          import          RobertaForSequenceClassification,
DistilBertForSequenceClassification

models = [
    BertForSequenceClassification.from_pretrained('bert-base-uncased',
num_labels=2),
    RobertaForSequenceClassification.from_pretrained('roberta-base', num_labels=2),
    DistilBertForSequenceClassification.from_pretrained('distilbert-base-uncased',
num_labels=2)
```

```
]

# Train each model (code omitted for brevity)

def ensemble_predict(text):
    encoded = tokenizer.encode_plus(
        text,
        add_special_tokens=True,
        max_length=256,
        padding='max_length',
        truncation=True,
        return_attention_mask=True,
        return_tensors='pt'
    )

    input_ids = encoded['input_ids'].to(device)
    attention_mask = encoded['attention_mask'].to(device)

    predictions = []
    with torch.no_grad():
        for model in models:
            outputs = model(input_ids, attention_mask=attention_mask)
            pred = torch.softmax(outputs.logits, dim=1)
            predictions.append(pred)

    # Average predictions
    avg_pred = torch.mean(torch.stack(predictions), dim=0)
    final_pred = torch.argmax(avg_pred, dim=1)

    return "Positive" if final_pred.item() == 1 else "Negative"
```

Dieser Code implementiert eine Ensemble-Methode für die Stimmungsanalyse unter Verwendung mehrerer Transformer-basierter Modelle. Hier ist eine Aufschlüsselung der wichtigsten Komponenten:

1. Modell-Initialisierung: Der Code importiert und initialisiert drei verschiedene vortrainierte Modelle: BERT, RoBERTa und DistilBERT. Jedes Modell ist für binäre Klassifikation (positive/negative Stimmung) eingerichtet.

2. Ensemble-Vorhersagefunktion: Die ensemble_predict Funktion wird definiert, um Vorhersagen mit allen drei Modellen zu treffen:

   o Sie tokenisiert und kodiert den Eingabetext mithilfe eines Tokenizers (vermutlich BERTs Tokenizer, auch wenn dies im Codeausschnitt nicht explizit gezeigt wird).

   o Die kodierte Eingabe wird dann durch jedes Modell geleitet, um Vorhersagen zu erhalten.

- o Die rohen Logits von jedem Modell werden mittels Softmax in Wahrscheinlichkeiten umgewandelt.

- o Die Vorhersagen aller Modelle werden gemittelt, um eine finale Vorhersage zu erhalten.

- o Die Funktion gibt basierend auf der gemittelten Vorhersage "Positive" oder "Negative" zurück.

Dieser Ensemble-Ansatz zielt darauf ab, die Vorhersagegenauigkeit durch die Kombination der Stärken mehrerer Modelle zu verbessern, was potenziell zu robusteren Stimmungsanalyse-Ergebnissen führt.

9.2.7 Fazit

In diesem erweiterten Projekt haben wir erfolgreich ein ausgereiftes Stimmungsanalysemodell implementiert, das die Leistungsfähigkeit der BERT-Architektur nutzt. Wir haben uns mit fortgeschrittenen Techniken befasst, um seine Leistung und Vielseitigkeit deutlich zu steigern. Unser umfassender Ansatz deckte wichtige Aspekte ab, einschließlich sorgfältiger Datenvorverarbeitung, gründlichem Modelltraining, eingehender Evaluierung und nahtloser Inferenzprozesse.

Darüber hinaus haben wir innovative Techniken eingeführt und erforscht, um die Grenzen der Modellleistung zu erweitern. Dazu gehört die Implementierung von diskriminativen Lernraten, die eine feinabgestimmte Optimierung über verschiedene Modellebenen hinweg ermöglichen. Wir haben auch Datenaugmentierungsstrategien integriert, insbesondere die Rückübersetzung, um unseren Datensatz anzureichern und die Generalisierungsfähigkeit des Modells zu verbessern. Zusätzlich haben wir uns mit Ensemble-Methoden beschäftigt, die die Stärken mehrerer Modelle kombinieren, um robustere und genauere Vorhersagen zu erzielen.

Diese fortgeschrittenen Techniken erfüllen einen doppelten Zweck: Sie verbessern nicht nur potenziell die Genauigkeit und Generalisierungsfähigkeiten des Modells, sondern demonstrieren auch das immense Potenzial von Transformer-basierten Modellen bei der Bewältigung komplexer Stimmungsanalyseaufgaben. Durch den Einsatz dieser Methoden haben wir gezeigt, wie man die volle Leistungsfähigkeit modernster NLP-Architekturen nutzt und damit eine solide und erweiterbare Grundlage für weitere Erforschung und Verfeinerung schafft.

Die aus diesem Projekt gewonnenen Kenntnisse und Erfahrungen eröffnen zahlreiche Anwendungsmöglichkeiten in realen NLP-Szenarien. Von der Analyse von Kundenfeedback und Social-Media-Stimmungen bis hin zur Erfassung der öffentlichen Meinung zu verschiedenen Themen haben die hier erforschten Techniken weitreichende Auswirkungen. Dieses Projekt dient als Sprungbrett für Data Scientists und NLP-Praktiker, um tiefer in die faszinierende Welt der Stimmungsanalyse einzutauchen und fördert weitere Innovationen und Fortschritte in diesem wichtigen Bereich der künstlichen Intelligenz und des maschinellen Lernens.

9.3 Projekt 3: Bildklassifizierung mit CNNs

Die Bildklassifizierung stellt eine fundamentale und entscheidende Aufgabe im Bereich des maschinellen Sehens dar, mit weitreichenden Anwendungen über verschiedene Branchen und Bereiche hinweg. Von der Verbesserung der Wahrnehmungsfähigkeiten autonomer Fahrzeuge bis hin zur Revolution der medizinischen Diagnose durch automatisierte Bildanalyse ist der Einfluss der Bildklassifizierung sowohl tiefgreifend als auch transformativ. Dieses Projekt taucht ein in die faszinierende Welt der Faltungsneuronalen Netze (CNNs) und erforscht deren leistungsstarke Fähigkeiten im Kontext der Bildklassifizierung.

Unser Fokus liegt auf dem weithin anerkannten CIFAR-10-Datensatz, einer umfangreichen Sammlung von 60.000 Farbbildern mit jeweils 32x32 Pixeln. Diese Bilder sind sorgfältig in 10 verschiedene Klassen kategorisiert und bieten einen vielfältigen und anspruchsvollen Datensatz für unsere Klassifizierungsaufgabe. Der CIFAR-10-Datensatz dient als ausgezeichneter Maßstab für die Bewertung und Feinabstimmung von maschinellen Lernmodellen und bietet eine ausgewogene Balance zwischen Komplexität und Handhabbarkeit.

Aufbauend auf dem Fundament des ursprünglichen Projekts streben wir danach, die Grenzen der Leistungsfähigkeit und Robustheit in unserem CNN-basierten Bildklassifizierungssystem zu erweitern. Durch die Implementierung mehrerer strategischer Verbesserungen und modernster Techniken wollen wir verschiedene Aspekte unseres Modells optimieren. Diese Verbesserungen sind darauf ausgerichtet, nicht nur die Genauigkeit unserer Klassifizierungen zu optimieren, sondern auch die allgemeine Effizienz und Generalisierbarkeit unseres Ansatzes zu steigern, um den Weg für fortschrittlichere und zuverlässigere Anwendungen im Bereich Computer Vision zu ebnen.

9.3.1 Datenerweiterung und Vorverarbeitung

Um die Fähigkeit des Modells zur Generalisierung und guten Leistung bei ungesehenen Daten zu verbessern, werden wir unsere Techniken zur Datenerweiterung erheblich ausbauen. Über grundlegende Transformationen wie einfache Rotationen und Spiegelungen hinausgehend, werden wir einen umfassenderen Satz von Erweiterungsstrategien implementieren.

Diese fortgeschrittenen Techniken werden kontrollierte Variationen in den Trainingsbildern einführen und dadurch die Vielfalt unseres Datensatzes effektiv erhöhen, ohne tatsächlich mehr Daten sammeln zu müssen. Indem wir das Modell diesen künstlich erzeugten Variationen aussetzen, zielen wir darauf ab, seine Robustheit und Fähigkeit zur Erkennung von Objekten unter verschiedenen Bedingungen zu verbessern, was letztendlich zu besserer Leistung bei realen, vielfältigen Bildeingaben führt.

```
from tensorflow.keras.preprocessing.image import ImageDataGenerator

datagen = ImageDataGenerator(
    rotation_range=15,
    width_shift_range=0.1,
    height_shift_range=0.1,
```

```
    horizontal_flip=True,
    zoom_range=0.1,
    shear_range=0.1,
    channel_shift_range=0.1,
    fill_mode='nearest'
)

# Normalize pixel values
X_train = X_train.astype('float32') / 255.0
X_test = X_test.astype('float32') / 255.0

# One-hot encode labels
y_train = tf.keras.utils.to_categorical(y_train, 10)
y_test = tf.keras.utils.to_categorical(y_test, 10)
```

Schauen wir uns das im Detail an:

1. Datenerweiterung:

- Der ImageDataGenerator wird verwendet, um erweiterte Versionen der Trainingsbilder zu erstellen.

- Verschiedene Transformationen werden angewendet, einschließlich Rotation, Breiten- und Höhenverschiebungen, horizontale Spiegelungen, Zoom, Scherung und Kanalverschiebungen.

- Diese Erweiterungen helfen dabei, die Vielfalt der Trainingsdaten zu erhöhen und verbessern die Generalisierungsfähigkeit des Modells.

2. Datennormalisierung:

- Die Pixelwerte der Trainings- und Testbilder werden durch Division durch 255.0 normalisiert, wodurch sie auf einen Bereich von 0 bis 1 skaliert werden.

- Diese Normalisierung unterstützt eine schnellere Konvergenz während des Trainings und gewährleistet eine einheitliche Eingabeskalierung.

3. Label-Kodierung:

- Die Labels (y_train und y_test) werden mithilfe von tf.keras.utils.to_categorical() in One-Hot-Kodierung umgewandelt.

- Dies transformiert die Klassenlabels in eine binäre Matrixdarstellung, die für Mehrklassen-Klassifikationsaufgaben geeignet ist.

Diese Vorverarbeitungsschritte bereiten die Daten für das Training eines Faltungsneuronalen Netzes (CNN) auf dem CIFAR-10-Datensatz vor und verbessern die Fähigkeit des Modells, aus den Bildern zu lernen und zu generalisieren.

9.3.2 Verbesserte CNN-Architektur

Wir werden eine fortschrittlichere und tiefere CNN-Architektur mit Residual-Verbindungen entwerfen. Diese erweiterte Struktur wird einen verbesserten Gradientenfluss während des Trainingsprozesses ermöglichen und ein effizienteres Lernen komplexer Merkmale erlauben.

Die Residual-Verbindungen, auch als Skip-Connections bekannt, ermöglichen es dem Netzwerk, bestimmte Schichten zu überbrücken, was zur Abschwächung des Vanishing-Gradient-Problems beiträgt, das häufig in tiefen neuronalen Netzen auftritt. Diese architektonische Verbesserung fördert nicht nur eine bessere Informationsausbreitung durch das Netzwerk, sondern ermöglicht auch das Training von wesentlich tieferen Modellen, was potenziell zu verbesserter Genauigkeit und Leistung bei unserer Bildklassifizierungsaufgabe führt.

```python
from tensorflow.keras.models import Model
from tensorflow.keras.layers import Input, Conv2D, BatchNormalization, Activation,
MaxPooling2D, Add, GlobalAveragePooling2D, Dense, Dropout

def residual_block(x, filters, kernel_size=3, stride=1):
    shortcut = x

    x = Conv2D(filters, kernel_size, strides=stride, padding='same')(x)
    x = BatchNormalization()(x)
    x = Activation('relu')(x)

    x = Conv2D(filters, kernel_size, padding='same')(x)
    x = BatchNormalization()(x)

    if stride != 1 or shortcut.shape[-1] != filters:
        shortcut = Conv2D(filters, 1, strides=stride, padding='same')(shortcut)
        shortcut = BatchNormalization()(shortcut)

    x = Add()([x, shortcut])
    x = Activation('relu')(x)
    return x

def build_improved_cnn():
    inputs = Input(shape=(32, 32, 3))

    x = Conv2D(64, 3, padding='same')(inputs)
    x = BatchNormalization()(x)
    x = Activation('relu')(x)

    x = residual_block(x, 64)
    x = residual_block(x, 64)
    x = MaxPooling2D()(x)

    x = residual_block(x, 128)
    x = residual_block(x, 128)
    x = MaxPooling2D()(x)
```

```
    x = residual_block(x, 256)
    x = residual_block(x, 256)
    x = GlobalAveragePooling2D()(x)

    x = Dense(512, activation='relu')(x)
    x = Dropout(0.5)(x)
    outputs = Dense(10, activation='softmax')(x)

    model = Model(inputs=inputs, outputs=outputs)
    return model

model = build_improved_cnn()
model.compile(optimizer='adam',                    loss='categorical_crossentropy',
metrics=['accuracy'])
```

Schauen wir uns die Hauptkomponenten im Detail an:

- **Residual-Block-Funktion:** Die residual_block-Funktion implementiert eine Residual-Verbindung, die das Training tieferer Netzwerke unterstützt, indem sie einen besseren Gradientenfluss durch das Netzwerk ermöglicht.

- **Verbesserte CNN-Architektur:** Die build_improved_cnn-Funktion konstruiert das Modell mit folgenden Schlüsselelementen:

- Eingabeschicht für 32x32 RGB-Bilder

- Initiale Faltungsschicht gefolgt von Batch-Normalisierung und ReLU-Aktivierung

- Mehrere Residual-Blöcke mit steigenden Filtergrößen (64, 128, 256)

- Globales Average-Pooling zur Reduzierung der räumlichen Dimensionen

- Dense-Schicht mit Dropout zur Regularisierung

- Ausgabeschicht mit Softmax-Aktivierung für 10-Klassen-Klassifikation

Das Modell wird dann mit dem Adam-Optimierer, kategorischer Kreuzentropie-Verlustfunktion (geeignet für Mehrklassen-Klassifikation) und Genauigkeit als Evaluierungsmetrik kompiliert.

Diese Architektur integriert mehrere fortgeschrittene Techniken wie Residual-Verbindungen, Batch-Normalisierung und Dropout, die entwickelt wurden, um die Leistung des Modells und seine Fähigkeit zum Lernen komplexer Merkmale aus dem CIFAR-10-Datensatz zu verbessern.

9.3.3 Lernraten-Scheduling

Implementierung eines Lernraten-Schedulers zur dynamischen Anpassung der Lernrate während des Trainingsprozesses. Diese Technik ermöglicht die Feinabstimmung des Lernprozesses des Modells und führt potenziell zu verbesserter Konvergenz und Leistung.

Durch die schrittweise Verringerung der Lernrate im Verlauf des Trainings können wir dem Modell helfen, die Verlustlandschaft effektiver zu navigieren und es ihm ermöglichen, optimale Minima zu finden, während Überschwingen oder Oszillation vermieden werden. Dieser adaptive Ansatz zum Management der Lernrate kann besonders vorteilhaft sein bei komplexen Datensätzen wie CIFAR-10, bei denen das Modell komplizierte Merkmale und Muster über mehrere Klassen hinweg lernen muss.

```python
from tensorflow.keras.callbacks import LearningRateScheduler

def lr_schedule(epoch):
    lr = 0.001
    if epoch > 75:
        lr *= 0.5e-3
    elif epoch > 50:
        lr *= 1e-3
    elif epoch > 25:
        lr *= 1e-2
    return lr

lr_scheduler = LearningRateScheduler(lr_schedule)
```

Hier ist eine Aufschlüsselung der Komponenten:

- Der LearningRateScheduler wird aus den Keras-Callbacks importiert.

- Eine benutzerdefinierte Funktion lr_schedule wird definiert, um die Lernrate basierend auf der aktuellen Epoche anzupassen:

- Sie beginnt mit einer anfänglichen Lernrate von 0,001.

- Die Lernrate wird an bestimmten Epochenschwellen reduziert:

  - Nach 25 Epochen wird sie mit 0,01 multipliziert

  - Nach 50 Epochen wird sie mit 0,001 multipliziert

  - Nach 75 Epochen wird sie mit 0,0005 multipliziert

- Der LearningRateScheduler wird mit der Funktion lr_schedule instanziiert.

Dieser Scheduler verringert die Lernrate während des Trainings schrittweise, was zur Feinabstimmung des Lernprozesses des Modells beitragen und möglicherweise die Konvergenz und Leistung verbessern kann.

9.3.4 Training mit vorzeitigem Abbruch

Implementieren Sie vorzeitigen Abbruch als entscheidende Technik zur Reduzierung von Überanpassung und zur Optimierung der Trainingseffizienz. Diese Methode stoppt den Trainingsprozess automatisch, wenn die Leistung des Modells auf dem Validierungsdatensatz beginnt zu stagnieren oder abzunehmen, und verhindert so effektiv, dass das Modell die Trainingsdaten auswendig lernt und seine Generalisierungsfähigkeit verliert.

Dadurch hilft der vorzeitige Abbruch nicht nur, die Fähigkeit des Modells zur guten Leistung bei ungesehenen Daten zu erhalten, sondern reduziert auch erheblich die gesamte Trainingszeit und ermöglicht eine effizientere Nutzung der Rechenressourcen.

Dieser Ansatz ist besonders wertvoll bei der Arbeit mit komplexen Datensätzen wie CIFAR-10, bei denen das Risiko der Überanpassung aufgrund der komplexen Muster und Merkmale in den Bildern hoch ist.

```python
from tensorflow.keras.callbacks import EarlyStopping

early_stopping          =          EarlyStopping(monitor='val_loss',          patience=10,
restore_best_weights=True)

history = model.fit(
    datagen.flow(X_train, y_train, batch_size=64),
    epochs=100,
    validation_data=(X_test, y_test),
    callbacks=[lr_scheduler, early_stopping]
)
```

Schauen wir uns die einzelnen Komponenten an:

- from tensorflow.keras.callbacks import EarlyStopping: Dies importiert den EarlyStopping-Callback aus Keras.

- early_stopping = EarlyStopping(monitor='val_loss', patience=10, restore_best_weights=True): Dies erstellt ein EarlyStopping-Objekt mit folgenden Parametern:
  - Der 'val_loss' wird überwacht, um den Zeitpunkt des Trainingsabbruchs zu bestimmen
  - 'patience=10' bedeutet, dass das Training stoppt, wenn sich 10 Epochen lang keine Verbesserung zeigt
  - 'restore_best_weights=True' stellt sicher, dass das Modell die Gewichte seiner besten Leistung beibehält

- history = model.fit(...): Dies trainiert das Modell mit folgenden Hauptkomponenten:
  - Verwendet Datenerweiterung mit datagen.flow()
  - Trainiert für maximal 100 Epochen
  - Nutzt die Testdaten zur Validierung
  - Wendet sowohl den Lernraten-Scheduler als auch Early-Stopping-Callbacks an

Diese Konfiguration hilft bei der Optimierung des Trainingsprozesses durch dynamische Anpassung der Lernrate und Beendigung des Trainings, wenn sich das Modell nicht mehr verbessert, was besonders bei komplexen Datensätzen wie CIFAR-10 nützlich ist.

9.3.5 Modellauswertung und Visualisierung

Implementierung einer umfassenderen Auswertung der Modellleistung, um tiefere Einblicke in dessen Effektivität und Verhalten zu gewinnen. Dieser erweiterte Evaluierungsprozess wird mehrere Metriken und Visualisierungstechniken umfassen, die ein nuancierteres Verständnis der Stärken des Modells und möglicher Verbesserungsbereiche ermöglichen.

Durch den Einsatz verschiedener Evaluierungsmethoden können wir verschiedene Aspekte der Modellleistung bewerten, einschließlich seiner Genauigkeit über verschiedene Klassen hinweg, seiner Fähigkeit zur Generalisierung auf ungesehene Daten und seines Entscheidungsprozesses.

Dieser mehrdimensionale Ansatz zur Evaluierung wird eine robustere und aufschlussreichere Bewertung unseres Bildklassifizierungsmodells liefern und letztendlich zu seiner Verfeinerung und Optimierung beitragen.

```python
import numpy as np
import matplotlib.pyplot as plt
from sklearn.metrics import confusion_matrix, classification_report

# Evaluate the model
test_loss, test_acc = model.evaluate(X_test, y_test, verbose=0)
print(f"Test accuracy: {test_acc:.4f}")

# Confusion Matrix
y_pred = model.predict(X_test)
y_pred_classes = np.argmax(y_pred, axis=1)
y_true = np.argmax(y_test, axis=1)

cm = confusion_matrix(y_true, y_pred_classes)
plt.figure(figsize=(10, 8))
plt.imshow(cm, interpolation='nearest', cmap=plt.cm.Blues)
plt.title('Confusion Matrix')
plt.colorbar()
tick_marks = np.arange(10)
plt.xticks(tick_marks, class_names, rotation=45)
plt.yticks(tick_marks, class_names)
plt.tight_layout()
plt.ylabel('True label')
plt.xlabel('Predicted label')
plt.show()

# Classification Report
print(classification_report(y_true, y_pred_classes, target_names=class_names))

# Learning Curves
```

```python
plt.figure(figsize=(12, 4))
plt.subplot(1, 2, 1)
plt.plot(history.history['accuracy'], label='Train Accuracy')
plt.plot(history.history['val_accuracy'], label='Validation Accuracy')
plt.title('Model Accuracy')
plt.xlabel('Epoch')
plt.ylabel('Accuracy')
plt.legend()

plt.subplot(1, 2, 2)
plt.plot(history.history['loss'], label='Train Loss')
plt.plot(history.history['val_loss'], label='Validation Loss')
plt.title('Model Loss')
plt.xlabel('Epoch')
plt.ylabel('Loss')
plt.legend()
plt.show()
```

Hier ist eine Aufschlüsselung:

- **Modellauswertung:** Die Leistung des Modells wird anhand des Testdatensatzes bewertet, wobei die Testgenauigkeit ausgegeben wird.

- **Konfusionsmatrix:** Diese visualisiert die Vorhersagen des Modells über verschiedene Klassen hinweg und hilft dabei zu erkennen, wo das Modell bestimmte Kategorien möglicherweise verwechselt.

- **Klassifikationsbericht:** Dieser liefert eine detaillierte Aufschlüsselung von Präzision, Recall und F1-Score für jede Klasse.

- **Lernkurven:** Es werden zwei Diagramme erstellt, die zeigen, wie sich die Genauigkeit und der Verlust des Modells über die Epochen hinweg sowohl für Trainings- als auch Validierungsdaten entwickeln. Dies hilft zu verstehen, ob das Modell über- oder unterangepasst ist.

Diese Auswertungstechniken bieten einen umfassenden Überblick über die Leistung des Modells und ermöglichen ein besseres Verständnis sowie potenzielle Verbesserungen bei der Bildklassifizierungsaufgabe.

9.3.6 Grad-CAM-Visualisierung

Implementierung der gradientengewichteten Klassen-Aktivierungskartierung (Grad-CAM), einer fortgeschrittenen Visualisierungstechnik, die wertvolle Einblicke in den Entscheidungsprozess unseres konvolutionalen neuronalen Netzes liefert. Grad-CAM erzeugt Wärmekarten, die die Bereiche eines Eingangsbildes hervorheben, die den größten Einfluss auf die Klassifizierungsentscheidung des Modells haben.

Durch die Visualisierung dieser Bereiche können wir besser verstehen, welche Teile eines Bildes das Modell für seine Vorhersagen als wichtig erachtet, was die Interpretierbarkeit und Transparenz unseres Deep-Learning-Modells verbessert.

Diese Technik unterstützt nicht nur die Fehlersuche und Verfeinerung des Modells, sondern stärkt auch das Vertrauen in den Entscheidungsprozess des Modells, indem sie menschlich interpretierbare Erklärungen für seine Klassifizierungen liefert.

```python
import tensorflow as tf
import numpy as np
import matplotlib.pyplot as plt

def grad_cam(model, image, class_index, layer_name="conv2d_5"):
    """
    Generates a Grad-CAM heatmap for the given image and class index.
    """
    # Define a model that outputs feature maps and predictions
    grad_model = tf.keras.models.Model(
        inputs=model.input,
        outputs=[model.get_layer(layer_name).output, model.output]
    )

    # Compute gradients
    with tf.GradientTape() as tape:
        conv_outputs, predictions = grad_model(image)
        loss = predictions[:, class_index]  # Focus on the target class

    # Compute gradients
    grads = tape.gradient(loss, conv_outputs)

    # Compute importance of feature maps
    pooled_grads = tf.reduce_mean(grads, axis=(0, 1, 2))
    conv_outputs = conv_outputs[0]

    # Compute Grad-CAM heatmap
    cam = tf.reduce_sum(tf.multiply(conv_outputs, pooled_grads), axis=-1)
    cam = tf.maximum(cam, 0)  # ReLU operation
    cam = cam / tf.reduce_max(cam)  # Normalize

    # Resize CAM to match image size
    cam = tf.image.resize(cam[..., tf.newaxis], (32, 32))
    cam = tf.squeeze(cam)
    cam = cam.numpy()

    return cam

# Select a sample image
sample_image = X_test[0]
sample_label = np.argmax(y_test[0])

# Convert to tensor and expand dimensions
```

```python
input_image = np.expand_dims(sample_image, axis=0)
input_image = tf.convert_to_tensor(input_image, dtype=tf.float32)

# Generate Grad-CAM heatmap
cam = grad_cam(model, input_image, sample_label)

# Visualize Grad-CAM
plt.figure(figsize=(10, 5))

# Original image
plt.subplot(1, 2, 1)
plt.imshow(sample_image)
plt.title('Original Image')
plt.axis('off')

# Overlay Grad-CAM
plt.subplot(1, 2, 2)
plt.imshow(sample_image)
plt.imshow(cam, cmap='jet', alpha=0.5)  # Overlay Grad-CAM heatmap
plt.title('Grad-CAM')
plt.axis('off')

plt.show()
```

Hier ist eine Aufschlüsselung der Hauptkomponenten:

- **grad_cam Funktion:**

- Diese Funktion nimmt ein **Modell**, ein **Bild** und einen **Klassenindex** als Eingabe und gibt eine **Wärmekarte** zurück, die die wichtigen Regionen für diese Klasse hervorhebt.

- Sie hilft dabei zu visualisieren, welche Bildteile die Entscheidung des Modells beeinflusst haben.

- **Erstellung eines neuen Modells:**

    - Es **definiert ein neues Modell**, das sowohl die **finale Schicht** als auch eine **intermediäre Faltungsschicht (standardmäßig 'conv2d_5')** ausgibt.

    - Die Faltungsschicht ist **entscheidend**, da sie räumliche Merkmalskarten enthält, die Grad-CAM visualisiert.

    - Die richtige Faltungsschicht sollte sorgfältig basierend auf der Modellarchitektur ausgewählt werden.

- **Gradientenberechnung:**

    - Verwendet **TensorFlows GradientTape**, um die Gradienten der **Zielklassenausgabe** in Bezug auf die Ausgabe der Faltungsschicht zu berechnen.

- o Dieser Schritt identifiziert, welche Merkmale in den Faltungskarten für die Modellentscheidung am relevantesten sind.

- **Wärmekartengenerierung:**

  - o Berechnet die **gewichtete Summe** der Merkmalskarten unter Verwendung der Gradienten.

  - o Wendet eine **ReLU-Aktivierung** (tf.maximum(cam, 0)) an, um nur positive Beiträge beizubehalten.

  - o Normalisiert die Wärmekarte auf Werte zwischen **0 und 1**.

  - o Skaliert die Wärmekarte auf die **Eingabebildgröße** mittels tf.image.resize().

- **Visualisierung:**

  - o Wendet **Grad-CAM** auf ein **Beispielbild** aus dem Testdatensatz an.

  - o Zeigt sowohl das **Originalbild** als auch die **Wärmekartenüberlagerung** an, um die Regionen hervorzuheben, die die Klassifizierungsentscheidung des Modells beeinflusst haben.

  - o Verwendet eine **Farbkarte (jet)**, um die Wärmekarte leichter interpretierbar zu machen.

Diese Technik hilft dabei zu verstehen, auf welche Bildteile sich das Modell bei seiner Klassifizierungsentscheidung konzentriert und liefert wertvolle Einblicke in den Entscheidungsprozess des Modells.

9.3.7 Modellinterpretierbarkeit

Implementierung von SHAP-Werten (SHapley Additive exPlanations) zur umfassenden Interpretation der Modellvorhersagen. SHAP-Werte bieten einen einheitlichen Ansatz zur Erklärung der Ausgabe jedes maschinellen Lernmodells und ermöglichen es uns zu verstehen, wie jedes Merkmal zu einer bestimmten Vorhersage beiträgt.

Durch die Verwendung von SHAP können wir wertvolle Einblicke gewinnen, welche Bildteile den größten Einfluss auf die Klassifizierungsentscheidung des Modells haben, was unser Verständnis des Entscheidungsprozesses des Modells verbessert und seine Interpretierbarkeit erhöht.

Diese fortgeschrittene Technik unterstützt nicht nur die Fehlersuche und Verfeinerung unseres Modells, sondern erhöht auch die Transparenz und das Vertrauen in seine Vorhersagen, was für den Einsatz von maschinellen Lernmodellen in realen Anwendungen entscheidend ist.

```
import shap
import tensorflow as tf
import numpy as np
```

```
# Convert X_test to a tensor
X_test_tensor = tf.convert_to_tensor(X_test[:100], dtype=tf.float32)

# Use SHAP's GradientExplainer for TensorFlow 2 models
explainer = shap.GradientExplainer(model, X_test_tensor)
shap_values = explainer.shap_values(X_test_tensor[:10])  # Explain only 10 samples

# Ensure shap_values is correctly formatted for visualization
shap_values = np.array(shap_values)  # Convert list to NumPy array if needed

# Visualize SHAP values
shap.image_plot(shap_values[0], X_test[:10])  # Use shap_values[0] for first class
```

Hier ist eine Aufschlüsselung des Codes:

- **import shap**

- Importiert die **SHAP (SHapley Additive exPlanations) Bibliothek**, die für die **Modellinterpretierbarkeit** verwendet wird, indem sie den Einfluss jedes Merkmals (oder Pixels in Bildern) auf die Vorhersagen des Modells erklärt.

- **explainer = shap.GradientExplainer(model, X_test[:100])**

   o Erstellt ein **SHAP-Erklärer-Objekt** für das **CNN-Modell** mittels shap.GradientExplainer, das **besser mit TensorFlow 2.x kompatibel** ist.

   o Verwendet die **ersten 100 Testbilder** als Hintergrunddaten zur Schätzung der erwarteten Werte.

- **shap_values = explainer.shap_values(X_test[:10])**

   o Berechnet die **SHAP-Werte** für die **ersten 10 Testbilder**.

   o Diese SHAP-Werte zeigen an, wie stark jedes **Pixel** zur Modellvorhersage für jede Klasse beiträgt.

- **shap.image_plot(shap_values[0], X_test[:10])**

   o Visualisiert die **SHAP-Werte** mittels shap.image_plot().

   o Verwendet **shap_values[0]** zur Auswahl der **ersten Klasse** bei **Mehrklassen-Klassifikation**.

   o Hilft zu verstehen, **welche Bildregionen den größten Einfluss** auf die Klassifizierung hatten.

9.3.8 Fazit

Dieses erweiterte Projekt zeigt eine Vielzahl von Verbesserungen der ursprünglichen CNN-basierten Bildklassifizierungsaufgabe, die ihre Leistung und Interpretierbarkeit auf ein neues Niveau heben. Wir haben eine ausgereiftere und robustere CNN-Architektur implementiert, die

Residual-Verbindungen enthält, welche tiefere Netzwerkstrukturen und verbesserten Gradientenfluss ermöglichen. Diese architektonische Weiterentwicklung wird durch eine erweiterte Suite von Datenaugmentierungstechniken ergänzt, die unseren Trainingsdatensatz bereichern und die Fähigkeit des Modells zur Generalisierung über verschiedene Bildtransformationen und -störungen hinweg verbessern.

Darüber hinaus haben wir fortgeschrittene Trainingsstrategien integriert, die den Lernprozess optimieren. Die Implementierung der Lernratenanpassung ermöglicht eine dynamische Anpassung der Lernrate während der Trainingsepochen, was eine effizientere Konvergenz erleichtert und potenziell bessere lokale Minima in der Verlustlandschaft erschließt. Early Stopping wurde als wirksame Regularisierungstechnik eingesetzt, die Überanpassung verhindert, indem der Trainingsprozess gestoppt wird, wenn die Leistung des Modells auf dem Validierungsdatensatz beginnt zu stagnieren oder abzunehmen.

Zusätzlich zu diesen grundlegenden Verbesserungen haben wir eine umfassende Suite von Modellevaluierungstechniken und modernsten Visualisierungswerkzeugen eingeführt. Die Integration von Gradient-weighted Class Activation Mapping (Grad-CAM) liefert wertvolle Einblicke in den Entscheidungsprozess des Modells, indem sie die Regionen der Eingangsbilder hervorhebt, die für Klassifizierungsentscheidungen am einflussreichsten sind. Ebenso bietet die Implementierung von SHAP (SHapley Additive exPlanations)-Werten einen einheitlichen Ansatz zur Erklärung der Modellvorhersagen, der es uns ermöglicht, den Beitrag jedes Merkmals zum endgültigen Output zu verstehen.

Diese Verbesserungen dienen gemeinsam nicht nur der Steigerung der Leistungsmetriken des Modells, sondern auch dem Gewinn eines nuancierteren und gründlicheren Verständnisses seines Verhaltens und seiner Entscheidungsprozesse. Durch die Verbesserung sowohl der quantitativen Leistung als auch der qualitativen Interpretierbarkeit unseres Modells haben wir ein robusteres und vertrauenswürdigeres System geschaffen, das besser für die Komplexität und Herausforderungen von Computer-Vision-Anwendungen in der realen Welt gerüstet ist.

Dieser umfassende Ansatz zur Modellentwicklung und -evaluierung setzt einen neuen Standard für CNN-basierte Bildklassifizierungsaufgaben und ebnet den Weg für transparentere, effizientere und effektivere KI-Systeme im Bereich der Computer Vision.

9.4 Projekt 4: Zeitreihenvorhersage mit LSTMs (Verbessert)

Die Zeitreihenvorhersage spielt eine zentrale Rolle in zahlreichen Bereichen, einschließlich Finanzanalyse, meteorologischen Vorhersagen und Bedarfsschätzung im Supply Chain Management. Dieses Projekt befasst sich mit der Anwendung von Long Short-Term Memory (LSTM) Netzwerken, einer fortschrittlichen Art von rekurrenten neuronalen Netzen, zur Vorhersage zukünftiger Werte innerhalb einer Zeitreihe. Unser spezifischer Fokus liegt dabei auf der Aktienkursvorhersage, einer anspruchsvollen und wirtschaftlich bedeutsamen Anwendung der Zeitreihenvorhersage.

Aufbauend auf unserem ursprünglichen Projekt streben wir die Implementierung einer Reihe von Verbesserungen an, die darauf abzielen, sowohl die Leistung als auch die Robustheit unseres Modells deutlich zu steigern. Diese Verbesserungen umfassen verschiedene Aspekte der Machine-Learning-Pipeline, von der Datenvorverarbeitung und Feature-Engineering bis hin zur Modellarchitektur und Trainingsmethoden. Durch die Integration dieser Weiterentwicklungen möchten wir ein präziseres, zuverlässigeres und interpretierbares Prognosesystem schaffen, das die komplexen Muster und Abhängigkeiten in Aktienkursbewegungen effektiv erfassen kann.

Mit diesem erweiterten Ansatz zielen wir nicht nur darauf ab, die Vorhersagegenauigkeit zu verbessern, sondern auch tiefere Einblicke in die zugrundeliegenden Faktoren zu gewinnen, die Aktienkursschwankungen antreiben. Dieses Projekt dient als umfassende Erkundung modernster Techniken der Zeitreihenvorhersage und demonstriert das Potenzial fortschrittlicher Machine-Learning-Methoden zur Bewältigung realer Herausforderungen bei der Finanzprognose.

9.4.1 Datenerfassung und -vorverarbeitung

Zur Verbesserung der Robustheit unseres Datensatzes werden wir umfassende Schritte zur Datenerfassung und -vorverarbeitung implementieren. Diese Erweiterung umfasst die Sammlung eines breiteren Spektrums historischer Daten, die Einbindung zusätzlicher relevanter Merkmale und die Anwendung fortgeschrittener Vorverarbeitungstechniken.

Dadurch streben wir die Erstellung eines umfassenderen und aussagekräftigeren Datensatzes an, der die nuancierten Muster und Beziehungen innerhalb der Aktienkursbewegungen erfasst. Dieser verbesserte Datensatz wird als solide Grundlage für unser LSTM-Modell dienen und potenziell zu genaueren und zuverlässigeren Vorhersagen führen.

```python
import pandas as pd
import numpy as np
import yfinance as yf
from sklearn.preprocessing import MinMaxScaler
from sklearn.model_selection import train_test_split

# Fetch more historical data and additional features
stock_data = yf.download('GOOGL', start='2000-01-01', end='2023-12-31')
stock_data['Returns'] = stock_data['Close'].pct_change()
stock_data['MA50'] = stock_data['Close'].rolling(window=50).mean()
stock_data['MA200'] = stock_data['Close'].rolling(window=200).mean()
stock_data['Volume_MA'] = stock_data['Volume'].rolling(window=20).mean()
stock_data.dropna(inplace=True)

# Normalize the data
scaler = MinMaxScaler(feature_range=(0, 1))
scaled_data = scaler.fit_transform(stock_data[['Close', 'Volume', 'Returns', 'MA50',
'MA200', 'Volume_MA']])

# Create sequences
```

```
def create_sequences(data, seq_length):
    X, y = [], []
    for i in range(len(data) - seq_length):
        X.append(data[i:(i + seq_length), :])
        y.append(data[i + seq_length, 0])
    return np.array(X), np.array(y)

sequence_length = 60
X, y = create_sequences(scaled_data, sequence_length)

# Split the data
X_train,  X_test,  y_train,  y_test  =  train_test_split(X,  y,  test_size=0.2,
random_state=42)
```

Hier ist eine Aufschlüsselung:

- **Datenerfassung**: Der Code verwendet die yfinance-Bibliothek, um historische Aktiendaten von Google (GOOGL) vom 1. Januar 2000 bis zum 31. Dezember 2023 herunterzuladen.

- **Feature-Engineering**: Mehrere neue Merkmale werden erstellt:

    o   Returns: Prozentuale Änderung des Schlusskurses

    o   MA50: 50-Tage-Durchschnitt des Schlusskurses

    o   MA200: 200-Tage-Durchschnitt des Schlusskurses

    o   Volume_MA: 20-Tage-Durchschnitt des Handelsvolumens

- **Datennormalisierung**: Der MinMaxScaler wird verwendet, um alle Merkmale auf einen Bereich zwischen 0 und 1 zu skalieren, was für das Training neuronaler Netze wichtig ist.

- **Sequenzerstellung**: Eine Funktion create_sequences() wird definiert, um Eingabesequenzen und entsprechende Zielwerte zu generieren. Sie verwendet einen gleitenden Fensteransatz mit einer Sequenzlänge von 60 Tagen.

- **Datenaufteilung**: Der Datensatz wird in Trainings- und Testsets aufgeteilt, wobei 20% der Daten für Tests reserviert werden.

Diese Vorverarbeitungspipeline erzeugt einen robusten Datensatz, der verschiedene Aspekte von Aktienkursbewegungen erfasst und damit eine solide Grundlage für das Training des LSTM-Modells bietet.

9.4.2 Erweiterte LSTM-Architektur

In diesem Schritt entwickeln wir eine fortschrittliche und robuste LSTM-Architektur, die mehrere Schichten integriert und Dropout-Techniken zur effektiven Regularisierung implementiert. Dieses erweiterte Design zielt darauf ab, komplexe zeitliche Abhängigkeiten in den

Zeitreihendaten zu erfassen und gleichzeitig Überanpassung zu vermeiden. Durch die strategische Erhöhung der Netzwerktiefe und die Einführung von Dropout-Schichten streben wir an, die Fähigkeit des Modells zur Generalisierung von Trainingsdaten zu verbessern und genauere Vorhersagen für ungesehene Aktienkursmuster zu treffen. Die ausgefeilte Architektur, die wir konstruieren werden, wird den Kompromiss zwischen Modellkomplexität und Generalisierungsfähigkeit ausbalancieren und potenziell zu überlegener Prognoseleistung bei unserer Aktienkursvorhersage führen.

```python
from tensorflow.keras.models import Sequential
from tensorflow.keras.layers import LSTM, Dense, Dropout, BatchNormalization
from tensorflow.keras.optimizers import Adam

def build_improved_lstm_model(input_shape):
    model = Sequential([
        LSTM(100, return_sequences=True, input_shape=input_shape),
        BatchNormalization(),
        Dropout(0.2),
        LSTM(100, return_sequences=True),
        BatchNormalization(),
        Dropout(0.2),
        LSTM(100),
        BatchNormalization(),
        Dropout(0.2),
        Dense(50, activation='relu'),
        Dense(1)
    ])
    model.compile(optimizer=Adam(learning_rate=0.001), loss='mean_squared_error')
    return model

model = build_improved_lstm_model((X_train.shape[1], X_train.shape[2]))
model.summary()
```

Hier ist eine Aufschlüsselung:

- **Importe**: Die erforderlichen Keras-Module werden für den Modellaufbau importiert.

- **Modellarchitektur**: Die Funktion build_improved_lstm_model erstellt ein sequentielles Modell mit den folgenden Schichten:

    o Drei LSTM-Schichten mit jeweils 100 Einheiten, wobei die ersten beiden Sequenzen zurückgeben

    o BatchNormalization-Schichten nach jeder LSTM-Schicht zur Normalisierung der Aktivierungen

    o Dropout-Schichten (20% Rate) zur Regularisierung und Vermeidung von Überanpassung

    o Eine Dense-Schicht mit 50 Einheiten und ReLU-Aktivierung

- o Eine abschließende Dense-Schicht mit 1 Einheit für die Ausgabevorhersage

- **Modellkompilierung**: Das Modell wird mit dem Adam-Optimierer mit einer Lernrate von 0,001 und mittlerem quadratischem Fehler als Verlustfunktion kompiliert.

- **Modellerstellung**: Eine Instanz des Modells wird unter Verwendung der Eingabeform aus den Trainingsdaten erstellt.

- **Modellzusammenfassung**: Der Aufruf von model.summary() gibt die Struktur des Modells aus und zeigt die Schichten und die Anzahl der Parameter.

Diese Architektur zielt darauf ab, komplexe zeitliche Abhängigkeiten in den Aktienkursdaten zu erfassen und nutzt dabei Techniken wie Dropout und Batch-Normalisierung, um die Generalisierung und Trainingsstabilität zu verbessern.

9.4.3 Training mit frühem Abbruch und Lernratenanpassung

Zur Verbesserung des Trainingsprozesses und Optimierung der Modellleistung werden wir zwei wichtige Techniken implementieren: frühzeitiger Abbruch und Lernratenanpassung. Der frühzeitige Abbruch verhindert eine Überanpassung, indem der Trainingsprozess gestoppt wird, wenn sich die Leistung des Modells auf dem Validierungsdatensatz nicht mehr verbessert. Dies stellt sicher, dass wir das Modell in seinem optimalen Generalisierungszustand erfassen.

Die Lernratenanpassung hingegen passt die Lernrate während des Trainings dynamisch an. Dieser adaptive Ansatz ermöglicht es dem Modell, in den frühen Trainingsphasen größere Anpassungen vorzunehmen und bei der Konvergenz feinere Abstimmungen durchzuführen, was potenziell zu einer schnelleren Konvergenz und besseren Gesamtleistung führt.

Durch die Integration dieser fortgeschrittenen Trainingsstrategien streben wir einen effizienteren Trainingsprozess und ein Modell an, das gut auf ungesehene Daten generalisiert und letztendlich unsere Aktienkursvorhersagen verbessert.

```
from tensorflow.keras.callbacks import EarlyStopping, ReduceLROnPlateau

early_stopping         =        EarlyStopping(monitor='val_loss',      patience=20,
restore_best_weights=True)
lr_scheduler  =  ReduceLROnPlateau(monitor='val_loss',  factor=0.5,  patience=10,
min_lr=0.00001)

history = model.fit(
    X_train, y_train,
    epochs=200,
    batch_size=32,
    validation_split=0.2,
    callbacks=[early_stopping, lr_scheduler],
    verbose=1
)
```

Hier ist eine Aufschlüsselung des Codes:

- **Callbacks importieren**: Der Code importiert EarlyStopping und ReduceLROnPlateau aus den Keras-Callbacks.

- **Frühzeitiger Abbruch**: Diese Technik beendet das Training, wenn sich die Modellleistung auf dem Validierungsdatensatz nicht mehr verbessert. Die Parameter sind:

  - monitor='val_loss': Überwacht den Validierungsverlust

  - patience=20: Wartet 20 Epochen, bevor das Training bei ausbleibender Verbesserung gestoppt wird

  - restore_best_weights=True: Stellt die Modellgewichte der Epoche mit dem besten Wert der überwachten Größe wieder her

- **Lernraten-Scheduler**: Dieser passt die Lernrate während des Trainings an. Die Parameter sind:

  - monitor='val_loss': Überwacht den Validierungsverlust

  - factor=0.5: Reduziert die Lernrate um die Hälfte, wenn ausgelöst

  - patience=10: Wartet 10 Epochen, bevor die Lernrate reduziert wird

  - min_lr=0.00001: Die minimale Lernrate

- **Modelltraining**: Die model.fit()-Funktion trainiert das Modell mit diesen Parametern:

  - epochs=200: Maximale Anzahl an Trainings-Epochen

  - batch_size=32: Anzahl der Samples pro Gradientenaktualisierung

  - validation_split=0.2: 20% der Trainingsdaten werden für die Validierung verwendet

  - callbacks=[early_stopping, lr_scheduler]: Der frühzeitige Abbruch und Lernraten-Scheduler werden während des Trainings angewendet

  - verbose=1: Zeigt Fortschrittsbalken während des Trainings an

Diese Techniken zielen darauf ab, den Trainingsprozess zu verbessern, Überanpassung zu verhindern und potenziell zu einer besseren Modellleistung zu führen.

9.4.4 Modellevaluierung und Visualisierung

Um die Leistung des Modells gründlich zu bewerten und tiefere Einblicke in seine Vorhersagen zu gewinnen, werden wir eine umfassende Evaluierungsstrategie implementieren. Dieser Ansatz wird verschiedene quantitative Metriken zur Messung von Genauigkeit und Fehler sowie visuelle Darstellungen der Modellvorhersagen im Vergleich zu tatsächlichen Werten umfassen. Durch die Kombination dieser Methoden können wir die Stärken und Grenzen unseres LSTM-Modells bei der Vorhersage von Aktienkursen besser verstehen.

Unsere Evaluierung wird folgende Hauptkomponenten umfassen:

- Berechnung von Standard-Regressionsmetriken wie mittlerer quadratischer Fehler (MSE), mittlerer absoluter Fehler (MAE) und Bestimmtheitsmaß (R2)

- Zeitreihendiagramme zum Vergleich von vorhergesagten Werten mit tatsächlichen Aktienkursen

- Residuenanalyse zur Identifizierung von Mustern in Vorhersagefehlern

- Rollierende Fensterauswertung zur Beurteilung der Modellleistung über verschiedene Zeiträume

Dieser mehrdimensionale Evaluierungsansatz wird ein differenziertes Verständnis der Vorhersagefähigkeiten unseres Modells liefern und helfen, Bereiche für potenzielle Verbesserungen in zukünftigen Iterationen zu identifizieren.

```python
import matplotlib.pyplot as plt

# Make predictions
train_predictions = model.predict(X_train)
test_predictions = model.predict(X_test)

# Inverse transform predictions
train_predictions = scaler.inverse_transform(np.concatenate((train_predictions,
np.zeros((len(train_predictions), 5))), axis=1))[:, 0]
test_predictions = scaler.inverse_transform(np.concatenate((test_predictions,
np.zeros((len(test_predictions), 5))), axis=1))[:, 0]
y_train_actual = scaler.inverse_transform(np.concatenate((y_train.reshape(-1, 1),
np.zeros((len(y_train), 5))), axis=1))[:, 0]
y_test_actual = scaler.inverse_transform(np.concatenate((y_test.reshape(-1, 1),
np.zeros((len(y_test), 5))), axis=1))[:, 0]

# Visualize predictions
plt.figure(figsize=(15, 6))
plt.plot(y_test_actual, label='Actual')
plt.plot(test_predictions, label='Predicted')
plt.title('LSTM Model: Actual vs Predicted Stock Prices')
plt.xlabel('Time')
plt.ylabel('Stock Price')
plt.legend()
plt.show()

# Evaluate model performance
from sklearn.metrics import mean_squared_error, mean_absolute_error, r2_score

mse = mean_squared_error(y_test_actual, test_predictions)
mae = mean_absolute_error(y_test_actual, test_predictions)
r2 = r2_score(y_test_actual, test_predictions)

print(f'Mean Squared Error: {mse}')
```

```
print(f'Mean Absolute Error: {mae}')
print(f'R-squared Score: {r2}')
```

Hier ist eine Aufschlüsselung dessen, was der Code macht:

- **Vorhersagen**: Das Modell erstellt Vorhersagen sowohl für die Trainings- als auch für die Testdatensätze.

- **Inverse Transformation**: Die Vorhersagen und tatsächlichen Werte werden invers transformiert, um sie wieder in ihre ursprüngliche Skala umzuwandeln. Dies ist notwendig, da die Daten während der Vorverarbeitung zunächst skaliert wurden.

- **Visualisierung**: Es wird ein Diagramm erstellt, das die tatsächlichen Aktienkurse mit den vorhergesagten Werten für den Testdatensatz vergleicht. Diese visuelle Darstellung hilft zu verstehen, wie gut die Vorhersagen des Modells mit den realen Daten übereinstimmen.

- **Leistungskennzahlen**: Der Code berechnet drei wichtige Leistungskennzahlen:

  o Mittlerer quadratischer Fehler (MSE): Misst die durchschnittliche quadratische Differenz zwischen vorhergesagten und tatsächlichen Werten.

  o Mittlerer absoluter Fehler (MAE): Misst die durchschnittliche absolute Differenz zwischen vorhergesagten und tatsächlichen Werten.

  o Bestimmtheitsmaß (R2): Gibt den Anteil der Varianz in der abhängigen Variable an, der durch die unabhängige(n) Variable(n) vorhersagbar ist.

Diese Kennzahlen liefern eine quantitative Bewertung der Modellleistung und helfen dabei, die Genauigkeit und Vorhersagekraft bei der Aktienkursprognose zu evaluieren.

9.4.5 Analyse der Merkmalsbedeutung

Um tiefere Einblicke in den Entscheidungsprozess unseres Modells zu gewinnen, werden wir eine umfassende Analyse der Merkmalsbedeutung durchführen. Dieser entscheidende Schritt wird uns helfen zu verstehen, welche Merkmale am signifikantesten zu den Vorhersagen beitragen, wodurch wir:

1. Die einflussreichsten Faktoren für Aktienkursbewegungen identifizieren können

2. Möglicherweise unsere Merkmalsauswahl für zukünftige Iterationen verfeinern können

3. Den Stakeholdern wertvolle Einblicke in die wichtigsten Treiber von Aktienkursänderungen liefern können

Wir werden die Permutationswichtigkeit verwenden, eine modellunabhängige Methode, die den Anstieg des Vorhersagefehlers nach dem Permutieren jedes Merkmals misst. Dieser Ansatz wird uns ein klares Bild vom Einfluss jedes Merkmals auf die Leistung unseres LSTM-Modells vermitteln.

```python
import numpy as np
import pandas as pd
import matplotlib.pyplot as plt
from sklearn.inspection import permutation_importance

def reshape_features(X):
    """Reshape 3D sequence data (samples, timesteps, features) into 2D for feature
importance analysis."""
    return X.reshape((X.shape[0], -1))

# Reshape X_test for permutation importance analysis
X_test_reshaped = reshape_features(X_test)

# Define a wrapper function for Keras model predictions
def model_predict(X):
    X = X.reshape((-1, sequence_length, X.shape[1] // sequence_length))   # Reshape
back to 3D
    return model.predict(X, verbose=0).flatten()

# Compute permutation importance
r = permutation_importance(model_predict, X_test_reshaped, y_test, n_repeats=10,
random_state=42, scoring='neg_mean_squared_error')

# Adjust feature names for the reshaped input
feature_names_expanded = [f"{feature}_t{t}" for t in range(sequence_length) for
feature in ['Close', 'Volume', 'Returns', 'MA50', 'MA200', 'Volume_MA']]
feature_importance = pd.DataFrame({'feature': feature_names_expanded, 'importance':
r.importances_mean})

# Aggregate importance scores for each original feature
feature_importance = feature_importance.groupby(lambda x:
feature_importance['feature'][x].split('_')[0]).mean()
feature_importance = feature_importance.sort_values('importance', ascending=False)

# Plot feature importance
plt.figure(figsize=(10, 6))
plt.bar(feature_importance.index, feature_importance['importance'])
plt.title('Feature Importance (Permutation Importance)')
plt.xlabel('Features')
plt.ylabel('Importance')
plt.xticks(rotation=45)
plt.tight_layout()
plt.show()
```

Hier ist eine Aufschlüsselung dessen, was der Code macht:

1. **Importiert permutation_importance** aus scikit-learn.

- Diese Funktion hilft dabei zu bewerten, wie stark jedes Merkmal zu den Modellvorhersagen beiträgt, indem Merkmalswerte zufällig vertauscht und die Auswirkungen auf die Genauigkeit gemessen werden.

2. **Definiert reshape_features()** um **3D-Sequenzeingaben** (Beispiele, Zeitschritte, Merkmale) in ein **2D-Format** (Beispiele, Merkmale × Zeitschritte) **umzuwandeln**.

   - Dies ist erforderlich, da permutation_importance ein **2D-Array** als Eingabe erwartet.

3. **Formt X_test** mit reshape_features(X_test) **um**.

   - Dieser Schritt stellt sicher, dass die Testdaten das richtige Format für die Permutationswichtigkeitsanalyse haben.

4. **Definiert model_predict()** um die **Vorhersagemethode** des **LSTM-Modells** für die Arbeit mit permutation_importance anzupassen.

   - Da LSTMs 3D-Eingaben erwarten (Beispiele, Zeitschritte, Merkmale), formt diese Funktion die Daten vor der Vorhersage wieder in **3D um**.

5. **Berechnet die Permutationswichtigkeit** unter Verwendung von:

   - Dem trainierten **LSTM-Modell**

   - Den **umgeformten Testdaten**

   - Den **Testlabels (y_test)**

   - **n_repeats=10** für Stabilität, was bedeutet, dass die Wichtigkeitsberechnung 10 Mal wiederholt wird.

6. **Erzeugt erweiterte Merkmalsnamen** zur Darstellung **mehrerer Zeitschritte** in der sequentiellen Eingabe.

   - Jedem Merkmalsnamen wird sein Zeitschrittindex hinzugefügt (z.B. **Close_t0, Close_t1, ...**).

   - Dies stellt sicher, dass Merkmale aus verschiedenen Zeitschritten in der Wichtigkeitsanalyse **unterschieden** werden.

7. **Erstellt einen DataFrame**, der:

   - **Merkmalsnamen** ihren **Wichtigkeitswerten zuordnet**.

   - **Nach ursprünglichen Merkmalsnamen gruppiert** (z.B. Aggregation von Close_t0 bis Close_t59 zu Close).

   - **Wichtigkeitswerte pro Merkmal mittelt** und **in absteigender Reihenfolge sortiert**.

8. **Erstellt ein Balkendiagramm** zur Visualisierung der **Merkmalswichtigkeitswerte**.

o Die **wichtigsten Merkmale** erscheinen oben und helfen zu erkennen, welche **Faktoren den größten Einfluss** auf die Aktienkursvorhersagen haben.

9.4.6 Ensemble-Methode

Um die Robustheit und Genauigkeit unserer Vorhersagen zu verbessern, werden wir ein Ensemble von LSTM-Modellen implementieren. Dieser Ansatz beinhaltet das unabhängige Training mehrerer LSTM-Modelle und die anschließende Kombination ihrer Vorhersagen. Durch die Nutzung der kollektiven Intelligenz mehrerer Modelle können wir potenziell stabilere und genauere Prognosen erreichen.

Die Ensemble-Methode kann dazu beitragen, individuelle Modellverzerrungen zu minimieren und die Auswirkungen von Überanpassung zu reduzieren, was zu einer verbesserten Gesamtleistung bei der Aktienkursvorhersage führt. Diese Technik ist besonders wertvoll im Kontext der Finanzprognose, wo kleine Verbesserungen der Genauigkeit zu bedeutenden Auswirkungen in der realen Welt führen können.

```python
def create_ensemble(n_models, input_shape):
    models = []
    for _ in range(n_models):
        model = build_improved_lstm_model(input_shape)
        models.append(model)
    return models

n_models = 3
ensemble = create_ensemble(n_models, (X_train.shape[1], X_train.shape[2]))

# Train each model in the ensemble
for i, model in enumerate(ensemble):
    print(f"Training model {i+1}/{n_models}")
    model.fit(X_train, y_train, epochs=100, batch_size=32, validation_split=0.2,
              callbacks=[early_stopping, lr_scheduler], verbose=0)

# Make ensemble predictions
ensemble_predictions = np.mean([model.predict(X_test) for model in ensemble], axis=0)

# Inverse transform ensemble predictions
ensemble_predictions = scaler.inverse_transform(np.concatenate((ensemble_predictions,
np.zeros((len(ensemble_predictions), 5))), axis=1))[:, 0]

# Evaluate ensemble performance
ensemble_mse = mean_squared_error(y_test_actual, ensemble_predictions)
ensemble_mae = mean_absolute_error(y_test_actual, ensemble_predictions)
ensemble_r2 = r2_score(y_test_actual, ensemble_predictions)

print(f'Ensemble Mean Squared Error: {ensemble_mse}')
print(f'Ensemble Mean Absolute Error: {ensemble_mae}')
print(f'Ensemble R-squared Score: {ensemble_r2}')
```

Hier ist eine Aufschlüsselung des Codes:

- **Ensemble-Funktion erstellen**: Die create_ensemble()-Funktion erstellt mehrere LSTM-Modelle, die zwar die gleiche Architektur, aber möglicherweise unterschiedliche Initialisierungen haben.

- **Ensemble-Erstellung**: Ein Ensemble aus 3 Modellen wird unter Verwendung der Eingabeform der Trainingsdaten erstellt.

- **Modell-Training**: Jedes Modell im Ensemble wird unabhängig mit denselben Trainingsdaten trainiert, wobei frühzeitiges Stoppen und Anpassung der Lernrate zur Optimierung verwendet werden.

- **Ensemble-Vorhersagen**: Vorhersagen werden durch Mittelung der Ausgaben aller Modelle im Ensemble erstellt.

- **Inverse Transformation**: Die Ensemble-Vorhersagen werden invers transformiert, um sie wieder in ihre ursprüngliche Skala umzuwandeln.

- **Leistungsbewertung**: Die Leistung des Ensembles wird mittels mittlerem quadratischem Fehler (MSE), mittlerem absolutem Fehler (MAE) und Bestimmtheitsmaß (R^2) bewertet.

Dieser Ensemble-Ansatz zielt darauf ab, die Vorhersagegenauigkeit und Robustheit zu verbessern, indem mehrere Modelle genutzt werden, wodurch potenziell individuelle Modellverzerrungen gemindert und Überanpassung reduziert wird.

9.4.7 Fazit

Dieses verbesserte Projekt zeigt mehrere Verbesserungen der ursprünglichen LSTM-basierten Zeitreihenvorhersage. Wir haben eine ausgereiftere Datenvorverarbeitungspipeline implementiert, einschließlich zusätzlicher Merkmale und angemessener Skalierung. Die LSTM-Architektur wurde durch mehrere Schichten, Batch-Normalisierung und Dropout für bessere Regularisierung verbessert.

Wir haben auch fortgeschrittene Trainingstechniken wie frühzeitiges Stoppen und Anpassung der Lernrate eingebaut. Der Evaluierungsprozess umfasst nun umfassende Metriken und Visualisierungen, die tiefere Einblicke in die Modellleistung ermöglichen. Zusätzlich haben wir eine Merkmalswichtigkeitsanalyse eingeführt, um den Einfluss verschiedener Eingaben auf die Vorhersagen zu verstehen.

Schließlich wurde eine Ensemble-Methode implementiert, um potenziell die Vorhersagegenauigkeit und Robustheit zu verbessern. Diese Verbesserungen bieten einen robusteren und aufschlussreicheren Ansatz für Zeitreihenvorhersagen, insbesondere im Kontext der Aktienkursvorhersage.

9.5 Projekt 5: GAN-basierte Bilderzeugung

Generative Adversarial Networks (GANs) haben eine neue Ära im Bereich der Bilderzeugung eingeleitet und das Feld durch ihren innovativen Ansatz revolutioniert. Dieses ambitionierte Projekt zielt darauf ab, die ursprüngliche GAN-Implementierung weiterzuentwickeln, die speziell auf die Erzeugung handgeschriebener Ziffern aus dem weitverbreiteten MNIST-Datensatz ausgerichtet ist.

Unser Hauptziel ist es, eine Reihe modernster Verbesserungen einzuführen, die die Gesamtleistung deutlich steigern, die Trainingsstabilität verbessern und die Qualität der erzeugten Bilder auf ein beispielloses Niveau heben sollen.

Durch den Einsatz modernster Techniken und architektonischer Verbesserungen streben wir danach, die Grenzen des mit GANs Möglichen zu erweitern. Diese Verbesserungen werden nicht nur häufige Herausforderungen beim GAN-Training wie Moduskollaps und Konvergenzprobleme angehen, sondern auch neuartige Funktionen einführen, die realistischere und vielfältigere Ergebnisse versprechen.

Mit diesem Projekt beabsichtigen wir, das volle Potenzial von GANs bei der Erstellung hochauflösender, handgeschriebener Ziffernbilder zu demonstrieren, die von ihren realen Gegenstücken praktisch nicht zu unterscheiden sind.

9.5.1 Verbesserte GAN-Architektur

Um die Gesamtleistung und Fähigkeit unseres GANs zu verbessern, werden wir eine komplexere und mehrschichtige Architektur sowohl für die Generator- als auch für die Diskriminator-Komponenten implementieren. Diese fortschrittliche Struktur wird zusätzliche Faltungsschichten, Skip-Connections und Normalisierungstechniken einsetzen, um die Fähigkeit des Netzwerks zu verbessern, komplexe Merkmale zu lernen und hochwertige Bilder zu erzeugen. Durch die Erhöhung der Tiefe und Komplexität unserer Modelle streben wir danach, feinere Muster in den Daten zu erfassen und realistischere und detailliertere handgeschriebene Ziffernbilder zu erzeugen.

```
import tensorflow as tf
from tensorflow.keras import layers, models

def build_generator(latent_dim):
    model = models.Sequential([
        layers.Dense(7*7*256, use_bias=False, input_shape=(latent_dim,)),
        layers.BatchNormalization(),
        layers.LeakyReLU(alpha=0.2),
        layers.Reshape((7, 7, 256)),

        layers.Conv2DTranspose(128, (5, 5), strides=(1, 1), padding='same',
use_bias=False),
        layers.BatchNormalization(),
        layers.LeakyReLU(alpha=0.2),
```

```
        layers.Conv2DTranspose(64,    (5,    5),    strides=(2,   2),    padding='same',
use_bias=False),
        layers.BatchNormalization(),
        layers.LeakyReLU(alpha=0.2),

        layers.Conv2DTranspose(1,    (5,    5),    strides=(2,   2),    padding='same',
use_bias=False, activation='tanh')
    ])
    return model

def build_discriminator():
    model = models.Sequential([
        layers.Conv2D(64, (5, 5), strides=(2, 2), padding='same', input_shape=[28, 28,
1]),
        layers.LeakyReLU(alpha=0.2),
        layers.Dropout(0.3),

        layers.Conv2D(128, (5, 5), strides=(2, 2), padding='same'),
        layers.LeakyReLU(alpha=0.2),
        layers.Dropout(0.3),

        layers.Flatten(),
        layers.Dense(1)
    ])
    return model

generator = build_generator(latent_dim=100)
discriminator = build_discriminator()
```

Schauen wir uns das im Detail an:

1. Generator:

- Nimmt einen latenten Vektor (Rauschen) als Eingabe

- Verwendet transponierte Faltungen, um die Eingabe auf ein 28x28-Bild hochzuskalieren

- Integriert Batch-Normalisierung und LeakyReLU-Aktivierungen für Stabilität und Nichtlinearität

- Die letzte Schicht verwendet tanh-Aktivierung, um eine bildähnliche Ausgabe zu erzeugen

2. Diskriminator:

- Nimmt ein 28x28-Bild als Eingabe

- Verwendet Faltungsschichten zur Herunterskalierung der Eingabe

- Integriert LeakyReLU-Aktivierungen und Dropout zur Regularisierung

- Die letzte Dense-Schicht gibt einen einzelnen Wert aus, der die Wahrscheinlichkeit angibt, dass die Eingabe echt ist

Die Architektur ist darauf ausgelegt, 28x28 Graustufenbilder zu erzeugen und zu unterscheiden, was dem Format des MNIST-Datensatzes entspricht. Die Verwendung von Batch-Normalisierung, LeakyReLU und Dropout trägt zur Stabilisierung des Trainingsprozesses bei und verhindert Probleme wie den Moduskollaps.

9.5.2 Wasserstein-Verlust mit Gradientenstrafe

Zur Verbesserung der Trainingsstabilität und Minderung des Moduskollapses werden wir die Wasserstein-Verlustfunktion mit Gradientenstrafe implementieren. Diese fortgeschrittene Technik, bekannt als WGAN-GP (Wasserstein GAN mit Gradientenstrafe), bietet mehrere Vorteile gegenüber traditionellen GAN-Verlustfunktionen.

Durch die Nutzung der Wasserstein-Distanz als Maß für die Unähnlichkeit zwischen den realen und generierten Datenverteilungen können wir stabilere Trainingsdynamiken erreichen und potenziell Bilder höherer Qualität erzeugen.

Der Gradientenstrafen-Term verstärkt zusätzlich die Lipschitz-Bedingung der Kritiker-Funktion (Diskriminator) und hilft dabei, Probleme wie verschwindende Gradienten zu verhindern und einen reibungsloseren Trainingsprozess zu gewährleisten. Diese Implementierung wird wesentlich zur allgemeinen Robustheit und Leistung unseres GAN-Modells beitragen.

```python
import tensorflow as tf

cross_entropy = tf.keras.losses.BinaryCrossentropy(from_logits=True)

def discriminator_loss(real_output, fake_output):
    real_loss = tf.reduce_mean(real_output)
    fake_loss = tf.reduce_mean(fake_output)
    return fake_loss - real_loss

def generator_loss(fake_output):
    return -tf.reduce_mean(fake_output)

def gradient_penalty(discriminator, real_images, fake_images):
    alpha = tf.random.uniform([real_images.shape[0], 1, 1, 1], 0.0, 1.0)
    interpolated = alpha * real_images + (1 - alpha) * fake_images

    with tf.GradientTape() as gp_tape:
        gp_tape.watch(interpolated)
        pred = discriminator(interpolated, training=True)

    grads = gp_tape.gradient(pred, interpolated)
    norm = tf.sqrt(tf.reduce_sum(tf.square(grads), axis=[1, 2, 3]))
    gp = tf.reduce_mean((norm - 1.0) ** 2)
    return gp
```

```python
@tf.function
def train_step(images, batch_size, latent_dim):
    noise = tf.random.normal([batch_size, latent_dim])

    with tf.GradientTape() as gen_tape, tf.GradientTape() as disc_tape:
        generated_images = generator(noise, training=True)

        real_output = discriminator(images, training=True)
        fake_output = discriminator(generated_images, training=True)

        gen_loss = generator_loss(fake_output)
        disc_loss = discriminator_loss(real_output, fake_output)

        gp = gradient_penalty(discriminator, images, generated_images)
        disc_loss += 10 * gp

    gradients_of_generator               =               gen_tape.gradient(gen_loss,
generator.trainable_variables)
    gradients_of_discriminator               =               disc_tape.gradient(disc_loss,
discriminator.trainable_variables)

    generator_optimizer.apply_gradients(zip(gradients_of_generator,
generator.trainable_variables))
    discriminator_optimizer.apply_gradients(zip(gradients_of_discriminator,
discriminator.trainable_variables))

    return gen_loss, disc_loss
```

Schauen wir uns das im Detail an:

1. Verlustfunktionen:

- Die discriminator_loss-Funktion berechnet den Wasserstein-Verlust für den Diskriminator.

- Die generator_loss-Funktion berechnet den Wasserstein-Verlust für den Generator.

2. Gradientenstrafe:

- Die gradient_penalty-Funktion implementiert die Gradientenstrafe, die hilft, die Lipschitz-Bedingung auf den Diskriminator durchzusetzen.

3. Trainingsschritt:

- Die train_step-Funktion definiert eine einzelne Trainingsiteration für sowohl Generator als auch Diskriminator.

- Sie erzeugt gefälschte Bilder, berechnet Verluste, wendet die Gradientenstrafe an und aktualisiert beide Netzwerke.

Diese Implementierung zielt darauf ab, die Trainingsstabilität zu verbessern und Probleme wie den Moduskollaps zu mindern, die häufige Herausforderungen beim GAN-Training darstellen.

9.5.3 Progressives Wachstum

Implementieren Sie progressives Wachstum als fortgeschrittene Technik, um die Auflösung und Komplexität der generierten Bilder während des Trainingsprozesses schrittweise zu erhöhen. Dieser Ansatz beginnt mit niedrig aufgelösten Bildern und fügt nach und nach Schichten sowohl zum Generator als auch zum Diskriminator hinzu, wodurch das Modell zunächst grobe Merkmale lernen kann, bevor es sich auf feinere Details konzentriert.

Dadurch können wir stabilere Trainingsdynamiken erreichen und potenziell qualitativ hochwertigere Bilder in größeren Auflösungen erzeugen. Diese Methode hat bemerkenswerte Erfolge bei der Erzeugung hochrealistischer Bilder gezeigt und kann die Gesamtleistung unseres GAN-Modells für die Generierung handgeschriebener Ziffern erheblich verbessern.

```python
def build_progressive_generator(latent_dim, target_resolution=28):
    model = models.Sequential()
    model.add(layers.Dense(4*4*256, use_bias=False, input_shape=(latent_dim,)))
    model.add(layers.BatchNormalization())
    model.add(layers.LeakyReLU(alpha=0.2))
    model.add(layers.Reshape((4, 4, 256)))

    current_resolution = 4
    while current_resolution < target_resolution:
        model.add(layers.Conv2DTranspose(128, (5, 5), strides=(2, 2), padding='same',
use_bias=False))
        model.add(layers.BatchNormalization())
        model.add(layers.LeakyReLU(alpha=0.2))
        current_resolution *= 2

    model.add(layers.Conv2D(1,      (5,     5),     padding='same',     use_bias=False,
activation='tanh'))
    return model

progressive_generator = build_progressive_generator(latent_dim=100)
```

Hier ist eine Aufschlüsselung des Codes:

- Die Funktion nimmt zwei Parameter: latent_dim (die Größe des Eingangsrauschvektors) und target_resolution (standardmäßig 28, was der MNIST-Bildgröße entspricht).

- Sie beginnt mit der Erstellung eines Basismodells mit einer Dense-Schicht, die in einen 4x4x256-Tensor umgeformt wird, gefolgt von Batch-Normalisierung und LeakyReLU-Aktivierung.

- Der Kern der progressiven Wachstumstechnik wird in der While-Schleife implementiert:

- o Es werden so lange transponierte Faltungsschichten (Upsampling) hinzugefügt, bis die aktuelle Auflösung die Zielauflösung erreicht.

- o Jede Iteration verdoppelt die Auflösung (z.B. 4x4 → 8x8 → 16x16 → 28x28).

- Jeder Upsampling-Schritt beinhaltet eine Conv2DTranspose-Schicht, Batch-Normalisierung und LeakyReLU-Aktivierung.

- Die letzte Schicht ist eine Conv2D-Schicht mit einer tanh-Aktivierung, die das Ausgabebild erzeugt.

- Nach der Definition der Funktion wird sie verwendet, um einen progressive_generator mit einer latenten Dimension von 100 zu erstellen.

Dieser progressive Wachstumsansatz ermöglicht es dem Modell, zunächst grobe Merkmale zu lernen, bevor es sich auf feinere Details konzentriert, was potenziell zu einem stabileren Training und qualitativ hochwertigeren generierten Bildern führt.

9.5.4 Spektralnormalisierung

Implementieren Sie die Spektralnormalisierung für den Diskriminator, um die Trainingsstabilität zu verbessern und das Auftreten explodierender Gradienten zu verhindern. Diese Technik beschränkt die Lipschitz-Konstante der Diskriminatorfunktion und begrenzt damit effektiv den Einfluss einzelner Eingabestörungen auf die Ausgabe.

Durch die Anwendung der Spektralnormalisierung auf die Gewichte der Diskriminatorschichten stellen wir sicher, dass der größte Singulärwert der Gewichtsmatrizen begrenzt ist, was zu konsistenteren und zuverlässigeren Trainingsdynamiken führt. Dieser Ansatz hat sich als besonders effektiv bei der Stabilisierung des GAN-Trainings erwiesen, insbesondere bei komplexen Architekturen oder anspruchsvollen Datensätzen.

Die Implementierung der Spektralnormalisierung trägt wesentlich zur Gesamtrobustheit unseres GAN-Modells bei und führt potenziell zu qualitativ hochwertigeren generierten Bildern und verbesserten Konvergenzeigenschaften.

```python
from tensorflow.keras.layers import Conv2D, Dense
from tensorflow.keras.constraints import max_norm

class SpectralNormalization(tf.keras.constraints.Constraint):
    def __init__(self, iterations=1):
        self.iterations = iterations

    def __call__(self, w):
        w_shape = w.shape.as_list()
        w = tf.reshape(w, [-1, w_shape[-1]])
        u = tf.random.normal([1, w_shape[-1]])

        for _ in range(self.iterations):
            v = tf.matmul(u, tf.transpose(w))
            v = v / tf.norm(v)
```

```
        u = tf.matmul(v, w)
        u = u / tf.norm(u)

    sigma = tf.matmul(tf.matmul(v, w), tf.transpose(u))[0, 0]
    return w / sigma

def SpectralConv2D(filters, kernel_size, **kwargs):
    return Conv2D(filters, kernel_size, kernel_constraint=SpectralNormalization(),
**kwargs)

def SpectralDense(units, **kwargs):
    return Dense(units, kernel_constraint=SpectralNormalization(), **kwargs)
```

Hier ist eine Aufschlüsselung des Codes:

- **SpectralNormalization-Klasse**: Dies ist eine benutzerdefinierte Constraint-Klasse, die Spektralnormalisierung auf die Gewichte einer Schicht anwendet. Sie funktioniert durch Schätzung der Spektralnorm der Gewichtsmatrix und verwendet diese zur Normalisierung der Gewichte.

- **call-Methode**: Diese Methode implementiert den Kernalgorithmus der Spektralnormalisierung. Sie verwendet Leistungsiteration, um den größten Singulärwert (Spektralnorm) der Gewichtsmatrix zu schätzen und verwendet diesen zur Normalisierung der Gewichte.

- **SpectralConv2D- und SpectralDense-Funktionen**: Dies sind Wrapper-Funktionen, die Conv2D- und Dense-Schichten mit angewandter Spektralnormalisierung auf ihre Kerne erstellen. Sie machen es einfach, einem Modell Spektralnormalisierung hinzuzufügen.

Der Zweck der Spektralnormalisierung ist es, die Lipschitz-Konstante der Diskriminatorfunktion in einem GAN zu beschränken. Dies hilft, explodierende Gradienten zu verhindern und stabilisiert den Trainingsprozess, was potenziell zu qualitativ hochwertigeren generierten Bildern und verbesserter Konvergenz führt.

9.5.5 Selbstaufmerksamkeits-Mechanismus

Integrieren Sie einen Selbstaufmerksamkeits-Mechanismus, um die Fähigkeit des Modells zu verbessern, globale Abhängigkeiten in den generierten Bildern zu erfassen. Diese fortgeschrittene Technik ermöglicht es dem Netzwerk, sich auf relevante Merkmale über verschiedene räumliche Positionen hinweg zu konzentrieren, was zu verbesserter Kohärenz und Detail in der Ausgabe führt.

Durch die Implementierung von Selbstaufmerksamkeits-Schichten sowohl im Generator als auch im Diskriminator ermöglichen wir dem Modell, langreichweitige Abhängigkeiten effektiver zu lernen, was zu qualitativ hochwertigeren und realistischeren handgeschriebenen Ziffernbildern führt. Dieser Ansatz hat bemerkenswerte Erfolge bei verschiedenen

Bildgenerierungsaufgaben gezeigt und verspricht, die Leistung unseres GAN-Modells erheblich zu steigern.

```python
import tensorflow as tf
from tensorflow.keras import layers

class SelfAttention(layers.Layer):
    def __init__(self, channels):
        super(SelfAttention, self).__init__()
        self.channels = channels

        # Conv layers for self-attention
        self.f = layers.Conv2D(channels // 8, 1, kernel_initializer='he_normal')
        self.g = layers.Conv2D(channels // 8, 1, kernel_initializer='he_normal')
        self.h = layers.Conv2D(channels, 1, kernel_initializer='he_normal')

        # Trainable scalar weight gamma
        self.gamma = self.add_weight(name='gamma', shape=(1,), initializer='zeros',
trainable=True)

    def call(self, x):
        batch_size, height, width, channels = tf.unstack(tf.shape(x))

        # Compute f, g, h transformations
        f = self.f(x)  # Query
        g = self.g(x)  # Key
        h = self.h(x)  # Value

        # Reshape tensors for self-attention calculation
        f_flatten = tf.reshape(f, [batch_size, height * width, -1]) # (B, H*W, C//8)
        g_flatten = tf.reshape(g, [batch_size, height * width, -1]) # (B, H*W, C//8)
        h_flatten = tf.reshape(h, [batch_size, height * width, channels]) # (B, H*W,
C)

        # Compute attention scores
        s = tf.matmul(g_flatten, f_flatten, transpose_b=True)  # (B, H*W, H*W)
        beta = tf.nn.softmax(s)  # Attention map (B, H*W, H*W)

        # Apply attention weights to h
        o = tf.matmul(beta, h_flatten)  # (B, H*W, C)
        o = tf.reshape(o, [batch_size, height, width, channels])  # Reshape back

        # Apply self-attention mechanism
        return self.gamma * o + x  # Weighted residual connection
```

Schauen wir uns das im Detail an:

1. **Die SelfAttention-Klasse ist eine benutzerdefinierte Schicht, die von layers.Layer erbt**

- o Diese Schicht implementiert **Selbstaufmerksamkeit** und ermöglicht es dem Modell, **weitreichende Abhängigkeiten** in einem Bild zu lernen.
- o Typischerweise verwendet in **GANs, Bildsegmentierungsmodellen und Transformern**.

2. **In der _init_-Methode:**

- o **Drei Faltungsschichten (f, g und h)** werden definiert, jede mit einem **1x1 Kernel**.
  - ▪ f: Lernt **Abfragemerkmale** (reduziert die Dimensionalität).
  - ▪ g: Lernt **Schlüsselmerkmale** (reduziert die Dimensionalität).
  - ▪ h: Lernt **Wertmerkmale** (behält die ursprüngliche Dimensionalität).
- o **Ein trainierbarer Parameter gamma** wird hinzugefügt, **mit Null initialisiert**, um den Beitrag des Aufmerksamkeitsmechanismus zu steuern.

3. **Die call-Methode definiert den Vorwärtsdurchlauf:**

- o **Extrahiert räumliche Dimensionen dynamisch (batch_size, height, width, channels)** um die Kompatibilität mit der TensorFlow-Ausführung sicherzustellen.
- o **Berechnet Merkmalstransformationen** mittels Conv2D(1x1) Faltungen:
  - ▪ f(x): Erzeugt die **Abfragedarstellung**.
  - ▪ g(x): Erzeugt die **Schlüsseldarstellung**.
  - ▪ h(x): Erzeugt die **Wertdarstellung**.
- o **Berechnet die Aufmerksamkeitskarte:**
  - ▪ Multipliziert g und f (Skalarprodukt-Ähnlichkeit).
  - ▪ Wendet softmax an, um die Aufmerksamkeitswerte zu normalisieren.
- o **Wendet die Aufmerksamkeitskarte auf h** an (gewichtete Summe der beachteten Merkmale).
- o **Verwendet eine Residualverbindung (gamma * o + x)** um die ursprüngliche Eingabe mit der Aufmerksamkeitsausgabe zu vermischen.

4. **Warum ist das wichtig?**

- o Dieser **Selbstaufmerksamkeitsmechanismus** ermöglicht es dem Modell, sich auf **relevante Merkmale** über verschiedene räumliche Positionen hinweg zu konzentrieren.

o Besonders nützlich bei **Bildgenerierungsaufgaben (GANs)** zur Verbesserung der **Qualität und Kohärenz der generierten Bilder**.

o Hilft beim **Erfassen weitreichender Abhängigkeiten**, im Gegensatz zu Faltungsschichten, die **lokale rezeptive Felder** haben.

9.5.6 Verbesserter Trainingsablauf

Verbessern Sie den Trainingsprozess durch die Implementierung eines fortgeschrittenen Trainingsablaufs, der dynamische Lernratenanpassungen und intelligente Frühstoppmechanismen einbezieht. Dieser ausgefeilte Ansatz passt die Lernrate im Laufe der Zeit an, um die Konvergenz zu optimieren, und beendet das Training automatisch, wenn die Leistung stagniert, wodurch eine effiziente Nutzung der Rechenressourcen gewährleistet und Überanpassung verhindert wird.

Zentrale Merkmale dieses verbesserten Trainingsablaufs sind:

- Lernratenplanung: Nutzung adaptiver Lernratentechniken wie exponentieller Abfall oder Cosinus-Annealing zur schrittweisen Reduzierung der Lernrate während des Trainingsfortschritts, was eine Feinabstimmung der Modellparameter ermöglicht.

- Frühstopp: Implementierung eines geduldbasierten Frühstoppkriteriums, das eine relevante Leistungsmetrik (z.B. FID-Score) überwacht und das Training beendet, wenn über eine festgelegte Anzahl von Epochen keine Verbesserung beobachtet wird.

- Checkpoint-Speicherung: Regelmäßiges Speichern von Modell-Checkpoints während des Trainings, wodurch die leistungsstärksten Modelliterationen für spätere Verwendung oder Auswertung erhalten bleiben.

- Fortschrittsüberwachung: Integration umfassender Protokollierungs- und Visualisierungswerkzeuge zur Verfolgung wichtiger Metriken, die eine Echtzeitbewertung der Modellleistung und Trainingsdynamik ermöglichen.

```python
from tensorflow.keras.optimizers.schedules import ExponentialDecay
from tensorflow.keras.optimizers import Adam
import tensorflow as tf

# Learning rate schedule
initial_learning_rate = 0.0002
lr_schedule = ExponentialDecay(initial_learning_rate, decay_steps=10000,
decay_rate=0.96, staircase=True)

# Optimizers
generator_optimizer = Adam(learning_rate=lr_schedule, beta_1=0.5)
discriminator_optimizer = Adam(learning_rate=lr_schedule, beta_1=0.5)

# Number of samples for visualization
num_samples = 16  # Adjust based on needs
LATENT_DIM = 100  # Ensure consistency
```

```python
# Generate a fixed noise seed for consistent visualization
seed = tf.random.normal([num_samples, LATENT_DIM])

def train(dataset, epochs, batch_size, latent_dim):
    best_fid = float('inf')
    patience = 10
    no_improvement = 0

    for epoch in range(epochs):
        for batch in dataset:
            gen_loss, disc_loss = train_step(batch, batch_size, latent_dim)

        print(f"Epoch {epoch + 1}, Gen Loss: {gen_loss:.4f}, Disc Loss:
{disc_loss:.4f}")

        if (epoch + 1) % 10 == 0:
            generate_and_save_images(generator, epoch + 1, seed)

            # Generate fake images
            generated_images = generator(seed, training=False)

            # Select a batch of real images for FID calculation
            real_images = next(iter(dataset))[:num_samples]

            current_fid = calculate_fid(real_images, generated_images)

            if current_fid < best_fid:
                best_fid = current_fid
                no_improvement = 0

                # Save model properly
                generator.save(f"generator_epoch_{epoch + 1}.h5")
            else:
                no_improvement += 1

            if no_improvement >= patience:
                print(f"Early stopping at epoch {epoch + 1}")
                break

# Ensure dataset is properly defined
train(train_dataset, EPOCHS, BATCH_SIZE, LATENT_DIM)
```

Hier ist die Code-Aufschlüsselung:

1. **Lernratenplanung:**

   o Verwendet einen **ExponentialDecay**-Zeitplan zur **schrittweisen Reduzierung der Lernrate**, was die Feinabstimmung der Modellparameter unterstützt.

- o Dies verhindert **Instabilität** beim GAN-Training durch Reduzierung plötzlicher großer Gewichtsaktualisierungen.

2. **Optimierer:**

   - o Verwendet **Adam**-Optimierer sowohl für den **Generator** als auch den **Diskriminator**, mit:

     - ▪ Einer abnehmenden Lernrate (lr_schedule).

     - ▪ beta_1=0.5, was beim **GAN-Training** üblich ist, um die Aktualisierungen zu stabilisieren.

3. **Trainingsschleife:**

   - o Durchläuft **Epochen** und **Batches** und ruft train_step() (nicht gezeigt) auf, um die Gewichte von **Generator** und **Diskriminator** zu aktualisieren.

   - o Jede **Batch-Aktualisierung** verbessert die Fähigkeit des Generators, realistischere Beispiele zu erzeugen, und die Fähigkeit des Diskriminators, echte von gefälschten Bildern zu unterscheiden.

4. **Regelmäßige Auswertung (alle 10 Epochen):**

   - o **Generiert und speichert Bilder** unter Verwendung eines festen Zufallsrauschens seed, um den **Fortschritt zu verfolgen**.

   - o **Berechnet den Fréchet Inception Distance (FID) Score**, eine häufig verwendete Metrik zur Bewertung der **Qualität und Vielfalt** der generierten Bilder.

5. **Modellspeicherung:**

   - o **Speichert das Generatormodell** (generator.save()), wenn ein neuer **bester FID-Score** erreicht wird.

   - o Hilft dabei, den **leistungsstärksten Generator** zu bewahren, anstatt nur die letzte Epoche.

6. **Frühzeitiger Abbruch:**

   - o Wenn es **keine Verbesserung** im FID für eine festgelegte **Geduld** von Epochen gibt (z.B. 10 Epochen), wird das Training vorzeitig beendet.

   - o Verhindert **Überanpassung**, spart **Rechenleistung** und **stoppt den Modenkollaps** (GAN-Fehler, bei dem der Generator nur wenige ähnliche Bilder erzeugt).

9.5.7 Evaluierungsmetriken

Implementieren und nutzen Sie fortgeschrittene Evaluierungsmetriken zur Bewertung der Qualität und Vielfalt der generierten Bilder. Wir konzentrieren uns auf zwei Schlüsselmetriken:

1. Fréchet Inception Distance (FID): Diese Metrik misst die Ähnlichkeit zwischen echten und generierten Bildern durch Vergleich ihrer Merkmalsrepräsentationen, die aus einem vortrainierten Inception-Netzwerk extrahiert werden. Ein niedrigerer FID-Score zeigt eine höhere Qualität und realistischere generierte Bilder an.

2. Inception Score (IS): Diese Metrik bewertet sowohl die Qualität als auch die Vielfalt der generierten Bilder. Sie verwendet ein vortrainiertes Inception-Netzwerk, um zu messen, wie gut die generierten Bilder in verschiedene Kategorien klassifiziert werden können. Ein höherer Inception Score deutet auf bessere Qualität und vielfältigere generierte Bilder hin.

Durch die Integration dieser Metriken in unseren Evaluierungsprozess können wir die Leistung unseres GAN-Modells quantitativ bewerten und Verbesserungen im Zeitverlauf verfolgen. Dies liefert wertvolle Einblicke in die Wirksamkeit unserer verschiedenen architektonischen und trainingstechnischen Verbesserungen.

```python
import tensorflow as tf
from tensorflow.keras.applications.inception_v3 import InceptionV3, preprocess_input
import numpy as np
from scipy.linalg import sqrtm

def calculate_fid(real_images, generated_images, batch_size=32):
    """
    Calculates the Fréchet Inception Distance (FID) between real and generated images.
    """
    inception_model = InceptionV3(include_top=False, pooling='avg', input_shape=(299, 299, 3))

    def get_features(images):
        images = tf.image.resize(images, (299, 299))  # Resize images
        images = preprocess_input(images)  # Normalize to [-1, 1]
        features = inception_model.predict(images, batch_size=batch_size)
        return features

    # Extract features
    real_features = get_features(real_images)
    generated_features = get_features(generated_images)

    # Compute mean and covariance of features
    mu1, sigma1 = np.mean(real_features, axis=0), np.cov(real_features, rowvar=False)
    mu2, sigma2 = np.mean(generated_features, axis=0), np.cov(generated_features, rowvar=False)

    # Compute squared mean difference
    ssdiff = np.sum((mu1 - mu2) ** 2.0)
```

```
    # Compute sqrt of covariance product (for numerical stability)
    covmean = sqrtm(sigma1.dot(sigma2))

    # Ensure the matrix is real-valued
    if np.iscomplexobj(covmean):
        covmean = covmean.real

    # Compute final FID score
    fid = ssdiff + np.trace(sigma1 + sigma2 - 2.0 * covmean)
    return fid

def calculate_inception_score(images, batch_size=32, splits=10):
    """
    Computes the Inception Score (IS) for generated images.
    """
    inception_model = InceptionV3(include_top=True, weights="imagenet")  # Use full
model

    def get_preds(images):
        images = tf.image.resize(images, (299, 299)) # Resize images
        images = preprocess_input(images) # Normalize to [-1, 1]
        preds = inception_model.predict(images, batch_size=batch_size)  # Get logits
        preds = tf.nn.softmax(preds).numpy()  # Convert logits to probabilities
        return preds

    # Get model predictions
    preds = get_preds(images)

    scores = []
    for i in range(splits):
        part = preds[i * (len(preds) // splits): (i + 1) * (len(preds) // splits), :]
        kl = part * (np.log(part) - np.log(np.expand_dims(np.mean(part, 0), 0)))
        kl = np.mean(np.sum(kl, 1))
        scores.append(np.exp(kl))

    return np.mean(scores), np.std(scores)
```

Lassen Sie uns jede Funktion im Detail betrachten:

1. FID (Fréchet Inception Distance)

Vergleicht **echte mit generierten Bildern** zur Qualitätsprüfung.

Verwendet **InceptionV3** zur Extraktion von Bildmerkmalen.

Misst die **Unterschiede in den Merkmalsverteilungen** (Mittelwert & Kovarianz).

Niedrigerer FID = Realistischere Bilder.

2. IS (Inception Score)

Prüft **Qualität & Vielfalt** der generierten Bilder.

Verwendet **InceptionV3** zur Bildklassifizierung.

Misst **Schärfe (eindeutige Vorhersagen)** und **Variation (Verteilung über Klassen)**.

Höherer IS = Bessere Qualität & Vielfalt.

9.5.8 Fazit

Dieses GAN-Projekt beinhaltet mehrere fortgeschrittene Techniken zur Verbesserung der Qualität generierter Bilder und der Trainingsstabilität. Die wichtigsten Verbesserungen umfassen:

1. Eine tiefere und ausgefeiltere Architektur sowohl für Generator als auch Diskriminator.

2. Wasserstein-Verlust mit Gradientenstrafe für verbesserte Trainingsstabilität.

3. Progressives Wachstum zur Generierung höher aufgelöster Bilder.

4. Spektrale Normalisierung im Diskriminator zur Vermeidung explodierender Gradienten.

5. Selbstaufmerksamkeitsmechanismus zur Erfassung globaler Abhängigkeiten in generierten Bildern.

6. Eine verbesserte Trainingsschleife mit Lernratenanpassung und vorzeitigem Abbruch.

7. Fortgeschrittene Evaluierungsmetriken (FID und Inception Score) zur besseren Bewertung der Qualität generierter Bilder.

Diese Verbesserungen sollten zu qualitativ hochwertigeren generierten Bildern, stabilerem Training und einer besseren Gesamtleistung des GAN führen. Denken Sie daran, mit Hyperparametern und Architekturen zu experimentieren, um die optimale Konfiguration für Ihren spezifischen Anwendungsfall zu finden.

Quiz Teil 3: Moderne KI und praktische Anwendungen

1. Was ist der Hauptzweck eines Autoencoders?

a) Bilder in verschiedene Kategorien klassifizieren

b) Zukünftlge Werte in einer Zeitreihe vorhersagen

c) Eine niedrigdimensionale Darstellung von Daten erzeugen

d) Anomalien in Daten erkennen

2. Was ist der wesentliche Unterschied zwischen Autoencodern und Variationalen Autoencodern (VAEs)?

a) Autoencoder verwenden eine Faltungsschicht, während VAEs dies nicht tun

b) VAEs nutzen probabilistische Ansätze zur Generierung von Ausgaben, während Autoencoder dies nicht tun

c) VAEs werden nur für Zeitreihenprognosen verwendet

d) Autoencoder erfordern überwachtes Lernen, während VAEs unüberwachtes Lernen verwenden

3. Welche der folgenden Beschreibungen trifft am besten auf Generative Adversarial Networks (GANs) zu?

a) GANs bestehen aus zwei neuronalen Netzen: einem Generator und einem Klassifikator

b) GANs bestehen aus einem Generator und einem Diskriminator, die gegeneinander konkurrieren

c) GANs werden nur für Bildklassifizierung verwendet

d) GANs sind vollständig überwachte Lernmodelle

4. Was ist der Hauptvorteil der Verwendung vortrainierter Modelle beim Transfer Learning?

a) Sie benötigen immer weniger Parameter als reguläre Modelle

b) Sie können ohne weiteres Training gut generalisieren

c) Sie reduzieren die Trainingszeit und Rechenkosten durch die Wiederverwendung von Wissen aus vorherigen Aufgaben

d) Sie sind besser im Overfitting der Trainingsdaten

5. Welche Rolle spielt TensorFlow Lite im Edge Computing?

a) Es beschleunigt das Modelltraining in der Cloud

b) Es ermöglicht die Ausführung von Deep-Learning-Modellen auf ressourcenbeschränkten Geräten wie Mobiltelefonen und IoT-Geräten

c) Es ermöglicht die Integration von KI mit Echtzeit-Datenströmen

d) Es wird nur für unüberwachte Lernaufgaben verwendet

6. Was ist der Hauptvorteil der Verwendung von ONNX beim Deployment von Machine-Learning-Modellen?

a) ONNX ermöglicht den Aufbau und das Deployment von Modellen ausschließlich mit PyTorch

b) ONNX gewährleistet die Kompatibilität zwischen verschiedenen Deep-Learning-Frameworks wie PyTorch und TensorFlow

c) ONNX optimiert automatisch Modelle für hochdimensionale Daten

d) ONNX ist hauptsächlich für überwachtes Lernen konzipiert

7. Welche Cloud-Plattformen werden häufig für das Training und Deployment von Machine-Learning-Modellen im großen Maßstab verwendet?

a) AWS, Google Cloud und Azure

b) AWS, Apple iCloud und IBM Cloud

c) IBM Watson, Google Search und Microsoft Edge

d) PyTorch Hub, TensorFlow Hub und TorchServe

8. Welcher Dienst wird typischerweise beim Deployment von Machine-Learning-Modellen in der Produktion auf Cloud-Plattformen für das Hosten von APIs zur Modellinferenz verwendet?

a) TensorFlow Hub

b) AWS Lambda oder Google Cloud Functions

c) Python Flask

d) Google Colab

9. Was ist der Hauptvorteil der Verwendung von Long Short-Term Memory (LSTM) Netzwerken für Zeitreihenprognosen?

a) Sie können Daten parallel verarbeiten und beschleunigen die Trainingszeit

b) Sie können langfristige Abhängigkeiten aufrechterhalten und das Problem des verschwindenden Gradienten lösen

c) Sie erfordern weniger Datenvorverarbeitung im Vergleich zu anderen Modellen

d) Sie sind nur für Bildklassifizierungsaufgaben geeignet

10. Was ist die Rolle des Diskriminators in einem GAN-basierten Bildgenerierungsprojekt?

a) Der Diskriminator erzeugt gefälschte Bilder aus Rauschen

b) Der Diskriminator verbessert die Qualität der generierten Bilder durch Anpassung der Rauscheingaben

c) Der Diskriminator unterscheidet zwischen echten und vom Generator erzeugten gefälschten Bildern

d) Der Diskriminator führt Klassifizierungsaufgaben am realen Datensatz durch

Antworten

1. c) Eine niedrigdimensionale Darstellung von Daten erzeugen

2. b) VAEs nutzen probabilistische Ansätze zur Generierung von Ausgaben, während Autoencoder dies nicht tun

3. b) GANs bestehen aus einem Generator und einem Diskriminator, die gegeneinander konkurrieren

4. c) Sie reduzieren die Trainingszeit und Rechenkosten durch die Wiederverwendung von Wissen aus vorherigen Aufgaben

5. b) Es ermöglicht die Ausführung von Deep-Learning-Modellen auf ressourcenbeschränkten Geräten wie Mobiltelefonen und IoT-Geräten

6. b) ONNX gewährleistet die Kompatibilität zwischen verschiedenen Deep-Learning-Frameworks wie PyTorch und TensorFlow

7. a) AWS, Google Cloud und Azure

8. b) AWS Lambda oder Google Cloud Functions

9. b) Sie können langfristige Abhängigkeiten aufrechterhalten und das Problem des verschwindenden Gradienten lösen

10. c) Der Diskriminator unterscheidet zwischen echten und vom Generator erzeugten gefälschten Bildern

Fazit

Herzlichen Glückwunsch! Sie haben das Ende von *Deep Learning und KI-Superheld: Deep Learning mit TensorFlow, Keras und PyTorch meistern* erreicht. Mit dem Abschluss dieses Buches haben Sie die fortgeschrittenen Fähigkeiten erworben, um ein wahrer **KI-Superheld** zu werden, der in der Lage ist, modernste Deep-Learning-Modelle zu entwickeln und einzusetzen. Sie haben nicht nur die theoretischen Grundlagen des Deep Learning gelernt, sondern auch, wie Sie dieses Wissen zur Lösung praktischer Probleme in verschiedenen Bereichen anwenden können.

Dieses Buch hat Sie durch die komplexe und spannende Welt des Deep Learning geführt und Ihnen geholfen, die Tools und Frameworks zu beherrschen, die die Innovation in der künstlichen Intelligenz vorantreiben. Von der Entwicklung einfacher neuronaler Netze bis hin zur Implementierung modernster Architekturen wie **Convolutional Neural Networks (CNNs)**, **Recurrent Neural Networks (RNNs)** und **Generative Adversarial Networks (GANs)** haben Sie einige der leistungsfähigsten KI-Techniken gemeistert.

Lassen Sie uns die wichtigsten Meilensteine zusammenfassen, die Sie erreicht haben:

1. Beherrschung von Neural Networks und Deep Learning

Sie begannen mit dem Erlernen der Grundlagen von **neuronalen Netzen**, verstanden deren Struktur und wie sie aus Daten lernen. Durch Konzepte wie **Backpropagation** und **Gradient Descent** haben Sie Einblick in die Mechanismen des Trainings neuronaler Netze gewonnen, wodurch Sie Modelle erstellen können, die Muster erkennen, Vorhersagen treffen und aus Daten verallgemeinern können.

2. Entwicklung von Deep-Learning-Modellen mit TensorFlow, Keras und PyTorch

Eines der Hauptziele dieses Buches war es, Sie zu befähigen, mit den beliebtesten und leistungsfähigsten Deep-Learning-Frameworks zu arbeiten. Sie sind nun versiert in:

- **TensorFlow 2.x**: Eine umfassende Plattform, die skalierbare, produktionsreife Deep-Learning-Modelle ermöglicht.

- **Keras**: Eine benutzerfreundliche API, die das Erstellen und Trainieren neuronaler Netze einfach und intuitiv macht.

- **PyTorch**: Ein dynamisches, flexibles Framework, das von Forschern und Entwicklern gleichermaßen für seine Experimentier- und Implementierungsfreundlichkeit geschätzt wird.

Durch die Beherrschung dieser Tools haben Sie die Fähigkeit erworben, komplexe Modelle für Aufgaben wie **Bildklassifizierung**, **Verarbeitung natürlicher Sprache** und **Zeitreihenprognosen** zu erstellen.

3. Erforschung fortgeschrittener Deep-Learning-Techniken

Neben der Entwicklung grundlegender Modelle haben Sie auch fortgeschrittene Architekturen und Techniken erkundet:

- **Convolutional Neural Networks (CNNs)**: Sie haben CNNs auf Bilddaten angewendet und damit Aufgaben wie Objekterkennung und Bildklassifizierung ermöglicht.

- **Recurrent Neural Networks (RNNs)** und **LSTMs**: Sie haben sich mit sequentiellen Daten wie Zeitreihen und Text beschäftigt und diese Architekturen genutzt, um Vorhersagen auf Basis vergangener Informationen zu treffen.

- **Transformer-Modelle**: Sie haben gesehen, wie moderne KI-Systeme Transformer für Spitzenleistungen in Aufgaben wie maschineller Übersetzung und Texterstellung nutzen.

Durch die Arbeit mit diesen fortgeschrittenen Techniken haben Sie die Fähigkeiten erworben, KI-Systeme zu entwickeln, die den neuesten Entwicklungen im Bereich entsprechen.

4. Modernste KI-Anwendungen

Das Buch beschränkte sich nicht nur auf traditionelles Deep Learning. Sie haben auch **Generative Adversarial Networks (GANs)**, **Autoencoder** und **Transfer Learning** erkundet, die zu den modernsten Techniken in der KI gehören. Durch die Entwicklung von Modellen, die neue Daten generieren, Informationen komprimieren und erlerntes Wissen über verschiedene Bereiche hinweg übertragen können, haben Sie einige der leistungsfähigsten Werkzeuge zu Ihrem KI-Repertoire hinzugefügt.

Was kommt als Nächstes?

Nach diesem Buch steht Ihnen die Welt des Deep Learning und der KI zur Erforschung offen. Hier sind einige wichtige Schritte, die Sie in Betracht ziehen sollten:

1. Weiterhin mit realen Problemen experimentieren

Die praktischen Projekte, die Sie in diesem Buch abgeschlossen haben, sind ein guter Anfang, aber es gibt immer mehr zu lernen, indem Sie diese Techniken auf neue Herausforderungen anwenden. Suchen Sie nach Datensätzen in Bereichen, die Sie interessieren – sei es Gesundheitswesen, Finanzen oder autonome Systeme – und entwickeln Sie Modelle, die Ihr Wissen erweitern.

2. KI-Forschung erkunden

Deep Learning und KI sind sich ständig weiterentwickelnde Bereiche, mit neuen Durchbrüchen jedes Jahr. Um auf dem Laufenden zu bleiben, studieren Sie Forschungsarbeiten, besuchen Sie KI-Konferenzen und engagieren Sie sich in der breiteren KI-Community. Dies wird Ihnen ermöglichen, Ihre Fähigkeiten zu schärfen und der Entwicklung voraus zu sein.

3. Zu Open-Source-Projekten beitragen

Eine der besten Möglichkeiten, Ihr Verständnis von Deep Learning zu festigen, ist die Mitarbeit an Open-Source-Projekten. Plattformen wie **GitHub** sind voll von KI-Projekten, bei denen Sie mit anderen Entwicklern und Forschern zusammenarbeiten, Ihre Fähigkeiten verbessern und Ihr Netzwerk erweitern können.

4. Ein Portfolio von KI-Projekten aufbauen

Wenn Sie eine Karriere in der KI anstreben, ist ein starkes Portfolio unerlässlich. Präsentieren Sie Ihre Arbeit, indem Sie ein Portfolio von Projekten erstellen, die Ihre Expertise in Deep Learning und KI demonstrieren. Heben Sie die Projekte hervor, die Sie in diesem Buch abgeschlossen haben, sowie alle zusätzlichen Arbeiten, die Sie selbstständig durchführen. Dies wird Sie bei potenziellen Arbeitgebern oder Kooperationspartnern hervorheben.

5. Weiterhin neue KI-Techniken lernen

Die Reise zum **Deep-Learning-Superhelden** endet hier nicht. KI ist ein unglaublich schnelllebiges Feld, in dem regelmäßig neue Techniken und Werkzeuge entwickelt werden. Ob es um die Erforschung von **Reinforcement Learning**, **selbstüberwachtem Lernen** oder **Foundation Models** geht, es gibt immer etwas Neues zu entdecken. Bleiben Sie neugierig, lernen Sie weiter und hören Sie nie auf, die Möglichkeiten der KI zu erforschen.

Abschließende Gedanken

Wie Sie im Laufe dieses Buches gesehen haben, ist **Deep Learning** eine transformative Technologie mit dem Potenzial, Branchen zu revolutionieren, neue Möglichkeiten zu schaffen und einige der komplexesten Herausforderungen zu lösen, denen wir heute gegenüberstehen. Mit den erworbenen Fähigkeiten sind Sie nun in der Lage, KI-Systeme zu entwickeln, die eine echte Wirkung erzielen können.

Ein **Deep Learning und KI-Superheld** zu werden, bedeutet nicht nur, Algorithmen und Frameworks zu beherrschen – es geht darum, KI zur Lösung bedeutsamer Probleme einzusetzen. Ob Sie im Gesundheitswesen, in der Bildung, im Finanzwesen oder in der Unterhaltungsindustrie tätig sind, das erworbene Wissen und die Werkzeuge werden es Ihnen ermöglichen, Lösungen zu schaffen, die Innovation vorantreiben und Leben verbessern.

Während Sie Ihre Reise in der KI fortsetzen, denken Sie daran, dass die Kraft des Deep Learning in seiner Fähigkeit liegt, aus Daten zu lernen und Entscheidungen auf eine Weise zu treffen, die einst für unmöglich gehalten wurde. Mit der richtigen Einstellung, den richtigen Werkzeugen und den richtigen Daten sind Ihren Möglichkeiten keine Grenzen gesetzt.

Nochmals herzlichen Glückwunsch zum Abschluss dieses Buches. Die Welt der KI wartet auf Sie. Sind Sie bereit, Ihre Superkräfte zu entfesseln und etwas zu bewirken?

Wo weitermachen?

Wenn du dieses Buch abgeschlossen hast und nach weiterem Wissen in der Programmierung suchst, möchten wir dir andere Bücher unseres Unternehmens empfehlen, die für dich nützlich sein könnten. Diese Bücher decken eine breite Palette von Themen ab und sind darauf ausgelegt, dir zu helfen, deine Programmierfähigkeiten weiter auszubauen.

- **"ChatGPT API Bible: Mastering Python Programming for Conversational AI"**: Bietet eine praxisnahe und schrittweise Anleitung zur Nutzung von ChatGPT, von der Integration der API bis zur Feinabstimmung des Modells für spezifische Aufgaben oder Branchen.

- **"Natural Language Processing with Python: Building your Own Customer Service ChatBot"**: Dieses Buch bietet eine tiefgehende Erkundung des natürlichen Sprachverstehens (NLP). Es vereinfacht komplexe Konzepte erfolgreich durch ansprechende Erklärungen und intuitive Beispiele.

- **"Data Analysis with Python"**: Python ist eine mächtige Sprache für Datenanalyse, und dieses Buch hilft dir, ihr gesamtes Potenzial auszuschöpfen. Es behandelt Themen wie Datenreinigung, Datenmanipulation und Datenvisualisierung und bietet praktische Übungen, um das Gelernte anzuwenden.

- **"Machine Learning with Python"**: Maschinelles Lernen ist eines der spannendsten Felder der Informatik, und dieses Buch hilft dir, deine eigenen Modelle für maschinelles Lernen mit Python zu erstellen. Es behandelt Themen wie lineare Regression, logistische Regression und Entscheidungsbäume.

- **"Mastering ChatGPT and Prompt Engineering"**: In diesem Buch nehmen wir dich mit auf eine umfassende Reise durch die Welt der Prompt-Engineering, von den Grundlagen der KI-Sprachmodelle bis hin zu fortgeschrittenen Strategien und Anwendungen in der realen Welt.

Alle diese Bücher sind darauf ausgelegt, dir zu helfen, deine Programmierfähigkeiten weiter auszubauen und dein Verständnis der Programmiersprache Python zu vertiefen. Wir glauben, dass Programmieren eine Fähigkeit ist, die man im Laufe der Zeit lernen und entwickeln kann, und wir sind bestrebt, Ressourcen bereitzustellen, die dir helfen, deine Ziele zu erreichen.

Wir möchten auch diese Gelegenheit nutzen, um dir für die Wahl unseres Unternehmens als deinen Begleiter auf deiner Programmierreise zu danken. Wir hoffen, dass du dieses Buch für Anfänger in Python als wertvolle Ressource empfunden hast und freuen uns darauf, dir in Zukunft weiterhin hochwertige Programmierressourcen zur Verfügung zu stellen. Wenn du Kommentare oder Vorschläge für zukünftige Bücher oder Ressourcen hast, zögere nicht, uns zu kontaktieren. Wir würden uns freuen, von dir zu hören!

Erfahre mehr über uns

Bei Cuantum Technologies sind wir darauf spezialisiert, Webanwendungen zu entwickeln, die kreative Erlebnisse bieten und reale Probleme lösen. Unsere Entwickler haben Erfahrung in einer breiten Palette von Programmiersprachen und Frameworks, einschließlich Python, Django, React, Three.js und Vue.js, unter anderem. Wir erforschen ständig neue Technologien und Techniken, um an der Spitze der Branche zu bleiben, und sind stolz auf unsere Fähigkeit, Lösungen zu schaffen, die die Bedürfnisse unserer Kunden erfüllen.

Wenn du mehr über Cuantum Technologies und die von uns angebotenen Dienstleistungen erfahren möchtest, besuche bitte unsere Website unter books.cuantum.tech. Wir beantworten gerne alle Fragen, die du haben könntest, und besprechen, wie wir dir bei deinen Softwareentwicklungsbedürfnissen helfen können.

www.cuantum.tech

www.ingramcontent.com/pod-product-compliance
Lightning Source LLC
Chambersburg PA
CBHW080338220326
41598CB00030B/4543